民族文化研究叢書 158

동아시아의 사신영접의례와 공연문화

民族文化硏究叢書 158

동아시아의 사신영접의례와 공연문화

민태혜 지음

高麗大學校
民族文化硏究院

이 책은 高麗大學校 民族文化研究院이 새로운 民族文化의 暢達과 國學振興을 위하여 제정한
『芝薰國學研究造成費』와 『民族文化研究叢書刊行計劃』에 의하여 출판되었습니다.

서 문

한국, 중국, 일본은 고대 이래로 지속적으로 교류해오면서 정치, 사회, 문화 등 여러 분야에서 유사한 체제를 형성하였다. 동아시아 3국의 정치적, 문화적 보편성은 상호교류를 통해 서로의 문화를 수용하고 전파하는 과정에서 이루어진 것이었다. 동아시아 3국은 책봉-조공이라는 독특한 외교질서체제 속에서 사신을 파견함으로써 다양한 현실 문제의 해결을 도모하였다. 사신파견은 국가 간 의례에 대한 상호 인식을 바탕으로 하는 것이었으므로 동아시아 3국의 사신영접의례는 공통성을 지니게 되었다.

먼저 각 국가별로 사신영접의례의 성립과정과 의례절차의 운용을 살펴봄으로써 사신왕래와 사신영접의례에 보이는 동아시아 3국의 상호연관성을 알아보았다. 동아시아의 사신영접의례는 수·당(隋·唐)대를 기점으로 유사하게 확립됨으로써 3국 간의 보편적 의례문화가 형성되었다. 한·중·일의 공통적인 영접절차는 고대 당에서 편찬된 『개원례(開元禮)』를 근거로 성립되었으며 이후 각 왕조의 빈례는 여기에서 크게 벗어나지 않았다.

다음으로 한국에 온 중국사신과 일본사신에 대한 영접연향과 이 연향에서 연행되는 각종 악가무와 산악·백희에 대해 고찰하였다. 삼국시대부터 조선시대에 이르기까지 한국에 온 중국과 일본 사신의 영접행사에서 베풀어진 궁중연향과 객관에서 열린 연향에서 연행된 정재와 전통연희를 구체적으로 살펴보았다. 사신영접의례라는 틀에서 동아시아 3국의 사신영접연향에서 연행된 연희를 살펴보고 이를 통해 3국의 문화교류양상과 문화적 보편성과 차이점을 확인하고자 하였다.

고구려 고분벽화와 『삼국사기』 등의 기록을 통해 볼 때, 삼국시대부터 우리의 독자적인 악가무와 중국으로부터 받아들인 산악백희가 궁중연향은 물론 사신영접연향에서 연행되었음을 확인할 수 있었다. 한국에서 삼국시대 이래의 악무는 향악으로 정착되었으며 중국의 당악과 서역의 음악을 수용하여 이후 고려와 조선시대에 이르기까지 각종 정재에서 연주되었다.

고려시대에는 국왕이 연등회, 팔관회 및 서남경 순행 후 환궁하면 거가환궁행사를 하였다. 이는 사신을 영접하기 위해 출궁하였다가 환궁하는 것과 그 목적과 성격은 다르지만 기본적으로 국왕이 사신을 영접하기 위해 출궁하였다가 환궁하는 것은 같다고 볼 수 있다. 따라서 왕실행사를 위해 출궁하였다가 돌아올 때 했던 거가환궁행사에서 연행된 정재와 연희들이 사신영접행사에서도 공연되었을 것으로 보인다. 국왕의 거가환궁행사에서 대악서와 관현방은 산대를 가설하고 산악·백희를 공연하였다. 그리고 교방 여기는 각종 가무희를 연행하였으며 교방과 유생은 가요를 올렸다.

조선시대가 되면 고려시대에 비해 사신을 영접하는 절차가 더욱 정치해지고 이들을 영접하는 연향도 성대했다. 먼저 중국사신의 경우, 이들을 맞이하여 경복궁으로 이어지는 국왕의 행렬이 있었으며 여기서 각종 가무희와 산악·백희가 연행되었다. 그리고 궁으로 들어가 수조의례(受詔儀禮)를 행하고 수조의례가 끝나면 정재가 진행되었다. 궁중에서 행사가 끝난 후 사신과 국왕 및 문무백관은 객관으로 이동하여 이들을 위로하는 연회를 또 한 번 베풀었다. 이 연회에서는 산대를 가설하고 각종 산악·백희를 연행하였다. 하지만 일본 사신이 올 경우에는 국왕의 성문 밖 교영이 없었으므로 가항결채나 광화문 밖 산대 가설과 산악·백희의 공연은 없었다. 그리고 궁중에서 이들의 국서를 받는 의식이 끝나면 뒤이어 바로 사신을 위로하는 연향을 베풀었으며 여기서 정재는 물론 산악·백희 공연을 함께 하였다. 수조의례가 끝난 후 객관에서 별도의 또 다른 연향은 없었다.

그 다음은 중국과 일본에 간 한국 사신들이 어떠한 연향에 참여하였으며 이들이 본 양국의 궁중연향에서 베풀어진 공연내용을 살펴보았다. 중국은 한대 이래로 번국(蕃國)의 사신이 오면 각종 산악·백희를 관람시켰다는 기록이 보인다. 당은 서역과의 교류를 통해 서역의 산악·백희 문화를 받아들여 더욱 풍부하게 발전시켰으며 이를 사신영접행사에서 공연하여 한국은 물론 일본에까지 문화적으로 큰 영향을 미쳤다. 사신왕래를 통해 이러한 선진 연희문화를 접하면서 한국과 일본도 다양한 음악과 산악·백희를 발전시킬 수 있었다. 중국은 당·송대를 거치며 공연문화가 변화했고 이에 따라 궁중의 사신영접행사에도 변화가 생겼다. 한대 이래의 잡기는 물론, 삼국지 등 희곡이 추가로 공연되었다. 명·청대 이후 궁중연향에서 연행된 산악·백희 중에는 특히 환술 공연이 큰 비중을 차지하는 것이 특징이라 하겠다. 일본의 사신영접연향에서는 1711년 이전은 주로 산악·백희와 동물흉내내기가 연행되었다면 1711년 이후에는 연향의 내용과 구성에 커다란 변화가 있게 된다. 동물흉내내기 등의 잡희 외에 가부키와 같은 연극적 공연을 비롯해 닌교조루리, 부가쿠 등이 공연되었다.

한국, 중국 그리고 일본의 사신영접절차와 사신영접연향에서 연행되는 공연을 고찰해 본 결과 동아시아 3국의 사신영접연향의 보편성과 차이점을 찾을 수 있었다. 동아시아의 한·중·일 삼국의 악무는 기본적으로 공통된 토대를 가지고 있었다고 할 수 있다. 중국에서는 고구려와 백제의 악이 칠부기(七部伎), 구부기(九部伎), 십부기(十部伎)에 포함되어 있었다.

그리고 일본은 6세기 삼국과 발해로부터 삼국악과 당으로부터 당악을 직접 수용하였다. 일본에서 삼국악은 고려악이라 하여 당악과 함께 일본 궁중음악의 한 축을 담당하게 되었다.

중국, 한국, 일본은 모두 궁중의례가 끝난 후 공통적으로 사신영접행사에서 산대를 가설하고 잡희를 연행하였다. 한대 이래로 중국은 사신이 오면 황궁에서 열리는 연향에서 잡희를 관람시켰다. 일본도 사신연향에서 잡희를 주로 공연하였다. 이러한 전통은 중국에서 시작되어 사신왕래를 통해 한국과 일본이 이를 받아들인 결과였다. 이를 통해 산악·백희 공연은 동아시아 3국의 공통된 영접행사였음을 알 수 있다. 이때의 공연예술은 두말할 것도 없이 당대 최고의 예술이었으며 기예를 갖춘 전문연희자들이 공연했다. 산악·백희는 중국에서 보낸 전문 연희자들을 통해 전수받기도 하였지만 사신단 일행으로 간 일부 예인들, 중국에서 온 사신단에 포함된 예인들 및 유학생이나 구법승 등을 통해 본국으로 전해졌던 것이다. 그리고 본국의 사정에 맞게 새로운 것을 끼워 넣기도 하고 생략하기도 하였다.

그러나 3국의 사신영접행사에는 차이점도 존재한다. 중국은 객관은 물론 궁정의 사신영접연향에서 다양한 산악·백희 공연을 하였던 것에 반해, 한국은 궁정에서 중국사신을 영접할 때에는 산악·백희 공연을 하지 않았고 객관에서 열린 사신연에서 산악·백희를 공연하였다는 점이다. 물론 각 지방 객관에서는 산대를 가설하고 산악·백희를 하였다. 하지만 일본사신 영접행사의 경우는 궁중에서 산악·백희 공연을 한 것으로 나타난다. 이러한 차이는 중국사신이 가지고 오는 황제조서를 영접하는 행사는 가례에 속하는 것으로 궁중에서 수조의례에서는 정재만 올리는 데에 반해 주연을 베풀고 흥을 돋우는 사신연이 열리는 객관에서는 함께 즐길 수 있는 산악·백희와 여기의 가무희를 공연했기 때문인 것으로 보인다.

일본 사신영접행사는 중국과 달리 궁중에서 국서를 받는 의식에 이어서 베푼 연회에서 산악·백희 공연을 하였다. 〈수인국서폐의(受隣國書幣儀)〉에 이어지는 연회를 객관에서 별도로 치르지 않았다.

가장 큰 차이는 중국과 일본의 사신영접연향에서는 18세기 이후 연극이 공연되었지만, 한국에서는 이러한 변화가 보이지 않는다는 것이다. 중국은 삼국지를 비롯한 희곡공연이 여러 날에 걸쳐 공연되었으며 일본은 가부키, 노와 교겐, 닌교조루리 등 다양한 극공연이 행해졌다. 하지만 한국은 여기의 가무희와 산악·백희가 여전히 사신영접행사의 주가 되었다. 그 가운데 탈을 쓰고 춤을 추는 장면이나 가면극의 한 과정이 연행되는 모습을 《봉사도》와 채색화 〈낙성연도〉에서 찾아볼 수 있어서 연극적 성격의 공연이 있었을 가능성을 보여주고 있다.

동아시아 3국의 문화적 보편성은 사신왕래를 통해 이루어졌음은 부인할 수 없다. 사신은 정치적 목적을 달성하기 위해 파견되었지만 동시에 이들을 수행한 역관, 문인, 상인, 의원, 예술인들을 통해 선진문화를 배우고 받아들여 귀국한 후 각 분야의 발전을 이끄는 계기였다. 따라서 사신왕래는 동아시아 3국이 공식적으로 외교 상대국의 최고 수준의 문화를 접하고 수용하는 통로였다. 이를 통해 각국의 문화적, 정치적, 사회적 특수성에도 불구하고 상호 공통된 문화를 형성할 수 있었다.

차례

표 목차

그림 목차

제Ⅰ장
서 론

1. 연구목적

한국, 중국, 일본은 고대 이래로 지속적으로 교류해오면서 정치, 사회, 문화 등 여러 분야에서 유사한 체제를 형성하였다. 동아시아 3국의 정치적, 문화적 보편성은 상호 교류와 갈등을 반복하면서 서로의 문화를 수용하는 과정에서 이루어진 것이었다. 특히 동아시아 3국은 책봉-조공이라는 독특한 외교질서체제 속에서 상호 사신을 파견함으로써 다양한 현실문제의 해결을 도모하였다. 사신파견은 각 국의 현안 해결이라는 현실적 목적 이외에 매우 중요한 기능을 하였는데, 바로 문화교류였다. 특히 사신파견은 국가 간 의례에 대한 상호 인식을 바탕으로 하는 것이었으므로 동아시아 3국의 의례절차는 공통성을 지니게 되었다. 나아가 이들 사신단에는 정사(正使)와 부사(副使)를 비롯한 정치인뿐만 아니라 학자, 상인, 화가, 의원, 예인 등 다양한 분야의 최고 수준의 수행원들이 동행함으로써 사상, 학문, 문학, 예술 등 문화 전반에 걸친 교류가 이루어졌음은 두말 할 나위도 없다.

사신영접은 상호 인정을 기반으로 절차에 따라 그에 맞는 처우가 수반된다. 사신을 영접하는 일은 중요한 국가적 행사였으므로 각 국은 이들을 접대하는 의례에 매우 신경을 썼으며 이들에게 베푸는 연향에서는 최고의 접대가 이루어졌다. 이들을 위로하는 연향에서 마련되는 기물, 음식, 술 등은 물론 음악, 춤, 전통연희 등도 최고 수준의 것들이었다. 따라서 사신영접은 국가적 역량과 문화가 총동원되는 자리로서 대외적으로는 국가 간 최고 수준의 문화교류가 이루어지는 공식적인 자리이자 대내적으로는 국가의 통치 질서를 확인하고 중앙과 지방의 문화교류를 촉진하는 기회였다.

이 책에서는 동아시아 3국의 사신영접의례의 성립과정과 영접절차를 알아보고, 사신을 위해 마련한 연향에서 연행된 연희가 어떤 것이었는지도 살펴본다. 각 종목 자체에 대한 분석이나 역사적 변천과정보다는 사신영접의례의 운영과 영접연향에서 연행된 연희를 살펴보고 그 보편성과 차별성을 고찰하는 것이 목적이다. 이를 위해 먼저 각국의 사신영접의례의 성립과정과 의례절차의 운용을 살펴보고 사신 왕래와 사신영접의례에 보이는 동아시아 3국의 상호연관성을 알아보고자 하였다. 두 번째, 사신영접행사에서 연행된 연희를 통해 3국의 문화교류 양상과 문화적 보편성과 차이점을 확인하고자 하였다. 사신 교환은 정치적 목적을 달성하기 위한 행위이지만 그 외에 상호 간의 교류를 통해 문화를 전파하고 수용함으로써 문화적 성장을 이루는 데에 중요한 기능을 했다. 이를 통해 3국은 독자성을 확보하는 중에도 동아시아적 보편성을 이루게 되었다. 세 번째는 지방의 사신영접행사를 통해 사신영접이 중앙과 지방 사이의 문화교류와 지방문화 수준 향상에 기여한 바를 알아보고자 하였다. 사신 교환은 국가 간 의례행위로서 가장 빠르고 공식적인 국제문화 교류 창구이자 국내적으로는 중앙의 선진문화를 지방으로 전파하고 역으로 지방의 공연문화를 중앙에 전파하는 데에 중요한 역할을 하였다.

2. 선행연구 검토

사신영접의례에 관한 연구는 주로 역사학계를 중심으로 이루어져 왔다. 역사학계의 연구는 정치·외교적 관점에서 의례절차를 해석하고, 그에 따라 국제관계를 설명하거나 한국의 오례수용 과정을 실증적으로 규명하는 데에 치우쳐 있다.[1] 특히 빈례 단독의 주제보다는 성리학적 예제라는 커다란 틀 속에서 연구되어왔다.[2] 반면 민속학계와 공연예술 분야의 연구는 당시 궁중에서 연행되던 음악, 정재, 무용, 가무희, 전통연희 등 연희나 종목 그 자체에 관한 연구가 주를 이루고 있다. 따라서 개별종목의 연행양상과 공연형식 등에 관한 연구는 상당히 많이 축적되어 있다. 하지만 문화사적 측면에서 사신영접이라는 국가적 의례와 영접행사에서 이루어지는 각종 정재와 연희를 연계한 연구는 많지 않다. 그리고 시대적으로는 조선시대에 집중되어 있어 통시대적으로 이를 연구, 정리한 작업은 없었다.

먼저 역사학계의 연구성과와 경향에 대해서 살펴보겠다. 역사학계에서는 최근 20여 년간, 특히 2000년대 들어와서 근대 이전의 외교관계에 대한 관심이 높아지면서 빈례에 대한 연구 성과가 축적되어 왔다. 일본의 경우는 1960년대 이래로 고대의 외교의례에 대한 관심 속에서 많은 연구가 이루어졌지만 한 동안 침체되어 있다가 1990년대에 들어와서 다시 활

1) 한형주, 「대명의례(對明儀禮)를 통해 본 15세기 조명관계」, 『역사민속학』 28, 역사민속학회, 2008; 윤승희, 「조선초 대일빈례(對日賓禮)의 정비와 '수인국서폐의(受隣國書幣儀)'」, 『조선시대사학보』 70, 2014; 하우봉, 「조선시대의 통신사외교와 의례문제」, 『조선시대사학보』 58, 2011; 방기철, 「朝鮮初期 交隣國 使臣의 位次-朝·日關係를 중심으로-」, 『사학연구』 79 등이 있다.

2) 이범직, 『韓國中世禮思想研究:五禮를 中心으로』, 일조각, 1991; 『朝鮮時代 禮學研究』, 국학자료원, 2004; 고영진, 『조선중기 예학사상사』, 한길사, 1995.

발하게 연구되었다.[3] 당의 『개원례(開元禮)』를 중심으로 빈례를 해석하고 분석한 대표적인 일본학자는 바로 이와미 기요히로(石見清裕)이다. 그는 자신의 논저 『唐の北方問題と國際秩序』에서 『개원례』의 역주를 시도하였으며 『개원례』의 규정에 따라 각 의식을 복원해 냈다.[4] 『개원례』의 분석뿐만 아니라 당시 외교의례의 복원, 당의 영빈기관과 객관제도까지 총체적으로 연구 분석함으로써 당의 외교의례체제 전반을 밝혀냈다. 그의 연구는 이 시기의 빈례를 복원하고자 시도한 매우 중요한 연구서이며 한국 고대의 사신영접의례 연구에도 많은 영향을 끼쳤다. 하지만 한국 역사학계의 연구서와 연구논문은 대부분 조선시대 사신영접의례 연구에 치우쳐 있으며 주로 국제관계 측면에서 동아시아 국제정치의 역학관계를 규명하고 그 정치적 의미를 찾는 데에 초점을 맞추고 있으며, 외교절차 분석을 통해 동아시아 국제질서에서 한국의 정치적 위상을 밝히는 데 중점을 두고 연구되었다.[5]

시대별로 사신영접의례에 관한 연구 현황을 살펴보면, 성리학적 질서에 기반을 둔 대중국 사대외교와 교린국과의 외교에 관한 규정을 담은 예전들이 지속해서 편찬, 증·보수되었던 조선시대에 대한 연구성과가 가

3) 森公章, 『古代日本の對外認識と通交』, 東京:吉川弘文館, 1998.; 古瀬奈津子, 『唐使の見た中國』遣, 東京 : 吉川弘文館 , 2003; 박석순, 「고대 일본의 다죠칸(太政官)의 외교기능에 대한 고찰」, 『일본학보』 59, 한국일본학회, 2004; 廣瀬憲雄, 『東アジアの國際秩序と古代日本』, 吉川弘文館, 2011; 石見清裕, 『唐代の国際関係』, 東京: 山川出版社, 2009; 荒野泰典, 石井正敏, 村井章介 編 『律令國家と 東アジア』, 吉川弘文館, 2011; 田中健夫, 『中世海外交涉史の研究』, 東京 : 東京大學出版會, 2002; 田島公, 「日本の律令國家の賓禮-外交儀式よ見た天皇と太政官-」, 『史林』 68-3, 1985.

4) 石見清裕, 『唐の北方問題と國際秩序』, 汲古書院, 1998.

5) 김경록, 「朝鮮初期 對明外交와 外交節次」, 『한국사론』 44, 2000; 이규철, 「조선 성종대 외교의례 변경에 대한 논의와 대명의식」, 『역사와 현실』 98, 한국역사연구회, 2015; 김문식, 「조선시대 外交儀禮의 특징」, 『동양학』 62, 단국대 동양학연구원, 2016.

장 많은 비중을 차지한다. 반면 삼국시대와 통일신라시대 그리고 고려시대의 빈례 연구는 그에 비하면 많지 않다. 하지만 1990년대 중반, 특히 2000년대 들어서 조선시대 이전의 빈례에 대한 연구서와 논문들이 급격하게 증가하였다. 주로 통일신라시대 외교의례연구에 집중되어 있는데 이는 고구려, 백제보다 남아 있는 자료가 많기 때문이다. 채미하는 오례체제 수용이라는 측면에서 가례(嘉禮), 길례(吉禮), 군례(軍禮) 등과 함께 통일신라시대에 이미 빈례가 시행되고 있었음을 여러 단편적 기록을 통해 복원하고자 하였다. 특히 통일신라시대 가례 등 오례체제 수용을 집중적으로 연구하였다.[6] 최희준은 『개원례』를 분석하고 통일신라시대 빈례의 운용에 대해 연구하였다.[7] 박남수 역시 8세기 신라의 영빈기구와 영빈체계에 대해 고찰한 바 있다.[8] 이들 연구는 『삼국사기(三國史記)』와 중국 및 일본의 기록을 통해 통일신라의 사신영접의례 내용을 복원하고 그 의미를 고찰하였다.

고대 중국과의 사신왕래와 관련한 논저로 권덕영의 『고대한중외교사(古代韓中外交史)-견당사연구(遣唐使硏究)-』를 들 수 있다.[9] 고대 한반도와 중국의 사신 왕래를 총체적으로 분석한 연구서이다. 이 책은 고구려, 백제, 신라 그리고 통일신라와 발해의 견당사를 연구 대상으로 하였다. 『삼국사기』를 비롯한 우리 측 사서와 중국의 관련 사서에 보이는 견당사 관련 기록을 모두 검토하고 사실관계 및 전후관계를 밝히고 있다. 그리고 견당사의 파견 목적 및 인적 구성, 사행로 등을 규명하고 나아가 이들이

---

6) 채미하, 「신라 중대 오례와 왕권-오례 수용을 중심으로-」, 『한국사상사학』 27, 2006; 「신라의 賓禮: 당 사신을 중심으로」, 『한국사학보』 43, 고려사학회, 2011; 「한국 고대의 궁중의례」, 『사학연구』 112, 한국사학회, 2013.

7) 최희준, 「신라 中代의 唐 사신영접절차와 운용」, 『한국사연구』 153, 한국사연구회, 2011.

8) 박남수, 「8세기 동아시아외교와 迎賓體系」, 『신라사학보』 21, 2011.

9) 권덕영, 『古代韓中外交史-遣唐使硏究-』, 一潮閣, 1997.

중국에서 한 다양한 정치적, 문화적 활동도 함께 다루었다. 이 책은 고대 견당사의 활동을 다각적으로 살펴봄으로써 당시의 외교관계를 입체적으로 조명하였다. 『한국고대국가와 중국왕조의 조공·책봉관계』는 여러 학자의 논문을 엮은 책으로 주로 조공과 책봉이라는 관점에서 당시 고구려, 백제, 신라와 발해의 대중국 관계에 초점을 맞추고 있다.[10)]

고려시대의 경우 일차적으로 자료의 부족으로 인해 사신영접의 실제적 절차와 영접행사를 전체적인 틀에서 조망한 연구는 많지 않다. 주로 행례 절차와 의례적 측면에서 의미를 분석하는 것이 주를 이루고 있으며 『고려사(高麗史)』「예지(禮志)」를 분석하는 과정에서 일부 언급되고 있는 정도이다.[11)] 이들 연구는 『고려사』「예지」의 편찬배경과 구성상의 특징 등에 초점을 맞춘 것으로 사신영접의례 자체가 연구 대상은 아니다. 그 외에 「예지」의 사신영접 절차에서 국왕의 배위(拜位)와 자세를 연구하여 이를 통해 고려와 중국 왕조와의 관계를 규명하고자 하는 시도도 있었다.[12)]

조선시대의 사신영접의례와 이들을 영접하는 행사에 대한 기록은 『조선왕조실록(朝鮮王朝實錄)』을 비롯해 여러 예서, 중국 사신들의 조선사행록, 개인 문집 등 삼국시대나 통일신라, 고려와는 비교가 되지 않을 정도로 많이 남아 있어 이 시기의 예전에 관한 연구 분석 작업은 활발하게 이루어졌다.[13)] 조선시대의 사신영접의례 관련 연구는 주로 『조선왕조실

10) 여호규, 노태돈, 박한제, 송기호, 권덕영, 『한국고대국가와 중국왕조의 조공·책봉관계』, 고구려연구재단, 2006.

11) 이범직, 「『高麗史』 예지 「軍禮·賓禮」의 검토」, 『명지사론』Vol.1 No.1, 명지사학회, 1983; 김창현, 「『고려사』 예지의 구조와 성격」, 『한국사학보』 44, 고려사학회, 2011; 이유진, 「『高麗史』 「禮志」에 보이는 『周禮』의 受容 樣相」, 『哲學思想』 14, 동국대학교 철학회, 1993.

12) 김성규, 「고려 외교에서 의례(儀禮)와 국왕의 자세」, 『역사와 현실』 94, 한국역사연구회, 2014; 박윤미, 「고려전기 외교의례에서 국왕 '서면(西面)'의 의미」, 『역사와 현실』 98, 한국역사연구회, 2015.

록』을 바탕으로 각종 예서의 빈례, 『통문관지(通文館志)』를 비롯한 외교 실무집과 사행사신들의 사행록을 중심으로 당시의 대중국, 대일본 관계를 밝히고자 하였다.[14] 특히 17세기 이후는 연행사나 통신사로 중국과 일본에 다녀온 조선의 사신들이 사행일기와 문집을 많이 남기고 있어서 당시 조선의 대중국 외교와 대일본 외교의 실상을 파악할 수 있는 자료가 많다. 그런 이유로 조선시대의 빈례 연구가 압도적으로 다수를 차지한다. 주로 다루는 주제는 중국의 사신이 왔을 때 행례 절차와 국왕의 배위를 분석함으로써 중국과의 상대적 관계를 해석하고, 사신영접의례 절차 속에서 중국과 일본 관계를 분석하여 당시의 정치적 상황을 해석하는 연구들이 많다. 1960년대 이현종의 「조선초기왜인접대고(朝鮮初期倭人接待考)」 3편과 「명사접대고(明使接待考)」는 빈례에 관한 초기 연구논문으로서 『조선왕조실록』에 보이는 명 사신과 왜 사신의 내조(來朝) 관련 기사와 『해동제국기(海東諸國記)』, 『통문관지』, 『증정교린지(增訂交隣志)』 등의 외교실무집의 규정을 살펴보고 이들의 사행로, 접대절차 및 접대규정을 고증하였다.[15] 그러나 그의 연구는 관련 기록을 충실히 활용하고 있지만, 나열식의 설명

---

13) 김해영, 「조선초기 예제연구와 『국조오례의』의 편찬」, 『조선시대사학보』 55, 2010; 안유경, 「『국조오례의(國朝五禮儀)』와 그 속보(續補)편의 편찬과정 및 내용」, 『유교문화연구』 16, 2010; 김영시, 「역대 한국에서 편찬된 오례의에 대하여(1)-고려와 조선초기에 편찬된 오례의를 중심으로-」, 『동양예학』 25, 동양예학회, 2011; 강제훈, 「조선 『世宗實錄』「五禮」의 편찬경위와 성격」, 『사학연구』 107, 2012; 최종석, 「고려말기·조선 초기 迎詔儀禮에 관한 새로운 이해 모색-『蕃國儀注』의 소개와 복원-」, 『민족문화연구』 69, 2015 등이 있다.

14) 이영춘, 「『通文館志』의 편찬과 조선후기 韓中關係의 성격」, 『역사와 실학』 33, 역사실학회, 2007; 이화영, 「15世紀 朝鮮과 交隣國의 賓禮 硏究」, 한국교원대학교 교육대학원 석사학위논문, 2009; 유바다, 「朝鮮 初期 迎詔勅 관련 儀註의 성립과 朝明關係」, 『역사민속학』 40, 2012.

15) 이현종, 「明使接對攷」, 『향토서울』 12, 1961; 「朝鮮初期 倭人接對攷(상)」, 『사학연구』 3, 1959; 「朝鮮初期 倭人接對攷(중)」, 『사학연구』 4, 1959; 「朝鮮初期 倭人接對攷(하)」, 『사학연구』 5, 1959.

에 그치고 있으며 분석적 고찰은 충분하지 않다. 김성규는 중국의 당대부터 청대에 이르기까지 한국의 빈례와 연계하여 중국의 빈례를 연구함으로써 전 시대를 관통한 연구를 진행하였다.[16)]

다음으로 민속학계와 공연예술 분야의 선행연구를 살펴보겠다. 사신영접행사와 관련하여 사신들을 위로하는 사신연(使臣宴)에서 연행한 정재와 전통연희에 대한 연구 역시 2000년대 들어 활발하게 이루어지고 있다. 하지만 조선시대 이전 시기의 자료는 매우 빈약한 관계로 이전 시기의 외국사신영접과 사신연의 연희에 관한 연구가 매우 적은 것이 현실이다. 고대와 중세의 사신영접행사 관련 연구로는 『선화봉사고려도경(宣和奉使高麗圖經)』(이하 『고려도경(高麗圖經)』)을 토대로 송 사신의 영접절차와 송 사신의 영접과정을 다룬 김성규와 민태혜의 논문을 들 수 있다.[17)] 김성규는 『고려도경』의 기록을 근거로 이들이 중국에서 고려 개경에 도착하여 황제의 사절로서 수행한 일정을 정리하고 송 사절단의 구성과 성격, 그리고 송이 고려에 사신을 파견한 당시의 정치적 배경 등을 밝히고자 하였다. 의례 자체에 대한 분석을 담고 있지는 않으나 고려시대의 사신영접관련 기록이 많지 않은 점을 고려할 때, 당시 기록으로서 매우 중요한 가치를 지닌 『고려도경』을 분석하여 송 사신의 사행과정을 복원한 것은 큰 의미가 있다. 민태혜는 『고려도경』에 나오는 사행로를 분석하고, 각 지방 객관에서 치러진 조서영접의례, 특히 송 사신이 개경에 이르는 사신행렬과 고려 국왕이 이들을 영접하는 행사를 중심으로 기존의 궁중연향

16) 김성규, 「中國王朝에서 賓禮의 沿革」, 『중국사연구』 23, 2003; 「宋代 동아시아에서 賓禮의 성립과 그 성격」, 『동양사연구』 72, 동양사학회, 2000; 「『大唐開元禮』 소재 外國使 관련 諸儀禮의 검토」, 『중국고중세사연구』 27, 중국고중세사학회, 2012. 등이 있다.

17) 김성규, 「'선화봉사고려사절단'의 일정과 활동에 대하여」, 『한국중세사연구』 40, 한국중세사학회, 2004; 민태혜, 「고려시대 중국사신영접의례와 전통연희」, 『남도민속연구』 31, 남도민속학회, 2015.

및 전통연희에 대한 연구 성과를 활용하여 당시 사신영접행사에서 연행된 전통연희를 고찰하였다는 점에서 의미가 있다고 하겠다. 그러나 고려시대 사신영접행사 관련 기록이 부족한 관계로 구체적이고 명확한 복원이 이루어지지 못한 것은 한계라 할 수 있다.

조선시대 중국에서 이루어진 사신영접행사와 사신연에 관해서는 주로 조천록(朝天錄)과 연행록(燕行錄)을 통해 확인할 수 있었다. 조천록도 남아 있는 기록이 얼마 되지 않고 그마저도 연희와 관련한 내용이 적어서 명이 조선사신을 위해 베푼 연향에서 연행된 연희를 상세히 확인하기 어렵다. 하지만 청 사행을 기록으로 남긴 연행록은 상대적으로 매우 많이 남아 있다. 청에 사신으로 갔던 이들이 남긴 연행록에 대한 연구는 주로 한문학계나 국문학계를 중심으로 이루어져 왔다.[18] 이들 연행록에는 일기형식의 글과 더불어 상당량의 시문들이 남아 있어서 문학적으로 연구가치가 높기 때문이다. 그러나 최근 들어 이들 연행록은 문학적 차원을 넘어 연행록에 포함된 연희내용에 주목하면서 중국의 사신영접행사에서 공연된 다양한 전통연희와 춤에 관한 연구가 활발하게 이루어졌고, 사신들이 한양에서 압록강에 이르는 연도의 지방 객관에서 열린 연회에서 연행된 가무희와 지방공연문화에 관한 연구도 함께 이루어졌다.[19]

18) 엄경흠, 「한국 사행시연구-14~17세기를 중심으로-」, 동아대학교 박사학위논문, 1993; 박지선, 「노가재 연행일기 연구」, 고려대학교 박사학위논문, 1995, 조규익, 「조선조 국문사행록의 통시적 연구」, 『어문연구』 제31권 제1호, 어문연구회, 2003; 임기중, 『燕行錄研究』, 일지사, 2006; 조규익, 이성훈, 전일우, 정영문 엮음, 『연행록 연구총서』, 학고방, 2006; 유정선, 『18·19세기 기행가사 연구』, 열락, 2007; 김현미, 『18세기 연행록의 전개와 특성 연구』, 혜안, 2007; 정한기, 「연행가에 나타난 客愁의 특징과 그 의미-국역 연행록선집에 수록된 연행록과의 대비를 중심으로-」, 『고전문학과 교육』 16, 한국고전문학교육학회, 2008 등이 있다

19) 윤광봉, 『朝鮮 後期의 演戲』, 박이정, 1998; 임기중, 「연행록의 환희기」, 『한국민속학』 31, 한국민속학회, 1999; 「연행록의 演戲記와 觀戲詩」, 『문학한글』 13, 한글학회 1999; 김

통신사 연구를 통해 일본에서 이루어진 사신영접 행사와 연향에 관한 연구성과도 상당히 축적되었다. 통신사들이 남긴 사행록과 통신사 행렬을 그린 일본 측 회화자료와 기록이 남아 있고 최근 일본과의 문화교류가 증가하면서 이 부분에 관한 연구가 활발하게 이루어졌다. 통신사에 관한 연구는 이들이 입국해서 에도(江戶)에 이르기까지의 과정에 관한 연구,[20] 당시 조선과 일본의 연희문화 교류와 상호인식에 대한 연구[21], 그리고 국내 여정에서 객관에서 이루어지는 사신연의 연행 양상 및 일본의 사신접대 연향[22] 등 다양한 주제로 연구가 이루어지고 있다. 특히 통신사행

남기, 「『燕轅日錄』에 나타난 가무악과 연희의 연행 양상」, 『국문학연구』 7, 서울대학교국문과, 2001; 「『燕轅日錄』에 나타난 기녀의 생활과 애환」, 『돈암어문학』 20, 돈암어문학회, 2008; 홍성남, 「燕行錄에 나타난 '幻術'과 '演劇' 연구」, 『동아시아고대학』 5, 동아시아고대학회, 2002; 김은자, 「朝鮮後期 平壤敎坊의 規模와 公演活動-『平壤志』와 〈平壤監司歡迎圖〉를 중심으로-」, 『한국음악사학보』 31, 한국음악사학회, 2003; 임미선, 「조선후기 지방의 연향」, 『한국음악연구』 46, 한국국악학회, 2009; 이창숙, 「燕行錄에 실린 중국 연희(演戲)와 그에 대한 조선인의 인식」, 『한국실학연구』 20, 한국실학학회, 2010; 최성애, 「19세기 연행록에 표현된 연행활동-춤을 중심으로-」, 『한국무용사학』 11, 한국무용사학회, 2010 등이 있다.

20) 박화진, 김병두, 『에도 공간 속의 통신사-1711년 신묘통신사행을 중심으로-』, 한울아카데미, 2010.

21) 신기수, 仲尾宏, 『圖說 朝鮮通信使の旅』, 明石書店, 2000; 신기수, 『朝鮮通信使の 旅日記』, PHP新書, 2002; 김문식, 「조선후기 통신사행원의 대일인식」, 『대동문화연구』 41, 2002; 한태문, 「통신사 왕래를 통한 한일 연희교류」, 『지역과 역사』 23, 부경역사연구소, 2008; 정은영, 「조선후기 통신사와 조선중화주의-사행기록에 나타난 대일인식전환을 중심으로-」, 『국제어문』 46, 2009; 김은자, 「對日 使行에 나타난 조선지식인의 일본음악 인식」, 『조선통신사연구』 13, 2011; 한문종, 「조선시대 대일사행과 대마도」, 『한일관계사연구』 49, 2014 등이 있다.

22) 정영문, 「通信使가 기록한 國內使行路程에서의 餞別宴」, 『조선통신사연구』 7, 2008; 「국내 '通信使 길'에 나타난 地方公演文化의 樣相과 意味 考察」, 『열상고전연구』 30, 2009; 오진호, 「조선후기 동래부의 악공, 기생의 공연활동 연구-18~19세기 사료를 중심으로-」, 『한국음악문화연구』 1, 한국음악문화학회, 2010; 박태규, 「조선통신사 접대연향을 통해 본 일본 의전(儀典)문화 및 전통예능의 특수성」, 『일본학연구』 37, 2012; 최성애, 「계미통신사행록을 통해 본 공연양상-『日東壯遊歌』·『乘槎錄』·『日本錄槎上記』의 국내 여정을

기록을 분석하여 통신사의 여정과 이들을 위해 국내의 객관에서 베푼 연향에서 연행된 가무희 및 연희에 대한 연구뿐만 아니라 일본 내 사행로상에 있는 지역과 에도에서 열린 연향을 분석, 비교하는 작업들이 이루어졌다. 이들 연구업적을 통해 한국과 일본의 사신영접행사에서 연행된 연희의 비교작업이 가능했다.

궁중의례로서 사신영접행사에 대한 연구는 주로 의례적 측면과 절차적인 측면에서 이루어지고, 영접행사에서 연행된 정재나 전통연희에 대한 연구 역시 종목별 형식이나 연행양상에만 주안점을 두고 있어 사신영접행사라는 맥락에서 살펴보지는 못하고 있다. 사신 영접행사의 전체 맥락에서 공연되는 정재와 연희가 어떻게 유기적으로 행해지는지에 대한 연구는 부족한 실정이다. 사신영접이라는 국가적 행사에서 연희가 어떻게 이루어졌는지 그리고 동아시아 3국이 어떻게 사신영접의례에서 행해지는 연희를 통해 보편성을 이루게 되었는지에 대한 연구는 빈약한 상태이다.

한국의 악가무 및 전통연희에 대해 통시적으로 연구한 논저들은 많다. 먼저 송방송과 이혜구는 고대에서 조선시대까지 사료를 분석하여 한국 악가무의 성립과 역사에 대해 연구하고 한국 음악의 독자적 특성을 밝혔다.[23] 전통연희의 수용과 연행양상을 연구한 논저로는 전경욱의 『한국의 전통연희』[24]가 대표적이다. 그는 한국의 전통연희가 서역과 중국과의 교류의 결과임을 밝히고 시대별로 연행된 전통연희의 기원, 연행양상, 연희자, 각종 행사에서 연행된 전통연희 등을 고찰하면서 조선시대 중국사신영접행사에 대하여 언급하였다. 하지만 이는 한국의 전통연희 전반에 대

중심으로-」, 『대동문화연구』 84, 2013 등이 있다.

23) 송방송, 『韓國音樂史硏究』, 영남대학교출판부, 1993; 『韓國音樂史論叢』, 민속원, 1999; 이혜구, 『韓國音樂序說』, 서울대학교출판부, 1975.

24) 전경욱, 『한국의 전통연희』, 학고재, 2004.

해 종합적으로 고찰한 것으로 사신영접행사의 전체 흐름 속에서 다룬 것은 아니다. 또한 그의 여러 연구 논문 역시 한국의 전통연희의 성립, 변화 발전 과정 및 연행양상, 그리고 중국과 일본의 전통연희와의 비교를 통해 보편성을 밝힌 것으로 사신연에서 연행된 전통연희에 관해 언급한 부분의 비중은 작다.

그 외에 안상복과 김학주 역시 한국과 중국의 전통잡기와 가무희에 대해 연구했다.[25] 안상복은 중국의 잡희 종목의 기원과 시대적 변화양상을 논하였으며, 김학주는 한국과 중국의 가무희의 기원과 역사, 그 보편성과 차이점에 대해 논의하였다. 그러나 이 역시 연행 종목에 대한 연구서로서 사신영접행사의 관점에서 연희를 다룬 것은 아니다.

시대별로 보았을 때, 삼국시대와 통일신라시대 사신연에 관한 연구는 거의 전무한 상태이다. 이는 기록의 부족으로 인한 어쩔 수 없는 현상으로 당시의 악가무와 전통연희에 대한 개별적 연구 성과들은 있으나 사신연과 관련한 연구저서와 논문은 거의 없다고 할 수 있다.

고려시대의 사신연과 관련된 기록들이 『고려사』와 『고려도경』에 단편적으로 남아 있고, 여러 문인과 학자들의 시문집이 남아 있어 사신영접연향에서 어떠한 가무희와 전통연희가 연행되었는지 추측할 수 있다. 하지만 관련 논문이 발표되기는 하였으나 사신연의 구체적인 모습을 확인할 수 있는 기록이 없는 관계로 이 시대의 사신연에 관한 연구 역시 한계가 있을 수밖에 없다.

조선시대 사신연에 관한 연구로는 김종수와 한흥섭 등의 연구[26]를 들

---

25) 안상복, 『중국의 전통잡기』, 서울대출판부, 2006; 『명청시대 지역사회와 공연예술』, 연극과 인간, 2013; 김학주, 『한.중 두 나라의 가무와 잡희』, 서울대학교출판부, 1994; 『중국 고대의 가무희(개정증보판)』, 명문당, 2001.

26) 김종수, 『조선시대 궁중연향과 여악』, 민속원, 2001; 「조선시대 使臣宴 의례의 변천-중국

수 있다. 김종수는 조선시대 궁중연향에서 여악의 문제를 15세기와 16세기로 나누어 살펴보았으며, 특히 조선시대의 예전인 『세종실록(世宗實錄)』 「오례(五禮)」, 『국조오례의(國朝五禮儀)』 및 『통문관지』 등의 기록을 토대로 국왕, 왕세자가 여는 중국사신 영접연향의 의례절차를 구체적으로 살펴보았으며, 조선전기와 조선후기의 사신연의 변화를 분석하였다. 하지만 그의 연구는 연향의례에서 음식과 술이 올라가는 순서와 그에 따르는 행례절차 등에 대해서는 상세히 다루었지만 사신영접행사에서 연행되는 정재와 전통연희에 대해서는 구체적으로 다루지 않고 있다. 한흥섭은 16세기 연산군에서 선조에 이르기까지 유교적 예악과 여악의 사용에 대한 군신간의 논쟁에 주목하여 중국사신영접연향에 동원된 여악의 문제를 다루었다. 이 논문에서는 유교적 명분과 예에 입각한 예악의 측면에서 사신영접에 동원된 여악의 문제를 다루고 있기 때문에 실제 사신영접행사에서 연행되는 정재와 연희에 대해서는 언급하지 않고 있다. 허영일은 조선전기와 후기의 사신연에서 연행된 궁중정재를 『조선왕조실록』과 『통문관지』의 기록을 바탕으로 행례절차에 따라 이루어진 정재에 대해 논하였다.[27] 두 기록을 바탕으로 조선전기의 사신영접 궁중연향과 조선후기의 것을 비교하여 변화양상을 고찰하였다.

조선시대 궁중연향에서 연행된 정재에 대한 연구는 상당히 축적되어 있다. 그러나 대부분 한정된 시기의 연행양상을 다루고 있거나 개별종목에 대해서만 다루고 있고 통시적으로 고찰하지 못했다는 한계가 있다. 본

사신에게 베푼 연향을 중심으로-」, 『온지논총』 38, 2014; 한흥섭, 「16세기 조선왕실의 女樂과 중국사신의 관계-『조선왕조실록』을 중심으로-」, 『국학연구』 23, 2013; 이종숙, 「朝鮮初期 使臣宴의 宮中樂舞 硏究」, 『한국음악사학보』 27, 2001.

27) 허영일, 「조선시대 사신연의 특징과 변화양상-사신연의 궁중정재를 중심으로-」, 『대한무용학회논문집』 71권 2호, 대한무용학회, 2013.

연구는 기존의 연구 성과를 바탕으로 사신영접의례와 사신영접행사에서 연행된 연희를 통시적으로 고찰하고 동아시아 3국의 사신영접의례와 사신영접행사를 비교, 분석하고자 하였다.

이상과 같이 역사학계를 중심으로 한 빈례연구와 민속학계와 음악, 무용학계를 중심으로 한 전통연희와 정재 및 음악에 대한 개별연구 업적[28]은 상당히 축적되어 있으나 사신영접의례라는 하나의 맥락 속에서 통시적으로 고찰한 연구는 많지 않은 실정이다. 본 연구에서는 고대에서 조선시대에 이르기까지 사신영접의례 속에 나타난 사신영접행사에서 연행된 궁중정재와 전통연희에 대해 살펴보고 나아가 중국과 일본의 사신영접행사와 비교, 검토해 보고자 한다.

3. 연구대상 및 연구방법

먼저 연구대상을 정하는 데에 있어서 지역적으로는 한국과 중국, 일본만을 대상으로 하였다. 동아시아는 지역적으로는 한국, 중국, 일본뿐만 아니라 유구(琉球)와 야인(野人)도 포함되며 멀리까지는 중국의 영향이 미치는, 적토국이라 불리던 베트남 지역도 포함될 수 있다. 그럼에도 불구하고 본 연구에서 한·중·일 3국만을 대상으로 한 것은 무엇보다 기타 주변국 관련 자료가 빈약하기 때문이다. 한국에서 유구에 관한 영접의례에 대한 규정은 조선전기 『해동제국기』와 조선후기 『통문관지』와 『증정교린지』에 보이지만 모두 왜국과 함께 취급되고 있어 별도의 규정을 찾기는 어렵다. 그리고 멀리 베트남의 경우 역시 자료가 빈약하여 함께 비교,

28) 이재숙, 『조선조 궁중의례와 음악』, 서울대학교출판부, 1999; 이명성, 「조선후기 궁중공연예술의 공연형태」, 『동양문화연구』 18, 영산대학교 동양문화연구원, 2014.

분석하는 데에 어려움이 있다. 더구나 한국과 직접적 교류가 거의 없는 나라여서 사신영접관련 기록이 전무하다시피하다. 두 번째 이유는 한·중·일 3국은 상호 간의 밀접성과 연관성의 정도가 깊지만 한·중·일 3국 이외의 국가, 특히 유구나 베트남의 경우 영접의례 및 영접행사라는 측면에서 볼 때 한국의 사신영접의례와 영향 관계가 밀접하지 않기 때문에 이들 지역은 제외하였다. 동아시아의 외교질서는 중국을 중심으로 형성된 체제이기는 하나 본 연구는 중국을 중심으로 살펴보는 것이 아니라 한국을 중심으로 살펴보는 것이므로 중국과는 비록 깊은 관련이 있을지라도 연구 범위에서는 제외하였다.

시간적으로는 고대부터 서구 제국주의의 침략이 시작되고 일본과 강화도조약을 맺기 전까지를 살펴보았다. 고대에 확립된 동아시아의 빈례 체제는 19세기 초까지 큰 변화 없이 지속되었다. 시대적 상황이나 국내 상황에 따라 세부적인 내용의 변화나 절차상의 가감은 있었지만 기본적인 체제나 절차는 서양의 외교의전의 영향을 받기 전까지는 거의 변화가 없었다고 해도 무방하다. 그러나 19세기 후반이 되면서 서구의 영향을 받아 이전의 외교의례절차와 완전히 달라졌으며 중국을 중심으로 이루어지던 사신영접의례는 그 의미를 잃게 되었다.

주제의 측면에서 볼 때, 이 책은 외국 사신영접의례와 사신영접행사에서 연행된 정재와 전통연희를 주 연구 대상으로 한다. 의례 자체도 사신영접행사라는 전체적인 틀에서 살펴볼 것이며 정치적 의미나 의례적 측면에서 의미를 찾는 작업은 기존 연구 성과를 활용하였다. 주 연구 대상은 의례절차로서 사신영접과 영접행사에서 연행된 연희의 전체적인 모습을 살펴보는 것이다. 궁중에서 이루어지는 사신영접의례 시 사용되는 예악이나 궁중정재의 자세한 음악적 구조나 작법 등은 주 연구대상이 아니므로 이 부분 역시 논의에서 제외하였다.

또한 용어 사용에 있어서 정재는 악가무를 포함하여 모든 연희를 바친다는 의미로 쓰일 경우 궁중정재와 산악·백희를 모두 포함하는 것이라 할 수 있다. 그러나 이를 모두 정재로 칭할 경우 너무 광범위한 내용을 지칭하게 되므로 본 연구에서는 궁중에서 이루어지는 사신영접행사에서 연행되는 당악정재와 향악정재만을 정재로 칭하고[29] 그 외의 연행되는 다양한 전통연희[30] 중 잡희는 산악·백희라는 용어로 구별하여 칭하였다.

본 연구를 위해 기본사료로서 한국을 비롯해 중국과 일본의 역사서, 예전(禮典), 외교 실무집, 학자들의 문집 그리고 중국과 일본에 사행했던 사신일행이 기록한 사행록(使行錄)을 살펴보았다. 한국 사서로는 『삼국사기』, 『삼국유사(三國遺事)』, 『고려사』, 『조선왕조실록』이 중심이 되며 예서로는 『세종실록』「오례」, 『국조오례의』와 『경국대전』을 참고로 하였다. 이들 사서와 예전의 사신영접과 관련된 기사를 바탕으로 당시 사신영접이 어떻게 운용되었는지 살펴보고자 하였다. 그리고 실제 운영과 관련하여서는 외교실무집이라 할 수 있는 『해동제국기』, 『통문관지』, 『증정교린지』를 참고하였으며 중국사신의 사행록으로 서긍의 『고려도경』, 공용경의 『사조선록(使朝鮮錄)』 및 조선 사신들이 중국을 사행한 기록인 조천록과 연행록을 주로 참고하였다. 일본의 사신영접의례에 관해서는 조선시대에 통신사로 간 사신

29) 정재라는 용어는 조선시대에 일반적으로 사용된 용어로 고려시대에는 교방가무희라고 하였다. 정재라는 용어가 정착된 것은 조선시대이지만 이미 고려 말 정재라는 용어가 등장하는 것으로 보아 조선시대 이전에도 정재라는 말이 교방가무희라는 용어와 혼용되었던 것으로 보인다(전경욱, 앞의 책, 2004, 204쪽). 본 논문에서는 정재로 통일하겠다.

30) 전경욱, 같은 책, 2004, 21쪽. 산악·백희에 속하는 연희에 대해서는 백희, 가무백희, 잡희, 산대잡극, 산대희, 나희 등으로 칭하였으며 최근에는 전승연희나 전통연희라는 용어를 사용한다. 전경욱은 전승연희는 '지금까지 전승되고 있는 연희'라는 의미가 강하여 현재 전승되지 않는 연희들을 포괄하는 데에 문제가 있다고 지적하면서 '전통연희'는 전통사회에서 전승되던 연희라는 의미와 함께 산악·백희에 해당하는 종목들과 본산대놀이 가면극, 판소리, 꼭두각시놀이 등의 연극적 갈래들도 모두 포괄한다고 하였다.

들의 기록인 사행록을 참조하였다. 이러한 실무집과 사신들의 사행록은 직접 보고 들은 내용을 담은 것이며 실무집은 관련 절차 규정이므로 외국사신 영접 절차와 그 과정을 전체적 맥락에서 살펴볼 수 있는 자료이다. 이들 자료를 토대로 각 항목별 내용을 정리, 분석하여 도표화하고 사료기록과 비교하여 실제운영방식을 확인할 수 있었다. 이러한 연구방법을 통해 각 장은 다음과 같이 구성하였다.

Ⅱ장에서는 중국과 일본의 사신영접의례의 성립과정과 의례절차를 고찰하였다. 중국의 경우, 각 시대별 대표적인 예전을 분석, 비교하여 예전 간의 계승관계를 살펴보았다. 그리고 시대별 예전을 중심으로 한국의 사신이 중국에 사신으로 갔을 경우 어떠한 절차에 따라 황제를 알현하고 연회에 참여하였는지 영접의례절차를 살펴보고 이를 도표화하여 각 시대별 예전의 유사성과 차이를 살펴보았다. 특히 중국에 사신으로 갔을 때 입국부터 입경(入京)까지의 절차는 엔닌(圓仁)의 『입당구법순례행기(入唐求法巡禮行記)』를 참고하여 그 과정을 살펴보았다.

일본의 경우, 주로 중국 측 사료와 『일본서기(日本書紀)』, 『속일본기(續日本記)』 등의 사료에 나오는 기사와 국가조직구성과 업무를 규정한 『연희식(延喜式)』의 관련 규정을 통해 10세기 이전의 사신영접의례의 성립과정과 그 절차를 고찰하였다. 그리고 15세기 이후 영접절차는 주로 한국의 외교 실무집인 『해동제국기』, 『통문관지』, 『증정교린지』에 규정된 영접과정의 각 절차와 사료의 기록을 참조하고 통신사들의 사행록도 함께 살펴보아 그 과정을 규명하고자 하였다.

Ⅲ장에서는 한국의 사신영접의례의 성립과정을 살펴보았다. 시대구분은 상고시대와 삼국시대는 자료가 빈약하여 별도로 나누어 논하기에 부족하여 삼국시대부터 통일신라시대를 한 시기로 묶고 그 다음 고려시대와 조선시대로 구분하였다. 고대의 사신영접의례는 주로 『삼국사기』와

중국 및 일본의 사료를 참조하여 당시의 사신영접의례의 성립과 의례의 운영을 고찰하였다. 신라와 통일신라의 사신영접의례가 중국『개원례』의 절차와 거의 동일하게 운영되었음을 여러 기록을 통해 확인하였다.

본격적으로 영접의례규정을 확인할 수 있는 고려시대와 조선시대는 관련 예전과 역사서의 사신영접의례를 분석하고 각 예전의 의례를 비교 분석함으로써 한국의 사신영접의례의 성립과정과 구체적인 의례의 적용에 관해 살펴보았다. 고려시대의 경우『고려도경』의 사신행렬 모습을 재구성하고 궁중에서 행해진 수조의례절차를 고찰하였다. 또한『고려사』「예지」의 명사신과 북조사신 영접절차와 관련 기록을 비교, 고찰하였다. 조선시대는 중국사신영접과 일본사신영접으로 나누어 살펴보고 중국과 일본사신 영접에서 보이는 양국에 대한 조선의 자세와 인식에 대해서도 비교해 보았다. 조선은 중국에서 사신이 오면 궁중에서 조서를 받는 의례와 정재를 하고 다시 객관으로 이동하여 2차 연향을 베풀었음을 고찰하였다. 반면 중국사신을 영접할 때와는 달리 일본사신이 내조했을 때에는 국왕이 교영을 하지 않았으며, 궁중에서 국서(國書)를 바치는 의례와 연향이 연이어 이루어졌다. 이는 천자국과 교린국에 대한 조선의 차별적 인식을 보여주는 것이었다.

Ⅳ장은 중국과 일본의 사신들이 입국하였을 때 사신영접행사에서 연행된 연희에 대해 중점적으로 살펴보았다. 고대의 경우는 고구려 고분벽화,『삼국사기』및 중국의 기록을 통해 당시 사신영접에서 국왕의 행렬모습과 사신영접행사에서 연행된 연희의 모습을 재구성하고자 하였다.『고려사』의 기록과『고려도경』, 여러 문집을 통해 사신영접행사와 국왕의 사신영접행렬의 모습을 살펴보고, 도상(途上)에서 연행된 산악·백희와 궁중에서 행해진 정재에 대해 고찰하였다.

조선시대는 중국사신 영접행사와 일본사신 영접행사를 나누어 살펴보고 이들을 위한 영접행사의 차이점을 알아보고자 하였다. 또한 연행록과 사행록을 참고하여 당시 국내 사행로상의 지방에서 베푼 연회에서 공연된 가무희를 살펴봄으로써 중국과 일본의 사신들이 왔을 때 지방 객관에서 어떤 종류의 가무희를 외국 사신들에게 베풀었는지 고찰하였다. 그리고 당시의 영접의례의 모습과 연향양상을 파악하는 보조 자료로 관련 회화를 활용하였다.《평안감사향연도》, 〈동래부사접왜사도〉, 〈황강연조도〉, 〈의순관영조도〉, 채색화 〈낙성연도〉, 아극돈의《봉사도》, 명대의 〈헌종행락도〉, 통신사 행렬을 그린 〈조선통신사행렬도〉, 조선시대 궁중진연장면을 그린 진연도 등의 회화자료에 보이는 정재, 산대, 각종 산악·백희의 연행 모습을 확인하고 당시 영접연향의 연행 양상과 공연형태를 살펴보았다.

마지막 Ⅴ장에서는 중국과 일본을 방문한 한국 사신에 대한 영접행사를 고찰하여 중국과 일본의 사신영접행사에서 연행된 각종 연희와 음악을 한국과 비교하여 그 보편성과 차이점을 확인하고자 하였다. 중국과 일본의 사신영접행사는 주로 조선 사신이 기록으로 남긴 연행록과 통신사의 사행록을 중심으로 살펴보았다. 또한 사신 교환을 통한 문화교류를 살펴보고 사신영접문화의 보편성 형성에서 사신 교환이 갖는 의미를 찾아보고자 하였다.

본 연구를 통해 동아시아 3국은 사신영접의례에 대한 공통의 인식을 지니고 있었으며 공통적으로 사신영접행사에서 산악·백희를 공연하였음을 알 수 있었다. 하지만 그와 동시에 3국의 차이점도 확인할 수 있었다. 우선 가장 큰 차이는 한국의 사신영접행사에서는 산악·백희가 주를 이루고 연극은 공연되지 않았던 데 반해 중국과 일본의 사신영접행사에서는 연극을 공연했다. 이러한 사실은 연행록과 통신사의 사행록을 통해 알 수 있었다. 하지만 아극돈의《봉사도》나 채색화 〈낙성연도〉를 보면 가면극의 한 장면인 탈을 쓰고 춤을 추는 장면이 보이고 있어 연극적 요소를 지닌 공연도 행해졌을 가능성이 있음을 확인하였다. 두 번째는 중국은 조회에 참여한 번국의 연희자들이 잡희 등의 기예를 황제 앞에서 연행하도록 하였다는 점이다. 한국과 일본에서는 외국 사절의 전문 연희자들이 왕이나 천황 앞에서 정재하는 절차는 없었다. 이는 철저한 중국 중심의 군신관계를 확인하는 것으로 사신으로 온 번국의 사신들이 황제에게 악가무와 잡희를 정재하는 의미가 있는 것이다.

그리고 사신파견이 국가 간에 이루어지는 행위로서 국제적 문화교류에만 영향을 미친 것이 아니라 사신이 이동하는 과정에서 각 지방에서 이루어지는 영접행사를 통해 중앙과 지방의 문화교류가 이루어졌고 지방문화의 수준 향상에도 기여하였음을 고찰하였다.

제Ⅱ장

중국과 일본의 사신영접의례

예(禮)는 춘추전국시대 이후 중국의 사회적 규범으로 기능하였다. 예는 오례(五禮)로 나뉘는데 길례(吉禮), 가례(嘉禮), 군례(軍禮), 흉례(凶禮), 빈례(賓禮)[1]이다. 성립 당시에는 사회적 규범의 기능을 하였던 예가 시대가 지나면서 점차 군신, 관리 간의 규범과 일반 백성을 위한 규범으로까지 분화, 발전하였다. 오례 중 혈연을 기초로 한 봉건적 질서가 황제 중심의 중앙집권적 체제로 발전하면서 황제의 권력을 강화하고 책봉과 조공을 기본으로 하는 국제적 질서로 확대된 것이 빈례라고 할 수 있다. 즉 빈례는 봉건적 군신 관계를 규정하던 것이 중국과 주변국 간의 관계를 규정하는 것으로 변화한 것이다. 이번 장에서는 중국과 일본의 사신영접의례 성립과정과 운용에 대해 살펴보겠다.

1. 중국의 사신영접의례의 성립과 운용

빈례(賓禮)는 외국에 사신을 파견하거나 외국사신을 맞이하기 위해 정

1) 빈례는 외국사신을 맞이하는 의례를 말하는 것으로 본 논문에서는 '사신영접의례'라는 용어를 사용하며, 예서의 편목명으로 사용된 경우나 오례 중의 하나로 언급할 때에는 '빈례'라 칭하겠다.

해놓은 사신영접의례이다. 그 핵심은 중국 황제가 외국의 사절을 맞아 조공국의 국서와 조공물을 받고 그들을 위로하는 연회를 베푸는 일련의 과정이다. 빈례는 원래 주대(周代)의 천자국(天子國)과 제후국(諸侯國) 간의 봉건관계(封建關係)를 규정한 『주례(周禮)』에 처음 등장한다. 『주례』에 나오는 빈례는 주변의 제후국이 천자를 알현하는 예[2])를 규정한 것이었다. 주대의 봉건제(封建制)가 진한(秦漢)시대를 거치면서 군현제(郡縣制)로 변화하고, 황제권이 강화되는 과정에서 빈례는 중국과 주변국의 관계를 규정한 예로 변화하게 되었다. 오례 중 길례, 가례, 군례 그리고 흉례가 대내적 예제라면 빈례는 대외적 예제이다. 이는 중국 중심의 세계질서를 확립하는 과정에서 천자국과 주변의 제후국, 즉 대내적 봉건관계를 대외적 군신관계(君臣關係), 이른바 책봉관계(冊封關係)로 확장한 것이라 할 수 있다. 이러한 중국 중심의 세계관은 중국 역대 왕조의 국제관계에 항상 반영되어 있었다. 중국의 빈례는 당시 동아시아 제국(諸國) 간의 외교절차를 규정하고 주변 여러 나라에 커다란 영향을 미쳤다는 점에서 매우 중요한 의미를 지닌다. 주대(周代) 이후 삼례(三禮)라 일컫는 『의례(儀禮)』, 『주례』, 『예기(禮記)』를 비롯해 당(唐), 송(宋), 원(元), 명(明), 청(清)에 이르기까지 수많은 예서가 편찬되었다. 그 중 대표적인 것이 당대의 『정관례(貞觀禮)』, 『현경례(顯慶禮)』와 이를 보완, 증보한 『개원례』이다. 송대의 예서로는 『태상인혁례(太常因革禮)』와 『정화오례신의(政和五禮新儀)』를 들 수 있다. 명대에는 명 태조 이후 상당히 많은 예서가 편찬되었지만 그 중 가장 나중에 편찬된 『명집례(明集禮)』가 대표적인 예서로 이전 왕조의 예서를 집대성한 것이었다. 청대의 예서로는 『대청회전(大清會典)』과 『대청

---

2) 『周禮』 권5 「春官宗伯」 大宗伯. …(생략)…以賓禮 親邦國 春見曰朝 夏見曰宗 秋見曰覲 冬見曰遇 時見曰會 殷見曰同 時聘曰問 殷覜曰視. 대종백은 길례를 비롯해 군례, 흉례, 가례 등 국가의 예를 관장하는 직책이다.

통보(大淸通寶)』를 들 수 있다.

당은 중국 내의 봉건적 천자-제후 관계를 국가 간의 천자국과 제후국의 관계로 정립하고 중국을 넘어 동아시아로 그 영향력을 확대해 나간 시기였다. 당 건국 이후 동아시아의 국제관계는 당 중심의 조공관계를 바탕으로 형성된 외교적 질서였다. 이러한 국제관계 속에서 편찬된『개원례』는 이후 편찬된 모든 중국왕조의 예서의 근간이 되었다.『개원례』는 이전 시기의 빈례를 정리하여 확립된 것이며 이후 예서들은『개원례』를 바탕으로 시대적 상황에 따라 내용을 수정, 보완한 것이었다.

1) 사신영접의례의 성립과정

중국에서 오례체제의 시초는『의례』,『주례』,『예기』, 즉 삼례이다.『주례』는 주대에 주 왕실과 제후국과의 봉건질서를 예제화한 것이다.『주례』에서 비롯된 빈례는 다른 의례와 더불어 의례의 한 항목으로 들어가 있었던 것이며 남조의 진(晉)에 이르러서 예제 질서로 체계화되었다.[3] 진(秦)이 전국시대를 통일한 이후 중국의 세력이 확대되고 국가권력이 강화되면서 중앙집권적 통치질서가 확립되었다. 수(隋) 문제(文帝)는 오례에 대한 의주(儀注)를 편찬하고 수 양제(煬帝)는 이를 바탕으로『강도집례(江都集禮)』를 편찬하였다. 당대에는 이전의 여러 예서를 참고하여 여러 차례 예전을 편찬하였다.『정관례』,『현경례』를 거처 당 현종(玄宗, 재위: 712~756)대에『개원례』가 편찬됨으로써 예제적 통치를 위한 법제화가 완성되었다.『개원례』는 이후 명·청대에 이르기까지 예제적 통치의 기본이었을 뿐만 아니라 한국을 비롯하여 일본의 법제화에도 지대한 영향을 미쳤다.『개원례』는 황실을

3) 이범직,『朝鮮時代 禮學研究』, 국학자료원, 2004, 49쪽.

비롯해 관료들의 예도 포함하고 있는 것으로 이후 송대와 명대 오례체제의 기본이 되었다. 하지만 『개원례』는 황실의례가 대부분을 차지하며 일반 서민의 의례는 포함되지 않았다는 점에서 송대와 차이를 보인다. 송대에는 『개원례』를 수정, 보완한 예서들이 여러 차례 찬술되었다. 『태상인혁례』 편찬 시 참고하였다는 『개보통례(開寶通禮)』, 『예각신편(禮閣新編)』, 『태상신례(太常新禮)』를 비롯해 인종(仁宗, 재위: 1022~1063) 가우(嘉祐) 연간에 『태상인혁례』, 휘종(徽宗, 재위: 1100~1125) 정화(政和) 연간에 『정화오례신의』가 편찬되었다. 하지만 현재 남아서 전하는 송대 예서는 『태상인혁례』와 『정화오례신의』이다. 특히 송대에는 사대부 계층이 성장했던 시기로 이러한 시대적 상황이 반영되어 대부(大夫), 사(士), 서인(庶人)의 예까지 예서에 포함되었으며[4] 이후 명대에 이르러 『명집례』로 집대성되었다.[5] 송을 남쪽으로 밀어내고 등장한 정복왕조 요(遼)와 금(金) 역시 당제(唐制)를 수용하여 여러 차례 예서를 편찬하였다. 요는 『예서(禮書)』, 『요조잡례(遼朝雜禮)』 등을 편찬하였으나 현전하지 않고 있다. 금도 『대금집례(大金集禮)』와 『금찬수잡록(金纂修雜錄)』 400권을 편찬하였지만, 『대금집례』 40권만 전하고 있다. 다음에서는 대표적인 예서를 중심으로 중국의 빈례가 어떤 과정을 거쳐 성립되어 실행되었는지 살펴보도록 하겠다.

(1) 선진(先秦)시대의 삼례(三禮)

초기 의례서라 하면 삼례, 즉 『의례』, 『주례』, 『예기』를 말한다. 이들 예서의 기본적인 내용이 이후 당, 송, 원, 명, 청까지 이어진다. 이 중 특히 『의례』는 길례, 흉례, 가례와 빈례에 관한 절목을 담고 있다. 빈례의

---

4) 이범직, 앞의 책, 2004, 50쪽.

5) 이범직, 『韓國中世禮思想硏究-五禮를 중심으로-』, 일조각, 1991, 407~421쪽.

내용을 살펴보면 크게 사(士)와 대부(大夫) 간의 방문 및 영접을 규정한 「사상견례(士相見禮)」[6], 제후 간의 방문을 규정한 「빙례(聘禮)」[7], 제후의 천자 알현에 관해 규정한 「근례(覲禮)」[8]로 나누어 볼 수 있다. 『의례』와 『주례』는 주대의 주 왕실과 제후국 간의 관계를 규정한 것이므로 중국과 주변국가와의 관계를 규정한 것이라 볼 수는 없다. 하지만 이후 중국이 국제적으로 세력을 확장하면서 천자–제후의 봉건적 관계가 중국–주변국의 책봉관계로 확대, 전환되었다. 특히 주대의 봉건제(封建制)가 진대(秦代)에 이르러 군현제(郡縣制)로 바뀌면서 봉건적 관계가 무너지고 황제를 중심으로 하는 중앙집권적 통치 질서가 확립되었다. 따라서 중국 내에서 천자–제후국의 봉건적 조공 관계는 의미를 잃고 천자국인 중국과 주변 번국(蕃國)과의 관계가 중시되었다. 이후 중국 예서의 빈례에는 중국과 주변 번국과의 관계를 규정한 내용이 주를 차지하게 되었다. 이 중에서 번국의 사신영접과 가장 관련이 깊은 『의례』의 「근례」에 대해 살펴보자. 「근례」는 제후 또는 번국의 사신이 왔을 때 이들을 맞이하는 것에서부터 연향을 베푸는 것까지 절차를 규정하고 있다.

『의례』의 전체적인 체제를 살펴보면 총17편으로 길례 3편, 흉례 4편, 가례 7편 그리고 빈례 3편으로 구성되어 있다. 그 중 빈례는 「사상견례(士相見禮)」, 「빙례(聘禮)」, 「근례(覲禮)」 세 가지 편목으로 나뉘어 있다. 그

---

6) 사(士)와 대부(大夫)가 서로 방문할 때의 예의절차에 관한 것이다.

7) 제후 간에 서로 방문할 때의 예의 절차에 관한 것이다.

8) 제후가 천자를 알현하는 의례를 말한다. 원래 천자를 알현하는 예는 계절에 따라 그 명칭이 다르다. 봄에는 조(朝), 여름에는 종(宗), 가을에는 근(覲), 겨울에는 우(遇)라고 한다. 『의례』에는 봄, 여름, 겨울의 알현의례는 없어지고 가을의 「근례」만 남아 전하는 것이라고 하였다.(『儀禮』 「覲禮」第10. 鄭 『目錄』云 覲見也. 諸侯秋見天子之禮. 春見曰朝, 夏見曰宗, 秋見曰覲 冬見曰遇. 朝宗禮備. 覲遇禮省 是以享獻不見焉. 三時禮亡 唯此存爾. 覲禮於五禮屬賓.)

중에서 「근례」는 천자–제후라는 봉건관계를 바탕으로 한 것으로, 주대의 봉건관계가 책봉형식의 국제관계로 확대되었다고 볼 때, 빈례는 이 「근례」에서 시작되었다고 볼 수 있다.

『의례』의 「근례」 내용을 토대로 사신영접 절차를 살펴보면 [표 1]과 같은 순서로 진행된다. 먼저 제후가 왕성 인근에 다다르면 천자가 사자를 보내 이들을 맞이하는 교영(郊迎) 의례가 있다. 근교의 유궁(帷宮)에서 이들의 노고를 위로하는 노례(勞禮)가 행해진다. 유(帷)는 휘장, 천막이라는 뜻으로 유궁은 교영과 노례를 위해 임시로 마련한 의식장소인 것으로 보인다. 교영은 장안(長安)으로 들어오기 위해 반드시 거쳐야 하는 절차였다. 여기서 사신은 천자의 사자에게 속백(束帛)과 폐(幣)를 바치고 장안으로 들어선다.

그 다음에 이어지는 절차는 모두 객관에서 치러지는 의식들이다. 먼저 이들이 객관에 들면 천자가 사신에게 묵을 객관을 하사하는 절차인 〈사관례(賜館禮)〉가 행해진다. 사신들은 장안성에 입성하자마자 곧바로 천자를 배알하지 않았으며 미리 정해진 객관에 먼저 들었다. 이때 사신들이 묵을 객관을 황제가 하사하는 형식적이고 상징적인 절차로서 〈사관례〉를 규정한 것으로 보인다. 그 다음 순서는 〈왕계근기(王戒覲期)〉로 천자는 대부를 보내 천자 알현일을 통보하는 의식을 치른다. 그 다음 의식절차는 〈수차어문묘외(受次於廟門外)〉이다. 여기서 '차(次)'는 천자알현을 위해 장막을 쳐서 만든 일종의 대기 장소를 의미하며 알현하기 전의 의식절차라고 볼 수는 없다. 이는 천자 알현 당일에 행해지는 것이 아니므로 알현을 위해 미리 가서 대기할 지정장소에 대해 통보받는 것이 아닌가 한다.[9]

그 다음이 「근례」의 핵심인 천자알현식이다. 특히 이 알현이 행해지는

---

9) 池田末利 譯註, 『儀禮』 Ⅱ, 654쪽.

장소는 궁의 정전이 아니라 '묘(廟)'이다. 이는 주대의 천자–제후 관계가 봉건적 혈연관계에 뿌리를 두고 있었음을 보여준다고 하겠다.[10] 여기까지가 천자를 알현하는 「근례」이다. 「근례」가 끝나고 나면 그 연장선상에서 의례절차들이 이어지는데 천자가 제후에게 예물을 하사하고 마지막으로 연향을 베푼다. 이로써 천자와 제후 간의 의례가 모두 끝나게 되는 것이다.

[표 1] 근례의 제후 영접절차[11]

분류	절차	의식명	식장	주객관계	내용 및 절차
근례	왕사인교영 (王使人郊迎)	노례 (勞禮)	근교 (近郊)의 유궁 (帷宮)	主-제후 客-천자의 사자	• 천자가 사자를 보내 교외에서 벽옥을 들고 제후를 맞아 위문하고 위로하는 의식(勞禮)
	왕사후씨사 (王賜侯氏舍)	사관례 (賜館禮)	관사 (館舍)	主-제후 客-천자의 사자	• 왕이 사자를 보내 제후에게 숙사(宿舍)를 하사하는 의식. • 제후가 묵고 있는 객관에서 행해진 의례임
	왕계근기 (王戒覲期)	계근기례 (戒覲其禮)	관사 (館舍)	主-제후 客-천자의 사자	• 왕이 대부를 사자로 보내 왕을 알현하는 날짜를 통보하는 의식
	수차어묘문외 (受次於廟門外)				• 왕을 알현하러 오는 제후들에게 일종의 대기 장소인 차(次)를 제공하는 것 • 의식 절차의 하나라고 보기 어려움
	후씨집단옥행근례 (侯氏執端玉行覲禮)	근례 (覲禮)	묘(廟)의 명당 (明堂)	主-천자 客-제후	• 제후가 단옥을 들고 알현의식을 거행함 • 근례에서 가장 핵심적인 의식절차

10) 池田末利, 앞의 책, 667쪽 각주 2; 김성규, 「中國王朝에서 賓禮의 沿革」, 『중국사연구』 23, 2003, 79쪽.

11) 池田末利 譯註, 『儀禮』(Ⅰ~Ⅴ), 東海大學出版會, 1978; 박례경 역주, 『의례역주』 5 근례, 세창출판사, 2012; 김성규, 앞의 글, 2003, 76~81쪽의 편목 분류를 참고하여 표로 정리하였음.

<table>
<tr><td rowspan="4">근례 후 의식</td><td>근기즉행삼향
(覲己卽行三享)</td><td>삼향례
(三享禮)</td><td>묘(廟)</td><td>主-천자
客-제후</td><td>• 삼향의 예를 거행
• 제후가 왕에게 공물(貢物)을 바치는 의식. 세 번에 걸쳐 공물을 바침</td></tr>
<tr><td>후씨청죄천자사내로지
(侯氏請罪天子辭乃勞之)</td><td>청죄례
(請罪禮)</td><td>묘(廟)</td><td>主-천자
客-제후</td><td>• 왕에게 자신의 죄를 고하고 천자가 그렇지 않다는 답을 내린 후 위로하는 절차</td></tr>
<tr><td>왕사후씨차복
(王賜侯氏車服)</td><td>사차복례
(賜車服禮)</td><td>관사
(館舍)</td><td>主-제후
客-천자의 사자</td><td>• 천자가 제후의 공물에 대한 보답으로 회사(回賜)하는 의식
• 천자가 제후가 묵고 있는 관사에 사자를 보내 행하는 의식임</td></tr>
<tr><td>약언왕대후씨지례
이상묘수근례경
(略言王待侯氏之禮以上廟受覲禮竟)</td><td>연향례
(宴饗禮)</td><td>묘(廟)</td><td>主-천자
客-제후</td><td>• 왕이 제후를 대우하는 예를 생략하고 묘에서 근례를 끝내는 절차
• 이후 연향이 이어짐</td></tr>
</table>

(2) 수·당대(隋·唐代)의 『강도집례』와 『개원례』

주대의 '근례'는 중국의 정치제도 변화에 따라 그 내용과 성격도 변화하였다. 이전 시기의 예가 주 이후 사라지게 되었고, 특히 전국시대를 통일한 진(秦)이 강력한 중앙집권적 통치체제를 구축하고 봉건제 대신 군현제를 실시함으로써 제후국의 천자 알현은 유명무실하게 되었다. 대신 이러한 내용이 중국과 주변의 번국 간의 빈례로 전환되었다고 보아야 할 것이다.

두우(杜佑)는 『통전(通典)』 권74 「예」34 연혁34 빈례 1에서 중국 빈례를 크게 3가지로 분류하여 설명한다.

① 천자수제후번국조종근우(天子受諸侯藩國朝宗覲遇)
② 천자수제후견사래빙(天子受諸侯遣使來聘)
③ 천자견사영로제후(天子遣使迎勞諸侯)

①은 제후가 직접 천자를 알현하는 것이고 ②는 제후가 사신을 보내 천자를 알현하는 것이다. ③은『의례』「근례」에서 사신이 왕기(王畿)에 도착하였을 때 왕이 사자를 보내 위로하는 절차로 앞에서 살펴본 교영(郊迎)에 해당한다. 특히 두우가 구분한 ①과 ②의 천자 알현은 이후『개원례』에 그대로 계승되었다.『개원례』는 번국왕(蕃國王)[12]이 천자를 직접 알현하는 의식과 번국사(蕃國使)[13]의 천자 알현의식을 구분하여 그 의식절목을 정하였다.『통전』에서 두우가 구분한 내용은『개원례』의 구분과 일맥상통한다.[14]

진·한대를 거쳐 수대에 이르러 편찬된 예서로『강도집례』가 있다. 현재 전하지 않기 때문에 그 내용을 파악할 수 없고 더구나 수의 존속기간이 길지 않았기 때문에 그 영향과 계승관계도 추적하기 어렵다. 하지만『강도집례』의 내용이 당의『개원례』에 거의 그대로 계승되었을 것으로 보고 있다. 이는 다른 장에서 살펴보겠지만 수 건국 직후 수에 갔던 일본의 견수사(遣隋使)들이 수의 사신 배세청(裵世淸)과 함께 귀국하자 이들을 영접하는데, 이때 영접의례가 수에서 보고 들은 의례를 모방한 것으로 보고 있다. 대체적인 절차가『개원례』와 유사하다. 따라서 수의『강도집례』의 빈례 내용은『개원례』로 계승되었음을 추론할 수 있다.

당대에 이르러 새로이 예서를 정리, 편찬하는 작업이 이루어졌다. 당 태종(太宗)은 즉위하자마자 예서 편찬에 착수하였다. 정관(貞觀) 연간(629~649)에 수의 예제를 기본으로 하여 새로운 예서를 편찬하였는데, 바

12) 주변 조공국의 왕.

13) 조공국의 왕이 보낸 사신.

14) 이에 대해 김성규는 두우가『통전』을 편찬했을 당시 이미『개원례』가 편찬된 이후여서 아마도『개원례』의 영향을 받은 것일 수도 있다고 하였다.(김성규, 앞의 글, 2003, 81쪽 각주18 참조.)

로 『정관례』 140권이다. 태종은 중서령(中書令) 방현령(房玄齡), 비서감(秘書監) 위징(魏徵)을 비롯해 예관과 학사들에게 예서를 편찬하도록 명하였다. 그리하여 길례 61편, 빈례 4편, 군례 20편, 가례 42편, 흉례 11편을 편수하여 『정관례』라 하였다.[15]

고종(高宗) 초 『정관례』의 미진한 부분을 증보하기 위해 『현경례』 130권을 다시 편찬하였으나 『정관례』보다 못하다 하여 상원(上元) 3년(676)에 『정관례』를 복원하였다. 그리고 의봉(儀鳳) 2년(677)에 다시 『현경례』와 함께 『주례』를 전거로 삼도록 하였다.[16] 이후 『정관례』와 『현경례』가 함께 사용되었으며 측천무후(則天武后)시기에도 계속 병용되었다.[17]

당 현종(玄宗) 개원(開元, 713~741) 연간인 개원 14년(726)부터 개원 20년(732)까지 6년에 걸쳐 편찬된 『개원례』는 앞서 나온 『정관례』와 『현경례』를 통합, 정리한 것으로 근본적으로는 앞서 지적했듯이 『의례』를 계승하는 예서였다. 그 구성과 내용을 살펴보면 『개원례』는 총 152권으로 이루어져 있으며 세부항목으로 길례 55편, 가례 50편, 빈례 6편, 군례 24편, 흉례 18편으로 구성되어 있다.[18] 길례는 책봉이나 탄신일 등의 행사를

---

15) 『新唐書』 권11 「지」1 예악1. 唐初 旣用隋禮 至太宗時 中書令房玄齡 祕書監魏徵 與禮官 學士等因隋之禮增以天子上陵 朝廟 養老 大射 講武 讀時令 納皇后 皇太子入學 太常行陵 合朔陳兵 太社等 爲吉禮六十一篇 賓禮四篇 軍禮二十篇 嘉禮四十二篇 凶禮十一篇 是爲貞觀禮.

16) 『舊唐書』 권21 「지」1 예1. 高宗初 議者以貞觀禮節文未盡 …(중략)… 重加緝定 勒成一百三十卷至顯慶三年奏上之 增損舊禮 幷의與令式參會改定 高宗自爲之序 時許敬宗 李義府用事 其所損益 多涉希旨 行用已後 學者紛議 以爲不及貞觀. 上元三年三月 下詔令依貞觀年禮爲定. 儀鳳二年 又詔顯慶新修禮多有事不師古 其五禮幷依周禮行事 自是禮司益無憑準 每有大事 皆參會古今禮文 臨時撰定 然貞觀顯慶二禮 皆行用不廢.

17) 『구당서』 권21 「지」1 예1. 則天時 以禮官不甚詳明 特詔國子博士祝欽明及叔夏 每有儀注 皆令參定 叔夏卒後 博士唐紹專知禮儀 博士詳練舊事 議者以爲稱職.

18) 『通典』 권106. 大唐開元年之制 五禮 其儀百五十有二 一曰吉禮 其儀五十有五 二曰嘉禮 其儀有五十 三曰賓禮 其儀有六 四曰軍禮 其儀二十有二 五曰凶禮 其儀有十八. 각 항목별 분류와 『통전』과의 대조표는 池田溫, 『大唐開元禮 附大唐郊祀錄』, 고전연구회, 1981, 822~832쪽

제외한 모든 국가 제사와 의례를 규정한 것으로 그 중에서 황제가 동지에 환구에 행차하여 제사지내는 의례(皇帝冬至祀圜丘)를 시작으로 1년 사시사철 명당(明堂), 동교(東郊), 남교(南郊), 서교(西郊), 북교(北郊)에서 지내는 제사의례 등 황제 의례가 정해져 있다.[19] 가례는 황제가 원복을 착용하는 의례를 비롯해 황후 책명의례, 공주출가 의례 등 황실의 경사에 행하는 의례 50여 가지를 규정하고 있으며 그중 황제 관련 의례는 29개이다.[20] 빈례는 총 2권 6편 분량으로 다른 예에 비해 그 양이 매우 적다.[21]

『개원례』의 빈례는 79권과 80권 두 권에 걸쳐 기술되어 있는데, 빈례

참조.

19) 『개원례』 권1~78 「길례」 참조. 皇帝冬至祀圜丘 皇帝正月上辛祈穀于圜丘, 皇帝孟夏雩祀于圜丘 皇帝季秋大享於明堂 皇帝立春祀青帝于東郊 皇帝立夏祀赤帝于南郊 皇帝季夏土王日祀黃帝於南郊 皇帝立秋祀白帝於西郊 皇帝立冬祀黑帝於北郊 皇帝臘日蜡百神於南郊 皇帝春分朝日於東郊 皇帝秋分夕月于西郊 皇帝夏至祭於方丘(后土禮同) 皇帝孟冬祭神州於北郊 皇帝仲春仲秋上戊祭太社 皇帝時享于太廟 皇帝祫享于太廟 皇帝禘享于太廟 皇帝拜五陵 皇帝孟春吉亥享先農 皇帝皇太子視學 皇帝巡狩告于圜丘 皇帝巡狩告于太社 皇帝巡狩告于太廟 皇帝巡狩 皇帝封祀于太山 皇帝禪于社首山.

20) 『개원례』 권91~130 「가례」 참조. 皇帝加元服 納后 皇帝元正冬至受皇太子朝賀 황제원정동지수황태子妃朝賀 皇帝元正冬至受群臣朝賀 皇帝天秋節群臣受朝賀 皇帝於明堂讀孟春令 皇帝於明堂讀仲春令 皇帝於明堂讀季春 皇帝於明堂讀孟夏令 皇帝於明堂讀仲夏令 皇帝於明堂讀季夏令 皇帝於明堂讀孟秋令 皇帝於明堂讀仲秋令 皇帝於明堂讀季秋令 皇帝於明堂讀孟冬令 皇帝於明堂讀仲冬令 皇帝於明堂讀季冬令 皇帝於明堂及太極殿讀五時令 皇帝養老於太學 臨軒冊命皇后 臨軒冊命皇太子 臨軒冊命諸王大臣 親王冠 親王納妃 公主降家 皇帝遣使宣撫諸州 皇帝遣使諸州宣制勞會 皇帝遣使諸州宣赦書.

21) 『개원례』 「가례」 편에 나와 있는 빈례와 관련 내용을 포함하면 3권 7편이라 할 수 있다. (『개원례』 권129 「가례」, 皇帝遣使詣蕃宣勞.) 이 가례에 나오는 내용에 대해서는 명확히 밝혀지지 않아 여러 견해가 있다. 대표적으로 中村裕一은 여기에 나오는 "詣蕃"을 "번(외국)을 찾아가서"로 보고 당 황제가 사신을 외국으로 보내 황제의 조서를 전달하는 것으로 보았으며(『唐代制勅研究』, 汲古書院, 1991, 666~670쪽 참조.), 石見清裕는 황제가 사자를 외국사신이 묵고 있는 객관으로 보내 황제의 조서를 전달하는 것으로 보았다.(『唐の北方問題と國際秩序』, 汲古書院, 1998; 「唐の國書交與儀禮にについて」, 『東洋史研究』 57-2, 1998 참조.)

절차를 보면 모두 번국에 대한 것이다. 번국은 주변국을 일컫는 말로 『의례』에서는 제후국을 대상으로 하던 것이 『개원례』에서는 확실하게 번국으로 전환되었다. 그리고 번국의 경우에도 번국주, 즉 번국의 왕이 직접 오는 경우와 번국사, 즉 번국의 사신이 오는 경우 두 가지로 구분하여 절차를 규정하고 있다.

[표 2] 『개원례』의 빈례와 『의례』의 근례 절차 비교

『개원례』	『의례』	특징	
① 蕃主來朝遣使迎勞	왕사인교영(勞禮)	번주, 번사	영노의식
② 皇帝遣使戒蕃主見日	왕계근기(王戒覲期)	번주, 번사	황제 알현일 통보
③ 蕃主奉見	후씨집단옥행근례 (侯氏執端玉行覲禮)	번주, 번사	황제 알현
④ 皇帝受蕃使表及幣		번사	표와 폐백 진상
⑤ 皇帝宴蕃國主	약언왕대후씨지례이상묘수근례경 (略言王待侯氏之禮以上廟受覲禮竟)	번주	연향
⑥ 皇帝宴蕃國使		번사	
⑦ 皇帝遣使詣蕃宣勞		가례. 조공국에 사신 파견하는 절차22)	

위 [표 2]를 보면 『개원례』의 빈례 절차와 『의례』에서 정한 근례 절차가 거의 유사함을 확인할 수 있다. 다른 점은 앞에서도 지적했듯이 대상이 제후국에서 번국으로 변화되었다는 것이며 그에 따라 번국왕의 입조 절차와 번국사의 입조 절차를 구분하여 정한 것이다. 편목만을 살펴보면 번국주가 거치는 과정은 ①,②,③,⑤의 4단계이며 번국사는 ④와 ⑥의 2

22) 〈皇帝遣使詣蕃宣勞〉편목의 의식절차를 당 사절이 외국의 조공국에 가서 국서를 전달하는 의식으로 보는 경우와(中村裕一, 『唐代制勅硏究』, 汲古書院, 1991, 666~670쪽 참조.)당 국내에서 외국사절에게 국서를 수여하는 의식으로 보는 견해(石見淸裕, 「唐の國書授與儀禮について」, 『東洋史硏究』 57-2, 1998, 53~63쪽; 김성규, 앞의 글, 2012, 351~352쪽 참조.)가 있다.

단계이지만 실제로 이렇게 이루어지지 않았을 것이다. 외국의 왕이 왔을 때보다 사신이 왔을 때의 절차가 더 간략할 리가 없기 때문이다. 따라서 번국주가 거치는 4단계 과정을 번국사는 모두 거치고 거기에 두 단계를 더 거친다고 보는 것이 합당할 것이다.[23] 그리고 또 한 가지 차이점은 가례에 조공국에 사신을 파견할 때의 의례절차(⑦)를 규정하고 있다는 것인데, 『의례』에는 보이지 않는 부분이다. 이는 빈례의 대상이 제후국에서 주변의 조공국으로 바뀌면서 황제가 이들 주변국에 사신을 파견했을 때 번국이 황제의 사신을 맞이하는 의례절차를 규정함으로써 황제의 권위를 드러내야 할 필요가 있었기 때문으로 보인다.[24]

그리고 『개원례』는 송대 예서와는 달리 국가별 입조의식을 구별하지 않았다. 실제로 국가 간 차등 없이 입조의식이 치러졌는지에 대해 확인할 길은 없지만 후대의 빈례를 통해 볼 때 어느 정도의 차별이 있었을 가능성도 배제할 수 없다.

중국은 주변국의 알현을 받는 예식 절차를 마련하고 이후 상황에 따라 수정, 증보를 계속해왔다. 이러한 법제적 질서가 당 성립 이후 완비되었으며 이때 마련된 국가기본 통치질서와 법전은 명, 청대까지 이어졌다. 『개원례』는 영접의례의 근간으로서 이후 제정되는 중국의 빈례는 『개원례』에서 크게 벗어나지 않는다. 한국 역시 『개원례』를 중심으로 영접의례절차를 마련하였으며 이는 일본도 마찬가지였다. 당대의 예서는 이전의 예서들을 집대성하고 정리하였다는 것과 이후 편찬되는 중국 예서의 근간이 되었다는 점, 그리고 한국과 일본 등 동아시아의 예제적 통치 질서의 기본이 되었다는 점에서 매우 중요하다.

23) 김성규, 「『大唐開元禮』 소재 外國使 관련 諸儀禮의 재검토」, 『中國古中世史研究』 27, 2012, 351~354쪽.

24) 김성규, 같은 글, 2012, 351~354쪽.

(3) 송대 『태상인혁례(太常因革禮)』와 『정화오례신의(政和五禮新儀)』

송대의 예서로는 『태상인혁례』와 『정화오례신의』가 현재까지 전해지고 있다. 『태상인혁례』는 치평(治平) 2년(1065)에 완성되었으며 총 100권으로 구성되어 있고,[25] 『정화오례신의』는 정화(政和) 1년(1111)에 완성되었으며 총 220권이다.[26] 사실 송대에는 『태상인혁례』와 『정화오례신의』 외에 여러 예서가 편찬되었지만 현존하지 않는다. 『사고전서총목(四庫全書總目)』을 살펴보면, 송대 예서 편찬 시 인용된 예서가 무엇이었는지 알 수 있다.

> A-1. 송 구양수(歐陽修) 등이 명을 받들어 편찬하였다. 송을 살펴보건대 처음 태조가 유학자들에게 명하여 당의 옛 제도를 요약하라 명하여 『개보통례』를 편찬하였으며 인종 초에 예관 왕호(王皞)가 태종과 진종 양대에 걸쳐 이미 행하고 있는 것을 다시 논하였다. 제목은 『예각신편』으로 천희(天禧) 5년까지 내용을 담고 있다. 그 후 매창조(買昌朝)등이 신편의 내용을 더하여 편찬하고 『태상신례』라 이름하였다. 그 내용은 경력(慶曆) 3년까지이다. 가우(嘉祐) 연간에 구양수가 명을 받들어 이 책을 다시 써서 치평(治平) 연간에 조정에 바치니 영종이 『태상인혁례』라는 이름을 하사하였다.[27]

이 내용에 따르면 『태상인혁례』가 편찬되었던 1065년 이전 송 전반기에는 『개보통례(開寶通禮)』, 『예각신편(禮閣新編)』, 『태상신례(太常新禮)』가 있었으며 『태상인혁례』는 이들 예서를 참고하여 만들어졌다고 볼 수 있다.

---

25) 총 권수는 100권이지만 현재 17권이 결락되어 있다.

26) 총 권서는 220권이지만 그 중 20권은 결락되어 있다.

27) 『四庫全書總目』 附錄 太常因革禮一百卷提要, 1855쪽 下. 宋歐陽修等奉勅撰. 案淞自太祖始命儒臣約書之舊爲開寶通禮. 至仁宗初年 禮官王皞復論車太宗眞宗兩朝已行之事 名曰禮閣新編 至于天禧五年 其後買昌朝等復加編定 名曰太常新禮 至于慶曆三年. 嘉祐中修奉勅重定此書 至治平中上之于朝 英宗賜名太常因革禮.

[표 3] 송대에 편찬된 의례서[28)]

의례서	편찬시기	편찬자	내용
『개보통례』	태조연간	유학자	당대의 예서를 간략하게 정리
『예각신편』	인종초	왕호(王皞)	국초부터 태종, 진종 천희 5년까지(1021)
『태상신례』	인종	매창조(買昌朝) 등	천희 5년부터 경력 3년까지(1043)
『태상인혁례』	치평연간	구양수(歐陽修) 등	경력 3년 이후부터 가우(嘉祐) 연산

송대의 빈례는 이들 예서와 『송사(宋史)』 권119 「예지」 72 빈례4 를 통해서 그 체제와 구성에 대해서 알 수 있다. 『태상인혁례』에 언급된 『예각신편』의 내용 중에는 요를 비롯한 고려, 교주(交州), 의주(宜州), 서남번(西南蕃), 여주(黎州)의 사신에 대한 의례와 해외번객 조공 시 의례를 순차적으로 재정(裁定)한 것에 대한 내용이 나온다.[29)] 『예각신편』의 내용을 통해 볼 때 『태상인혁례』가 제정되기까지 여러 차례에 걸쳐 각 번국에 대한 빈례의 절목이 순차적으로 재정되었고 이를 바탕으로 『태상인혁례』가 편찬되었음을 알 수 있다. 『태상인혁례』의 구성을 보면 총례(總例), 길례(吉禮), 가례(嘉禮), 군례(軍禮), 흉례(凶禮), 폐례(廢禮), 신례(新禮), 묘의(廟議)[30)] 총 8개의 편목으로 분류되어 있는데 빈례는 보이지 않고 대신에 신례가 포함되어 있다.[31)] 이는 당대 『개원례』의 길례,

---

28) 김성규, 「宋代 동아시아에서 賓禮의 성립과 그 성격」, 『동양사학연구』 72, 2000, 66쪽 [표 2] 인용.

29) 『태상인혁례』 권84 「新禮」 16. 大中祥符元年 高麗國使副入貢 遂詔有司裁定儀注.; 권 84 신례17. 大中祥符元年 交州使副入貢 遂詔有司裁定儀注.; 권84 「신례」 17. 大中祥符元年 宜州西南蕃黎州等處蠻王子入貢 遂詔有司裁定儀注.; 권84 신례17. 大中祥符二年 海外蕃客入貢 遂詔有司裁定儀注. 권83 「신례」 16. 自景德澶淵會盟之後 始有契丹國信使副元正聖節朝見 大中祥符九年 有司遂定儀注.

30) 묘당(廟堂)에서 회의를 한다는 뜻으로 조회(朝會)을 가리키는 말이다.

31) 김성규는 『태상인혁례』가 『개원례』와 달리 오례체제를 완비하지 못한 것은 당시 서하(西夏)에 대한 의례가 정비되지 못한 것과 상관이 있다고 보았다. 『태상인혁례』 편찬 당시

빈례, 군례, 가례, 흉례의 오례 체제와는 차이가 있다. 하지만 『태상인혁례』 다음에 편찬된 『정화오례신의』의 편목 구성을 살펴보면 당 『개원례』의 오례체제를 그대로 계승하고 있음을 알 수 있다. 송대에 들어 새로운 예전(禮典)이 여러 편 편찬되었지만 여전히 당의 『개원례』가 중국의 기본 예서로서 기능했음을 의미한다. 송에서 빈례가 수립되던 시기는 서하, 거란, 여진 등 북방 이민족과의 국제관계가 안정기에 접어들면서 송의 정치, 사회, 경제, 문화가 전성기에 이르렀던 때로, 사신영접을 위한 영빈기구도 함께 정비되었다. 이러한 상황을 고려해 볼 때 11세기 후반 이후 송의 예제적 질서가 완비되면서 『정화오례신의』에서 완성된 것으로 보인다.

먼저 『태상인혁례』의 「신례」에 나오는 외국사신영접 절차부터 보자. 「신례」는 『태상인혁례』 권83 「신례」16과 권84 「신례」17 두 권에 걸쳐 기술되어 있다.

서하에 대한 빈례항목을 정하지 못한 상태에서 '신례'를 정비하였고 이후 서하와의 관계가 정리되면서 『정화오례신의』에 서하와의 빈례절목을 포함하여 오례체제를 정비했다고 하였다.(김성규, 앞의 글, 2000, 67쪽.)

[표 4] 『**태상인혁례**』 **빈례편목 정리**[32)]

구분	편목	내용	비고
遼朝使臣	①거란국신사부원정성절조견연 (契丹國信使副元正聖節朝見宴)	전일일(前一日)- 조견일(朝見日)-연(宴)	하루 전 준비부터 알현, 연향까지 규정
	②거란국신사부사 (契丹國信使副辭)	사일(辭日)	귀국 보고
其他國	③고려국사부견사 (高麗國使副見辭)	견일(見日)-사일(辭日)	견일: 황제 알현 사일: 귀국 보고
	④교주사부견사 (交州使副見辭)	견일(見日)-사일(辭日)	
	⑤의주서남번여주등처민왕자견사 (宜州西南蕃黎州等處蠻王子見辭)	견일(見日)-사일(辭日)	
	⑥해외진봉번객견사 (海外進奉蕃客見辭)	견일(見日)-사일(辭日)	

『태상인혁례』의 빈례편목은 크게 요의 조견의례와 기타국 조견의례로 나누어 볼 수 있다. 이는 뒤에 나오는 『정화오례신의』 빈례 편목에서도 알 수 있지만 당시 송의 국제관계를 반영한 편목이라 할 수 있다. 즉 당시 강성해지고 있던 요를 인정하는 위에서 빈례절목을 정한 것으로 그만큼 요는 송과의 관계에서 매우 중요한 위치를 차지하고 있었다. 이들에 대한 알현 절차 역시 기타국과는 달랐다. 위의 [표 4]를 보면 요사(遼使)에 대한 절차는 황제알현과 연향에 대한 항목(①번)과 귀국을 알리는 절차(②번)를 별도로 구성하였으나 나머지 나라(③, ④, ⑤, ⑥)는 견일과 사일을 한 편목에 함께 규정하고 있다.

송대에서 마지막으로 편찬되었던 『정화오례신의』의 입조의례는 그 대상에 따라 3개로 대별된다. 아래 [표 5]는 『정화오례신의』의 편목을 정리한 것이다.

---

32) 『태상인혁례』 권83 「신례」16; 同書 권84 「신례」17 항목명 정리.

[표 5] 『정화오례신의』의 빈례 편목과 내용[33]

구분	편목	내용 및 절차	특징
번국주	번국주래조의(蕃國主來朝儀) 上	견사영로(遣使迎勞)-견사계견일(遣使戒見日)-진설(陳設)-조견(朝見)	• 형식적 항목으로 『개원례』 답습
	번국주래조의(蕃國主來朝儀) 下	회번국주(會蕃國主): 연회	
요	자신전대요사조견의(紫宸殿大遼使朝見儀)	진설(陳設)-기거(起居)-연(宴)	• 진설: 의식을 행하기 위한 공간 및 기물 배치 • 기거: 상대국 왕의 안부를 묻는 절차
	자신전정단연대요사의(紫宸殿正旦宴大遼使儀)	진설(陳設)-연(宴)	
	자신전대요사사조의(紫宸殿大遼使辭朝儀)	진설(陳設)-기거(起居)-연(宴)	
	숭정전가일대요사조견의(崇政殿假日大遼使朝見儀)	진설(陳設)-기거(起居)-연(宴)	
	숭정전가일대요사조사의(崇政殿假日大遼使朝辭儀)	진설(陳設)-기거(起居)-연(宴)	
기타국	하국진봉사견사의(夏國進奉使見辭儀)	견일(見日)-사일(辭日)	• 견일: 황제 알현 • 사일: 귀국 보고 • 준비과정절차는 생략
	고려국진봉사견사의(高麗國進奉使見辭儀)	견일(見日)-사일(辭日)	
	교주진봉사견사의(交州進奉使見辭儀)	견일(見日)-사일(辭日)	
	의주서남번려주등처진봉인견사의(宜州西南蕃黎州等處進奉人見辭儀)	견일(見日)-사일(辭日)	
	해외진봉번객견사의(海外進奉蕃客見辭儀)	견일(見日)-사일(辭日)	

번국주는 조공국의 왕을 가리키는 것으로 왕이 직접 내조할 경우의 의식절차를 정한 편목이다. 하지만 외국의 왕이 직접 내조하는 경우는 거의 없었으므로 실제로 이 의식절차가 행해지는 경우는 없었다고 보아야 할

33) 『정화오례신의』 권148~155; 김성규, 앞의 글, 2003, 87~90쪽 참조.

것이다. 이에 대해 김성규는 송대 번국주 조공의 주체는 『송사(宋史)』「외국열전」의 '외국'이 아니라 같은 책 「남만전(南蠻傳)」에 나오는 만이(蠻夷)였으며 이들의 경우 만이의 지도자가 직접 내조하는 경우가 많았기 때문에 이 편목은 아마도 이들을 대상으로 하는 절차였을 가능성이 있다고 하였다. 그러나 만이가 송의 국제관계에서 차지하는 비중이 낮았던 것으로 미루어 보아 이 편목을 독립적으로 편성한 것은 이들을 대상으로 했다기보다는 『개원례』 체제를 계승한 결과일 가능성이 크다고 하였다.[34] 따라서 이는 실제 행했던 의례절차가 아니었다고 보아도 무방할 것이다. 이렇게 볼 때, 외국왕이 왔을 때 근교에서 맞이하는 영로의식에서부터 황제를 알현하는 것까지 『개원례』와 그 절차가 유사하다는 것을 알 수 있다.

실제로 송대에 행해졌던 사신영접의례는 요·금을 비롯해 기타 주변국 사신이 내조했을 경우의 의례절차이다. 특히 요와 금 사신의 내조와 관련한 내용이 상당 부분 차지하고 있는 것은 송대의 정치 및 국제관계와 밀접한 관련이 있다. 송대는 당대에 이어 중국 중심의 중화사상이 더욱 강화되었던 시기였다. 그러나 이민족인 거란과 여진의 끊임없는 침략에 시달리면서 당대의 국제적이고 개방적인 문화가 쇠퇴하고 중국과 이민족을 구별하는 배타적 화이사상이 견고해졌다. 송은 요와 금의 존재를 자신들과 대등한 위치로 받아들일 수밖에 없는 상황에 놓여 있었다. 위 [표 5]의 2번의 의례절차는 바로 그러한 관계에 놓여있던 요나라에서 사신을 보내왔을 때의 절차로서 이는 다른 조공국과는 성격이 다르다. 고려 등 기타 주변국과의 수직적 관계를 전제로 하는 '조례(朝禮)' 혹은 '근례(覲禮)'가 아니라 수평적 관계를 전제로 하는 제후국 간의 방문을 규정한 '빙례(聘禮)'의 성격을 갖는다고 할 수 있다.[35]

---

34) 김성규, 앞의 글, 2003, 88쪽.

중국과의 관계에서 한국은 삼국시대 이래로 일본과 비교해 볼 때 비교적 중요한 위치를 차지했다. 송대의 빈례 편목에는 고려가 별도 항목으로 규정되어 있었다. 반면 일본의 경우는 〈해외진봉번객견사의(海外進奉蕃客見辭儀)〉편목에 다른 국가들과 함께 서술되고 있다.[36] 당『개원례』에는 특정국가에 대한 조공의례 편목이 안 나오지만 송대 이후 예서에는 국가별로 나누어 영접절차를 정하고 있다. 이는 당시 송이 처해있던 복잡한 국제정치상황을 반영한 것으로 송은 거란과 여진을 대등한 관계에 놓고 빈례를 규정하고, 나머지 국가에 대해서는 송과의 관계에서 경중을 따져 규정하였다.

위의『태상인혁례』와『정화오례신의』의 빈례편을 종합, 분석해 보면 당시 동아시아의 국제정치적 역학관계가 반영되었음을 알 수 있다. 요 사신의 입조의식을 별도로 편성하였으며, 특히『태상인혁례』에서는 요나라 사신의 입조를 대등한 관계, 즉 제후 간 방문을 의미하는 '빙'으로 칭하고 있다.『정화오례신의』에서는 요 사신 입조의례를 더욱 세분화하여 기술하고 있다.

그러나 전체적인 편목의 내용을 살펴보면 당의『개원례』를 기반으로 하고 있음을 알 수 있다.『정화오례신의』의 경우『개원례』처럼 번국주(외국왕)의 입조의식을 별도 편목으로 다루고 있다는 점에서 특히 그러하다. 앞서 언급했듯이 외국왕이 직접 내조하는 경우가 거의 없어 실제로 운용되었다고 보기 어려운 번국주 내조 편목을 그대로 담고 있다는 것은『정

---

35) 김성규, 앞의 글, 2003, 89쪽.

36) 일본과 중국의 관계는 복잡한 면이 있다. 일본의 학자를 비롯한 일부 학자들은 당시 일본은 중국과 긴밀한 관계를 유지하기는 하지만 조공국은 아니었다는 입장에서 중국과 대등한 관계로 파악하는 견해가 있다. 이러한 일본의 국제관계에 대한 인식은 8세기 이후 사신 방환 문제 등 신라와의 사이에서 빈번하게 일어나는 외교마찰의 원인이 되기도 했다.

화오례신의』가 『개원례』체제를 답습하고 있다는 것을 보여준다. 그럼에도 불구하고 『정화오례신의』가 『개원례』와 다른 점은 각 국가별로 입조의례를 구분하여 기술하고 있는 것이다. 『개원례』는 번국사의 입조의식 절차에 따라 기술하였지만 『정화오례신의』는 국가별로 구체적으로 기술한 것이다. 『태상인혁례』도 마찬가지이다. 이는 거란족과 여진족의 등장 등 당대에 비해 복잡해진 송의 국제관계가 반영된 것이다.

각 예서의 입조의식의 절차와 내용이 서로 다르게 기술되어 있는 점도 살펴보아야 한다. 일견하면 『개원례』의 내용과 송대 예서에 규정된 빈례의 편목명이나 절차가 다르게 보인다. 하지만 그 내용을 살펴보면 송의 빈례 절목이 『개원례』에 기반하고 있음을 알 수 있다. 그 순서는 기본적으로 외국사신이 도착했을 때 맞이하는 영노의식부터 계견-진설-조견의 순이었다.[37] 이는 『정화오례신의』에도 그대로 이어지고 있다. 요 이외의 입조국의 입조의례가 지나치게 간략하게 되어있는데 이는 중복되는 절차를 생략한 것으로 보아야 하며[38] 그렇게 본다면 『개원례』에 나오는 순서와 대동소이하다. 따라서 당 『개원례』의 빈례는 송대에도 그대로 계승되고 있다고 할 수 있다. 미야자키 이치사다(宮岐市定)는 송과 요가 '전연의 맹(澶淵之盟)'을 체결한 후 송과 대등한 지위를 차지하게 되었으며 이러한 관계가 송의 예서에 그대로 반영되었다고 하였다.[39]

37) 김성규, 앞의 글, 2000, 72쪽.

38) 김성규, 같은 글, 2000, 72쪽.

39) 宮岐市定, 「東洋的近世」, 『アジア史論考』 上卷, 朝日新聞社, 1975, 249쪽.

[표 6] 당·송대 빈례에 보이는 사신영접절차의 비교

	『개원례』	『태상인혁례』	『정화오례신의』	내용
①	견사영로(遣使迎勞)	영로의식(迎勞儀式)	견사영로(遣使迎勞)	외국사신 맞이
②	견사계번주견일(遣使戒蕃主見日)	전일일(前一日)	견사계견일(遣使戒見日)	황제알현일 통보
③		진설(陳設)		
④	번주봉견(蕃主奉見) / 황제수번사표급폐의(皇帝受蕃使表及幣儀)	조견(朝見)	견일(見日)	황제 알현
⑤	사일(辭日)	사견(辭見)	사일(辭日)	귀국 보고

위 표에서 보듯이 『개원례』, 『태상인혁례』, 『정화오례신의』의 영접절차는 거의 일치하고 있다. 다만 『태상인혁례』의 경우 『개원례』의 두 번째 절차인 견일(見日)을 두 번에 나누어 규정하는 것만 다르다고 할 수 있다. 이를 『정화오례신의』에서 다시 하나로 합친 것은 두 항목으로 나누어 규정하는 것이 절차상 큰 의미가 없었기 때문일 것이다.

(4) 명대 『명집례(明集禮)』

명 태조는 즉위한 후 예서를 편찬, 보급하는 데에 힘을 기울였다.[40] 그 중 대표적인 예전이 『명집례』로, 이전에 편찬되었던 수많은 예서를 집대성한 것이라 할 수 있다. 서일기(徐一夔), 증로(曾魯) 등이 명 태조(太祖, 재위:1368~1398)의 명을 받아 홍무 2년(1369) 편찬에 착수하여 이듬해인 홍

40) 『명사(明史)』 「예지」1. 明太祖初定天下 他務未遑 首開禮 樂二局 廣征耆儒 分局討究. 명 태조는 『명집례』를 비롯해 『주자가례(朱子家禮)』, 『홍무예제(洪武禮制)』, 『예의정식(禮儀定式)』, 『제사직장(諸司職掌)』, 『국조제작(國朝製作)』, 『대례요의(大禮要議)』, 『황조예제(皇朝禮制)』, 『대명예제(大明禮制)』, 『태상집례(太常集禮)』 등을 편찬하였다.

무 3년(1370)에 완성하였다. 처음 편찬 당시에는 총 50권이었으나 후에 전주(傳注)를 덧붙여 현재 53권이 전해지고 있다. 길례 16권, 가례 13권, 빈례 3권, 군례 3권, 흉례 3권, 그 외 관복, 거가(車輅), 의장(儀仗), 노부(鹵簿), 서학, 악이 15권으로 총53권으로 구성되어 있으며 오례는 26항목으로 분류하여 기술하고 있다.[41)]

『명집례』는 이전 예서가 담고 있는 빈례를 총망라하여 그 연혁까지 기술하고 있어 역대 가장 방대하면서도 상세한 내용을 담고 있다고 할 수 있다. 항목마다 총서(總序)가 기술되어 있어 각 의례가 과거부터 어떻게 운용되어 왔는지도 보여주고 있다. 구체적으로 빈례 항목을 분석하면 당대의 『개원례』와 마찬가지로 번국주의 조공과 번사의 조공을 구별하고 있음을 알 수 있다. 그리고 외국사신이 왔을 때뿐만 아니라 반대로 조공국에 사신을 파견하여 거행하는 의례절차인 〈견사(遣使)〉도 규정하고 있어 이전 시기의 빈례 편목과 차이를 보인다. 이는 이전 빈례에는 보이지 않는 항목으로 『명집례』만의 특징이라 할 수 있다. 그러나 이와 관련한 규정이 『개원례』의 가례에도 보인다.[42)] 이 규정에 대한 해석에는 황제가 사신을 번국에 파견했을 때 번국에서 행해지는 절차냐 아니면 당 국내에서 이루어지는 절차냐로 견해가 갈리지만 기본적으로 황제조서를 번국에 전달하

41) 『명집례』 「提要」 참조.

42) 이 점에 대해 中村裕一은 『개원례』 권129 가례 및 『통전』 권130 「開元禮纂類」 25 가례 9에 나오는 〈皇帝遣使詣蕃宣勞〉편목의 의식절차를 당 사절이 외국의 조공국에 가서 국서를 전달하는 의식으로 보았고(앞의 책, 1991, 666~670쪽 참조.), 石見淸裕와 김성규는 당 국내에서 외국사절에게 국서를 수여하는 의식으로 보았다(石見淸裕, 「唐の國書授與儀禮について」, 『東洋史硏究』 57-2, 1998, 53~63쪽; 김성규, 앞의 글, 2012, 351~352쪽 참조.). 전자의 견해에 따르면 당 사절이 외국에서 행하는 빈례절목은 당대에 이미 규정되어 있었던 것이고 후자의 견해를 따르면 명대에 와서 새롭게 추가된 것이라 할 수 있다. 고려는 이 견사의 절차를 중국사신영접 절차로 전환하여 규정한 내용을 『고려사』 「예지」에 실은 것이 아닌가 한다.

는 의식규정이라 할 수 있다. 그러나 이 규정이 가례가 아닌 빈례의 한 항목으로 편입되어 기술된 것은『명집례』가 처음인 것은 분명하다. 이 절차가 조공국 빈례에 반영되었음을 보여주는 사례가『고려사』「예지」이다.『고려사』「예지」에는 중국사신을 맞이하는 의례절차를 5가지로 나누어 기술하고 있는데 앞의 두 가지는 북조 사신에 대한 것이며 그 다음 세 가지가 명 사신 영접에 관한 내용이다. 명 사신 영접에 관한 절목이『명집례』의 〈견사〉에 보이는 내용과 거의 일치한다. 이는『고려사』「예지」의 〈영대명조사의(迎大明詔使儀)〉와 〈영대명사로사의(迎大明賜勞使儀)〉가 명의『명집례』를 받아들였기 때문일 것이다. 견사에 대한 연혁을 보면 〈번국수인물의주(蕃國受印物儀注)〉는 홍무3년(1370)에, 〈번국접조의주(蕃國接詔儀注)〉는 홍무 18년(1385)에 제정되었는데, 이는 시기적으로 고려 후기에 도입되어 빈례의 대명사신 영접절목에 포함되었을 가능성이 높다.[43]

[표 7]『명집례』 빈례의 편목[44]

<table>
<tr><th colspan="2">번왕조공(蕃王朝貢)</th><th colspan="2">번사조공(蕃使朝貢)</th><th>견사(遣使)</th></tr>
<tr><td colspan="5">총서(總序): 각 의례의 절차와 의장과 기물의 진설, 관복, 악무 등에 대한 연혁과 내용이 간략하게 설명되어 있다.</td></tr>
<tr><td>영로
(迎勞)</td><td>영로의주
(迎勞儀注)[45]</td><td>영로
(迎勞)</td><td>영로의주(迎勞儀注)</td><td>견사개조의주
(遣使開詔儀注)</td></tr>
<tr><td rowspan="4">견의
(見儀)</td><td>조견의주(朝見儀注)</td><td rowspan="4">견의
(見儀)</td><td>수번국래부견사진공의주
(受蕃國來附見使進貢儀注)</td><td>蕃國接詔儀注</td></tr>
<tr><td>견동궁의주
(見東宮儀注)</td><td>수번국사매세상조의주
(受蕃國使每歲常朝儀注)</td><td>遣使賜印綬儀注</td></tr>
<tr><td>견제왕의주
(見諸王儀注)</td><td>동궁수번국래부견사진공의주
(東宮受蕃國來附見使進貢儀注)</td><td>蕃國受印物儀注</td></tr>
<tr><td>견재보이하의주</td><td>번국견사래부참견성부대관의</td><td>없음</td></tr>
</table>

43) 奧村周司,「使節迎接禮より見た高麗の外交姿勢」,『史觀』110, 1984.

44)『명집례』 권30~32 빈례 항목 정리.

	(見宰輔以下儀注)		(蕃國遣使來附參見省府臺官儀)	
사연의(賜宴儀)	연회의주(宴會儀注)	사연의(賜宴儀)	석연의주(錫宴儀注)	
	동궁사연의주(東宮賜宴儀注)		없음	
	성부대연회의주(省府臺宴會儀注)		성부대연로의주(省府臺宴勞儀注)	
사의(辭儀)	폐사의주(陛辭儀注)	사의(辭儀)	번사폐사의주(蕃使陛辭儀注)	
	사동궁의주(辭東宮儀注)		번사사동궁의주(蕃使辭東宮儀注)	
송의(送儀)	노송출경(勞送出境)	송의(送儀)	노송출경(勞送出境)	
번국의주(蕃國儀注)	번국정단동지수일솔중관망궐행례의주(蕃國正旦冬至壽日率衆官望闕行禮儀注)	없음	없음	
	번국진하표잔의주(蕃國進賀表盞儀注)			

번사조공 편목의 총서에 따르면 영노, 계견, 연향의 예가 모두 당과 같다[46]고 하여 명의 빈례절목이 당의 예전을 그대로 계승하고 있음을 밝히고 있다. 『명집례』가 이전의 예서를 총망라하여 새로운 편목을 추가하고 더욱 상세하게 정리하고 있지만 기본체제와 내용은 영노-견의(황제알현)-사연-귀국의 순이며, 당의 『개원례』에서 크게 벗어나지 않음을 알 수 있다. 『개원례』와 『명집례』의 영접절차를 비교하면 아래 [표 8]과 같다.

45) 의주(儀注)는 보통 황제나 국가가 주최하는 의례로서 예전(禮典)으로 편찬되는 것이며 국가제도와 직접적인 관련이 있는 부분은 영(令)이나 식(式) 등의 법률로도 규정된다.

46) 『명집례』 권31 「빈례」2 蕃使朝貢 總序. 迎勞戒見宴饗之儀皆與唐同.

[표 8] 『개원례』와 『명집례』의 사신영접절차

『개원례』	『명집례』
영로(迎勞)	영로(迎勞)
황제견사계번주(사)견일(皇帝見使戒蕃主(使)見日)	견의(見儀)
번주봉견(蕃主奉見) 황제수번사표급폐(皇帝受蕃使表及幣)	
황제연번국주(사)(皇帝宴蕃國主(使))	사연의(賜宴儀)
번주봉사(蕃主奉辭)	사의(辭儀)

2) 사신영접의례의 절차와 운용

중국의 사신영접절차는 시대에 따라 세부적인 내용은 달랐을지 모르나 기본적으로 당 『개원례』의 영접절차를 그대로 계승하였다. 여기서는 외국 사신의 입국에서부터 귀국에 이르기까지 어떠한 절차를 거치는지 알아보려 한다. 입국에서 입경까지 절차는 엔닌(圓仁)의 『입당구법순례행기』 등 여러 사료와 기록을 수집, 분석하고, 입경 이후 객관 안치부터 황제의 사연례까지 절차는 중국 빈례의 근간이 된 『개원례』와 이전 왕조의 예서를 집대성한 『명집례』를 중심으로 구체적으로 어떻게 적용, 운용되었는지 살펴보겠다.

당은 동아시아뿐만 아니라 멀리 페르시아 지역을 비롯해 유럽 지역과도 활발하게 교류하면서 명실상부한 정치, 경제, 문화의 중심지 역할을 하였다. 당에 들어왔던 국가는 한국과 일본은 물론이고 중앙아시아, 동남아시아 그리고 멀리 유럽의 국가들도 있었다. 따라서 당은 이들 국가에서 파견되는 견당사(遣唐使)들을 맞이하기 위한 절차를 규정해놓고 있었다. 외국의 사신들은 당에 들어와 황제를 알현하고 본국으로 귀환하기까지 상당히 복잡한 절차를 거쳤다. 크게 변경지역 도착보고 및 입국허가-입국허가 이후의 당 조정의 입경 조치-장안성(長安城) 입경(入京)-영노의식

(迎勞儀式)－객관안치－황제알현－연회－귀국의 절차를 거쳤다. 이러한 입당절차는 당 뿐만 아니라 그 이후 왕조에서도 그대로 지켜졌던 절차였다. 이 과정은 엔닌의 『입당구법순례행기』에 상세히 기록되어 있다. 『입당구법순례행기』는 엔닌이 제17차 일본 견당사 일행과 함께 구법을 위해 838년 여름 당에 들어갔다가 846년 8월 일본 비전국(肥前國) 녹도(鹿島)에 입항하기까지 과정과 그 해 12월까지 행적을 기록한 책이다. 여기에는 사행(使行)과정, 구법활동 및 당시 양주 일대에서 보고 겪은 민속이 상세히 담겨있다. 특히 사행길과 귀국길의 여정이 잘 기록되어 있어 당시 견당사의 입국절차를 보여주는 좋은 사료이다. 다음에서 다루는 입당절차는 엔닌의 『입당구법순례행기』와 『개원례』, 『명집례』를 중심으로 정리하였다.

(1) 입국에서 입경까지

① 도착보고 및 입국허가

먼저 외국사신이 당 내륙의 국경지역이나 해안지역에 도착하면 해당주(州)나 도독부(都督部)를 통해 당 조정의 입국허가를 받아야 한다. 그래서 견당사들은 중국에 도착하면 해당 지역 담당관청에 공문을 보내 도착사실을 알리고 입국 및 입경허가를 기다려야 했다.[47]

A-2. 7월 2일. 근처에 염관(鹽官)이 있어, 판관 장잠숙예고명(長岑宿祢高名)과 준녹사 고구숙예백흥(高丘宿祢百興)을 뽑아 진가로 향하게 하고 겸해서 공문서를 보냈다.[48]

47) 김규호, 「唐朝의 異民族 管理와 問題點」, 『강원사학』 7, 1991, 107~108쪽; 榎本淳一, 「性靈集に見える竹符·銅契と文書ついて」, 『日本古代の傳承と東アジア』, 佐伯有清先生古稀記念會編, 1995, 470~472쪽; 권덕영, 『古代韓中外交史 - 遣唐使硏究-』, 일조각, 1997, 171쪽.

48) 엔닌, 『입당구법순례행기』 권1, 당문종(唐文宗) 개성(開成) 3년 7월 2일조. 近側有塩官,

A-3. 당나라 소종(昭宗) 경복(景福) 2년(진성왕 7년, 893년)에 납정절사(納旌節使) 병부시랑 김처회(金處誨)가 바다에 빠져 죽으니 곧 추성군(橻城郡) 태수 김준(金峻)을 차출하여 고주사(告奏使)로 삼았다. 당시 치원은 부성군(富城郡) 태수로 있었는데, 때마침 불러 하정사(賀正使)로 삼았다. 매해 기근이 들었고, 그로 말미암아 도적이 많이 일어나니 길이 막혀 마침내 가지 못하였다. 그 후에 치원은 또한 일찍이 사신의 명령을 받들어 당나라에 간 적이 있었는데, 단 그때를 알 수 없다. 그 문집에 태사(太師) 시중에게 올린 편지가 있다. 내용은 다음과 같다.

"…(중략)…엎드려 바라옵건대 태사 시중께서는 굽어 큰 은혜를 내리시어 특별히 수륙의 통행증을 내려 주십시오. 지방 관청으로 하여금 선박과 식사 및 원거리 여행에 필요한 나귀와 말과 사료를 공급하도록 하시고, 아울러 장수를 파견하여 호송을 감독하여 황제의 수레 앞에 이르도록 하여 주십시오." 여기에서 말한 태사 시중의 성명 또한 알 수 없다.[49]

위의 기록들은 모두 당에 입경하려고 할 경우 당 조정의 허락이 있어야만 했음을 보여주는 기사들이다. A-2는 당 문종(文宗) 개성(開成) 3년(837) 엔닌이 구법을 위해 당에 들어갔을 때이다. 이때 엔닌이 함께 갔던 일본 사신은 제17차 견당사였는데 배가 표류하여 양주(揚州) 해릉현(海陵縣) 양쯔강 하구 회남진(淮南津) 어귀에 표착하게 된 일을 적은 것이다. 엔닌 일행은 도착하자마자 담당 관청에 사람을 보내 도착 사실을 알렸다.

即差判官長岑宿祢高名·准録事高丘宿祢百興令向鎮家兼送文條. 번역문은 국사편찬위원회 번역문 인용. 이하 『입당구법순례행기』의 번역문은 모두 국사편찬위원회의 번역문 인용하였음.

49) 『삼국사기(三國史記)』 권46 「열전(列傳)」 최치원전. 唐昭宗景福二年, 納旌節使兵部侍郎金處誨, 没於海, 即差橻城郡大守金峻, 爲告奏使. 時致遠爲富城郡大守, 祗召爲賀正使. 以比歲饑荒, 因之盜賊交午, 道梗不果行. 其後致遠亦嘗奉使如唐, 但不知其歲月耳. 故其文集有上大師·侍中狀云,…(중략)…伏乞 太師侍中 俯降台恩 特賜水陸券牒 令所在供給舟舡 熟食及長行驢馬草料 幷差軍將 監送至駕前. 번역문은 국사편찬위원회 번역문 인용. 이하 『삼국사기』 번역문은 모두 국사편찬위원회의 번역문 인용하였음.

이는 도착 보고라 할 수 있다. 당시 도착 보고는 중앙조정에 하는 것이 아니라 도착지의 관할 관청에 하게 되어 있었다.[50] 그 내용은 분명 엔닌 일행이 자신들의 도착 사실을 알려 입국허가를 요청하고 필요한 조치를 취해주기를 청하는 내용이었을 것이다.[51] 이는 다음 A-3 기사를 보면 명확해진다. A-3은 893년 최치원이 당에 들어갔을 때 태사시중에게 보낸 글이다.[52] 중국 측 황해 연안에 도착한 최치원 일행은 수륙권첩과 운송 수단 및 음식을 제공해 줄 것을 청한다. 이는 자신들의 도착을 알림과 동시에 입국허가와 장안성에 이르기까지의 여행허가 및 그에 따르는 각종 편의를 요청하는 것이었다. 최치원이 태사시중에게 공문을 보내어 교통수단과 생료(生料) 지급을 요청한 것으로 미루어 볼 때, 엔닌 일행이 사람을 보내 도착 사실을 알릴 때 보낸 공문서에 어떠한 내용이 포함되었는지 기록되어 있지 않지만, 거의 같은 내용이었을 것이다. 도착 보고를 받은 해당 관청은 조정에 이들의 도착을 알리고 조정으로부터 회신을 받아 합당한 조치를 취했다. 견당사들의 체류 비용은 당의 입국 허락이 있기

---

50) 최치원, 『桂苑筆耕』 권10 「新羅探候使朴仁範員外」. 박인범이 중국에 사신으로 갔을 때 회유를 거쳐 가는데, 당시 회유에서 고변의 종사관으로 일하던 최치원이 박인범에게 글을 보낸다. 이 글에 최치원은 이들의 도착을 알리는 표문을 조정에 보고하고 이들의 편의를 보아주겠다고 하는 내용이 나온다.

51) 권덕영, 앞의 책, 1997, 171쪽.

52) 『삼국사기』 「열전」 최치원전에는 최치원이 당에 들어간 시기는 알 수 없고 다만 그가 태사시중에게 보낸 글이 그의 문집에 남아 있어 기록한다는 설명이 있다. 여기서 말하는 문집은 『계원필경(桂苑筆耕)』이 아닐 것이다. 『계원필경』은 최치원이 868년(경문왕 8년)에 당에 들어가 빈공과에 급제하고 885년 당을 떠나 신라로 귀국한 후, 879년부터 885년까지 고변의 종사관으로 있으면서 그를 대신해 지은 글과 일부 자신이 지은 글을 모아 찬술하여 886년 헌강왕에게 바친 문집이다(최치원 저, 이상현 역, 『桂苑筆耕集』 1, 한국고전번역원, 2009, 17~55쪽 참조). 『삼국사기』 최치원전에 실린 이 첩문은 신라로 돌아왔던 최치원이 893년 하정사로 당에 사신으로 가려했으나 가지 못하고 그 후 다시 당에 파견되었는데 그때 태사시중에게 통행증과 생료지급을 청하기 위해 올린 것이다.

전에는 모두 해당국의 부담이며 자유로이 이동할 수도 없었다. 이렇게 도착 보고를 하면 당 조정은 입국허가 여부, 입경 사신단의 규모, 제공하는 음식의 양 및 운송 수단 등 세부내용을 정하여 회신을 보낸다.

다음은 도착 보고를 하고 입국허가를 받고 난 이후의 처리 과정을 보여준다. 입국허가는 처음 도착한 지역에서 받고 이후 관할 관청이 있는 곳으로 옮겨간다. 엔닌 일행은 양주부로 이동하였다. 여기서 장안 입경(入京) 절차를 거치는데 먼저 양주부에서는 조정에 첩문을 보내 보고하고 조정으로부터 입경 일정과 사신단 규모를 정하는 칙서를 기다린다.

A-4. 8월 1일 이른 아침에 대사가 양주 관아에 이르러 양주부 도독 이상공(李相公, 이름은 이덕유이다.)을 만나 볼일을 마치고 돌아왔다. 재를 마치고 청익승과 유학승 두 승려는 견당사절단 본부에 첩장을 제출하여, 태주 국청사로 갈 수 있도록 해줄 것과 아울러 수수인 정승소마려(丁勝小麻呂)를 우리의 구법 활동을 도울 심부름꾼으로 충당해줄 것을 요청하였다.[53]

A-5. [8월] 4일 이른 아침에 회신이 왔다. 대사는 이상공에게 토산물을 보내 선물했으나 상공은 그것을 받지 않고 되돌려 보냈다. 또 오늘 비로소 생료를 지급해주었으나 물건마다 충분히 갖추어져 있지 않았다.[54]

A-6. [8월] 10일 오전 8시경에 청익승과 유학승 두 사람은 개인 휴대품 등의 무게를 달아 그 수치를 기록해 대사 집무소에 보냈다…(중략)…대사는 다시 유학승은 잠시 양주부에 머물러 있고, 청익승은 칙서를 기다리지 않고 먼저 태주로 갈 수 있도록 해줄 것을 요청하는 첩문을 상공에게 보냈다.

53) 엔닌, 『입당구법순례행기』 권1, 승화(承和) 5년 8월 1일조. 八月一日. 早朝大使到州衙, 見揚府都督李相公事畢歸來. 齋後請益留学兩僧出牒於使衙, 請向台州國淸寺兼請被給水手丁勝小麻呂仕充求法馳仕.

54) 엔닌, 『입당구법순례행기』 권1, 승화 5년 8월 4일조. 四日. 早朝有報牒. 大使贈土物於李相公, 彼相公不受還却之. 又始今日充生料每物不備.

> 2, 3일 후에 상공의 회신 공문이 왔다. 거기에 이르기를 "먼저 출발하는 것은 허락하지 않는다. 조칙을 기다렸다가 갈 수 있고 없음을 결정할 것이다. 그동안 승려들은 절 안에서 머물도록 하라"고 했다.[55]

위의 기사들은 모두 연속선상에서 파악해야 한다. 먼저 A-4의 기사를 통해 일본 사신단은 양주로 떠나기 전 미리 양주부 도독에게 사신단의 입조목적과 일정을 첩문을 보내 알려야 한다는 것을 알 수 있다. 그와 더불어 편의시설도 함께 요청했을 것이다. 이는 다음 기사 A-4와 A-5를 보면 확실해진다. 일본 대사는 양주부 도독 이상공을 만나 볼일을 보고 돌아왔다고 하는데 바로 양주 체류를 위한 식량 및 편의시설을 요청하고 왔던 것이다. 그 결과 양주부에서 생료를 지급한 것으로 볼 수 있다.

A-4와 A-6기사에서 주목할 것은 양주를 벗어날 경우에는 반드시 인원, 목적지 그리고 목적을 밝혀 허가를 받아야 한다는 것이다. 외국인이 중국 내 여행시 소지해야 하는 일종의 허가증을 과소(過所)라고 한다. 당 현종은 조서를 내려 외국인이 중국을 다닐 때에는 과소를 지니고 다니도록 했다. 아마도 이 여행허가증 제도는 현종대에 제도로 정착되어 시행되었던 것으로 보인다.[56] 양주에 도착한 사신단은 당 조정에서 입경허가와 입경인원 등을 정한 칙서를 받을 때까지 양주를 떠나서는 안 되었다. 그리고 이에 대한 허가는 양주부 도독의 소관이 아니라 반드시 당 조정에 알려 칙서를 받아 행한다는 것이다. 이 칙서가 도착하지 않아 일본 구법승이 태주로 이동하지 못하고 있었다. 당시 견당사들이 해당 지역 관리의 철저한 감시 하에 있었음을 의미한다.

---

55) 엔닌, 『입당구법순례행기』 권1, 승화 5년 8월 10일조. 十日. 辰時請益·留学兩僧隨身物人斤量之數乞録達使衙了. …(중략)… 大使更留学僧暫住揚府, 請益僧不待勅府且令向台州之状牒送相公. 二三日後相公報牒俙. 不許且發. 待報符可乞進止. 其間令僧住寺裏者.

56) 김규호, 앞의 글, 1991, 108~109쪽.

중국에 입조하는 사신들은 중국 국경에 도착하면 관할지역 관청에 도착 보고를 하고 당 조정으로부터 입국허가와 입경허가를 받아야 했다. 엔닌 일행이 입국허가를 받고 해당 관청인 양주부에 도착한 것이 8월 1일이고 장안 입경허가가 나서 장안으로 출발한 것이 10월 3일이었으니 두 달여가 걸린 셈이었다.

② 입경(入京)

엔닌 일행은 당 장강구(長江口)에 도착한지 19일(838년 7월 20일)만에 양주로부터 식량을 지급받았다. 이에 대해 일본 견당사 대사(大使) 후지와라 노츠네츠구(藤原常嗣)가 신라와 처우가 같지 않다하여 항의한 일이 있었는데,[57] 이를 통해 볼 때, 일본 사신이 중국에 도착하여 입국허가를 받은 것이 상례(常例)보다 늦어진 것임을 알 수 있다. 따라서 보통은 19일씩 걸리지는 않았을 것으로 보이며 입국 보고를 하고 난 뒤 입국허가가 떨어지기까지 걸리는 시간은 보름 정도였던 것으로 보인다.[58]

먼저 입국허가가 내려지면 사절단에게는 규정에 따라 이들을 영접하는 의식절차가 거행된다. 해당 주의 관리는 사신들이 묵고 있는 객관으로 가서 그들을 위로하고 위문한다.[59] 그런 다음 장안성 입경 경로에 따라 사신단에게 필요한 음식과 숙소 및 조공물품 운반에 필요한 배, 수레 등의 운송수단을 제공한다.[60]

---

57) 엔닌, 『입당구법순례행기』 권1, 승화 5년 7월 20일조. 又云 今日州使來 始宛生料 從先導新羅國使與本國一處 而今年朝貢使 稱新羅國使 而相勞疏略 今大使等先來鎭家 旣定本國與新羅而隔遠邈 卽縣州承知 言上旣畢.

58) 권덕영, 앞의 책, 1997, 172쪽.

59) 엔닌, 『입당구법순례행기』 권1, 승화 5년 7월 9일조. 九日 巳時海陵鎭大使劉勉來慰問使小贈酒餠兼設音聲. 相從官健親事八人. 其劉勉著紫朝服, 當村押官亦同著紫衣. 巡檢事畢却歸縣家.

60) 『당회요(唐會要)』 권100 「잡록(雜錄)」. 聖曆三年三月六日勅 東至高麗國 南至眞臘國 西至波

입경허가 조칙 내용 중 가장 중요한 것은 바로 입경할 수 있는 사신단의 규모와 입경행로에 관한 것이다. 보통 입경이 허락되는 사신단의 규모는 그 목적이나 중국 내 상황에 따라 다르다. 신라와 발해의 경우 파견 사신은 적게는 100여 명에서 많게는 300여 명이었으며 일본의 경우는 8세기 후반 500~600명으로 구성되기도 하였다.[61] 그러나 실제로 당 장안성에 입경하는 사신단의 인원은 그보다 훨씬 적었다. 다음 [표 9]는 신라, 발해 그리고 일본 견당사의 규모를 알 수 있는 사신파견 기록을 정리한 것이다.

[표 9] 동아시아 견당사 규모[62]

나라	입당시기	견당사 일행 및 규모
신라	헌덕왕(憲德王) 4년(812)	신라 헌덕왕 4년(812)[63] 하정사 겸 고애사로 입당한 김창남 일행 54인 입경
발해	무왕(武王) 13년(731) 10월	대취진(岱取珍) 등 120인
	무왕(文王) 56년(792) 윤12월	발해압말갈사(渤海押靺鞨使) 양길복(楊吉福) 등 35인
	성왕(成王) 원년(794) 1월	왕자 대청윤(大淸允) 등 30인 입경하였으며 이들 30인은 모두 관작 수여받음
	강왕(康王) 원년(795) 12월	말갈도독(靺鞨都督) 밀아고(密阿古) 등 22인
	희왕(僖王) 원년(813) 12월	왕자 신문덕(辛文德) 등 97인
	희왕 2년(814) 1월	고례진(高禮進) 등 37인-인덕전 연회, 선물수령
	희왕 2년(814) 12월	대효진(大孝眞) 등 59
	희왕 3년(815) 7월	왕자 대정준(大庭俊) 등 101인
	희왕 4년(816) 2월	고숙만(高宿满) 등 20인
	선왕(宣王) 원년(818) 3월	이계상 등 26인
	선왕 7년(824) 2월	대총예(大聰叡) 등 50인

斯吐蕃及堅昆都督府 北至契丹突厥靺鞨 竝爲人番 以外爲絶域 其使應給料各依式. 開元四年正月九日勅靺鞨新羅吐蕃先無里數每遣使給賜宜準七千里以上給付也.

61) 古瀨奈津子, 『遣唐使の見た中國』, 吉川弘文館, 2003, 28쪽.

62) 권덕영의 논저(「제1장 견당사 관련기록 검토」, 『고대한중외교사-견당사연구-』, 일조각, 1997.)의 내용과 표를 참조하였다.

	선왕 10년(827) 4월	승려 정소 등 11인 입경-인덕전 연회
	이진왕(彝震王) 8년(837) 1월	왕자 대명준(大明俊) 등 19인-인덕전 연회
	경왕(景王) 4년(873)	최종좌, 대진윤 관손재 등 60인이 당으로 출발하였으나 표류하여 일본 살마국(薩摩國) 증간군(甑嶋郡)에 도착, 입당하지 못함
일본	보구(寶龜) 8년(777) 10월	일본 견당사는 43명이 입경허가[64]
	연력(延曆) 23년(804) 6월	제1선의 일본 견당사 23명과 제2선의 견당사 27인 도합 50인 입경[65]
	승화(承和) 5년(838) 10월	일본 견당사 먼저 도착한 35명과 해주 연안에 도착한 사람과 함께 약 50명 입경[66]

장안에 입경하는 사신단의 규모는 입국목적 및 사절단 규모, 당과의 관계, 당시의 정치, 사회, 경제적 상황에 따라 정해지는데 일본과 신라의 경우 대략 4,50인 정도였다. 발해의 경우 인원이 100명이 넘었던 기록도 여러 차례 나오는데 이는 장안 입경 사신의 수가 아니라 전체 사절단수를 기록한 것으로 보이며 실제 장안에 들어간 인원은 대략 30명 전후인 것으로 보인다.[67]

A-7. [10월] 4일 재를 마친 후 우리 두 승려는 각기 별지에 청원장을 작성하여 판관의 처소에 전해주었다. 서장은 별도로 적어놓은 것과 같다. 입경하는 관인으로는 대사 1명, 장잠판관(長岑判官), 관원판관(菅原判官), 고악녹사(高岳錄事), 대신녹사(大神錄事), 대택통사(大宅通事), 별청익생

63) 『冊府元龜』 권972 「外臣部」 朝貢 5, 元和 7年 4月條. 四月新羅賀正兼告哀使金昌男等五十四人朝見.

64) 『속일본기(續日本記)』 권35, 보귀(寶龜) 8년 10월 을미(乙未)조 및 을묘(乙卯)조.

65) 『일본후기(日本後記)』 권12, 연력 23년 6월 을사(乙巳)조.

66) 엔닌, 『입당구법순례행기』 권1, 승화5년 10월 4일조. 騷野勝年, 「圓仁の入唐事情とその經過」, 『入唐求法巡禮行記の硏究』 4, 1969, 380쪽.

67) 古瀨奈津子, 앞의 책, 2003, 28쪽; 권덕영, 앞의 책, 1997, 173쪽.

(別請益生), 반수하웅(伴須賀雄), 진언종 청익승 원행(圓行) 등과 잡직 이하 35명이고, 관선은 5척이었다.[68]

A-8. [2월] 6일 주의 관리가 조칙에 의거하여 녹(祿)을 지급하였다. 관찰사의 첩문을 살펴보니 "윤정월 2일의 조칙에 의거하여 장안에 가지 않고 남아 있는 사절단원 270명에게 비단을 지급한다."[69]

A-7 기사를 보면 일본 견당사의 장안 입경 사절의 구성을 보면 대사1인, 판관 2인, 기록을 담당하는 녹사(錄事) 2인 그리고 통역사인 통사(通事) 1인, 구법승 2인 그리고 잡직 등 35인이 입경 허락을 받았음을 알 수 있다. 이들은 장안 입경허가를 받고 그 다음날인 10월 5일 장안을 향해 출발하여 12월 3일에 도착하였다. 무려 두 달이 걸린 셈이었다.

A-8 기사는 당시 장안에 들어가지 못하고 양주에 남아 있던 사신에게 비단을 지급했다는 내용인데 이를 통해 당시 17차 일본 견당사의 규모는 모두 합하여 300여명에 이르렀으나 장안에 입경한 사신의 숫자는 매우 적었으며 사신단의 대부분은 도착지에 머물고 있었음을 알 수 있다.

③ 장락역에서 교영의와 객관안치

장안 입경경로는 당 조정이 지정한 대로 움직여야 하는데 반드시 거치는 곳이 장락역(長樂驛)이었다.

---

68) 엔닌, 『입당구법순례행기』 권1, 승화 5년 10월 4일조. 四日. 齋後兩僧各別紙造情願狀贈判官所. 其狀如別. 入京官人大使一人·長岑判官·管原判官·高岳録事·大神録事·大宅通事·別請基生伴須賀雄·真言請益圓行亦并雜職已下卅五人, 官舩五艘.

69) 엔닌, 『입당구법순례행기』 권1, 승화 6년 2월 6일조. 六日. 州官准勑給祿. 案觀察使帖偁, 准閏正月二日勑, 給使下赴上都貳佰柒拾絹.

3A-9. 장판관 (長判官)의 시종인 촌청(村淸)이 같은 달 같은 날에 적은 서신에 이르기를 "이달 3일 오전 8시경에 장락역(長樂驛)에 도착했다. 칙사가 영접하러 와서 천자가 위로하는 말을 전하였다. 대사는 예빈원에 도착하였다가 아울러 천자를 배알했다."고 한다. 이 서신으로 그간의 사정을 대략 알았다.[70)]

A-10. 장경 4년(824) 평로절도사가 파견한 당 관인의 호송을 받으며 발해 숙위사 대총독 등 50인이 이곳에 도착하자 중관을 보내 술과 음식을 대접한다.[71)]

위 기사를 통해 견당사들은 도착지에서 입경할 때까지 당 관원의 호송을 받으면서 이동한다는 것과 장락역에 도착하면 황제가 칙사를 보내 이들을 교영하고 술과 음식을 대접하는 절차가 있다는 것을 알 수 있다. 비록 발해와 일본에 대한 기록이기는 하지만 고구려, 백제, 신라도 같은 절차를 거쳤을 것이다. 이렇게 장락역에서 교영의식을 마친 사신들은 객관에 안치되었다. 그 다음 이들을 객관에 안치한 후 영로의식을 거행한다. 『개원례』의 절차에 따라 사신영접의례가 시행되고 있음을 확인할 수 있다.

이러한 『개원례』의 교영절차는 명대까지 이어졌다. 『명집례』에 따르면 용강역(龍江驛)[72)]에 도착한 사신 일행은 사신단 일행의 이름, 수행원의 수 등을 응천부(應天府)에 보고하면 응천부가 이를 중서성(中書省)과 예부(禮部)에 알린다. 그 다음 사신을 맞이할 접반사를 파견하고 주안상을 마련하여 접대하였다.[73)]

---

70) 엔닌, 『입당구법순례행기』 권1, 승화 6년 정월 21일조….(생략)… 長判官傔從村淸同月同日狀稱, 今月三日辰時到長樂驛. 勑使迎來傳陳詔問. 使到礼賓院兼朝拜" 異校勘 196者略知事由

71) 『책부원구』 권111 「제왕부」 연향3. 敬宗長慶四年正月卽位 二月壬午 平盧郡節度使薛平 遣使押領備宿衛渤海人總叡等五十人 至樂院 命中官持酒脯迎宴焉. 낙원은 장락원의 부속관사. (권덕영, 앞의 책, 1997, 175쪽 주 217)

72) 1421년 이전 명의 수도였던 남경 인근의 강가에 있던 역.

④ 영노의식(迎勞儀式)과 황제알현일 통보

영노의식은 외국사신이 객관에 도착하면 황제가 외국사신을 위로하기 위해 사자를 보내 이들을 맞이하는 의식이며, 〈황제견사계번주견일〉은 황제알현일을 통보받는 절차이다. 아래 [표 10]은 황제의 사자가 객관에 가서 외국의 사신을 맞이하는 의식절차를 정리한 것이다.

[표 10] 중국의 영노의식절차

<table>
<tr><th>의식절차</th><th>비고</th></tr>
<tr><td>① 황제의 사자가 도착하면 번주는 객관 밖 동쪽에 자리하고 재배한 후 사자와 같이 객관에 들어옴</td><td rowspan="5">번국주, 번국사</td></tr>
<tr><td>② 사자가 서쪽 계단으로 오르고 속백을 든 자가 뒤이어 올라 북면</td></tr>
<tr><td>③ 번주가 동쪽 계단으로 올라 서면</td></tr>
<tr><td>④ 사자가 폐를 들고 황제의 제(制)가 있다고 하면 번주는 재배</td></tr>
<tr><td>⑤ 번주가 북면하고 두 번 계수(稽首)</td></tr>
<tr><td>⑥ 사자가 황제의 제를 선포하면 번주는 나아가 황제의 폐를 받음</td><td rowspan="6">번국주만 해당</td></tr>
<tr><td>⑦ 사자가 물러나 폐를 좌우에 주고 다시 두 번 계수</td></tr>
<tr><td>⑧ 사자가 객관 밖으로 나가 1번부터 다시 한 번 같은 절차가 반복됨. 번주는 토물을 사자에게 주는 의식 이어짐</td></tr>
<tr><td>⑨ 번주가 먼저 동쪽 계단으로 올라가 서면</td></tr>
<tr><td>⑩ 사자는 서쪽 계단으로 올라 동면</td></tr>
<tr><td>⑪ 번주가 토산물을 사자에게 주면 사자는 재배하고 받음</td></tr>
<tr><td>⑫ 사자가 나가면 번주도 객관 밖으로 따라 나감</td><td rowspan="6">번국주, 번국사</td></tr>
<tr><td>⑬ 번주는 재배하고 사자를 보내고 나면 객관으로 이동</td></tr>
<tr><td>⑭ 홍로에서 번주를 조당으로 인도하면 번주는 북면</td></tr>
<tr><td>⑮ 관리가 외국사의 도착을 황제에게 알리고 황제의 칙이 있음을 알리면 번주는 재배</td></tr>
<tr><td>⑯ 황제의 제를 선포하면 번주는 다시 재배</td></tr>
<tr><td>⑰ 관리가 이들을 객관으로 인도하여 돌아감</td></tr>
</table>

73) 『명집례』 권31 「빈례」 2. 蕃使朝貢 迎勞儀注.

그런데 위 [표 10]에서 보듯이 번국주가 내조할 때와 번국사가 내조할 때 절차상 차이가 있다. 즉, 외국사신이 황제에게 속백을 바친 후(①~⑤) 번국주의 경우는 ⑥~⑪까지의 절차를 한 번 더 거치는 것이다. 이는 번국주가 직접 내조했을 경우에는 속백에 대해 황제가 답례품을 하사하는 절차와 번주가 토산물을 사자에게 주는 절차가 더해지기 때문이며 번국사의 경우에는 이 절차가 없다. 번국주와 번국사를 엄격히 구분하여 그 절차를 달리함으로써 번국주를 높이 대우하는 것이다.

영노의식을 치르고 다른 날에 황제의 사자가 황제 알현일을 통보하기 위해 다시 객관을 방문하여 의식을 치르는데 이것이 〈황제견사계번주견일〉이다. 이는 영노의식의 절차와 대동소이할 것으로 보인다.

(2) 황궁에서 황제알현의식

황제를 알현하는 의식은 입조의례에서 가장 핵심적이고 복잡한 절차이다. 직접 황제를 알현하고 위로의 말을 듣고, 번사가 갔을 경우는 본국왕의 표를 올리는 절차가 더해진다. 황제와 사신의 행례에 따라 음악이 연주되고 매우 장중한 의식이 거행된다. 여기서는 번사의 의식절차를 중심으로 살펴보겠다. 현실적으로 번국주가 입조하는 경우는 거의 없었기 때문이기도 하지만 대체로 번사의 입조의례에는 번국주 입조의례가 다 포함되어 있기 때문이다.

사신영접의 가장 핵심은 바로 황궁에서 거행되는 황제알현식이다. 황제봉견례는 시대별, 입조 국가별로 약간씩의 차이는 있지만, 기본적으로 『개원례』의 견사영노-견사계견일-봉견-연회의 절차를 거치는 것은 유사하다. 여기서 〈견사영노〉(사신을 맞이하여 위로하는 절차)와 〈견사계견일〉(황제알현일 통보) 의례는 황궁이 아니라 객관에서 이루어지는 것이므로 엄밀한 의미에서 보면 황궁에서 거행되는 의식절차는 아니다.

[표 11] 『개원례』 번국주의 봉견례와 번국사의 봉견례 비교

	번국주의 봉견례	비고		번국사의 봉견례 (황제수번사표급폐)	비고
①	상사봉어와 수궁, 대악령 등이 조회할 장소에 장막과 관인의 자리, 각 조의 악기 설치		①	없음	의식 하루 전
②	승천문 밖 대기	태극전 밖	②	• 번사가 조서를 들고 대기 장소를 나오면 통사사인이 서쪽 행랑 문 밖으로 번사를 인도하고 번사는 동면 • 예물(幣)과 공물(庭實)을 든 사람은 그 뒤에 서서 함께 동면하고 북쪽으로 이동	태극전 밖
③	황제가 태극전에 남면	태화지악	③	황제가 태극전으로 듬	태화지악
④	번주가 태극전 전정에 입장하여 정해진 위치에 자리하고 재배	서화지악	④	사인이 조공물을 가지고 온 사자를 인도하여 들어오면 남쪽에 자리함	태화지악 *국가별, 사신 등급별 음악 차등
⑤	찬자(贊者)가 황제의 말을 전하면(承傳) 번주는 재배계수		⑤	중서시랑이 책상을 든 자를 이끌고 사자 앞으로 가면 사자는 동면	
⑥	시중이 제(制)를 전하면 번주는 서쪽에 서서 동면하고 재배계수		⑥	시랑이 조공국의 서를 받아 책상에 올려 놓고 서쪽 계단으로 돌아감	
⑦	황제의 제를 선독(宣讀)하면 번주는 다시 재배계수		⑦	시랑이 서를 황제에게 바치고 책상을 든 자는 물러남	국서주진 (奏進)
⑧	시중이 돌아가 고하고 다시 내려와 위로의 말을 전하고 자리에 앉으라는 칙령을 내리고 번주는 재배계수한	번국제관이 태극전 전정에 입장	⑧	처음 시랑이 서를 아뢸 때 유사와 각 담당 관리들은 조공국이 바치는 예물과 말을 전정에서 받음	
⑨	사인(舍人)이 번주를 인도하면 악이 시작되었다가 번주가 단에 이르면 악이 그침	서화지악	⑨	전의가 재배하라고 함	
⑩	사인이 번주를 전상의 자리에 인도하면 면복(俛伏)[74]하고 앉음		⑩	찬자가 황제의 말을 전하면 사자이하 모두 재배	
⑪	시중이 황제의 위로의 말을 전하		⑪	사인이 먼저 황제의 제를 받들고 사자	번국사에만

	면 번주는 면복하고 자리에서 일어나 절하려고 하면 시중은 하지 않아도 된다는 황제의 말을 전함			앞에 내려와 번국주의 안부를 물음	해당하는 절차
⑫	번주가 다시 자리에 서서 상례대로 절		⑫	사자가 재배하고 대답한 후 다시 재배	
⑬	시중이 돌아가 고하고 다시 와서 객관으로 돌아가라는 황제의 말을 전함		⑬	사인이 돌아가 아뢰면 다시 칙을 내려 사자의 안부를 물으면 사자가 재배하고 대답	
⑭	사인이 번주를 인도하여 서쪽 계단에서 내려오면 거기서 부터 전알자(典謁者)가 인도하고 음악이 시작되며 번주가 원래의 남쪽 자리에 돌아오면 악이 그침		⑭	또 사자 이하의 노고를 위로하며 절하고 대답하고 다시 사인은 돌아가 아룀	
⑮	황제퇴장	태화지악	⑮	사인이 황제의 칙을 받들어 사자에게 객관으로 돌아가라 한다. 황제퇴장	태화지악
⑯	번주가 재배계수하고 사인이 번주를 인도하여 나가면 악이 연주되고 번주가 문을 나서면 악이 그침	서화지악	⑯	사자이하 모두 재배하고 사인이 이들을 인도하여 나간다. 마찬가지로 악을 연주하고 그침	서화지악

위 [표 11]을 보면 번국주와 번국사의 황제알현의식에 차이가 있음을 알 수 있다. 첫 번째는 번국주와 번국사의 입위(立位)가 다른데 이는 번국주와 번국사의 신분상의 차이를 분명히 한 것이다. 번국주는 전상에 오를 수 있지만(번국주 ⑨) 번국사는 전상에 오르지 못하고 전정에서 의식을 치른다. 두 번째, 번국사는 본국의 왕이 내조하는 것이 아니기 때문에 본국왕의 표를 바치는 의식절차가 포함되며 황제가 본국왕의 안부를 묻고 답하고 다시 사신으로 온 사신단의 안부를 묻는 절차가 진행된다. 번국사의 봉견례에서 주목할 것은 파견국의 지위에 따라 사신 입장 시 음악 연주에 차이가 있다는 것이다. 대국의 대사는 서화지악(舒和之樂)을 연주하고, 소

---

74) 절의 일종. 서서 허리를 굽혀 하는 절, 재배(再拜)나 계수재배(稽首再拜)보다 간략한 절이라고 할 수 있다.

국의 대사 혹은 큰 나라의 대사 이하 관직인 경우는 음악 연주가 없다고 하였다.[75] 황제 알현식이 끝나면 사신들을 위로하는 연례가 베풀어진다. 연회는 음주-식사-가무의 순서로 이어지며 연회가 끝나면 황제의 답례품 하사가 이어진다. 번국주와 번국사의 연례의식 절차에 커다란 차이는 없어 보인다. 다만 의식이 치러지는 초반 번국사는 전상에 오르지 못하고 있다가 연회가 시작되면 전상에 오른다는 것에 차이가 있다. 일단 연회가 베풀어질 때에는 번국사도 전상에 오르는데 이는 각종 연희가 전정에서 행해지기 때문일 것이다.

이렇게 황제알현과 황제가 친림한 가운데 연향이 거행되었다. 사신들을 위한 연향에서는 각종 산악·백희 등이 공연되었다.

2. 일본의 사신영접의례의 성립과 운용

일본이 중앙집권국가로 성장한 것은 7세기 들어서면서부터이다. 일본은 수·당과의 교류를 통해 적극적으로 중국문물을 받아들였다. 이 과정에서 중국의 예제를 받아들이고 당의 율령격식(律令格式)체제를 수용하면서 천황을 중심으로 하는 정치체제를 형성해 나갔다. 특히 8세기 중반 이후 당 『개원례』를 수용하여 법전을 정비하였다. 8세기 이후 편찬된 일본의 법령집으로는 『홍인식(弘仁式)』과 『정관식(貞觀式)』이 있었으며 10세기에 앞의 두 법령집을 정리하여 『연희식(延喜式)』을 편찬하였다. 일본의

75) 『통전』 권131 「개원례찬류」 26, 受蕃國使表及幣. 大蕃大使爲設樂 次蕃大使及大蕃中使以下皆不設樂懸及黃麾仗. 대국과 소국의 기준은 당과의 친소관계, 정치 경제 사회 문화적 수준 및 상황에 따라 달라지며 전적으로 홍려시(鴻臚寺)에서 결정하였다.(권덕영, 앞의 책, 1997, 178쪽 참조.)

빈례는 일본의 사신영접절차에 관한 첫 번째 기록이라 할 수 있는 수나라 사신 배세청의 영접기사부터 살펴보겠다. 이는 일본의 사신영접 절차가 비교적 상세히 나오는 기사이다. 이를 중심으로 한국 사신의 영접관련 기록도 함께 살펴보기로 한다. 일본의 헤이안 시대에 헤이안쿄(平安京, 794~1185까지 헤이안 시대 수도)의 홍려관(鴻臚館)에서 거행되는 빈례가 정비된 것은 일본이 수도를 나라(奈良)에서 헤이안쿄(平安京)로 옮겨간 이후이며 이 시기 일본의 공식 사절은 발해사밖에 없었다.[76] 따라서 이후 외국 사신의 입경 과정을 보여주는 기록은 대부분 발해와 관련된다. 더구나 9세기 후반부터는 외국과의 관계가 거의 단절되다시피 했고 당의 사신이 일본에 간 경우도 거의 없었다.

1) 사신영접의례의 성립과정

일본의 가장 기본적인 통치법전으로 현재 남아 있는 것은 『연희식』이다. 『연희식』은 연희 연간에 완성된[77] 법전으로 『연희식』 이전의 법전으로는 『홍인식』과 『정관식』이 있었지만 현재 전하지 않는다. 고대 일본의 사신영접의례를 공식적으로 확인할 수 있는 것은 『연희식』의 현번료(玄蕃寮) 내용을 통해서이다. 그렇다고 해서 일본의 사신영접의례가 9세기 이후에나 성립되었다는 의미는 아니다. 『일본서기(日本書紀)』 등의 기록을 통해 한반도의 삼국과 수, 당과의 사신교환을 통해 사신영접 절차를 수용하여 시행하고 있었음을 알 수 있다. 일본 역시 『연희식』 이전의 사신영접의례는 여러 사서를 통해서 재구성할 수밖에 없다. 일본의 사신영접의

76) 박석순, 『일본고대국가의 왕권과 외교』, 경인문화사, 2002, 49쪽.

77) 虎尾俊哉, 『延喜式』, 日本歴史叢書(新裝版), 吉川弘文館, 2008에 『연희식』의 편찬과정이 상세히 나와 있으므로 참조.

례 성립과정은 일본이 쇄국으로 들어서기 전인 10세기 이전과 무로마치(室町)막부 이후 조선과 통교를 시작한 15세기 이후로 나누어 살펴보도록 하겠다.

(1) 고대 일본의 사신영접의례

일본이 중국의 빈례를 수용하기 전의 상황은 『삼국지(三國志)』 「위지(魏志)」 왜인전(倭人傳)을 통해 살펴볼 수 있다.[78] 여왕 히미코(卑彌呼)는 위(魏)가 보낸 사신을 직접 대면하지 않았으며, 『일본서기』를 보면 유랴쿠(雄略)천황 14년(469)에 오나라 사신이 일본에 갔을 때 야마토(大和)에서 사신을 맞이하기는 했지만 천황은 사신을 만나지 않았다. 백제와 고구려의 사신이 갔을 때에는 난파관(難波館)과 산배(山背)의 상락관(相樂館) 등 야마토 바깥지역에 대부를 파견하여 외교의례를 행했다. 즉, 천황이 직접 외국사절을 만나서 외교의례를 행한 적은 없었다.[79] 이것은 중국이나 한국의 영접의례와는 크게 차이가 나는 것이다. 중국과 한국은 황제 또는 국왕이 알현식에 출어(出御)하여 입조한 사신을 직접 대면하지만 일본의 경우는 「위지」 왜인전의 야마토정권 이래 수나라 사신을 맞이하던 7세기 초반에도 천황이 출어한 적이 없었다는 것이다.[80] 타지마 이사오(田島公)

78) 『삼국지(三國志)』 「위지(魏志)」 권30, 왜인전(倭人傳).

79) 古瀨奈津子, 앞의 책, 2003, 150~151쪽. 그 이유에 대해 당시 천황은 정치권력은 약한 반면 제사장적 성격이 강하여 외교상 주도권을 장악할 수 없었기 때문이라고 보았다.

80) 이에 대해서는 『일본서기』와 중국의 『수서(隋書)』 기록에는 차이가 있다. 『일본서기』에는 왕이 모습을 드러내지 않은 것으로 나와 있으나 『수서』에는 왜왕이 배세청과 만나 직접 대화하였다고 되어 있다. 이는 양국의 입장 차이에서 오는 기록으로 『일본서기』는 중국을 조공국으로 보고 의례를 행한 것처럼 기술하고 『수서』는 왜왕이 수를 대국으로 받들어 예를 갖춘 것으로 기록하고 있는 것이다. 특히 배세청이 대화했다고 하는 인물은 왜왕이 아닌 소가노우마코(蘇我馬子) 혹은 우마야토[구호(廐戶), 쇼토쿠(聖德) 태자의 본

는 그 이유로 당시 천황이 지닌 종교적 특성으로 인해 사람들 앞에 모습을 드러내지 않는 풍습이 남아 있기 때문이라고 하였다.[81] 후루세 나츠코(古瀨奈津子)는 천황의 종교적 특성이 강해 정치적 외교권한이 강하지 않았기 때문이라고 하여, 천황의 종교적 특성을 그 원인으로 지적하고 있다. 이런 점에서는 타지마 이사오의 견해와 동일하다. 그러나 전자는 그 이유를 종교적, 문화적 측면에서 파악하였고 후자는 정치적 측면에서 해석하고 있다[82]는 것이 다르다.

이후 일본은 502년 중국 남조(南朝)와 외교관계를 끝으로 약 100년간 중국과 외교관계가 단절되어 이 시기 일본에 관한 기록은 중국 측 사서에는 등장하지 않는다. 하지만 중국에 수(隋)가 들어서면서 대중국 외교가 재개되었고 이때에 즈음하여 중국의 빈례가 수용되었을 것으로 보인다.[83] 일본이 중국의 예제를 본격적으로 받아들인 것은 요로(養老; 717-724) 연간에 당에 사신을 파견한 이후, 즉 8세기 이후부터지만 빈례가 수용된 것은 이보다 이른 수에 사신을 파견한 이후부터라고 할 수 있다. 502년 이후 100년간 중국과 교통이 없다가 수에 직접 사신을 파견하면서 동아시아 질서에 재편되었던 일본은 수·당과의 외교왕래를 위해 사신영접의례가 필요했을 것이다. 그래서 오례 중 다른 4례에 비해 빈례가 일찍 성립되었을 것으로 본다.[84] 하지만 8세기 중반 이후 동아시아의 국

명]를 왜왕으로 오인한 것이 아닐까 하는 견해도 있다.(森公章, 「Ⅰ. 歷史的 展開, 1. 隨·唐の成立と東アジア」, 『律令國家と 東アジア』荒野泰典, 石井正敏, 村井章介 編, 吉川弘文館, 2011, 187쪽 참조.)

81) 田島公, 앞의 책, 1986. (榎本淳一, 「Ⅰ. 歷史的展開 6. 比較儀禮論」, 『律令國家と東アジア』 荒野泰典, 石井正敏 村井章介 編, 吉川弘文館, 2011, 176쪽 재인용.)

82) 이 시기 천황의 권한에 관한 논의는 별개의 문제이므로 본 논문에서 깊이 다루지 못하였다. 고대 일본의 외교에 있어서 천황과 대제부의 역할을 통해 천황의 지위와 권한에 대해 논한 저서로는 박석순의 앞의 책 참고.

83) 古瀨奈津子, 앞의 책, 2003, 151쪽.

제정서 변화에 따라 견당사의 정치, 문화적 중요성이 감소함에 따라 법전에 외교의례에 관한 내용이 상세히 실리지 않게 되었다. 특히 8세기 중반 중국에서 일어난 안사의 난 이후 동아시아에서 당의 영향력이 약화되는 가운데에 상인을 중심으로 하는 무역이 활발해지고 승려와 유학생의 왕래가 늘어나면서 사신을 중심으로 하는 교류가 쇠퇴하게 되었다. 일본과 중국의 공적인 사신왕래는 그 중요성이 줄어들게 되었으며 그 결과 외교의례 역시 중요하게 다루어지지 않게 되었다.

일본이 중국의 빈례를 접하고 의례절차를 받아들인 계기는 스이코(推古, 재위 593~628))천황 8년에 수나라에 사신을 파견한 것이었다.

> B-1. 개황(開皇) 20년(600), 왜왕의 성은 아매(阿每)이며 자는 다리사비고(茶利思比孤) 또는 아배계미(阿輩雞彌)라고도 불린다. 사신을 파견하여 궐에 이르렀다.[85]

이 기록은 스이코 천황 8년의 일로 『일본서기』에는 보이지 않고 『수서(隋書)』에만 기록되어 있는 내용이다. 이때 일본사신은 수 문제(文帝)에게 국정개혁에 대해 물었다고 한다. 이후 일본은 관위 12등급제를 제정하고 그에 따른 공복제도를 마련하는 등 천황권을 강화하기 위한 관제개혁을 실시하였다.

그렇다면 스이코조(推古朝)의 일본의 사신영접의례는 어떻게 성립된 것일까. 일본의 어느 기록에도 수의 의례가 도입되었다는 명확한 기사는 보이지 않는다.[86] 스이코조의 예제 도입을 간접적으로 보여주는 것은 이

84) 古瀨奈津子, 앞의 책, 2003, 154~155쪽.

85) 『수서』 권81 「동이전」 왜국조.

86) 森公章, 「Ⅰ. 歷史的 展開, 1. 隨·唐の成立と東アジア」, 『律令國家と 東アジア』荒野泰典, 石井正敏, 村井章介 編, 吉川弘文館, 2011, 177쪽.

당시 12관등제의 정비와 공복제 실시 및 조례(朝禮) 개혁 등 일련의 조치들이다. 그리고 이때에 외교의식을 위한 공간으로 소간전궁(小墾田宮)도 새로이 건설되었다. 외국사신에 대한 영접의례는 수나라 사신 입국 이전에 마련되었던 것으로 보인다. 당시 중국과의 빈번한 교류를 통해 사신영접의례가 운용되고 있었던 고구려, 백제, 신라 삼국의 영향을 강하게 받았던 것도 부정할 수 없는 듯하다. 특히 백제는 당시 중국 남조와 지속적인 교류를 이어왔으며 남조로부터 유학, 불교, 미술 및 건축 분야에서 많은 영향을 받았다. 일본이 6세기 이후 백제와 밀접한 관계를 유지해왔다는 점에서 백제를 통해 남조의 영빈의례를 비롯한 예제가 도입되었을 가능성이 매우 높다.[87)]

고대 일본은 한대 이후 중국과 꾸준히 교류해왔으며 그로부터 상당한 영향을 받아왔다. 또한 한반도의 삼국과도 교류를 지속해 왔다. 오히려 중국과의 직접적 교류보다 한반도를 거치는 교류가 더 많았음도 사실이다. 더구나 500년 이후 100여 년간 중국과 직접적 통교가 없었던 일본은 한반도를 통해 중국의 문물을 받아들였다. 따라서 일본은 삼국을 통해 중국의 예제를 비롯한 문물을 수용하였고 동시에 삼국의 상황에 맞게 변용된 것도 함께 받아들였을 것이다. 일본의 빈례는 바로 이러한 과정을 거쳐 형성된 것으로 보아야 한다. 7세기 초 일본은 수나라와 사신 왕래를 재개하였고, 당이 들어선 이후에는 당에 사신을 파견하였다. 고구려가 619년, 백제와 신라가 621년에 당에 처음 견당사를 파견하였으며 일본은 630년에 처음으로 당에 사신을 파견하였다.[88)] 이후 9세기 후반 당이 쇠퇴할 때까지 교류가 지속되었다.

---

87) 森公章, 앞의 책, 2011, 184쪽.

88) 『구당서』「왜국전」, 『신당서』「일본전」.

후루세 나츠코는 이때 일본이 직접적인 영향을 받은 예서는 『개원례』가 아니라 수의 『강도집례』인 것으로 보았다.[89] 나아가 일본이 한반도의 삼국을 거치지 않고 수와 직접 교류하여 중국의 예제를 도입한 것이라고 하였다. 그러나 수의 『강도집례』가 편찬된 것은 『구당서』에 따르면 대업(大業) 연간(605~616)이며 수의 배세청이 방일한 것은 607년이다. 이때는 『강도집례』가 편찬되기 시작한 시기로 그 영향을 직접적으로 받았다는 그의 견해는 받아들이기 어렵다. 이에 대해 에노모토 쥬니치(榎本淳一)는 다른 견해를 내놓고 있다. 그는 처음 견수사 귀국 후 단행된 관제개혁과 더불어 이루어진 공복제도에 주목하였다. 12관등제와 관리들의 공복은 오히려 한반도의 삼국의 영향이 강하게 보인다고 하였으며 중국 남조의 예제를 모범으로 하고 있지만 여전히 한반도 삼국을 통한 간접적 영향도 받았다고 하였다.[90] 반면 『개원례』는 시기적으로 8세기 중반 이후에 편찬된 것이므로 이 시기 수나라 사신의 영접절차는 『개원례』에 따른 것이 아니라는 후루세 나츠코의 지적에는 동의하였다. 하지만 『개원례』가 『강도집례』를 비롯한 이전의 예서들을 참조하여 집대성한 것이라고 볼 때 일본의 사신영접 절차의 내용도 『개원례』와 크게 다르지 않았을 것이다.

(2) 『연희식(延喜式)』의 제정

『연희식(延喜式)』은 연희(延喜) 5년(905) 다이고(醍醐) 천황의 명에 따라 편찬에 착수하여 연장(延長) 5년(927)에 완성되어 반포되었으나 그 후 수차례의 수정을 거쳐 강보(康保) 4년(967)에야 비로소 시행되었다. 『연희식』

89) 古瀨奈津子, 앞의 책, 2003, 153쪽.

90) 榎本淳一, 「Ⅰ. 歷史的展開 6. 比較儀禮論」, 『律令國家と東アジア』 荒野泰典, 石井正敏 村井章介 編, 吉川弘文館, 2011, 177~178쪽 참조.

이전에는 『홍인식』과 『정관식』이 편찬되었지만 현재 전하지 않고, 책의 일부가 『연희식』의 배지(背紙)로 사용된 것이 우연히 발견되어 극히 부분적인 내용을 확인할 수 있을 뿐이다. 일본의 사신영접의례는 당의 예전이 전해지면서 성립되었다고 할 수 있다. 특히 견당사로 갔다가 돌아오면서 당의 예서 130권을 가지고 돌아왔다고 하였는데 이는 735년 편찬된 『현경례(顯慶禮)』 130권일 것이다. 그후 『개원례』가 들어왔고 일본은 이를 바탕으로 사신영접의례를 마련하였을 것이다. 그리고 이 영접의례를 하나의 격식으로 처음 마련한 것이 『홍인식』이었다. 『홍인식』은 홍인 11년(820)에 편찬된 법전으로 40권으로 구성되어 있다. 편찬 이후에도 계속 수정과 증보가 이루어졌다. 이후 『홍인식』의 미비한 부분을 보완하여 『정관식』을 편찬하였다. 『정관식』은 정관 13년(871)에 편찬되었으며 총 20권으로 구성되어 있었다. 이 역시 일부 내용만 전하고 있다. 『정관식』 편찬 이후 일본에서는 『홍인식』과 『정관식』이 병용되었는데 이를 하나로 정리, 통합한 것이 바로 『연희식』이다. 연희는 다이고 천황 치세의 연호인데 일본의 율령정치의 최후단계로 인식되고 있다.[91] 『연희식』 서문에 따르면 『연희식』 편찬목적은 『홍인식』과 『정관식』을 병용하는 데에 따른 불편함을 없애고자 중복되는 것은 통합하고 생략하여 하나의 통일된 법식을 만드는 것이었다.

『연희식』은 총50권으로 되어 있으며 각 식부별 조항은 약 3,300여조에 이르는 방대한 양이다.[92] 이 중 사신영접의례와 관련된 조항은 권21의 「치부식(治部式)」이다. 치부성(治部省)은 국내의 귀족관련 문제, 상속(相續), 증위(贈位), 상장(喪葬), 상서(祥瑞) 및 외교를 담당하는 부서였다. 산하기관으로 아악료(雅樂寮), 현번료(玄蕃寮), 제릉료(諸陵寮)가 있었다. 이들 산하

91) 虎尾俊哉, 앞의 책, 2008, 53~54쪽.

92) 虎尾俊哉, 같은 책, 2008, 90쪽.

기관 중 사신영접의례와 관련된 기관은 아악료와 현번료였다.

「아악식」은 아악료와 관련된 규정을 정한 것이다. 아악료는 궁중 아악을 담당하는 기관으로 주로 악인을 관리하고 교육을 담당하는 기구였다. 총 22개의 세칙이 있다.

그 다음은 「현번식(玄蕃式)」이다. 「현번식」은 사원 및 승려의 신분, 외국사신접대를 담당하는 기관인 현번료의 업무를 규정하고 있다. 하지만 주 담당은 불교와 관련된 것이 대부분이다. 특히 「현번식」에는 번국의 사표 및 신물을 받는 의례, 즉 외국사절로부터 문서와 선물을 받는 중요한 의식을 규정하고 있는데 이는 『개원례』의 〈황제수번사표급폐의〉 형식을 일본의 사신영접의례에 적용한 것이다.[93]

B-2. 무릇 신라사신이 입조하면 신주를 지급한다. (중략) 번객이 해로로 내조하면 섭진국이 영접하는 배를 보낸다. 사신의 배가 난파진에 도착하는 날, (일본) 국사(國使)는 조복을 입고 장식선에 올라 해상에서 기다린다. 사신의 배가 도착하면 영접선이 나아가고 사신의 배와 영접선이 서로 가까이 가면 사신과 일본국사는 배를 멈추고 국사는 선상에 서고 사신들은 조복을 입고 나와 선상에 선다. 이때 국사는 통사를 부른다. 통사를 '유(唯)'라고 칭한다. 국사가 선포하여 말하기를 '일본에 명신(明神)과 어우천황(御宇天皇)조정과 아무개 번왕이 올리는 …(중략)…라고 하였다'하면 사신 등이 재배하고 감사의 말을 한다. 끝나면 사신을 인도하여 숙소로 돌아간다.[94]

위 내용은 『연희식』의 현번료에 나오는 신주제공, 식선에 의한 영접 등에 관한 규정이다. 『연희식』은 중국과 한국의 예전이나 의례절차 규정

---

93) 박석순, 앞의 책, 2002, 51쪽.

94) 『연희식』 권21 玄蕃療.

과 달리 하나의 항목으로 규정된 것이 아니라 각 부서의 업무를 규정하는 과정에 함께 기술되어 있다. 기본적으로 예전의 구성체제가 중국이나 한국과는 달라 그 절차가 명확하게 규정되어 있지 않지만 관련 업무 규정을 통해 영접의례 내용을 파악할 수 있다.

(3) 15세기 이후의 사신영접의례

일본은 9세기 당이 쇠퇴하면서 중국과의 교류의 중요성이 감소하자 894년 견당사 파견을 중지하였다. 더구나 10세기 이후에는 정사편찬이 중지되었고 전하는 공문서나 개인의 일기 등도 빈약하여 자료가 부족한 상태이다.[95] 그리고 일본은 9세기 후반 이후 500여 년간 외국과 국교가 없었으며 조선과의 교역이 유일한 외교관계였다고 할 수 있다. 따라서 일본의 사신영접의례 역시 10세기 이전의 자료가 전부이며, 특히 전국시대를 거쳐 막부체제가 들어서서 조선통신사가 파견되기 전까지는 사신영접의례가 어떻게 운영되었는지는 확인하기 어렵다. 이는 앞에서도 언급하였듯이 일본은 10세기 이후 기나긴 쇄국의 시대로 접어들었고 15세기가 되어서야 겨우 조선과 교린관계를 맺었기 때문이다. 이 이후에도 일본은 동아시아 국가들과 공식적인 외교관계를 맺거나 적극적인 대외교류에 나서지 않았다. 물론 명의 압박으로 명과 조공관계를 맺기는 하였지만 실질적으로 조선처럼 활발하게 사신교류가 있었던 것은 아니었다. 이 시기 일본이 대외관계를 맺고 활발하게 교류했던 나라는 조선이 거의 유일하다 할 것이다. 따라서 15세기 이후 일본의 사신영접의례는 통신사로 파견된 조선 사신의 영접의례를 통해서 살펴보기로 하겠다.

이 시기 일본의 사신영접의례를 알아보기 위해 가장 좋은 자료는 바로

---

95) 森公章, 앞의 책, 2011, 242쪽.

조선통신사와 관련한 기록과 외교 실무집인 『통문관지』, 『증정교린지』, 그리고 다양한 사행록들이다. 15세기 들어 무로마치막부가 전국시대를 통일하였고 이를 계기로 일본은 명으로부터 책봉을 받고 일본국왕의 칭호를 받게 된다. 이로써 일본은 다시 명을 중심으로 하는 동아시아 국제질서에 편입되었다.

이에 따라 조선은 일본 사신에 대한 영접 절차를 논의하여 마련하였다. 일본은 필요한 물품 조달과 대내적 필요에 의해 조선에 지속적으로 사신을 파견해왔지만 조선이 일본에 사신을 파견한 횟수는 많지 않았다. 더구나 임진왜란을 전후한 시기에 양국 외교는 중단되었다. 도쿠가와(德川)막부의 요청으로 1607년 통신사를 파견하면서 단절되었던 양국의 국교는 다시 재개되었지만 이 역시 1811년까지 약 200년 동안 총 12차례의 통신사가 파견되었을 뿐이다. 일본의 외국사신에 대한 영접의례의 모습은 조선통신사가 일본을 방문했을 때 이들을 맞이하는 절차를 살펴봄으로써 그 양상을 파악할 수 있다.

200여 년의 시간에 걸친 것이므로 그 사이에 통신사 영접의례에 변화가 없었던 것은 아니다. 특히 조선에 대한 영접의례에 변화가 생긴 것은 1711년의 빙례개혁(聘禮改革)이었다. 이는 도쿠가와(德川)막부의 6대장군 이에노부(家宣)의 시강이었던 아라이 하쿠세키(新井白石)에 의해 추진된 개혁이었다. 그는 에도(江戶)시대 초기 조선통신사에 대한 접대가 천황의 칙사보다 더 정중한 것이 양국 간의 대등한 의례가 아니라고 생각했다. 이러한 빈례개혁은 국내적으로 막부 장군의 지위를 일본국왕으로 격상시킴으로써 대외적 외교권을 장악하고 다이묘(大名) 들과 차별적 지위를 확보하고자 하는 것이었다.[96]

---

96) 三宅英利 저, 손승철 옮김, 『근세일조관계사연구』, 이론과 실천, 1991, 280~301참조; 宮崎道生, 『新井白石の硏究(增訂版)』, 吉川弘文館, 1984.

그 내용은 우선 장군의 호칭을 일본국대군(日本國大君)에서 일본국왕으로 변경하고, 약군(若君, 장군의 장자)에게 보내는 예단과 예조에서 로주(老中)[97]에게 보내는 서계와 예물을 사절하고, 삼사(三使)의 사례단(私禮單)을 폐지하며, 지방연향을 5곳에서 2곳으로 축소하는 것이었다. 그리고 에도에서 객관 위문은 로주(老中)가 아니라 코오케(高家)[98]가 수행하도록 하고 국서전달도 당상역관이 아니라 정사(正使)가 직접 진상하도록 하였으며 전명의례 시 어삼가(御三家)는 사신과 동석하지 않고 연향에 어삼가는 친림하지 않는 것을 내용으로 하고 있다. 즉, 통신사에 대한 처우를 낮춤으로써 막부 관백(關白)의 지위를 높이는 것이었다. 하지만 그의 빙례개혁은 큰 논쟁을 불러일으켰고 결국 1719년 기해통신사행부터는 다시 1682년 임술통신사행의 의례로 복귀하였다.[99]

그러나 1763년 계미통신사행 이후 1788년 막부의 빙례 연기 요청으로 통신사 파견이 계속 미뤄졌으며 1811년 신미통신사의 경우 빙례장소가 에도에서 대마도로 변경되었고 사행인원도 500명에서 350명으로 대폭 축소되는 등 전반적으로 통신사의 규모와 영접이 간소화되었다. 그 후 여러 차례의 연기 끝에 통신사행은 종언을 맞이하게 되었다. 이는 19세기 들어서면서 대내적으로 막부의 통치권이 안정되고 서구의 아시아 진출이라는 세계정세의 변화 속에서 일본 역시 더 이상 조선과의 교류가 정치, 경제, 문화 등 여러 면에서 아무런 이득도 없다는 판단을 내렸기 때문이었다.

97) 에도시대에 국정을 총괄하던 직책.

98) 에도시대 의식과 전례를 담당하던 직책.

99) 하우봉, 「조선시대의 통신사외교와 의례문제」, 『조선시대사학보』 58, 2011, 77쪽.

2) 사신영접의례 절차와 운용

(1) 10세기 이전의 사신영접절차

스이코천황 16년(608) 이전의 일본의 대외관계는 고구려, 백제, 신라 3국과의 외교가 전부였다고 할 수 있다. 따라서 유랴쿠(雄略)천황대 이전의 영접의례는『일본서기』기록을 바탕으로[100] 당시 백제와 고구려 사신의 영접이 어떻게 이루어졌는지 살펴보기로 한다.

B-3. 백제가 사신을 보내 조공하였다. 임나 4현을 바치겠다는 표를 따로 바쳤다. 난파관에 칙사를 파견하여 백제에 조칙을 내렸다. 답례품과 교지를 내렸다.[101]

B-4. 이 달 허세신원(許勢臣猿)과 길사적구(吉士赤鳩)를 보냈다. 난파진(難波津)에서 출발하여 협협파산(狹狹波山)에서 배를 끌고 와 식선(飾船)을 장식하고 이에 근강(近江)의 북쪽 산에 가서 맞이하였다.[102]

B-5. 군신을 상락관(相樂館)으로 보내 헌납할 방물을 검수하고 수도로 보낼 것을 명하였다.[103]

---

100)『일본서기』기록의 신빙성에 대한 문제는 여전히 존재하고 있고, 일본의 자국중심적 사관이 반영된 것으로서 정치, 외교적 의미를 분석하는 것은 달리 논해야 하는 주제이기 때문에 여기서는 기본적인 절차나 영접의례과정을 중심으로 관련된 부분만 논하기로 하겠다.

101)『일본서기』繼体 6년(512) 12월조. 百濟遣使貢調. 別表請任那國上哆唎·下哆唎·娑陀·牟婁 四縣.…(중략)…物部大連方欲發向難波館 宣勅於百濟.…(중략)…付賜物幷制旨 依表賜任那四縣. 번역문은 국사편찬위원회 번역문 인용. 이하『일본서기』의 번역문은 모두 국사편찬위원회의 번역문을 인용하였음.

102)『일본서기』欽明3 1년(570) 7월 是月조. 遣許勢臣猿与吉士赤鳩 發自難波津 控引船於狹狹波山 而裝飾船 乃往迎於近江北山.

103)『일본서기』敏達 원년(572) 5월 임인조. 乃遣君臣相樂館 檢錄所獻調物 令送京師

시기적으로 다르기는 하지만 위 기록은 일본이 고구려와 백제의 사신을 영접하는 절차가 어떠했는지 보여준다. 이를 토대로 스이코조 이전의 외교의례를 정리하면 다음 [표 12]와 같다.

[표 12] 스이코 16년 이전 사신영접절차

장소	절차
난파진	식선(飾船)에 의한 영선(迎船) (B-4)
난파객관	대부 파견 (B-5)
	신물 검토 및 수리, 사지(使旨)전달 (B-5)
난파객관 연향	대부가 사신에게 답례품 사여 (B-3)
	연향에서 칙서 발표 (B-3)

일본의 사신영접절차가 비교적 상세하게 기록에 보이는 것은 스이코 15년(607)년 수에 사신으로 갔던 오노노이모코(小野妹子)가 귀국할 때 함께 일본에 들어온 수나라 사신 배세청을 영접한 사례이다.[104]

먼저 영객사(領客使)의 안내로 사신이 난파에 도착하면 식선(飾船) 30척을 보내 이들을 맞이하는 영노의식을 행하고 객관에 안치한다. 사신은 이곳에서 두 달여를 보낸 후 야마토조정으로 들어가는데, 이때 말 75필을 보내 이들을 교영한다. 그다음 궁정에서 국서와 국신물(國信物)을 진상하면 이들을 위해 천황이 향연을 베푼다. 이때의 절차는 ① 궁에 들어가면 먼저 국서와 국신물을 궁정에 놓는다. ② 사신은 국서를 들고 재배한 후 국서를 올린다. ③ 이 의식이 끝나면 향연을 베푼다. 이때 국서를 바치는

104) 『일본서기』 권23, 推古天皇 16년 4월~9월조. 600년 수에 사신을 파견한 사실이 『수서』에도 기록되어 있으며(『수서』 권81 「동이전」 왜국조.), 『삼국사기』 권27 「백제본기」 무왕 9년 (608) 3월조에는 '수나라 문림랑 배청이 왜국에 사신으로 가면서 우리나라 남쪽을 통과하였다.'는 기사가 보인다.(隋文林郎裴清奉使倭國, 經我國南路.)

의식과 향연은 다른 날에 거행되었다. 조정에서 일을 마친 중국 사신은 다시 난파로 돌아가는데 여기서도 연향이 베풀어진다. 일종의 송별연이다. 8세기 일본의 사신영접의례는 『일본서기』에 나오는 사신영접 관련 기사를 통해 확인할 수 있다. 다음 [표 13]은 8세기 일본의 사신영접의례와 『개원례』의 의례절차를 비교한 것이다.

[표 13] 『일본서기』 사신영접의례와 『개원례』 사신영접의례 비교

절차	『일본서기』	『개원례』
① 영객사 파견	축자(築紫)에서 난파까지 인도	
② 영로	난파에 배를 보내어 환영의례 거행	
③ 교영	아스카 인근에 도착하면 식마를 보내어 환영함	장안역에 황제의 사자가 교영 나감
④ 알현식	소간전궁에서 국서와 국신물 진상	황제봉견례
⑤ 표납폐의		황제봉사례
⑥ 연향	다른 날 소간전궁에서 사연	연향례
⑦ 송별연	난파에서 거행됨	송별연

위 [표 13]을 보면 스이코 16년 이전의 영접의례[표 12]에 비해 의례절차가 더 세분화되고 형식화되었음을 알 수 있다. 특히 식마를 보내 교영하는 절차가 더해졌다. 이를 통해 『강도집례』의 빈례절차와 『개원례』의 계승관계도 어느 정도 파악할 수 있다.105) [표 13]에 보이는 영접절차는 당 『개원례』에 보이는 영접절차와 거의 같다고 할 수 있다. 히로세 노리오(廣瀨憲雄)는 이때의 일본의 외국사신영접의례는 수나라에 사신으로 갔다가 보고 들은 견문에 따라 거행한 절차였으며 이후 코닌(光仁, 재

105) 瀧川政次郎, 「江都集禮と日本の儀式」, 『岩井博士古稀記念論文集』岩井博士古稀記念事業會編, 大安, 1963; 田島公, 「外交と儀禮」, 『日本の古代 7 まつりごとの展開』 岸俊男編, 1986. (榎本淳一, 앞의 글, 2011, 176쪽 재인용)

위:770~781)천황조의 당사(唐使)에 대한 영접의례 역시 그 전에 파견한 견당사의 견문에 기초한 것이라고 하였다.[106] 일본의 사신영접의례는 7세기 수나라와 한반도의 삼국과의 교류를 통해 수용되었으며, 8세기 당과의 교류가 확대되는 과정에서 의례로 정착하게 되었음을 알 수 있다.

다음에서는 이들의 입국에서 귀국까지의 영접절차를 구체적으로 살펴보자.

① 입국과 영노의식

외국사신이 입국하면 어떠한 절차를 거치는지 알아보자.[107] 먼저 이들이 항구에 도착보고를 하면 조정에서 관리를 파견하거나 다자이후(大宰府) 또는 해당 지방에 이들에 대한 처우와 조치에 대해 조칙을 내린다. 특히 방환[108]을 결정하였을 경우는 도착지에서 빈례의식을 대행하도록 하였다.

B-6. 대개 외국사신이 입조할 때에는 존문사(存問使), 장객사(掌客使), 영귀향객사(領歸鄉客使)를 각각 2명씩 임명하고 수사(隨使)와 통사(通使)를 각 1인씩 임명한다. [입경시 존문사가 영객사를 겸한다.] 미리 교영사, 위로사, 노문사, 사의복사를 1명씩 임명한다.[109]

---

106) 廣瀨憲雄, 『東アジアの國際秩序と古代日本』, 吉川弘文館, 2011, 227쪽.

107) 森公章, 「古代難波における外交儀禮とその變遷」, 『前近代の日本と東アジア』田中健夫編, 吉川弘文館, 1995; 박석순, 앞의 책, 2002, 28쪽 주35.

108) 방환은 외국사절을 입경시키지 않고 도착지에서 돌려보내는 것을 말한다. 방환에 대해 타지마 이사오는 당의 경우 방환조치에 대한 규정이 없는데 아마도 당은 일단 입국하면 입경을 허락하였던 것으로 보인다고 하였다.(「日本の律令國家の賓禮-外交儀式より見た天皇と太政官-」, 『史林』 68-3, 1985 참조.)

109) 『延喜式』「太政官式」蕃客條. 凡蕃客入朝 任存問使掌客使 領歸鄉客使 各二人. 隨使 各一人 通事一人(入京之時令存問使兼領客使) 又預差定郊勞使慰勞使存問使 賜衣服使各一人 宣命使. 『연희식』 권21「治部省式」蕃客條. 凡蕃客入朝者 差領客使二人(掌在路雜事) 隨使一人(掌記

위 기록을 통해 외국사신이 입국하면 중앙에서 관리를 파견한다는 사실을 알 수 있다. 이는 중국, 한국, 일본이 모두 공통된 것으로, 입국 이후 도착 보고를 받고 이들의 도착을 중앙에 알려 이후에 대한 조처를 기다리는 것이라 할 수 있다. 그리고 교영사를 임명하는데 교영은 이미 살펴보았듯이 수도 인근에 사신이 도착하면 왕이 직접, 혹은 관리를 보내 사절을 맞이하는 의식절차이다. 이 역시 동아시아 삼국에서 공통적으로 보이는 의식절차이다.

다음의 기록을 통해서도 일본의 입국 및 영접절차를 살펴볼 수 있다. 당과 고구려, 신라의 사신이 일본에 갔을 때의 상황이다.

B-7. 당나라 사신 고표인 등이 난파진에 머문다. 즉시, 대반연마양을 파견하여 강 입구에서 맞이한다. 배 32척 및 고취, 기치 등 모든 설비를 갖추어 장식한다.[110]

B-8. 7월 임자(壬子) 초하루 고려 사신이 근강(近江)에 도착하였다.[111]

B-9. 무릇 신라의 사신이 입조하면 신주를 제공한다. …(중략)…번객이 해로로 내조하면 섭진국(攝津國)에서 배를 보내 맞이한다. 사신의 배가 난파에 도착하면 국사가 조복을 입고 치장한 배 한척을 이끌고 와…(후략)…[112]

錄及公文書) 掌客二人(掌在京雜事 有史生二人) 共食二人(掌饗日各對使者 飮宴自餘使見太定官式).

110) 『일본서기』 조메이(舒明)천황 4년(632) 10월 갑인조.

111) 『일본서기』 권19, 天國排開廣庭天皇 欽明天皇 31년 7월(570년 7월 1일(음)). 秋七月壬子朔 高麗使到于近江.

112) 『연희식』 권21 「玄蕃寮」. 凡新羅客入朝者 給神酒…(중략)…蕃客從海路來朝 攝津國遣迎船. 客船將到難波津之日 國使著朝服 乘一裝船.

B-7은 당나라 사신을 맞이하는 절차를 기록한 것이다. 이는 고려시대에 군산정(群山停)에서 송 사신을 맞을 때와 같다. 이 시기 일본에서도 고취는 행악으로서 사신을 영접하는 행렬에서 반드시 갖추는 악이었다고 할 수 있다.[113] 이들이 도착하여 안치된 객관은 난파관이다. 대체로 삼국의 사신은 이곳 난파 객관에서 국서와 신물을 전달하고 입경(入京)허가를 기다린다. 8세기와 9세기 이곳에서 신라와 발해의 사신들이 입경하지 못하고 방환되는 사례도 많았다.

B-8과 B-9는 신라와 고구려 사신이 일본에 갔을 때 이들을 식선(飾船)에서 영접한 기사이다. 이러한 식선영접의례는 수·당대의 중국 사신영접의례에는 찾아볼 수 없는 일본 고유의 관습이라고 할 수도 있으나 사실 이러한 사례는 당시 일본뿐만 아니라 적토국(赤土國)에서도 찾아볼 수 있는 사례이며 신라도 왜국사신을 장선(裝船)에서 영접한 사례가 있었다.

B-10. 왕이 파라문 구마라를 사신으로 보내자 배 30척을 보내 나팔을 불고 북을 울려 음악으로 사신을 맞이하였다.[114]

---

113) 榎本淳一은 일본에 고취가 전래된 시기에 대해서는 스이코 26년(618) 전에는 없었을 가능성이 높다고 하였다. 고취에 관한 최초 기록은 스이코 26년이고 각적인 대각과 소각이 일본 사료에 처음 등장하는 것도 텐무(天武) 14년(685)이라는 점을 들어 『수서』에서 왜국이 의장을 갖추고 고각을 연주했다는 기록에 대한 신빙성을 제기한다.(榎本淳一, 앞의 글, 2011, 187~188쪽 참조.)

114) 『수서』 권82 「남만전」 적토국조. 煬帝卽位 募能通絶域者. 大業三年 屯田主事常駿·虞部主事王君政等請使赤土.…(중략)…<u>其王遣婆羅門鳩摩羅 以舶三十艘 來迎 吹蠡擊鼓 以樂隋使 進金鎖以纜駿船</u>. 月余 至其都 王遣其子那邪迦請与駿等 礼見. 先遣人送金盤 貯香花幷鏡鑷 金合二枚 貯香油 金瓶八枚 貯香水 白疊布四條 以擬供使者盥洗. 其日未時 那邪迦又將象二頭 持孔雀蓋以迎使人 幷置金花·金盤 以藉詔函. 男女百人進 吹蠡 婆羅門二人導路 至王宮. 駿等奉詔書上閣 王以下皆座. 宣詔訖 引駿等座 進天竺樂.…(중략)…後數日 請駿等入宴 儀衛導從如初見之礼. 王前設兩牀 牀上幷設草葉盤 方一丈五尺 上有黃白紫赤四色之餠 牛·羊·魚·鼈·猪·蝳蝐之肉百余品. 延駿升牀 從者座於地席 各以金鍾置酒女樂送進 礼遣甚厚. 교영-조서영접-연회의 순으로 영접이 이루어졌음을 확인할 수 있다.

B-11. 겨울 11월 반금(磐金)·창하(倉下) 등이 신라에서 귀국하였다. … 처음에 반금 등이 신라로 건너가던 날 항구에 도착할 즈음에 장식한 배 한 척이 바닷가에서 맞이하였다. 반금이 "이 배는 어느 나라의 영접선인가" 하고 물으니, "신라의 배이다"라고 대답하였다. 반금이 또 "어찌하여 임나(任那)의 영접선은 없는가"라고 물으니, 곧바로 임나를 위하여 배 한 척을 더하였다. 신라가 영접선을 2척으로 하는 것은 이때부터 시작된 일인 듯하다.[115]

B-10과 B-11은 각각 적토국과 신라가 외국사신을 맞이할 때 배를 보냈다는 기사이다. 즉 해로를 이용하여 상대국에 사신으로 가는 경우는 배를 이용한 영선의 절차가 있었던 것으로 보아야 한다. 따라서 영선영접은 일본 고유의 관습이라고 보기에는 무리가 있다.[116] 배를 이용한 영선의례는 수나라 이전에도 시행되고 있었으므로 수나라를 통해 전해진 의례는 아닌 것이 분명하다. 오히려 그 이전 시기에 일본에 전해진 것으로 보인다.[117] 식선을 이용한 영선의례가 중국에서 원래 있었던 것인지는 알 수 없으나 수·당대에는 이미 없어진 의례절차였다고 할 수 있다. 하지만 일본에서는 지리적 특성상 계속 유지되었고 이후 『연희식』 권21 「현번료」에 그대로 남아있게 되었다.[118] 이렇게 맞아들인 사신들은 일단 도착지의 객관에 안치된 후 입경허가를 기다린다.

---

115) 『일본서기』 推古天皇 31년(623) 11월. 初磐金等 度新羅之日 比及津 莊船一艘 迎於海浦 磐金問之曰 是船者何國迎船 對曰 新羅船也 磐金亦曰 曷無任那之迎船 卽時 更爲任那加一船 其新羅以迎船二艘 始于是時歟

116) 森公章, 앞의 글, 2011, 182~183쪽.

117) 이에 대해 森公章은 수상에서 영노의례는 남조의례였을 가능성이 높다고 하였다. 수·당의 도성이 내륙 안쪽이었던 데에 반해 남조의 다른 왕조들은 바다 가까이 건강(建康, 현재의 남경)에 도읍하고 있었기 때문에 해로를 통해 입조하는 경우가 많았다는 것을 이유로 들고 있다.(森公章, 같은 글, 2011, 183쪽 참조.)

118) 森公章, 위의 글, 2011, 183쪽.

B-12. 이 달 코세노오미사루(許勢臣猿)과 키시노아카히토(吉士赤鳩)를 보냈다. 난파진(難波津)에서 출발하여 협협파산(狹狹波山)에서 배를 끌고와 식선(飾船)을 장식하고 이에 근강(近江)의 북쪽 산에 가서 맞이하였다. 마침내 산 뒤쪽의 고위관(高械館)에 인도하여 들이고 야마토노아야노사카노우에노고마로(東漢坂上直子麻呂)와 니시코리노오비토오오이시(錦部首大石)을 보내어 지키게 하였다.[119]

B-13. 이에 여러 신하를 상락관(相樂館)에 보내어 조(調)로 바치는 물건을 조사하여 기록하고 서울로 보내게 했다.[120]

위 기사를 보면 먼저 식선을 보내 사신을 영접한 후 객관에 안치한다. 또 한 가지 주목할 것은 이들이 객관에 든 후 사람을 시켜 이들을 지키게 하였다는 것이다. 아마도 이들이 객관 밖으로 마음대로 다니지 못하도록 하기 위해서였을 것이다. 중국의 경우에도 황제의 허락이 있기 전에는 마음대로 다닐 수 없었고 이동하기 위해서는 이동 허가증이 있어야 했다. 한국도 사신이 오면 정해진 지역을 벗어날 수 없도록 하였다.

그 다음 군신들을 상락관(相樂館)에 파견하여 고구려 사신이 지니고 온 국신물을 검토한 후 서울로 올려 보내도록 했다는 것이다. 이로 볼 때 일본은 난파 객관에서 제일 먼저 수도로 올려 보낼 신물을 검토하는 절차를 거쳤음을 알 수 있다. 또한 이들이 입경할 때에는 식마(飾馬)를 보내 수도까지 호위하도록 하였다.

119) 『일본서기』 欽明31년(570) 7월 是月조遣許勢臣猿與吉士赤鳩 發自難波津 控引船於狹狹波山 而裝飾船 乃往迎於近江北山 遂引入山背高械館 則遣東漢坂上直子麻呂·錦部首大石 以爲守護.

120) 『일본서기』 敏達 원년(572) 5월 壬寅조. 乃遣群臣相樂館 檢錄所獻調物 令送京師.

② 입경(入京)과 객관안치

입경이 결정되면 일본은 이에 대비하여 기내(畿內)의 여러 지역의 기병(騎兵)을 징발하고 이들을 지휘할 장군을 임명한다.[121]

B-14. (11월) 기축(己丑) 제국(諸國)의 기병(騎兵)을 징발하여 신라 사신을 맞이하게 했다. 정5위상(正5位上) 기조신고마려(紀朝臣古麻呂)를 기병대장군(騎兵大將軍)으로 삼았다.[122]

B-15. 신라가 아찬 김원정 등 20여 명을 보내 조공하였다. 기내와 칠도의 기병 990명을 뽑아 입조의위를 맡겼다.[123]

B-16. 겨울 10월 기축(己丑) 초하루 병신(丙申) 신라와 임나의 사신이 서울에 도착하였다. 이 날에 누카타베노무라지히라부(額田部連比羅夫)에게 명령하여 신라의 사신을 맞이하는 장마(莊馬)의 장(長)으로 삼고, 카시와데노오미오호토모(膳臣大伴)를 임나의 사신을 맞이하는 장마의 장으로 삼았다. 그리고 아두하(阿斗河) 근처의 숙소에 머물게 하였다.[124]

난파에서부터 영객사가 사절을 이끌고 왕경 인근에 이르면 교영사와 식마를 보내 이들을 황궁으로 인도했다.[125] 이는 입경 과정을 국내외에

---

121) 『속일본기』 권3, 天之眞宗豊祖父天皇 文武天皇 경운 2년(705) 11월 기축조; 12월 을묘조; 보귀10(779) 4월 경자조.

122) 『속일본기』 권3, 天之眞宗豊祖父天皇 文武天皇 경운 2년(705) 11월 13일조. (十一月) 己丑 徵發諸國騎兵 爲迎新羅使也 以正五位上紀朝臣古麻呂 爲騎兵大將軍.

123) 『속일본기』 권6, 화동 7년(714) 11월 을미조. 新羅國遣重阿飡金元靜等 二十餘人朝貢 差發畿內七道騎兵 九百九十 爲擬入朝儀衛也. 번역문은 국사편찬위원회의 번역문을 인용하였음. 이하 『속일본기』의 번역문은 국사편찬위원회의 번역문을 인용하였음.

124) 『일본서기』 권22, 豐御食炊屋姬天皇 推古天皇 18년(610) 겨울 10월 8일조. 冬十月己丑朔丙申 新羅任那使人臻於京 是日 命額田部連比羅夫 爲迎新羅客莊馬之長 以膳臣大伴爲迎任那客莊馬之長 卽安置阿斗河邊館.

과시함으로써 대내적으로는 천황의 권위를 높이고 대외적으로는 일본의 강성함을 보여주려 한 것으로 보인다.[126] 식마의 호위를 받으며 입경한 사신들은 객관에 안치되었다.

일본도 당과 마찬가지로 사절로 온 사신들을 모두 입경하도록 하는 것은 아니었다. 일본 조정은 입경사신의 규모를 정하여 조칙으로 내려 보냈다.[127] 이러한 절차는 일본과 당에서 공통적으로 나타나고 있는데 삼국의 경우도 다르지 않았다.

입경한 사절들을 수도의 객관에 안치하고(B-16) 노문사(勞問使)와 위로사(慰勞使)를 파견하여 그들이 먼 사행길을 온 것을 위로하는 절차를 거친다. 홍려관에서 사신영접의식은 헤이안죠(平安城) 이전 시기, 즉 헤이죠코(平城京, 710~783)와 나카오카쿄(長岡京, 784~793)시기에는 보이지 않는 것이었다. 따라서 이러한 영접절차는 794년 이후에 성립된 것으로 보아야 한다.[128] 특히 이와 관련한 기록이 9세기 중반 이후에 집중적으로 나타나고 있다. 이러한 영접의례는 일본의 닌묘(仁明, 재위: 833~850)천황 연간에 완비된 것으로 보인다.[129]

객관안치 후, 신라와 임나 국왕의 국서를 전달하고 사록(賜祿)하는 의식이 거행되고 마지막으로 이들을 위한 연향이 베풀어진다. 앞에서 살펴보았듯이 사신들은 객관에 머물면서 먼저 국신물을 진상하는 절차를 거쳤다. 다음의 고교쿠(皇極, 재위: 642~645) 원년(642)에 일본에 간 백제사신

---

125) 『續日本後紀』승화9(842) 3월 임술조; 類聚國史 승화9(842) 4월 신해조; 『속일본후기』 嘉祥2(849) 4월 28일조.

126) 박석순, 앞의 책, 2002, 109쪽.

127) 이는 발해사 사도몽(史都蒙) 일행이 일본에 사절로 갔을 때의 기록을 통해서 알 수 있다.(『속일본기』 寶龜 8년 2월 임인조; 같은 해 4월 경인조.)

128) 박석순, 위의 책 2002, 49쪽.

129) 박석순, 같은 책, 2002, 49쪽.

의 사례를 보면 그 과정을 추측해 볼 수 있다.

B-17. (고교쿠천황 원년) 경오(庚午) 백제국 조사(調使)의 배와 길사(吉士)의 배가 함께 난파진(難波津)에 다다랐다.[무릇 길사는 앞서 백제에 사신으로 간 사람이다.][130]

B-18. (고교쿠천황 원년) 임신(壬申) 백제 사신이 조(調)를 바치고 길사(吉士)가 복명하였다.[131]

B-19. (가을 7월 갑인 초하루) 을해(乙亥) 백제 사신 대좌평(大佐平) 지적(智積) 등에게 조당(朝堂)에서 잔치를 베풀었다[어떤 기록에는 백제 사신 대좌평 지적과 그의 아들 달솔(達率) 모(某), 은솔(恩率) 군선(軍善)이라 하였다.] 이에 건장한 장정에게 명하여 교기(翹岐) 앞에서 씨름을 하게 했다. 지적 등은 잔치가 끝난 후 물러나와 교기의 문전(門前)에 절하였다.[132]

5월 경오(16일)에 난파에 도착(B-17)하여 임신(18일)에 조공을 진상(B-18)하고 7월 을해(22일)에 조정에서 배례 및 향연(B-19)하는 순서로 의례가 진행되고 있다. 이 일정에 따르면 난파 도착 이틀 후에 조공을 진상했고 조정의 향연은 2개월 후에 열렸다. 즉, 조공의 진상은 난파의 객관 체류 중에 행해졌다고 추정할 수 있을 것이다. 일본의 사신영접의례의 특징이라

---

130) 『일본서기』 권24, 天豐財重日足姬天皇 皇極天皇 원년(642) 5월 16일조. 庚午 百濟國調使船與吉士船 俱泊于難波津[蓋吉士前奉使於百濟乎].

131) 『일본서기』 권24, 天豐財重日足姬天皇 皇極天皇 원년(642년) 5월 18일조. 壬申 百濟使人進調 吉士服命.

132) 『일본서기』 권24, 天豐財重日足姬天皇 皇極天皇 원년(642년) 7월 22일조. (秋七月 甲寅朔) 乙亥 饗百濟使人大佐平智積等於朝或本云 百濟使人大佐平智積及兒達率 闕名 恩率軍善 乃命健兒 相撲於翹岐前 智積等 宴畢而退 拜翹岐門.

면 객관에서 사신의 국서와 신물을 받는 절차를 마친다는 것이다. 이는 초기에 천황의 종교적 성격으로 인해 친림하지 않았기 때문이었다. 그러나 7세기 중반 이후 천황이 친림하였지만 다시 9세기가 되면 상황이 바뀌어 천황친림이 사라지게 된다. 닌묘천황 대에 홍려관에서 사신영접의식이 확립되면서 객관에서 국서와 신물이 봉정되기 때문에 천황이 직접 나갈 필요가 없어졌기 때문인 것을 보인다.

③ 천황알현

사신들은 객관에 머물면서 별도의 날을 잡아 천황을 알현한다. 다음은 『일본서기』에 보이는 천황알현 시 절차에 관한 기록이다.

B-20. (스이코천황 18년) 정유(丁酉) 사신들이 조정에 배례하였다. 이에 주조하승(秦造河勝)과 토부연토(土部連菟)를 명하여 신라사신을 인도하는 사람으로 삼고, 간인련염개(間人連鹽蓋)와 아폐신대롱(阿閉臣大籠)을 임나사신을 인도하는 사람으로 하였다. 모두 인도하여 남문(南門)으로 들어와서 뜰 한가운데 섰다. 이 때 대반작련(大伴咋連), 소아풍포하이신(蘇我豐浦蝦夷臣), 판본강수신(坂本糠手臣), 아배조자신(阿倍鳥子臣) 등은 모두 자리에서 일어나 나와 뜰에 엎드렸다. 그러자 양국의 사신들은 각각 두 번씩 절하고 사행의 뜻을 아뢰었다. 이에 4명의 대부(大夫)가 일어나 대신(大臣)에게 나아가 아뢰니, 대신은 자리에서 일어나 정청(政廳) 앞에 서서 들었다. 다 마치고 사신들에게 녹(祿)을 주었는데, 각각 차등이 있었다.[133]

133) 『일본서기』 권22, 豐御食炊屋姬天皇 推古天皇 18년(610년) 10월 9일조. 丁酉 客等拜朝庭 於是 命秦造河勝·土部連菟 爲新羅導者 以間人連鹽蓋·阿閉臣大籠 爲任那導者 共引以自南門入 立于庭中 時大伴咋連·蘇我豐浦蝦夷臣·坂本糠手臣·阿倍鳥子臣 共自位起之 進伏于庭 於是 兩國客等各再拜 以奏使旨 乃四大夫 起進啓於大臣 時大臣自位起 立廳前而聽焉 旣而賜祿諸客 各有差.

사절이 인사를 하면 황제가 조(詔)로서 응답하고 표를 올리면 그에 대한 답을 내린다. 그 다음 외국사절이 가져온 국서와 국신물을 봉헌하는 의식이 이어진다. 이 기록에 보이는 영접절차는 『개원례』를 비롯한 중국의 빈례에서도 보이는 절차이다. 특히 『연희식』 부식에 나오는 〈번사의 표와 국신물을 받는 의식〉[134]은 『개원례』 권78 「빈례」에 나오는 〈황제수번사표급폐〉와 같은 절차이다.[135] 위의 『일본서기』에 보이는 사신영접 기록은 『연희식』 편찬 훨씬 이전의 일이지만, 일본의 사신영접절차는 중국과 한반도 삼국의 영향을 받아 7세기 이후 시행되어왔던 것이고, 중국 역대 예서의 빈례를 계승하여 정비한 당 『개원례』의 영향을 받아 편찬된 『홍인식』과 『정관식』을 거쳐 『연희식』에도 포함되게 된 것으로 보아야 한다. 이로써 일본의 빈례 역시 『개원례』의 빈례 규정에서 크게 벗어나지 않는 것임을 알 수 있다.[136]

타지마 이사오는 신라와 발해의 사례를 들어 8세기에는 외국사신이 왔을 경우 절회(節會)[137]에는 참여하지만 사신영접절차 상 사연은 한 번에 그쳤다고 한다. 보통 연회에서는 관작(官爵)과 답례품이 하사되었다. 9세기 초에는 사신을 위한 연향이 두 번 행해졌다. 천황의 사연은 풍락전(豊樂殿)에서 열렸으며 천황이 직접 참여하여 서위와 공복을 하사였으며 사록도 행해졌다. 사향(賜享)은 조집당(朝集堂)에서 행해졌고 천황은 참여하지 않는다. 이는 태정관의 의정관을 중심으로 신하들이 베푸는 연회였기 때문이었다.

9세기에 들어서면서 빈례에 변화가 생겼다. 사가(嵯峨, 재위:803~823)천

134) 『本朝法家文書目錄』「渤海國使進王啓幷信物儀」.

135) 박석순, 앞의 책, 2002, 51쪽.

136) 『日本國見在書 目錄』 4, 禮家. 隋江都執禮百二十六卷, 唐永徽禮百卷, 唐開元禮百五十卷.

137) 매년 조정에서 열리는 연회.

황 13년(822) 이후 정월 원일 조회에 외국 사신들이 참여하지 않게 된다. 그리고 7, 8세기 외국사신과 천황의 직접 대면의식이 닌묘조 승화 9년(842)이후 사라진다. 즉, 외국사신의 표와 폐를 진상하는 자리에 천황이 참여하지 않게 된 것이다. 외국 사절이 난파에 도착하면 그 곳에서 바로 국서를 개봉하여 천황에게 알리게 되면서 이 절차가 의미가 없게 되고 형식상 규정으로만 남게 되었다.

위의 모든 기록을 통해 스이코조 이후의 외국 사신 입경 시의 외교의례를 재구성해 볼 수 있다. 입경 후 천황알현까지의 절차를 정리하면 다음 [표 14]와 같다.

[표 14] 고대 일본의 사신영접의례 절차

절차	내용	특이사항
입국	영객사 파견	영객사(領客使)의 의한 상경
	난파진에서 식선에 의한 영노 및 객관 안치	
입경	입경시 식마에 의한 교영	
	홍려관 안치	위문사 및 장객사 임명, 파견
	조정에 시지 전달 및 공헌물 봉정	국서 혹은 구두로 전달
	각종 행사 참여	정월, 5월 5일 절회 등
천황알현	덴노 참석 하의 향연, 수위 및 사록	9세기 이후 풍락전(豊樂殿) 연회장에서 수위 및 사록 이루어짐[138]
사연	신하에 의한 향연	
	홍려관에서 향연	
귀국	홍려관에서 일본의 국서 사여	
	영객사가 인솔하여 난파로 이동	
	난파관에서 연향 및 귀국	

138) 박석순, 앞의 책, 2002, 52쪽.

(2) 조선통신사를 통해 본 15세기 이후 사신영접절차

일본은 앞에서도 언급했듯이 894년 이후 중국과 사신왕래를 중단하였다. 한국과도 긴밀한 외교관계를 맺지 않았다. 그러나 한반도 남서해안 일대를 중심으로 왜구가 빈번하게 출몰하였고 이의 격퇴를 위해 고려와 조선 조정은 골머리를 앓아야 했다. 그래서 조선 조정은 왜구에 대한 강경책과 회유책을 동시에 구사하면서 왜 사신을 받아들이고 이들에 대한 접대의례를 갖추어 나갔다. 15세기 이후 조선은 일본의 유일한 외교 상대국이었다고 할 수 있다. 조선전기에 통신사는 8번 파견되었지만 일본의 교토(京都)까지 갔던 것은 4차례에 불과하다. 그러나 이마저도 임진왜란 이후 단절되었다가 1607년 다시 통신사를 파견하면서 양국관계를 재개하였다. 임진왜란 이후에는 총 12차례에 걸친 통신사행이 있었다. 반면에 일본이 보낸 일본국왕사는, 국왕사를 사칭한 경우도 있어서 다 믿을 수는 없지만, 『조선왕조실록』 기록에만 약 70회 정도 보인다.[139)]

조선전기 통신사행은 아직 체계적으로 자리 잡히지 않아 사행일정 등이 불규칙했지만 조선후기로 접어들면서 체계화된다. 이때 일본에 사행을 갔던 사신들은 사행록을 남겼는데 이를 통해 당시 일본의 사신영접의례를 살펴볼 수 있다.

① 사전 준비과정

일본 측은 다양한 목적으로 차왜(差倭)를 파견하였다. 쇼군의 사망, 새로운 막부의 즉위 등이 있으면 이를 알리고 사신을 요청하였다. 조선이 요청을 받아들여 통신사를 파견하기로 하면 일본은 영접을 위한 준비에 들어간다.

139) 하우봉, 「조선시대의 통신사외교와 의례문제」, 『조선시대사학보』 58, 2011, 71쪽.

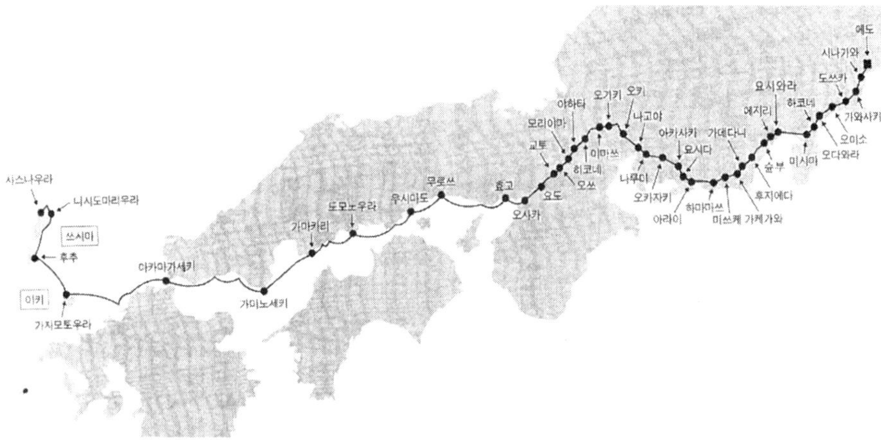

[그림 1] 1711년 신묘통신사행 일본 내 여정
(박화진, 김병두 지음, 『에도공간 속의 통신사, 1711년 신묘통신사행을 중심으로』,
한울 아카데미, 2010, 63쪽.)

[표 15] 일본 측의 조선통신사 파견 요청 및 준비과정

구분	일본	조선	결과
파견 요청	차왜(差倭)를 보내 서계로 통신사 파견 요청	부산 왜관에 통보	
	통신사호행차왜 파견	동래부에서 역관 및 담당자를 왜관에 파견	방문일정 및 절차 협의하고 통산사행강정절목 결정
준비 과정	총괄책임자 조선어용 로주 임명	통신사 일행을 구성하고 예단 준비	
	사행로 상의 지방 번주들의 영접준비		통신사를 위한 지방 객관에서 연회
	시가지 정비		

에도막부는 통신사 영접의 총괄책임자인 조선어용 로주(老中)를 임명함으로써 본격적인 준비에 돌입한다.[140] 사전 준비를 위해 대마도주(對馬島主)를 연락책으로 임명하여 그를 통해 일정과 절차를 협의하고 필요한

[그림 2] 1711년 조선통신사 등성행렬도, 〈정덕조선통신사행렬도〉 (오사카역사박물관)

문서 등의 준비를 한다. 그리고 대마도주는 통신사를 에도성까지 인도하는 책임도 맡는다.

② 입국에서 입경까지

통신사의 사행로는 한국의 부산을 출발하여 해로로 대마도(對馬島)－일기도(壹岐島)－남도(藍島)－적간관(赤間關, 하관(下關)이라고도 한다.)－향포(香浦)－실우(室隅)－상관(上關)－진화(津和)－겸예(鎌刈)－충해도(忠海島)－도포(韜浦)－하진(下津)－우창(牛窓)－실진(室津)－명석(明石)－병고(兵庫)－대판성(大坂城)－정포(淀浦)까지 가고, 육로로 왜경(倭京, 경도를 가리킨다.)－삼산(森山)－좌화산(佐和山)－대원(大垣)－명호옥(鳴護屋)－강기(岡岐)－길전(吉田)－빈송(濱松)－등지(藤枝)－강고(江尻)－삼도(三島)－소전원(小田原)－등택(藤澤)－신내천(神奈川)－품천(品川)－에도에 이른다.[141]

통신사가 강기에 도착하면 관백이 사신을 보내 통신사 일행을 영로하고 귀국 시에도 이곳까지 사신을 보내 전별한다. 조선통신사의 입국절차

140) 『通航一覽』 권36 「朝鮮國部」 十二, 來聘御用掛[附御書府類] 御褒美等[正德度], 460쪽. 宝永二乙酉年四月貳拾三日 朝鮮御用之儀 土屋相模守之可申談 異國之儀爲大切之間 彌入念可申旨.
141) 『통문관지』 권6 「교린」하, 水陸路程.

는 간소했을 것이다. 이미 여러 차례 차왜를 파견하여 각종 절차와 의전에 대한 협의가 이루어졌고 관련 문서가 모두 갖추어진 상태에서 들어갔으므로 입국 보고와 같은 절차는 생략되거나 간소하게 처리되었으며 별도의 입국허가나 입경허가를 기다릴 필요는 없었을 것이다.

이들 통신사 행렬 중 1711년 신묘년에 일본을 방문한 통신사행을 그린 일본의 〈정덕통신사행렬도(正德通信使行列圖)〉(그림 2)에는 통신사 행렬을 중심으로 전후에 이들을 호송하는 행렬이 그려져 있다. 통신사, 일본 호위대와 가신단을 포함하여 총 2,000여 명이 넘는 대규모 행렬이었다. 이 중 에도에 입경한 통신사는 500명 중 371명이었다.

[표 16] 1711년 신묘년 통신사행렬도 구성인원[142)]

<table>
<tr><th>행렬</th><th colspan="2">구성</th><th>인원</th><th>총인원</th><th>비고</th></tr>
<tr><td rowspan="2">선두 호위</td><td colspan="2">고치소닌 2명의 다이묘 가신단 각 10개조</td><td>266명</td><td rowspan="2">413명</td><td rowspan="2"></td></tr>
<tr><td colspan="2">쓰시마번주 가신단</td><td>147명</td></tr>
<tr><td rowspan="7">본 행렬</td><td rowspan="3">조선통신사</td><td>정사 가마단</td><td>94명</td><td rowspan="3">299명</td><td rowspan="3">500명 통신사 중 에도에 온 사람은 371명[143)]</td></tr>
<tr><td>부사 가마단</td><td>70명</td></tr>
<tr><td>종사관 가마단</td><td>135명</td></tr>
<tr><td rowspan="4">일본 호위대</td><td>정사 가마단 호위</td><td>214명</td><td rowspan="4">744명</td><td rowspan="4"></td></tr>
<tr><td>부사 가마단 호위</td><td>141명</td></tr>
<tr><td>종사관 가마단 호위</td><td>97명</td></tr>
<tr><td>상상관 호위</td><td>292명</td></tr>
<tr><td rowspan="2">후미 호위</td><td colspan="2">쓰시마번주 가신단</td><td>107명</td><td rowspan="2">712명</td><td rowspan="2"></td></tr>
<tr><td colspan="2">고치소닌 다이묘 가신단</td><td>605명</td></tr>
<tr><td>합계</td><td colspan="2"></td><td>2168명</td><td>2168명</td><td></td></tr>
</table>

142) 박화진, 앞의 책, 114~132쪽 본문 및 표 참조하여 재구성함.

143) 박화진, 같은 책, 119쪽 각주9). 등성행렬도에 묘사된 통신사는 299명으로 72인의 행방에 대해서는 에도의 숙소 히가시혼간지에 그대로 남아 있었거나 회화적 표현상 생략된 것으로 유추한다.

먼저 에도에 도착한 조선통신사가 객관으로 들어가는데, 그 순서는 고취-의장대-국서가마-악대-의장대-삼사의 가마-400여인의 호위부대의 순이다. 행렬을 이끄는 맨 앞에는 태고, 적 등의 악기를 연주한다고 하였는데 이는 고대 이래로 중국은 물론 한국에서도 행렬에서 빠지지 않고 연주되는 고취악이다. 이들은 행렬을 인도하여 객관에 들어간다. 객관에 도착한 조선사신단은 휴식을 취하거나 대마도번주 등이 베푸는 연회에 참여한다. 그리고 날을 정해 전명식을 치르기 위해 관백의 성으로 들어가게 된다.

본 행렬의 구성 순서는 행렬의 선두부터 소통사-기수대-상판사악대-사령군관-용정(국서가마)-삼사 가마단-사령군관-상판사였다. 악대나 인원수 등은 『통문관지』에 나오는 것과 약간씩의 차이는 있으나 그 구성은 등성행렬도에 보이는 것과 거의 동일하다.

사신단이 품천(品川)을 거쳐 에도(江戶)의 동본원사(東本願寺) 도착하면 막부에서는 관반(館伴)과 상사(上使)가 객관을 방문하여 위로한다.

③ 에도성 입성(入城)행렬 및 전명식

대규모 행렬이 에도에 당도하면 먼저 객관에 안치된다. 통신사들은 이곳에 머물면서 전명식 거행일을 기다린다. 전명식 날이 정해지면 통신사는 에도성에 들어가 막부의 쇼군에게 국서를 전달하는 국서 전명식을 치른다. 국서 전명식이 끝나면 사신들을 위한 연회가 베풀어졌다.

에도성에서 거행되는 국서 전달식을 전명식(傳命式)이라 한다.[144] 국서전달 공간은 에도성 안의 대광간(大廣間)이었다. 보통 전명식은 에도에 도착하고 10~15일 후에 치러진다. 도착하고 나면 전명식 거행을 위해 대

144) 『증정교린지』 권5 「전명의」; 원중거의 『승사록』 권2 ; 임수간 『동사일기』참조.

마도주, 관반 등이 모여 의주(儀注) 절목을 논하여 정한다. 이것이 마무리되면 통신사 일행은 국서를 전달하기 위해 관백의 궁으로 들어간다.[145)]

조선 측 통신사행렬단은 청도기-순시기-영기-절월-독, 대기, 고취-사령-소동(小童)-군관-용정-통신사의 순이다. 관백의 성에는 9중문이 설치되어 있는데, 사신행렬이 제5문에 이르면 고취를 중지하고, 군사의 장을 없애며 상관 이하는 하마한다. 제6문에 이르면 상상관, 제술관, 양의(良醫)가 견여에서 내리고 제7문에 이르면 정·부사(正·副使)가 교자에서 내린다. 제8문에서 용정을 멈추고 수당상(首堂上)이 국서를 들고 들어가면 사신 이하가 따른다. 외헐청(外歇廳)에 설치된 탁자에 국서를 봉안하고 잠시 뒤에 내헐청 북벽에 국서를 봉안(사신 북향)한 후 국서와 폐백을 전달하면 이에 대해 관백이 사신을 위로하는 글을 내리고 답례를 한다. 이렇게 국서전달이라는 중요한 절차가 끝나고 나면 관백이 베푸는 주례(酒禮)와 진무(振舞)[146)]가 이어진다. 이 모든 절차가 끝나면 조선통신사는 다시 객관으로 돌아갔다.

15세기 이후 조선통신사의 영접의례는 크게 식선에 의한 영접-육로로 에도로 이동-객관안치-에도성에서 국서전달이라는 절차를 거친다. 고대 이래로 이러한 절차상의 큰 변화는 없었다. 하지만 그 세부내용을 보면 많은 차이가 있다. 우선 고대에는 난파에 도착하여 객관에 들면 이곳에서 국서와 신물에 대한 검토가 이루어졌고 그 후 입경허가가 나면 나라로 들어갔다. 그리고 황궁에서 사연이 있었고 그 자리에서 사록이 이루어졌다. 이때 적어도 7세기 이전에는 외국사신이 천황을 알현하는 하는 일은 없었다. 하지만 8세기 이후 천황을 직접 대면하는 의례가 생겨났고

145) 『통문관지』 권6 「교린」 하, 傳命式.

146) 연향을 베푸는 것을 진무라 한다.

9세기 이후 다시 사라지게 된다. 하지만 15세기 조선통신사가 갔을 때에는 미리 국서를 확인하거나 신물을 검토하는 절차 없이 입경하여 에도성에서 국서를 전달하는 전명식을 거행하였다.

제Ⅲ장
한국의 사신영접의례

한국의 경우 현재 남아 있는 예서는 모두 조선시대에 편찬된 것들로서 이전에 편찬된 예서(禮書)는 기록을 통해서만 확인할 수 있을 뿐이다. 한국에서 오례체제가 확립된 것은 고려 예종(睿宗, 재위: 1105-1122) 연간으로 추정된다. 예종은 1110년 예의상정소(禮儀詳定所)를 설치하였는데 이는 국가의례를 정비하기 위한 기구였다. 따라서 이 시기에 예전(禮典)이 편찬되었을 가능성이 크다. 이후 1234년 최윤의가 『상정고금례(詳定古今禮)』를 찬술하였다. 이 책은 현재 전하지 않고 『고려사』「예지」를 통해 그 존재와 내용의 일부를 확인할 수 있다.

하지만 오례는 이미 삼국시대에도 국가의례로 행해지고 있었음은 여러 사료를 통해 확인할 수 있다. 비록 예서의 편찬은 확인할 수 없으나 삼국은 중국과 빈번하게 교류하였고 국학의 교육과목으로 『예기』가 포함되어 있었던 것으로 보아 오례가 시행되었음은 분명하다. 삼국이 각각 율령체제를 정비한 시기는 고구려 소수림왕, 백제 고이왕 그리고 신라 법흥왕 때의 일이다. 율령과 예전의 편찬은 다른 것이기는 하나 양자 관계는 불가분의 관계이다. 율령이 법치적 성격이 강하다면 예전은 유교적 가치가 우선시 되는 것이다. 현실생활을 실질적으로 규제하는 것은 율령이지만 그 근본에는 천명을 받은 자의 인과 덕으로 통치된다는 예치사상이 자리하고 있는 것이다. 그러한 예치사상을 구현하고자 한 것이 바로 오례이다. 따라서 율령의 기반은 예치사상이므로 이 양자의 성립은 궤를 같이 한다고 보아야 한다.

한국에서 사신영접을 규정한 빈례체계가 언제 확립되었는지 알 수 없으나 고대 이래 중국과의 잦은 사신왕래를 비춰볼 때, 당연히 그에 따르는 사신영접의례도 마련되었을 것임은 분명하다. 중국과 한국 그리고 일본이 빈번하게 사신 왕래를 했다는 것은 중국 사서를 통해서도 확인된다. 기원전부터 삼국은 중국과 긴밀한 관계를 유지하고 있었으며 중국을 통해 문물을 수입하였다. 물론 일본의 경우는 초기 중국과의 직접 교섭보다는 한반도를 통한 접촉이 더 많았을 것이다. 당 건국 이후 신라와 발해, 일본은 활발한 사신왕래와 숙위(宿衛)[1], 유학생의 당 국자감(國子監) 입학 등을 통해 유교적 예제를 도입하고 중앙집권적 통치체제 확립 차원에서 중국의 제도를 받아들였다. 당은 이전 시기의 학문, 문화, 예술을 집대성하고 국제화하였을 뿐만 아니라 시간적으로 당 이후 명·청대 예법의 근간을 형성하였으며, 공간적으로는 한국을 비롯한 일본과 주변 동남아시아국가까지 지대한 영향을 미쳤다.

한국에서 오례가 체계화된 국가통치 질서로서 왕실을 중심으로 운영되었던 시기는 고려시대에 들어서면서부터라고 할 수 있다. 다만 불교와 민

1) 숙위 관련 연구 논문으로는 변인석, 「唐宿衛制度에서 본 羅唐關係:당대(외인숙위)의 一硏究」, 『사총』 11, 1966; 신형식, 「신라의 대당교섭상에 나타난 숙위에 대한 일고찰」, 『역사교육』 9, 역사교육연구회, 1966; 「숙위학생고:나말선초의 지식인의 동양에 대한 일척」, 『역사교육』 11,12, 역사교육연구회, 1969; 양의숙, 「여·원숙위고(麗·元宿衛考): 新羅의 對唐 宿衛外交와의 비교 중심으로」, 『동국사학』 27, 1993; 윤완, 「통일신라시대 견당유학생 연구」, 『교육학연구』 42-4, 한국교육학회, 2004; 김영관, 「在唐新羅人金日用墓誌銘에 대한 검토」, 『신라사학보』 27, 2013 등이 있다. 단행본으로는 신형식, 『한국고대사의 신연구』, 일조각, 1984; 김학삼, 『신라 숙위외교의 성격』, 발해사연구 학술총서 14권, 월드, 2006; 한국사연구회, 『고대한중관계사의 연구』, 한국사연구회, 삼지원, 1987 등이 있다.

간 신앙적 요소가 강하게 남아 있어서 완전한 유교적 오례와는 차이가 있었을 것이다.[2] 고려시대 오례의 내용을 보여주는 것은『고려사』「예지」와 현재 남아 있지 않은『상정고금례』이다. 따라서 고려시대 사신영접의례는 주로『고려사』「예지」를 중심으로『고려도경』의 내용도 함께 살펴보겠다.『고려도경』은 실제 송 사신이 고려에 사신으로 왔을 때 그들이 경험한 사신영접절차를 정리한 책이므로 사신영접의례가 행해진 절차와 그 운용의 실제를 보여주는 자료라 하겠다.

고려를 거쳐 조선시대에 이르러서 유교적 통치 질서가 확립되고 이에 따른 예전들이 정비되면서 유교적 예치가 절정에 다다랐다고 할 수 있다. 이때에는 중국의 여러 예서와 한국의 예서들을 참고로 하여 지속적으로 예전들이 편찬되었고 증·보수가 이루어졌다. 또한 외교의례의 운용에 대한 서적들이 여러 권 남아 있어 조선시대의 빈례의 성립과 운영은 이전 시기에 비해 훨씬 명확하게 살펴볼 수 있다.

1. 사신영접의례의 성립과정

한국에서 빈례를 비롯한 오례 관련 예서는 조선시대 이후에 편찬된 것이다. 고대의 예전은 말할 것도 없고 고려시대의 예제의 일면을 살펴볼 수 있는 것도『고려사』의「예지」를 통해서만 확인할 수 있을 뿐이다. 따라서 조선시대 이전의 빈례 성립과정은 부득이 사서 및 기타 사료에 나오는 단편적인 기록을 통해서 살펴볼 수밖에 없는 한계가 있다. 고대의 사신영접의례를 살펴볼 수 있는 우리 측 사료로는『삼국사기』와『삼국유사』가

---

2) 김영시, 강희맹,「역대 한국에서 편찬된 오례의에 대하여(1)-고려와 조선 초기에 편찬된 오례의를 중심으로-」,『동양예학』 25, 동양예학회, 2011, 172쪽.

전부이므로 주로 중국 측 사서와 예전을 중심으로 살펴보겠다.

1) 고대

(1) 오례의 수용

고려시대 이전의 사신영접절차를 규정한 의주(儀注)나 예전은 찾아 볼 수 없지만 『삼국사기』와 『삼국유사』 및 중국 측 사서에 사신파견 및 영접에 관한 기록이 남아있다. 그리고 당시 설치된 여러 중앙 기구 및 직제를 통해 사신영접을 전담하는 기구가 존재했고 그와 관련한 의식절차 규정이 있었음을 알 수 있다. 따라서 고대의 빈례체제는 완비된 법전체제 속에서 살펴보는 것은 현재로서는 어려운 일이기는 하나 중국 측 사료와 일본 측 사료 그리고 『삼국사기』 등의 기록을 통해 대강의 모습을 재구성해 볼 수 있다.

한·중·일 3국 간의 교류는 일찍부터 이루어졌다. 한국에 관한 기사가 중국 사서에 맨 처음 등장하는 것은 한무제(漢武帝, 재위: B.C. 141~B.C. 87) 때 사마천(司馬遷)이 아버지 사마담(司馬談)의 뒤를 이어 집필하여 완성한 『사기(史記)』의 「조선열전(朝鮮列傳)」이다. 『사기』는 황제(黃帝) 때부터 한무제 초기까지 약 2,600년에 걸친 중국의 역사를 기록한 책이다. 여기에는 한반도의 고대 국가는 물론 왜(倭)에 대한 기록도 나와 있다. 이를 통해 한·중·일 3국은 기원전부터 상호 사신 파견을 통해 정치, 사회, 문화적으로 서로 영향을 주고받고 있었음을 알 수 있다. 이 시기 사신왕래가 빈번하게 이루어졌다는 사실로 미루어 볼 때, 중국을 통해 사신영접의례에 대해 배우고 관련 서적이 들어와 한국에서도 이에 맞는 의례체제가 완전한 형태는 아닐지라도 어느 정도 갖추어져 있었을 것으로 추측해 볼 수 있다. 이는 빈례 이외의 가례, 군례, 흉례와 같은 오례가 이미 시행되고 있었다는 사실에서도 유추할 수 있다. 따라서 오례의 다른 예법과 마찬가지로 사신영접절차에 대한 규정도 있었을 것이다. 우선 오례의 수용을 보여주는 기록을 살펴보자.

C-1. (고이왕) 7년(240) 가을 7월에 석천(石川)에서 대대적으로 군대를 사열하였다. 이때 냇가에서 기러기 한 쌍이 날아가는 것을 왕이 쏘아서 모두 적중시켰다.[3)]

C-2. (실성이사금) 14년(415) 가을 7월에 혈성(穴城)의 들판에서 크게 사열(査閱)하였고, 또 금성(金城) 남문에서 활쏘기를 구경하였다.[4)]

C-3. (지증마립간) 5년(504) 여름 4월에 상복(喪服)에 관한 법을 제정하여 반포하고 시행하였다.[5)]

C-4. (진덕왕) 5년(651) 봄 정월 초하루에 왕이 조원전(朝元殿)에 나아가서 백관(百官)으로부터 새해 축하인사를 받았다. 새해를 축하하는 예식(禮式)은 이때부터 시작되었다.[6)]

C-5. (문무왕) 5년(665) 이찬(伊湌) 문왕(文王)이 죽었는데, 왕자(王子)의 예(禮)로 장례를 치렀다. 당나라 황제가 사신을 파견하여 와서 조문(弔問)

---

3) 『삼국사기』 권24 「百濟本紀」2, 사반왕(沙伴王)·고이왕(古尒王) 7년 가을 7월조. 秋七月, 大閱於石川. 雙鴈起於川上, 王射之皆中. 번역문은 국사편찬위원회의 번역문 인용. 이하 『삼국사기』의 번역문은 모두 국사편찬위원회의 번역문을 인용하였음.

4) 『삼국사기』 권3 「新羅本紀」3, 실성이사금(實聖尼師今) 14년 가을 7월조. 十四年, 秋七月, 大閱於穴城原, 又御金城南門觀射.

5) 『삼국사기』 권4 「신라본기」4, 지증마립간(智證麻立干) 5년 여름 4월조, 五年, 夏四月, 制喪服法, 頒行.

6) 『삼국사기』 권5 「신라본기」5, 진덕왕(眞德王) 5년 봄 정월 조. 五年春正月朔王御朝元殿受百官正賀賀正之禮始於此.

> 하였고, 아울러 자줏빛 옷 한 벌과 허리띠 하나, 두껍고 얇은 채색 비단 100필, 생사(生絲)로 짠 옷감 2백 필을 보내왔다. 왕이 당나라 사신에게 금과 비단을 더욱 두텁게 주었다.[7]

위 C-1과 C-2의 기사는 각각 백제의 고이왕(古爾王), 신라의 실성이사금(實聖尼師今)이 직접 군대를 사열하고 활쏘기를 관람하거나 직접 활을 쏘았다는 기사이다. 『개원례』의 군례에도 황제가 관사(觀射)하거나 직접 활을 쏘는 의례가 규정되어 있다. 활쏘기 관람 및 시범은 군례에서 항시적으로 이루어지는 내용 중 하나였다. 왕이 진법을 관람하고 활쏘기를 했다는 것은 중국 『개원례』의 관사의례나 활쏘기 시범과 유사한 것으로 보인다.[8] 따라서 이 시기에 이미 군례가 시행되고 있었음을 확인할 수 있다.

C-3은 상을 당했을 때 상복에 대한 규정을 정한 내용이다. 이는 상례(喪禮)에 관한 절목 규정이 있었음을 보여준다. 이 법이 제정되기 2년 전인 502년에 내린 순장을 금하는 영[9]과도 상관이 있을 것이다.[10] 이 역시 흉례와 관련한 예제 성립을 추정해볼 수 있는 기록이다.

C-4는 새해 첫날 백관의 조회를 받는 하정례(賀正禮)에 관한 기록으로

---

7) 『삼국사기』 권6 「신라본기」6, 문무왕(文武王) 5년 봄 2월조. 伊湌文王卒 以王子禮葬之. 唐皇帝遣使來弔兼進贈紫衣一襲·腰帶一條·彩綾羅一百匹·綃二百匹. 王贈唐使者金帛尤厚. 왕이 죽고 나면 왕을 장례 치르는 기사가 본기 기록의 각 왕 맨 마지막 기사로 거의 항상 나온다.

8) 채미하, 「신라중대 오례와 왕권」, 『한국사상사학』 27, 2006, 137쪽.

9) 『삼국사기』 권4 「신라본기」4, 지증마립간 3년 봄 2월조. 三年 春三月 下令 禁殉葬. 前國王薨 則殉以男女各五人 至是禁焉.

10) 이 시기에 순장이 금지된 것은 농업 생산력의 증가로 인해 노동력이 중요해졌고 무엇보다 불교가 전파되면서 살생을 금지한 때문인 것으로 보고 있다(주용립, 「한국고대의 순장 연구」, 『손보기정년기념한국사학론총』, 1988 참조). 특히 신라와 가야의 고분에서 토우가 많이 출토되는데 토우는 순장을 대신한 부장품으로 순장을 의례화한 것으로 보인다(정구복, 『역주삼국사기』 주석 3편 참고).

하정례(賀正禮)가 이때 처음 시행되었음을 밝히고 있다. 하정례는 가례에 속하는 것으로 중국에서 백관이 새해 첫날 황제에게 인사를 드리는 의례이다. 이는 황제의 권위를 드러내는 중요한 행사 중 하나였다. 가례에 속하는 것으로는 하정례 외에도 왕과 왕비의 즉위 및 세자 책봉 등의 행사도 포함된다. 책봉관련 의식은 이른 시기부터 시행되어 왔다고 할 수 있다. 역대 중국 왕조는 고구려, 백제 및 신라에 새로운 왕이 즉위하면 이들을 책봉하였는데 이때마다 책봉례(冊封禮)가 거행되었다. 책봉례와 더불어 하정례가 공식적으로 시작됨으로써 가례 역시 7세기 중반에는 이미 확립되었다고 보는 것이 타당할 것이다.

C-5 기사는 왕족이 죽자 장례를 치렀다는 내용으로 이때에 당 사신이 와서 조문했다는 기록이다. 이는 위 C-3 기사와 관련한 상복법 제정과 함께 장례에 관한 법 규정이 있었을 것임을 추정할 수 있는 기사이다. 또한 왕이나 중요한 인물이 죽으면 당에서 조문사(弔問使)를 파견하였음도 알 수 있다. 당의 조문사는 조문을 위해 황제의 조칙서와 사여품을 가지고 왔으며 신라 측에서는 조문사 파견에 대한 감사의 뜻으로 당 사신에게 물품을 수여하였다. 이는 중국사신영접에 대한 절차와 절목이 있었으며 이에 대해 상호 간의 이해가 있었음을 의미한다. 이러한 여러 기록을 통해 볼 때, 빈례를 포함한 유교적 예제가 이 시기에는 시행되고 있었다고 보아야 한다.

다음 기록은 7세기 중반 이후 삼국의 왕권강화와 유교적 오례 도입의 상관성을 보여주고 있으며 이후 한국 예제의 기본이 여기에서 시작되었음을 추측해 볼 수 있는 실마리를 제공한다. 이는 삼국시대에 오례체제가 수용되어 빈례가 시행되었을 것이라는 사실을 보여준다.

C-6. 진평왕 48년(626) 가을 7월에 당(唐)나라에 사신을 보내 조공하였다. 당나라의 고조(高祖)가 주자사(朱子奢)를 보내서 조칙(詔勅)으로 고구려와 서로 화친하도록 타일렀다.[11]

C-7. 진덕왕 2년(648) 이찬(伊湌) 김춘추(金春秋)와 그의 아들 문왕(文王)을 당(唐)나라에 보내 조공하였다. [당나라의] 태종(太宗)이 광록경(光祿卿) 유형(柳亨)을 보내서 교외에서 그를 맞이하여 위로하였다. 이윽고 [궁성에] 다다르자 [김]춘추의 용모가 영특하고 늠름함을 보고 후하게 대우하였다. [김]춘추가 국학(國學)에 가서 석전(釋奠)과 강론(講論)을 참관하기를 청하자 태종이 이를 허락하였다. 아울러 자기가 직접 지은 온탕(溫湯)과 진사비(晉祠碑) 그리고 새로 편찬한 『진서(晉書)』를 내려 주었다.[12]

C-8. (신문왕) 6년(686) 당(唐)에 사신을 보내 『예기(禮記)』와 문장(文章)에 관한 책을 요청하였다. 측천무후(測天武后)는 담당 관청에 명하여 길흉요례(吉凶要礼)를 베껴 쓰게 하고, 아울러 문관사림(文官詞林) 가운데 규범이 될 만한 글들을 채택하여 50권으로 만들어 주었다.[13]

C-6번과 C-7번의 기록은 『길흉요례(吉凶要禮)』 이전에 신라에 오례가 이미 들어와 시행되었을 것임을 짐작할 수 있게 한다. 김춘추가 당에 사신으로 갔을 때 당 태종이 그에게 내린 물품 중에 『진서(晉書)』가 포함되어 있었다. 새로 편찬한 『진서』에는 「예지」가 포함되어 있는데, 『주례』의 오례를 바탕으로 한 것이다. 이로써 신라에 오례의 내용이 알려졌을 것임

---

11) 『삼국사기』 권4 「신라본기」4, 진평왕(眞平王) 48년 가을 7월조. 四十八年 秋七月 遣使大唐朝貢. 唐高祖遣朱子奢來 詔諭與高句麗連和.

12) 『삼국사기』 권5 「신라본기」5, 진덕왕 2년조. 遣伊湌金春秋及其子文王朝唐 太宗遣光祿卿柳亨郊勞之 旣至 見春秋儀表英偉厚待之 春秋請詣國學 觀釋奠及講論 太宗許之 仍賜御製溫湯及晉祠碑幷新撰晉書.

13) 『삼국사기』 권8 「신라본기」8, 신문왕(神文王) 6년조. 遣使入唐奏請礼記幷文章則天令所司寫吉凶要礼并於文舘詞林採其詞涉規誡者勒成五十卷賜之.

은 분명하다. 더구나 C-6 기사의 주자사(朱子奢)는 당 고조가 죽은 후 예송논쟁에 참여했던 인물로 당 태종 연간에 『예기』를 찬수한 사람 중 한 사람이었는데 그런 그가 신라에 사신으로 왔다는 것은 그를 통해 중국의 예제의 내용과 운용에 대한 지식을 수용하는 기회가 되었을 것이다.[14)]

C-8번 기사와 같은 내용이 중국의 『책부원구(冊府元龜)』[15)], 『구당서(舊唐書)』[16)], 『신당서(新唐書)』[17)]에도 나오며 『삼국사절요(三國史節要)』[18)]와 『동사강목(東史綱目)』[19)]에도 보인다. 『길흉요례(吉凶要禮)』는 제목 그대로 '길례와 흉례의 중요한 예'를 추려 엮은 것이라고 보고 있다.[20)] 하지만 여기에 길례와 흉례만을 담은 것으로 보아야 할 것인가에 대해서는 이견이 있다. 하마다 코오사쿠(濱田耕策)는 『길흉요례』가 길례와 흉례 두 가지 예만 담은 것인지 아니면 오례를 모두 담은 것인지는 확실하지 않다고 하였으며[21)] 채미하는 오례의 내용을 모두 담고 있는 것으로 보아야 한다고 하였다.[22)] 어느 쪽인지 확언할 수 없으나 오례 중 굳이 두 가지

---

14) 이범직, 앞의 책, 1991, 14~15쪽.

15) 『책부원구』 권999 「외신부」 請求. 則天垂恭二年二月 新羅王金政明 遣使請禮記一部幷新文章 令所司寫吉凶要禮幷於文館詞林採其詞涉規誡者 勒成五十卷 賜之.

16) 『구당서』 권199 상 「열전」149, 동이 신라. 垂恭二年 政明遣使來朝 因上表請唐禮一部幷雜文章 則天令所司寫吉凶要禮幷於文館詞林採其詞涉規誡者 勒成五十卷以賜之.

17) 『신당서』 권220 「열전」145, 동이 신라. 開耀元年 死 子政明襲王 遣使者朝 丐唐禮及它文辭 武后賜吉凶要禮幷文詞五十篇.

18) 『삼국사절요(三國史節要)』 권11, 신문왕 6년조. 遣使如唐請禮典幷詞章 武后令有司寫吉凶要禮 幷採文詞涉規誡者 勒成五十卷賜之.

19) 『동사강목(東史綱目)』 권4 하, 신문왕 6년조. 王遣使入朝 奏請禮典及詞章 武后令有司 寫吉凶要禮 幷於文館詞林 採其詞涉規誡者 勒成五十卷 賜之.

20) 나희라, 『신라의 국가제사』, 지식산업사, 2003, 63쪽, 179쪽; 이문기, 「신라 종묘제의 성립과 그 배경」, 『한국고대사와 고고학(김정학박사미수기념고고학·고대사논총)』, 2000, 892쪽. 박남수, 앞의 글, 2011, 151~152쪽.

21) 濱田耕策, 「新羅の祀典と名山大川の祭祀」, 『呴沫集』 4, 149~150쪽.

22) 채미하, 앞의 글, 2006, 128~130쪽.

예만 추려 주었다기보다는 오례의 내용을 모두 담아 정리하여 주었다고 보는 것이 더 타당하지 않을까 한다. 즉 길흉요례의 길흉은 '길례와 흉례'를 가리키기 보다는 '길사와 흉사에 관한 예'라는 일반적 의미가 아닐까 한다.

삼국통일이라는 대업을 완수한 문무왕(文武王, 재위:661~681)의 뒤를 이어 왕위에 오른 신문왕(神文王, 재위:681~692)은 고구려와 백제의 귀족층을 중앙귀족으로 흡수하고 유민들을 위무하는 정책을 실시하였으며, 중국의 제도를 적극적으로 받아들여 한화정책(漢化政策)을 추진하고 중앙집권적 통치질서 확립의 토대를 닦았다. 따라서 신문왕 이후 『길흉요례』의 도입으로 오례체제가 법제화되어 본격적으로 운용되었다고 할 수 있다. 하지만 신라가 실제 운용적 측면에서 오례체제를 받아들인 것은 이보다 훨씬 전이었음을 위 C-6과 C-7 기사를 통해 확인할 수 있다.

삼국시대 빈례의 성립과 관련하여 주목해야 할 것은 바로 당 사신 형숙(邢璹)의 체류이다. 효성왕 2년(738) 신라에 사신으로 온 당의 형숙은 1년간 경주에 머물렀다.[23] 이때 그는 도덕경 등의 문서(혹은 서책)를 왕에게 바쳤다고 하는데, 여기에는 도교경전을 비롯한 여러 서책과 법전 등이 포함되었을 가능성이 있다. 그리고 이 체류기간 동안 신라는 형숙을 접대하면서 중국의 사신영접의례를 포함한 오례를 익히고 시행하는 기회가 되었을 것이다.[24]

이러한 여러 기록을 통해 고구려, 백제, 신라는 유교적 통치 질서를 기반으로 한 예제질서를 확립했을 것임을 확인할 수 있다. 또한 당시 중국과 지속적인 교류를 통해 다양한 분야의 문물교류가 이루어졌고 유교

---

23) 『삼국사기』 권9 「신라본기」9, 효성왕(孝成王) 2년 봄 2월조; 권9 「신라본기」9, 孝成王 2년 여름 4월조.

24) 채미하, 앞의 글, 2006, 136~142쪽.

통치 이념을 비롯한 각종 예제질서 역시 함께 성립되었다고 볼 수 있다. 비록 오례 성립을 보여주는 규정집이나 예전의 편찬에 관한 명확한 기록은 찾아 볼 수 없지만 다양한 방증 사료를 통해 충분히 그 가능성이 있음을 알 수 있다. 기원 전후부터 지속적으로 중국에 사신을 파견했다는 사실과 관련하여 생각해 보면 오례를 확립한 중국으로부터 관련 서적의 도입은 물론 왕래했던 사신들의 견문을 통해 빈례가 삼국시대에 시행되었을 것임을 충분히 알 수 있다

명문화된 예서는 현존하지 않지만 위에서 살펴본 『삼국사기』와 중국의 기록을 통해 볼 때 오례가 7세기에는 이미 시행되고 있었다고 보아도 좋을 것이다. 빈례 역시 명확한 의례규정에 대한 기록이 없기는 마찬가지이지만 다른 예제질서가 확립되어 있었고 수많은 사신왕래 기록에서 사신왕래에 따르는 절차를 엿볼 수 있어 빈례도 이 시기에 시행되고 있었음은 분명하다. 성문화된 빈례의 의식절차를 규정한 법전이 없고 관습적으로 행해졌다 하더라도 매번 행해지는 의례의 절차에 대한 일종의 지침서의 형태로는 존재했을 것이다.

(2) 고대 사신영접의례의 성립과정

삼국이 성립되고 본격적으로 삼국이 세력을 확장해나간 시기였던 4세기 이후부터 당이 건국되기 이전 7세기 초의 기간에 삼국과 중국 간의 사신왕래에 대한 기록이 많지 않은 까닭에 자세한 면모를 파악하기가 어렵다.

구체적으로 중국과 한국 간의 사신왕래에 대해 살펴보자. 먼저 7세기 이전 중국에 사신을 파견한 기록은 중국 측 사서와 『삼국사기』에 보인다. 먼저 신라에 의한 삼국통일 이전 시기, 특히 당 건국 이전의 중국과 한반

도의 사신왕래 기록을 살펴보자.

C-9. 이 해에 궁이 죽고 아들 수성이 왕이 되었다. …(중략)…상서 진충이 "궁이 생전에 악독하여 조광이 토벌하지 못하였는데 [이제] 그가 죽은 것을 이용하여 치는 것은 의리가 아닙니다. 마땅히 사절을 보내어 조문하고 지난날의 죄를 꾸짖고는 그 죄를 용서해 주어 이후 그들이 선하게 되도록 하는 것이 좋겠습니다" 하니 안제가 그 의견을 따랐다.[25)]

위 C-9번 기사는 고구려왕이 죽자 안제가 이를 조문하는 사절을 보냈다는 기록이다. 사신 파견의 목적이 조문이지만 아마도 수성(遂成)에 대한 책봉도 함께 이루어졌을 것이다.

C-10. 아들을 거쳐 손자 우거(右渠)때에 이르러서는 유인해 낸 한(漢)나라 망명자수가 대단히 많게 되었으며, 천자에게 입견(入見)치 않을 뿐만 아니라 진번(眞番) 주변의 여러 나라들이 글을 올려 천자에게 알현하고자 하는 것 또한 가로막고 통하지 못하게 하였다.[26)]

C-11. 천자는 양장군(兩將軍)의 전세가 유리하지 않다고 여기고, 위산(衛山)으로 하여금 군사의 위엄을 갖추고 가서 우거를 달래게 하였다. 우거는 사자(使者)를 보고 머리를 조아리며 사죄하기를, "항복하기를 원하였으나 양장군이 신을 속여서 죽일까 두려워했는데, 이제 신절(信節)을 보았

---

25) 『후한서』 권85 「동이열전(東夷列傳)」75, 句麗條. 是歲宮死 子遂成立…(중략)…尙書陳忠曰 '宮前桀黠, 光不能討, 死而擊之, 非義也. 宜遣弔問 因責讓前罪, 赦不加誅, 取其後善' 安帝從之. 번역문은 국사편찬위원회 『조선정사조선전(朝鮮正史朝鮮傳)』의 번역문 인용. 이하 『후한서』의 번역문은 모두 『조선정사조선전』 번역문을 인용하였음.

26) 『사기』 권115 「朝鮮傳」55. 傳子至孫右渠, 其孫名也. 所誘漢亡人滋多, 又未嘗入見, 眞番旁衆國 欲上書見天子, 又擁 閼不通. 국사편찬위원회 『조선정사조선전(朝鮮正史朝鮮傳)』 번역문 인용. 이하 『사기』의 번역문은 『조선정사조선전』 번역문 인용함.

으니 항복하기를 청합니다."하고, 태자를 보내 들어가 사죄하게 하고, 말 5천 필을 바침과 아울러 군량미를 내주었다.[27]

C-12. 건무(建武) 연간(A.D.25~55; 고구려 대무신왕(大武神王) 8년~태조왕(太祖王) 3년) 에 동이(東夷)의 여러 나라들이 모두 와서 조공하고 입견하였다. …(중략)…순제(順帝) 영화(永和) 원년(A.D.136; 고구려 태조왕 84년)에 그 왕이 경사(京師, 수도를 일컫는 말)에 와서 조회하므로, 황제는 황문고취(黃門鼓吹)와 각저희(角抵戲)를 하게 하여 [관람시켜] 보내었다.[28]

C-13. (태조대왕) 57년(109) 봄 정월에 사신을 한(漢)에 보내 안제(安帝)가 원복(元服)을 입은 것을 축하하였다.[29]

C-9과 C-11의 기사는 『후한서』「동이열전」과 『사기』「조선전(朝鮮傳)」에 나오는 고조선에 관한 기록이다. 한무제(漢武帝) 때 고조선을 멸망시키고 한사군(漢四郡)을 설치하기까지의 과정에서 일어난 일과 사신의 왕래를 기록하고 있다. 고조선이 한반도 소국이 한나라에 입조(入朝)하지 못하도록 막았다는 것에서 당시 고조선 및 한반도 여러 소국들도 한나라에 조공을 위한 사신을 꾸준히 파견해 왔음을 알 수 있다. 그리고 C-12의 기록은

---

27) 『사기』 권115 「조선전」55. 天子爲兩將未有利 乃使衛山因兵威往諭右渠. 右渠見使者頓首謝願降恐兩將詐殺臣 今見信節 請服降. 遣太子入謝獻馬五千匹及饋軍糧.

28) 『후한서』 권85 「동이열전」75, 부여국(夫餘國). 建武(25~55)中 東夷諸國皆來獻見. 二十五年 夫餘王遣使奉貢 光武厚荅報之 於是使命歲通. 至安帝 永初五年 夫餘王始將步騎七八千人寇鈔樂浪 殺傷吏民 後復歸附. 永寧元年 乃遣嗣子尉仇台 (印)[詣]闕貢獻 天子賜尉仇台印綬金綵. 順帝永和元年 其王來朝京師,帝作黃門鼓吹·角抵戲以遣之. 『후한서』 번역문은 국사편찬위원회 번역문 인용함.

29) 『삼국사기』 권15 「고구려본기」3, 태조대왕(太祖大王) 57년 봄 1월조. 五十七年春正月 遣使如漢 賀安帝加元服; 『후한서』 권5 「安帝紀」, 永初 3년(109) 春正月條. 皇帝加元服 大赦天下…(중략)…高句驪遣使貢獻.

후한시대에도 지속적으로 고구려를 비롯한 한반도의 소국들은 중국 조정에 조공을 바치고 중국 황제로부터 하사품을 받는 등 사신 왕래가 빈번하였음을 보여준다. 특히 영화(永和) 원년에는 태조왕이 직접 입조하기도 했다. 이는 매우 이례적인 것으로 대개는 태자나 고위 관리 등을 사신으로 보내는 경우가 많으나 이때는 왕이 직접 조공을 갔다. 고구려는 특히 한사군과 부여와의 왕래가 빈번하였으며 신라, 백제, 왜와의 사신왕래도 이루어졌다. C-13은 한의 안제가 관례를 행했을 때 고구려가 사신을 파견한 것인데 고구려 사신이 중국의 가례 행사에 참여했음을 보여준다. 가례는 중국 내 군신관계를 기반으로 하는 의식으로 『개원례』에는 중국조정의 가례의식에 외국사신이 함께 참여하는 규정이 있어 오래 전부터 시행되어 왔던 의례임을 알 수 있다.

618년 당의 건국은 신라의 사신영접절차 확립에 중요한 영향을 미쳤다. 7세기는 삼국간의 치열한 영토 확장정책으로 인해 한반도 정세가 혼란한 시기였다. 중국의 수·당과의 대외관계도 복잡하게 얽혀 있었다. 이 시기 삼국은 한반도의 주도권을 장악하기 위해 각축전을 벌이고 있었고 중국의 지원을 얻기 위한 외교전이 치열했으며 사신왕래도 빈번하게 이루어졌다. 삼국은 당에 자주 조공사절을 파견하였으며 유학생과 유학승도 다수 당으로 들어가 당의 국학에 입학하거나 구법활동을 하였다. 신라가 당에 처음 조공한 것은 진평왕 43년(621년)의 일이었다.[30] 이후 신라는 당에 170여 차례에 걸쳐 견당사를 파견하였다.[31]

7세기와 8세기에는 당을 중심으로 하는 동아시아 질서가 확립되었다.

---

30) 『삼국사기』 권4 「신라본기」4, 眞平王 43年條. 四十三年秋七月 王遣使大唐朝貢方物. 高祖親勞問之 遣通直散騎常侍庾文素來聘 賜以璽書及畫屛風錦綵三百段.

31) 신라는 거의 매년 당에 하정사를 파견하였는데, 견당사의 반 정도가 하정사였다.(권덕영, 앞의 책, 1997, 298~299쪽 참조.)

당의 율령격식을 비롯한 다양한 국가통치의 기본체제가 삼국에 들어와 이를 바탕으로 한 개혁조치가 단행되었으며 중국식의 통치제제가 형성되었던 시기였다. 이 시기의 중국사신영접에 대해 알려주는 기록들은 『삼국사기』나 중국 측 사료인 『신·구당서』, 『당회요(唐會要)』, 『책부원구』 등에 잘 남아 있다.

고구려는 처음 한나라에 조공사절을 파견한 이후 북조와 남조 왕조에 모두 조공사신을 여러 차례 파견하였다.[32] 특히 619년 당에 처음 사신을 파견한 이후 667년 나당 연합군에 의해 멸망할 때까지 지속적으로 사신을 파견하였다. 이는 백제도 마찬가지였다. 주로 바다 건너 남조와 교류가 많았던 백제는 송, 남제, 양 등에 조공사신을 파견하였다.

C-14. (고구려 영류왕) 2년(619) 봄 2월에 당에 사신을 보내 조공하였다.[33]

C-15. (백제 무왕) 22년(621) 당에 사절을 보내 과하마를 보내다.[34]

C-16. (신라 진평왕) 43년(621) 가을 7월에 왕이 당(唐)나라에 사신을 보내 조공하고 토산물을 바쳤다. [당나라의] 고조(高祖)가 몸소 위문하고 통직산기상시(通直散騎常侍) 유문소(庾文素)를 보내서 예방하고 조서(詔書)와 그림, 병풍 및 채색 비단 3백 단(段)을 주었다.[35]

---

32) 『삼국사기』「고구려본기」를 비롯해 『신·구당서』, 『책부원구』 등의 사서에 고구려의 사신파견 기사를 다수 확인할 수 있다.

33) 『삼국사기』 권20 「고구려본기」8, 영류왕(榮留王) 2년 봄 2월조. 二年春二月遣使如唐朝貢.

34) 『삼국사기』 권27 「백제본기」5, 무왕(武王) 22년 겨울 10월조. 二十二年冬十月遣使入唐獻果下馬.

35) 『삼국사기』 권4 「신라본기」4, 진평왕(眞平王) 43년 가을 7월조. 四十三年 秋七月 王遣使大唐朝貢方物. 高祖親勞問之 遣通直散騎常侍庾文素來聘 賜以璽書及畫屛風·錦綵三百段. 같은 기사가 『구당서』 권199, 「신라전(新羅傳)」과 『신당서』 권200 「신라전」, 그리고 『책부원구』 권969 「외신부(外臣部)」 조공(朝貢)조에도 보인다.

위의 세 기사는 고구려, 백제, 신라 삼국이 각각 당에 사신을 보낸 기사인데 이것은 삼국의 최초의 견당사(遣唐使) 파견에 대한 기록이다. 당 건국 이후 삼국의 견당사 파견기록은 중국의 『책부원구』「외신부(外臣部)」 조공(朝貢)조에 상세하게 나와 있다.[36] 백제는 621년 처음 당에 사신을 파견한 이후 660년 멸망까지 25차례에 걸쳐 견당사를 파견하였다. 신라 역시 621년에 처음 사신을 파견한 이후 170여 차례 견당사를 파견하였으며, 발해가 당에 사신을 파견한 횟수는 136회에 이른다.[37] 통일신라의 경우 견당사를 중심으로 보면 주로 조공사절, 하정사, 주청사, 당 국학입학 요청 등이 주목적이었다. 권덕영은 이들 견당사를 크게 정기 견당사와 부정기 견당사로 구분했다.[38] 그에 따르면 매년 정월 당 조정의 신년하례식에 파견한 하정사[39]가 정기 견당사에 속하는 것이고, 부정기 견당사는 목적에 따라 다양한데 사은사(謝恩使), 고진사(告陳使),[40] 주청사(奏請使),[41] 경하사(慶

36) 이에 대해 권덕영은 『책부원구』에 수록된 삼국의 견당사 기록을 분석하고 『속일본기』와 『삼국사기』와의 비교를 통해 기록의 궐락이 있음을 밝히고 있다(앞의 책, 1997 참조.).

37) 권덕영, 「羅唐 交涉史에서의 朝貢과 冊封」, 『한국 고대국가와 중국왕조의 조공·책봉관계』, 고구려연구재단, 2006, 248쪽.

38) 목적에 따른 견당사 파견에 관해서는 권덕영, 앞의 책, 1997, 119~169쪽 참조.

39) 중국 조정에서 열리는 신년 하례식에 보내는 사절. 기록상 신라가 처음 하정사를 파견한 것은 성덕왕 13년(714) 급찬(級飡) 박유(朴裕)를 보낸 것이다.(『삼국사기』 권8 「신라본기」 성덕왕 13년 윤2월조 기사, 『책부원구』 권971 「외신부」 조공 4, 개원 2년 2월 기사 참조.) 하지만 이때는 당이 건국하고 100년이나 지난 시점이며 당이 건국 이후 곧바로 하정례를 실시했고 다른 주변국들이 정월에 입조하여 하정례에 참여하였다는 사실로 미루어 볼 때 714년 이전에 신라가 당에 하정사를 파견한 적이 없다고 생각하기는 어렵다. 하정사라고 분명히 밝히지 않았을 뿐 하정사로 볼 수 있는 12월, 1월 및 2월에 당에 입조한 견당사들은 거의 하정사로 보아도 무방할 것이다. 한국에서 중국까지 여정이 3,4개월 정도임을 고려한다면 10월이나 11월 혹은 늦어도 12월경에 신라에서 파견한 사절은 조공사절 겸 하정사의 기능도 같이 했다고 볼 수 있다. 이 시기에 파견된 견당사는 당에 입조하면 그해 12월 말이거나 다음해 1월 혹은 2월이었을 것이다.(권덕영, 같은 책, 1997, 27쪽 참조.)

40) 일의 전후 정황을 알리고 설명하여 죄를 청하는 사절.

41) 주청사는 주로 왕이나 왕비, 세자의 책봉을 청하는 사신. 중국은 이러한 책봉 요청이

賀使) 및 조위사(弔慰使)가 여기에 속한다고 하였다. 당이 통일신라에 사신을 파견한 것은 23회이며 발해에 사신을 파견한 것은 최소 16회이다.[42] 당 역시 삼국과 통일신라에 조문사를 비롯하여 사은사에 대한 답례로 사신을 자주 파견하였다.

당이 한국에 사신을 파견하는 경우는 크게 두 가지이다. 하나는 왕이나 당시 당조(唐朝)와 돈독한 관계에 있었던 왕실의 인물이 죽었을 경우 조문사절을 보내는 것이고 다른 하나는 새로운 왕의 책봉을 위해 사신을 파견하는 것이다. 왕의 조문 및 책봉을 위해 파견된 당 사신은 책립조제사(冊立弔祭使)[43]라고 하며 새로운 왕의 책봉을 위해 파견된 사신을 지절사(持節使)[44]라고 한다. 그런데 왕에 대한 조문과 새로운 왕의 책봉은 대부분 동시에 이루어진다. 그래서 조문 및 책봉의 임무를 띤 당 사신을 조제(弔祭) 겸 책명사(冊命使)[45]로 칭하기도 한다. 전왕(前王)의 조문과 신왕(新王)의 책봉은 동시에 이루어지는 경우가 대부분이며 이 경우에는 상례에 속하는 조문과 별도로 책봉조서를 받는 영접의례가 치러졌다.

> C-17. (신라 진덕왕) 8년(654) 봄 3월에 왕이 죽었다. 시호(諡號)를 진덕(眞德)이라 하고 사량부(沙梁部)에 장사를 지냈다. 당(唐)나라의 고종(高宗)이 [이를] 듣고 영광문(永光門)에서 애도를 표하고 태상승(太常丞) 장문수(張文收)를 사신으로 보내서 부절(符節)을 가지고 조문케 하였으며, 개부의동삼사(開府儀同三司)를 추증하고 비단 3백 단(段)을 내려 주었다.[46]

있으면 사신의 귀국길에 조서를 함께 보내거나 직접 사신을 통해 책봉조서를 보내온다.

42) 당에서 사신을 파견한 것으로 보이나 명확하지 않은 것은 제외하였기 때문에 실제로는 더 많았을 수도 있다. (송기호, 「대외관계에서 본 발해 정권의 속성」, 『한국고대국가와 중국왕조의 조공·책봉관계』, 고구려연구재단, 2006, 179쪽.)

43) 李大龍, 「唐朝派往回紇的使者述論」, 『民族文化』, 1994年 2期, 72~80쪽.

44) 신형식, 「통일신라의 대당관계」, 『한국고대사의 신연구』, 일조각, 1984, 346~349쪽.

45) 채미하, 「신라의 賓禮-唐 사신을 중심으로-」, 『한국사학보』 43, 고려사학회, 2011, 40쪽.

C-18. (태종무열왕) 1년(654) 당(唐)나라에서 사신을 보내 부절(符節)을 가지고 예(禮)를 갖추어 [왕을] 개부의동삼사(開府儀同三司) 신라왕으로 봉하였다.[47]

C-17 기사와 C-18 기사는 연결선상에서 파악해야 한다. 신라 진덕왕(眞德王, 재위: 647~654)이 죽자 조문사절이 황제의 조서를 가지고 와 조문하고 진덕왕을 추증하였다는 기록이다. 진덕왕의 뒤를 이어 왕위에 오른 인물이 바로 태종무열왕(太宗武烈王, 재위:654~661)이다. 아마도 태종무열왕 1년 기사는 진덕왕 조문사절과 동일 사절단이었을 것이며 진덕왕에게 추증한 지위를 태종무열왕이 그대로 계승하도록 했다고 보아야 할 것이다. 같은 해에 왕의 조문사절과 책봉사절을 별도로 보내지는 않았을 것이다.

이때 조문은 상례에 따라 진행되었을 것이며 책봉은 책봉조서를 받는 것이므로 황제의 조서를 받는 절차를 거쳤을 것이다. 이러한 국가 간 조문과 책봉 사절의 왕래는 그에 따르는 절차와 의식에 따라 치러졌을 것은 분명하다. 그리고 이때 신라가 수용한 예전은 시기상으로 볼 때 『정관례』와 『현경례』였을 것이다.

다음 기사는 백제의 견당사가 귀국하면서 황제의 조서를 지니고 돌아온 일을 적은 것이다.

---

46) 『삼국사기』 권5 「신라본기」5, 진덕왕(眞德王) 8년 봄3월조. 八年 春三月 王薨. 諡曰眞德 葬沙梁部. 唐高宗聞之 爲擧哀於永光門 使大常丞張文收 持節吊祭之 贈開府儀同三司 賜綵段三百. 이 기록은 『자치통감(資治通鑑)』 권199 영휘5년 윤5월 임진조에도 나온다. 이에 대해 이때는 진덕왕이 죽은 것에 대한 기록이 아니라 김춘추 책봉조서를 내린 시기로 파악하는 견해도 있다.(정구복 외, 『역주삼국사기』 3 주석편3(상), 한국정신문화연구원, 167쪽)

47) 『삼국사기』 권5 「신라본기」5, 태종무열왕(太宗武烈王) 1년조. 唐遣使持節備禮冊命爲開府儀同三司新羅王.: 『구당서』 권199, 「신라전」; 『신당서』 권220, 「신라전」; 『자치통감(資治通鑑)』 권199, 영휘(永徽) 5년 윤 5월조; 『책부원구』 권964 「외신부(外臣部)」 책봉(冊封), 영휘 5년 5월조에도 동일한 내용이 보인다.

C-19. (651년) 11년 당나라에 사신을 보내 조공하였다. 사신이 돌아올 때 고종(高宗)이 조서(詔書)를 보내 왕에게 타일러 말했다.[48]

651년은 삼국이 세력을 확장하고 통일을 위해 당과 외교전을 벌이고 있을 때였다. 이때 백제가 당에 사신을 보내자 그에 대해 당 고종이 조서를 내린 것이다. 이때 백제가 황제의 조서를 어떻게 받았는지 조서를 받는 의식에 대한 단서를 제공하는 기록이 전혀 보이지 않아 그 의례를 추정하기 어려우나 이 조서를 받을 때에 분명 그에 상응하는 영조(迎詔)의식이 있었을 것이다. 앞서 신라나 일본의 예를 볼 때 크게 다르지 않았을 것이다.

이상에서 살펴본 바와 같이 사신파견의 목적이 어떠했건 외교 상대국은 그 목적에 따른 상호 의례절차를 인지하고 거행했음을 알 수 있다. 중국과 한국 사서의 많은 기록을 통해 삼국시대 이전에 이미 빈례가 시행되고 있었음도 확인할 수 있었다. 수많은 유학생과 사신왕래를 통해 오례는 오래전부터 시행되고 있었고 늦어도 7세기 중반에는 삼국에도 중국의 예제질서를 바탕으로 한 오례체제가 확립, 시행되고 있었다고 볼 수 있다.

빈례를 포함한 오례수용은 7세기 이전에 이루어졌으며 당의 건국 이후 본격적으로 확립, 시행되었다고 할 수 있다. 진덕왕대의 장복제도 시행, 당의 연호 채용, 하정례 시행 등은 당의 예제를 적극적으로 받아들인 결과라 할 수 있다. 진덕왕대에 견당사로 중국에 가서 중국의 제도를 받아들이는 데에 앞장섰던 김춘추가 진덕왕의 뒤를 이어 즉위하면서 율령격식의 수정을 명한 것 역시 예제의 수용 및 정비와 밀접한 관련이 있었을 것이다.[49] 문무왕이 웅진부성에 성천, 구일 등 28인을 보내어 당악을 배

48) 『삼국사기』 권28 「백제본기」6, 의자왕(義慈王) 11년. 十一年 遣使入唐朝貢 使還高宗降璽書.
49) 나희라, 앞의 책, 2003, 184~185쪽.

우게 한 것[50]과도 연결지어 생각할 수 있다. 예제적 통치에서 예악은 빼놓을 수 없는 요소이다. 법제적 질서뿐만 아니라 이에 따르는 예악까지 정비하고자 했음을 알 수 있다.

7세기 이전에는 외국사절 입국 절차나 의식에 관한 명문화된 법제가 마련되어 있지 않았고 관례적으로 이루어졌을 가능성이 높다. 7세기 중반 이후 삼국통일기 진덕왕 이후 지속적인 한화정책과 중국으로부터 『길흉요례』 하사, 『예기』 요청, 국학 입학 및 시찰 요청 등을 통해 신라가 중국의 예제질서를 수용하여 국가통치 질서를 확립해 나갔고, 빈례 역시 그 과정에서 틀을 잡아 나갔음을 짐작해볼 수 있다. 중국의 경우도 당 이전 왕조에 있었던 여러 법전이 당대에 개정 및 보강을 거치며 확립되었음을 볼 때, 한국의 빈례 역시 당과의 교류를 통해 확립되었다고 보는 것이 타당할 것이다.

율령으로서 현존하는 예서가 없기 때문에 선불리 예서 편찬의 여부를 확언할 수는 없지만 적어도 담당부서에 일종의 내부 지침서의 형태로는 존재했을 것이며 예서편찬의 가능성 역시 완전히 부정할 수는 없다. 따라서 빈례를 비롯한 오례체계가 삼국통일기를 거쳐 삼국통일 이후 7,8세기에 완전히 확립되어 갔다고 볼 수 있지만 7세기 이전부터 이미 빈례가 신라에 소개되어 관례적으로 시행되고 있었을 것이다. 이렇게 시행되던 빈례가 고려시대까지 이어지게 되었으며 조선시대에 이르러 유교적 통치 질서가 국가통치 지배 이념으로 자리 잡으면서 절정에 이르게 된 것이었다.

---

50) 『삼국사기』 권6 「신라본기」6, 문무왕 4년 3월조. 遣星川丘日等二十八人於府城 學唐樂.

2) 고려시대

고대에 이미 유교적 통치질서를 수용하였고 중국의 여러 서적과 예서들이 보급되었으며 사신왕래를 통해 오례체제가 수용되어 운용되고 있었음은 앞에서 확인하였다. 이제 빈례에 대한 기록이 남아 있는 고려시대의 빈례에 대해 살펴보자. 고려시대 빈례의 내용을 살필 수 있는 사료는 『고려도경』과 『고려사』「예지」이다. 『고려도경』은 1123년 고려에 사신으로 왔던 송 사신 서긍(徐兢)이 휘종(徽宗)의 명을 받아 고려에 사행왔던 일을 기록한 책이다. 『고려사』는 조선 태조 연간에 편찬된 편년체 사서 『고려국사(高麗國史)』를 개수한 것으로, 여러 차례 증·보수되었던 것을 세종(世宗, 재위:1418~1450) 31년(1449)에 기전체로 구성을 바꾸어 편찬하기로 결정하고 편찬에 착수하여 문종(文宗, 재위:1450~1452) 원년(1451)에 완성한 역사서이다. 『고려국사』는 현전하지 않으므로 『고려사』의 빈례편목을 중심으로 『고려도경』과 기타 문집의 내용을 참고하여 고려시대의 사신영접의례에 대해 살펴보도록 하겠다.

고려 전반기 중국 사신영접의례를 보여주는 것이 1123년 사신단 일행으로 고려에 왔던 서긍이 기록한 『고려도경』이다. 이를 통해 당시 송 사신의 입국에서부터 돌아갈 때까지 고려조정이 이들을 맞이하는 절차를 상세히 알 수 있다. 『고려도경』은 시기적으로 『고려사』보다 300여 년 정도 먼저 찬술된 것으로 고려 전반기 빈례의 실제운용이 어떠했는지 보여주는 좋은 자료이다. 『고려도경』에도 고려의 관제가 송의 관제와 『개원례』를 참조하여 정한 것이라고 설명하는 내용이 나온다.[51] 이 시기까지도 당의 『개원례』는 고려의 빈례를 포함한 오례체제에 큰 영향을 미쳤음을 알 수 있다. 『고려도경』에 보이는 사신행차와 수조절차 및 연례절차

---

51) 『고려도경』 권8, 인물조. 仰稽本朝官制 而以開元禮參之.

등은 형식상의 절차가 아니라 실제로 거행되었던 의례 및 연향 절차였으므로 더욱 현실감이 있다. 『고려도경』과 『고려사』 빈례의 의례절차를 비교해보면 그 대강의 내용은 크게 달라진 것이 없음을 알 수 있다. 또한 통일신라시대의 사신영접절차와 상당히 유사한 부분이 많아 통일신라시대에 운용되었던 절차를 그대로 이어받았음을 알 수 있다. 따라서 통일신라시대와 고려시대의 사신영접절차도 기본적으로 당대의 『개원례』에서 크게 벗어나지 않았다. 다음 사료는 고려가 신라의 빈례체제를 계승했을 것임을 방증한다.

D-1. 14년(931) 봄 2월 정유 신라왕(新羅王)이 태수(太守) 겸용(謙用)을 보내서로 만날 것을 다시 요청하였다.[52)]

D-2. (14년 2월) 신해, 왕이 신라(新羅)로 가는데, 기병 50여 기를 거느리고 왕경(王京) 부근[畿內]에 이르자 먼저 장군(將軍) 선필(善弼)을 보내 안부를 묻게 하였다. 신라왕은 백관에게 명하여 교외에서 맞이하게 하였고, 당제(堂弟)인 상국(相國) 김유렴(金裕廉) 등에게 성문 밖에서 영접하게 하였으며 신라왕 자신은 응문(應門) 밖까지 나와 맞이하고 절하였다. 왕이 답배(答拜)한 후 신라왕은 왼편으로부터, 왕은 오른편으로부터 읍(揖)하며 양보하면서 전각(殿閣)에 올랐다. 따르는 여러 신하에게 명하여 신라왕에게 절하게 하니 정성과 예의를 극진히 갖추었다. 임해전(臨海殿)에서 잔치를 벌였는데 술이 얼근해지자 신라왕이 말하기를, "소국(小國)이 하늘에 버림받아 견훤(甄萱)에게 해를 입었으니 어떤 아픔이 이와 같겠소."라고 하며 눈물을 줄줄 흘렸다. 좌우의 사람들도 목메어 울지 않는 이가 없었고, 왕 또한 눈물을 흘리며 위로하였다.[53)]

---

52) 『고려사』 권2 「세가」2, 태조(太祖) 14년 2월 신묘조. (辛卯) 十四年 春二月 丁酉 新羅王遣大守謙用 復請相見. 번역문은 국사편찬위원회 번역문 인용. 이하 『고려사』는 모두 국사편찬위원회의 번역문을 인용하였음.

D-3. 여름 5월 정축 왕이 신라왕(新羅王)과 태후(太后) 죽방부인(竹房夫人), 상국(相國) 김유렴(金裕廉)과 잡간(匝干) 예문(禮文) 및 파진찬(波珍粲) 책궁(策宮)·윤유(尹儒), 한찬(韓粲) 책직(策直)·흔직(昕直)·의경(義卿)·양여(讓餘)·관봉(寬封)·함의(含宜)·희길(熙吉) 등에게 물품을 차등 있게 주었다.[54]

D-4. 계미, 왕이 돌아올 때 신라왕(新羅王)이 혈성(穴城)까지 따라와서 전송하였고, 김유렴(金裕廉)을 인질로 삼아 딸려 보냈다.[55]

위 기사는 931년 고려 태조(太祖, 재위:918~943)가 신라를 방문하여 돌아올 때까지의 과정을 담은 것이다. D-1 기사를 통해 신라 경순왕(敬順王, 재위:927~935)과 고려 태조의 회동을 위해 사전에 양국 사신이 왕래하며 그 의전과 절차를 미리 협의하였을 것임을 추정할 수 있다. 『고려도경』에도 중국사신이 오기 전 이들의 명단과 일정을 미리 알려주기 위해 중국에서 사신이 오면 장령전(長齡殿)에서 맞이했다는 기록이 보인다. 이는 양국의 사신방문 전 거쳤던 절차로 보인다. 사전 통보에 따라 미리 사행로상 주요 지역에 사신 영접을 위한 준비를 할 수 있었다. D-2는 신라 경순왕이 왕경 인근에서 고려 태조를 교영하여 왕궁까지 이르렀으며 임해전에서 연회를 베푸는 영접의례과정이 나온다. 뒤이어 D-3과 D-4기사는 고려 태조가 신라왕과 관리들에게 답례하고 귀국 시 신라왕의 전송을 받는 내

---

53) 『고려사』 권2 「세가」2, 태조(太祖) 14년 2월 신해조. 辛亥 王如新羅以五十餘騎至畿內 先遣將軍善弼 問起居. 羅王命百官迎于郊 堂弟相國金裕廉等 迎于城門外 羅王出應門外迎拜. 王答拜 羅王由左 王由右 揖讓升殿. 命扈從諸臣 拜羅王 情禮備至. 宴臨海殿 酒酣 羅王曰 小國不天爲甄萱椓喪何痛如之 泫然泣下. 左右莫不嗚咽 王亦流涕 慰藉之. 『삼국사기』 권12 「신라본기」12, 경순왕 5년 2월 기사에도 같은 내용이 보인다.

54) 『고려사』 권2 「세가」2, 태조 14년 5월 정축조. 夏五月 丁丑 王遺羅王太后竹房夫人 與相國裕廉 匝干禮文 波珍粲策宮·尹儒, 韓粲策直·昕直·義卿·讓餘·寬封·含宜·熙吉等, 物有差.

55) 『고려사』 권2 「세가」2, 태조 14년 5월 계미조. 癸未 王還羅王送至穴城以裕廉爲質而從.

용으로 사신영접의례가 마무리되는 전 과정을 파악할 수 있다. 아래 [표 17]을 보면 『개원례』, 신라가 고려 태조를 영접하는 의례 그리고 『고려도경』의 영접의례가 거의 같다는 것을 알 수 있다.

[표 17] 『개원례』의 번국주 내조 시 의례절차와
통일신라의 고려 태조 사신영접절차, 『고려도경』의 사신영접절차 비교

『개원례』	통일신라의 고려태조영접	『고려도경』	내용
번국주영로(蕃國主迎勞)	교영의(郊迎儀)	교영의	• 경순왕은 성문 밖에서 관리를 보내 태조 교영 • 고려 인종은 직접 성문 밖에서 송 사신 교영 • 황제의 사자가 객관에서 번국주/번국사 영노
계견(戒見)			• 황제알현일 통보
알현(謁見)	견의(見儀)	수조의례	• 궁정에서 대면하여 의식을 치름
사연(賜宴)	사연	연향	• 외국사신에게 연회를 베풂
사의(辭儀)	사의	배표	• 답례와 국서 교환
전송(餞送)	전송	전송	

고려 태조의 신라방문은 사신을 보낸 것이 아니라 태조가 직접 간 것이며 『고려도경』은 사신이 간 것이므로 약간의 차이는 있다. 견의(見儀) 절차에서는 외국왕이 직접 간 것이기 때문에 표나 국서를 전달하는 의식은 없었다. 사의(辭儀)는 영접에 대한 감사의 표시를 하는 절차로 『고려도경』에 보이는 배표의(拜表儀)가 여기에 해당한다. 황제 칙서를 가지고 온 사신을 맞이하고 조서에 대한 답례로 국신물과 표를 올린다.

통일신라의 경순왕이 고려 태조를 맞이하는 영접절차는 『개원례』의 번국주 내조 시 영접절차와 동일하다. 차이는 별도로 국왕을 대면하는 날을 정하는 의식(계견)이 없다는 것이다. 계견은 조공국이 황제를 알현하는 것이기 때문에 이 절차를 거쳐야 했지만 경순왕과 고려 태조의 만남에서는 이 절차가 필요가 없었다. 고려 태조에 대한 신라의 영접은 대등한

입장에서 영접하는 것이고 『고려도경』의 영접은 황제국의 사신을 맞이하는 것이기 때문에 의식 절차와 내용에 차이는 있었다. 즉, 양자의 관계가 다르기 때문에 의례 절차와 내용에 차이가 나타나는 것이다. 그럼에도 불구하고 고려시대 사신영접절차는 『개원례』에서 통일신라시대의 영접의례를 거쳐 고려 전반기 외교의례까지 계승되고 있음을 알 수 있다.

고려 태조는 931년 신라 방문 당시 신라에서 행한 빈례를 토대로 고려의 빈례체제를 마련하였을 것이다. 그리고 다음 해 태조 15년(932) 후당(後唐)에 사신으로 다녀온 왕중유(王仲儒)의 견문[56]과 태조16년(933) 후당의 책봉사가 고려에 왔을 때[57] 이들을 영접하면서 빈례내용과 절차를 더욱 보강하였을 것이며, 나아가 태조 18년 12월 신라 경순왕의 귀부로 신라의 빈례체제가 본격적으로 수용되어 고려의 빈례 형성에 큰 영향을 미쳤을 것이다.[58]

다음은 『고려사』 「예지」를 살펴보자. 고려시대 이전에 예서가 편찬되었는지 알 수 없는 상황에서 기록상 가장 먼저 보이는 예서가 바로 『상정고금례』이다. 이는 최윤의가 의종(재위: 1146~1170)대에 찬술한 것으로 『고려사』 「예지」 편찬의 기초자료로 사용되었다. 현재 『상정고금례』의 내용이나 구성은 알 길이 없으나 오례의 내용을 담고 있었음은 분명하다. 먼저 『고려사』 빈례의 서문을 살펴보자.

D-5. 고려 태조(太祖)가 나라를 세우고 다스리기 시작하였을 적에 규모가 크고 원대하였으나 나라를 세운 초창기인지라 예의를 의논할 겨를이 없었다. 성종(成宗) 때에 이르러서야 선대의 업적을 확장하여 원구(圓丘)에

56) 『고려사』 권2 「세가」 2, 태조(太祖) 15년 11월. 是歲 遣大相王仲儒如唐 獻方物.

57) 『고려사』 권2 「세가」 2, 태조 16년 3월. (癸巳)十六年 春三月 辛巳 唐遣王瓊·楊昭業來冊王.

58) 한정수, 「고려 태조 대 대외교섭과 외교의례」, 『한국사연구』 170, 2015, 164쪽.

> 제사지내고, 적전(籍田)을 경작하였으며, 종묘를 건립하고 사직을 세웠다. 예종(睿宗) 때에는 비로소 관청[局]을 세워 예의를 제정하였으나, 문헌[載籍]에 전해지는 바가 없다. 의종(毅宗) 때에 이르러서는 평장사(平章事) 최윤의(崔允儀)가 『상정고금례(詳定古今禮)』 50권을 찬술하였으나 빠진 것이 오히려 많았으며, 남아있던 문헌들은 두 번의 전쟁을 거치는 동안 열에 하나둘만 남게 되었다. 이제 역사 기록과 『상정고금례』에 의거하고 『주관육익(周官六翼)』·『식목편록(式目編錄)』·『번국예의(蕃國禮儀)』 등의 책을 두루 취하면서 길례(吉禮)·흉례(凶禮)·군례(軍禮)·빈례(賓禮)·가례(嘉禮)의 5례로 분류하여 「예지(禮志)」를 편찬한다.[59)]

『고려사』「예지」에는 『상정고금례』는 남아 있는 것이 적고, 그 외에 남아 있는 문헌도 많지 않아 다른 기록과 자료들을 참조하여 새로 「예지」를 짓는다고 밝히고 있다. 「예지」 서문에 언급된 이 저서들은 현존하지 않을 뿐만 아니라 정확한 편찬시기와 편찬자, 그 내용 및 체제에 대해서도 정확하게 알려진 바가 없다. 『주관육익』은 『주례』와 『통전』 그리고 고려 성종대에 확립된 육전체제를 참고하여 편찬된 것으로 보고 있다. 『식목편록(式目編錄)』은 고려시대 식목도감(式目都監)에서 편찬한 의식절차를 규정한 법제서이다. 이들 책의 내용은 단편적으로 『세종실록』, 『신증동국여지승람』 등에 인용되어 있다. 이들 예서의 내용과 구성을 모두 알 수 없으나 그 중 『번국예의(蕃國禮儀)』는 책제목에서 알 수 있듯이 외국사신 영접의례와 관련된 예서임을 알 수 있다.[60)]

---

59) 『고려사』 권59 「지」13 예1, 서문. 高麗太祖立國經始規模宏遠然因草創 未遑議禮 至于成宗恢弘先業 祀圓丘 耕籍田 建宗廟 立社稷. 睿宗始立局 定禮儀 然載籍無傳. 至毅宗時 平章事崔允儀 撰詳定古今禮五十卷 然闕遺尙多 自餘文籍 再經兵火 十存一二. 今據史編 及詳定禮 旁采周官六翼 式目編錄 蕃國禮儀等書 分纂吉·凶·軍·賓·嘉, 五禮 作禮志.

60) 이들 법제서에 대한 연구서로는 花村美樹, 「周官六翼の撰者と其の著者」, 『京城帝國大學法學會論文集』 12-34 合, 1926; 변태섭, 『고려사의 연구』, 삼영사, 1982; 허흥식, 「김지(金祉)의 선수집(選粹集)·주관육익(周官六翼)과 그 가치」, 『규장각』 4, 1981; 최종석, 「고려말기

『상정고금례』가 길례, 흉례, 가례, 제례 등의 내용을 담고 있지만 이것이 오례체제로 구성되었는지는 알 수 없다. 이에 대해 김창현은 『고려사』 「예지」 편찬자가 『상정고금례』의 내용 중 유교적 행사를 위주로 채록해서 「예지」를 오례체제로 편집한 것이기 때문에 실제로 『상정고금례』가 오례체제로 구성되었다고 볼 수는 없다고 하였다.[61)]

『고려사』「예지」에는 길례, 흉례, 군례, 빈례, 가례의 오례의 행례절차와 내용이 기술되어 있다. 『고려사』 빈례에 나오는 5개 항목 외에 가례에도 외국사신과 관련된 항목이 두 개가 있는데 〈진대명표전의(進大名表箋儀)〉와 〈원정동지상국성수절망궐하의(元正冬至上國聖壽節望闕賀儀)〉이다. 이는 모두 명과 관련된 것이다. 전의와 망궐례는 모두 명에 대한 사대관계가 반영된 것이라 할 수 있다. 명과의 관계는 군신관계로서 중국의 하정례 참여의례를 가례에 포함시킨 것이다. 이러한 인식은 조선시대 오례 편목 구성에도 그대로 반영된다. 다음에서는 오례 중 빈례항목만을 살펴보도록 하겠다.

『고려사』「예지」 빈례에는 명 사신을 영접하는 절차인 〈영대명조사의(迎大明詔使儀)〉, 〈영대명사노사의(迎大明賜勞使儀)〉 그리고 〈영대명무조칙사(迎大明無詔勅使儀)〉의 세 항목과 북조사신을 맞이하는 절차인 〈영북조조사의(迎北朝詔使儀)〉와 〈영북조기복고칙사의(迎北朝起復告勅使儀)〉 두

·조선 초기 迎詔儀禮에 관한 새로운 이해 모색-『蕃國儀注』의 소개와 복원-」, 『민족문화연구』 69, 2015 등이 있다.

61) 특히 그는 『고려사』는 조선 초에 편찬된 것으로 유교적 길례, 흉례를 중심으로 구성되어 있으며 가례의 경우도 고려시대에 가장 중요한 행사였던 연등회와 팔관회 행사를 가례 맨 끝에 편성하였고 그 행사의 중심이 음악과 백희 등 공연 관람이었으나 「예지」에서는 간략하게 다루어지고 있는 등 『고려사』 「예지」는 유교중심의 인식이 반영되었지만 실제로 참고자료였던 『상정고금례』에는 고려의 불교, 도교적 행사가 상세히 실려 있었을 것으로 보았다. 따라서 고려 말까지도 오례체제가 명확하게 구분되어 있지 않았을 것이라 하였다.(김창현, 「『고려사』 「예지」의 구조와 성격」, 『한국사학보』 44, 2011, 66~68쪽.)

항목이 규정되어 있다. 여기에는 송 사신에 대한 영접절차규정이 나와 있지 않은데, 이는 『고려사』「예지」 편찬의 참고자료였던 『상정고금례』에 송사 영접절차의 내용이 실려 있지 않았기 때문일 것으로 본다. 왜냐하면 『상정고금례』가 편찬될 당시 이미 송이 멸망한 상태였고 고려와 남송의 관계도 예전 같지 않았기 때문이었다.[62] 그리고 거란이 요를 세우자 이들에 대한 영접의례 정비의 필요성이 생겼고 이에 따라 요 사신을 맞는 의례절차인 〈영북조조사의〉와 〈영북조기복고칙사의〉를 제정했다. 이 영접절차는 이후 금나라 사신 영접에도 적용되었을 것으로 보인다.[63]

3) 조선시대

조선시대는 성리학적 유교질서가 확립된 시기로 수많은 예서들이 편찬되었다. 조선은 건국 후 유교를 통치이념으로 채택하고 이에 기반을 둔 예제질서를 확립할 필요가 있었다. 그에 따라 조선은 중국의 예서를 비롯해 이제까지 편찬되었던 예서들을 검토하고 자문할 수 있는 기구를 마련하였다. 바로 '의례상정소(儀禮詳定所)'였다. 물론 예조에서 예와 관련한 모든 업무를 관장하고 있었지만 예조만으로는 부족하였고 이를 전문적으로 연구하고 정리할 수 있는 기관이 필요했던 것이었다.[64] 의례상정소는

---

62) 김창현, 앞의 글, 76쪽.

63) 북조에 대해서 이범직은 요, 금, 원은 물론 송도 포함하는 것이라고 하였고(이범직, 「『고려사』「예지」 군례·빈례의 검토」, 『명지사론』 창간호, 1983, 69~70쪽), 김성규는 요와 금을 가리키는 것이며 먼저 요 사신에 대한 절목이 정해지고 이것이 금에 대해서도 그대로 적용된 것이라고 보았다.(김성규, 「고려외교에서 의례와 국왕의 자세」, 『역사와 현실』 94, 2014, 364~367쪽.) 하지만 박윤미는 그 가능성을 배제할 수는 없지만 그렇다고 해서 요사에 대한 의례가 금사에게도 그대로 적용되었다고 확언할 수는 없다는 유보적 견해를 피력하고 있다.(박윤미, 「고려 전기 외교의례에서 국왕 '서면'의 의미」, 『역사와 현실』 95, 2015, 71쪽 본문 및 각주 3 참조.)

태종 원년 4월 '의례상정사(儀禮詳定司)'가 설치된 것이 그 시초였다.[65] 이 기구는 임시필요에 의해 만들어진 특별위원회와 같은 성격의 자문기구였으나 시간이 흐르면서 유교적 통치 질서 강화에 따라 부서의 기능도 강화되면서 의례상정소로 바뀐 것으로 보인다.[66] 하지만 세종대에 이르러 유학연구와 의례연구가 집현전을 중심으로 이루어지면서 의례상정소는 혁파되기에 이르렀다.[67]

이렇듯 조선은 건국 이후 왕실의 예를 규정하는 오례체제를 정비하려는 노력을 지속하였고 그 결과 세종대에 오례를 정리, 편찬하여 『세종실록(世宗實錄)』에 「오례」가 포함되게 되었다. 이후 성종대에 이르러 『국조오례의』가 편찬되면서 명실상부한 예전이 완비되었다. 『국조오례의(國朝五禮儀)』는 이후 조선의 기본 예전으로서 여러 차례 증·보수가 이루어졌다. 『국조속오례의(國朝續五禮儀)』, 『국조속오례의서례(國朝續五禮儀序例)』, 『국조속오례의보(國朝續五禮儀補)』 등이 그것이다. 이들 예전은 유교적 이념을 바탕으로 한 국가통치질서를 규정한 것들이다. 이 예전의 빈례에 근거하여 실제 운용되었던 조선시대 사대교린국과의 외교의례의 시행을 상세히 보여주는 자료로는 『해동제국기』, 『통문관지』, 『증정교린지』가 있다. 그리고 조선에 사신으로 왔다가 돌아가 편찬한 사행록들이 있다. 그 중 1537년 조선에 사신으로 왔던 공용경(龔用卿)이 조선에서 경험한 사신영접의례를 기록한 『사조선록(使朝鮮錄)』도 있다. 이 기록은 법전이 아니라 실제 현장에 적용된 것으로 당시의 외교절차를 살펴볼 수 있는 자료이다. 『사조선록』의 경우는 공용경이 명의 의례절차에 준하여 조선의 의전에 문제가 있는 경우 이를

64) 이범직, 앞의 책, 2004, 203~204쪽.

65) 『태종실록』 권1, 태종 원년(1401) 4월 壬申條. 儀禮詳定司 上六衙日啓事儀 承上旨也.

66) 이범직, 위의 책, 2004, 206쪽.

67) 최승희, 「집현전연구」, 『역사학보』 32.33합집, 1966, 67쪽.

지적하고 수정한 과정까지 모두 나와 있어 16세기까지 대중국 사신 외교의례의 실상을 비교적 상세히 보여주고 있다.

여기서는 조선 건국 이후 최초로 오례를 정비한 것으로 볼 수 있는 『세종실록』 「오례」와 『경국대전』 그리고 『국조오례의』를 중심으로 조선시대 빈례의 성립에 대해 알아보겠다. 그 외에 실제 운영상의 절차를 재구성하는 데에 중요한 자료로 『해동제국기』와 『통문관지』, 『사조선록』 그리고 『증정교린지』를 참조하였다. 『해동제국기』는 성종 2년(1471)에 신숙주가 성종의 명을 받아 편찬한 외교실무서로 일본과 유구국(流球國)에 대한 외교절차 및 접대에 관한 규정을 정리, 기록한 책이다. 『사조선록』은 명 가정(嘉靖) 16년(1537, 중종 31년)에 조선에 왔던 공용경(龔用卿)이 사행을 마치고 돌아간 후, 조선의 사신영접의례와 관련한 논의와 그 결과를 정리한 책이다. 여기에는 16세기 명 사신의 조선 사행로를 비롯해 입국 이후 각 객관에서의 영조서의례는 물론이고 입경한 이후 여러 의례 절차가 잘 기록되어 있다. 『통문관지』는 18세기 청과 일본 사신에 대한 외교의례 및 접대에 관한 규정을 담고 있다. 특히 사대와 교린 부분으로 나누어 지방 객관에서의 접대와 의례절차를 상세히 담고 있다. 이후 편찬된 『증정교린지』는 『통문관지』 저자 김지남의 증손자인 김건서(金健瑞)가 『통문관지』 내용 중 교린 부분만을 추려서 다시 편찬한 책이다. 이 책은 주로 일본과의 외교절차와 실무에 관한 내용을 담고 있다. 『통문관지』보다 절차와 내용이 좀 더 상세하게 기록되어 있다.

(1) 『세종실록』 「오례」

조선은 태종대부터 오례를 정비하기 위해 명의 『홍무예제(洪武禮制)』를 수용하여 오례서를 편찬하였으며, 예제 연구기관으로 의례상정소(儀禮詳

定所)(태종 2년, 1402)를 설치하였다. 이러한 예제연구의 결과는 세종대에 이르러 그 결실을 보게 되는데, 바로 『세종실록』「오례」이다. 「오례」는 『세종실록』의 부록으로 편년체 사서에 기전체 형식의 지(志)가 덧붙여 있는 형식이다. 이 부록은 「오례」 이외에 「악보(樂譜)」, 「지리지(地理志)」, 「칠정산내외편(七政算內外篇)」으로 구성되며 총 36권이다. 그 중 「오례」는 권128~135까지 총8권이다.

> E-1. 건국(建國) 초기에 모든 사업을 일으켜 시작하매, 일이 많아서, 나라의 예문(禮文)이 갖추어지지 못했는데, 태종(太宗)께서 허조(許稠)에게 명하여 길례(吉禮)의 서례(序例)와 의식(儀式)을 찬술(撰述)하게 했으나, 다른 것은 미처 찬술하지 못했으므로, 매양 큰일을 만나면 문득 예관(禮官)들이 한때에 재량하여 정한 것을 취(取)하여 처리하게 되었다. 임금께서 이에 정척(鄭陟)과 변효문(卞孝文)에게 명하여 가례(嘉禮)·빈례(賓禮)·군례(軍禮)·흉례(凶禮) 등의 예(禮)를 찬정(撰定)하게 하니, 본조(本朝)에서 이미 시행하던 전례(典禮)와 고사(故事)를 취하고, 아울러 당(唐)·송(宋)의 옛날 제도와 명나라[中朝]의 제도를 취하였는데, 그것의 버리고 취함과 줄이고 보탠 것은 모두 임금의 결단(決斷)을 받았으며, 신미년(1451)에 완성되었다. 관례(冠禮)도 또한 강구(講究)하였으나 성취하지 못하였다. 이미 완성된 사례(四禮) 와 허조가 찬술한 길례를 아울러 실록(實錄)의 끝에 부록(附錄)한다.[68]

위의 『세종실록』「오례」 서문에도 나와 있듯이 태종대에 허조(許稠)가 길례를 찬술하였고 세종대에 정척(鄭陟, 1390~1475)과 변효문(卞孝文, 1396~?)

68) 『세종실록』 권128, 五禮 序文. 國初 草創多事 禮文不備 太宗命許稠 撰吉禮序例及儀式 其他則未及 每遇大事 輒取辦於禮官一時所擬 上乃命鄭陟 卞孝文 撰定嘉賓軍凶等禮 取本朝已行典故 兼取唐宋舊禮及中朝之制. 其去取損益 皆稟宸斷 卒未告訖 冠禮亦講求而未就. 其已成四禮 幷許稠所撰吉禮 附于實錄之末.(번역문은 국사편찬위원회 『조선왕조실록』 번역문 인용. 이하 『조선왕조실록』의 번역문은 모두 국사편찬위원회 번역문임.)

이 나머지 가례, 빈례, 군례, 흉례를 찬술하였다. 여기에 당송의 제도와 명의 제도를 취사선택하여 편찬하였다고 나온다. 조선이 「오례」를 편찬할 때 주로 참고하였던 예서로는 우리 측 예전으로 『고려사』 서문에 나오는 『상정고금예문』을 비롯해 중국의 『주자가례』, 『홍무예제』, 『명집례』, 『통전』 등이었다. 실록에도 당의 『개원례』와 송의 『태상인혁례』를 골간으로 『통전』이나 『문헌통고』 등을 참조하고 의궤 등 실례를 인용하였음이 여러 차례 기록되어 있다.[69] 이는 세종대의 오례가 황실의례를 중심으로 규정한 당의 『개원례』와 송대 사대부들의 가례 규정을 동시에 참고하여 편찬한 것임을 보여준다.[70] 하지만 여전히 『세종실록』 「오례」는 그 전체 항목을 살펴볼 때 왕실을 중심으로 하는 의례절차를 규정한 것으로 보아야 한다.

우선 『세종실록』 「오례」의 구성 체계를 보자. 「오례」는 크게 서례(序例)와 의식(儀式)으로 나누어 기술하고 있다. 서례는 의식절차에 대한 설명과 사용되는 도구, 의복 등을 그림과 함께 싣고 있는 부분이며 의식에서는 그 절차와 운용방식을 상세히 설명하고 있다. 『고려사』 「예지」와 비교해 볼 때 가장 큰 차이점이라 할 수 있다. 『고려사』 「예지」는 『세종실록』 「오례」의 서례부분이 의식절차를 규정하는 내용 속에서 함께 설명되고 있다는 점이다. 이는 조선의 예제적 통지질서가 확립되면서 사신영접의례 규정 역시 체계화되고 정교해졌음을 의미한다.

빈례편에는 사신에게 연회를 베푸는 의식절차와 교린국의 국서와 국신물을 받는 의식에 대해 기술하고 있다. 여기에는 총 6개의 편목이 편제되어 있다. 〈연조정사의(宴朝廷使儀)〉, 〈왕세자연조정사의(王世子宴朝廷使儀)〉, 〈종친연조정사의(宗親宴朝廷使儀)〉, 〈수인국서폐의(受隣國書幣儀)〉,

69) 이범직, 앞의 책, 2004, 292쪽

70) 이범직, 같은 책, 2004, 292쪽.

〈연인국사의(宴隣國使儀)〉, 〈예조연인국의(禮曹宴隣國儀)〉이다. 앞의 세 항목은 중국사신을 위한 연향 절차이며, 뒤의 세 항목 중 〈수인국서폐의〉는 교린국에게서 조서를 받는 의식이고 나머지 두 가지 편목은 이들에게 연향을 베푸는 절목에 관한 내용이다. 이 편목들은 크게 사대의례와 교린의례로 나누어 볼 수 있다. 사대의례는 중국에 대한 것이며 교린의례는 일본을 비롯한 유구와 야인에 대한 것이다.

빈례의 경우 특징적인 것은 교린국에 대한 〈수인국서폐의〉를 제외하고 모두 외국사신을 위한 연향의식을 규정하고 있다는 것이다. 특히 중국 사신을 처음 맞이하고 조칙 및 국서를 받는 의식은 빈례가 아닌 가례편에 편성되어 있다. 가례에 규정된 〈영조서의(迎詔書儀)〉와 〈영칙서의(迎勅書儀)〉는 모두 중국의 조칙을 받는 의식이며 일본 등 교린국의 국서를 받는 의식은 연향을 규정해 놓은 빈례에 포함되어 있다. 가례 의식 중 중국사신 영접과 관련된 부분은 3편이다. 〈영조서의〉, 〈영칙서의〉, 〈배표의(拜表儀)〉이다. 이들 3개의 편목은 황제의 조칙을 지니고 온 중국사신영접 및 전송 절차를 규정하고 있다. 이들 절차는 사신영접의례임에도 가례에 포함되어 있다. 가례는 왕실의 중요한 의식 절차를 규정한 것으로서 황제의 조서를 맞는 것을 국가의 중요한 의식으로 보았기 때문이다. 하지만 중국은 외국사신을 맞는 외교적 절차는 모두 빈례에 규정하고 있다. 다만 가례의 〈동지원단하례〉의 경우는 조공국을 황제의 신하로 간주하는 군신관계로 파악하여 외국사신도 정월 하례식에 참석시키고 있다. 이는 외국사를 맞는 의식이 아니라 신하로서 황제가 주재하는 국가의식에 참여토록 하는 것이어서 군신관계를 명확하게 하는 의식이었다. 하지만 교린국에 대한 의례는 모두 빈례 편에 포함시키고 있다. 이러한 중국의 빈례체제 구성은 한국이나 일본과는 다른 점이라 할 수 있다. 이는 중국을 중심으로 하는 조선을 비롯한 주변국과의 관계가 반영된 구성이라 할 수 있다.

(2) 『국조오례의』

1474년(성종5) 성종은 강희맹(姜希孟), 정척(鄭陟), 이승소(李承召), 윤효손(尹孝孫), 신숙주(申叔舟)에게 명하여 오례서를 편찬하게 하였으니 바로 8권 8책으로 완성된 『국조오례의』이다. 강희맹이 쓴 『국조오례의』 서문에는 편찬경위가 상세히 나와 있다.[71] 세종대에 고금의 예서, 명의 『홍무예제』, 고려의 『상정고금례』를 참고하고 두우의 『통전』을 모본으로 편찬에 착수하였으나 완성을 보지 못했고 이후 세조가 다시 편찬을 명하였으나 이 또한 완성되지 못했다. 그러다가 성종대에 이르러 『국조오례의』가 완성되었다. 이로써 명실상부한 조선의 오례서가 편찬되었으며 이후 이를 바탕으로 여러 차례에 걸쳐 예서의 증·보수가 이루어졌다.

서문에 따르면 『국조오례의』는 세종대에 편찬된 오례를 기본으로 하고 있음을 알 수 있다. 그리고 두우의 『통전』을 모방하고 여기에 중국과 우리측의 사서와 예전을 모두 참조하였으며 그중 『중조제사직장(中朝諸司職掌)』, 『홍무예제』, 고려시대 편찬된 『상정고금례』도 이용했음을 밝히고 있다. 『국조오례의』는 조선 초 편찬된 오례의 내용을 그대로 이어받아 정리한 것임을 알 수 있다. 세종대의 오례뿐만 아니라 당대의 『통전』도 저본으로 하였다고 밝히고 있어 『국조오례의』의 오례체제가 『통전』의 오례체제와 같다는 것도 확인할 수 있다. 이에 대해 이범직은 『국조오례의』가 『송사』를

---

71) 乃命禮曹判書臣許稠 詳定諸祀序例及吉禮儀 又命集賢殿儒臣 詳定五禮儀 悉倣杜氏通典 旁采羣書 兼用中朝諸司職掌 洪武禮制 東國今古詳定禮等書 參酌損益 裁自聖心 未及施用 而賓天斯迫 嗚呼痛哉 我世祖惠莊大王 化家爲國 立經陳紀 煥然一新 猶慮條章浩繁 前後乖舛 未敢據以爲法 爰命朝臣 分撰經國大典 且依世宗朝所定五禮儀 考古證今 斯可以施{於事而無妨 名曰五禮儀 附于禮典之末 臣希孟與吏曹判書臣成任 實膺是命 書未脫藁 奄爾禮陟 厥後睿宗襄悼大王 及我主上殿下 追念先志 俾完斯事 大典旣成 仍命臣希孟 知中樞奉朝賀臣鄭陟 禮曹判書臣李承召 參議臣尹孝孫 與通禮院左通禮臣朴叔秦 前內贍寺正臣鄭永通 奉常寺僉正臣李瓊仝 吏曹正郎臣柳洵 權知承文院檢校臣丘達孫 承文院著作臣崔淑卿等撰定 特命高靈府{院君臣申W叔舟 總裁焉 越甲午夏 始克成書 模印將行.

그대로 수용한 것으로서 송대의 성리학 수용과 관계가 깊은 것이라고 하였다.[72] 즉, 고려의 경우는 오례의 예론을 빌어 중국과 대등한 국가의식을 보여주고 있었던 데 반해 조선은 송말 성리학적 명분에 집착하였으며 그 결과 『국조오례의』의 오례 편성 역시 『송사(宋史)』의 체제를 따른 것이라고 하였다. [73] 따라서 『국조오례의』와 『송사』의 오례 편찬 순서의 일치는 우연의 일치가 아닌 조선시대 예론에 근거하는 시대정신의 반영이라는 것이다.[74] 하지만 『송사』 이전에 편찬된 당대 두우가 저술한 『통전』도 길례, 가례, 빈례, 군례, 흉례의 순서로 되어있는 점과의 연관성은 밝히지 못하고 있다. 따라서 오례체제 구성을 송대 성리학의 수용과 연관시키는 것은 다소 무리가 있어 보인다. 이는 『통전』의 오례체제가 송대에도 이어졌으며 조선도 그 체제를 수용한 것으로 보아야 하지 않을까 한다. 하지만 조선이 성리학적 통치질서를 구축하는 과정에서 왕실 의례뿐만 아니라 사대부의 의례도 포함시키고 있어 오례의 구성내용 상 『송사』와 유사한 부분이 있다는 점에서 그 영향을 무시할 수는 없을 것이다.

총 8권의 『국조오례의』는 첫머리에 신숙주가 찬한 「진국조오례의전(進國朝五禮儀箋)」과 강희맹이 찬한 「국조오례의서」가 나오며 본문은 길례, 가례, 빈례, 군례, 흉례의 순으로 구성되어 있다. 그리고 각각은 오례 의주와 서례로 나뉘어 있다.

『세종실록』「오례」가 왕실에서 이루어지는 각종 의식과 의례를 중심으로 하는 것에 반해 『국조오례의』는 왕실은 물론이고 양반, 사대부, 서민들의 의례도 포함하고 있다는 점에서 의례의 적용범위가 확대되었다고 할 수 있다.[75] 이는 오례가 왕실의례로서 왕실의 권위를 확립하는 역할

---

72) 이범직, 앞의 책, 1991, 392~393쪽.

73) 이범직, 같은 책, 1991, 393쪽.

74) 이범직, 같은 책, 1991, 393쪽.

을 했을 뿐만 아니라 일반 사회생활 전반에 걸쳐 예제적 통치질서로서 영향을 미치게 되었음을 의미한다.

이 중 빈례는 권5 한 권 분량으로, 중국사신과 일본 및 유구, 야인 사신의 접대에 관한 의식절차를 규정하고 있다. 『국조오례의』의 편목을 보면 〈연조정사의〉, 〈왕세자연조정사의〉, 〈종친연조정사의〉, 〈수인국서폐의〉, 〈연인국사의〉, 〈예조연인국사의〉 6 항목이다. 이는 『세종실록』「오례」의 구성과 일치하는 것이며 항목의 제목도 동일하다. 이후 증·보수되는 수많은 예전에서도 다른 예는 수정되거나 증보된 내용들이 나오지만 빈례의 경우는 거의 수정되거나 추가된 내용이 없다. 아래 [표 18]에서 보는 바와 같이 항목의 편제와 구성이 『세종실록』「오례」와 동일하며 그 내용도 차이가 없다.

[표 18] 『세종실록』「오례」와 『국조오례의』의 빈례 관련 항목

구분	『세종실록』「오례」	『국조오례의』	비고
가례(嘉禮)	영조서의	영조서의	사대
	영칙서의	영칙서의	사대
	배표의	배표의	사대
빈례(賓禮)	연조정사의	연조정사의	사대
	왕세자연조정사의	왕세자연조정사의	사대
	종친연조정사의	종친연조정사의	사대
	수인국서폐의	수인국서폐의	교린
	연인국사의	연인국사의	교린
	예조연인국사의	예조연인국사의	교린

75) 안유경, 「『국조오례의』(國朝五禮儀)와 그 속보(續補)편의 편찬과정 및 내용」, 『유교문화연구』 16, 2010, 67쪽.

(3)『경국대전』

『경국대전』은 고려 말부터 성종대 초기까지 약 100년간의 통치 법령 및 제도를 담은 것으로 조선의 기본적인 통치법전이다. 『경국대전』은 세조가 즉위 직후 최항(崔恒), 노사신(盧思愼), 강희맹(姜希孟), 서거정(徐居正) 등에게 명하여 편찬에 착수하여 세조 6년(1460)에 먼저 호전(戶典)을 완성하였다. 이후 예종대에 잠시 중단되었다가 성종대 이르러 여러 차례 시행과 수정을 거듭한 결과 성종15년(1484)에 최종 완성하여 성종 16년(1485)에 반포, 시행하였다.

『경국대전』은 조선의 정부조직인 육조체제에 맞추어 구성되어 있다. 서(序)와 전문(箋文)이 있고 뒤이어 이전(吏典), 호전(戶典), 예전(禮典), 병전(兵典), 형전(刑典), 공전(工典) 총 6전으로 이루어져 있다.

이중 예전을 살펴보면 군례를 제외한 가례, 길례, 흉례, 빈례의 내용을 모두 포함하고 있는데, 이에 대한 모든 상세한 의식절차는 「오례」를 적용한다고 하였다.[76] 빈례 역시 『세종실록』「오례」의 의식절차가 그대로 적용되어 시행되었다. 『경국대전』 예전 중 빈례와 관련된 부분을 추려 정리하면 다음 [표 19]와 같다.

[표 19]『경국대전』 사신영접 관련 항목

구분	내용	빈례관련 내용	비교
사대	중국사신영접 준비	• 조공물 목록 보고하고 호조에 공문을 보내면 해당관청이 예물 마련 • 표문과 상전문은 예문관에서 작성 • 요동호송군이 의주에 도착하면 판관이 물품을 검열하고 매매 허락	• 교린국에 대해서는 사전 준비 관련 조항이 없음
대사객	중국사신영접	• 2품 이상 관리를 의주에 원접사로 파견	• 북경에 간 사신이 돌아올 때에도 요동호

76)『경국대전(經國大典)』권3「禮典」儀注. 凡儀注用五禮儀.

		하고 그 외 5개 지역에 선위사 파견 • 한양에서 사신 영접 연회	송관에 연회 • 연회는 하마연과 익일연(그 외 세자, 종친부, 의정부, 육조의 연회 이어짐) 및 송별연
	일본국왕사 (유구, 야인 포함) 영접	• 포구에 도착하면 해당 지역 장수가 서계, 도서, 노인(여행증명서)을 조사하고 내조 목적 및 인원수 확인하여 보고 • 3품 관리를 보내어 영접 및 전송 • 일본 대신이 파견하는 관리는 통사를 보내 영접 • 대마도주 사신은 향통사(鄕通事)[77] 파견 • 도착 포구와 상경 연도에서 연회 • 한양 도착 당일 예빈시에서 영접 위로 • 궁정연회 및 본조연회(송별연도 동일)	• 국왕사 연회는 포구와 경상도에서 3차, 충청도와 경기도에서 각 1차 • 대신의 사신은 포구와 경상도에서 각 2차, 충청도와 경기도에서 각 1차 • 추장의 사절과 대마도주 특사는 포구와 경상도, 충청도에서 각1회 연회 • 귀국시도 마찬가지이며 송별연회 각 1회 • 대마도주 특사의 영접 및 위로 절차는 없음 • 기타 왜인과 야인은 변경에서 영접하고 전별

위 [표 19]의 절차에서 보듯이, 중국사신의 영접절차와 왜 및 야인 사신의 영접절차는 내용에서 차이가 있음을 알 수 있다. 첫 번째, 사신 영접사의 품계를 보면 중국사신 영접관리의 품계가 더 높고 영접의 대우가 훨씬 후했다. 두 번째, 입국과 입경절차가 다르다. 중국사신은 요동태수를 통해 패문을 전달하면 별다른 입국절차 없이 한양으로 들어오지만 왜사는 입항부터 입경까지 여러 단계를 거쳐야 했다. 그리고 중국 사신을 영접하기 위한 준비과정은 있는 반면 교린국에 대해서는 관련 규정이 없다.

조선 초『세종실록』「오례」,『국조오례의』,『경국대전』의 빈례 내용을 살펴본 결과, 그 절차나 내용에 있어서 큰 차이는 없으며 이후 수많은 증·보수 과정에서도 거의 수정된 바 없이 그대로 시행되었음을 확인할 수 있다.

---

77) 향통사는 의주, 부산 등지에 둔 통사로 중앙의 통사와 구별하기 위해 부르는 이름이다. (윤국일 옮김,『신편 경국대전』, 신서원, 2005, 236쪽)

(4) 외교 실무집

조선시대 명나라 사신과 청나라 사신, 그리고 일본 사신의 영접 절차와 연향 등 실제 시행과정과 절차를 정한 일종의 실무집이라 할 수 있는 것이 바로 『해동제국기』, 『통문관지』, 그리고 『증정교린지』이다.

『해동제국기』는 성종 2년(1471)에 영의정 신숙주(申叔舟)가 찬술한 외교 실무서이다. 일본을 비롯한 유구(琉球), 대마도(對馬島), 구주(九州) 그리고 일기(壹岐)와의 외교관계에 대한 내용을 담고 있는 것으로 이들 나라의 지형, 풍속은 물론 이들과의 사신왕래 역사까지 기록하였다. 특히 이들 국가의 사신영접의례의 절차를 기록하고 있어 조선전기 교린외교의 실제 운용이 어떻게 이루어졌는지 알려주는 매우 중요한 외교실무집이라 할 수 있다. 특히 사신영접의례와 관련된 부분은 「조빙응접기(朝聘應接紀)」이다. 「조빙응접기」에는 보내오는 선단의 규모, 내조 횟수, 관련 외교문서, 상경로 및 상경인원수, 주연 및 접대, 지급 생료 등 영접을 위해 필요한 모든 부분을 세세하게 규정하고 있어 이후 교린국 사신영접 절차의 규범이 되는 책이다.

『통문관지』는 숙종 46년(1720)에 사대국인 중국에 대한 빈례와 일본, 유구 등 교린국에 대한 빈례를 정리하여 출간한 책으로 17세기 이후 청과 일본 사행에 관한 내용을 담고 있다. 연행사와 조선통신사행의 구성, 중국과 일본까지 사행, 일본에서의 영접 등의 절차와 내용을 상세히 담고 있는 자료이다. 조선시대 중국, 일본 등과의 외교관련 실무적인 내용을 수록한 책으로 조선전기의 명과 일본 무로마치막부와의 외교관계와 임진왜란과 병자호란 이후 청과 일본의 도쿠가와막부와의 외교 절차와 내용을 상세히 담고 있다. 『통문관지』 서문에 따르면 사역원의 최석정(崔錫鼎), 전고(典故)에 통달한 김지남(金指南)과 김경문(金慶門) 부자 등이 편찬에 착수하였으나 언제 편찬이 완성되었는지에 대한 명확한 기록은 없다. 『통문관지』 제8권 서적편에 보면 초간본 3책이 1720년(숙종46년)에 간행되었다고 한다.[78] 이후 1888년(고종 25년)까지 중수본과 개수본이 십여 차례에 걸쳐 간행되었다.[79]

『해동제국기』가 조선전기 교린외교실무집이라면 『증정교린지』는 조선후기 교린국에 대한 외교의례와 절차에 관한 규정을 담은 외교실무서라 할 수 있다. 『증정교린지』는 김건서를 주집필자로 하여 역관 이사공과 임서무가 편찬을 도와주었으며 나중에 박종경이 검토, 수정하여 편찬되었다.[80] 『통문관지』가 청과의 사대외교에 치중하여 편찬되어 있어 교린외교 부분을 보완할 필요가 대두되었고, 이를 위해 편찬한 것이 『증정교린지』였다. 각종 차왜(差倭)와 외교문서, 교린국과의 약조(約條), 일정, 예단에 이르기까지 상세한 내용을 담고 있다. 『해동제국기』의 「조빙응접기」가 29항목, 『통문관지』의 교린관련 항목이 38항목인데 비해 『증정교린지』는 모두 6권 2책 68항목으로 매우 방대한 내용을 다루고 있음을 알 수 있다.

이들 외교 실무서들은 고려시대의 빈례에 비해 그 절차와 내용을 보다 상세하게 규정하고 있다. 『고려사』 빈례의 내용은 궁궐 내의 의식에만 초점을 맞추어 기록되어 있지만 『해동제국기』, 『통문관지』, 『증정교린지』 등은 준비과정에서부터 그들의 사행경로, 이들에게 지급되는 식량이나 운송수단, 영접, 접대 및 연향 방식 등이 그 순서와 절차별로 규정되어 있다. 물론 그렇다고 해서 고려시대에 궁궐에서 열리는 수조의례 이외의 절차가 행해지지 않았다거나 그 규정이 없었던 것은 아닐 터이다. 이는 『통

78) 『통문관지』 권8 서적편.

79) 『통문관지』의 발행과 중수본 발간에 관해서는 『국역 통문관지』 1, 세종대왕기념사업회, 1998, 2~26쪽 참조.

80) 『증정교린지』 서.

문관지』 서문에도 밝혔듯이 오랜 동안 사대교린의 일을 하면서 조빙과 응대를 아무 문제없이 해왔지만 현재 문헌이 부족하니 애석하다고 한 것[81]에서도 알 수 있다. 비록 단편적인 기록이지만 『고려사』의 여러 사신 왕래 기록을 통해 볼 때, 중국사신을 영접하는 과정에 대해 어느 정도 파악할 수 있으며 이는 조선시대와 크게 다르지 않았다. 조선시대 빈례는 고려의 빈례와 달리 중국에 대한 사대외교의례뿐만 아니라 여진, 왜 등 교린국에 대한 외교의례도 규정하고 있어 이전 시기에 비해 국제적 외교 인식의 폭이 확대되었다고 할 수 있다. 조선의 빈례는 바로 이러한 사대 교린이라는 인식을 바탕으로 이루어진 것이었다.

2. 중국과 일본 사신에 대한 영접의례의 운용

1) 고대

(1) 입국과 사행로 상의 객관에서 영접의례

이 시기에 사신들이 왕래했던 길에 대한 기록은 많지 않은 관계로 정확하게 파악하기는 어렵다. 그러나 구법승으로 당에 다녀온 일본의 엔닌이 남긴 『입당구법순례행기』를 비롯한 여러 사서와 고려시대 송나라 사신 서긍이 저술한 『고려도경』 등의 기록을 통해 그 경로를 추적하는 것은 가능하다.

삼국시대의 경우 고구려는 육로로 연결되어 있었으나 육로가 험한 점을 고려하면 해로로 이동하는 것이 더 용이했을 것이다. 백제는 서해 해

81) 『통문관지』 서. 及乎勝國 有通文館 本朝 有司譯院 專掌事大交隣之事 上下數千年間 朝聘應對有能以紓患 當時垂法後來者 而文獻不足 率皆研堙沒無徵 豈不惜哉.

상을 통해 중국으로 들어가는 해로를 이용했음은 분명하다. 신라는 지리적으로 백제와 고구려에 막혀있어 중국과의 왕래가 쉽지 않은 상황이었다. 그러나 7세기 한강 유역을 차지한 후, 당에 사신을 보낼 때 바다를 이용했다. 대동강 이남을 확보한 신라는 서남해안 지역, 즉 대동강의 벽란도와 전라도의 해안지역에서 중국 산둥반도나 절강지역으로 이어지는 해로를 교역과 사신왕래의 통로로 삼았다. 특히 신라 하대 장보고의 해상활동이 주로 한반도의 서남해안을 중심으로 이루어지고 있었다는 점에 비추어볼 때, 이 일대는 고대 이래 오랫동안 중국과 교역이나 사신왕래의 주요 해상 경로로 이용되고 있었음을 알 수 있다. 또한 이 항로는 중국-한국-일본을 잇는 해상교통로이기도 했다.

통일신라시대까지 사행로는 경주를 출발하여 선산-상주-충청도지역-남양만 일대의 당항진을 거쳐 중국 등주에 이르는 길과 경주-대구-남원-회진(무주)에서 중국에 이르는 길을 상정해 볼 수 있다.[82)]

다음 기록을 보자.

F-1. (문무왕) 8년(668) 6월 12일에 요동도안무부대사(遼東道安撫副大使) 요동행군부대총관(遼東行軍副大摠管) 겸 웅진도안무대사(熊津道安撫大使) 행군총관(行軍摠管) 우상(右相) 검교(檢校) 태자좌중호(太子左中護) 상주국(上柱國) 낙성현개국남(樂城縣開國男) 유인궤(劉仁軌)가 황제의 칙명을 받들어 숙위(宿衛)인 사찬(沙湌) 김삼광(金三光)과 함께 당항진(党項津)에 도착하였다. 왕이 각간(角干) 김인문(金仁問)에게 성대한 예식(禮式)으로 인도하여 맞이하게 하였다. 이에 우상(右相)은 [군사 동원 시기의] 약속을 마치고는 천강(泉岡)으로 향하였다.[83)]

---

82) 권덕영, 앞의 책, 1997, 191~194쪽.

83) 『삼국사기』 권6 「신라본기」6, 문무왕(文武王) 8년 6월 12일조. 六月十二日 遼東道安撫副大使·遼東行軍副大摠管兼熊津道安撫大使·行軍摠管·右相·檢校太子左中護·上柱國·樂城縣

F-1 기사는 당에서 사신이 왔을 때 도착지에서 경주에 이르는 경로와 이들을 맞이하는 절차에 대한 추정을 가능하게 한다. 신라가 당과 연합하여 고구려를 공격하기 전 유인궤(劉仁軌)가 당 황제의 칙서를 가지고 신라의 당항진에 도착한 사실을 기록한 것으로 이때 문무왕(文武王, 재위:661~681)이 각간(角干) 김인문(金仁問)[84]을 보내 예를 갖추어 영접했다는 내용이다. 이 기록에 보이는 당항진은 오늘날 경기도 화성시 남양만 인근의 포구로 그 당시 대당교통의 중심지였다.[85] 유인궤 일행이 당항진에 도착하자 김인문은 이들을 연영(延迎)하고 왕경까지 인도하여 들어온다. 말하자면 김인문은 당 사신을 영접하기 위해 파견된 원접사(遠接使)였다. 『고려도경』에 보면 송의 서긍 일행이 군산도에 도착했을 때 원접사 김부식을 파견하여 맞이한 것과 같다. 신라는 원접사를 파견하여 유인궤 일행을 맞아들이는 영노의례를 당항진에서 거행했을 것이다. 이렇게 도착한 당 사신은 앞에서 살펴본 상경로를 따라 경주로 이동한다. 그리고 성대한 예식으로 인도하였다는 구절에서 당항진에서 경주까지 이들 사신 행렬이 있었을 것임을 짐작케 한다. 유인궤 일행도 왕경 인근에 이르면 교영을 받았을 것이다. 뒤에서 살펴보겠지만 이들을 교영한 장소는 흥륜

開國男劉仁軌奉皇帝勅旨與宿衛沙湌金三光到党項津. 王使角干金仁問延迎之以大禮. 於是右相約束訖向泉岡.

84) 김인문은 태종무열왕의 둘째 아들이자 문무왕의 아우이다. 김인문은 진덕왕 5년 (651)당에 숙위로 들어갔다가 신라에 들어와 나당연합군 결성에 중요한 역할을 하였다. 후에 다시 당으로 들어가 당의 수도 장안에서 병사하였다. 각간은 신라 17관등 중 제1관등이다.

85) 『신당서』 권43 하 「지」33 하 지리7 하, 羈縻州. 登州東北海行 過大謝島龜歆島末島烏湖島三百里 北渡烏湖海 至馬石山之都里鎭二百里 海傍海壖 過靑泥浦桃花浦杏花浦石人汪橐駝灣烏骨江八百里 乃南傍海壖 烏牧島浿江口椒島 得新羅西北之長口鎭 又過秦王石橋麻田島古寺島得物島千里 至鴨綠江唐恩浦口 乃東南陸行七百里 至新羅城. 최희준, 「신라 중대 당사신 영접절차와 운용」, 『한국사연구』 150, 2011, 130쪽 각주7번, 당은포와 당항진 위치 비정에 관한 내용 참조.

사 앞길이었을 가능성이 높다. 교영은 통일신라시대 이후 조선시대 영접 절차에서도 그대로 이어진다.

당 사신이 도착하여 왕경에 이르는 사행로 상의 주요 객관에서는 이들을 영접하는 의식과 연회가 있었을 것이지만 구체적인 내용은 기록이 없어 알 수가 없다.

> F-2. (원성왕) 즉위 11년(795) 을해(乙亥)에 당나라 사신이 왕경에 와서 한 달 동안 머물다가 돌아갔다. (중략)왕은 추격하여 하양관(河陽館)에 이르러 친히 연회를 베풀었다.[86]

F-2에는 왕이 하양관(河陽館)에서 당 사신에게 친히 연향을 베풀었다고 한다. 당의 사신들은 왕경까지 이르는 지역의 객관에서 머물렀다가 왕경의 객관에 안치된다. 이 기록은 당 사신이 돌아갈 때의 기록으로 왕이 이들을 쫓아가 연회를 베푼 기사이기는 하지만 이 기사를 통해 지방 객관에서 사신을 위한 연회가 베풀어졌을 것임을 추측할 수 있다. 하양관이 어디인지에 대한 자료가 없는 상태여서 정확한 위치를 비정하기 어려우나 오늘날 경상북도 영천군 하양면 하양리인 것으로 추정된다.[87] 이를 통해 8세기 당시 당사신의 사행로가 하양을 거쳐가는 것임을 알 수 있다. 이렇게 경주 인근에 도착한 당 사신들은 염지통 혹은 북요통을 이용해 하양을 거쳐 경주 서북쪽의 건문역(乾門驛)과 북문을 통해 입경(入京)했던

86) 『삼국유사』 권2 「기이(紀異)」2, 원성대왕(元聖大王). 王即位十一年乙亥, 唐使來京留一朔而还.(중략)王追至河陽舘親賜享宴, 勑河西人曰爾輩何得取我三龍至此. 若不以實告必加極刑 扵是出三魚獻之 使放扵三處 各湧水丈餘喜躍而逝. 唐人服王之明聖.

87) 『고려사』 권57 「지」11 지리2, 경상도 동경유수관 경주. 河陽縣成宗十四年, 爲河州刺史. 顯宗九年, 改今名, 來屬, 後置監務; 『신증동국여지승람』 권27, 경상도 하양현. 河陽縣 東至永川郡界六里 南至慶山縣界十八里 西至同縣界三十里 北至永川郡界十二里距 京都六百四十二里.

것으로 보인다.[88]

따라서 이 시기 사신영접의례는 당 사신이 당항진이나 회진에 도착하면 도착지에서 이들을 맞이하는 영접의례가 있었으며 경주까지 오는 사행로상의 지방 객관에서의 영접의례 및 연회 그리고 경주 교외에 이르렀을 때 국왕의 교영과 왕경 객관까지 사신영접행렬이 있었을 것임을 짐작할 수 있다. 그리고 왕궁에서는 당 황제의 조칙을 받는 수조의례가 거행되고 이들을 위로하는 연회가 베풀어졌다. 이는 이후 고려와 조선시대까지 변함없는 사신영접절차였다.

(3) 입경과 교영의

당 사신이 왕경 인근에 이르게 되면 국왕은 사자를 보내 이들을 맞이하였다. 교영에 관해서는 다음 기록을 보자.

F-3. (진흥왕) 10년(549) 봄에 양(梁)나라에서 사신과 입학승(入學僧) 각덕(覺德)을 파견하여 부처의 사리(舍利)를 보냈다. 왕은 백관(百官)으로 하여금 흥륜사(興輪寺)의 앞길에서 받들어 맞이하게 하였다.[89]

F-4. 흥덕왕(興德王) 때인 태화(太和) 원년 정미(丁未)에는 [당나라에] 유학하였던 승려인 고구려(高麗)의 승려 구덕(丘德)이 불경 및 상자를 가지고 왔으므로 왕은 여러 절의 승려들과 함께 흥륜사(興輪寺)의 앞길에서 [그를] 맞이하였다.[90]

---

88) 박남수, 「8세기 신라의 동아시아외교와 영빈체계」, 『신라사학보』 21, 2011, 160쪽.

89) 『삼국사기』 권4 「신라본기」4, 진흥왕(眞興王) 10년조. 十年春梁遣使與入學僧覺德 送佛舍利. 王使百官 奉迎興輪寺前路.

90) 『삼국유사』 권3 「탑상」4, 前後所藏舍利. 興德王代大和元年丁未, 入學僧高麗釋丘德賚佛經若干函來, 王與諸寺僧徒出迎于興輪寺前路.

F-5. (흥덕왕) 2년(827) 정월, 당문종(文宗)이 헌덕왕의 죽음을 듣고 조회를 폐하고 태자좌유덕(太子左諭德) 겸 어사중승(御史中丞) 원적(源寂)에게 명하여 부절(符節)을 가지고 가 조문하고 제사하게 하였다.[91]

F-3에 따르면 진흥왕(眞興王, 재위:540~576) 때 양나라 사신이 경주에 들어왔을 때, 관리를 보내 맞이하게 하였다. 즉 사신을 왕경 인근에서 맞이하는 교영을 한 것이다. 이때 교영을 나간 곳이 흥륜사 앞길이었다. F-4는 827년 고구려의 당 유학승 구덕이 불경을 가지고 왕경으로 오자 왕이 여러 승려를 거느리고 흥륜사 앞까지 마중을 나갔다는 것이다. 물론 사신을 맞이한 것은 아니나 중요한 손님을 맞을 때 흥륜사 앞까지 직접 왕이 나갔던 사실을 보여준다. F-5는 흥덕왕 2년에 있었던 일인데 당 사신이 왕경에 들어오자 그를 맞이하였다는 기사이다. F-3,4 기사를 통해 볼 때, 아마도 당 조문사절 겸 책봉사를 맞이한 곳도 흥륜사 앞길이 아닐까 추정해 볼 수 있다.[92] 위의 기사를 종합해 보면 당 사신을 교영하는 장소가 흥륜사 앞길이었을 가능성이 크다. 이에 대해 채미하는 현재로서는 흥륜사 앞길이 경주의 교(郊)에 해당하는지는 알 수 없지만 흥륜사 앞길에서 당 사신을 영접하는 것이 신라의 오랜 전통이었을 것이라고 하였다.[93] 외국사신을 영접하기 위해 교영을 나간 지역이 어디인지는 정확히 알 수 없다 해도 교영은 고대 이래 통일신라시대에도 시행되고 있었음은 분명하다.

91) 『삼국사기』 권10 「신라본기」10, 흥덕왕(興德王) 2년 1월조. 唐文宗聞王薨 廢朝命 太子左諭德兼御史中丞源寂,持節吊祭.

92) 채미하, 앞의 글, 2011, 48쪽; 권덕영, 앞의 책, 1997, 80쪽.

93) 채미하, 같은 글, 2011, 48쪽.

F-6. 사인(使人) 임윤(琳潤)이 영광스러운 편지를 가지고 이르러서야 총관께서 풍파를 무릅쓰고 멀리 해외에 온 것을 알았습니다. 이치로 보아 마땅히 사신을 보내 교외에서 영접하고 고기와 술을 보내 대접하여야 할 것이지만, 멀리 떨어진 다른 지역에 살기에 예를 다하지 못하고 때에 미처 영접을 못하였으니 부디 괴이하게 여기지 마십시오.[94]

F-6 기사는 문무왕이 설인귀(薛仁貴)의 편지에 답하는 글에 나오는 내용이다. 당 사신이 신라에 왔을 때 교영(郊迎)하지 못한 것에 대한 사죄와 용서를 구하는 답서이다. "마땅히 사신을 보내 교외에서 영접하고 고기와 술을 대접하여야 할 것이지만"이라는 글귀에서 사신이 입경(入京)하면 이들을 맞이할 사신을 보내고 그들을 위로하는 주연을 베풀었음을 알 수 있다. 이러한 사죄의 글을 보낸 것으로 보아 신라와 당 사이에 모두 사자가 파견되었을 경우 교영이 중요한 절차였음을 상호 인식하고 있었으며 당 사신 영접의 상례적 절차였음을 의미한다.[95] 중국 주대의 예법의 기본이 되는 『의례(儀禮)』 권8 「빙례(聘禮)」[96]와 같은 책 권10 「근례(覲禮)」[97]에 보면 사신이 근교에 이르면 사자를 보내 맞아들이고 위로한다는 내용이 있는 것으로 보아 이는 외국사절을 맞아들이는 중요한 의례절차였음을 알 수 있다. 『개원례』의 가례에 포함된 〈황제견사예번선로〉에는 황제의 사자가 번국에 이르면 번국왕이 교외까지 나와 교영해야 한다고 규정되어 있다. 바로 이러한 절차가 적용된 것이다. 이를 통해 중국의 외교질서에 편제되어 중국의 사신영접의례질서를 그대로 적용하여 우리의 사신영접

---

94) 『삼국사기』 권7 「신라본기」7, 문무왕 11년 7월 26일조. 使人琳潤至辱書 仰承摠管 犯冒風波 遠來海外. 理須發使郊迎 致其牛酒 遠居異城 未獲致禮 時闕迎接 請不爲怪.

95) 최희준, 앞의 글, 2011, 132쪽.

96) 賓至于近郊…君使卿朝服用束帛勞.

97) 至于郊王使人皮弁用璧勞.

절차를 정했음을 알 수 있다. 후에 조선은 중국의 주변국 사신 영접절차를 일본이 내조했을 때 의례절차에 적용하게 된다.

(4) 왕궁에서 영접의례

사신에 대한 교영에 이어 왕궁에서는 황제의 조서를 받는 수조의례가 이어진다. 이 당시 신라가 왕궁에서 어떤 식으로 수조의례를 거행했는지 알려주는 기록은 전혀 없다. 하지만 다음 기사는 비록 왕궁에서 거행한 의례는 아니지만 그 양상을 추정해 볼 수 있는 단서가 된다.

> F-7. (태종무열왕) 7년(660) 가을 9월 28일에 [왕문도(王文度)가] 삼년산성(三年山城)에 이르러서 조서(詔書)를 전달하였는데, [왕]문도는 동쪽을 향하여 서고, 대왕은 서쪽을 향하여 섰다. 칙명(勅命)을 전한 후에 [왕]문도가 당(唐)나라 황제의 예물을 주려고 하다가 갑자기 병이 나서 곧바로 죽었으므로 [그를] 따라 온 사람이 대신하여 일을 마쳤다.[98]

F-7 기사는 당 황제의 조서와 칙서가 신라왕에게 어떻게 전달되었는지 그 절차와 내용을 짐작할 수 있는 유일한 기록이다. 이때는 나당연합군이 백제를 멸망시킨 해이다. 전쟁 중이라는 특수한 상황에서 왕경이 아닌 삼년산성[99]에서 이루어진 사신영접이기는 하지만 조서를 받는 절차의 일면을 잘 보여준다 하겠다. 먼저 칙명을 전달하고 후에 당 황제의 예물을 하사하는 순으로 이루어지고 있다. 그리고 당 사신과 태종무열왕

98) 『삼국사기』 권5 「신라본기」5, 태종무열왕(太宗武烈王) 7년 9월 28일조. 二十八日 至三年山城傳詔 文度面東立 大王面西立. 錫命後 文度欲以宣物授王 忽疾作便死 從者攝位畢事.

99) 현재 충북 보은으로 알려져 있다. 『삼국사기』 권34, 「잡지(雜志)」3 지리(地理)1 상주(尙州) 삼년군(三年郡)조; 『신증동국여지승람(新增東國輿地勝覽)』 권16, 보은현(報恩縣) 건치연혁조 참조.

(太宗武烈王, 재위: 654~661)이 서로 마주보는 위치를 보면 당 사신 왕문도(王文度)는 서쪽에 서고(東面) 태종무열왕은 동쪽에 선다(西面). 이는 사실 천자국과 제후국의 관계에서 볼 때 그 위치가 법도에 어긋난다. 보통 황제의 조서나 칙서를 제후국에 전달할 경우에 제후국 왕은 북면하고 당 사신은 황제를 대신하는 지위로서 남면하는 것이 원칙이다.[100] 이는 천자국과 제후국의 주종관계를 규정한 절대적 원칙이었다. 그런데 이 기사를 보면, 이러한 원칙이 무시되고 오히려 당 사신은 동면하고 무열왕은 서면하고 있다. 여기에 대해서는 여러 가지 해석이 있다. 이에 대해 최희준은 『예기』에 나오는 당 조회에서 천자의 제공(諸公)은 동면하고 제후(諸侯)는 서면한다는 원칙[101]을 적용한 것으로 이해했다.[102] 즉 신라 국왕은 스스로 황제의 제후로 인식하여 서면(동쪽에 서고)하고 황제의 사신은 황제의 제공으로서 동면(서쪽에 서고)한 것으로 이해하는 것이 합리적이며 나아가 이는 신라가 유교적 영접의례를 운용함에 있어서 당의 법제를 그대로 적용한 것이 아니라 상황에 맞게 해석, 운용하였음을 보여준다고 하였다. 반면에 박윤미는 『예기』「곡례」 하에 규정된 이 내용은 천자가 있을 경우의 입위이므로 천자가 없는 상태에서 조서를 받는 의례에 대입하기는 무리가 있다고 하였다.[103] 입위문제는 민감한 사안이어서 조선시대에는 이에 대한 논쟁이 종종 있곤 했다. 따라서 당시의 상황, 사전 논의 내용에 따라 변화되기도 하기 때문에 어떻게 이러한 입위가 결정되었는지 파악

100) 『개원례』 권129 「가례」, 皇帝遣使詣蕃宣櫓.…(중략)…使者詣階間南面位…(중략)…使者稱有詔 蕃主再拜 使者宣詔訖 蕃主又再拜 執事者引蕃主進使者前北面 受詔書退立於東階東南西面(생략).

101) 『禮記』 권상 「곡례(曲禮)」 하. 天子當宁而立 諸公東面 諸侯西面.

102) 최희준, 앞의 글, 2011, 152쪽.

103) 박윤미, 「고려전기 외교의례에서 국왕 '서면'의 의미」, 『역사와 현실』 95, 2015, 96쪽 각주 48.

하기 어려운 부분이 있는 것도 사실이다.

황제의 조서를 전하는 의식에서 황제의 예물을 하사하는 의식도 치러졌다. 이때에 신라왕에 대한 추증이나 사록이 함께 이루어졌다. 이렇게 조서와 황제의 예물을 전달하는 공식적인 수조의례가 끝나면 연향이 베풀어졌다.

이상에서 살펴본 바와 같이 신라의 사신영접의례절차는 크게 사신영접절차와 사신송별절차로 나누어 볼 수 있다. 우선 사신이 입국하면 원접사를 파견하여 이들을 맞아들인다. 왕은 사신을 보내 왕경 인근에서 이들을 맞이하는 교영의를 행한다. 이때 사신을 위한 음식과, 고기, 술을 전달하고 이들을 위로하는 연향도 베풀어졌을 것임을 충분히 짐작할 수 있다. 그 다음 사신과 원접사들은 왕경으로 이동한다. 사신이 왕경에 도착하면 왕경의 객관에 안치하고 사신에 대한 위문과 위로가 이어졌다. 그 다음에 조서봉안의식에서 황제의 조칙이 수여되며 황제의 하사품이 전달되고 연회의 순으로 의식이 이루어졌다. 송별절차는 사신의 귀국일 통보-왕궁에서 황제에게 표를 올리는 의식-송별연-배웅의 과정을 거쳤을 것으로 보인다. 조서봉안의식에서는 황제의 조서와 하사품을 전달받았을 것이며 송별의식에서는 사신에게 국신물을 내려주었을 것이다.

이러한 사신영접 절차는 『개원례』에 보이는 황제가 번국사의 표와 폐백을 받고(受蕃國使表及幣), 이들에게 예물을 내려주고(蕃國王來朝而束帛迎路), 주연을 베풀어주는 의례(皇帝宴蕃國使) 절차와 유사하게 진행되었다.

2) 고려시대

(1) 입국과 사행로 상의 객관에서 영접의례

고려시대 송에서 고려로 오는 사행로는 산둥 반도와 대동강 혹은 예성강에 이르는 북로와 명주(溟州)에서 흑산도(黑山島), 군산도(群山島), 마도(馬

島), 자연도(紫燕島)를 거쳐 예성강(禮成江)으로 들어오는 남로 두 가지였으나 11세기 이후 거란이 강성해지면서 북쪽의 육로를 이용하기 어려워지자 주로 남로를 이용하였다.[104] 고려시대 중국사신의 입국경로를 가장 잘 보여주는 기록이 『고려도경』이다. 『고려도경』「해도」편에는 서긍이 1122년 송의 수도를 출발하여 개경에 당도할 때까지 사행로를 상세하게 기록하였다.[105] 『고려도경』에 따르면 사행로는 중국의 영파를 출발하여 중국과 고려의 해상 경계지점인 협계산(峽溪山)을 통과한 후 서남해안의 여러 섬을 따라 북상하여 예성항을 거쳐 개경으로 들어오는 행로[106]였다.

고려 해역에 들어온 이후 제일 먼저 공식적인 접반절차가 이루어졌던 곳은 군산도의 군산정(群山亭)[107]이다. 군산도는 오늘날의 고군산도 여러 섬 중 선유도이며 군산정은 이 섬에 있었던 객관이다. 송 사신단이 군산도에 이르면 순시선에 깃발을 꽂고 호위군과 취라대를 앞세워 이들을 맞아들였다. 먼저 원영장과 국왕선장 등 관련문서를 서로 교환하고 접반사(接伴使)가 채방(彩舫)을 보내면 송의 정사와 부사가 채방을 타고 군산도에 도착한다. 해안에는 이미 1백여 명의 군사가 이들을 맞이하기 위해 만반의 준비를 갖추고 있다. 그런 다음 이들을 인도하여 객관에 도착하면 서

104) 허경진, 「고려시대 송나라 사행해로 누정의 변천연구」, 『동북아문화연구』 12, 동북아시아문화학회, 2007, 118쪽.

105) 徐兢, 『고려도경』 권36 「해도」.

106) 기경복, 「10~11세기 한중 해상교통로」, 『한중문화교류와 남방해로』, 국학자료원, 1997. 186~187쪽. 신라와 고려시대의 중국과의 해상 교역로에 관한 연구로는 신채식, 「10-13세기 동아시아의 문화교류-해로를 통한 여송의 문물 교역을 중심으로-」, 『중국과 동아시아 세계』, 국학자료원, 1997; 김철웅, 「고려와 송의 해상교역로와 교역항」, 『중국사연구』 28, 2004; 강봉룡, 「신라말~고려시대 서남해지역의 한중 해상교통로와 거점포구」, 『한국사학보』 23, 2006; 박현규, 「절동 연해안에서 신라인의 수로교통-수로 유적지와 지명을 중심으로-」, 『신라문화』 35, 동국대학교 신라문화연구소, 2010; 윤용혁, 「고려시대 서해 연안 해로의 객관과 안흥정」, 『역사와 경계』 74, 2010 참조.

107) 『고려도경』 권35 「해도」 3, 군산도(群山島).

로 배례무도(拜禮舞蹈)하고 정해진 자리에 좌정하면 술과 음식을 대접한다. 군산정은 귀국하는 송 사신들을 마지막까지 호송하여 전별하던 곳이기도 했다.108)

[표 20] **군산정에서 영접의례**

절차		내용
영선	①	6척의 순선이 징과 호가를 올리며 영접 나감
	②	작은 배를 타고 군산도 주사가 배에 올라 읍함
	③	통역사 심기와 동접반사 김부식이 군산도에 합류
	④	전주지사 오준화가 원영장 전달
	⑤	송의 정사와 부사가 답서 전달
도착	⑥	군사 1백여 인이 영접준비하고 동접반이 송 사신에게 서신과 음식 보냄
	⑦	송의 정사와 부사가 국왕선장109) 전달
	⑧	접반이 채방을 보내어 군산정에 오를 것을 청함
	⑨	정사와 부사가 송방을 타고 해안에 도착하면 접반사와 군수가 영접
조서영접	⑩	군산정 뜰에 고려관리가 사신에게 배례하고 천자를 향해 배례무도
	⑪	정청에서 서로 재배
	⑫	정부사 이하 좌정하고 순서대로 절함
	⑬	정사와 부사는 남명하고 접반과 군수는 동서로 마주 봄
주연	⑭	술이 열 차례 돌아감
	⑮	주연이 끝나면 정사와 부사는 송방을 타고 본선으로 돌아감

군산도에서 이루어진 영접절차는 이후 정박했던 마도(馬島)의 안흥정(安興亭)과 자연도(紫燕島)의 경원정(慶源停)에서도 그대로 거행되었다. 군산정을 비롯한 다른 섬의 객관에서 거행된 영접행사의 병장과 의례 역시 융숭했다고 한다. 『고려도경』의 기록을 통해 볼 때, 군산도를 비롯한 서

108) 『고려도경』 권36 「해도」3, 군산정.

109) 일종의 증명서로 사신단이 송 황제의 사자임을 증명하는 문서라고 할 수 있다.

해안 섬에서 이루어지는 영접절차와 그에 따른 행사는 대동소이했던 것으로 보인다. 그런데 이 군산정에서 영접의례는 앞에서 살펴본 일본 고대의 영접의례(B-7)와 유사한 부분이 있다. 즉, 6척의 배를 보내어 고각을 울리며 송 사신들을 맞이하고 있는데 이는 고대 일본이 외국의 사신을 맞을 때 식선을 보내어 맞는 것과 같은 것이라 할 수 있다. 따라서 해로로 입국하는 경우 사신영접에서 배를 보내 맞이하는 것은 특이한 절차라기보다 당연한 방식이었던 것으로 보인다. 또 하나 주목할 것은 송 사신은 입국 시 우리 측의 원영장 전달과 송 사신들의 신분을 입증하는 문서인 국왕선장을 보낸다는 것이다. 조선시대 중국사신 영접절차와 다른 점이다. 다음에서 살펴보겠지만 명 사신의 경우는 사신파견 전 요동도사를 통해 패문을 전달하는 것으로 입국절차를 마치는 것과 비교해 보면 확실한 차이를 알 수 있다. 이는 해로를 이용해서 오기 때문에 미리 패문과 같은 문서를 사전에 전달할 수 없었기 때문일 수도 있었겠지만 적어도 이때까지는 서로 간에 문서를 통해 신분을 확인하는 입국절차를 거쳤다고 할 수 있다. 물론 별도의 입국허가를 기다리거나 입국사신의 수를 제한하는 경우는 없었던 것으로 보인다.

서해안 도서를 따라 계속 북상하여 예성항 벽란정[110]에 이르면 해로를 이용한 이동이 끝나고 육로로 이동하게 된다. 벽란정은 개경에서 가까운 곳으로 서해안 섬의 객관과는 그 규모부터 달랐으며 이곳에서 영접절차도 다른 서해안 도서의 객관에서 이루어진 것과는 달리 격식을 갖추어 대대적으로 치러진 것으로 보인다.

---

110) 예로부터 이곳은 사신들이 송에 조회하러 갈 때 배를 타던 곳이라 예성이라 했다고 한다.(『新增東國輿地勝覽』 권4 「개성부상」 예성강조.高麗朝宋皆於此發船故謂禮成.)

G-1. 벽란정은 예성강(禮成江)가에 있는데, 왕성(王城)에서 30리 떨어져 있다. 신주(神舟, 조서를 실은 사신의 배)가 강 언덕에 닿으면 수위병이 북을 울려 맞이하고 조서를 인도하여 벽란정으로 들어간다. 벽란정에는 두 개의 자리가 마련되어 있는데 서쪽을 우벽란정(右碧瀾亭)이라 하여 조서를 봉안하고, 동쪽을 좌벽란정(左碧瀾亭)이라 하여 정사와 부사를 접대한다. 양편에 방이 있어 상중절이 거처할 수 있도록 되어 있다. 갈 때와 올 때에 각각 하루씩 묵고 간다. 동서로 곧장 도로가 나있는데, 왕성으로 통하는 길이다. 그 좌우에 주민들이 살고 있는데 10여 호 정도 된다. 사절들은 모두 성으로 들어가고 배들은 다 예성항에 정박한다. 이때 뱃사공이 순번을 정해 돌아가면서 감시한다.[111)]

위 G-1의 기록을 보면 벽란정에는 조서를 봉안하는 우벽란정과 송 사신이 기거하는 좌벽란정 두 개의 전각이 마련되어 있었다. 항구에서부터 북을 울려 송 사신을 맞이하는 의장대가 벽란정까지 인도하여 오면, 우벽란정에서는 황제의 조서를 봉안하는 의식을 치르고, 좌벽란정에서는 정사와 부사를 접대하고 이들을 위한 연향을 베풀었다. 이전의 서해안 도서지역의 객관에서 베푼 연향은 객관의 규모도 작았을 뿐만 아니라 도서지역이라는 지리적 특성상 연향에 많은 인원을 동원하기 어려워 연향의 규모가 작고 간단했을 것이다.

하지만 벽란정에서는 조서봉안을 위한 전각이 별도로 마련되어 있어 그에 따른 의식이 제대로 치러졌을 것이다.[112)] 하지만 조서를 봉안하는 절차에 대해서는 자세히 나와 있지 않아 정확한 것은 알 수 없다. 그러나

111) 『고려도경』 권27 「관사(館舍)」, 벽란정(碧瀾亭). 碧瀾亭. 在禮成港岸次 距王城三十里. 神舟旣抵岸 兵衛金鼓 迎導詔書 入于亭. 亭有二位 西曰右碧瀾亭 以奉詔書 東曰左碧瀾亭 以待使副. 兩序有室 以處二節人 往來各一宿而去. 直東西有道 通王城之路. 左右居民 十數家. 蓋使節旣入城 衆舟皆泊于港中 舟人分番以守 視於此耳.

112) 민태혜, 「고려시대 중국사신영접의례와 전통연희」, 『남도민속학회』 31, 2015, 46쪽.

시기적으로 멀기는 하지만 조선시대에 청 사신이 압록강을 넘어오면 압록강영칙의를 치르고 주요 객관에서 조서영접의례를 거행했던 사례로 볼 때 고려시대 역시 유사한 절차로 이루어졌을 가능성이 높다.[113] 벽란정에서 하루를 보낸 송 사신일행과 고려의 영접단 일행은 개경 근교의 서교정(西郊亭)에 이르게 된다. 서교정은 바로 개경 국문 밖에 있던 객관이었다.

다음은 권근(權近)의 『양촌집(陽村集)』에 나오는 기록이다. 여말 명은 공민왕을 추증하기 위해 사신을 파견하였는데 이때 이들을 영접하는 과정이 나온다. 이를 통해 여말 명 사신이 입국했을 때 이들에 대한 영접과정을 추정해 볼 수 있다.

G-2. 국경에 막 도착하자 왕이 배신(陪臣)들로 하여금 길에서 맞아 위로하기 위하여, 문하평리(門下評理) 정몽주(鄭夢周)와 밀직부사(密直副使) 하륜(河崙)을 수주(隨州)로 보내고, 문하찬성사(門下贊成事) 심덕부(沈德符)를 평양으로 보냈으며,

G-3. 용천(龍泉)에 당도하자 문하시중(門下侍中) 임견미(林堅味)와 수문하시중(守門下侍中) 이성림(李成林)을 보내고,

G-4. 근교에 오자 판문하부사(判門下府事) 조민수(曺敏修)를 보내어 서로 이어 나가게 했다.[114]

---

113) 이 책의 제Ⅳ장 3. 조선시대의 사신영접행사에서 자세히 다루기로 하겠다.

114) 권근(權近), 『양촌집(陽村集)』 권16, 序類. 送國子典簿周先生 倬 使還詩序 上御大寶之十八年秋遣國子學錄張公溥 副以行人段公祐奉璽書 國子典簿周公 倬副以行人雒公英奉誥命 追錫先國王謚曰恭愍. 封嗣君爲國王. 始至境 王使陪臣迓勞于道 門下評理鄭夢周 密直副使河崙于隨州 門下贊成事沈德符于平壤 及至龍泉則門下侍中林堅味 守門下侍中李成林 近郊則判門下府事曺敏修相繼以進. 번역문은 한국고전번역원의 번역문 인용하였음.

G-2,3,4는 명 사신이 개경에 가까워옴에 따라 고려 조정에서 상경하는 연도의 지방 객관에도 순차적으로 원접사를 파견하고 관리를 보내어 영접하도록 한 것이다. 기사에서 보이듯이 개경에 가까울수록 파견하는 원접사의 관등이 높아지고 있음을 알 수 있다. 이 절차는 『고려사』「예지」에 기록되어 있지 않은 원접사 파견에 관한 내용이어서 입경 전의 영접 절차를 알려주는 기록이다. 『고려사』「예지」의 명 사신영접의례에는 원접사 파견에 관한 규정이 보이지 않는다. 하지만 그 규정이 없다고 해서 원접사를 파견하지 않았던 것은 아니다. 이미 『고려도경』에 원접사 김부식이 군산정에 나아가 송 사신을 영접한 사실이 나온다. 그리고 통일신라시대에도 당의 유인궤가 사신으로 왔을 때 김인문 등이 나아가 이들을 맞이하고 영노의식을 치렀다. 앞에서도 언급하였듯이 『고려사』「예지」의 중국사신 영접절차는 국왕을 중심으로 왕성과 궁궐 내의 의례에 초점을 맞춘 것이어서 그 이전 상황에 대해서는 특별히 규정하지 않았던 것으로 보인다. G-2,3,4의 기록을 통해, 명 사신은 해로를 이용하여 평안도 선천(宣川) 선사포(宣沙浦)에 도착하여 정주(定州), 평양 그리고 용천(황해도 서천군)으로 들어와 개성에 이르렀음을 알 수 있다. 원접사를 보낸 수주(隨州)는 오늘날의 정주이다. 조선시대에도 도착지는 물론 한양으로 들어오는 주요 객관마다 원접사를 파견하였는데 고려 말에도 동일한 영접준비과정이 이루어졌음을 확인할 수 있다. 이러한 과정은 『통문관지』의 입경 후 영조칙 의례에 보이는, 중국사신이 입국하면 도착지에 원접사를 임명, 파견하였던 것과 동일한 절차이다. 따라서 고려시대의 영접 의례가 조선시대에도 계승되고 있음을 보여주는 것이다.

(2) 입경과 교영의

벽란정을 출발한 송 사신들은 왕경 인근의 서교정(西郊亭)을 향해 행렬을 시작한다.

G-5. 서교정은 선의문(宣義門) 밖 5리 가량 떨어져 있다. 비록 추녀 끝이 높다하나 지은 지 얼마 되지 않아 침실은 아직 마련되어 있지 못하고 오직 식사 도구만 갖추어져 있을 뿐이다. 잠시 휴식을 취하는 곳이다. 사신이 처음 도착하거나 다시 돌아갈 때 이곳에서 환영 및 위로연을 베풀어 전송한다. 하절(下節)과 뱃사공은 다 들어가지 못하므로 문 맞은쪽에 큰 장막을 치고 그곳에 나란히 앉아 음식을 접대한다.[115)]

G-6. 9월 16일 을해(乙亥)에 장공(張公)과 단공(段公)이 오고, 그 이튿날 병자에 주공(周公)과 낙공(雒公)이오니, 왕이 면복(冕服)에 의장(儀仗)과 고취(鼓吹)를 갖추고 배신(陪臣)들을 거느리고 도성 서문(西門) 밖에 나가 맞이하여 왕궁으로 인도해 온 다음, 부복(俯伏)하고 예를 행하되 차례마다 더욱 조심스럽게 하였으니, 황상(皇上)의 덕을 흠모(欽慕)하고 사신을 경대(敬待)한 것이다.[116)]

G-5 기사에 따르면 서교정은 규모가 작고 지은 지 얼마 되지 않아 숙박시설이 없었다. 따라서 이곳은 주로 사신들이 개경에 들어가기 전에 잠시 휴식을 취하거나 귀국길에 오른 사신들을 위해 송별연을 베푸는 장소로 이용되었다. 송 사신이 서교정에 이르면 고려 관리는 왕에게 이들이

115) 『고려도경』 권27 「관사(館舍)」, 서교정(西郊亭). 西郊亭 在宣義門外五里許. 庭廡雖高而營治草創 不設寢室 唯具食頓而止 各有休憩之次. 使者初到以迄回程而迎勞飮餞于此.下節舟人不能盡容 對門起大幕 列坐而飮之.

116) 권근, 『양촌집』 권16, 序類. 送國子典簿周先生倬使還詩序. 越九月十六日乙亥張公段公來. 翌日丙子周公雒公來 王具冕服儀仗鼓吹欒陪臣出迎于國西門之外 導至王宮 俯伏行禮 每次愈謹 所以欽上德而敬使命也.

당도했음을 치보(馳報)하였다. 국왕의 사신은 서교정에서 송 사신을 맞이하였으며 이들의 당도 소식을 들은 왕은 국문 밖에 나와 송 사신을 맞이하였다. 서교정에서부터 왕성까지 성대한 행차의식이 있었다. 개경에 들어오면 송의 사신단은 궁으로 가서 수조의례를 거행하는 것이 아니라 먼저 객관인 순천관(順天館)에 들어갔다.

G-6는 우왕 11년(1385)에 장부(張溥), 단우(段祐) 그리고 주탁(周倬) 등이 고려에 사신으로 왔을 때 왕이 교영을 나간 기사이다. 여기서 말하는 서문은 바로 서교정에서 들어오는 사신을 맞기 위해 국왕이 교영을 나간 곳일 것이다. 이렇게 왕이 국문 밖으로 교영을 나가는 것은 조선시대 사신영접의례에도 그대로 보인다.

개경에 들어온 사신행렬은 선의문(宣義門)에서 경시사(京市司)를 거쳐 광화문을 지나 순천관에 이르는데[117] 이때에 사신행렬이 지나가는 곳은 가항결채하고 거리 곳곳에서는 다양한 연희들이 펼쳐졌다. 개경에 도착한 송 사신들은 먼저 객관인 순천관으로 들어간다. 순천관에 들어가면 벽란정에서와 마찬가지로 조서를 봉안하는 의식을 치렀다. 『고려도경』에 따르면 순천관에 도착하면 조서를 봉안하고 왕이 길일을 잡아 조서를 받기를 기다린다고 하였다.[118] 그리고 정청에서 송의 상·중절을 접대하는 연향이 열린다. 그리고 음악을 연주하는 전각이 별도로 있었다고 하는 것으로 보아 주연을 베푸는 장소가 별도로 있었음도 알 수 있다. 그리고 낙빈정(樂賓亭)에서는 중국 사신이 고려의 환대에 감사하는 뜻에서 고려의 관리를 초청하여 연회를 베풀어 주었다. 이는 고려 측에서만 중국사신을 접대한 것이 아니라 중국사신 역시 답례로 고려의 관리를 순천관에

---

117) 『고려도경』 권27 「관사」, 순천관(順天館).

118) 『고려도경』 권27 「관사」, 순천관; 『고려도경』 권27 「관사」, 관청(館廳); 『고려도경』 권27 「관사」, 조위(詔位); 『고려도경』 권26 「연례(燕禮)」, 관회(館會).

초청하여 연회를 베풀기도 했음을 알 수 있다. 이는 조선시대 중국사신영접에서는 보이지 않는 것인데 실제로는 행해졌지만 기록에만 없는 것인지는 분명하지 않다. 그리고 순천관에서 5일에 한 번씩 연회가 열렸는데 이를 불진회(拂塵會)라 한다고 하였다. 이 연회에서도 춤과 백희가 연행되었다. 그리고 연회일과 절기가 겹쳐지면 예가 더해진다고 하였다.

(3) 왕궁에서 영접의례

① 고려 전기 송 사신 영접의례

송나라 사신의 영접절차는 『고려도경』을 통해 상세히 파악할 수 있다. 아래 [표 21]은 『고려도경』의 수조절차를 표로 정리한 것이다. 『고려도경』은 고려 전기에 송나라 사신을 영접하는 절차를 보여주며 『고려사』 빈례에는 고려 후기 북조(北朝) 사신과 명 사신을 영접하는 절차가 나와 있다. 먼저 시기적으로 앞선 『고려도경』에 보이는 수조절차를 살펴보자. 다음은 그 내용을 표로 정리한 것이다.

[표 21] 『고려도경』의 송 사신 조서영접의례절차[119)]

구분	절차	『고려사』「예지」와 비교
영조(迎詔)	• 정사와 부사가 조서를 들고 순천관에 들어감	• 『고려사』「예지」의 대명사신 접대 의식에는 보이지 않음 • 일자가 지체되어 이 과정을 생략함
	• 10일 이내에 길일을 택해 국왕이 조서 받음	
	• 조서 받기 전날 설의관을 보내 정사와 부사를 만나 의식 절차를 상의함	• 『고려사』 빈례의 경우 사신은 서교정에서 왕궁으로 바로 들어와 조서영접의식을 거행함
	• 도할관과 제할관이 조서를 받들고 채색가마에 오르면 하절, 상·중절이 말을 타고 따름	
	• 고려 관원은 순천관 앞에서 기다리고 있다가 재배하고	

119) 민태혜, 앞의 글, 2015, 48쪽 표인용.

<table>
<tr><td rowspan="4"></td><td>왕부로 인도</td><td rowspan="4"></td></tr>
<tr><td>• 이동경로는 광화문-좌동덕문-승평문-신봉문-창합문</td></tr>
<tr><td>• 국왕이 관리들과 조서 영접하고 재배</td></tr>
<tr><td>• 회경전 앞 당도</td></tr>
<tr><td rowspan="4">도조
(導詔)</td><td>• 도할관과 제할관이 조서를 받들고 채색 가마에서 나옴</td><td rowspan="4">• 영조의</td></tr>
<tr><td>• 막위에 조서 봉안</td></tr>
<tr><td>• 정사와 부사 휴식</td></tr>
<tr><td>• 국왕은 서향(동쪽에 섬), 정사와 부사가 회경전에 자리를 잡고 국왕이 조서를 받기를 기다림</td></tr>
<tr><td rowspan="5">배조
(拜詔)</td><td>• 궁정 아래 향안을 중심으로 국왕은 서면하고 정사와 부사는 북쪽에 자리하고 남면</td><td rowspan="5">• 선칙의
• 조서를 받는 의식</td></tr>
<tr><td>• 상절은 정부사 뒤에, 고려 관리들은 왕의 뒤에 섬</td></tr>
<tr><td>• 왕이 재배하고 황제의 안부를 물은 후 무도와 재배하고 고려 관리들도 이어서 무도와 재배</td></tr>
<tr><td>• 국신사가 조칙이 있음을 말하면 국왕은 일어나 재배하고 홀을 띠에 꽂고 꿇어앉음</td></tr>
<tr><td>• 부사가 조서를 정사에게 주면 정사는 조서를 왕에게 줌</td></tr>
<tr><td>기거
(起居)</td><td>• 정사와 부사가 궁정에 당도하면 왕이 재배하고 황제의 안부를 묻는 절차
• 재배와 무도의 의식은 조서를 받을 때와 같음. 전주와 광주에 이르는 3주(전주, 청주, 광주) 수령들이 황제 안부를 묻는 것도 같은 절차이며 영접 전송하는 관반관들을 만나도 동일</td><td>• 영조의시 행하는 절차</td></tr>
</table>

[표 21]에서 보듯이 송 사신은 먼저 순천관에 당도하여 조서를 봉안하고 별도로 날을 잡아 왕궁에서 수조의례를 거행한다. 이 경우 대개 순천관에서 열흘 정도 지나 수조의식을 치렀는데 이때 송 사신은 도착 7일째 수조의식을 거행하였다. 『고려사』「예지」에 보면 성종 9년(990)에 길일을 택하는 일로 송 사신이 한 달을 순천관에서 기다리게 된 일을 시성무(柴成務)가 힐책하자 이 관행을 폐하였다.[120] 『고려사』「예지」의 명사신 영접의례에는 사신들이 개경에 도착한 후 객관으로 이동하는 절차 없이 바로

궁에서 수조의례를 치르는 것으로 나와 있다. 하지만 『고려도경』에 따르면 순천관에 도착한 사신이 10일 이내 길일을 택해 수조의식을 치르는 것으로 보아 성종 9년 이후 어느 시기에 이러한 관행이 다시 행해졌던 것으로 보인다. 이는 또 다시 고려 말 명사 영접 시 도착당일에 영조의례를 치르는 것으로 변경되었다.

수조 당일 사신의 이동경로는 순천관을 나서서 광화문–좌동덕문–승평문–신봉루–창합문을 거쳐 회경전 앞에 이른다. 사신이 왕궁에 도착하기 전 왕과 백관은 의장을 갖추고 사신이 당도하기를 기다린다. 조서를 받기 하루 전 설의관을 파견하여 사전에 조율된 절차에 따라 영접의식이 치러진다.[121] 공식적인 절차가 모두 끝나면 중국 사신을 위한 연향이 베풀어진다. 연향 역시 정해진 순서에 따라 이루어진다.

수조의식은 영조(迎詔)–도조(導詔)–배조(拜詔)의 순서로 진행된다. 이 때에는 행례 절차에 따라 악이 연주된다. 배조까지 마치면 왕은 중국 황제의 조서를 받아 봉안한다. 궁궐에서 수조의식이 치러지기 전 궁정에는 의식을 거행하기 위해 보계, 장막, 막차, 휘장 등의 기물을 설치하고 의장대가 기물을 들고 사위를 호위한다. 황제의 조서를 받는 의식절차가 끝나면 사신을 위로하는 연회가 베풀어진다.

송 사절의 영접과 영송절차는 사행로상의 객관에서 영접–서교정에서 영노의–성문 밖 국왕의 교영의–순천관 안치–궁궐에서 수조의례–연향–전별연–서교송행의 순으로 행해졌다.[122]

---

120) 『고려사』 권65 「지」19 예7, 빈례. 成宗九年六月 宋遣光祿卿柴成務·太常少卿趙化成等來冊王. 國俗拘忌陰陽每朝廷使至 必擇月日受詔. 成務在館 踰月 詰責之. 翌日 王乃出拜命 自是 止擇日迎之.

121) 이는 당시 동아시아 사절왕래에서 방문국 군주 알현 전날 입조의례와 관련 예법절차를 협의하고 예행연습을 하기도 하였다.(김성규, 「'선화봉사고려사절단'의 일정과 활동에 대하여」, 『한국중세사연구』 40, 2014, 225쪽 참조.)

② 고려 후기 북조사신의 영접의례

『고려사』 권65 「지」 19 예 7에는 북조 사신영접의례와 명사신영접의례가 나온다. 먼저 북조사신영접의례인 〈영북조조사의(迎北朝詔使儀)〉와 〈영북조기복고칙사의(迎北朝起復告勅使儀)〉을 보자. 황제의 조서를 가지고 온 사신의 영접과 황제의 조서없이 온 사신의 영접을 비교하면 대강의 절차는 대동소이하나 생략되는 것들이 있다. 조사영접에는 황제가 조서와 더불어 내린 국신물색(國信物色)을 펼쳐 보이고 그 목록을 올리는 절차가 있으나 기복고칙사[123] 영접에는 이 과정이 없다. 그리고 연회에서도 헌수하고 배례하는 과정이 조사영접 시에 좀 더 복잡하다. 기복고칙사 영접 연회에서는 채붕, 악부, 삽화를 생략한다고 하였다.

아래 [표 22]는 북조사신이 고려에 왔을 때의 수조절차를 정리한 것이다.

[표 22] 『고려사』의 북조사신영접의례

조사영접	기복고칙사영접	비고
• 왕이 건덕전에 나가면 각문부사가 전정에 들어가 숙배		동일
• 중국사신의 도착을 알리면 조서를 든 사신이 전정에 들도록 명함	• 사신의 도착을 알리면 고려 사신이 나가 중국사신을 전정으로 인도	
• 왕이 나가 맞이하고 서로 읍한 후 전정에 들어섬	• 왕이 전문 밖에 나가 서로 읍하고 조서와 관고가 앞장서서 전정으로 들어옴	
• 사신은 남면하고 왕은 서향하고 재배한 후 황제의 안부를 물음	•정해진 위치(왕은 서향하고 사신은 동향)에 선 후 왕이 재배하고 황제의 안부를 물음	•황제 조서를 받을 때 중국사신은 중국황제를 대신하는 것이므로 남면하고 고려왕은 북면 대신 서면 • 기복고칙사 영접시에는 마주 보고 섬

122) 『고려도경』 권27 「관사」; 同書, 권36 「해도」; 김규록, 「고려중기의 송 사절 영송과 반사의 운용」, 『역사교육』 134, 2015, 166쪽.

123) 천자의 칙서를 가지고 온 사신.

• 왕이 배무하고 절하고 사인(舍人)의 신호로 재신 이하 배무하고 절	• 왕이 배무하고 절하고 舍人의 신호로 재신이하 배무하고 절	
• 사신이 조서가 있다고 하면 왕은 재배하고 사신이 조서를 왕에 전하면 왕은 조서를 재신에 전달하며 재신은 꿇어앉아 함을 가진 관원에게 줌	• 사신이 조서가 있다고 하면 왕은 재배하고 사신이 조서를 왕에 전하면 왕은 조서를 재신에 전달하며 관고(공문)를 왕에게 전하면 왕은 이것을 받아 재신에게 줌	
• 왕이 배무하고 절하면 재신 이하도 사인의 신호에 따라 배무하고 절	• 왕이 배무하고 절	
• 국신물색이 전정을 지나가고 왕이 재배		
• 사신이 읍하고 전문 밖을 나갈 때 왕은 그와 서로 읍하고 문밖까지 마중	• 사신이 읍하고 전문 밖을 나갈 때 왕은 그와 서로 읍하고 문밖까지 마중	
• 합문사가 사신을 한림청으로 인도하여 접대하고 왕은 전문 안에 들어 조서를 읽음	• 합문사가 사신을 한림청으로 인도하여 접대하고 왕은 전문 안에 들어 조서와 관고를 봄	
• 합문사가 사신의 정의물장(예물목록)을 드리고 왕이 인사를 전하면 물색이 전정을 지남		
• 합문사가 사신의 참장을 제출하고 왕이 대답	• 합문사가 사신의 참장을 올리면 왕은 기거장(문안편지)을 보내고 전문에 나가 영접	
• 합문원이 사신을 인도하여 전문 밖에 도착하면 왕이 나와 읍하고 전각 위에 오름	• 합문사가 전문 밖에 나와 사신을 맞이하고 서로 읍한 후 함께 전상에 올라 사례(私禮)를 행함	• 전례에 따른다고 하였음
• 사신이 왕에게 재배하고 왕의 안부를 묻고 재배하고 인사의 말을 한 후 다시 재배하고 자리로 돌아감	• 사신이 먼저 인사의 말을 하고 왕이 대답	
•사인이 상중절의 참장을 제출하고 사인이 그들을 절하는 자리로 인도하면 왕이 일어나고 사인의 신호에 따라 상중절이 재배하고 왕의 안부를 묻고 다시 재배하고 인사의 말을 한 후 다시 재배 (이 절차는 하급수행원도 반복하는 절차)	• 왕은 동변에서 서향, 사신은 서변에서 동향하여 자리하면 합문사가 사신 이하 참장을 올림. 사신을 절하는 자리에 인도하면 사인의 신호로 재배하고 시선(時宣)하여 사인의 신호로 재배하고 인사의 말을 한 후 다시 재배	
• 합문사는 객성에서 사신들에게 차와 술과 음식을 접대하라는 명이 있었음을 전하면 사신들은 재배하고 전문 밖으로 나감 (이 절차는 하급수행원도 반복하는 절차)	• 사신에게 차와 술을 접대하라는 왕의 명을 전하며 사인의 신호에 따라 재배하고 사신을 인도하고 나아감	

• 사신에게 차를 대접할 때 첫잔은 왕이 친히 권하고 사신도 왕에게 차를 권하며 재배한 후 앉아서 차를 마시고 서로 읍한 후 자리로 돌아감	• 차와 술을 접대하는 일이 끝나면 감사의 인사를 하고 왕이 답배	
• 중하절에게도 주식을 내린 후 사신은 왕에게 재배하고 인사의 말을 한 후 재배		
• 합문원이 사신을 인도하여 전에서 내려와 밖으로 나가고 왕도 전문 밖에 나가 읍하고 전송	• 연회가 끝난 후 사신을 전 아래로 인도하여 내려가면 왕이 서로 읍하고 전문 밖에 나가 다시 읍하고 전송	
• 사신은 숙소로 돌아감	• 사신은 숙소로 돌아감	• 복색은 현관소복(玄冠素服)하고 채붕 악부 삽화는 생략

북조라 함은 송 이후 건국된 금과 요를 포함한다. 고려가 북조사신을 맞이하는 의례절차는 고려 전기 송 사신영접과 후기 명 사신영접과는 큰 차이가 있었다. 바로 국왕이 북조사신을 교영 나가지 않았다는 것이다. 그러나 원간섭기에는 원에 대한 영접의례가 명 사신 영접과 유사하게 행해지고 있었음을 기록을 통해 확인할 수 있다.

G-7. 충렬왕(忠烈王) 원년(1275) 5월 갑술. 국왕이 조서를 지닌 사신이 온다는 보고를 받고 재추(宰樞)·시신(侍臣)들을 거느리고 시복(時服) 차림으로 서문 밖에서 맞이하였다. 국왕은 앞서 원(元) 공주와 혼인하였으므로, 비록 조서를 지닌 사신이라도 일찍이 성 밖까지 나가 맞이한 적이 없었다. 〈그런데〉 통역[舌人] 김태(金台)가 원에 갔을 때 성관(省官)이 이것을 말하며 이르기를, "부마(駙馬)이신 국왕께서 사신을 영접하지 않는 것은 선례가 없지 않습니다. 그러나 국왕께서는 역시 외국의 임금이시니 조서가 도착하면 반드시 영접하지 않을 수 없습니다."라고 해서, 이때에 이르러 맞이하게 되었다.[124)]

124) 『고려사』 권65 「지」19 예7, 빈례. 忠烈王元年五月甲戌 王聞詔使來 率宰樞·侍臣 時服迎于

G-8. 충렬왕 12월 정유. 원(元)의 부달로화적(副達魯花赤, 부다루가치)이 개경에 들어오자, 국왕은 군복 차림으로 시신들을 거느리고 선의문(宣義門) 밖까지 나가 영접하였고, 사판궁(沙坂宮)으로 가서 조서를 열어보았다. 다루가치가 공관으로 돌아가자 여러 관료들이 모두 가서 알현했는데 3품 이상은 계단 위에서 읍례(揖禮)를 행하였고, 4품 이하는 계단 아래에서 배례(拜禮)하였다.125)

『고려사』에는 원이 건국된 이후 원 사신의 영접의례에 대한 별도의 규정은 보이지 않는다. 하지만 『고려사』 북조사신영접의례는 원에도 해당되는 것으로 보인다. 하지만 위의 G-7,8 기사의 원 사신영접 사례에서 볼 수 있듯이 고려 말 원에 대한 사대가 강화됨에 따라 왕이 친히 교영을 나가는 일이 자주 일어났다. 특히 G-7의 경우를 보면 처음에는 성 밖까지 나가 맞이하지 않았지만 원 조정으로부터 성 밖까지 교영을 나가야 한다는 성관(省官)의 지적에 따라 1275년 이후에는 교영을 나가기 시작했음을 알 수 있다. 이는 고려 말 정치적 혼란과 자주성의 약화를 보여주는 것이라 하겠다.

③ 여말 명 사신영접의례

고려시대 명 사신 영접의례는 〈영대명조사의(迎大明詔使儀)〉, 〈영대명사로사의(迎大明賜勞使儀)〉, 〈영대명무조칙사의(迎大明無詔勅使儀)〉로 나뉜다.

우선 사신이 개경 인근에 도착하기 전에 공관에 막차(幕次)를 설치하고

西門外. 王旣尙公主 雖詔使 未嘗出城而迎. 舌人金台如元 省官語之曰駙馬王不迎詔使 不爲無例 然王是外國之主也 詔書至 不可不迎 至是迎之.

125) 『고려사』 권65 「지」19 예7, 빈례. 十二月丁酉 副達魯花赤入京 王以軍服 率侍臣 出迎于宣義門外 入沙坂宮 開詔. 達魯花赤歸館 百官咸詣謁見 三品以上 階上行揖禮 四品以下 階下拜禮.

가항결채(街巷結綵)하며 금고, 의장, 고악을 갖추고 맞아들인다. 국성 내에도 가항결채하고 궁궐 안에도 절차에 맞게 기물을 배열한다. 사신단이 국문 밖에 도착하기 전, 관리는 왕에게 치보하고 왕은 의장을 갖추어 백관을 거느리고 이들을 맞으러 나간다. 명 사신은 조서의 소지여부와 상관없이 이 과정을 거친다.

아래 [표 23]은 고려의 명 사신 영접의례 절차이다. 명 사신은 조서를 가지고 온 사신과 그렇지 않은 사신을 구분하여 그 의례절차를 달리하였다. 이러한 구분은 조선시대 『세종실록』「오례」나 『국조오례의』에는 보이지 않는 것이다. 아마도 조선시대 이후에는 명에서 조칙을 소지하지 않고 오는 경우가 없었기 때문이 아닐까한다. 보통 중국에서 사신을 보낼 때에는 조서나 칙서를 통해 중국의 요구사항이나 조선의 요청사항에 대한 답칙을 보내는 것이 목적이었으므로 무조칙사에 대한 의례절목의 규정이 의미가 없는 것이었을 수도 있다.

[표 23] 『고려사』의 명 사신영접의례

구분	대명조사의	대명사로사의	대명무조칙사의
도착전 준비과정	• 사신이 입경하면 조정에 치보		공통
	• 왕은 원접사 파견 • 입경지 공관에 악차(幄次)설치, 결채 • 용정, 향안, 금고(金鼓), 의장(儀仗), 고악(鼓樂) 설치 • 伺候(문안인사)하여 영접 인도		• 영빈관에 악장(幄帳)설치 • 가항 결채
	• 국성 내에 가항결채 • 왕궁 내 궐정(闕廷) 설치 • 기물 배열 및 관등에 따라 배위 지정		공통
	• 원접관이 조서를 접견 • 용정에 조서 봉안 • 왕에게 치보		공통
국왕 교영	• 왕이 국문 밖에 교영 나감 • 영접관이 조서를 영접하여 국문 도착		• 왕이 세자 이하 백관을 데리고 성 밖에 교영나감

	• 금고(金鼓)-기로(耆老)-중관(衆官)-왕(王)-의장(儀仗)-고악(鼓樂)-용정(龍亭)-사신(使臣)의 순으로 이동		• 백관이 영빈관으로 향하는 길가에 서서 맞음 • 사자가 내리면 왕과 서로 읍한 뒤 궁으로 향함.
수조의례	• 금고는 좌우로 나뉘고 기로와 중관은 동서로 나누어 섬 • 용정은 전상 중앙에 안치	공통	
	• 사신은 동쪽 배위 • 인례가 왕을 인도 • 인반이 기로와 관리 인도하여 배위함	공통	• 왕은 서쪽 문으로 정전에 듬 • 사신은 동쪽 이용 • 사신은 동쪽, 왕은 서쪽에 배위
	• 사신 남향 • 사신칭유제(使臣稱有制)(樂作) • 왕, 백관의 사배(樂止)	공통	
	• 왕이 향안 앞에서 북향하여 궤(跪) • 관리들이 모두 궤(跪)	공통	• 왕은 북향하고 꿇어앉음 • 사신이 가져온 공첩을 받고 고두하고 일어남
	• 왕이 향을 세 번 올림 • 부복흥평신(俯伏興平身)하고 복위(復位).	• 사신이 위로의 말을 전함 • 선물을 가지고 서향하여 왕에게 전달 • 왕은 이를 받아 좌우신하에게 전달	
	• 사찬이 개독 • 선조관과 전조관이 조서를 봉조관에게 전달 • 봉조관이 선조관에게 전달 • 선조관과 전조관이 조서를 받아 마주 앉음 • 왕과 관리들이 궤	• 사신이 위로의 말을 전함 • 선물을 가지고 서향하여 왕에게 전달 • 왕은 이를 받아 좌우신하에게 전달	• 왕이 사신 앞에 나아가 국궁 • 황제의 안부를 물음.
	• 선조관이 조서를 낭독 • 봉조관이 선조관 앞에서 조서 용정에 안치	• 인례의 창에 따라 부복흥평신	• 사신이 답하면 왕이 고두배 후 평신 • 동서로 서서 재배
	• 사찬의 창에 따라 부복흥평신	• 인례가 왕을 인도하여 나가	• 대좌하여 차를 마신 뒤 왕은

		전상에 오르면 사찬이 사배를 외침	들어가 휴식
	• 사찬이 사배	• 사찬이 필례 라고 외치면 모든 행례가 끝남	• 세자와 사신이 재배 • 제군, 재추, 백관의 순서로 인사
	• 사찬의 신호에 따라 홀을 꽂고 국궁, 세 번 무도, 세 번 고두 • 산호만세(山呼萬歲)를 외치고 홀을 빼어 부복후 평신	• 왕은 전에 들어가 서쪽에 서서 동향 • 사신은 동쪽에 서서 서향 • 인례가 재배를 외치면 모두 재배	• 왕이 나와 사신을 접대하고 향연
	• 예가 끝나면 인례가 왕을 인도하여 나감. • 인반이 관리들을 인솔하여 나감	• 사신은 동계에서 내려가고 왕은 서계에서 내려가며 사자를 보내어 사신을 전송	• 황제의 전언이 있는 사신은 왕이 친히 전송하거나 세자로 하여금 전송 • 전언이 없으면 대신으로 하여금 공관까지 전송
	• 사신이 조서를 반포 • 왕은 사신과 더불어 손님과 주인으로 나뉘어 행례		

『고려사』 빈례에 나오는 북조 사신영접과 명 사신 영접절차의 가장 큰 차이는 바로 입경 전 영접의식이다. 명 사신의 경우는 왕경 인근에서부터 이들을 인도하는 행렬과 영접의식이 따르며 국왕이 국문 밖에 나와 사신을 영접한다. 하지만 북조사신의 경우는 사신이 건덕전에 당도하면 그때 왕이 맞으러 나갔다.

『고려도경』의 수조절차와 『고려사』 빈례의 내용을 비교해 보면 『고려도경』의 송 사신 영접의례는 명 사신 영접의례와 거의 같다고 볼 수 있다. 먼저 사신이 국문 밖에 당도하면 왕이 문무백관을 이끌고 나가 사신을 영접하는 것은 송 사신 영접절차와 명 사신 영접절차가 같다. 궁에 도착하여 조서를 받아드는 수조의례 역시 동일하다. 큰 차이점은 서긍이 고려에 왔을 때에는 사신들이 궁으로 바로 가지 않고 순천관에 들어가 길일을 택하고 입궁일을 기다렸다면 명 사신이 왔을 때에는 왕이 국문 밖에서부터 함께 궁으로 들어가 수조의식을 거행했다는 것이다. 이는 기일이 지체되는 번거로움을 피하기 위해서였다.

『고려도경』과 『고려사』「예지」를 비교해 본 결과 명 사신이 입경 후 왕궁에 들어오기까지 과정은 『고려도경』에 기록된 송 사신 영접절차와 일치하며 왕궁에서의 수조절차 역시 그 절차와 내용으로 볼 때 명 사신 영접의례는 송 사신 영접의례를 그대로 계승한 것으로 볼 수 있다. 그리고 북조 사신영접의례에서 국왕의 교영이 없었던 것은 신진사대부의 명에 대한 사대의식과 북방민족에 대한 반감 혹은 일종의 우월의식의 발로였다.

3) 조선시대

(1) 중국사신에 대한 영접의례

① 입국과 객관에서 영접절차

조선 전기 명 사신의 사행로는 공용경(龔用卿)이 저술한 『사조선록』에 상세히 나온다. 공용경 일행은 1536년(중종 31년)에 명 세종이 태자를 얻자 이를 알리기 위해 조선에 파견한 사신단이었다. 명 사신단은 정사 공용경과 가인 2명, 서리 2명, 의사(醫士) 1명으로 구성된 5인의 정사 수행원, 그리고 부사 오희맹(吳希孟)과 그의 수행원 가인 2명, 서리 2명, 유사(儒士) 1명의 부사 수행인 5인으로 총 12인 밖에 되지 않은 소규모 사신단이었다.[126] 조선시대에 중국이 조선에 파견한 사신단의 규모는 보통 200명 정도였던 것에 비하면 매우 단출한 규모였다.[127]이들의 중국 내 이동경로

---

126) 공용경, 『사조선록』 권1 권말, 「計開」; 동월, 공용경 지음, 은몽하, 우호 엮음, 김한규 옮김, 『사조선록 역주 3-명사의 조선사행록 2』, 소명출판사, 2012.

127) 殷雪征, 「龔用卿出使朝鮮考述-以龔用卿『使朝鮮錄』與朝鮮『丁酉皇華集』爲中心」, 『중국

는 노하(潞河)-삼하(三河)-옥전(玉田)-풍윤(豐潤)-난하(灤河)-영평(永平)-유관(楡關)-산해관(山海關)-동관(東關)-고령(高嶺)-태사하(太沙河)-영원(寧遠)-대릉하(大凌河)-십삼산(十三山)-북진묘(北鎭廟)-반산(盤山)-고평(高平)-사령(沙嶺)-청석령(靑石嶺)-첨수참(甛水站)-봉황성(鳳凰城)-탕참(湯站)-구련성(九連城)-팔참(八站)-압록강의 노선이다.[128] 이는 조선 사신이 중국에 갔을 때 중국 내 이동경로와 일치한다.[129] 조선에 도착한 명 사신은 의주를 출발하여 고양, 벽제를 거쳐 한양에 당도하였다.[130]

공용경 일행의 경우는 2월 20일에 압록강에 도착하였으며 한양에는 3월 10일에 도착하였으니 20일 정도가 걸린 셈이다. 의주에서 한양에 도착하는 데 걸리는 시간은 사신단의 규모와 지역별 체류 기간에 따라 달라졌다. 여러 기록을 참조한 결과 평균적으로 볼 때 보통 20일 정도로 왕복 계산하면 40일 정도였던 것으로 보인다.[131] 공용경 일행이 조선에 왔을 때를 보면 조서영접의가 치러진 곳은 일곱 군데로 의주, 신안, 안흥, 평양, 황주, 개성, 벽제였다. 조정에서는 이 지역에 경영위사(京迎慰使)를 파견하였다. 그리고 이들 객관에서 경영위사들은 공용경 일행을 위해 매번 연회를 베풀었다.[132] 이들을 맞이하기 위해 중앙에서 관리를 파견했

문학』 59, 2009, 235쪽.

128) 동월, 공용경 지음, 은몽하, 우호 엮음, 김한규 옮김, 앞의 책, 2012, 136~137쪽.

129) 김문식, 「명사(明使) 공용경(龔用卿)이 경험한 외교의례」, 『조선시대사학보』 73, 2015, 198쪽.

130) 공용경, 『사조선록』 권1 삼일사직지무. 道里之距; 山川之限; 各道州府郡縣之屬.; 동월, 공용경 지음, 은몽하, 우호 엮음, 김한규 옮김, 위의 책, 2012, 136~148쪽; 김문식, 위의 글, 2015, 200~201쪽.

131) 좀 더 지체된 경우 의주에서 한양까지 28일정도였다. 돌아가는 길은 이보다 더 짧았을 것이므로 넉넉잡아도 50일이 넘지는 않았던 것으로 보인다.(이현종, 「明使接待攷」, 『향토서울』 12, 1961, 112~114쪽.)

132) 공용경, 『사조선록』 권2, 宿新安館[屬定州 國王遣承旨來設宴]; 宿安興館[屬安州 國王遣判尹來設宴]; 謁箕子廟[屬平壤府 國王遣判書來設宴]; 齊安舘登廣遠樓[屬黃州 國王遣議政來設

을 뿐만 아니라 해당 지역의 관찰사와 군사들도 동원되었으며 이들이 이동할 때에도 관할지역에서 도착지까지 호위하였다가 돌아갔다. 이는 사신들이 귀국할 때에도 같은 전송절차를 거쳤다. 국왕은 이동경로의 객관에 예조참판, 이조참판, 승지 등을 보내어 이들을 전송하였으며 해당지역 관찰사와 군사들도 사신이 한양으로 들어갈 때와 마찬가지로 이들을 목적지까지 호위하였다.[133] 위의 사행로는 이후 청 사신의 사행로와도 크게 다르지 않았다. 따라서 이 경로는 조선 초부터 조선말까지 중국사신의 사행로로 지속적으로 이용되고 있었다.

가. 입국절차와 조서영접의례절차

명이 조선에 사신을 파견하게 되면 먼저 요동도사(遼東都司)를 통해 사신단의 인원과 일정, 사신 내조 목적, 출발시각 등의 내용을 담은 패문(牌文)[134]을 조선에 보낸다. 패문을 받은 의주목사(義州牧使)가 평안감사에게 보고하고 평안감사가 서울로 치보(馳報)한다. 그러면 조선 조정은 패문의 내용에 따라 사신영접을 위한 관원들을 임명하여 의주로 파견하고 조정에서는 중국 사신을 맞이할 준비에 들어간다. 가장 먼저 영접도감(迎接都監)을 설치하고 원접사와 관반을 비롯한 관련 업무를 담당할 직책에 사람들을 임명하여 명 사신 입경(入境)에 맞추어 영접준비를 한다.[135]

宴]; 開城太平館次韻[國王遣參判承旨來設宴]; 碧蹄遇雨[屬高陽郡 國王遣議政判書承旨等官來設宴]; 連日國王遣判書承旨來問候 至碧蹄 復遣金議政尹判書朴黃二承旨來迎 因賦此以美之; 書陽川世稿序. 이때 파견되었던 중앙관리는 서울에 가까울수록 관직이 높았으며 인원도 늘었다. 벽제관의 경우를 보면 좌의정 김안로, 예조판서 윤인경, 도승지 박홍린, 승지 황헌이었다.

133) 공용경, 『사조선록』 권1, 三日使職之務, 沿途諸官迎送之禮. (동월, 공용경 지음, 은몽하, 우호 엮음, 김한규 옮김, 앞의 책, 2012, 148~149쪽. 참조)

134) 이 패문의 내용은 『통문관지』 건 권4 「사대」 패문.

135) 『경국대전』 권3 「예전」 대사객조. 朝廷使臣則遣于遠接使于義州宣慰使于五處(並二品以上).

중국사신은 요동도사를 통해 패문을 보내 미리 도착을 통고만 하면 되었으며 국경지역의 의주에 도착해서는 입국허가를 기다리지 않았고,[136] 국경에 도착하자마자 영접의례를 거친 후 한양으로 향했다. 이는 일본이나 야인 등의 교린국이 입조했을 때의 입국절차와는 분명 다르다. 명사가 입국할 때에는 이들의 서계나 증명서를 검토하는 절차는 없었다. 미리 요동도사를 통해 입국통보를 하면 의주에서 중앙으로 사신의 입경을 보고하게 되어 있다. 이러한 관행은 이미 고려 말부터 시행되고 있었다.

H-1. 9월 역관 곽해룡(郭海龍)이 명 수도[京師]에서 돌아와서 말하기를, "황제께서 조서사(詔書使)로 국자감학록(國子監學錄) 장부(張溥)·행인(行人) 단우(段祐)를, 시책사(諡冊使)로 국자감전부(國子監典簿) 주탁(周倬)·행인(行人) 낙영(雒英)을 파견하였습니다."라고 하였다. 우왕이 기뻐서 곽해룡에게 은대(銀帶) 1개, 내구마(內廐馬) 1필을 하사하였다.[137]

H-1은 고려 말 조선에 올 명 사신의 명단과 일정을 담은 패문을 귀국하는 고려 사신을 통해 전달하였다는 내용이다. 이렇듯 패문을 통해 사신의 파견을 알리는 것은 공식적인 절차는 아니었지만 통례로 인정되었고 이는 조선시대에도 그대로 이어졌다.[138] 다음은 『세종실록』에 나와 있는 보고절차이다.

H-2. 평안도 감사가 급히 보고하기를, "사신(使臣)인 내관(內官) 유경(劉景)과 예부 낭중(禮部郎中) 양선(楊善)이 이달 초4일에 요동(遼東)에 이르러

136) 이현종, 앞의 글, 1961, 90쪽.

137) 『고려사』 권135, 우왕 11년9월. 九月 譯者郭海龍 還自京師言 帝遣詔書使國子監學錄張溥·行人段祐·諡冊使國子監典簿周倬·行人雒英來. 禑喜賜海龍 銀帶一腰 廐馬一匹.

138) 엄경흠, 「여말 명 사신의 접빈과 시」, 『한국중세사연구』 22, 2007,263쪽.

5일 동안을 머물다가 초8일에 우리 나라를 향하여 떠났는데, 두목(頭目) 2인과 궤자(櫃子) 30개 입니다."라고 하였다. 즉시 참찬(參贊) 황희(黃喜)를 명하여 원접사(遠接使)를 삼아 선온(宣醞)을 내려 길을 떠나게 하였다.[139]

H-3. 임금이 영접사(迎接使) 판한성부사(判漢城府事) 권홍(權弘)을 의주(義州)로 보내고, 또 장천군(長川君) 이종무(李從茂)를 안주(安州)로 보내고, 여천군(驪川君) 민여익(閔汝翼)을 평양(平壤)으로 보내고, 지돈녕부사(知敦寧府事) 한장수(韓長壽)를 황주(黃州)로 보내고, 평양군(平壤君) 조대림(趙大臨)을 유후사(留後司)에 보내어, 각기 선온(宣醞)을 가지고 가서 사신을 영접하여 위로하게 하고, 상왕이 또한 병조 판서 조말생을 안주(安州)로 보내고, 청평군(淸平君) 이백강(李伯剛)을 유후사에 보내어 사신을 영접하여 위로하게 하였다.[140]

H-2기사는 요동에 도착한 명 사신의 출행을 평양감사가 조정에 보고하는 내용이다. 이 보고가 당도하자마자 조정은 황희를 원접사로 임명하고 입경지(入境地)에 파견하여 영노(迎勞)하도록 하였다. 외국사신이 입국하였을 때 영노의례의 경우 중국은 해당지역 관리가 담당하였지만 일본이나 한국의 경우는 조정에서 원접사를 임명하여 도착지로 파견하였다.

H-3 기사는 세종 즉위년 명에서 사신이 왔을 때 평안감사가 치보하자 명 사신이 지나는 지역마다 영접사를 파견한 기사이다. 이렇듯 명에서 사

139) 『세종실록』 권19, 세종 5년(1423) 3월 8일 기축(己丑)조. 平安道監司馳報 使臣內官劉景,禮部郎中楊善 本月初四日到遼東留五日 初八日 發向本國. 頭目二人 櫃子三十. 卽命參贊黃喜爲遠接使 齎宣醞發行.(국사편찬위원회 『조선왕조실록』 번역문 인용. 이하 『조선왕조실록』의 번역문은 국사편찬위원회 번역문 인용하였음.)

140) 『세종실록』 권2, 세종 즉위년(1418) 12월 18일 계사. 上遣迎接使判漢城府事權弘于義州 又遣長川君 李從茂於安州 驪川君 閔汝翼於平壤 知敦寧府事韓長壽於黃州 平壤君 趙大臨於留後司 各齎宣醞 迎慰使臣. 上王亦遣兵曹判書趙末生於安州 淸平君 李伯剛於留後司 迎慰之.

신이 온다는 보고가 들어오면 이때부터 조선조정은 사신을 맞이하기 위한 만반의 준비를 갖추고 사신 영접에 소홀함이 없도록 매우 신경을 썼다. 그리고 명 사신이 조선에 머무는 날짜와 교린국의 방문일이 겹치면 명사가 돌아갈 때까지 도착지에 교린국 사신을 더 체류하게 하고 때에 따라서는 이들의 상경을 금하기도 하였으며 경연을 중지하기도 하였다.[141] 이러한 전교는 조선조정이 중국사신을 맞느라 다른 나라의 사신들을 맞을 여유가 없었으며 그만큼 신중하게 접대를 준비했음을 의미한다. 사대국에 대한 영접과 교린국에 대한 영접에 커다란 차이가 있었음을 보여준다.

중앙에서 파견된 원접사가 의주에 도착하면 명 사신을 맞을 준비를 한다. 『사조선록』에 나오는 지방 객관에서 이루어지는 영조칙의례[표 24]를 살펴보자. 『사조선록』 출사지례(出使之禮) 편에 영조의(迎詔儀, 조서를 맞는 의례), 개독례(開讀禮, 조서를 열어 읽는 의례), 연도영조의(沿道迎詔儀, 상경하는 연도에서 조서를 영접하는 의례), 알묘의(謁廟儀, 묘를 참배하는 의례)로 나누어 기술하였다. 그중에서 연도영조의(沿道迎詔儀)의 절차를 살펴보자. 연도영조의는 사신들이 의주에서 한양에 이르는 길에 주요 객관에서 조서를 맞는 의식을 정한 것이다.

141) 『세종실록』 권21, 세종 5년(1423) 8월 임술조. 命經筵官曰 限使臣回還停講; 『세종실록』 권44, 세종 11년 4월3일 무인조. 禮曹啓 朝廷使臣今方出來, 野人倭人等除已起程外 勿令上送從之

[표 24] 『사조선록』의 연도영조의[142]

	연도영조의
①	해당지역 도착 5리 전 지방관원이 조복입고 영접 준비
②	집사자가 의장, 용정, 향안을 갖추고 조서 영접
③	용정 가운데 조서를 안치하고 악공은 고악(鼓樂) 연주
④	중앙 관원과 연회를 베푸는 자가 모두 관문 밖에서 영접
⑤	조서를 관사 중앙 대청으로 인도하고 유사(有司)가 궐정과 향안 설치
⑥	관원들이 들어오면 찬의가 '국궁 사배 흥평신'하면 관원들이 절
⑦	사향이 세 번 향을 올림
⑧	찬의가 '국궁 사배 흥평신'하면 각 관원들이 절함
⑨	예가 끝나면 관원들이 나가고 유사가 궐정과 향안 정리

지방에서 연도영조의가 이루어지는 곳은 의주, 신안, 안흥, 평양, 황주, 개성, 벽제의 7개소였다. 이들 지역에서는 관아의 정문과 성문, 거리에 결채하고 오산(鼇山)을 설치하여 잡희를 공연하였다.[143)]

『사조선록』은 명 사신의 영접의례를 기록한 것으로 조선시대 초기부터 행해진 영접절차라고 보아도 될 것이다. 지방 객관에서 이루어지는 연도영조의는 조선후기 『통문관지』에 보이는 압록강 영칙의의 영접절차와 거의 동일하다. 따라서 이 절차는 조선후기까지도 거의 변화없이 그대로 계승되고 있었음을 알 수 있다.

다음은 『통문관지』에 나오는, 청 사신이 압록강을 넘어오면 거행하는 첫 번째 영접의례인 중강연향(中江宴享)이다.

---

142) 공용경, 『사조선록』 권1, 「출사지례」 연도영조의. 동월, 공용경 지음, 은몽하, 우호 엮음, 김한규 옮김, 앞의 책, 2012, 119쪽.

143) 공용경, 『사조선록』 권1, 「출사지례」 연도영조의. 義順新安安興平壤黃州開城碧蹄七處 俱接詔, 凡遇館門城門 俱結綵陳鰲山百戲. 餘則小郡縣故不備儀.

H-4. 강 가운데 남쪽 둑에 연청을 마련한다. 사신이 만약 배에서 내려 잠시 쉬겠다하면 연향 준비를 모두 갖추어 놓고 대기하며 만약 머물지 않고 바로 압록강을 건너면 회거종인(回去從人)만 따로 음식을 대접한다.[144]

H-5. 원접사 정사룡이 압록강을…(중략)…얼음이 두껍게 얼어 사람과 말이 왕래하는데 모두 갈대로 다리를 만들어 건넌다.[145]

『통문관지』에 따르면 청나라 사신들이 압록강을 건너 의주에 도착하기 전 중강(中江) 기슭에 있는 연청에서 잠시 쉬게 되는데 이때 음식과 술이 제공되었다. 하지만 잠시 쉬기만 하고 강을 건너는 경우도 있었다고 하니 이는 항상 시행하는 절차는 아니었던 듯하다. 위 기사를 통해 확인할 수 있는 것은 청 사신에 대한 영노의식은 사신이 의주에 도착했을 때 이루어지는 것이 아니라 건너기 전 적어도 압록강 한가운데 지점까지 영접을 나가 행했음을 알 수 있다. 사신이 바로 강을 건널 경우 연향이 생략되기도 하는 등 공식적 의례절차가 행해지는 것은 아니지만 강 중간지점까지 사신을 영접나간 것은 분명하다.

이렇게 압록강에 도착하면 황제의 조칙을 맞는 의례를 거행한다. 압록강에서 황제조칙을 지니고 온 청 사신의 영노의식절차인 압록강 영칙의는 『통문관지』에 자세히 나와 있다. 그 과정을 정리하면 아래 [표 25]와 같다.

---

144) 『통문관지』 권4 「사대」하, 중강연향. 中江南畔 有宴廳. 使若下船少憩 則供具以待 若不留受而直渡鴨江 則分饋其回去從人.

145) 『중종실록』 권83, 중종 32년(1537) 2월 정사조. 遠接使鄭士龍…鴨綠江 氷堅厚 往來人馬皆由葦橋以渡.

[표 25] 압록강 영칙의중 압록강 도착 시 영접의례[146]

일시	순서	의례절차 내용
도착당일	①	결채, 황장막, 황의장, 용정 및 향정을 강변에 설치
	②	원접사 이하 중국사신을 지영(祗迎)하고 국궁
	③	사신이 칙서를 용정에 안치
	④	원접사 이하 의순관으로 이동

이때 의순관(義順館)으로 이동하는 원접사 및 사신의 행렬은 원접사 일행-의장단[조선의 황의장(黃儀仗)과 중국사신이 가지고 오는 기(旗), 산(傘), 패(牌), 장(杖)]-고악-향정-용정-중국사신의 순으로 이동한다. 이들 행렬의 모습에 대해서는 아래의 〈의순관영조도(義順館迎詔圖)〉(그림 3)를 통해 확인할 수 있다.

[그림 3] 〈의순관영조도(義順館迎詔圖)〉, 1572, 서울대학교 규장각 소장.

146) 『통문관지』 권4 「사대」하, 압록강영칙의.

〈의순관영조도〉는 16세기 명 사신이 의순관으로 들어오는 모습을 그린 것이다. 오른편에 의주성이 보이고 조선의 원접사 일행이 황의장, 향정, 용정을 앞세우고 들어오는 것을 맞이하는 장면을 묘사한 것이다. 왼편에는 압록강이 보이고 압록강의 하중도를 거쳐 명의 사신들이 들어오는 모습을 한 폭의 그림으로 보여주고 있다. 지방 객관에서 중국사신을 맞이하는 영조의는 다른 지역에서도 거의 유사하게 이루어졌다. 〈의순관영조도〉에 보이는 사신영접의 모습은 다음에서 살펴볼 〈황강연조도(黃岡延詔圖)〉(그림 4)와 매우 유사하다. 이들 명 사신의 행렬 모습은 청 사신의 행렬모습과도 크게 차이가 나지 않았을 것이다.

사신행렬이 의순관에 이르면 본격적인 영칙의가 행해졌다. 의순관에서 영칙의는 다음 [표 26]의 의식절차에 따라 행해진다.

[표 26] 압록강 영칙의중 의순관에서 영조의례

번호	의례절차내용	음악
①	원접사 이하 관리들이 마당에 차례대로 배위에 섬	
②	용정도착	음악 연주
③	사신도착, 원접사 이하 국궁한 후 평신	음악 중지
④	원접사 이하 북향	
⑤	사신이 칙서를 받아 탁자에 놓고 동벽에 섬	음악 연주
⑥	원접사 이하 사배례, 삼향, 사배례하고 밖으로 나감	음악 중지
⑦	대통관이 칙서를 궐패실에 넣고 잠금	
⑧	다례 및 견관례(見官禮): 원접사 이하 차례로 들어가 알현	

이것으로 압록강을 건너온 명 사신의 영노의식과 의주 의순관에서 칙서를 맞이하는 의식이 일단락된다. 이 영칙의 절차는 정주, 안주, 평양, 황주, 송경(松京), 홍제원에서도 똑같았고, 이때에는 수상(首相)과 도승지(都承旨)가 어명을 받들어 나가고 이후 국왕에 치보하였다.[147] 의순관에

서 영칙의가 끝나면 이들을 위한 연향이 베풀어졌고, 연향이 끝나면 이들에게 제공될 각종 운송수단 및 호송인 등이 소개된다. 더불어 이들이 이동할 경로와 유숙할 곳에 대해서도 말하자면 브리핑이 따른다. 영칙의를 끝내고 나면 비로소 명 사신은 의주의 객관인 용만관(龍灣館)에 든다. 용만관은 이들을 위로하는 영위연이 베풀어졌던 장소였다.

나. 객관에서 영접과 연향절차

용만관에서는 도착한 사신들을 위한 연향이 베풀어진다. 그 절차는 다음 [표 27]과 같다.

[표 27] 『통문관지』에 규정된 용만연향(龍彎宴饗)에서 양국 사신의 의례 절차[148]

구분	조선 원접사와 영위사	청 사신	
배위	서벽, 북쪽이 상석	북벽에 설치, 서쪽이 상석	
입장		① 중국사신이 나와서 자리에 앉음	
	② 원접사와 영위사가 차례로 읍		
다례	③ 북향하여 다정(茶亭) 설치		
	④ 과반을 진설하고 차를 올리면 모두 차를 마심		음악 시작
주연	⑤ 주구(酒具)를 주정(酒亭)에 차림		
	⑥ 화반과 찬안을 준비하고 영위사가 자리에 내려와 섬	⑦ 사신과 원접사가 내려섬	음악 중지
	⑧ 찬안을 정부사에게 바치고 읍함	⑨ 사신이 자기 자리로 돌아감	음악 시작
	⑩ 찬안을 나머지 사람에게 바침		음악 중지
	⑪ 빈 탁자를 사람들 앞에 놓고 소선(小膳)을 차림		음악 시작
	⑫ 먹기를 마침		음악 중지
	⑬ 영위사가 정사에게 읍하고 술잔을 바침	⑭ 정사가 답례로 읍	음악 시작

147) 『통문관지』 권4 「사대」 하 압록강연칙의.

148) 『통문관지』 권4 「사대」 하 용만연향

			악동(樂童)의 춤
	⑮ 술잔이 정사-부사-원접사-영위사의 순으로 이어짐		
	⑯ 두 번째 술잔이 이어지고 끝으로 영위사가 술을 마시고 읍		음악 중지
		⑰ 정사가 답례로 읍	
	⑱ 영위사가 먹기를 마치고 부사에게 술을 바치는데 의식은 위와 동일		
		⑲ 정·부사와 기타 사람들이 자기 자리로 돌아감	음악 시작
	⑳ 모두 먹기를 마침		음악 중지
	㉑ 원접사가 준소에서 술을 바침		음악 시작 악동의 춤
	• 술잔을 돌리고 읍하는 의식이 반복됨		
	㉒ 완배례		음악 연주, 악동의 춤
	• 나머지 여섯 곳의 객관 연향의 의식도 같음		

용만연향의 절차는 나머지 주요 객관에서 베풀어진 연향절차와 같았다. 각 객관에서 영조칙의가 정해진 순서에 따라 이루어졌듯이 연향도 동일한 절차에 따라 이루어졌다.

중국의 사신이 국경을 넘어 가장 먼저 도착하는 곳은 의주였다. 압록강을 넘으면 압록강변에서 이들을 영접하여 의순관에서 영조칙의를 행한다. 그 다음 사신일행을 의순관으로 인도한다. 이후 거치는 객관은 20여 군데가 되지만 영조칙의가 거행된 곳은 주로 원접사가 파견되는 주요 객관 6개 처였다고 보아야 한다. 의주 다음의 주요 객관은 정주(定州)이다. 정주에서는 영훈루(迎薰樓)[149]가 접대장소로 사용되었다. 다음은 평양이다. 평양에 도착한 사신들은 평양의 단군묘, 기자묘 등 유적지를 돌아보

149) 영훈루는 정주 객관 남쪽에 있었으며 예전에는 정원이라 불리었으며 명 사신 동월이 영훈으로 고쳐불렀다.(『신증동국여지승람(新增東國輿地勝覽)』 권52 평안도 정주목. 迎薰樓 在州客館南 舊名定遠 天使董越改迎薰.)

[그림 4] 〈황강연조도〉, 견본채색, 한국학진흥원.

는 등의 일정으로 인해 다른 지역보다 체류기간이 길어지기도 하였다.[150] 이들이 평양에서 머물렀던 숙소는 대동관(大同館)이었다.[151] 황주(黃州)에서는 객관에 머물렀다고만 되어 있다. 특히 황주에서는 절기나 명절이 겹칠 경우 특별히 객관 동쪽의 광원루(廣遠樓)에서 연향을 베풀었다고 한다. 중국의 사신이 황주에 도착하는 모습은 〈황강연조도(黃岡延詔圖)〉(그림 4)를 통해 그 대강의 모습을 추정해 볼 수 있다.

150) 이현종, 앞의 글, 1961, 103쪽.

151) 『신증동국여지승람』 권51 「平安道」 平壤府宮室條. 大同館則客館.

〈황강연조도〉는 1634년 조선에 온 명 사신이 황주에 도착하자 이들을 영접하는 장면을 그린 그림이다. 〈황강연조도〉는 모두 4종류의 판본이 있는데 등장인물의 숫자나 구성 방식에 약간의 차이는 있으나[152] 당시 명 사신 영접의 모습을 잘 알려주고 있다. 명 사신을 인도하는 조선 측은 평안도관찰사 오숙(吳䎘), 황주 영위사 박노(朴魯) 등 관반들이 말을 타고 가고 있다. 이들 관반의 명단이 광주 구장본 〈황강연조도〉에 나온다. 그에 따르면 조선 측 관반은 24명이었다. 그리고 이들을 호위하는 인물이 뒤 따른다. 그 뒤로 명 황제를 상징하는 황의장-의장기, 황양산, 선(扇), 개(蓋) 등의 의장물을 든 의장대-용정의 순으로 이어지고 있다. 명 사신 의장대 인원은 모두 25명이 그려져 있고 나장과 원역이 약 10인이다.[153] 이렇게 볼 때 명 사신단의 규모와 그들을 맞이하는 지방의 영접행렬단의 규모는 그다지 크지 않았던 듯하다.

개경에는 태평관과 영빈관 두 개의 객관이 있었다. 주로 영빈관[154]에서 묵었던 것으로 보인다. 영빈관은 고려 현종 때에 사신 접대를 위해 회선관(會仙館)을 지으면서 함께 지었던 건물이다. 고려 문종대에는 송 사신을 영접하는 곳으로 순천관이 활용되었다. 금이나 요의 사신은 순천관 뒤쪽의 영은관과 인은관을 사용하였다. 『동국여지승람(東國輿地勝覽)』에는 순천관의 별칭이 영빈관이라고 하였다.

이들 6개 지역의 객관에서 이루어지는 조서영접의례와 연향은 각 객관의 규모나 그때그때의 상황에 따라 어느 정도의 가감은 있었겠지만 압록

152) 이들 판본의 비교는 정은주, 「1634년 명 사신 영접과 〈황강연조도〉」, 『정신문화연구』 36-3, 2013 참조.

153) 전체 인원수는 〈황강연조도〉 판본마다 조금씩 차이가 있지만 10명 내외로 그려져 있다.

154) 『신증동국여지승람』 권4 개성부 상, 궁실. 迎賓館 在午正門外 今爲迎詔及使華送迎之所 舊有迎恩館 順天館疑則此館而隨時異名耳.

강 영칙의와 같았을 것으로 보인다. 절차는 영접준비-용정안치-양국 사신의 인사-조칙서 안치-양국 사신의 배례 및 삼향례-견관례의 순으로 이어졌다. 각 지방 객관에서 치러지는 영조의례는 위의 『사조선록』의 〈연도영조의〉와 『통문관지』를 통해서 조선전기와 후기의 의식절차에 커다란 차이가 없음을 알 수 있다.

이들 사신을 호송하는 행렬에 대해서는 『통문관지』에 나와 있다. 사신 앞에서는 대마 4필과 각각 마부가 4명, 그 다음 좌견마부(左牽馬夫), 서자마두(書者馬頭), 농마두(籠馬頭), 대강마두(擡扛馬頭), 일산봉지(日傘奉持) 각 1인, 인로(引路) 2인, 가교마(駕轎馬), 교자부촉(轎子扶囑), 도서자, 교자색(轎子色) 각 1인 등이 따르며 4명의 통사에게도 호위가 따른다. 그 다음 사신 앞에 취라치, 대각수, 태평소가 각 2쌍, 순시기, 영기가 각 2쌍, 나장과 군뢰(軍牢)가 각 3쌍, 군위군과 장관이 이어지고 대개치는 22명이다. 4명의 통관 앞에는 순시기, 영기 각 1쌍, 나장과 군뢰가 각 1쌍이다. 이들 호위군은 해당 각 도에서 담당하며 다음 도로 넘어가면 교체되었다.[155]

② 입경과 왕궁에서 영접절차

원접사가 인솔하는 명 사신이 한양 근교에 다다르면 관원이 조정에 치보한다. 이때 왕은 왕세자를 비롯해 문무백관을 거느리고 돈의문 밖에 나가 영접한다. 사신이 개성을 지나 서울의 입구인 홍제원(弘濟院)을 거쳐 모화관(慕華館)에 이르게 되면 왕은 위의를 갖추고 모화관까지 교영을 나갔다. 그리고 이곳에서 황제의 조서와 칙서를 맞이하는 영조칙의가 거행되었다. 영조칙의가 끝나면 명사와 왕은 모두 숭례문을 거쳐 경복궁이나 창덕궁에 들어가 선칙의(宣勅儀)를 거행한다. 선칙의가 끝나면 명사 일행

155) 『통문관지』 권4 「사대」, 부마입파조.

은 태평관에 든다. 다음에서는 각 과정에 대해서 살펴보겠다.

가. 교영의

명 사신은 한양 입구인 홍제원[156)]에서 옷을 갈아입고 모화관에 이른다. 왕은 모화관으로 교영을 나갔으며 이곳에서 영조칙의가 거행되었고 이 의식이 끝나면 명 사신과 영접나간 국왕일행은 숭례문을 통과해 경복궁으로 이동하였다. 모화관 건립 전에는 국왕이 반송정(盤松亭)으로 교영을 나갔다.

H-6. 중국 사신 상보사 승(尙寶司丞) 우우(牛牛)와 환자 왕예(王禮)·송패라(宋孛羅)·양첩목아(楊帖木兒) 등이 왔다. 임금이 백관을 거느리고 반송정(蟠松亭)까지 나가서 맞았다.[157)]

H-7. 임금이 백관(百官)들을 거느리고 반송정(盤松亭)에 나가서 사신을 영접하였다. 백관들은 공복(公服)을 갖추어 입고 사신을 맞이하여 대궐의 뜰에 이르렀다. 사신이 전상(殿上)에 오르니 임금이 친히 꿇어앉았다. 사신이 친히 서신 1봉(封)을 주었는데 이는 곧 예부(禮部)의 자문(咨文)이었다.[158)]

H-8. 예조 판서 윤인경(尹仁鏡)과 원접사 정사룡(鄭士龍)이 홍제원(弘濟院)에서 돌아오니 상이 막차(幕次)에서 인견하였다.[159)]

---

156) 『동국여지비고』 권2, 역원조. 洪濟院 洪一作弘 在追慕峴北 高麗成宗乙酉 僧鼎賢所 有樓中朝使臣更衣之所 後廢 仁祖二十六年 撤太平館及仁慶宮材 移構館于 以爲勅使留宿之所.

157) 『태조실록』 권9, 태조 5년(1396) 6월11일 정유조. 朝廷使臣尙寶司丞牛牛 宦者王禮·宋孛羅·楊帖木兒至 上率百官 出迎于蟠松亭.

158) 『태조실록』 권14, 태조 7년(1398) 6월 24일 무진조. 上率百官 出迎使臣于盤松亭 百官具公服 迎至闕(廷)〔庭〕. 使臣上殿 上跪 使臣親(受)〔授〕 書一封 乃禮部咨.

159) 『중종실록』 권84, 중종 32년(1537) 3월 10일 기축. 禮曹判書尹仁鏡 遠接使鄭士龍 來自洪濟院 上引見于幕次.

반송정은 모화관 건립 이전 왕이 백관을 거느리고 명 사신을 맞이하러 나갔던 교영지이다.[160] 하지만 모화관 건립 이후에는 모화관에서 교영하고 영조칙의를 거행하였다. 명 사신 일행은 홍제원에서 잠시 쉬거나 하루 묵었다. 이때 조정에서는 원접사와 판서를 보내 이들을 맞이하게 하였다. 홍제원을 출발한 명 사신 일행은 돈의문이 아닌 숭례문을 통해 경복궁으로 들어갔다. 홍제원에서 가까운 곳은 돈의문임에도 불구하고 숭례문으로 들어간 이유에 대해서는 밝혀진 바 없으나 광해군대의 기록에 한양도성의 정문은 숭례문으로 이 길로 조칙을 맞이하여 들어간다고[161] 한 것으로 보아 돈의문이 아닌 수도의 정문인 숭례문을 통과하는 것이 상례였던 것 같다.

홍제관이나 모화관 이외에 왕이 세자와 우의정을 멀리 벽제까지 보내어 사신을 영접하기도 하였다.[162] 벽제는 서울로 들어오는 관문으로 서울 외곽에 사자(使者)를 보낸 것이다. 그러나 『통문관지』를 보면 순치(順治) 계미년(인조 21년, 1643)에 청 황제는 칙서를 내려 벽제에서 머물렀다가 왕경으로 가지 말고 홍제원에서만 머물러 숙박하고 다음날 바로 왕경에 들어가도록 하였다.[163] 따라서 벽제까지 사신이나 세자를 보내 교영하던 전통은 17세기 중반 이후 없어졌던 것으로 보인다.

나. 영조칙의

『세종실록』의 빈례 관련 기록을 보면 모화관에서 성대한 영접의례가

---

160) 이현종, 앞의 글, 1961, 125~126쪽.

161) 『광해군일기』 권47, 광해군 3년(1611) 11월 갑인조. 兵曹啓曰 崇禮門 自上迎詔勅 正門也.

162) 『태종실록』 권34, 태종 17년(1417) 7월 12일 을축조. 世子迎慰使臣于碧蹄驛.; 『세종실록』 권1, 세종 즉위년 9월 2일 기유조. 遣右議政李原 參贊金漸 迎使臣于碧蹄驛.

163) 『통문관지』 권4 「사대」 하, 郊迎儀. 使以止宿碧蹄 犯夜入京有弊故累請設館于弘濟院順治戊子因有勅旨建置.

이루어졌음을 알 수 있다. 홍제원에는 사신을 보내 중국 사신을 맞이하도록 하였으며 국왕은 모화관으로 나아가 사신을 맞을 준비를 하였다.

H-9. 예조 판서 윤인경(尹仁鏡)과 원접사 정사룡(鄭士龍)이 홍제원(弘濟院)에서 돌아오니 상이 막차(幕次)에서 인견하였다.[164)]

H-10. 황육운(黃陸雲)이 벽제(碧蹄)로 부터 돌아와서 아뢰기를, "원접사(遠接使)가 성상의 하교를 중국 사신에게 고(告)하고, 또 말하기를, '전하께서는 황제(皇帝)의 조칙(詔勅)이 오래도록 초야(草野)에 머물게 함은 마음에 미안(未安)하다 하시어 이미 교외(郊外)에 나와 기다리십니다.'"고 하니…(생략)

H-11. 주서(注書) 황육운(黃陸雲)을 벽제(碧蹄)에 보내어, 원접사(遠接使) 허종(許琮)이 중국 사신에게 고(告)하도록 하기를, "오늘 조서를 맞이하고 내일 칙서를 맞이하는 등의 일은 한결같이 대인이 지시한 바와 같이 하겠습니다마는, 그러나 모화관(慕華館)은 원래가 조서를 맞이하는 곳이므로 본시 방실(房室)이 없어 대인의 침숙(寢宿)은 진실로 어렵습니다. 또 조서와 칙서는 일시(一時)에 반사(頒賜)함은 그 유래가 이미 오래 되었는데, 이제 만약에 다른 날에 행하면 그 고례(古例)에 어떻겠습니까?"하였다.[165)]

H-9 기사를 보면 국왕은 홍제원으로 교영을 나가지 않았고 사자를 보내어 맞아들이고 있었다. 여기서 막차는 모화관에 차려진 막차를 가리키는 것이 틀림없다. H-10 기사에 국왕이 이미 교외에 나와 기다린다고

164) 『중종실록』 권84, 중종 32년(1537) 3월 10일 기축조. 禮曹判書尹仁鏡 遠接使鄭士龍 來自洪濟院 上引見于幕次.

165) 『성종실록』 권214, 성종 19년(1488) 3월 13일 정축조. 遣注書黃陸雲于碧蹄 語遠接使許琮使告天使曰今日迎詔 明日迎勅等事 一如大人所指 但慕華館是迎詔之所 本無房室 大人寢宿實難 且詔勅一時頒之 其來久矣 今若異日行之 其如古例何.

한 곳이 바로 모화관이다. 즉, 모화관이 국왕의 교영지임을 알 수 있다. 모화관은 교영지임과 동시에 조서와 칙서를 맞는 영조칙의도 함께 치러졌다고 보는 것이 타당할 것이다. H-11 기사에 모화관이 조서를 맞이하는 곳임을 분명히 밝히고 있기 때문에 이곳에서 영조서의가 이루어졌음을 알 수 있다. 따라서 사신을 보내 교영하는 곳은 홍제관이고 모화관은 국왕의 교영장소이자 조서를 맞는 곳이었다.

또한 H-10와 H-11 기사를 통해 사신이 도착하기 전 관리를 보내어 중국 사신과 조칙을 영접하는 절차에 관해 끊임없이 문의하고 그의 답에 따라 진행하고 있음을 알 수 있다. 이는 사대외교에서 빈례를 행함에 중국 측에 책을 잡히지 않기 위해 상당히 고심하고 있었다는 것이다.

> H-12. 명나라 사신 태복시 소경(太僕寺少卿) 축맹헌(祝孟獻)·예부 주사(禮部主事) 육옹(陸顒)이 칙서(勅書)를 받들고 왔다. 맹헌(孟獻) 등이 수의(獸醫) 왕명(王明)과 주계(周繼)를 거느리고 이르니, 산붕(山棚)을 베풀고 결채(結綵)하고 나례(儺禮)와 백희(百戲)를 갖추고, 임금이 면복(冕服) 차림으로 군신을 거느리고 서교(西郊)에서 맞아, 의정부(議政府)에 이르러 칙서를 선독(宣讀)하였다.[166]

영조칙의에서 산붕, 결채, 나례, 백희를 준비하고 군신을 인솔하여 나가 서교(西郊)에서 영접하고 의정부에서 선칙하였다고 한다. 여기서 보면 태종이 문무백관을 이끌고 서교[167]까지 교영나갔으며 황제의 칙서를 읽는 의식을 의정부에서 행했음을 알 수 있다. 하지만 이후에는 의정부가

166) 『태종실록』 권2, 태종 1년(1401) 9월 1일 정해조. 朝廷使臣太僕寺少卿祝孟獻 禮部主事陸顒奉勅書來 孟獻等率獸醫王明 周繼至 設山棚結綵 備儺禮百戲 上以冕服率群臣 迎于西郊 至議政府宣勅.

167) 서대문 밖을 이른다. 모화관은 서대문 밖에 있었다.

아니라 창덕궁이나 경복궁으로 이동하여 선칙하였다. 『세종실록』「오례」에는 경복궁 근정전에서 선칙의를 행하는 것으로 나와 있으며 『통문관지』에 따르면 17세기가 되면 선칙의가 인정전에서 행해지고 있었다.

황제의 조칙을 소지하고 오는 사신을 맞이하는 의식은 가례에 포함되어 있다. 이에 대한 의주는 〈영조서의〉와 〈영칙서의〉로 나눈다. 다음 [표 28]은 『세종실록』과 『국조오례의』의 〈영조서의〉의 절차를 정리한 것이다.

[표 28] 『세종실록』「오례」의 〈영조서의〉와 『국조오례의』의 〈영조서의〉

구분	『세종실록』〈영조서의〉	『국조오례의』〈영조서의〉	비고
3일전	• 예조에서 내외관에게 선섭(宣攝)하여 업무를 담당하게 함	• 예조에서 내외관에게 선섭(宣攝)하여, 각기 그 직무를 다하게 함	
전일	〈모화관〉 • 충호위가 모화관 서북쪽에 남향하여 장전(帳殿)을 설치하고 결채 • 숭례문과 가항, 경복궁문에 결채 • 유사가 장전 북쪽에 홍문(紅門) 설치, 결채 • 충호위에서 전하의 악차를 모화관에 남향하여 설치 • 왕세자 악차 동남쪽 서향으로 설치 • 황옥 용정을 장전 가운데 남향으로 설치 • 향정을 용정 남쪽에 설치 • 액정서에서 전하의 지영위(祗迎位)를 장전 서쪽에 북쪽 가까이 동향으로 설치 • 왕세자 이하 문무백관 배위 설치	〈모화관〉 • 전설사가 모화관 서북쪽에 남향하여 장전 설치하고 결채 • 유사가 장전 북쪽에 홍문 설치 • 숭례문과 성내에 가항결채하고 경복궁문 결채	『국조오례의』에는 용정, 향안 설치 과정에 대한 규정은 생략함
	〈근정전〉 • 액정서가 근정전 중앙에 남향하여 궐정 설치 • 궐정 앞에 조안(詔案), 향안 설치 • 사자위(使者位)는 향안 동쪽에 서향으로 설치 • 개독위(開讀爲)를 전계 위에 동쪽으	〈근정전〉 • 액정서는 근정전 중앙에 남향하여 궐정 설치 • 궐정 앞에 조안 설치하고 향안 설치 • 사자의 자리는 향안 동쪽에 서향 • 개독위(開讀位)는 근정전 계단 위에 동쪽에 서향으로 설치	

	로 서향하여 설치 • 전하 지영위(祗迎位)는 전정길 서쪽에 북향 • 충호위가 전하의 소차를 지영위 서쪽에 설치, 악차는 전정 서쪽에 남향으로 설치 • 왕세자의 차는 근정전 문밖과 광화문 밖 길 동쪽에 서향 • 아악서(雅樂署)의 전악이 헌현(軒懸)을 전정 남쪽에 북향하여 설치 • 협률랑(協律郎)의 거휘위를 서계 위에 설치. • 왕세자 및 문무관 일품 이하 관리, 종친의 배위 설치 • 의장대 자리 정함	• 전하의 지영위 전정 길 서쪽에 북향 • 전설사가 소차를 입위 서쪽에 설치하고 악차를 전정 서쪽에 설치 • 사자의 소차를 전정 동쪽에 서향하여 설치 • 왕세자의 차는 근정전 문밖과 광화문 밖 길 동쪽에 서향 • 장악원이 전정 남쪽에 북향하여 헌현 설치 • 협률랑이 거휘위를 서쪽계단에 설치 • 전의가 왕세자 및 문관 일품 이하 관리, 종친의 배위 설치	
당일	• 병조정랑이 금고와 황의장을 갖추고 전악서의 전악이 고악 준비하고 영인(迎引)을 기다림	• 병조정랑이 금고와 황의장을 갖추고 전악은 고악을 장전 앞에 진열하고 영인을 기다림	
	〈초엄〉 • 대가노부(大駕鹵簿)와 의장대 진열 • 판사복이 여연, 어마, 입장마 진열하고 홍례문 밖에 서서 대기하고 기병대와 보병대가 앞뒤에 자리 • 종친 백관은 조방(朝房)에 대기	〈초엄〉 • 홍례문 밖 대가노부와 의장대 진열 • 종친문무백관이 조방을 들고 섬	
	〈2엄〉 • 종친과 백관과 왕세자는 상복(常服)하고 광화문 밖 막차에 좌정 • 어연(御輦)을 근정문 밖에 준비	〈2엄〉 • 의장대가 근정전에 들어와 진열 • 사복시가 근정문 밖에 연(輦) 준비 • 종친문무백관은 상복하고 자리에 나감	
	〈3엄〉 • 왕세자가 막차에서 나오고 전하가 나와 연에 오름 • 전하는 익선관에 곤룡포 • 왕세자 이하 상마하여 시위(侍衛) • 어가가 움직이면 고취가 진작 • 어가가 모화관에 당도하여 막차에 들어가 기다림	〈3엄〉 • 왕세자가 막차에서 나와 자리에 섬 • 종소리가 그침 • 어가가 모화관에 당도하여 막차에 들어가 기다림 • 왕세자, 종친, 문무백관 모두 차로 들어감 • 사자가 당도하면 좌통례가 중엄을	

	• 사신이 도착하면 전하는 면복하고 문무백관은 조복하여 조서를 맞이하는 자리로 감 • 조서가 이르면 전하가 국궁으로 맞이하고 사자는 조서를 용정(龍亭)에 안치 • 전하 이하 모두 평신	청함 • 전하와 왕세자는 면복하고 종친과 문무백관은 조복하고 지영위에 섬 • 조서가 이르면 전하 이하 모두 국궁 • 사자는 조서를 용정에 안치 • 전하 이하 모두 평신	
	〈경복궁 이동〉 • 용정이 모화관을 나섬 • 금고-기병대-종친과 백관-왕세자-대가노부로 연을 탄 국왕-황의장과 고악-향정-용정-사자의 순 • 경복궁에 이르면 하마(下馬)	〈경복궁 이동〉 • 용정이 모화관을 나섬 • 금고-기병대-종친, 문무백관-왕세자-대가노부로 전하가 연을 타고 따르고-황의장-고악-양정-조서가 안치된 용정-사자의 순으로 행렬	
	〈궐내 의식〉 • 종친 백관, 왕세자가 입위 • 황의장은 궐정 앞에 진열 • 용정 정문 통과 • 사자 입궐 • 공인이 축을 두드려 악 연주 • 전하 이하 동향하여 국궁하고 평신한 후 북향 • 용정이 전에 오르면 전하가 소차로 들어감 • 사자가 조서를 조안에 안치 • 공인이 어를 긁으면 악이 그침 • 전하가 소차에서 나와 준비된 배위에 모두 섬 • 사자가 남향하여 조서가 있음을 칭함 • 전하 이하 국궁사배 • 삼상향(三上香) 후 부복후 평신 • 조서전달: 사자-봉조관-선조관-전조관 • 전하 이하 궤 • 전하의 조서 선독: 선조관-봉조관-조안에 다시 안치 • 전하 이하 부복후평신, 국궁사배 • 전하 이하 규를 꽂고 삼무도삼고두 • 전하 이하 만세만세 만만세 외치고 규를 뽑음	〈궐내의식〉 • 전하가 입궐하면 황의장이 궐정 앞에 진열 • 조서와 용정은 정문을 통과 • 사자가 들어옴 • 공인이 축을 두드려 악 연주 • 전하 이하 동향하여 국궁하고 평신한 후 북향 • 용정이 전에 오르고 전하는 소차로 들어감 • 전하가 소차로 들어가고 사자가 조서를 조안에 안치 • 공인이 어를 긁으면 악이 그침 • 사자가 자리에 서면 전하가 소차에서 나와 배위에 섬 • 사자가 남향하고 조서가 있음을 칭함 • 전하 이하 국궁사배 • 삼상향 후 부복후평신 • 조서 전달:사자-봉조관-선조관-전조관 • 조서 전달 후 전하 이하 부복흥평신, 전하 이하 국궁사배 • 규를 꽂고 국궁(鞠躬), 삼무도(三舞蹈) 궤(跪) 삼고두(三叩頭) • 만세 만세 만만세 외치고 규를 뽑음	국궁사배 시 음악 시작하고 절을 마치면 음악 그침

	• 악 시작 • 전하 이하 사배 • 악 그침 • 통례관이 예필(禮畢)이라고 외침	• 악 시작 • 전하 이하 사배흥평신 • 악 그침 • 통례관이 예필이라고 외침	
	〈태평관 연회〉 • 전하가 악차로 돌아가고 궐정 정리 • 전하가 면복에서 익선관과 곤룡포로 갈아입음 • 전에 올라 전하는 동향, 사자는 서향 • 전하와 사자 국궁재배 후 착석 • 다례 • 사자 퇴장, 전하가 근정문 밖까지 전송 • 왕세자가 태평관까지 가서 사자와 돈수재배례(頓首再拜禮). 종친백관도 같음 • 전하 출궁시 병조는 의장과 시위를 처음과 같이 함 • 태평관에서 연회 • 연이 끝나면 영조서의가 끝남	〈태평관 연회〉 • 전하가 악차로 돌아가고 궐정 정리 • 전하가 옷을 갈아입음 • 전에 올라 전하는 동향, 사자는 서향 • 전하와 사자 국궁재배 후 착석 • 다례 • 사자가 태평관으로 이동 왕세자가 따라감 • 사자가 나가면 병조는 모든 위장을 처음 전하가 궁을 나갈 때와 같은 노부 • 연회가 끝나면 의장대를 해산	

그 내용을 구체적으로 들여다보면 사신 당도 3일 전부터 조서를 맞을 준비를 하고 그 전날 모화관 서북쪽에 임시거처인 장전을 설치하고 장전에서 숭례문 그리고 경복궁 및 경복궁에 이르는 모든 거리에 결채를 한다. 당일 왕과 왕세자, 종친 그리고 문무백관이 모두 모화관까지 교영을 나간다. 이때 어가행렬은 대가노부(大駕鹵簿)이다. 모화관에서 조서를 용정에 안치하고 경복궁까지 행렬이 이어진다. 중국 황제의 조칙 수여식은 경복궁의 정전인 근정전 앞뜰에서 거행하였다. 이러한 조선전기의 의식절차와 사신영접행렬은 조선후기 『통문관지』와 비교해 볼 때 거의 변화가 없음을 알 수 있다. 오히려 『통문관지』의 내용보다 『세종실록』과 『국조오례의』의 의식절차 내용이 훨씬 풍부하다. 따라서 『세종실록』「오례」와 『국조오례의』의 빈례가 18세기까지 그대로 계승되어 적용되었음을 알

수 있다.

먼저『사조선록』의 영조칙의례를 보자. 공용경은『사조선록』에 영조칙의례를 상세히 기술하였는데 당시 중국사신영접의 실제운용이 어떠했는지 그대로 보여주고 있다. 공용경은『사조선록』을 '영조지의(迎詔之儀)', '개독지의(開讀之儀)', '연도영조지의(沿途迎詔之儀)', '알묘지의(謁廟之儀)'로 나누어 구성하였다.[168] 이를『세종실록』「오례」의 절차와 비교하면 영조지의는 영조칙의, 개독지의는 선칙의, 연도영조지의는 지방 객관에서 이루어지는 영조칙의례를 가리킨다.

명 사신과 국왕이 경복궁에 이르는 길의 행렬은 금고(金鼓)-기마대-유생-문무백관-왕세자-국왕=황의장(黃儀仗)-고악(鼓樂)-향정(香亭)-용정(龍亭)-황제의 하사품-조사(詔使)의 순서이다.[169] 국왕이 명 사신을 맞아 교영하고 모화관에서 영조서를 영접하는 의례를 행하는 절차는『세종실록』「오례」및『국조오례의』와 일치하며『통문관지』의 순서와도 동일하다.[170] 따라서 모화관에서 정궁까지 행렬은 국초부터 변화없이 그대로 이어지고 있었던 것임을 알 수 있다.

모화관에서 교영과 영조의를 거행하고 경복궁 근정전[171]에서는 국왕이 조서를 읽고 반포하는 의식을 거행한다. 바로 공용경이 개독지의라고 한 것이다. 이는 왕이 황제의 조서를 받들고 읽는 의례절차이다.『사조선록』에 기록된 행례 절차는 다음 [표 29]와 같다.[172]

---

168) 공용경,『사조선록』, 卷首, 使朝鮮廳序, 其一曰出使之禮. 所謂出使之禮有四 一曰迎詔之儀, 二曰開讀之儀 三曰沿途迎詔之儀 四曰謁廟之儀 此皆出使禮節之大者也 故居其首.

169) 공용경,『사조선록』권1「출사지례」, 영조지의; 동월, 공용경 지음, 은몽하, 우호 엮음, 김한규 옮김, 앞의 책, 2012, 112~114쪽.

170)『세종실록』「오례」가례, 〈영조서의〉;『국조오례의』권3 가례, 〈영조서의〉.

171)『통문관지』를 보면 17세기에는 선칙의가 인정전에서 이루어졌다.

172) 공용경,『사조선록』권1「출사지례」, 〈개독지의〉.

[표 29] 『사조선록』의 영조의와 개독례

영조의	개독례
• 3일 전 예조의 영접준비	• 당일 근정전 중앙에 남향으로 궐정(闕廷)[173] 설치
• 하루 전 전설사(典設司)에서 모화관에 남향으로 장전설치, 결채	• 조안(詔案)[174]은 궐정 앞에, 향안은 조안 남쪽에 설치
• 장전 북쪽에 영조문(迎詔門) 설치, 결채	• 조사의 위(位)는 향안의 동쪽(서면)에 설치, • 개독안(開讀案)은 궁전 계단 위 동쪽에 서향으로 설치
• 숭례문, 거리 및 경복궁에 결채	• 국왕의 위(位)는 궁전 뜰 길 서쪽에 북향으로 설치
• 전설사가 국왕의 악차를 모화관에 설치	• 전설사는 조사의 임시거처를 궁전 뜰 동쪽에 설치하고 국왕의 임시거처는 서쪽에 설치
• 황옥(黃屋) 용정(龍亭)을 장전 중앙에 남향으로 설치하고 향정을 그 남쪽에 설치	• 장악원은 헌현을 북향으로 설치하고 협률랑(協律郎)[175]이 깃발 드는 자리를 서쪽 계단 위 서쪽 가까이 동향으로 설치
• 인의(引儀)가 왕세자의 배위를 장전 남쪽에 북향으로 설치하고 문무백관과 유생의 배위는 왕세자 남쪽에 북향하여 설치	• 전의(典儀)는 왕세자의 위(位)를 길 동쪽 북향 • 문무백관은 궁전 뜰 동서로 나누어 섬 • 유생은 근정전 밖에 동서로 나누어 섬
• 당일 병조정랑이 의장(儀仗)과 금고(金鼓) 준비	• 조서가 경복궁에 이르면 왕세자부터 차례로 들어와 섬 • 국왕이 동쪽문으로 들어와 자리에 서고 의장이 들어와 진열
• 전악(典樂)은 장전 앞에 고악(鼓樂) 준비하여 진열	• 조서와 용정이 들어오면 의식 시작
• 조사(詔使)가 당도하면 왕과 왕세자는 면복하고 문무백관은 조복을 입고 배위로 나아감	• 협률랑이 깃대를 들고 악공이 축(柷)[176]을 두드리면 악이 시작
• 조사가 조서를 용정에 둠	• 국왕 이하 북향하고 섬
• 찬의가 국궁 오배 삼고두 흥평신하면 왕 이하 모두 절	• 조사가 조서를 조안에 놓으면 악공이 어(敔)[177]를 두드려 음악을 그침
• 마치면 용정이 길로 나서고 경복궁으로 감	• 인례가 조사를 인도하여 자리로 가면 국왕이 배위(拜位)로 나감
	• 조사가 남향하여 '제(制)'가 있다고 하면 찬의가 '국궁 사배 흥평신'을 외치고 음악 시작. 국왕 이하 절함. 음악 그침
	• 국왕이 향안 앞에 올라 북향하고 꿇어앉아 향을 세 번 올림

	• 국왕이 자리로 돌아가면 조사가 봉조관(捧詔官)에게 조서를 줌 • 봉조관이 들고 나가 조서를 읽는 자리로 돌아가 선조관(宣詔官)에게 줌 • 찬의가 '궤(跪)'하면 모두 꿇어앉고, 찬의가 다시 부복흥평신을 외치면 음악시작 • 국왕 이하 절. 음악 그침
	• 찬의가 '진규(搢圭) 국궁(鞠躬) 삼무도(三舞蹈) 궤(跪) 삼고두(三叩頭)' 외치면 국왕 이하 동일
	• 찬의가 '산호(山呼)'하면 국왕이 손을 맞잡고 이마에 대고 '만세(萬歲) • 두 번 더 반복
	• 찬의가 '출규(出圭) 부복(俯伏) 흥사배(興四拜)' • 음악이 시작되고 국왕 이하 절함
	• 음악이 그치고 찬의가 '예필(禮畢)'이라고 하면 왕이 장막으로 들어감
	• 왕세자 이하 모두 나가고 정리

『사조선록』에는 절차를 간략하게 소개하고 있기는 하지만 『세종실록』 「오례」와 『국조오례의』의 영조칙의례와 일치한다. 공용경은 모화관에서 영조의와 근정전에서 개독의를 구별하여 기록한 반면 『세종실록』 「오례」와 『국조오례의』는 이 두 가지를 영조서의(영조칙의)에 모두 포함해서 규정하고 있는 것이 다를 뿐이다. 이 절차를 통해 확인할 수 있는 것은 조선 국왕은 조서를 받을 때 항상 북향하고 있어 중국에 대해 신하로서의 예를 따르고 있음을 알 수 있다. 영조칙의례가 끝나면 왕과 왕세자와 중국 사

173) 대궐의 뜰이라는 뜻으로 궁안에 임시로 설치된 것으로 중국 조정을 의미한다.

174) 칙서가 있으면 칙안(勅案)을 놓는다.

175) 장악원 소속 관원으로 제향이나 연회에서 풍악을 알리는 일을 담당한다.

176) 목제 타악기. 음악을 시작할 때 연주한다.

177) 범이 웅크린 형상을 한 악기로 27개의 톱날을 나무로 된 채로 타서 연주한다. 음악이 끝나는 것을 알린다.

신의 상견례가 뒤를 잇는다.[178]

다. 연향

사신이 도착하고 조서를 영접하는 의례가 모두 끝나고 난 그 다음날부터 본격적인 연회가 실시되는데, 『사조선록』을 보면 공용경 일행에게 성균관에 알성(謁聖)간 날을 제외하고 돌아갈 때까지 7박 8일간의 한양 체류기간 동안 매일 연회를 베풀었다. 『통문관지』 권4 「사대」 〈입경연향의(入京宴享儀)〉에도 한양에 당도한 중국사신을 접대하는 연회에 대해 설명하고 있다. 아래 [표 30]은 『사조선록』의 연회와 『통문관지』에 나오는 연회를 비교한 것이다.

[표 30] 『사조선록』과 『통문관지』의 연회 비교

『사조선록』(16세기)			『통문관지』(18세기)		
연회	참석자	장소	연회	참석자	장소
하마연	국왕, 배신	태평관	하마연	국왕, 배신	태평관
익일연	국왕	태평관	익일연	국왕	태평관
특별연회	왕세자	태평관	인정전청연	국왕	인정전 또는 태평관
특별연회	국왕, 왕자	경회루	회례연		태평관
환다례/연회	국왕	근정전	별연		태평관
상마연	국왕, 의정, 판서, 승지	태평관	상마연		태평관
전별연	국왕, 왕자, 의정, 배신	모화관	전연		교외

178) 『문종실록(文宗實錄)』 권2, 문종 즉위년(1450) 7월 癸亥條. 왕세자가 문무백관을 인솔하여 태평관으로 가서 상견례하는 절차 나온다.(禮曹啓王世子與使臣 相接儀 前一日忠扈衛 設王世子幕次於大平館大門內西庭東向 其日迎接都監 設使臣拜位於館後廳東壁西向【設席】設王世子拜位於西壁東向【設席】王世子出宮 侍衛如常 至大平館幕次 陽傘侍衛如常 通事詣使臣所傳告王世子行相見禮 通事引使臣 出就拜位西向立 副知通禮引王世子 入自西門由西階【陽傘及侍衛官 止於階下】陞就拜位東向立【副知通禮 跪王世子拜位之南 贊拜】王世子與使臣再拜【頓首】又與副使再拜【頓首】副使答再拜【頓首】訖 副知通禮引王世子 出就幕次 還宮 侍衛如來儀 使臣回還時 王世子詣大平館 行禮如初 從之.).

16세기 중반 명 사신접대와 18세기 청 사신 접대의 절차는 거의 일치하고 있다. 『사조선록』에는 하마연이 도착 당일 태평관에서 치러졌으나 『통문관지』를 보면 도착 다음날 이루어지고 있음을 알 수 있다.[179] 이는 특별한 의미를 갖고 있다기보다 사신들이 도착 당일에 연회까지 하기 어려운 점을 고려하여 그렇게 한 것이 아닐까 한다. 그리고 공용경 일행에게 베풀었던 경회루 연회는 국왕과 왕자들이 모두 참석한 가운데 열렸던 것으로 국왕의 초청으로 열린 특별연회였던 것으로 생각된다.[180]

국왕이 사신을 접대하는 의례에 대해 『사조선록』에는 크게 〈국왕다례지절(國王茶禮之節)〉과 〈국왕연향지절(國王宴享之節)〉로 나뉘어 있는데 전자는 근정전에서 베푼 다례를, 후자는 하마연을 가리킨다. 이 다례의 경우 명 사신에게만 있었던 영접이며 일본, 유구 및 여진의 사신이 내조했을 경우에는 다례절차가 없었다.[181]

주로 태평관에서 열렸던 연향절차를 보자.[182] 여기서는 다례와 주례가 연이어 이어진다. 먼저 태평관을 찾은 국왕을 사신이 중문 밖으로 나가 맞이한다. 이어 정청으로 올라 좌석에 앉는다. 여기서 국왕의 자리는 서쪽(동면), 사신의 자리는 동쪽(서면)이다. 이에 대해서 김문식은 근정전 다례와 마찬가지로 손님에 대한 예우차원의 배위라고 하였지만[183] 이 경

179) 『통문관지』 권4 「사대」, 입경연향의. 동월, 공용경 지음, 은몽하, 우호 엮음, 김한규 옮김, 앞의 책, 2012, 123쪽.

180) 동월, 공용경 지음, 은몽하, 우호 엮음, 김한규 옮김, 같은 책, 2012, 123~129쪽; 김문식, 앞의 글, 2015, 213쪽.

181) 한형주, 「대명의례를 통해 본 15세기 조-명관계」, 『역사민속학』 28, 2008, 65~66쪽.

182) 공용경, 『사조선록』 권1 「방교지례」, 국왕연향지절. 동월, 공용경 지음, 은몽하, 우호 엮음, 김한규 옮김, 위의 책, 2012, 123~129쪽.

183) 김문식, 앞의 글, 2015, 215쪽. 그런데 공용경이 동서의 배위에 대해 불만을 표하며 빈주는 남북으로 나누어 앉아야 한다고 제안하였지만 조선은 받아들이지 않았다.(『중종실록』 권32, 중종 32년(1537) 3월 10일 기축조.) 당 『개원례』의 경우 주동객서의 원칙이 적용되었는

우는 근정전 다례와는 다른 의미에서 주동객서(主東客西)원칙이 적용된 것으로 보인다. 즉, 객관의 주인은 명 사신이며 객관을 방문한 국왕은 손님 자격이 되는 것이므로 주동객서의 원칙이 적용된 것이라고 보아야 하지 않을까 한다. 다만 하마연, 익일연 그리고 상마연에서 국왕과 사신의 자리는 번갈아가며 동서로 이동하였다. 이는 당시 공용경과 조선 조정 사이에 있었던 여러 차례에 걸친 의례절차 논쟁이 있었는데 그 결과 서로에 대한 배려 차원에 그렇게 했던 것이 아닌가 한다. 다례지절과 연향지절에서 국왕과 중국 사신의 배위를 결정하는 원칙은 기본적으로 중국의 관례와 사대-조공의 관계 속에서 결정되었던 것이다.

다례지절은 비교적 간략하지만 연향지절은 상당히 복잡한 절차를 거친다. 술잔을 건네는 절차, 술잔이 도는 횟수와 순서, 술잔을 주고받을 때의 인사 등 행례절차가 복잡하다. 여기서 술잔은 도합 7번이 돈다. 첫 번째 술잔이 도는 순서는 정사-국왕-정사-부사-국왕-부사-정사-부사의 순이며 이렇게 술이 한차례 돌고 나면 그에 맞는 찬안(饌案)과 화반(花盤)이 나오고 국왕 이하 왕세자와 종친, 재신의 순으로 술잔을 돌린다.[184] 그리고 술을 올릴 때마다 선안, 화반, 소선(小膳), 탕(湯) 등 안주와 기물의 종류가 달라졌다. 『사조선록』에는 공식 연향의례 외에 성균관 알묘의례, 왕세자연향지절을 이어서 설명하고 있다. 성균관에서 알묘하고 명륜당에서 다례를 거행하였다.

마지막으로 방문목적을 마친 사신일행이 귀국할 날을 정하면 이들을 위한 연회가 또 베풀어진다. 이를 전연(송별연)이라 한다.[185] 중국 사신이

데 언제 남북으로 변화되었는지 확인이 어렵다. 남북은 보통 왕과 신하의 관계로 본다. 그래서 영조칙의에서 국왕은 북면하고 사신은 남면한다. 아마 공용경의 이러한 인식은 자신이 황제의 사자이므로 연향에서도 남면해야 한다고 주장한 것이 아닌가 한다.

184) 김문식, 앞의 글, 2015, 217쪽.

임무를 마치고 회정일이 정해지면 이들을 위해 상마연을 베풀고 귀국 당일에 도성 밖까지 가서 전연을 베풀었다.[186)]

중국사신의 영접의례는 입국에서 귀국할 때까지 이러한 다양한 절차를 거쳐 이루어진다. 조선초부터 조선후기에 이르기까지 중국사신을 영접하는 절차에는 커다란 변화가 없음을 비교를 통해 살펴보았다. 중국사신 영접과정에서 일관되게 지켜지는 것은 바로 중국에 대한 사대이다. 영접의례절차를 미리 사신단과 접촉하여 묻고 그들의 요청에 따라 의식이 진행되었다. 종종 조선은 관례나 자주성을 위해 조선의 의사를 관철하는 경우도 있었지만 당시 중국과 조선의 관계를 규정하는 책봉-조공국의 관계는 그대로 유지되었다. 이들에 대한 영접의례와 연향의례는 다음에서 살펴볼 일본 사신에 대한 의례와는 매우 커다란 차이가 있었다.

(2) 일본사신에 대한 영접의례

일본과의 외교관계는 고대 이래로 오랜 기간 갈등과 우호가 반복되면서 확립된 것이었다. 특히 고려 말 남서해안을 침입해오던 왜구 문제를 처리하는 과정에서 비롯되었다. 이들은 남서해안 지역을 중심으로 활동하고 있었으며 이로 인해 일본과의 관계가 악화되고 있었다. 조선 초기 여러 차례에 걸쳐 왜구 토벌이 이루어지기도 하였다. 일본에서는 막부체제가

185) 『경국대전』 「예전」 대사객(待使客)조. 朝廷使臣…(중략)…及還 餞宴.

186) 『통문관지』 권4 「사대」, 입경연향의; 『태조실록』 5권, 태조 3년(1394) 2월 19일 기축조. 己丑/朝廷使臣金仁甫 張夫介還 上撰奏本一道 就附以進 率群臣送至宣義門; 『태조실록』 5권, 태조 3년(1394) 3월 19일 무오조. 戊午/使臣內(使)〔史〕 盧他乃等還京師 上率群臣 送至迎賓館; 『태조실록』 10권, 태조 5년(1396) 7월 19일 갑술조. 甲戌/使臣宋孛羅先還京師 上率百官 送于盤松亭 使臣牛牛送至留後司而還. 조선초 국왕의 전별지는 선의문, 영빈관 또는 반송정까지였으나 『경국대전』에 따르면 국왕과 백관의 전별지는 모화관으로 규정되어 있다.

성립되었지만 일본 내에서 이들의 통제력이 아직은 강력하지 않았던 것으로 파악한 조선은 여전히 왜구에 대한 인식이 개선되지 않고 있었다.[187)]

하지만 1401년 명은 무로마치(室町)막부의 3대 장군 아시카가 요시미쓰(足利義滿)의 조공사 파견을 계기로 그를 일본국왕에 봉하는 교서를 내리게 되었다. 그리고 요시미쓰는 1403년 영락제(永樂帝, 재위:1402~1424)의 즉위를 축하하는 방물을 진상하는 표문인 '일본국왕신원표(日本國王臣源表)'을 보내면서 처음으로 일본국왕이라 칭하였다. 이로써 일본은 조공을 통한 명 중심의 외교질서에 편입되었다.[188)] 이에 따라 조선 역시 '일본국대장군'이라는 명칭 대신 '일본국왕'으로 바꾸어 불렀으며 그가 보낸 사신도 '일본국왕사'라 하였다.[189)] 하지만 이러한 상황에서도 조선은 일본에 대한 의례수준을 정하는 논의가 본격적으로 이루어지지 못하고 있었다. 이는 당시까지 일본을 외교의 대상으로 고려한 적이 없었던 까닭에 새롭게 등장한 일본에 대한 의례절차가 규정되어 있지 않았기 때문이었다.[190)] 태종 이후 건국 후 혼란상황이 수습되고 의례정비가 본격화되면서 비로소 이에 대한 논의가 이루어졌고 실무적 경험을 토대로 태종 4년(1404)에 일본사신 접대를 위한 의례절차를 정했다.[191)] 그리고 이것이 『세종실록』「오례」에 포함되었고 이후 조선의 대일 빈례로 확립되었다. 일본사신에 대한 영접의례는 『조선왕조실록』과 『세종실록』「오례」, 『국조오례의』 그리고 15세기 외교실무서라 할 수 있는 신숙주가 쓴 『해동제국기』, 18세기의 『통문관지』, 『증정교린지』를 통해 확인할 수 있다. 이들 의례서와 외교 실무서를 중심으로

---

187) 윤승희, 「조선초 대일빈례의 정비와 '수인국서폐의'」, 『조선시대사학보』 70, 2014, 10쪽.

188) 민덕기, 「실정막부시대의 대명 책봉관계의 성립과 변화」, 『청대사림』 6, 1994, 192~194쪽.

189) 『태종실록』 권8, 태종 4년(1404) 10월 임진조. 日本國王使周棠等 詣闕告還 上御無逸殿見之 命代言等饋之.

190) 윤승희, 위의 글, 2014, 14쪽.

191) 윤승희, 같은 글, 14쪽.

일본에 대한 사신영접절차와 영접행사에 대해 알아보도록 하겠다.

① 입국절차와 영접의례절차

조선전기까지 일본에 파견된 통신사는 총 8회였지만 무로마치막부 이후 조선에 파견된 일본국왕사는 약 70회에 이른다.[192] 조선후기 도쿠가와막부가 들어서고 양국의 국교가 재개되면서 이후 1811년까지 조선은 12차례에 걸쳐 통신사를 일본에 보냈다.

일본사신이 조선에 내조하면 조선조정에서 정한 길을 따라 상경해야 했다.[193] 이 상경로는 상황에 따라 종종 변경되기도 하였다.『세종실록』의 기록을 토대로 왜사의 상경로를 추정하면 다음 [표 31]과 같다.

[표 31] **세종대 왜사(倭使)의 상경로**

도착항	상경로
내이포	창원(昌原)·성주(星州)·옥천(沃川)·청주(淸州)·진천(鎭川)·죽산(竹山)·용인(龍仁)·한강(漢江)
부산포	동래(東萊)·양산(梁山)·밀양(密陽)·청도(淸道)·대구(大丘)·인동(仁同)·상주(尙州)·문경(聞慶)·연풍(延豐)·괴산(槐山)음성(陰城)·음죽(陰竹)·이천(利川)·광주(廣州)·광진(廣津)
염포	울산(蔚山)·언양(彦陽)·경주(慶州)·안동(安東)·영천(榮川)·단양(丹陽)·충주·여흥·양근·평구

192) 이 횟수는 사실 성종1년(1470) 이후 일본국왕사를 사칭하는 경우가 많았으므로 실제 일본국왕사의 내조횟수로 보기는 힘들다.(하우봉, 앞의 글, 2011, 71쪽 참조.)

193)『세종실록』권19, 세종 5년(1423) 3월 계사조. 兵曹與議政府 諸曹同議啓 倭客人皆以陸路一處上來 故各驛勞弊.若水路可以行船時 則以水邊各官官船 從洛東江上來 至尙州 守山驛下陸更從陸路 踰草岾至忠州 金遷川 乘船達于京 其供給與曳船人夫 各官相遞支應. 客人騎卜馬不滿十匹者 竝依舊陸路上來. 水路不宜行船時 則除草岾 從增若 竹嶺兩路分道上送. 命如議得 一二度上來後 便否更啓. 중국에 사신으로 갈 때 사신의 상경길과 기간을 정해주는 것과 같다고 할 수 있다.

조선시대 일본 사신들의 도착항은 삼포[194]였는데, 도착한 항구별로 상경하는 노선이 달랐다. 이후 조선조정은 일본인이 상경하는 노정을 지속적으로 변경하는 조치를 내렸다. 이는 사행에 필요한 물자를 인근 지역에서 조달하여야 했는데 그로 인한 백성들의 피해가 적지 않았기 때문이었다. 이렇게 자주 변경되었던 왜인의 상경 노정은 성종대에 가서 확정되었다. 『해동제국기』에는 그 경로와 상경에 걸리는 시간까지도 규정하였다. 이들이 한양에 이르는 길은 육로와 강을 이용한 수로 두 가지가 있었다. 이때 걸리는 상경일수의 경우, 국왕사 및 거추사의 일수와 기타 사신간에 차등이 있었다.[195] 이를 표로 정리하면 다음과 같다.

[표 32] **일본사신의 사행로 및 상경일수**[196]

내이포-한양	육로	부산-청주-한양	13일
		대구-상주-괴산(槐山)-광주-한양	14일
	수로	김해(황산강~낙동강)-창령-선산-충주(김천~한강)-광주-한양	19일
부산포-한양	육로	대구-상주-괴산-광주-한양	14일
		영천-죽령-충주-양근-한양	15일
	수로	양산(황산강~낙동강)-창령-선산-충주(김천~한강)-광주-한양	21일
염포-한양	육로	영천-죽령-충주-양근-한양	15일
	수로	경주-단양-충주-광주-한양	15일

194) 내이포(제포), 부산포(동래), 염포(울산)를 가리킨다. 『통문관지』 원문에는 내이포는 곧 염포하고 하였으나 『해동제국기』에 따르면 내이포는 제포를 가리킨다.(국역 『통문관지』 권5 「교린」 상, 接待日本人舊之事例, 세종대왕기념사업회, 1998, 232쪽 각주참조.) 내이포는 현재 경남 진해 웅천이며 부산포는 동래, 염포는 울산이다.

195) 일본국왕사의 경우 체류기간에 제한이 없었으나 그 외에는 반드시 체류일시를 엄수하도록 하고 있다. 이 체류일수를 어길 경우에는 필요한 식량과 물품을 제공하지 않았다. 단 아프거나 천재지변이 있었을 경우에는 지방 담당관의 증명서를 받으면 예외로 하였다.(『성종실록』 성종2년(1471) 4월 신해조.)

『해동제국기』의 왜사의 사행로는 성종대에 확정되어 임진왜란 발발 전까지 이용되었다. 하지만 이 상경로는 임진왜란 이후 한번도 사용된 적이 없었다. 이는 임진왜란 당시 일본사신의 상경로가 일본의 진격로로 이용되었다하여 조선조정이 일본사신의 상경을 금지하였기 때문이었다.[197] 따라서 이후 일본사신에 대한 외교의례와 연향은 동래에서 행해졌다.

왜인이 입조하게 되면 조정에서는 왜사의 관품에 따라[198] 접위사와 통사를 파견하였다.

H-13. 국왕의 사신은, 3품(品)의 조관(朝官)을 보내어 경통사(京通事)를 인솔하고 삼포(三浦)에 가서 영접케 하고, 돌아갈 때도 호송케 한다. 여러 큰 추장의 사자는, 경통사를 보내어 삼포에 가서 영접케 하고, 돌아갈 때에는 조관이 경통사를 인솔하여 호송케 한다. 대마도주(對馬島州)의 특송사(特送使)와 구주 절도사(九州節度使)의 사자는 향통사(鄕通事)가 인솔하여 상경(上京)하면 조관이 호송케 한다.[199]

---

196) 『해동제국기』「조빙응접기」 상경도로. 自乃而浦 由金山淸州至京城 日行三息 十三日程. 由大丘尙州槐山廣州至京城 十四日程. ○自富山浦 由大丘尙州槐山廣州至京城 十四日程. 由永川竹嶺忠州楊根至京城 十五日程. ○自鹽浦 由永川竹嶺忠州楊根至京城 十五日程. ○自乃而浦水路 由金海 (自黃山江下至洛東江) 昌寧善山忠州 (自金泉至漢江) 廣州至京城 十九日程. ○自富山浦水路 由梁山 (自黃山江至洛東江) 昌寧善山忠州(自金海至漢江) 廣州至京城 二十一日程. ○自鹽浦水路 由慶州丹陽忠州廣州至京城 十五日程. ○國王使 無限日 諸巨酋使以下 過限則計日減料 或病或水漲或未得輸卜不得已留滯者 於所在官 受明文而來 還時同; 『성종실록』 10권 성종2년 4월9일 기사; 이화영, 「15세기 조선과 교린국의 빈례 연구」, 한국교원대학교 석사학위논문, 2009, 48쪽 표 재구성.

197) 하우봉, 앞의 글, 2011, 71~72쪽.

198) 『해동제국기』에 따르면 1. 일본국왕사 2. 거추사: 전산전(畠山殿), 세천전(細川殿), 좌무위전(左武衛殿), 경극전(京極殿), 산명전(山名殿), 대내전(大內殿), 대우전(大友殿), 소이전(小二殿), 3. 구주절도사(九州節度使), 대마도주(對馬島主) 특송사 4. 일반 대신의 사신으로 나눈다.(『해동제국기』「조빙응접기」 諸使定例條. 館待諸使有四例 國王使爲一例 諸巨酋使爲一例(日本, 畠山, 細川, 左武衛, 京劇, 山名, 大內, 小二殿等爲巨酋) 九州節度使 對馬島主特送爲一例 諸酋使 受職人爲一例.)

위 H-13 기사를 통해 조선에 파견되는 사신의 등급에 따라 영접관이 달랐음을 알 수 있다. 조정에서 조관을 파견하는 것은 일본국왕사[200]에만 한정되어 있었고 나머지는 조정에서 영접관을 파견하지 않고 통사가 인솔해서 상경을 인도하도록 하고 있다. 통사의 경우도 국왕사와 거추사는 경통사를 함께 보내지만 그 외에는 향통사에게 맡겼다.

가. 입국절차

왜사는 삼포에 입항하면 먼저 입국허가를 받아야 했다. 이들의 신분을 증명하는 문서에는 여러 종류가 있었는데 도서(圖書)를 비롯해, 행장(行狀), 노인(路引), 문인(文人), 서계(書契) 등이 있었으며 이를 소지하고 있어야 조선조정으로부터 사례품을 받거나 조선에서 자유롭게 왕래할 수 있었다.

> H-14. 일본국(日本國) 서해로(西海路) 미작태수(美作太守) 정존(淨存)이 사람을 보내어 토산물을 바치고, 도서(圖書)를 주기를 청하므로, 예조에 명하여 도서를 만들어 주게 하고, 또 주포(紬布) 10필과 면포(緜布) 133필을 주었다. [201]

---

199) 『해동제국기』 「조빙응접기」 제사영송(諸使迎送)조. 國王使 遣三品朝官 率京通事迎于三浦 還時護送 諸巨酋使 迎于三浦 還朝官率京通事護送 對馬島主特送 九州節度使使 鄕通事率上京 朝官護送 其餘倭人及野人往來 並鄕通事率行.

200) 일본국왕사란 막부정부의 사신을 가리키는 말이다. 『해동제국기』에 보면 일본국왕의 성은 겐지(源)씨이며 정이대장군 미나모토(源賴)가 가마쿠라(鎌倉)막부를 성립한 이후 계보가 기술되어 있다. 그리고 당시 국왕은 무로마치(室町)막부의 8대 장군 아시카가 요시마사(足利義政)라고 했다.(『해동제국기』 「日本國紀」 天王代序 참조.) 조선초 태조대에는 일본국대장군이라 칭했다. 일본 사신의 명칭에 대한 논고로는 한문종, 「조선전기 일본국왕사의 조선통교」, 『한일관계사연구』 21, 2004, 13쪽; 손승철, 「조선시대 통신사연구 회고와 전망」, 『한일관계사연구』 16, 2002, 42쪽 참조.

201) 『세종실록』 권2, 세종 즉위년(1418) 11월 을해조. 日本國西海路美作太守淨存 遣人獻土物 仍請賜圖書 命禮曹造圖書賜之 又賜紬布十匹、緜布百三十三匹.

이는 세종대의 기록으로 도서를 발급했다는 기사이다. 도서는 서계의 진위를 증명하기 위해 서계에 첨부하는 일종의 증명서로써 왜사의 신분을 증명할 뿐만 아니라 정해진 항구와 왜관에 묵을 수 있는 허가서이기도 하였다. 이는 조선에 내왕하는 왜인의 수가 급증하자 이들의 수를 통제하고 관리하기 위해 발급한 것이었다.

H-15. 왜인이 포구에 도착하면 변방의 장수가 서계, 도서, 노인을 검토한 후 매년 조회하러 오는 횟수에 따라 인원수를 정하여 올려 보낸다.【이때 서계가 잘못되어 있으면 다시 돌려보내고 장사를 위해 왕래하는 자의 경우는 관찰사가 매 절기마다 보고한다. 오랑캐 역시 같다.】[202]

H-16. 교지를 내리시기를, "……지금부터는 비록 사신의 배와 상인의 배일지라도 배를 대는 각 포구(浦口)에는 반드시 방비를 설치하고 위엄을 보이며, 먼저 작은 배를 보내어 가서 그들이 온 사유를 물어 사실을 조사한 후에야 오도록 허가할 것이며, 그 전처럼 소홀히 태만하지 말라."하였다.[203]

H-17. 전산, 경극, 무의, 산명, 세천, 내대등전의 대사신들이 포구에 도착하면 소재지 읍의 관찰사에게 전보한다. 그러면 15일 후에 마첩(馬帖)을 지급한다.[204]

위 기록을 통해 볼 때, 일단 왜사가 포구에 도착하면 해당지역 담당관이 배를 보내 이들의 입항목적과 인원 등을 먼저 확인한 후 입항을 허락했다.

202) 『경국대전』 권3 「예전」 대사객조. 倭人到浦 邊將考書契 圖書 路引 依歲朝數上送【書契違格者 還入送 因商販往來者 觀察使每節季摠啓 野人亦依歲朝數上送】

203) 『세종실록』 권15, 세종 4년(1422) 2월 을미조. 宣旨…(중략)… 自今雖使船、商舶所到各浦, 必設備示威, 先使小船往問來由覈實, 然後乃許前來, 毋得似前怠弛.

204) 『대전속록』 「예전」 대사객조. 畠山 京極 武衛 山名 細川 大內等殿大臣使人到浦 所在邑轉報觀察使 給馬帖到後十五日.

항구에 도착하여 입국허가가 나면 일본의 대사신은 해당지역 관찰사에게 도착 보고를 한다. 그러면 관찰사가 이들에게 마첩을 지급하였다. 이들의 입국 자격여부 및 방문목적 그리고 국서의 소지 여부 등을 확인하여 입경 또는 환국을 결정하였음을 알 수 있다. 중국이나 일본 역시 외국사신이 자국 국경에 도착하면 같은 절차를 걸쳤다. 하지만 중국사신이 한국에 들어올 경우, 입국허가가 별도로 필요하지 않았고 사신방문 이전 요동태수로부터 도착 패문을 받고 조정에 조선 관리가 치보하는 형식이었다.

나. 입경허가

그 다음 입국허가를 받은 왜사들은 포구의 왜관에 안치된다. 그리고 여기서 입경허락을 받을 때까지 묵게 된다. 하지만 입국한 왜인들이 모두 입경할 수 있는 것은 아니었다. 이는 중국의 경우에도 살펴보았듯이 상경이 허락되는 자는 사신단의 일부이다. 일본 사신이 한국에 들어왔을 때도 마찬가지였다.

입경 허가가 나오는 과정을 보자. 먼저 해당지역 관찰사는 예조에 이들의 입국을 알린다. 그리고 중앙의 회신을 받아 입경 인원수를 정하고 이들을 입경하도록 한다. 왜인들은 조정의 회신을 받을 때까지 기다려야 했다. 하지만 실제로는 왜인들이 이 규정을 위반하는 사례가 속출하여 통제가 어렵게 되자 아예 이들이 통과하는 지역의 담당관이 이들의 일정을 기록하여 다음 역으로 전달하도록 하였다.[205] 보통 회신이 오기까지는

205) 『성종실록』 권54, 성종 6년(1475) 4월 23일 신축조. 禮曹啓 今承傳教 輪對者有言 倭使到三浦則所在守令考書契報監司 待監司發馬文字 到後給料 留五日上送. 其定五日限者 欲其不費糧也. 但慶尙道四履阻遠 文移往復之間 動經旬月 糧料從以虛費 其弊不可不救 其商議以啓. 臣等參詳 倭使到浦 稽留虛費 誠如輪對之言. 今後特送倭使外 歲約倭船 守令同節制使 考書(啓)〔契〕驗圖書 若無詐僞 卽令乘驛上京 兼報監司. 但倭使分泊于三浦 如不文移質問 則數外之船難以審知 其未登途之前 三浦互相驗問 一依歲約之數上送 從之.

1~2개월 정도 소요되었는데 중앙관리가 회신을 갖고 오기 전에 왜사가 출발하여 한강에 먼저 도착하는 경우도 생기자 이를 방지하기 위해 왜사가 오면 중앙에 치보만 하고 회신은 하지 않는 것으로 하였으며, 대신에 치보 후 5~6일 지나 상경하도록 조치를 취하였다.[206] 입국한 왜사의 인원은 많게는 500명이 넘기도 하였다.

H-18. 예조에서 계하기를, "일본 국왕의 사신으로 온 상관인(上官人) 규주(圭籌)가 타고온 배가 16척이며, 거느린 사람이 5백 23명입니다. 이제 돌아가면서 한 달 양식과 각 선(船)의 초둔(草芚)을 청구하나, 이상 인원수에 대한 한 달 양식이 2백 9석 3두(斗)이니, 그 수량대로 다 주는 것은 미편(未便)하오니 반 달분 양식 1백 4석 9두와 초둔(草芚)은 요량하여 적당한 수량을 주어 보내게 하소서."하니, 그대로 따랐다.[207]

이는 귀국하는 일본국왕사의 식량제공에 관하여 예조에 올린 글이다. 사신 523명을 위해 식량을 제공하기로 결정한 것이다. 사실 이들이 모두 입경한 것은 아니었다. 이들은 일본에서 온 사신단 전체 규모일 것이며 실제 입경한 인원은 이보다 훨씬 적었다. 『해동제국기』에는 왜사의 상경 인수에 대한 규정이 있다.

---

206) 이현종, 「조선초기왜인접대고(중)」, 『사학연구』 4, 1959, 83쪽.

207) 『세종실록』 권23, 세종 6년(1424) 2월 기유조. 禮曺啓 日本國王使送上官人圭籌 其所乘船十六隻 所率人五百二十三名 今還歸時一朔粮及各船草芚 請之 然上項人一朔料 則 二百九石三斗 依數題給未便 今姑以半朔料 一白四石九斗及草芚 酌量入送從之.

[표 33] 왜인 상경인 수[208]

<table>
<tr><th>사절단의 종류</th><th colspan="2">상경인수</th><th>특이사항</th></tr>
<tr><td>국왕사</td><td colspan="2">25인</td><td></td></tr>
<tr><td>거추사</td><td colspan="2">15인</td><td></td></tr>
<tr><td>특송사자</td><td colspan="2">3인</td><td>특별한 경우에는 인원을 배로 함</td></tr>
<tr><td>구주절도사사</td><td colspan="2">1인</td><td>짐이 5바리가 넘으면 1인 추가하되 5인 초과 못함</td></tr>
<tr><td>제추사</td><td colspan="2">1인</td><td>짐이 5바리가 넘으면 1인 추가하되 3인 초과 못함</td></tr>
<tr><td rowspan="2">수직인</td><td>당상관</td><td>3인</td><td></td></tr>
<tr><td>상호군 이하</td><td>2인</td><td></td></tr>
<tr><td>대마도</td><td colspan="2"></td><td>배는 50척, 배 1척마다 1인. 짐 5바리마다 1인 추가하되 2인 초과하지 못함</td></tr>
</table>

규정에 따라 입경 허가를 받은 왜사는 앞에서 살펴본 상경로를 따라 한양으로 이동하게 된다. 『통문관지』 권5 「교린」에 보면 일본에서 오는 사신은 크게 일본국왕사, 거추사, 특송사 등으로 등급이 나뉘는데, 이들의 등급에 따라 조정에서 파견하는 접위관[209]의 관등이 다르다. 하지만 이들의 상경을 위한 절차는 임진왜란 이후 행해지지 않았다. 앞에서 언급했듯이 일본사신의 입경이 사실상 금지되었기 때문이다.

② 지방 객관에서 영접

조선전기 일본사신에 대한 연향은 삼포에서 하는 삼포연(三浦宴), 상경 도중에 객관에서 하는 노연(路宴, 상경 중 지방 객관에서 베푸는 연향), 한강에 도착했을 때 베푸는 경중영접연(京中迎接宴)이 있고 한양에 도착한 후에

208) 『해동제국기』 「조빙응접기」 상경인수(上京人數).

209) 왜국 사신의 입조시 파견되는 관리를 선위사(宣慰使)라 하였으나 1629년(인조 7년)에 접위관으로 고쳐불렀다.(『통문관지』 권5 「접왜출사관(接倭出使官)」. 接慰官條 倭使朝京時稱宣慰使崇禎己巳改稱接慰官.)

는 국왕이 친림하는 궐내연(闕內宴), 예조에서 베푸는 예조연(禮曹宴)이 있었다. 먼저 이들이 삼포에 도착한 다음 한양에 도착하기 전 이들을 맞이하고 연향을 베푸는 절차를 알아보자. 『세종실록』과 『해동제국기』, 『경국대전』에는 왜사의 등급에 따른 연향 규정이 나온다.

항구에 도착한 왜사들은 입국허가를 받아 한양으로 출발하기 전 왜관에 머물게 된다.

H-19. 의정부에서 예조와 함께 의논하고 상신하기를, "왜인을 영접하고 전송할 때에 먹이는 것과 중로에서 잔치하는 차례수를, 일본(日本) 국왕의 사신이면 포소(浦所)에서 3차례, 경상도에서 3곳, 충청도와 경기에서 각 1곳으로 하고, 대내전(大內殿)의 보낸 사람이면 포소에서 2차례, 경상도에서 2곳, 충청·경기에서 각 1곳으로 하고, 종정성(宗貞盛)이 특별히 보낸 별달리 후대한 사람이면 포소에서 1차례, 경상·충청도에서 각 1곳으로 하며, 돌아갈 때에는 올 때와 같이 하되 포소에서는 한 차례만 베풀게 하고, 그 나머지 왜인은 포소에서 먹이는 것을 제외하고, 다만 경상도 안에서 오고 갈 때에 각 1차례씩 베풀게 할 것이옵니다. 또 일본의 사신이면 내이포(乃而浦)에서 접대하고, 대내전의 보낸 사람이면 내이포나 부산포(富山浦)에서 편의에 따라 접대하고, 별례(別例)의 왜인은 삼포(三浦)를 논할 것없이 접대하게 하소서."하니, 그대로 따랐다.[210]

H-20. 국왕의 사신은, 경상도에서는 세 곳에서 노연(路宴)을 차리는데, 그 한 곳은 관찰사가 차리고, 그 두 곳은 수령이 차리며, 충청도와 경기도에서는 각각 한 곳인데, 관찰사가 차린다. 여러 추장의 사자는, 경상도에서

210) 『세종실록』 권124, 세종 31년(1449) 6월 계해. 議政府與禮曹同議申倭客人迎餞饋餉及中路宴享度數 日本國王使臣則浦所三次 慶尙道三所 忠淸道 京畿各一所 大內殿使人 浦所二次 慶尙道二所 忠淸、京畿各一所 宗貞盛特送別例厚待人 浦所一次 慶尙 忠淸道各一所 回還時 與來時同 但浦所只設一次 其餘倭人 除浦所饋餉 只於慶尙道內來去 各設一次 又日本使臣 於乃而浦接待 大內使人 乃而浦 富山浦 隨宜接待 別例倭 勿論三浦接待 從之.

는 두 곳인데, 그 한 곳은 관찰사가 직접 차리고, 한 곳은 수령이 차리며, 충청도와 경기도에서는 각각 한 곳인데, 관찰사가 직접 차린다. 돌아갈 때도 이와 같다. 절도사의 특송 사자는, 경상도와 충청도에서 각각 한 곳이다. 돌아갈 때도 이와 같다. (수령이 차림.) 여러 추장의 사자 이하는, 일기도 이외의 사람에게는 경상도와 충청도에서 각각 한 곳이고, 대마도 사람에게는 경상도 한 곳뿐이다. 돌아갈 때도 이와 같다. (수령이 차림.) 관찰사의 연회 물품은 삼포 선위사의 연회와 같고, 수령의 연회 물품은 삼포 차사원 연회의 물품과 같다. (국왕의 사신 이하도 이와 같음.)[211]

H-21. 서울에 도착한 날 예빈시를 보내 위로하고(돌아가는 날에도 전연을 베푼다. 특송인의 경우 영위하지 않는다. 나머지 왜인과 야인은 국경에서만 전연을 베푼다.) 숙배일에 궐내에서 연회를 베풀며(숙사일에도 연회를 베풀며 나머지 왜인과 야인도 같다.) 본조에서도 연회를 베푼다.(귀국시에도 전연을 베풀며 나머지 왜인과 야인에게 전연은 없다.)[212]

라고 하여 사신 지위에 따라 4등급으로 나누고 그에 따른 원접사의 관품이나 수행원 및 처우를 달리 규정했다. 또한 이들이 서울로 올라오는 중에 거치는 지방 객관에서 이들에게 베풀었던 연향의 횟수도 각각 달리 정하였다[표 34].

211) 『해동제국기』「조빙응접기」노연(路宴)조. 國王使 慶尙道三所 其一所 觀察使 其二所 守令設行 忠淸京畿各一所 觀察使設行 諸巨酋使 慶尙道二小 其一所 觀察使親行 其一所 守令設行 忠淸京畿各一所 觀察使親行 還時同. 特送節度使使 慶尙忠淸道各一所 還時同(守令設行) 諸酋使以下 一岐以外人 慶尙忠淸道各一所 對馬島人 慶尙一所 還時並同(守令設行) 觀察使宴品與三浦宣慰使宴同 守令宴品與三浦差使員宴同(國王使以下 並同).

212) 『경국대전』「예전」대사객조. 到京日 禮賓寺迎慰(還則設餞 特送人則無迎慰 其餘倭野人只於境上迎餞) 肅拜日賜宴于闕內(拜辭日 亦賜宴 其餘倭野人同) 又賜宴于本曹(張還亦賜餞其餘倭野人無餞).

[표 34] 왜사의 등급별 연향회수

<table>
<tr><th>사신종류</th><th>연향의 종류</th><th>지역</th><th>『세종실록』</th><th colspan="3">『해동제국기』</th></tr>
<tr><td rowspan="5">일본국왕사</td><td rowspan="2">삼포연</td><td rowspan="2">삼포</td><td rowspan="2">3회</td><td>1회</td><td>선위사</td><td rowspan="2">귀국시 1회
차사원 주최</td></tr>
<tr><td>2회</td><td>차사원</td></tr>
<tr><td rowspan="3">노연</td><td rowspan="2">경상도</td><td rowspan="2">3회</td><td>1회</td><td>관찰사</td><td rowspan="3">귀국시 동일</td></tr>
<tr><td>2회</td><td>지방 수령</td></tr>
<tr><td>충청/경기</td><td>각 1회</td><td>각 1회</td><td>관찰사</td></tr>
<tr><td rowspan="4">거추사</td><td>삼포연</td><td>삼포</td><td>2회</td><td>2회</td><td>차사원</td><td>귀국시 1회</td></tr>
<tr><td rowspan="3">노연</td><td rowspan="2">경상도</td><td rowspan="2">2회</td><td>1회</td><td>관찰사</td><td rowspan="3">귀국시 동일</td></tr>
<tr><td>1회</td><td>수령</td></tr>
<tr><td>충청/경기</td><td>각 1회</td><td>1회</td><td>관찰사</td></tr>
<tr><td rowspan="2">구주절도사/
대마도특송사</td><td>삼포연</td><td>도착지포소</td><td>1회</td><td>1회</td><td>차사원</td><td>귀국시 1회</td></tr>
<tr><td>노연</td><td>경상/충정</td><td>각 1회</td><td>1회</td><td>수령</td><td>귀국시 동일</td></tr>
<tr><td rowspan="2">대마도사자</td><td>삼포연</td><td>도착지포소</td><td>1회</td><td>1회</td><td>차사원</td><td>귀국시 1회</td></tr>
<tr><td>노연</td><td>경상도 내</td><td>1회</td><td>1회</td><td>수령</td><td>귀국시 동일</td></tr>
</table>

다음 [표 35]는 삼포에서 연향을 베풀 때에 배위와 연향 절차를 정리한 것이다. 여기서도 국왕사를 중심으로 살펴보겠다. 우선 삼포 객관에서 배위는 선위사(宣慰使)가 동쪽이고 일본 국왕사는 서쪽이다. 이는 동쪽 자리가 상위임을 감안한다면 이러한 배위는 조선이 일본에 대해 우위에 있음을 드러내는 것이라 할 수 있다. 중국사신을 객관에서 맞을 때는 중국사신이 동쪽에 선다. 이 역시 중국과 일본에 대한 조선의 인식을 반영하는 것으로 보인다. 중국은 사대의 나라로서 조선에 왔을 때 그들이 묵는 객관의 주인을 중국사신으로 보는 반면 교린국으로서 일본의 사신은 객관에 머무는 손님으로 처우한 것으로 보인다. 따라서 이 때의 배위는 주동객서의 배위가 지켜졌다고 할 수 있다.

[표 35] 국왕사에 대한 삼포연 절차[213)]

구분	절차	선위사	왜사
도착전	배위	선위사: 동벽	상관인(上官人)과 부관인(副官人): 서벽
		차사원 당상관: 선위사 아래	정관: 서벽 약간 뒤쪽
		당하관: 남쪽 승상(繩床)	수행원: 서벽 뒷줄 승상에 위치
객관 도착	연향	① 선온(宣醞)이 객관에 도착	② 객사(客使)는 대문(大門)밖에서 영접
		③ 선온을 대청의 탁자 위에 안치	
		④ 동쪽에서 서면함	⑤ 객사는 북면하고 다른 위차(位次)에 서서 사배(四拜)
		⑥ 서면하고 전지(傳旨)전달	
		⑦ 집사자(執事者)가 술을 따라 선위사에게 주면, 선위사는 상관인과 부관인에게 술잔을 줌	⑧ 상관인과 부관인은 술잔을 받아 마시고 선위사 앞에 나아가서 재배(再拜)
		⑨ 선위사는 답배(答拜)	⑩ 수행원은 북면 재배

다음 [표 36]은 상경 중 지방 객관에서 일본 국왕사를 맞는 절차를 정리한 것이다.

[표 36] 국왕사에 대한 노중 연향 절차[214)]

구분	절차	선위사, 관찰사	왜사
도착전	배위	삼포연의 선위사와 왜사의 배위와 동일	
객관 도착	연향	① 관찰사는 객사가 도착하면 인도하여 대청에 오름	② 서로 동서로 서서 재배
			③ 정관은 관찰사 앞에 나아가 재배
		④ 관찰사의 답배 없음	⑤ 수행원은 처마 밖에서 재배
		⑥ 서면하고 전지(傳旨)전달	
		⑦ 집사자(執事者)가 술을 따라 선위사에게 주면, 선위사는 술잔을 상관인과 부	⑧ 상관인과 부관인은 술잔을 받아 마시고 선위사 앞에 나아가서 재배(再拜)

213) 『해동제국기』 「조빙응접기」 제도연의(諸道宴儀).

214) 『해동제국기』 「조빙응접기」 제도연의(諸道宴儀).

		관인에게 줌	
		⑨ 선위사는 답배(答拜)	⑩ 수행원은 북면 재배
ㅇ 차사원과 수령은 비록 당상관일지라도 참례(參禮)하지 못한다.			
ㅇ 노중에서 베푸는 수령의 연회 의식은 자리의 순서가 삼포(三浦)의 연회 의식과 같다.			

삼포연과 노중연의 차이는 선온(宣醞, 임금이 신하에게 술을 내리는 일) 절차의 유무이다. 제일 먼저 삼포에 도착한 국왕사에게는 국왕의 술을 내려주지만, 이는 도착 시에만 있는 절차이며 이후 객관 영접에서는 선온(宣醞)을 주지 않는다. 이를 제외하면 절차상 큰 차이는 없다.

이렇게 경상도와 충청도 그리고 경기도를 거쳐 사신단이 한강에 도착하면 영접사가 나와 이들을 맞이하였다. 다음은 한강에 도착한 왜사를 맞이하여 베푸는 연회이다.

H-22. 국왕의 사신은 한강(漢江)에서 영접하여 연회한다. 상관인(上官人)·부관인에게는 거식칠과상(車食七果床)을 차리고, 정관(正官) 이하는 거식오과상을 차리는데, 모두 네 가지 점점과(點點果)와 유밀과(油蜜果) 오성이부(五星二部)·실과(實果) 오성이부·나물과 고기를 교합한 오성이부, (이상은 예빈시(禮賓寺)에서 제공한다.) 대육(大肉) 건저(乾猪) 3마리, (사재감(司宰監)에서 제공한다.) 술 (사온서(司醞署)에서 제공한다.) 등을 차린다. 여러 추장의 사자가 처음 사관(使館)에 도착했을 때의 영접 연회 물품은, 국왕 사신을 한강에서 영접하는 연회의 물품과 같다. 돌아갈 때에는 모두 한강에서 전송한다.[215]

위 H-22 기록에 따르면 선위사가 한강에서 이들을 맞아들여 연회를

215) 『해동제국기』 「조빙응접기」 京中迎接宴條. 國王使 漢江迎接 上副官人 車食七果床 正官以下 車食五果床 並四度湯 點點果油 蜜果五星二部 實果五星二部 菜肉交排 五星二部(已上 禮賓寺) 大肉乾猪三口(司宰監) 酒(司宰監) 諸巨酋使 初到舘迎宴 宴品與國王使漢江迎宴同 還時並餞于漢江.

베풀었음을 알 수 있다.[216] 하지만 국왕사와 제거추사에 대한 연회만 기술되어 있고 다른 사신들은 언급이 없는 것으로 보아 이들에 대한 연향은 없었던 것으로 보인다. 이들이 귀국할 때의 전별연 역시 영접연과 같다고 하였으니 국왕사와 제거추사 이외의 사신에 대한 별도의 전별연 역시 없었던 듯하다.[217]

③ 입경과 왕궁에서 영접절차

일본 사신이 입국했을 때 등급에 따라 중앙에서 원접사를 파견하기도 하지만 등급이 낮은 경우는 지방 관찰사가 영접을 나갔다. 국왕은 성문 밖에 직접 교영 나가지 않았다. 따라서 가항결채나 이들을 위한 국왕행차 및 그에 따르는 산악·백희 공연 등 행사는 없었다. 이는 중국사신영접과는 확연히 다른 절차상, 내용상의 차이이다.

서울에 도착한 후 궁궐에서는 〈수인국서폐의〉 의례를 거친다. 이는 당『개원례』의 빈례 항목인 〈수번국사표급폐의〉를 따른 것으로[218] 교린국 내조 시 이들의 국서와 국신물을 받는 절차이다. 여기서 교린국은 일본, 유구국과 같은 등류이다.[219] 〈수인국서폐의〉는『세종실록』「오례」와『국조오례의』에서 빈례에 편성된 항목인데 앞에서 언급하였듯이 일본

---

216) 대개 일본사신의 영접은 한강에서 이루어졌으나 예외적으로 광주까지 나간 적도 있었다.(『세종실록』 55권 14년(1432) 6월 기해조. 遣藝文直提學裵桓于廣州 宣慰日本國王使人.)

217) 이현종, 「조선초기왜인접대고(하)」, 『사학연구』 5, 1959, 77쪽.

218) 윤승희, 앞의 글, 2014, 23쪽. 『세종실록』에는 세종이 고려의 예제가 그른 것이 많으므로 이제 새로운 예제를 정비함에 있어서 모두 『개원례』를 모방하게 하였다고 하는 기록이 나온다.(『세종실록』 권88, 세종 22년(1440) 2월 경진조. 上曰 我祖宗草創之初, 凡干禮制, 多襲高麗, 有違古制者多矣. 逮予嗣位, 令許稠、鄭招更定其沿革, 悉倣開元禮, 然稠之學問, 旣不博洽, 性又固執, 頗有訛謬之事.)

219) 『세종실록』 권133 「오례」 빈례의식 〈수인국서폐의〉. 受隣國書幣儀【隣國, 如日本琉球國之類 使者到境, 遣使迎勞 至近郊 又遣使慰宴.】

사신의 영접에 관한 의례를 규정한 것이다. 중국의 조칙을 받는 의례는 빈례가 아닌 가례에 편성되어 있는 것과 다르다.

중국은 빈례를 통해 중국을 중심으로 하는 화이관(華夷觀)을 실현하였다. 황제가 번국주, 즉 주변국의 왕이나, 번국의 사신이 조공하도록 함으로써 중국 중심의 국제질서를 확인하는 것이었고 이것이 바로 빈례의 목표였다고 할 수 있다.[220] 조선은 바로 이 빈례 체제를 교린외교에 적용함으로써 조선이 중심이라는 인식을 반영했다 할 수 있다. 이 의례의 절차는 다음 표와 같다.[221]

[표 37] 『세종실록』 「오례」의 빈례 중 〈수인국서폐의〉의 의례절차[222]

시기	장소	의례절차 내용
이틀전		• 예조에게 내외관에서 선섭하여 직책을 다하게 함
하루전	근정전	• 액정서에서 어좌를 근정전 북벽에 남향하여 설치
		• 보안(寶案)을 어좌 앞 동쪽 가까이 설치
		• 향안 2개를 전(殿) 밖 좌우에 설치
		• 아악서의 전악이 헌현을 전정 남쪽 가까이 북향하여 진열
		• 협률랑이 거휘위를 서계 위에 설치
		• 전악의 자리를 중계위 서쪽 가까이 동향하여 설치
당일	근정전	• 어마를 전정 중도 좌우에 진열, 입장마 6필씩 각각 융문루(隆文樓)와 융무루(隆武樓) 남쪽에 진열
		• 전의가 시신(侍臣)의 입위 설치, 북쪽이 상석

220) 김성규, 앞의 글, 2003, 72쪽.

221) 『세종실록』 「오례」와 『국조오례의』의 의례절차에는 약간의 차이가 있다. 의식이 벌어지는 장소에서 어마와 노부 등을 정렬하는 순서, 의식 참여자의 배위 설치, 배위의 방향 및 서열, 예가 끝난 후 퇴장 순서 등이 다르다. 이에 대해 윤승희는 『국조오례의』가 가례 의식, 특히 조하의식의 절차를 수용하면서 나타나는 변화라고 하면서 빈례의 〈수인국서폐의〉 의식절차와 가례의 〈정지백관조하의〉를 비교, 분석하였다. (윤승희, 앞의 글, 2014, 25~34쪽 참조.)

222) 『세종실록』 「오례」 빈례 〈수인국서폐의〉.

		• 사자의 자리를 서쪽에 북향으로 설치, 동쪽이 상석
		• 이하 의전 담당관의 입위 설치
		〈초엄〉 • 병조가 의장단을 거느리고 노부반장(鹵簿半仗)을 전정 동서쪽과 근정문 안팎에 진열 • 내금위, 추의위, 충순위, 별시위, 총통위 의장 설치 시신이 평상복, 조당에 집합 • 사자 이하가 막차에서 나오고 예조정랑이 서폐를 받아 전계(殿階)에 진열
		〈2엄〉 • 시신이 문외위(門外位)에 나아가고 그 외 관원과 무사도 사정전 합문 밖에 사후(伺候) • 전하가 익선관에 곤룡포를 하고 좌석에 나아감 • 근시와 집사관이 사배 • 전악이 공인을 거느리고 들어와 입위 • 협률랑이 들어와 거휘위에 섬
		〈3엄〉 • 집사관이 앞서고 봉례랑이 시신을 동서로 나누어 인도하여 문외에 섬. • 종소리가 그치면 문이 열림. • 전하가 여를 타고 움직이며 의장이 움직임. • 공인이 축을 두드리고 헌가에서 융안지악(隆安之樂) 연주. • 전하가 좌석에 오름. • 향을 피우고 상서관이 어보를 안에 안치. • 협률랑이 꿇어앉아 후를 눕히고 부복 평신. • 공인이 어를 긁으면 음악 그침. • 여러 관원과 승지가 동서로 들어와 부복. • 사신 국궁사배흥평신. • 사신이 국궁하면 서안지악(舒安之樂) 연주 시작. • 시신이 평신하면 음악 그침. • 봉례랑이 사신 이하를 인도하여 서쪽으로 입궐. • 사자 이하 국궁사배흥평신(鞠躬四拜興平身). • 사자가 국궁하면 음악 시작. • 사자가 평신하면 음악 그침. • 사자와 부사가 서편계(西偏階)로 올라와 기둥 사이에 나아가 꿇어앉아 부복. • 전하가 국주의 안부를 묻고 사자를 위로함. • 사자와 부사가 부복하고 일어나 나감. • 통사가 사자와 부사 인도하여 내려감. • 판통례가 예가 끝났음을 아룀.

		• 협률랑이 부복하고 평신. • 공인이 축을 두드리면 헌가에서 융안지악 연주. • 전하가 내려와 사정전으로 돌아감. • 협률랑이 다시 부복하고 평신. • 공인이 어를 긁어 음악 그침. • 모두 퇴장.

④ 입경 후 연향

왜국 사신이 입조하면 지방 객관에서는 삼포연과 노연을 베풀고 입경 후에는 궐내연(闕內宴)-예조연(禮曹宴)-명일연(明日宴)을 베풀고 예사(例賜)와 별사(別賜)를 통해 하사품을 내려주었다. 국왕사를 비롯해 제거추사, 구주절도사 등은 조선조정으로부터 여러 가지 하사품을 받아 돌아갔다. 궐내연의 경우 중국사신영접과는 달리 〈수인국서폐의〉 의식을 마치고 연회가 바로 이어진 것으로 보인다. 아래 [표 38]은 〈수인국서폐의〉를 마친 후 이어지는 연향의 절차이다.

[표 38] 『세종실록』 「오례」의 〈연인국사의(宴隣國使儀)〉

절차	의식 내용	악 연주 및 연희 내용
서신(書信)과 예폐(禮幣) 받은 후	• 전악서(典樂書)의 전악이 가자(歌者)의 자리를 전계(殿階) 위에 설치 • 잡대(雜隊)는 악현(樂懸)의 남쪽에 섬	• 악대 준비
	•전의(典儀)가 사자의 자리를 어좌(御座)의 서남쪽에 동향으로 설치, 북쪽이 상(上)	
중엄(中嚴) 계청(啓請)	• 전의(典儀)·통찬(通贊)·봉례랑(奉禮郞)이 먼저 들어와서 자리에 나아감	
	• 전하가 익선관(翼善冠)에 곤룡포(袞龍袍)를 입고 여(輿)를 타고 옴	
	• 전하가 이동하면 의장(儀仗)도 이동	• 공인이 축 두드리면 융안지악(隆安之樂) 연주
	• 왕이 전정에 좌정	• 공인이 어를 긁어 음악 중지
	• 국궁(鞠躬), 사배(四拜), 흥(興), 평신(平身)	• 절하면 서안지악(舒安之樂) 시작

		• 절 끝나면 음악 중지
	• 사자를 전정으로 인도	
주연 시작	• 사옹제조가 찬안 올림	• 휴안지악(休安之樂) 시작 • 찬안을 다 올리면 음악 중지
	• 꽃을 올림	• 휴안지악 시작 • 꽃을 모두 뿌리면 음악 중지
	• 제1작	• 속악과 잡기
	• 제2작부터 제5작까지 반복	• 술을 마시면 음악 연주 • 술을 다 마시면 음악 중지
주연 마침	• 국궁사배흥평신	• 서안지악 연주 • 절 마치면 음악 중지
	• 전하가 일어남	• 축을 두드리면 융안지악 연주
	• 전하가 여를 타고 퇴장	• 어를 긁어 음악 중지

일본사신의 〈수인국서폐의〉에는 행례절차에 따라 융안지악, 서안지악, 휴안지악 등의 아악이 연주되는데 이는 중국에서 한국 사신이 국서를 올릴 때 행례에 따라 태화지악, 서화지악 등의 음악이 연주되는 것과 동일하다. 이는 중국이 주변국의 사신을 맞을 때의 의례를 조선이 일본 사신을 맞을 때의 의례에 적용하고 있음을 알 수 있다. 한 가지 특징은 왜와 야인과 같은 교린국 사신이 왔을 때 궁궐에서 속악과 잡기를 공연했다는 것이다. 중국 사신이 왔을 때에는 당악을 중심으로 하는 정재가 공연되었으며 잡기는 주로 객관 연향에서 베풀어졌던 것과 다른 점이다.

『해동제국기』에도 연례의식 규정에 궐내연의 배위를 별도로 규정한 항목이 보이지 않는다. 이는 아마도 〈수인국서폐의〉의 절차에 이어 궐내연이 곧바로 이어졌기 때문에 따로 배위나 절차에 대해 규정하지 않은 것이 아닐까 한다. 그리고 궐내연에는 국왕이 친림하지만 그 외에는 국왕의 친림이 확인되지 않는다.

『해동제국기』의 〈예조연의(禮曹宴儀)〉를 보면 조선의 일본에 대한 인식이 잘 드러난다.

[표 39] 『해동제국기』의 〈예조연의〉[223)]

<table>
<tr><th>구분</th><th></th><th>조선 측 관리</th><th>왜사</th></tr>
<tr><td rowspan="4">국왕사</td><td>배위</td><td>① 겸판서(兼判書)·판서(判書)·참판(參判)의 자리는 동벽에 위치</td><td>② 왜사는 서벽, 정관은 서벽 뒷줄, 수행원은 월대 위에서 북향</td></tr>
<tr><td rowspan="3">절차</td><td></td><td>③ 왜사가 입장하여 재배</td></tr>
<tr><td>④ 모두 답배</td><td>⑤ 정관 입장하여 북쪽에 재배하고 동벽에 재배</td></tr>
<tr><td>⑥ 답배 없음
⑧ 선위사는 답배(答拜)</td><td>⑦ 수행원은 북향하여 재배하고 자리에 나아감</td></tr>
<tr><td rowspan="4">거추사</td><td>배위</td><td>① 겸판서 북벽, 판서 동벽, 참찬은 판서 뒤쪽</td><td>② 왜사는 서벽, 정관은 서벽 뒷줄, 수행원은 월대 위 북향</td></tr>
<tr><td rowspan="3">절차</td><td></td><td>③ 왜사가 들어와 겸판서에 재배</td></tr>
<tr><td>④ 겸판서 읍으로 답배</td><td>⑤ 동벽 판서, 참판에게 재배</td></tr>
<tr><td></td><td>⑥ 정관 겸판서에 재배, 동벽에 재배</td></tr>
<tr><td colspan="4">ㅇ 연회가 끝나면 같은 의례 반복
ㅇ 일반 추장의 사신연회도 같음</td></tr>
</table>

위의 [표 39]의 배위와 의식절차에서 드러나듯이 일본 국왕사의 경우에는 철저한 주동객서의 원칙이 지켜진다. 즉 조선 관리는 동쪽에, 왜국 사신은 서쪽에 선다. 하지만 국왕사 이외의 사자에 대해서는 판서가 북벽에 서고 그 아래 관원들은 왜사와 동서로 마주보고 앉는다. 북벽에서 남면하는 것은 군신 간의 배위이다. 따라서 조선은 일본의 사신을 등급별로 나누어 처우하고 있으며 이는 조선이 당시 일본의 지방분권적 정치상황을 인식하고 일본과 다원적으로 교류하고 있었음을 보여준다.

교린국의 연회는 국왕의 연회인 궐내연과 예조연 2회에 그친다. 명일연은 반드시 행해진 것은 아닌 듯하다. 『해동제국기』에는 명일연에 대해

223) 『해동제국기』 「조빙응접기」 예조연의.

서는 한 줄 정도 간략하게 나와 있으며 그 연회의식에 대해서도 규정이 없다. 이 또한 중국사신영접과 다른 점이다.

다음 [표 40]은 조선전기 일본사신에 대한 연향규정을 정리한 것이다.

[표 40] 『해동제국기』 「조빙응접기」에 규정된 조선전기 입경 왜사신의 접대연향

구분		국왕사	거추사	구주절도사	일반사신
궐내연	진상숙배	1	1	1	1
	하직숙배	1	1	1	1
예조연	위로연	1	1	1	1
	전별연	1	1	1	1

하지만 17세기 임진왜란 이후 일본사신의 상경이 금지되면서 모든 의례와 연향이 동래에서 치러졌다. 『통문관지』와 『증정교린지』에는 삼포에서 의례와 연향에 대한 규정이 나온다. 이들은 상경하여 국왕을 알현하지 못하는 대신 모든 의례를 동래 왜관에서 치렀다.

[표 41] 『증정교린지』의 왜사영접절차

구분	의식 절차	내 용
삼포도착	다례의(茶禮儀)	
하선다례 다음날	숙공조반식(熟供早飯式)	삼색죽 및 찬을 내려줌
		다섯 순배의 주찬을 돌림
하선연 당일	진상물건간품식(進上物件看品式)	진상물품 간품, 정관 이하 뜰아래에서 숙배
	왜사숙배식(倭使肅拜式)	사배례를 행한 후 연향청에서 하선연 베품
		궐내인견 대신 행하는 절차
	연향의(宴享儀)	풍악과 기생의 춤
	부물봉상의(賻物捧上儀)	일본 사신이 동래에 와서 부물을 바치는 의례
	진향의(進香儀)	향을 바치는 의례
진상연 전날	진하의(陳賀儀)	

『증정교린지』의 왜사 영접절차[표 41]는 다례의-숙공조반식-진상물건 간품식-왜사숙배식-하선연(下船宴)-(별연)-상선연(上船宴)이었다. 이것이 일반적인 왜사 접대절차였다. 중간에 별연이 있거나 절기가 겹치면 명일연을 베풀기도 하였다. 이 절차는 모두 삼포왜관에서 진행되는 절차이다. 일단 왜사가 삼포에 도착하면 먼저 다례를 베풀고 왜사의 객관에서 일종의 인사를 겸한 대면식이 치러지는데 바로 숙공조반식이다. 실무자 간에 행해지는 간단한 주연이다. 진상물건을 검사하고 숙배하는 의례는 하선연과 같은 날 행해진다. 하선연을 위해서 왜사는 객관에서 연향청으로 이동한다. 숙배례는 임진왜란 이후 왜사의 상경이 금지되면서 조선 국왕에 대한 예를 연향청에서 치렀던 것이다.

이상 중국과 일본 사신에 대한 영접절차를 살펴보았다. 동아시아 사신영접의례는 수·당대를 기점으로 동아시아 빈례체제가 유사하게 확립됨으로써 3국 간의 보편적 의례문화가 형성되었다. 단편적 기록을 종합·구성해 본 결과, 조선의 사신영접절차는 『개원례』의 사신영접절차를 따르고 있음을 확인하였다. 고대의 경우 한국에 체계적인 예전이 남아 있지 않고 영접의례를 상세히 밝힌 역사적 기록 역시 없지만, 일본 및 중국과 빈번하게 사신을 교환하였고 이들에 대한 영접은 상호 공통적으로 수용하고 있는 의례절차에 따라 이루어졌을 것임을 고려해 본다면 동아시아 3국은 서로 유사한 빈례를 행했음이 분명하다. 3국의 공통적인 영접절차는 영노-교영-객관안치-황제(또는 국왕)알현-국신물 전달-연회 및 답례품 전달-귀국의 순이었다. 아래 [표 42]는 조선의 중국과 일본 사신에 대한 영접절차를 비교한 것이다.

[표 42] **중국사신과 일본사신에 대한 영접절차의 비교**

<table>
<tr><th>구분</th><th>시기</th><th>영노의</th><th>교영의</th><th>정전에서 국서전달</th><th>연회</th><th>귀국
(전별연)</th><th>비고</th></tr>
<tr><td>중국</td><td></td><td>○</td><td>○</td><td>황제조서받음</td><td>○</td><td>○</td><td></td></tr>
<tr><td rowspan="2">일본</td><td>임란 이전</td><td>○</td><td>×</td><td>일본국왕조서와 폐백 받음</td><td>○</td><td>○</td><td rowspan="2">임란이후는 상경이 금지되었으므로 모든 의례가 삼포왜관에서 이루어짐</td></tr>
<tr><td>임란 이후</td><td>×</td><td>×</td><td>×</td><td>○</td><td>○</td></tr>
</table>

중국은 당대 이래 외국에 사신을 파견하는 경우의 의례절차를 규정하였는데 이것이 『고려사』 「예지」의 빈례에 적용되었고 이는 조선시대까지 이어지고 있음을 앞에서 살펴보았다. 이를 확장해서 생각해보면 일본에 대한 외교의례를 규정할 때 명과 조선의 관계를 조선과 일본의 관계에 적용하여 규정을 마련했을 것으로 보인다. 각국의 정세와 상호 관계에 따라 사신영접의례의 세부내용은 달라질 수 있었지만 영접의례의 커다란 틀은 동아시아 3국에서 공통적으로 나타난다. 가장 기본적인 틀은 영노-교영-객관안치-국왕알현 및 국서전달-연향 및 답례품 하사-전별-귀국의 순이다. 이 절차는 19세기 말 동아시아가 서양 제국주의에 의해 쇠망의 길에 들어서기 전까지 이어졌던 것이며 일본과는 18세기 중반 통신사 파견이 중지될 때까지 지속되었다.

제Ⅳ장

한국의 사신영접행사와 전통연희

사신영접행사는 궁중에서 거행되는 의식에서 연주되는 아악을 비롯해 연향에서 사용되는 당악, 속악 등으로 구성된 정재[1] 및 산악·백희에 이르기까지 매우 다채롭다. 본 장에서는 외국의 사신들을 영접하고 이들을 위해 베푸는 연향에서 연행된 연희에 대해서 고찰해보고자 한다.

1. 고대의 사신영접행사

1) 사신영접과 국왕의 사신영접행차

삼국시대와 통일신라시대의 사신행렬과 이들이 상경 도중 머무는 객관에서 설행되는 연향의 양상을 보여주는 자료는 매우 희소하고 소략하다. 이에 대한 내용은 고구려의 고분벽화, 중국 측 기록 및 『삼국사기』와 『삼국유사』에 나오는 단편적인 대외관계 기사를 통해서 파악할 수 있다.

앞에서 살펴본 F-2 기록에 따르면 하양관에 머물고 있던 당 사신에게

1) 정재라는 용어는 조선시대에 일반적으로 사용된 용어로 고려시대에는 교방가무희라고 하였다. 정재라는 용어가 정착된 것은 조선시대이지만 이미 고려 말 정재라는 용어가 등장하는 것으로 보아 조선시대 이전에도 정재라는 말이 교방가무희라는 용어와 혼용되었던 것으로 보인다(전경욱, 앞의 책, 2004, 204쪽). 본 논문에서는 정재라고 하겠다.

신라 원성왕이 친히 연향을 베풀었다고 했는데 이로 보아 하양관은 객관임이 틀림없다. 이를 통해서 경주로 들어오는 주요 지점에는 객관이 설치되어 있었고 사신들을 위한 연향도 베풀고 있음을 확인할 수 있다.

중국사신의 행렬은 지방의 여러 객관을 거쳐 경주까지 이어졌다. 신라는 당항진 혹은 회진에 도착한 사신을 맞이하기 위해 영접사 일행을 파견하였으며 이들은 사신단과 함께 왕경까지 동행하였다. 유인궤가 신라에 왔을 때 사신단과 원접사 일행은 군대의 호위를 받으며 왕경에 이르렀다(F-1). 이때 호위군은 출발지 군대가 다음 유숙지까지 호위하는 형식으로 사신을 호송하여 왕경 교외지역까지 왔을 것이다.

하지만 이들의 행렬이 구체적으로 어떠한 모습을 하였는지는 알 수 없다. 고구려 고분벽화도 국왕의 순행이나 행렬에 대한 내용을 담은 그림이며 사신행렬이나 국왕의 사신영접행차를 그린 것은 없다. 하지만 고구려의 고분벽화와 사서의 기록에 보이는 행렬 모습[2)]에서 사신영접을 위한 행렬모습을 찾아 볼 수 있다. 아마도 이들 자료에 보이는 행차는 사신영접행차와 거의 유사했을 것으로 보이므로 고분벽화와 사료에 보이는 기록들을 먼저 살펴보겠다.

보통 행렬에서 빠지지 않는 것이 고취악(鼓吹樂)이다. 고취악의 수용은 국왕의 행렬에서 행악(行樂)으로 사용되었음을 의미하는 것으로 이는 삼국시대에도 다양한 행렬이 있었음을 보여준다.

I-2. [漢] 무제(武帝, 재위: B.C. 141~87)는 조선을 멸망시키고 고구려를 현(縣)으로 만들어서 현도(玄菟)에 속하게 하였으며, 고취와 악공을 하사하였다.[3)]

---

2) 국왕 행차의 역사적 변천과 행차 시 연행된 전통연희에 관하여는 김은영, 「한국의 국왕 행차와 전통연희」, 고려대학교 박사학위논문, 2011 참조.

Ⅰ-3. 한나라 때에는 북과 피리와 악공(樂工)을 하사하였다.[4]

Ⅰ-4. 와서 고각이 변색한 것을 보고 감히 내 기물이라 말하지 못하였다.

註) 왕이, "국가의 기업이 새로 창조되었기 때문에 고각(鼓角)의 위의(威儀)가 없어서 비류(沸流)의 사자가 왕래함에 내가 왕의 예로 맞고 보내지 못하니 그 까닭으로 나를 가볍게 여기는 것이다." 하였다. 시종하는 신하 부분노(扶芬奴)가 앞에 나와, "신이 대왕을 위하여 비류의 고각을 가져오겠습니다." 하였다. 왕이, "다른 나라의 감추어 둔 물건을 네가 어떻게 가져오려느냐?" 하니, 대답하기를, "이것은 하늘이 준 물건이니 왜 가져오지 못하겠습니까? 대왕이 부여(扶餘)에서 곤욕을 당할 때에 누가 대왕이 여기에 이르리라고 생각하였겠습니까? 지금 대왕이 만 번 죽음을 당할 위태한 땅에서 빠져 나와 요좌(遼左)에 이름을 날리니 이것은 천제가 명령하여 하는 것이라 무슨 일인들 이루지 못하겠습니까?" 하였다. 이에 부분노 등 세 사람이 비류에 가서 고각을 가져오니 비류왕이 사자를 보내어 고하였다. 왕이 비류에서 와서 고각을 볼까 두려워하여 빛깔을 오래된 것처럼 검게 만들어 놓으니 송양(松讓)이 감히 다투지 못하고 돌아갔다.[5]

Ⅰ-5. 순제(順帝) 영화(永和) 원년(136)에 왕이 내조하니 황문고취(黃門鼓吹)와 각저희(角抵戲)를 하게 하여 [관람시켜] 보내었다.[6]

---

3) 『후한서』 권85 「동이열전」75, 고구려조. 武帝滅朝鮮, 以高句驪爲縣 前書, 元封中, 定朝鮮爲眞番·臨屯·樂浪·玄菟四(部)[郡]使屬玄菟, 賜鼓吹伎人. 번역은 국사편찬위원회 번역문 인용. 이하 『후한서』는 국사편찬위원회의 인용문 인용하였음.

4) 『삼국지』 「위서」30, 동이전 고구려조. 漢時賜鼓吹技人.

5) 이규보, 『동국이상국집』 권3, 동명왕편. 來觀鼓角變 不敢稱我器. 王曰 以國業新造 未有鼓角威儀 沸流使者往來 我不能以王禮迎送 所以輕我也. 從臣扶芬奴進曰 臣爲大王取沸流鼓角. 王曰 他國藏物 汝何取乎. 對曰 此天之與物 何爲不取乎. 夫大王困於扶余 誰謂大王能至於此 今大王奮身於萬死之危 揚名於遼左 此天帝命而爲之 何事不成. 於是扶芬奴等三人 往沸流取鼓而來 沸流王遣使告曰云云. 王恐來觀鼓角 色暗如故 松讓不敢爭而去. 번역은 한국고전번역원 번역문 인용. 이하 『동국이상국집』의 번역은 한국고전번역원의 번역문 인용.

I-2와 I-3은 같은 내용의 기사로, 한무제가 고조선을 멸망시키고 그 옛 땅에 한사군을 설치한 후 고취(鼓吹)와 악공(伎人)을 하사하였다는 내용이다. 이미 기원전 2세기 말에는 한사군을 통해 고취와 악공을 비롯한 전문 연희자들이 들어와 있었다는 것을 뜻한다. I-4는 고구려 건국시조인 동명왕(東明王, 재위: B.C. 37~19)에 관한 기록이다. 고각(鼓角)을 앞세운 위의(威儀)가 없어 제대로 예를 갖추어 영접하지 못하는 것을 비류의 사자들이 업신여기는 것이라 한탄하자 신하 부분노(扶芬奴)가 비류에 가서 고각을 가져왔다는 내용이다. 이를 통해 고구려는 건국 초기 백제로부터 고각을 들여와 고각의장을 갖추게 되었음을 알 수 있다. 고취로 비류의 사신을 맞이하려했으니 사신영접을 위한 행렬이 있었음도 충분히 추론할 수 있다. 따라서 고구려와 비류국은 기원전 1세기경에는 이미 고각의장을 갖추고 사신을 영접하였음을 알 수 있다. 또한 I-5 기사는 부여가 후한에 사신으로 갔을 때의 일로, 이때 순제는 부여 사신들에게 황문고취(黃門鼓吹)와 각저희(角抵戲)를 관람시켰다는 것이다. 황문고취는 한나라의 고취음악이다. 아마도 이 시기 이후 한국의 고취음악은 황문고취였을 것으로 보인다.[7] 그리고 각저희는 협의로는 씨름을 가리키지만 이전에는 산악·백희를 통칭하는 말로도 쓰였다.[8] 따라서 이때 부여 사신이 관람한 것은 협의의 각저, 즉 씨름이 아니라 각종 산악·백희를 관람한 것으로

6) 『후한서』 권85 「동이열전」 75, 부여국(夫餘國)조. 順帝 永和元年 其王來朝京師 帝作黃門鼓吹·角抵戲以遣之.

7) 이혜구는 4세기 중반의 고구려 안악 3호분에 그려진 입고연주자, 소를 부는 사람 그리고 노래하는 사람은 중국 한나라의 황문고취라고 하였다.(「안악 제3호분 벽화의 주악도」, 『한국음악서설』, 서울대학교출판부, 1967, 3~31쪽 참조.)

8) 張衡, 〈西京賦〉. 旣定且寧 焉知傾陁 大駕幸乎平樂 張甲乙而襲翠被 攢珍寶之玩好 紛瑰麗以侈靡 臨逈望之廣場 程角觝之妙戲. 장형의 〈서경부〉는 강정, 도로심장, 충협, 도환, 주삭, 만연지희, 환술 등의 산악·백희를 묘사한 글이다. 여기서 '각저지묘희'는 산악·백희를 이르는 말이다.

보아야 한다. 이러한 정황으로 볼 때 기원 전후부터 중국 및 한반도 내 소국들 간의 빈번한 교류를 통해 외국의 사신이 왔을 때 이들을 영접하는 예와 그에 따르는 악과 연희가 수반되었음을 확인할 수 있다.

신라의 경우, 『삼국사기』에는 당에 구법을 갔던 구법승이 귀국하거나 중국 사신이 왕경에 오면 왕이 교외로 교영을 나갔다는 기록(F-3)이 나온다. 그리고 당에 갔던 구법승이 돌아올 때에 신라왕이 흥덕사 앞길까지 이들을 마중나가기도 했다(F-4).

위의 여러 기록을 통해 볼 때, 다양한 목적으로 국왕의 행차가 있었다는 것을 알 수 있으며 국왕의 거둥에는 그에 맞는 의장과 고취가 갖추어졌을 것이다. 이로써 삼국에는 이미 행악으로 사용되는 고취가 수용되어 있었음을 알 수 있다. 이때의 행렬모습은 고구려 고분벽화에 묘사된 행렬모습과 비교했을 때 백제와 신라도 그와 크게 다르지 않았을 것이다. 이 당시 행렬이 구체적으로 어떠했을지는 다음에서 살펴볼 고구려 고분벽화를 통해 그 양상을 추정할 수 있다.

(1) 고구려의 사신영접행사와 전통연희

고구려 고분벽화에는 귀족들의 행렬도가 그려진 것들이 많다. 고분벽화의 행렬도는 사신영접을 위한 행렬은 아니지만 고대 귀족들의 행렬 모습을 보여주고 있다. 앞서 여러 사료기록을 통해 사신이 왔을 때 멀리 혹은 왕경 인근에 사신을 보내거나 국왕이 친히 교영을 나간 것을 확인하였다. 고려와 조선에서도 사신을 영접하기 위한 국왕의 행차가 있었음을 볼 때 이 당시에도 사신영접행차가 있었을 것이다. 따라서 사신영접을 위한 국왕의 행렬은 고구려 벽화에 보이는 귀족들의 행차에서 그 모습을 추정해 볼 수 있을 것이다. 아래 [표 43]은 행렬도가 남아 있는 고분을 정리한 것이다. 행렬도에 그려진 참여 인원은 벽화마다 차이가 큰데 그중 가장 규모가 큰 것이 256명이 그려진 안악 3호분이며 그 다음이 80명이 나오는 약수리 고분벽화, 그리고 75인이 나오는 덕흥리 고분벽화이다. 그 중 357년에 축조된 안악3호분[9]의 벽화를 보자(그림 5). 다른 고분벽화에 비해 행렬도가 잘 남아 있어 당시 행렬의 모습을 가장 잘 보여주고 있기 때문에 이를 중심으로 살펴보고자 한다.

[표 43] 행렬도가 그려진 고구려 고분벽화[10]

번호	시기	고분명	행렬구성	특징/연희
1	4C 초	평양역전고분	기마수, 악대, 부월수	박락이 심해 알 수 없으나 전체행렬도 추정 가능
2	4C 전반	감신고분	마상고취악대, 호위병	
3		태성리 1호분	기마대	
4		복사리고분	시종, 관리	
5	375년	안악3호분	고취악대, 무용수, 시녀, 기마대, 개마무사, 호위병, 문무백관	전체행렬, 서역인 무용수
6	4C 후반	동암리고분	행렬 구성 불명확	
7		상왕가촌고분	기마대열	전체행렬
8		통구12호고분	수레, 여인, 시종	약식행렬
9		마선구1호고분	개마무사, 인물	
10	4C 말	안악1호분	의장기수, 악수, 수레	전체행렬

9) 축조연대는 고분 안의 명문에 영화(永和) 13년이라고 되어 있어 축조연대를 확실히 알 수 있다. 영화는 동진(東晉)의 연호로 357년에 해당한다. 하지만 안악3호분의 묘주에 대해서는 견해가 갈린다. 남한학자들은 고분 전실의 서쪽 곁방 입구 왼쪽에 그려진 장하독(帳下督) 위에 묵서가 남아 있는데 이름이 동수(冬壽)라 되어 있어 이를 근거로 묘주가 동수라고 추정한다. 그와 달리 북한학자들은 『구당서』 기록에 왕은 오채 비단옷과 백라관(白羅冠)을 착용한다고 되어 있는데 벽화의 묘주의 의복이 바로 오채비단에 백라관을 쓰고 있으며 회랑에 그려진 행렬도의 규모 등으로 보아 이는 왕릉으로 보아야 하며 시기적으로 고국원왕에 해당한다는 견해이다.

10) 손수호, 「고구려무덤벽화에 그려진 행렬도의 류형과 변천에 대하여」, 『조선고고연구』 제3호(누계 84호), 1992, 18~19쪽 표 재구성.

11		각저총	수레, 시종	약식행렬
12	4C말~5C초	무용총	수레, 무용수	약식행렬
13		약수리고분	전, 중, 후배	전체행렬
14	408년	덕흥리고분	기수, 취타대, 말탄 악사, 악대	전체행렬 / 약식행렬
15	5C 중엽	대안리 1호분	전체 행렬	박락이 심해 알 수 없으나 전체행렬도 추정 가능
16	5C	팔청리고분	기마수, 개마무사, 악수, 연희자	특징적 의장과 행렬 일부
17	5C 후반	수산리고분	악수, 백희 연희자, 시종	특징적 의장과 행렬 일부
18	5C 말	쌍영총	수레, 기마수, 여인행렬	약식행렬
19	5C말~6C초	안악2호분	무사대열(의장대열)	특징적 의장과 행렬 일부

안악 3호분의 행렬도에는 256명이 그려져 있다. 이 행렬도의 순서를 보면 수레를 중심으로 맨 앞에서부터 북치는 사람과 나팔수, 무용수 등의 악대와 연희대가 가고 있으며 수레 뒤에 의장단, 시녀 및 말을 탄 문무백관이 뒤따르고 있는 것을 볼 수 있다. 특히 수레 앞에 고취악대가 서고 수레 뒤에 횡취악대가 가고 있음을 볼 수 있다. 보통 고취는 행렬에서 쓰이는 음악을 말하는데 처음에는 고취와 횡취의 구분이 없었으나 후에 소(簫)와 가(笳)가 있으면 고취(鼓吹)이고 주로 조회와 행진에 쓰이며, 고(鼓)와 각(角)을 쓰면 횡취(橫吹)로서 군대에서 주로 사용하였고 말 위에서 연주한다고 하였다.[11] 하지만 이러한 구분은 일시적인 것으로 나중에는 그 구분이 모호해졌다고 한다.[12]

화려하고 웅장한 안악 3호분이 귀족의 행렬 모습을 그린 것이라는 점

11) 『악부시집』 권21. 橫吹曲_其始亦謂之鼓吹 馬上奏之 蓋軍中之樂也. (중략) 其後分爲二部 有簫笳者爲鼓吹 用之朝會道路 亦以給賜.(중략) 有鼓角者爲橫吹 用之軍中 馬上所奏者是也. 특히 전한시대 협률도위(協律都尉) 이연년(李延年)이 지은 28곡의 횡취곡이 있는데 바로 〈新聲二十八解〉이다. 한무제가 흉노족의 반란을 진압하기 위해 보낸 군대의 위세와 위풍당당한 행진 모습을 묘사하고 있어 군대에서 사용되었던 음악임을 알 수 있다.

12) 양인리우 저, 이창숙 옮김, 『중국고대음악사』, 솔, 1999, 188쪽.

[그림 5] 고취와 황취, 고구려 안악3호분 고분벽화

을 고려한다면 사신을 맞이하는 왕의 행렬은 이보다 더 규모가 크고 장관이었을 것이다. 기본적으로는 중국과 조공-책봉의 관계를 맺고 있었다 하더라도 고구려는 중국 왕조와 어느 정도 대등한 관계를 유지하고 있었고 심지어 수·당과는 여러 차례의 전쟁을 승리로 이끌었던 강국이었다. 따라서 사신을 영접하는 왕의 행렬은 중국 사신에게 왕의 위의과 군사력을 과시하기 위해 대규모의 행렬을 이끌고 나갔을 것이며 매우 화려하고 위엄을 갖추었을 것이다.

이들 사신을 호위하는 행렬에 대해서는 기록이나 벽화 등의 자료가 남아 있지 않아 그 모습을 파악하는 것이 매우 어려운 실정이지만 고취를 앞세우고 기마대 등 의장단을 갖추어 맞아들인 것은 틀림없다. 그리고 이 행렬에 악대와 춤을 추는 무용수들과 산악·백희를 연행하는 연희자들도 뒤따랐을 것이다.

고구려 고분벽화에는 행렬도와 함께 이때 연행되었던 다양한 산악·백희와 연희자들도 그려져 있다. 부여사신이 한에 갔을 때에 순제가 황문고취와 각저희를 관람시켰다고 하는 사실은 앞에서 이미 살펴보았다(I-5).

이때 한나라가 사신들을 위해 베푼 연향에서 연행되었던 산악·백희 종목은 파유, 도로, 해중, 탕극, 만연, 어룡 등의 각저희였다.[13] 이후 각저희는 원회(元會)를 비롯한 각종 의례와 사신영접행사에서 의례적으로 공연되었다. 또한 이 시기에 서역으로부터 다양한 기예가 도입되면서 한나라의 백희는 더욱 풍부해졌다. 서역인들의 중국 유입에 대한 기록은 중국측 사서에 빈번하게 나오고 있어 이들과의 교류와 중국 산악·백희의 성립과 발전은 매우 긴밀한 관계였음을 알 수 있다. 따라서 서역의 기예와 중국의 산악·백희가 결합하여 발전하고 있었고 이들과 교류하고 있었던 고구려에도 산악·백희의 여러 종목들이 들어와 성행했을 것임을 충분히 짐작할 수 있다. 더구나 고분벽화에는 서역인으로 보이는 인물도 그려져 있어 서역인이 직접 들어와 연희를 하였다는 사실도 확인할 수 있다. 이들 고분벽화에 보이는 산악·백희를 정리하면 다음 [표 44]와 같다.

[표 44] 고구려 고분벽화에 보이는 산악·백희

번호	고분명	행렬구성	산악·백희
1	평양역전고분	기마수, 악대, 부월수	
2	감신고분	마상고취악대, 호위병	
3	태성리 1호분	기마대	
4	복사리고분	시종, 관리	
5	안악3호분	고취악대, 무용수, 시녀, 기마대, 개마무사, 호위병, 문무백관	칼재주부리기, 수박희, 가면희, 말을 탄 채 각종 악기 연주
6	동암리고분	행렬 구성 불명확	
7	상왕가촌고분	기마대열	
8	통구12호고분	수레, 여인, 시종	
9	마선구1호고분	개마무사, 인물	

13) 『한서(漢書)』 권96 「西域傳」. 說酒池肉林 以饗四夷之客 作巴兪都盧海中碭極漫衍魚龍角牴之戲 以觀視之.

10	안악1호분	의장기수, 악수, 수레	
11	각저총	수레, 시종	씨름
12	무용총	수레, 무용수	수박희, 수렵도에 보이는 말타고 활쏘기
13	약수리고분	전, 중, 후배	곤봉받기, 곤봉과 방울받기, 마상재
14	덕흥리고분	전체 행렬	
15	대안리 1호분	전체 행렬	
16	팔청리고분	기마수, 개마무사, 악수, 연희자	나무나리걷기, 곤봉과 방울받기, 마상재, 칼재주부리기, 각종 악기 연주
17	수산리고분	악수, 연희자, 시종	나무다리걷기, 곤봉과 방울받기, 무륜
18	쌍영총	수레, 기마수, 여인행렬	
19	안악2호분	무사대열(의장대열)	
20	장천1호분		방울받기, 무륜, 씨름, 원숭이 재주부리기

5세기 중엽 이후 고분벽화를 통해 이 시기 고구려의 국왕 또는 귀족의 행차에서 연행되었던 전통연희가 어떠했는지 파악할 수 있다. 위 [표 44]에서 보는 바와 같이 방울받기, 가면희, 마상재, 나무다리걷기, 원숭이 재주부리기, 무륜, 칼재주부리기, 수박희 등의 다양한 산악·백희가 국왕이나 귀족들의 행차 시 연행되었다. 이들 연희들은 귀족들이 탄 수레 앞에서 연행되었다.(그림 6)

고분벽화의 행렬도에 보이는 산악·백희는 사신영접행사에서도 연행되었을 것이다. 이미 중국에 사신으로 다녀오면서 중국 궁중에서 연행되던 산악·백희를 관람하였기 때문에 삼국 역시 중국 사신을 영접하는 자리에서 이러한 전통연희를 연행했을 가능성이 매우 높다. 이러한 연희 장면은 수산리 고분벽화(그림 6) 등 여러 고구려 고분벽화에 그려져 있다. 고려와 조선의 중국사신영접행사에서 각종 연희를 연행한 것도 이 시기 이후부터 이어온 전통이었다 할 수 있다.

[그림 6] 나무다리걷기와 방울받기 연희장면, 고구려 수산리 고분벽화

(2) 백제의 사신영접행사와 전통연희

백제에서 사신영접행사가 어떻게 행해졌는지 알려주는 기록은 없으며 그와 관련한 음악과 전통연희에 대한 기록이나 유물 역시 남아있는 것이 빈약한 까닭에 그 면모를 알기 매우 어려운 실정이다. 하지만 백제가 고구려, 중국과 빈번하게 교류하고 있었음을 감안할 때 백제에서도 고구려와 거의 유사한 사신영접행사가 이루어졌을 것으로 보인다. 백제는 초창기 고구려의 영향을 받았지만 이후 중국 남조와 교류하면서 우아하고 세련된 백제 고유의 문화를 발전시켜 나갔다. 그리고 이를 일본에 전수하여 일본 기악(伎樂)과 음악 발전에 커다란 영향을 미쳤다.

I-6. 고각(鼓角)·공후(箜篌)·쟁(箏)·우(竽)·호(篪)·적(笛)의 악기가 있고, 투호(投壺)·위기(圍棊)·저포(樗蒲)·악삭(握槊)·농주(弄珠)의 놀이가 있다.[14]

I-7. (흠명천황) 15(554) 2월 (생략), 따로 명령을 받들어 역박사(易博士) 시덕(施德) 황도량(王道良), 역박사(曆博士) 고덕(固德) 왕보손(王保孫), 의박사(醫博士) 나솔(奈率) 왕유릉타(王有㥄陀), 채약사(採藥師) 시덕(施德) 번량풍(潘量豊)·고덕(固德) 정유타(丁有陀), 악인(樂人) 시덕(施德) 삼근(三斤)·계덕(季德) 기마차(己麻次)·계덕(季德) 진노(進奴)·대덕(對德) 진타(進陀)를 바쳤는데, 모두 청에 따라 교대하였다.[15]

I-8. 또 백제인 미마지(味摩之)가 귀화하였는데, "오(吳)나라에서 배워서 기악(伎樂)의 춤을 출 수 있다"고 말하였다. 곧 앵정(櫻井)에 안치하고, 소년을 모아 기악의 춤을 배우게 하였다. 이 때 진야수제자(眞野首弟子)·신한제문(新漢濟文) 두 사람이 그것을 배워 그 춤을 전하였는데, 이들이 지금의 대시수(大市首)·벽전도(辟田首) 등의 선조이다.[16]

I-9. (3월) 병인 아악료(雅樂寮)의 잡악사(雜樂師)와 가무사(歌舞師) 4명, 적사(笛師) 2명, 당악사(唐樂師) 12명, 횡적사(橫笛師) 2명을 정하고 고려악사(高麗樂師) 4명을 정하였는데 횡적(橫笛), 공후(箜篌), 막목무사(莫目舞師) 등이다. 백제악사 4명을 정하였는데 횡적, 공후, 막목무사 등이다. 신라악사 2명은 금무사(琴舞師) 등이며 도라악사(度羅樂師) 2명은 고무사(鼓舞師) 등이고 기악사(伎樂師) 2명, 임읍악사(林邑樂師) 2명을 정하였다.[17]

---

14) 『수서(隋書)』 「동이열전」 百濟. 有鼓角·箜篌·箏·竽·篪·笛之樂, 投壺·圍棊·樗蒲·握槊·弄珠之戲. 『북사(北史)』 권94 「열전」82, 백제조에도 같은 내용이 나온다.

15) 『일본서기』 권19, 흠명천황(欽明天皇) 15년 2월(554년 2월 (음)). 別奉勅 貢易博士施德王道良·曆博士固德王保孫·醫博士奈率王有㥄陀·採藥師施德潘量豊·固德丁有陀·樂人施德三斤·季德己麻次·季德進奴·對德進陀 皆依請代之.

16) 『일본서기』 권22, 풍어식옥희천황(豐御食炊屋姬天皇) 추고천황(推古天皇) 20년.

I-6은 백제의 악기와 잡희에 관한 기사이다. 이 기록에 보이는 백제음악에 사용되는 연주 악기 가운데에 공후, 쟁, 우, 지, 적은 중국 남조의 음악인 청상기(淸商伎)에 사용되는 악기들이다.[18] 즉, 백제는 중국 남조와 교류하면서 남조의 영향을 받아 수준 높은 음악문화를 이루었던 것으로 보인다. 그리고 백제의 놀이로 투호, 위기, 저포, 악삭, 농주 등이 있었다고 하는데, 특히 농주는 방울받기로 산악·백희의 대표적인 종목 중 하나이다. 이는 고구려 고분벽화에도 자주 보이는 종목이기도 하다.

I-7과 I-8은 『일본서기』 기록이며 I-9는 『일본후기』의 기록이다. I-7은 백제 귀화인 미마지에 대한 기록이다. 미마지가 오나라에서 기악의 춤을 배웠다고 하는 것으로 보아 기악은 음악과 춤이 함께 하는 무용이라는 것을 짐작할 수 있다. 미마지가 전한 기악이 백제에서는 어떠한 형태였는지 알 수 없다. 1233년에 쓰여진 일본의 『교훈초(教訓抄)』에 의하면 기악은 가사 없이 추는 무용극으로 후에 무악(舞樂), 산악(散樂)에 흡수되었고 가면무용극의 기초가 되었다는 평가를 받는다.[19] 13세기에는 이미 일본에서 기악이 상당히 정제된 양상을 보이고 있기 때문에 『교훈초』에 보이는 기악은 612년에 미마지가 전한 기악과는 상당한 차이가 있었을 것이다.[20]

그런데 기악인이 사찰의식에 동원되었던 기록이 『연희식』 권21 「아악료」에 보인다. 4월 8일과 7월 15일 재회(齋會)가 있을 때 동서이사(東西二

---

17) 『일본후기』 권17, 천추국고언천황(天推國高彦天皇) 평성천황(平城天皇) 대동(大同)4년 3월(809년 3월 21일(음)). (三月) 丙寅 定雅樂寮雜樂師 歌舞師·四人 笛師二人 唐樂師十二人 橫笛師二人 高麗樂師四人 橫笛箜篌莫目舞等師也 百濟樂師四人 橫笛箜篌莫目舞等師也 新羅樂師二人 琴舞等師也 度羅樂師二人 鼓舞等師也 伎樂師二人 林邑樂師二人.

18) 송방송, 「음악의 초기양상과 악론의 형성」, 『한국음악사논총』, 민속원, 1999, 19쪽. 청상악은 송(宋) 무제(武帝, 420~422)가 관중을 평정하고 얻은 남조의 음악이었다고 한다.

19) 河竹繁俊, 『日本演劇全史』, 岩波書店, 1966, 38쪽.

20) 김호연, 「한국 고대 연희에 나타난 공간 구조」, 『동아시아고대학』 14, 2006, 501쪽.

寺)에 기악인을 나누어 충원하였다는 기사이다.[21] 이를 통해 기악이 사찰의식에서 사용되었음을 알 수 있다. 미마지가 전한 기악이 처음부터 사찰의식에서 사용되었는지는 알 수 없다. 또한, 미마지가 처음 전한 기악과 사찰에서 사용되는 기악 그리고 13세기에 정립된 기악 간에 어떠한 연관성이 있는지 파악하기는 사실상 어렵다. 하지만 미마지가 일본에 기악을 전한 헤이안 시대의 법령인 『연희식』의 기록은 시기적으로 큰 차이가 나지 않는다. 따라서 시간적 차이에 따른 변화가 있었을 것임에도 불구하고 기악이 사찰의 의식에서 사용되었다는 것은 기악이 전해질 당시 백제에서도 불교의식에서 쓰였을 지도 모른다는 추측을 가능하게 한다. 이로 미루어 보아 미마지는 승려출신 혹은 사찰과 관련 있는 사람일 가능성이 있다. 이 당시 백제에서도 사찰을 중심으로 하는 기악의 발달과 재승계통의 전문 연희자의 존재를 추정해 볼 수 있다. 이들은 사찰의식에서 기악을 담당하던 기악인이었는지도 모른다.

I-9 기록은 9세기 초의 기록으로, 백제가 멸망한 지 약 150년이 지난 후인데도 여전히 일본에서는 백제악사를 두어 백제악을 교습했음을 알 수 있다. 이들 악무는 모두 일본 왕실의 연향에서 사용되는 궁정음악이었을 것이다. 특이 이 기사에서 주목할 것은 일본이 청한 악사 중에 기악사 2인이 있다는 것이다. 7세기 중반 미마지가 일본에 기악을 전해준 이래 일본에서는 기악에 대한 수요가 많았던 것으로 보인다. 이 당시 삼국과 통일신라의 기악의 수준이 높았음을 알 수 있다.

그 외에 백제악으로 『고려사』「악지」에는 〈선운산〉, 〈무등산〉, 〈방등산〉, 〈정읍〉 그리고 〈지리산〉등의 곡명이 전한다. 〈정읍가〉와 〈산유화가〉는 가사와 곡이 전하고 있고 그 외에는 가사와 곡은 전하지 않고 제목

21)『연희식』 권21 「雅樂寮」. 凡四月八日, 七月十五日齋會 分充伎樂人於東西二寺.

만 전한다.[22] 백제악은 이미 중국에도 알려져 있을 정도로 매우 발달해 있었다. 이들 백제악은 고려시대와 조선시대의 정재로 이어져 궁중의례나 사신영접연향에서 연행되었다.

(3) 신라의 사신영접행사와 전통연희

신라의 사신영접행사에 대해 직접적으로 알려주는 기록은 없다. 그러나 신라의 악가무에 대해서는 백제와 고구려에 비하면 상당히 많은 기록이 남아 있다. 『삼국사기』 「악지」에는 옥보고(玉寶高)가 지은 30곡, 우륵(于勒)이 지은 12곡, 이문(泥文)이 지은 3곡을 비롯해 각 지역에서 만들어져 전하는 지방음악들이 소개되어 있다. 이들 악가무들은 궁중연향에도 사용되었을 것이다. 이들이 고려와 조선시대를 거치면서 향악으로 자리잡았고 궁중정재로 지속적으로 연행되었던 것으로 보아야 한다.

Ⅰ-10. 25일에 왕이 나라로 돌아오면서 욕돌역(褥突驛)에 도착하였는데, 국원(國原)의 사신(仕臣)인 대아찬(大阿湌) 용장(龍長)이 사사로이 잔치를 벌여 왕과 여러 시종하는 사람들을 대접하였다. 음악이 시작되자 나마(奈麻) 긴주(緊周)의 아들 능안(能晏)이 15살인데 가야의 춤을 추어 바쳤다. 왕이 용모와 거동이 단정하고 아름다운 것을 보고는 앞에 불러서 등을 어루만지며 금으로 만든 술잔에 술을 권하고 선물을 자못 후하게 내려주었다.[23]

---

22) 박종숙, 『백제 · 백제인 · 백제문화』, 지문사, 1988, 195쪽. 『증보문헌비고』와 『동국여지승람』 등에 전하는 〈정읍가〉와 〈산유화가〉의 가사는 한글로 되어 있어, 이것이 백제시대 그대로의 가사일지는 의문이라고 하였다.

23) 『삼국사기』 권6 「신라본기」6, 문무왕 8년 10월 25일조. 二十五日, 王還國, 次褥突驛, 國原仕臣龍長大阿湌, 私設筵, 饗王及諸侍從. 及樂作, 奈麻緊周子能晏, 年十五歲, 呈加耶之舞. 王見容儀端麗, 召前撫背, 以金盞勸酒, 賜幣帛頗厚.

위 I-10 기록은 문무왕이 지방순행을 마치고 돌아가던 중 욕돌역(褥突驛)에 들렀을 때 국원 사신 용장(龍長)이 베푼 연회에서 긴주(緊周)의 아들 능안(能晏)이 춤을 바쳤다는 내용이다. 이는 당시 궁중연향이나 지방 행궁에서 정재가 이루어졌음을 알려준다.[24] 이미 이 시기에 각 지방마다 전문 연희자들이 존재했으며 이들은 국왕의 순행 시 국왕을 위한 연향에서 정재를 했음을 보여준다. 이러한 악가무들은 사신영접행사에서도 연행되었을 가능성이 높다. 고려시대와 조선시대에 다양한 정재가 궁중연향에서 사용되었고 사신영접행사에서도 공연되었다는 것은 삼국시대 사신영접행사에서도 궁중에서 행해지던 악가무가 연행되었을 가능성이 있음을 보여준다 하겠다.

I-11. (선덕왕) 9년(640) 여름 5월에 왕이 자제들을 당(唐)나라에 보내서 국학(國學)에 입학시켜 주기를 청하였다. 이때 [당나라의] 태종(太宗)은 천하의 이름난 유학자를 많이 불러 모아 학업을 가르치는 관원(官員)으로 삼고, 자주 국자감(國子監)에 들러서 그들로 하여금 강론케 하였다. 학생으로서 대경(大經)가운데 하나 이상에 능통한 사람은 모두 관직을 맡을 수 있도록 하고, 학사(學舍)를 1천 2백 칸으로 늘려서 지었으며, 학생을 늘려서 3천 2백 6십 명에 차게 하였는데, 사방에서 배우고자 하는 사람이 경사(京師)에 구름처럼 모여 들었다. 이때 고구려·백제·고창(高昌)·토번(吐藩) 역시 자제들을 보내 입학시켰다.[25]

---

24) 사진실, 「궁정연회의 전통과 정재의 역사적 전개」, 『연희, 신명과 축원의 한마당』, 국사편찬위원회편, 두산동아, 2006, 64~65쪽.

25) 『삼국사기』 권5 「신라본기」5, 선덕왕(善德王) 9년(640) 여름 5월조. 九年夏五月 王遣子弟於唐 請入國學. 是時 太宗大徵天下名儒爲學官 數幸國子監 使之講論. 學生能明一大經已上 皆得補官 增築學舍千二百間 增學生滿三千二百六十員. 於是 四方學者雲集京師. 於是 高句麗·百濟·高昌·吐蕃亦遣子弟入學.

위 I-11 기사에 따르면 당의 국학에 고창국의 귀족 자제도 입학하였다고 한다. 이들과 고구려, 백제, 신라 유학생의 교류는 자연스러운 일이었다. 당은 수나라의 구부기(九部伎)를 십부기(十部伎)로 확대 개편하였는데 이때 고창기(高昌伎)가 추가되었다. 고려에도 고창기가 있었는데, 거가행렬에 편성되었던 악이다. 이는 당과의 교류를 통해서 수용한 것이기도 하지만 신라시대에 당에서 고창국 사람들과 직접 교류를 통해 고창기를 접할 수 있었을 것이다.

아래 『백지묵서대방광불화엄경(白紙墨書大方廣佛華嚴經)』의 발문 기록은 8세기 중반 신라에서도 기악이 발달했음을 보여준다.

> I-12. 5행 時中並淳淨爲內新淨衣禪水衣臂衣冠天冠等莊嚴令只者二青衣童子灌頂針捧弥叉叉
>
> 6행 青衣童子着四伎樂人等並伎樂爲弥叉一人香水行道中散弥叉一人花捧行道中散弥叉[26]

위 I-12의 『백지묵서대방광불화엄경』은 신라 경덕왕 13년(754)에 연기법사(緣起法士)의 발원으로 간행한 화엄경 사경이다. 총 80권으로 구성되었을 것으로 추정되는데 현재 전하는 것은 그 중 2축이며 각 10권씩으로 이루어져 있다. 특히 변상도와 더불어 각 권 말에 부기되어 있는 발문에는 제작에 참여한 사람의 이름, 관직, 담당 업무 등이 기록되어 있어 역사적 사료로서 중요한 가치를 지니고 있다. 특히 여기에는 사경 의식 절차가 나오는데 그 중 5행과 6행에 청의동자 2명과 기악인 4인이 등장하여 함께 기악을 연행하였다고 하는 내용이 보인다. 즉, 사찰의식에서 기악을 했다는 것이다. 백제의 미마지가 일본에 기악을 전해주었다고 하는데 이

26) 『新羅白紙墨書大方廣佛華嚴經』 권50 跋文.

기악은 일본에서 사찰의식에 사용되는 것이라고 하였다. 위 기록에도 기악이 사찰의 사경의식에서 연행되었음을 보여준다. 이는 기악이 백제뿐만 아니라 신라에서도 연행되었으며 사찰의 여러 의식과 관련이 있음을 암시한다. 이미 수·당대에 고구려기는 중국의 칠부기, 구부기, 십부기에 포함되어 있었고 백제기 역시 중국에 잘 알려져 있었다. 이에 반해 신라기악은 상대적으로 중국에 잘 알려지지 않았었던 것 같다. 하지만 삼국통일 이후 신라기악 역시 크게 성행하였을 것으로 보인다.

오늘날 기악은 한국 가면극 과장과 그 내용이 매우 유사하여 한국 가면극의 원류가 되었을 것으로 보고 있다. 한국에서는 기악이 어떠한 종류의 연희였는지 알려주는 기록이 전혀 없는 상태이므로 고대의 기악이 어떤 모습이었는지, 그리고 어떠한 과정을 거쳐 변화, 발전해왔는지 확인할 방법이 없어 고대의 기악과 오늘날의 가면극을 연결하는 데에는 무리가 있다. 그리고 백제의 기악과 통일신라시대의 기악을 일본의 기악과 직접 연결할 수 있는 자료가 없어 그 관련성 역시 명확하게 확인할 수 없다. 그럼에도 불구하고 위 변상도 발문의 내용과 미마지의 기악전래 사실, 일본에서 사찰의식에 사용되는 점을 연결해 볼 때 삼국시대 기악 역시 사찰과 관련이 있었을 것이라는 추정이 가능하다. 사찰의식에서 연행된 기악이 궁중연향이나 사신영접행사에서도 연행되었을 것이라는 기록 또한 찾아볼 수 없다. 하지만 불교의례에 사용되었던 기악 역시 궁중의례나 사신영접행사에서 연행되었을 가능성을 아주 배제하기도 어렵다. 고려시대에도 팔관회나 연등회와 같은 불교행사에서 연행되었던 가무희와 산악·백희가 사신영접행사에서도 연행되었던 사실에서 이와 같은 추정이 가능하다.

이들 악가무와 더불어 신라에서도 백제, 고구려와 마찬가지로 산악·백희를 공연하였다.

I-13. 이에 가무백희를 하였으니 이를 가배(嘉俳)라 불렀다. 이때 진 편의 한 여자가 일어나 춤추고 읊조려 "회소(會蘇) 회소"라 하니 그 소리가 애처롭고도 우아했다. 후세 사람들이 그 소리로 노래를 만들어 회소곡(會蘇曲)이라 이름했다.[27]

I-14. 진흥왕 때에 팔관회를 열었다. 매년 중동이 되면 궐정에 승려들을 모으고 윤등을 설치하고 사방에 연등을 단다. 그리고 채붕 두 개를 맺고 백희가무를 올리고 복을 빈다.[28]

I-13과 I-14 두 기사에 모두 가무백희라는 표현이 나오는 것으로 보아 일찍이 신라에서도 백희를 연행하였다는 것을 알 수 있다. 특히 두 번째 기사를 보면 팔관회를 설행하면서 채붕을 설치하고 백희가무를 하였다고 하였다.[29] 채붕은 산악·백희를 공연하기 위해 가설한 것으로 산악·백희와의 상관관계를 보여준다고 하겠다. 고려시대의 경우, 팔관회 등 궁중의례에서 채붕이나 산대를 가설하고 나례(儺禮)와 산악·백희를 하였으며 사신영접행사에서도 그대로 연행되었던 것으로 보아 신라시대에도 사신영접행사에서 채붕을 가설하고 산악·백희를 했을 것임을 짐작할 수 있다.

『삼국사기』「악지」에는 이 시기에 유행하던 산악·백희에 대한 시가 실

27) 『삼국사기』 권1 「신라본기」1, 유리이사금 9년(32) 8월 15일조. 至八月十五日, 考其功之多小, 負者置酒食, 以謝勝者. 於是, 歌舞百戲皆作, 謂之嘉俳. 是時, 負家一女子, 起舞嘆曰, "會蘇會蘇." 其音哀雅. 後人因其聲而作歌, 名會蘇曲. 이 기사에 나오는 가무백희가 산악·백희가 아닐 수도 있다는 견해도 있다.(전경욱, 앞의 책, 2004, 121쪽)

28) 『증보문헌비고(增補文獻備考)』 권107 「악고」18 산악조. 眞興王時設八關會 其法每歲仲冬會僧徒於闕廷 置輪燈一座列香燈四芳 又結兩綵棚呈百戲歌舞以祈福.

29) 여기서 채붕과 산대의 의미를 명확히 할 필요가 있다. 채붕은 누각형태로 각종 비단과 장식물로 치장을 한 가설무대이고 산대는 봉래산 모양을 딴 장치로 오산 등의 명칭으로 불린다. 채붕과 산대는 그 모양과 제작방식이 다른 것으로 보아야 한다. 하지만 한국의 사서 기록에는 이 둘을 혼용하고 있어 실제 채붕인지 산대인지 명확하게 구별하기 어려운 경우가 많다.

려 있다. 바로 최치원의 〈향악잡영5수(鄕樂雜詠五首)〉[30]로, 금환(金丸), 월전(月顚), 대면(大面), 속독(束毒) 그리고 산예(狻猊)이다. 금환은 방울을 갖고 하는 연희인 농환(弄丸)이다. 특히 금환에 나오는 의료(宜僚)는 중국의 유명한 방울받기 연희자이다. 따라서 이 시는 농환을 노래한 것이 분명하다. 『수서』에 나오는 백제의 농주, 신라 우륵이 지은 12곡 중 보기(寶伎)가 금환과 같은 농환이다. 농환은 고구려 고분벽화에서 보듯이 다른 백희종목과 결합되어 연행되는 양상을 보인다. 줄타기나 솟대타기 또는 말타기를 하면서 농환을 할 수 있다. 그리고 도구도 방울뿐만 아니라, 막대기나 칼 등도 사용하였다.

월전에 나오는 "어깨를 높이고 목을 움츠리고 머리털은 빳빳"이라는 구절은 아마도 연희자가 익살스런 몸짓으로 흉내를 내는 것으로 보인다. 그 다음 구절의 "노래소리 듣고 웃어 젖히며"라는 구절에서 이 연희가 골계희라는 추정을 가능하게 한다. 이 연희가 실제로 난쟁이가 나와서 연행한 것인지 아니면 난쟁이 흉내를 낸 것인지는 불분명하지만 『고려사』에 난쟁이 흉내내기 연희인 주유희(侏儒戲)를 했다는 기록이 있는 것으로 보아 흉내내기 연희였을 가능성도 있다.[31]

30) 『삼국사기』 권32 「雜志」 1 악.

31) 월전의 내용에 대한 견해는 다양하나 이것이 골계희로서 우희의 일종이며 산악 종목의 하나라는 견해는 공통된다. 양주동은 시에 나오는 군유(郡儒)의 유는 주유(侏儒), 즉 난쟁이들이 가면을 쓰고 하는 놀이 혹은 가면인형극일 것으로 보았고(양주동, 『국학연구논고』, 을유문화사, 1962, 222쪽 참조.) 이혜구는 일본의 고도쿠라쿠(胡德樂)과 유사한 것으로 호인무 가면을 쓰고 술에 취해 추는 춤의 일종으로 보았다.(이혜구, 『한국음악서설』, 서울대출판부, 1967, 59쪽.) 이두현은 서역 우전국에서 유래한 것으로 호인형 가면을 쓰고 연행하는 골계극이라고 하였다.(이두현, 『한국연극사』, 학연사, 2000, 70쪽.) 반면 양재연은 배우들이 꼽추시늉을 내는 것으로 한국에서 자생적으로 생겨나 발전한 것이라는 견해를 밝혔다.(양재연, 「월전회고」, 『문경』 제17집, 1964.) 전경욱은 난쟁이 흉내내기 가능성과 양주동이 지적한대로 난쟁이가 나와 연희했을 가능성 두 가지 다 배제하지 않았다.(전경욱, 앞의 책, 2004, 145쪽.)

세 번째 종목은 대면이다. 대면은 가면희다. 황금색 가면을 쓰고 춤을 추는 것이 나례의 방상시를 연상시킨다. 이는 벽사가면무임이 분명하다. 대면에 관해서는 당나라 때 최영흠이 쓴 『교방기(敎坊記)』를 보면 어떤 것인지 알 수 있다.

> I-15. 대면은 북제에서 생겼다. 난릉왕 장공은 성품은 대담하고 용감하지만 용모가 부녀자같아 적을 위협하기에 부족하였다. 그래서 나무로 가면을 만들어 쓰고 진지에 나갔다. 여기서 이 놀이가 시작되었으며 또한 가곡도 만들었다.[32)]

I-15의 기사에 따르면 대면이 난릉왕 고사에서 비롯되었으며 가면을 만들어 쓰는 연희라고 설명하고 있다. 따라서 〈향악잡영5수〉의 대면은 바로 가면희였음을 알 수 있다.

그 다음 속독이다. 속독 역시 연희 모습을 묘사한 것을 보면 가면을 쓰고 하는 것임을 알 수 있다. "쑥대머리 파란 얼굴"이라는 표현에서 가면을 쓰고 하는 것임을 알 수 있다. 또한 여러 사람이 나와서 북소리 장단에 맞추어 춤을 추는 것으로 묘사하고 있어 한 사람이 추는 것이 아니라 여러 사람이 대열을 갖추어 추는 춤으로 그 춤의 규모가 컸음을 알 수 있다.

마지막으로 산예(狻猊)이다. "사막길 건너 일만 리 길 누런 털은 다 빠지고", "머리 꼬리 흔들며"라는 구절은 누가 보아도 산예가 사자춤을 묘사한 시임을 알 수 있다. 또한 사자춤이 멀리 서역에서 전해진 것임은 첫 번째 구절을 통해서 확인할 수 있다. 우륵이 지은 12기 중에는 사자기(獅子伎)가 있다. 사자춤은 이미 가야시대에 전래되어 오랫동안 연행된 연희

---

32) 崔令欠, 『敎坊記』 大面. 大面 出北齊. 蘭陵王 長恭 性膽勇而貌婦人自嫌 不足以威敵 乃刻木爲假面 臨陣著之. 因爲此戲 亦入歌曲.

종목이었으며 고려시대에도 사자춤이 널리 연행되었음은 여러 문인의 시문을 통해 확인할 수 있다.

신라시대에 어떠한 산악·백희가 연행되었는지는 위의 〈향악잡영5수〉를 통해 어느 정도 파악할 수 있다. 그리고 공연 양상도 추정해 볼 수 있다. 〈향악잡영5수〉의 순서는 당시 공연의 전개 순서와 밀접한 관련이 있었을 것으로 보인다. 먼저 금환(방울받기)을 연행하여 관객의 이목을 끈 다음,[33] 공연에 흥미를 유발하기 위해 골계희인 월전을 연행한다. 그 다음 여러 사람이 나와 대열을 맞춘 대규모의 대면을 공연하고 뒤이어 이국적인 서역의 가면극인 속독과 사자춤 산예를 펼쳐 보임으로써 일련의 공연을 마무리한다. 이러한 전개방식과 공연의 규모는 이것이 궁중에서 연행되었을 가능성이 높다는 것을 의미하며 최치원 역시 이 공연을 저작거리에 본 것이 아니라 궁중에 본 것을 시로 읊었을 것이다. 이는 곧 국가의 중요한 행사인 사신영접행사에서도 연행되었을 가능성이 매우 높은 것이다.

이 외에 12세기 전반 일본의 후지와라 노미치노리(藤原通憲, 1106~1159)가 그린 것으로 알려진 『신서고악도(信書古樂圖)』에는 입호무(入壺舞)(그림 7)와 신라박(新羅拍)(그림 8)이라는 종목이 소개되어 있다. 신라 연희 중 중국에까지 이름을 알린 종목은 입호무와 신라박이다. 이 두 종목은 『신서고악도』에 그림과 함께 전하고 있는데 입호무는 환술의 일종으로 몸이 상반신과 하반신으로 나뉘어 한쪽 항아리로 들어가 다른 쪽 항아리로 나오는 모습으로 그려져 있다. 신라박은 전신에 동물모양의 옷을 걸쳐 입고 동물가면을 쓴 모습이다. 동물 가장을 한 가면희의 일종으로 사자무로 간

33) 윤광봉, 「최치원의 향악잡영오수론」, 동국대학교 대학원 국어국문학과 석사학위논문, 1980. 43쪽. 안상복은 축역과 정화의 의미를 담고 있는 것이라고 하였다.(안상복, 「향악잡영과 산대놀이의 전통」, 『한국민속학』 34, 한국민속학회, 2001, 136-140쪽)

[그림 7] 입호무, 『신서고악도』

[그림 8] 신라박, 『신서고악도』

주된다.[34] 최치원의 시에도 사자춤이 보이는 것으로 보아 통일신라시대에도 사자춤이 연행되었음을 알 수 있다. 이 두 종목은 모두 중국에 전해진 신라의 산악·백희로서 의미가 깊다 할 수 있다. 또한, 신라 궁중 소속의 전문 연희자가 일본에 파견되어 연행한 것으로 보기도 한다.[35] 『신서고악도』는 헤이안 시대의 산악과 무악을 그린 것으로 보는 견해가 통설이다. 따라서 이 연희는 통일신라시대에도 연행되었던 산악·백희였다고 할 수 있다. 특히 연등회나 팔관회 같은 국가적 행사에서 벌어진 연향에서 이와 같은 다양한 악가무와 산악·백희가 연행되었는데 이때에 연행되었던 연희종목들이 사신영접행사에서도 연행되었을 것이다.

중국과 일본에서도 궁중의례나 왕실행사 등에서 산악·백희를 공연하

34) 한국전통연희사전, 민속원, 2014.

35) 전경욱, 앞의 책, 2004, 124쪽. 연희자가 착용하고 있는 모자가 편각복두(徧角幞頭)라는 점을 그 근거로 들었다.

였으며 이는 삼국이나 통일신라도 유사한 상황이었을 것이다. 앞에서 살펴보았듯이 최치원의 〈향악잡영5수〉에 나오는 산악·백희도 각종 궁중행사에서 열리는 연회에서 공연된 종목들이었을 것이며 대표적인 궁중행사였던 사신영접행사에서도 이 종목들이 펼쳐졌을 것이다.

왕궁에서 거행되는 수조의례에 사용된 음악에 대해서 알려주는 기록은 없다. 하지만 사신영접의례가 당시 동아시아 삼국 간에 공통적으로 적용되고 있었고 유교적 예사상이 수용되어 있었기 때문에 이에 따르는 예악에 대한 인식도 공유했을 것이다. 따라서 비록 그 기록이나 자료를 찾을 수는 없으나 유교적 예제에 따르는 예악도 어느 정도 갖추어져 있었을 것으로 보는 것이 타당하다. 후대의 당악이나 아악과 같은 체계적 예악은 아닐지라도 삼국 고유의 음악을 사신영접의례에 사용하지 않았을까 한다. 고구려악이나 백제악이 중국에 알려져 있었다는 것은 이들 두 나라의 음악 수준이 상당한 경지에 이르렀음을 보여주는 것이다. 신라는 이들에 비해 중국에 덜 알려져 있었기는 하지만 통일 이후 고구려와 백제의 음악과 당의 음악을 받아들여 발전시켜 나갔을 것이다.

『고려사』의 악(樂) 구분에 따르면 당악은 주로 중국에서 연향에 사용하는 음악이고 향악(속악)은 신라 고유의 음악이며 아악은 종묘제례 및 궁중의례에서 국왕의 행례절차에 따라 사용하는 음악으로 매우 형식적이고 의례적인 음악[36]이다. 이러한 의례용 악은 삼국시대부터 존재했을 것이지만 아악과 궁중연향에서 사용하는 음악이 명확하게 구분되었던 것 같지는 않다. 중국의 음악이 들어오고, 특히 고려시대 송에서 대성악(大晟樂)이 들어오면서 아악이 체계적으로 정비되고 조선시대 세종대에 신악이 제정되면서 아악과 궁중연향음악이 명확하게 구분되어 사용되었다.

---

36) 차주환, 「『고려사』 「악지」 당악고」, 『진단학보』 23, 1962, 64쪽.

삼국시대 아악의 실체를 알기는 어려우나 「악지」에 보이는 각 지방의 악가무를 취합, 정리하여 체계화하여 아악으로 사용한 것이 아닐까 추정해 본다. 궁중의례의 연향에서는 이러한 궁중음악이 연주되었으며 산대와 채붕을 세우고 산악·백희도 하였을 것이다.

2) 사신영접행사 담당기관과 연희자

(1) 영빈기구와 연희담당기관

영빈기구는 보통 외국사절영접을 위해 설치된 중앙 관부로서 빈례의 성립과 밀접한 관련이 있다. 백제와 고구려의 경우 매우 단편적인 기록이 남아있을 뿐이며 그나마 그 체제를 어느 정도 살펴볼 수 있는 것은 신라이다. 우선 다음의 기록을 보자.

J-1. (고이왕) 27년(260) 봄 정월, 내신좌평(內臣佐平)을 두어 왕명 출납에 대한 일을 맡게 하고, 내두좌평(內頭佐平)을 두어 물자와 창고에 대한 일을 맡게 하고, 내법좌평(內法佐平)을 두어 예법과 의식에 대한 일을 맡게 하고, 위사좌평(衛士佐平)을 두어 숙위 병사에 대한 일을 맡게 하고, 조정좌평(朝廷佐平)을 두어 형벌과 송사에 대한 일을 맡게 하고, 병관좌평(兵官佐平)을 두어 지방의 군사에 대한 일을 맡게 하였다.[37]

J-2. 내법좌평(內法佐平)은 예의(禮儀)를 관장하는(掌) 일을 했다.[38]

---

37) 『삼국사기』 권24 「백제본기(百濟本紀)」 2 사반왕·고이왕 27년 봄 1월조. 二十七年春正月置內臣佐平掌宣納事內頭佐平掌庫藏事內法佐平掌禮儀事衛士佐平掌宿衛兵事朝廷佐平掌刑獄事兵官佐平掌外兵馬事.

38) 『삼국사기』 권40 「잡지」9, 외관(外官)조. 內法佐平掌禮儀事.

J-3. (진평왕) 8년(586)에 예부에 영(令) 2인을 두다.[39]

J-4. 예부(禮部)의 영(令)은 2명이다. 진평왕(眞平王) 8년(586)에 두었다. 관등(位)은 병부령(兵部令)과 같다.[40]

위의 기사는 백제와 고구려 그리고 신라에 예의와 의식절차를 맡아 보던 중앙 관직이 설치되었음을 보여준다. J-1은 백제 고이왕(古尒王)때 각종 관부와 관직 정비에 관한 기사이며, J-2에 나오는 관부 중 내법좌평(內法佐平)이 바로 예법과 의식을 관장하는 부서였음을 밝히고 있다. 백제는 이미 3세기 중반에 사신영접 및 기타 국가의례를 담당하는 관부가 설치되어 있었음을 알 수 있다. 이로써 백제 역시 사신영접의례가 마련되어 있었다고 할 수 있다. 그리고 J-3과 J-4 기사는 신라의 예부(禮部)에 관한 같은 내용의 기사이다. 예부는 이름에서 알 수 있듯이 각종 예제의 시행, 사신영접, 교육 등을 담당하는 부서이다. 신라의 사신영접 담당기구는 예부(禮部)이다. 예부는 국가의례와 교육을 관장하는 부서로 산하에 국학(國學), 음성서(音聲署), 전사서(典祀署), 대도서(大道署), 사범서(司範署) 그리고 공장부(工匠府)를 두고 있었다.[41] 예부가 설치되었다는 것은 이와 관련한 각종 법령이 정비되고 시행되었음을 의미한다. 그 중에서 음악을 담당하는 부서는 음성서(音聲署)였으며 예부 소속이었다.

예부와 더불어 살펴볼 것은 영객부(領客府)의 확대개편이다.[42]

---

39) 『삼국사기』 권4 「신라본기」4, 진평왕 8년 봄 1월조. 八年, 春正月, 置禮部令二員.

40) 『삼국사기』 권38 「잡지」7, 직관(職官) 상(上). 八年春正月置禮部令二員.

41) 이들 부서는 사실 진평왕 대에 설치된 것이 아니라 이후에 설치된 관부들이다. 최희준, 앞의 글, 2011, 144쪽 참조.

42) 신라 중앙관제의 대대적인 개편은 진평왕5년(651)에 단행되었다.

J-5. 영객부(領客府)의 본래 이름은 왜전(倭典)이었는데, 진평왕(眞平王) 43년(621)에 영객전(領客典) [뒤에 또 왜전(倭典)을 따로 두었다.]으로 고쳤다.[43)]

J-6. 경덕왕(景德王, 재위: 742~765)이 사빈부(司賓府)로 고쳤다가, 혜공왕(惠恭王, 재위: 765~780)이 옛것으로 되돌렸다.[44)]

위의 J-5과 J-6의 두 기사는 신라의 의례 담당기구의 변화 및 확대과정을 보여준다. 사실 영객부의 전신인 왜전의 설치시기나 왜전이 영객부로 개칭된 시기는 확실하지 않다. 다만 영객부의 전신인 왜전 역시 사신영접과 관련된 기구로서 일본 사신을 영접하던 곳으로 보인다. 이러한 영빈기구의 개편은 이즈음 확대되는 당과의 교류를 통해 수용한 당의 의례, 그중에서도 빈례의 수용과 깊은 관련이 있을 것이다. 당과의 사신왕래가 빈번해지면서 이를 관장할 담당기구가 절실해진 상황에서 전담부서가 설치되었으며 계속 확대, 격상되어 갔다. 이러한 사신영접을 위한 중앙 관부의 설치 및 확대개편은 사신영접의례에 관한 예제적 질서도 갖추어졌음을 의미한다.

김춘추는 648년 견당사로 당에 들어가 태종에게 국학 참관을 요청하고 중국의 제도를 따라 장복제도를 고치는 일에 대한 허락을 구한 적이 있었다.[45)] 그리고 651년 조정에서 처음으로 백관들의 하정례를 받았다. 이러한 일련의 과정은 유교를 국가통치이념으로 하는 체제가 성립되었으며 그에

---

43) 『삼국사기』 권38 「잡지」7, 직관 상. 領客府條. 領客府 本名倭典, 眞平王四十三年, 改爲領客典 [後又別置倭典].

44) 『삼국사기』 권38 「잡지」7, 직관 상. 景德王又改爲司賓府,惠恭王復故.

45) 『삼국사기』 권5 「신라본기」5, 진덕왕 2년. 遣伊湌金春秋及其子文王朝唐. 太宗遣光祿卿柳亨, 郊勞之. 旣至, 見春秋儀表英偉, 厚待之. 春秋請詣國學, 觀釋奠及講論, 太宗許之. 仍賜御製溫湯及晉祠碑幷新撰晉書.

따른 각종 의례절차가 확립되어 갔음을 의미하는 것이다.[46] 예부가 국가의 례와 예악을 담당하는 총괄부서라면 영객부는 사신영접을 전적으로 담당하는 기구였다고 볼 수 있다. 유교적 예의와 의식절차를 행함에 있어서 예악(禮樂)은 빠질 수 없는 주요한 요소라는 점을 고려한다면 음악 기관이 예부에 소속되어 있었다는 것은 군례, 흉례, 가례와 더불어 사신을 영접하는 절목을 규정한 빈례도 정비되어 있었음을 방증하는 것이기도 하다.

그리고 예부 산하 기관 중 사신영접행사를 위한 예악과 연희는 음성서에서 담당했을 것이다.

J-7. 음성서. 음성서(音聲署)는 예부에 속한다. 경덕왕(景德王)이 대악감(大樂監)으로 고쳤다가, 혜공왕(惠恭王)이 옛것으로 되돌렸다. 장(長)은 2명이다. 신문왕(神文王)7년(687) 경(卿)으로 고쳤는데, 경덕왕(景德王)이 또 사악(司樂)으로 고쳤고, 혜공왕(惠恭王)이 다시 경(卿)으로 칭하였다. 관등(位)은 다른 경(卿)과 같다. 대사(大舍)는 2명으로, 진덕왕(眞德王) 5년(651)에 두었다. 경덕왕이 주부(主簿)로 고쳤다가, 후에 대사(大舍)로 다시 칭하였다. 관등(位)이 사지에서 나마까지인 사람을 임명한다. 사(史)는 4명이다.[47]

앞에서 살펴본 바와 같이 예부는 국가의례와 사신영접 등의 일을 주관하는 관부로서 국가의례와 예악이 불가분의 관계임을 고려할 때, 음성서는 국가의례와 사신영접에서 각종 무악을 담당하는 부서였을 것임은 분명하다. 그런데 음성서의 설치시기가 불분명하다. 위 기사는 음성서의 명칭 변경과 관직의 설치 및 변경과정을 보여주는데, 특히 진덕왕대에 대사를 2명 두었다고 하는 것으로 보아 늦어도 진덕왕대에는 음성서가 존재

---

46) 최희준, 앞의 글, 2011, 145쪽.

47) 『삼국사기』 권38 「잡지」7, 직관(職官) 上. 음성서.

했음을 알 수 있다. 진덕왕대는 앞에서도 살펴보았듯이 김춘추가 여러 차례 견당사로 파견되었고 그를 통해 중국의 예제를 적극적으로 수용하고 신라의 통치제제를 개혁하던 시기였다. 따라서 유교적 예제를 통한 통치질서 확립 과정에서 예악 정비가 필요했을 것이며 이를 담당할 부서가 설치 혹은 확대되는 것은 당연하다. 하지만 진덕왕대의 음성서 설치가 이때에 처음으로 국가의례음악을 관장하게 되었음을 의미하는 것은 아닐 것이다. 이미 그 이전시기부터 국가의례나 궁중연향에서 음악이 사용되었음은 분명하기 때문이다. 아마도 이는 이때부터 체계적인 의례음악과 궁중연향 음악이 관리되고 제도화되었다는 의미일 것이다.

음성서에는 가척(歌尺), 금척(琴尺), 무척(舞尺) 등의 악공들이 소속되어 있었다. 『삼국사기』「잡지」 악에는 신라시대 악무에 대해 소개하고 있는데[48] 이를 정리하면 다음 [표 45]와 같다.

[표 45] 신라시대 악무의 종류와 소속 악공[49]

악무명	감(監)	무척(舞尺)	금척(琴尺)	가척(歌尺)	가척(茄尺)
가무(茄舞)	6	1			2
하신열무(下辛熱舞)	4	2	1	3	
사내무(思內舞)	3	2	1	2	
한기무(韓岐舞)	3	2	1		
상신열무(上辛熱舞)	3	2	1	2	
소경무(小京舞)	3	1	1	3	
미지무(美知舞)	4	2	1		
사내금(思內琴)		4 (靑衣)	1 (赤衣)	5(채색옷)	
대금무(碓琴舞)		? (赤衣)	? (靑衣)		

48) 『삼국사기』 권32 「잡지」1, 악[樂].

49) 『삼국사기』 권32 「잡지」1 악(樂)1; 이인철, 「신라의 음성서」, 『역대 국립음악기관 연구-신라 음성서에서 국립국악원 개원까지-』, 국립국악원, 2001, 70쪽 표 참조.

이 기록에 보면 척은 모두 악공이라 하였다.[50] 무척은 춤추는 사람, 금척은 가야금 연주자, 가척(歌尺)은 노래하는 사람, 가척(笳尺)은 피리부는 사람으로 모두 전문 연희자들이었다. 그렇다면 감은 어떤 존재일까? 아마도 전체 악무를 진행하는 책임자가 아닐까 한다. 이와 관련하여 다음 기사가 주목을 끈다.

J-8. 감전(監典)은 대사(大舍)가 2명, 사지(舍知)는 2명, 사(史)는 4명, 도관(都官)은 4명, 종사지(從舍知)는 2명이다. 악자(樂子)는 정해진 인원수가 없다.[51]

J-9. 소년감전(少年監典)은 경덕왕(景德王, 재위 742~765)때 조천성(釣天省)으로 고쳤고 후에 예전대로 회복하였다. 대사(大舍)는 2명, 사(史)는 2명이다.[52]

J-8의 감전은 어룡성(御龍省) 산하의 기관으로 악자라는 직책이 있었던 것으로 보아 제사음악을 관장하는 부서로 보기도 한다.[53] 하지만 악자의 담당업무에 대해서는 구체적인 설명이 없어 알기 어려우나 특별히 제사음악을 담당했다고 볼 근거가 약하다. 이들은 감전 내 행정 잡무를 담당하는 자들이거나 혹은 감전 소속의 악공들이었을 수도 있지만 확언하기는 어렵다. 그렇다면 감전은 음성서와 어떤 관계가 있는 것일까? 음성서가 예부소속으로 국가의례 및 연회와 관련한 악무를 담당하였다면

---

50) 『삼국사기』 권32 「잡지」1 악. 羅時樂工皆謂之尺.

51) 『삼국사기』 권39 「잡지」8, 직관 중, 감전. 監典, 大舍二人, 舍知二人, 史四人, 都官四人, 從舍知二人. 樂子無定數.

52) 『삼국사기』 권39 「잡지」8, 직관 중, 소년감전. 少年監典, 景德王改爲釣天省, 後復故. 大舍二人, 史二人.

53) 三池賢一, 「新羅內廷官制考上」, 『朝鮮學報』 62, 1971, 35~36쪽.

어룡성 산하의 감전은 궁중음악을 담당했던 것으로 보는 견해가 있다.[54] 이들이 국가의례 및 연회업무를 담당하는 예부와 궁중의식을 담당하는 내성(內省)으로 각기 소속이 다르다는 점에서 담당하는 분야가 달랐을 것이라고 하는 이인철의 견해는 타당하다. 우선 감전의 악자는 일정한 숫자가 없었다고 하는 것으로 보아 악자가 필요할 경우 음성서를 통해 동원했을 것으로 보인다. 그리고 감전은 음성서에 비해 하부관직이 더 많다. 이는 감전이 행정관리업무에 더 치중했기 때문이 아닐까 한다. 반면에 음성서는 실제 연희에 더 치중했던 것 같다. 그렇다면 음성서의 감은 어떤 존재인가. 이에 대해 이인철은 감전이나 음성서에 감이라는 관직이 없는 것으로 보아 이는 임시직이었을 가능성을 제시하였다. 즉 행사진행을 위해 감전의 관리들이 국가의례가 있을 때 임시로 맡는 임시직으로 보았다.[55] 그렇다면 감은 연향에서 가무연행을 위해 필요한 시설 준비나 무대 설치 등 전체적인 진행을 감독하는 기관이었고 실제 가무를 공연하는 악사와 악공은 음성서에 소속된 가척, 무척, 금척 등의 전문 연희자들이었을 것이다. 따라서 음성서와 감전은 상호보완적 관계이며 감전이 음성서 소속 악공의 관리를 포함한 행정관리업무의 성격이 강하다면 음성서는 실제 공연을 담당한 것으로 보인다. 이들 음성서는 악공의 교육을 담당하였으며 소속 악공들은 사신영접행사를 비롯한 각종 국가의례와 궁중연회에 동원되어 가무를 공연했을 것이다. 이러한 이원적 체제는 고려시대의 관현방(管絃坊)과 태악서(太樂署)의 관계에서도 엿볼 수 있다.

---

54) 이인철, 앞의 글, 2001, 71~72쪽. 이에 대해 음성서가 악공 등 실제 연희자들이 배속되어 이들을 교육하고 연회에서 공연하는 일을 맡았던 데에 반해 감전은 주로 행정관리를 담당하는 부서로서 특히 악자가 이들 연희자의 관리 업무를 함께 했던 것이 아닐까 하는 견해도 있다.(三池賢一, 앞의 글, 1971, 35~36쪽 참조.)

55) 이인철, 같은 글, 2001, 72쪽.

J-9 기사의 소년감전[56]은 J-8의 감전과 관련시켜 볼 때 역시 음악을 담당했던 기구로 보인다. 그래서 조천성(釣天省)의 '조'를 '균(鈞)'의 오기로 보고 조천성이 아니라 균청성으로 보아 당의 이원제자(梨園弟子), 즉 소년음악대가 균천악을 연주하는 것과 연관시키기도 한다.[57] 소년감전의 존재는 많은 것을 시사한다. 먼저, 이 시기 소년악사를 전담하는 관청의 존재이다. 이른 시기부터 어린 소년들이 가무를 익히고 연향에서 공연한 사실은 나마 긴주의 아들 능안의 사례에서 확인할 수 있었다. 아마도 소년감전은 소년악사의 관리뿐만 아니라 교육도 담당했을 것이다. 명칭에서 알 수 있듯이 통일신라시대에는 궁중연향에서 소년들이 정재를 했을 것이라는 추측이 가능하다.

(2) 연희자의 출신과 사회적 지위

① 연희자의 출신

삼국시대와 통일신라시대에 악가무와 전통연희를 담당하던 연희자들에 대한 기록은 충분하지 않다. 단편적 기록을 통해 당시 연희자들의 출신과 그들의 사회적 지위를 추정해볼 수 있을 뿐이다. 삼국의 음악과 연희의 수준은 상당히 뛰어나서 중국의 궁중음악에도 포함되어 있었다. 수나라의 구부기[58]와 당나라의 십부기[59]에 고려기(高麗伎)가 포함되어 있었던 것

---

56) 소년감전은 경덕왕 4년(745)에 설치되었다. (『三國史記』 권9 「신라본기」9, 경덕왕(景德王) 4년(745) 가을 7월조. 秋七月 又置司正府 少年監典 穢宮典)

57) 三池賢一, 앞의 글, 1971, 35~36쪽 참조.

58) 수 문제 개황(589~600) 초에 칠부기를 처음 제정하였다.(『隋書』 권15 「음악지」. 七部樂 一曰國伎 二曰淸商伎 三曰高麗伎 四曰天竺伎 五曰安國伎 六曰龜玆伎 七曰文康伎.) 이를 수 양제 대업(大業)연간(605~616)에 확대개편한 것이 구부기이다. 구부기는 청상기, 서량기, 구자기, 천축기, 강국기, 소륵기, 안국기, 고려기, 문강기를 가리킨다.(『隋書』 권15 「음악지」. 煬帝乃定淸樂 西涼 龜玆 天竺 康國 疏勒 安國 高麗 禮畢 以爲九部.) 이들은 모두 가무희

에서 알 수 있다. 따라서 이러한 연희의 연희자는 단순한 아마추어가 아니라 전문적인 연희자였던 것은 의심할 여지가 없다. 『삼국사기』「악지」에는 금척, 가척, 무척이라는 명칭이 등장하는데 척은 전문 연희자들이다. 이들은 모두 음성서 소속 악공들로서 궁중연회에 동원되었다. 이들 연희자들의 출신을 살펴보자.

가. 서역 계통 연희자

먼저 고구려의 경우 고분벽화를 통해 당시 연희자들이 어떤 출신의 사람들이었는지 알 수 있다. 고구려 각저총 벽화의 씨름꾼 중 한 명과 안악 3호분 벽화 중 후실의 무악도에 외국인으로 보이는 춤꾼이 그려져 있는데 이들의 생김새로 볼 때 서역인일 것으로 추정된다. 이 시기 서역에서 들어온 연희자들이 산악·백희를 연행하였으며[60] 국왕이나 귀족의 행렬에도 참여했을 것으로 보인다. 서역과의 교역이 삼국시대에 이미 활발하게 이루어졌음은 여러 고고학적 유물을 통해 확인된다. 안악 3호분 후실 벽화에는 가면희가 보이는데 이 가면의 형상도 서역인으로 보인다.(그림 9)

[그림 9] 가면희도, 고구려 안악 3호분 고분벽화(전경욱 편저, 『한국전통연희사전』, 민속원, 2014)

신라나 백제에 서역인 출신의 연희자가 있었는지를 확인해 주는 기록

였다.

59) 당의 십부기에는 문강기(文姜伎) 대신 연악기(燕樂伎)와 고창기(高昌伎) 추가된 것이다.

60) 전경욱, 앞의 책, 2004, 105쪽.

은 없지만 통일신라시대 헌강왕대의 처용설화의 주인공 처용 역시 서역인일 것으로 추정하고 있다. 서역인의 존재를 추정해 볼 수 있는 고고학적 유물도 많이 남아 있다. 신라 원성왕릉, 헌덕왕릉 그리고 흥덕왕릉의 서역인 모습을 한 석상, 서역인의 복장을 한 토우 등이 그것이다. 7세기 후반부터 8세기 중반까지 당나라는 실크로드를 통해 서역과 활발하게 교류하고 있었으며 국제도시 장안에는 다양한 이민족들이 들어와 거주하고 있었다. 삼국과 통일신라, 발해는 사신을 비롯해 구법승, 유학생 등을 지속적으로 당에 파견하고 있었으므로 이들 서역인과의 교류 역시 자연스러웠을 것이며 이들을 통해 직간접적으로 연희 수용이 이루어지기도 했을 것이다. 또한, 이 시기에 서역인들이 한국에 들어와 수준 높은 연희를 선보이기도 했다. 서역인의 모습이 그려진 고분벽화나 유물을 통해 당시 서역인들이 한반도에 들어와 산악·백희를 공연했음을 알 수 있다. 『신서고악도』에 신라의 잡기인 입마고무를 연행하는 연희자의 모습, 서역계의 연희를 묘사한 것으로 추정되는 최치원의 〈향악잡영5수〉 등을 볼 때 신라에도 서역인 계통의 연희자가 들어와 있었음을 충분히 짐작할 수 있다.

나. 재승계통 연희자

삼국시대와 통일신라시대의 연희자 중에서는 승려출신도 있었을 것으로 보인다. 『삼국유사』에는 원효가 무애가(無㝵歌)를 지어 불렀다는 기록이 나온다.

J-10. (생략) 우연히 광대들이 놀리는 큰 박을 얻었는데 그 모양이 괴이하였다. 그 모양대로 도구를 만들어 『화엄경(華嚴經)』의 「일체 무애인(無㝵人)은 한 길로 생사를 벗어난다」는 [문귀에서 따서] 이름을 무애(無㝵)라고 하고 노래를 지어 세상에 퍼뜨렸다. 일찍이 이것을 가지고 천촌만락

> (千村萬落)에서 노래하고 춤추며 교화하고 음영하여 돌아오니 가난하고 무지몽매한 무리들까지도 모두 부처의 이름을 알게 되었고, 모두 나무(南舞)를 칭하게 되었으니 원효의 법화가 컸던 것이다.(생략)[61]

원효는 통일신라시대 대표적인 승려로 그를 전문적인 연희자로 볼 수는 없다. 그러나 무애가의 내용은 화엄경 사상을 담고 있는 것으로 백성들이 이 노래를 부르고 춤을 추었다고 하는 것에서 노래와 춤이 결합된 가무임을 알 수 있다. 그리고 무애가는 고려시대에 무애무로 궁중정재의 하나로 추어졌고 조선시대에는 무애희로 바뀌었다. 이는 화엄경 게송을 담고 있어 승려들 사이에서도 널리 추어졌을 것이며 승려들을 통해 전승되었을 가능성도 배제할 수 없다. 일본에 기악을 전수한 미마지나 사찰에서 거행되었던 사경의식에 등장하는 기악인도 승려 출신이거나 사찰과 관련된 인물이었을 것이다. 이들은 전문 연희자들로 중요한 사찰의식은 물론 팔관회, 연등회와 불교의식에 동원되었을 것이며 중요한 국가적 행사인 사신영접행사에서 산악·백희 등의 공연에도 참여하였을 것으로 추측할 수 있다.

다. 기타

이들 외에 어린아이들도 악가무를 연행했다. 이는 I-10 기사를 통해 확인할 수 있다. 긴주 나마의 아들 능안이 가야의 춤을 문무왕 앞에서 추었다는 내용인데, 이 능안이 바로 어린아이로 당시 악가무를 배워 연행했던 것이다. 능안의 사례와 소년감전이라는 기관이 운영되었음을 볼 때,

---

61) 『三國遺事』 권4 「의해」 5, 원효불기(元曉不羈). 偶得優人舞弄大瓠其狀瑰奇. 因其形製爲道具 以華嚴経 一切無导人一道出生死 命名曰無导仍作歌流于世. 嘗持此千村萬落且歌且舞化詠而歸 使桑樞瓮牖玃猴之輩皆識佛陁之号 咸作南無之稱曉之化大矣哉. 번역은 국사편찬위원회의 번역문 인용.

7세기에 이미 어린아이를 뽑아 가르치는 체계가 존재했다는 것을 알 수 있다. 또한 무동은 조선시대까지도 이어지고 있어서 그 역사가 매우 오래 되었다는 것을 알 수 있다.

그런데 『삼국사기』에 보면 악을 배우고 춤을 추었던 사람들로 기록에 있는 자들은 남성들이었다. 기녀, 무속인, 관비 등이 연희나 악가무를 연행하였다는 기록은 찾아볼 수 없다. 이들이 궁중연향이나 사신영접행사에 동원되었는지의 여부 역시 확인할 수 없다. 그러나 고려와 조선시대에는 기녀, 무속인 등이 악가무를 배워 궁중행사에 동원되었다. 따라서 이들에 관한 기록은 없지만 이들이 궁중연향에 동원되었을 가능성이 아주 없다고는 할 수 없다.

② 연희자들의 사회적 신분과 지위

이 당시 연희자들의 사회적 신분은 어떠했는지 살펴보자. 다음의 사료들은 당시 연희자들의 신분을 추정해 볼 수 있는 기록들이다.

J-11. 13년(552)에 왕이 계고(階古)·법지(法知)·만덕(萬德) 세 명에게 명하여 우륵(于勒)에게 음악을 배우도록 하였다. 우륵은 그들의 재능을 헤아려서 계고에게는 가야금(加耶琴)을 가르쳤고, 법지에게는 노래를 가르쳤으며, 만덕에게는 춤을 가르쳤다. 학업이 끝나자 왕이 그에게 연주하게 하고, 말하기를 "예전에 낭성(娘城)에서 들었던 음과 다름이 없다."라 하고 상을 후하게 주었다.[62]

J-12. (天平 3년, 731, 가을 7월) 을해. 아악료(雅樂寮)의 잡악생(雜樂生)의

62) 『三國史記』 권4 「신라본기」4, 진흥왕 13년조. 十三年 王命階古·法知·萬德三人 學樂於于勒. 于勒量其人之所能 敎階古以琴 敎法知以歌 敎萬德以舞. 業成 王命奏之曰與前娘城之音無異 厚賞焉.

인원을 정했는데 대당악(大唐樂) 39인, 백제악(百濟樂) 26인, 고려악(高麗樂) 8인, 신라악(新羅樂) 4인, 도라악(度羅樂) 62인, 제현무(諸縣舞) 8인, 축자무(筑紫舞) 20인이었다. 그 대당악생은 본국 출신이든 번국 출신이든 가리지 않고 교습을 감당하는 자를 뽑았고, 백제·고려·신라 등의 악생은 모두 그곳 번 출신으로 배우기를 감당하는 자를 취하였다. 다만 도라악과 제현·축자무생은 모두 악호(樂戶)에서 취했다.[63]

J-13. 무자(戊子). 궁삭사(弓削寺)에 행차하여 예불하고, 뜰에서 당·고려악을 연주하였다. 형부경(刑部卿) 종3위(從3位) 백제왕(百濟王) 경복(敬福) 등이 또한 자기 나라의 춤을 추었다.[64]

J-14. (3월) 병인(丙寅). 아악료의 잡악사(雜樂師)와 가무사(歌舞師) 4명, 적사(笛師) 2명, 당악사(唐樂師) 12명, 횡적사(橫笛師) 2명을 정하고 고려악사(高麗樂師) 4명을 정하였는데 횡적(橫笛), 공후(箜篌), 막목무사(莫目舞師) 등이다. 백제악사 4명을 정하였는데 횡적, 공후, 막목무사 등이다. 신라악사 2명은 금무사(琴舞師) 등이며 도라악사 2명은 고무사(鼓舞師) 등이고 기악사 2명, 임읍악사(林邑樂師) 2명을 정하였다.[65]

---

63) 『속일본기(續日本紀)』 권11, 천새국압개풍앵언천황(天璽國押開豊櫻彦天皇) 성무천황(聖武天皇) 천평 3년 가을 7월(731년 7월 29일(음)). (天平三年秋七月) 乙亥 定雅樂寮雜樂生員 大唐樂卅九人 百濟樂廿六人 高麗樂八人 新羅樂四人 度羅樂六十二人 諸縣舞八人 筑紫舞廿人 其大唐樂生不言夏蕃 取堪教習者 百濟高麗新羅等樂生竝取當蕃.堪學者 但度羅樂 諸縣 筑紫舞生竝取樂戶.

64) 『속일본기』 권26, 고야천황(高野天皇) 칭덕천황(稱德天皇) 천평신호(天平神護) 원년 10월(765년 10월 30일(음)). 戊子 幸弓削寺禮佛 奏唐高麗樂於庭 刑部卿從三位百濟王敬福等亦奏本國儛.

65) 『일본후기(日本後紀)』 권17, 천추국(天推國) 고언천황(高彦天皇) 평성천황(平城天皇) 대동(大同)4년(809) 3월 21일조. (三月) 丙寅 定雅樂寮雜樂師 歌舞師·四人 笛師二人 唐樂師十二人 橫笛師二人 高麗樂師四人 橫笛箜篌莫目舞等師也 百濟樂師四人 橫笛箜篌莫目舞等師也 新羅樂師二人 琴舞等師也 度羅樂師二人 鼓舞等師也 伎樂師二人 林邑樂師二人.

J-11은 『삼국사기』 기록으로 우륵에게 각각 가야금, 노래, 춤을 배우러 간 세 사람이 나오는데 이들의 관등은 대나마였다.[66] 이들은 우륵에게서 악가무를 배워 익힌 실제 연희자들이었을 것으로 보인다. 대나마는 신라 17관등제에서 10관등이다. 10관등은 골품제에서는 5두품이 맡을 수 있는 최고관등이었다. 이들은 후에 우륵에게서 전수받은 악가무를 음성서 소속 악공들에게 전수하였을 것이다.

J-12와 J-13은 『속일본기』 기록이고 J-14는 『일본후기』 기록으로 모두 백제악, 고려악[67] 그리고 신라악에 대한 내용을 담고 있다. 이들 음악은 모두 궁중에서 연주되던 음악인데 삼국의 악사들이 일본에 파견되어 악기연주와 춤을 가르쳤다는 내용이다. 이들은 일본의 왕립음악기관인 아악료에 배속되어 있었다. 이들 삼국의 악사들은 국립음악기관에 소속된 악사들이었을 것이다. 그리고 이들은 본국에서 관직을 갖고 있던 사람들이었으며 본국에서도 음악 연주와 춤 등을 연행하기도 했겠지만 교육도 담당했을 것이다. 따라서 이들은 기관의 관리자로서 혹은 교육 담당자로서 그 출신이나 신분이 높은 편이었다고 할 수 있다.

신라 문무왕이 돌아오는 길에 욕돌역에 머물 때 국원의 사신 용장이 연향을 베풀었는데 이때 나마 긴주의 아들 능안이 가야의 춤을 왕에게 바쳤는 기사는 두 가지 사실을 시사한다. 첫째는 연희자의 신분에 대한 단서이다. 긴주는 나마의 관직을 지니고 있는 지방의 관리이다. 두 번째는 이 시기에 이미 어린아이가 연향에서 춤을 추고 있다는 것이다. 이는 고려시대 교방 소아처럼 신라시대에도 재주 있는 어린아이를 뽑아 가무

66) 『삼국사기』 권32 「잡지」 1 악조에는 계고, 법지, 만덕 등의 관등이 대나마(大奈麻)라고 기록되어 있다.(乃遣大奈麻注知·階古·大舍萬德, 傳其業.)

67) 고려악은 고구려악으로 고구려의 연향악을 말한다. 하지만 9세기 이후 일본 닌묘천황 때 아악료가 개편되면서 백제악, 신라악, 발해악을 통합하여 고려악이라 칭하였다.

를 가르쳐 연회에서 춤을 추도록 하였음을 알 수 있다. 지배층 가문에서 춤이나 노래, 악기 연주에 재주가 있는 어린아이들을 가려 뽑아 기예를 가르쳐 연향에서 연행하는 일도 있었음을 보여준다.

우륵에게서 가야금, 춤, 노래를 전수받은 사람과 나마 긴주의 아들 능안 등은 당시 4~5두품의 신분을 가진 자들로서 하위지배계층이었다. 처용도 후에 급간의 관등을 제수받았다. 이들은 이후 음성서에 소속되어 궁중연향에서 악가무를 연행하는 실제 연희자였을 가능성이 높다. 더 많은 자료를 살펴보아야 하겠지만 이러한 단편적 기록을 통해 볼 때 당시 전문 연희자 중에는 지배층 출신들도 포함되어 있었던 것이다. 적어도 궁중연향이나 궁중음악을 담당하는 자들의 신분과 사회적 지위는 고려나 조선에 비해 비교적 높았을 것이다.[68)]

하지만 일반 악사와 산악·백희 등의 종목을 연행하던 모든 연희자들의 신분과 사회적 지위도 그러하였는지는 확실하지 않다. 조선의 경우 『경국대전』에 향악과 당악을 담당하던 악공은 천인 중에서 선발하였고 아악을 담당하던 악생은 양인 중에서 선발한다고 규정되어 있어, 악공이나 실제 연희를 담당하는 자들은 천민 출신으로 사회적 지위는 최하위였다. 분명한 것은 통일신라시대의 연희자 중에는 당시 지배계층 출신의 연희자가 존재했다는 것이다.

고대의 궁중음악과 연희의 수준으로 볼 때 전문 연희자들이 악가무와

---

68) 『백지묵서대방광불화엄경』에는 신라의 수공업자나 예술인들의 신분을 보여주는 기록이 보인다. 이 사경에 참여한 경필사, 제지사 등 수공업자 및 기예를 지닌 사람들의 명단과 관등이 나오는데 대부분 4~5두품에 속하는 관등이었다. 예술에 종사하는 사람들의 사회적 신분이 결코 낮지 않았다는 추정을 가능하게 한다. 통일신라시대에 노비와 천민계층은 존재하였으나 고려나 조선시대의 신분제 구별에서 보이는 직업적인 전문 연희자를 천대시하는 양상은 확인되지 않는다. 고려와 조선시대처럼 이들 연희자들이 천대받는 계층이었는지의 여부는 확언하기 어렵다.

산악·백희를 연행했다는 것을 알 수 있다. 이들 전문 연희자들은 어린 시절 뽑혀서 가무기예를 익혀 전문 연희자로 성장한 어린 아이, 서역에서 온 외국인, 그리고 승려 등이었다. 악기연주, 춤, 노래 등을 연행한 연희자들은 4~5두품 출신에 관등은 10관등인 대나마 혹은 11관등인 나마의 지위를 갖는 지배층도 있었다. 통일신라 이후 불교의 융성과 중앙집권적 통치체제의 확립 과정에서 악(樂)의 중요성은 점차 커져갔다. 당시 향유되던 연희문화의 담당자들로서 귀족층의 역할을 낮게 평가할 수는 없을 것으로 보인다.[69] 그러나 모든 연희자들의 신분과 사회적 지위 그리고 이들에 대한 사회적 인식은 당시 신분제사회에 대한 연구 성과를 더 살펴본 후에야 명확해질 것이다. 신라 골품제 사회에서 직업의 세습, 직업에 따른 천민의식의 상관성과 그러한 인식의 형성에 대해서는 좀 더 많은 연구가 필요하다.

2. 고려시대의 사신영접행사

1) 사신행렬과 국왕의 사신영접행차

(1) 『고려도경』에 보이는 사신행렬

고려시대 사신행렬 모습을 상세히 전하고 있는 책이 『고려도경』이다. 책의 저자인 서긍은 개경으로 들어오는 사신행렬과 개경에서 사신영접에 대해 상세히 기록하였다. 사신이 예성항에 들어와 벽란정에서 하룻밤을 묵고 다음날 입경할 때의 사신행렬을 살펴보자. 서교정은 숙박시설이 없었고 개경에서 멀리 떨어져 있지 않았기 때문에 사신들은 서교정에 당도

69) 김리혜, 「新羅鄕樂에 대한 一考察」, 고려대학교 석사학위논문, 1995, 44~48쪽.

하여 잠시 휴식을 취한 뒤 바로 개경의 왕궁으로 이동하였다. 다음은『고려도경』에 기록된 서교정에서 왕궁까지 의장행렬의 순서이다. 의장행렬은 기치와 병장기를 든 군대가 앞장서고 고취대, 취라대가 뒤를 잇고 백희 소아대, 악기연주대가 뒤를 이어온다. 이렇게 사신을 영접하는 행렬은 국왕의 행차에 버금가는 장관이었을 것이다.『고려도경』에는 이 행렬의 순서를 잘 기록하고 있다.

① 신기대(神旗隊)

신기대는 벽란정에서부터 개경의 왕궁까지 송황제의 조서를 들고 갈 때 맨 앞에서 행렬을 선도하는 부대이다. 이들이 서교정에 당도하기 전에 왕은 사자와 호위군을 서교정으로 보내 이들을 맞이할 준비를 한다. 그리고 이곳에서 미리 기다리고 있던 다른 의장대와 만나 개경으로 향한다. 서교정에서 개경 왕궁까지 신기대가 행렬을 이끌고 뒤를 이어 친위대 및 의장대인 용호좌우친위기두(龍虎左右親衛旗頭), 상육군좌우위장군(上六軍左右衛將軍), 상육군위중검랑장(上六軍衛中檢郎將), 용호중맹군(龍虎中猛軍), 공학군(拱鶴軍), 용호상초군(龍虎上超軍), 용호하해군(龍虎下海軍), 육군산원기두(六軍散員旗頭), 좌우위견롱군(左右衛牽攏軍), 영군랑장기병(領軍郎將騎兵)이 두 갈래로 나뉘어 뒤따른다. 신기대는 이후 조서를 받고 표문을 바치는 의식에서도 가장 앞에 선다.[70]

② 기병(騎兵)

신기대 다음에는 기병대가 따른다. 금의용호친위(錦衣龍虎親衛), 영병

---

70)『고려도경』권24「절장」,初神旗隊. 入碧瀾亭 奉安詔書訖 退休于所舍 明日質明 都轄提轄官 對捧詔書 入采輿 兵仗前導 諸仗之中 神旗爲先 自西郊亭 預建于館前 候詔書至 與餘仗相接 導衛入城.

상장군(領兵上將軍), 영군낭장(領軍郎將)이 순서대로 따르는데 모두 기병이다.[71] 말은 방울을 비롯해 여러 장신구로 화려하게 장식하였다. 이들은 사신행렬에서 마상재를 담당했던 의장대이다. 특히 영군낭장이 그 위용을 뽐냈는데 다음 기록은 당시 행렬의 구체적인 모습을 보여준다.

> K-1. 영군랑장기병은 …(중략)…봉선고(奉先庫, 선왕의 제사 때 쓰는 곡식 등 제물을 두는 곳집) 앞 언덕 위에 돌아왔을 때 앞에서 인도하는 전구(前驅) 수십 기(騎)를 보았는데, 말방울을 울리며 치닫고 안장과 등자 사이에서 날뛰는 것이 경쾌하고도 민첩하였다. 이것은 무술을 자랑하려는 것이다.[72]

이들은 의장대로서 마상재를 전담하는 부대였다. 수십 기의 말이 말방울을 울리며 치닫고 안장과 등자 사이를 뛰어넘는다고 설명하고 있다. 이는 말을 타고 다양한 재주를 부리는 장면을 묘사한 것이다. 마상재는 송사신이 서교정에 이르러 개경 순천관에 이르는 행렬에서 선보였던 것으로 보인다. 그리고 이러한 마상재 연행이 고려의 군사력을 과시하려는 것이라고 그 목적도 분명하게 기술하고 있다.

③ 요고(鐃鼓)

초금(箛)을 부는 병사가 따르고 그 뒤에 징과 북을 치는 군사들이 온다.[73] 초금을 불고 멈추면 징과 북을 울려 합주한다. 군대의 악기 편성으

---

71) 『고려도경』 권24 「절장」, 다음 기병[次騎兵]. 神旗之次 有錦衣龍虎親衛 旗頭一名 騎而前驅 執小紅旆 其次則領兵上將軍 其次則領軍郎將 皆騎兵也 持弓矢佩劍 飾馬之具 皆有鑾聲 馳驟甚亟 頗自矜耀.

72) 『고려도경』 권12 「장위(仗衛)」, 영군랑장기병(領軍郎將騎兵). 領軍郎將騎兵服飾 領軍郎將騎兵服飾 其等不一…(중략)…使副會于王府 還至奉先庫前 岡阜之上 見前驅數十騎 鳴鑾馳驟 跳梁鞍間 輕銳驍捷 意欲燿武 島夷僻遠 偶有勁卒 而急於人知 亦可笑也.

로 보아 이들은 고취악을 담당하였다. 국왕 행차와 마찬가지로 고취대가 선두에서 행렬을 이끌어 가면서 웅장함을 더한다. 송 사신이 서해안 각 섬에 도착했을 때, 송 사신을 맞이하기 위해 띄운 순선에 오른 수위병들이 호가를 불고 징과 북을 치며 맞았다. 『고려사』「악지」에는 고취악을 쓰는 용례에 대한 규정이 나온다.

K-2. 고취악을 쓰는 사례: (생략) 조서(詔書)와 사로(賜勞)를 영접할 때에는 국문(國門) 밖에 진설하였다가 조서가 이르면 행렬을 인도하면서 연주하고 궁정(宮庭)에 이르러 그친다.[74]

명과 북조의 사신이 당도하였을 때 고취악이 사신행렬을 인도한다고 되어 있는데 이는 행렬에 웅장함을 더하고 위의를 보여주기 위한 것이다. 따라서 이들 고취악대는 삼국시대 이래로 국왕이나 귀족의 행렬에서 빠지지 않는 구성으로 행렬의 기본이라 할 수 있다.

④ 천우위(千牛衛)와 금오위(金吾衛)

북과 호각 다음에는 왕의 친위대인 천우위가 관혁등장(貫革鐙杖)[75]을 들고 뒤따른다.[76] 천우위 뒤에는 금오장위군(金吾仗衛軍)이 오는데, 황색

73) 『고려도경』 권24 「절장」, 다음 요고[次鐃鼓]. 騎兵之次 鳴笳之軍 次之 鐃鼓之軍 又次之 每百餘步 鳴笳軍 必却行 面詔輿而合吹 聲止 則擊鐃鼓 爲之節.

74) 『고려사』 권70 「지」24 악1 아악. 用鼓吹樂節度.(생략) 迎詔書及賜勞 設於國門外 詔書至 導行振作 至宮庭而止.

75) 의장의 한 가지, 금동으로 만든 등자를 긴 나무 자루에 자주색 끈으로 맨 것으로, '관혁'은 여기서는 나무자루를 가죽으로 쌌음을 말한다.(민족문화추진위원회, 『국역 고려도경』, 1978, 145쪽.)

76) 『고려도경』 권24 「절장」, 다음 천우위[次千牛衛]. 鼓角之次 卽有儀物 貫革鐙杖 千牛軍衛執之 相比而行.

깃발과 표미(豹尾)·의극(儀戟) 및 화개(華蓋)를 잡고 약간씩 사이를 두고 행진한다.[77]

⑤ 악대

뒤를 이어 악대가 따르는데 산악·백희를 공연하는 백희소아대(百戲小兒隊),[78] 뒤를 이어 가공(歌工)과 악색(樂色)이 악기를 연주하는 악부가 따른다.[79] 백희단의 복식은 중국과 거의 비슷하다고 하였다. 이들은 사신행렬을 위해 동원된 전문 연희자들이다. 그리고 소아대는 어린 아이들로 이루어진 악무단이다. 이들은 어릴 때부터 각종 산악·백희를 훈련받아 전문 연희자로 성장하였다. 바로 이 소아들도 사신행렬에 동원되었다. 악부는 산악·백희 등을 연행할 때 음악연주를 담당하였다.

⑥ 예물과 조서가마

악부 다음에는 송 황제가 하사하는 각종 예물이 뒤따르고[80] 그 다음 황제의 조서를 실은 채색 가마가 온다. 수놓은 오색 비단으로 장식한 가마는 세 개가 간다. 하나는 향로를 놓고 그 다음에는 조서, 마지막에는 어서를 담은 가마이다.[81]

---

77) 『고려도경』 권24 「절장」, 다음 금오위[次金吾衛]. 千牛衛之後 金吾仗衛軍 次之 執黃幡豹尾儀戟華蓋 差間而行.

78) 『고려도경』 권24 「절장」, 다음 백희[次百戲]. 金吾仗衛之後 百戲小兒次之. 服飾之類 略同華風.

79) 『고려도경』 권24 「절장」, 다음 악부[次樂部]. 歌工樂色 亦有三等之服 而所持之器 間有小異 其行 在小兒隊之後 比使者至彼 會俣衣制未除 故樂部 皆執其器而不作 特以奉詔命 不敢不設也.

80) 『고려도경』 권24 「절장」, 다음 제목 찾을 것. 禮物之匣 大小不一 其面 摽題所賜之物名件 而皇帝信寶 封之 麗人 尊奉寵眷 乃盛以要舁 而罩以黃帕 每乘 用控鶴軍四人 服紫繡花袍 上折幞頭 其行 在樂部之次.

81) 『고려도경』 권24 「절장」, 다음 조서 가마[次詔輿]. 采輿之設 績繡錦綺 五色間錯 制作華巧 前一輿 安大金爐 次奉詔書 幷祭王俣文 次奉御書 亦以控鶴軍捧之 拜表歸館 則不用其中一輿耳.

⑦ 사신단[82]

사신단에도 순서가 있다. 먼저 충대하절[83]로 이들은 공식사절단에 동행하여 온 선비나 예술가 혹은 기술자들이다. 『고려도경』에 보면 원래 이들은 군졸이었으나 근래 그 구성인원의 성격이 변하였다고 하였다. 그 다음 선무하절(宣武下節)로 이들은 모두 50명으로 구성되며 명주지역의 토병들이다. 이들은 송 사신단의 위용을 보여주기 위함이다. 그 다음 국신사와 부사가 뒤따른다. 국신사는 사신단의 총책임자라 할 수 있다. 이 때 고려의 반사(伴使)는 부사 오른쪽에 약간 떨어져서 말을 타고 나란히 가고 그 다음에 굴사(屈使)[84]가 온다. 그 다음 서긍이 포함된 상절과 중절이 뒤를 따른다. 이들 송 사신의 입경행렬이 보기 드문 장관이었음은 다음 글을 통해서도 알 수 있다.

K-3. 국청사는 서교정 서쪽 3리 정도 떨어져 있다.…(중략)…사신이 국청사 앞을 지나갈 무렵 승려 백여 명이 몰려나와 구경한다.[85]

위 내용을 보면 당시 행렬이 지나갈 때 서교정 인근의 국청사의 승려 1백여 명이 몰려나와 구경을 했다고 기록되어 있다. 청의용호군(靑衣龍虎

---

82) 『고려도경』 권24 「절장」, 다음 충대하절[次充代下節] 다음 선무하절[次宣武下節] 다음 사부[次使副] 다음 상절[次上節] 끝 중절[終中節]

83) 민족문화추진위원회, 『국역 고려도경』, 1978, 146쪽. 충대하절에서 충대는 충임(充任)으로 보충하여 임무를 맡기는 것이다. 하절은 군졸을 가리키는 말이다. 따라서 충대하절은 군졸 이외에 다른 사람을 충용한다는 의미이다.

84) 민족문화추진위원회, 『국역 고려도경』, 148쪽. 이상옥(李相玉)의 주에는 '副使也'로 되어 있으나 취하지 않음. 제25권 '영조(迎詔)'의 동어(同語) 이주(李注)는 '屈'이 '襦'과 통용됨을 말하고 짧은 소매 옷을 입은 사람으로 보았다.

85) 『고려도경』 권17 「사우(祠宇)」, 국청사(國淸寺). 國淸寺 在西郊亭之西 相去三里許…(중략)…頃人使所過 道經國淸寺門 其褐衣僧徒 百十輩群 出觀之.

軍)만 1만이 되었다[86]고 하니 왕의 친위대를 비롯한 의장대의 행렬 규모가 매우 장대했음을 짐작할 수 있다.

『고려도경』은 고려시대 사신영접행렬의 전모를 보여주는 유일한 기록이다. 조선시대에는 국왕이 모화관까지 나아가 교영하였는데 이때 사신행렬 모습을 알려주는 구체적인 기록은 없으나 뒤에서 살펴볼 조선시대의 사신영접을 묘사한 그림〈의순관영조도〉(그림 2)와 〈황강연조도〉(그림 3)를 보면 사신단의 규모가 서긍 일행과 비교해 볼 때 크지 않음을 알 수 있다. 따라서 이와 같은 대규모의 사신행렬이 조선시대까지 이어졌을지는 명확하지 않다. 고려시대에 서긍 일행을 맞이하는 사신행렬은 예외적으로 이루어진 대규모 영접행렬이었을 것으로 보인다. 당시 북방민족의 등장으로 고려와 송의 관계가 소원해져 있는 상태였고 송-고려-북방민족의 복잡한 국제정세 속에서 송과 고려의 양국 관계가 돈독함을 과시하려는 목적이 있었기 때문에 대규모의 영접행사가 있었던 것으로 추측된다.

(2) 사신영접을 위한 국왕의 행차와 거가환궁행사

① 국왕행차의 위장

사신이 성문 밖에 당도하기 전 국왕은 문무백관을 이끌고 성문 밖에 교영을 나간다. 그리고 사신이 도착하면 의장대와 함께 도성 안으로 들어간다. 이때 행렬을 이끄는 고취악의 용악 규정에 대해서는 앞의 K-2 기사에서 살펴보았다. 고취악은 기본적으로 행렬을 인도할 때 연주한다. 『고려사』「악지」에도 고취악은 국왕의 행차나 조서를 인도하여 이동할 때 연주한다고 하였다. 따라서 사신행렬과 이들을 영접하는 국왕의 행렬에는 고취악이 사용되었다.

---

86) 『고려도경』 권24 「절장」, 신기대. 青衣龍虎軍 鎧甲戈矛. 幾及萬卒 分爲兩序 夾道而行.

『고려사』「여복지(輿服志)」에는 연등회, 팔관회, 서경과 남경 순행 등에 관한 위장 규정이 있다.[87] 그러나 사신영접을 위해 거둥하는 국왕의 행차에 관한 규정은 보이지 않는다. 따라서 사신을 교영 나가는 국왕의 행차모습과 사신행렬과 함께 들어오는 국왕을 맞이하는 위장은 기록이 없어 확언하기 어렵다. 조선시대의 경우 사신을 맞이하여 광화문으로 들어오는 행렬을 맞이하기 위해 산대를 가설하고 산악·백희 등의 공연을 펼쳤던 것으로 볼 때 고려시대 역시 사신과 왕을 맞이하는 거가환궁행사를 거행하여 중국 사신을 환영하는 모습을 보여줄 뿐만 아니라 동시에 사신영접이라는 외교적 행사를 통해 고려 왕조의 지위와 문화예술 수준을 보여주었을 것이다.[88] 사신영접이라는 큰 국가적 행사를 구경하러 나온 백성들에게 볼거리를 제공하고 결속시키는 계기도 되었을 것이다.

---

87) 『고려사』 권72 「지」 여복(輿服) 1 儀衛. 각 위장별 연희대와 악대 구성과 참가인원을 정리하면 다음과 같다. (김은영, 앞의 글, 2011, 19쪽 표 재구성)

구분		법가위장	상원연등위장	중동팔관위장	서남경순행 위장	서남경순행 회가봉영위장
교방악관		100명	100명	100명	45명	100명
연희대	안국기	40명	40명			40명
	잡기	40명	40명			
	잡극기					160명
	고창기	16명				
	천축기	18명				
	연악기	40명				
	청악				5명	
송덕음		○				○
	취각군	20명	16명	30명	10명	10명
	취라군	24명	24명	30명	10명	10명
총인원		298명	220명	160명	70명	320명

88) 민태혜, 앞의 글, 2015, 58쪽.

② 거가환궁에서 연행된 전통연희

국왕이 궁을 나가는 목적은 다양하다. 사직이나 원구에 제사를 지내거나 서경과 남경을 순행하거나 연등회와 팔관회에 참가하기 위해서 또는 사신을 영접하기 위해 궁을 나선다. 국왕행차의 위장은 그 목적에 맞게 행렬의 구성과 규모가 달라진다. 출궁의 목적은 다르지만 국왕이 일을 마치고 무사히 돌아온 것을 환영하고 더불어 이를 보기 위해 모여든 백성들에게 왕실의 위엄을 보이고 동시에 축제의 장을 마련해 줌으로써 국가적 결속력을 강화하는 계기로 삼았을 것이다.

그러나 고려시대에 사신영접을 위한 국왕의 행차에 대한 규정은 별도로 없다. 조선시대의 경우 사신을 영접하여 경복궁으로 들어올 때 가항결채하고 광화문 앞에 산대를 가설한 후 산악·백희를 하였다. 고려시대 역시 마찬가지로 사신을 영접하여 돌아오는 국왕과 사신을 맞이하는 행사가 거행되었을 것임을 추측할 수 있다. 이는 사신영접과 국왕의 거가환궁 영접이라는 두 가지 성격을 지닌 행사였다. 따라서 『고려사』에 보이는 거가환궁에서 연행된 각종 가무희와 산악·백희는 비록 사신영접을 목적으로 하는 거가환궁의 행사내용은 아닐지라도 사신을 맞이하기 위해 출궁하였다가 사신과 함께 돌아오는 것이므로 공연내용은 거의 유사하게 이루어졌을 것으로 보인다. 그래서 국왕의 거가환궁행사의 내용을 살펴봄으로써 사신영접행사의 내용을 유추해볼 수 있으리라 생각한다. 조선시대의 사신영접행사를 보면 조서를 소지한 사신을 맞이하여 근정전으로 들어오는 길에 가항결채는 물론 궁 앞에 산대를 가설하고 각종 백희를 하였다고 하였다. 이는 고려시대에도 마찬가지였을 것이다.

그렇다면 거가환궁에서 연행된 연희에는 어떤 것들이 있었는지 살펴보자. 크게 행렬의식에 따르는 행악과 교방과 유생의 가요, 그리고 양부가 산대를 세우고 산악·백희를 하는 것으로 나누어 볼 수 있다. 우선 국왕의 거가환궁의 행악에 대해 먼저 살펴보자. 이때의 행악은 사신을 영접하여 들어오는 행렬에서도 연주되었을 것으로 보인다.

이색의 『목은시고(牧隱詩藁)』에는 거가환궁 시 국왕행차에 대해 지은 여러 수의 시가 실려 있다. 여기에 〈환궁악(還宮樂)〉이라는 시가 실려 있다.

> K-4. 군왕이 밤중에 절집에서 돌아오매 / 이원 제자들이 다투어 재주를 바치어라 /예상우의곡 곡조는 성월을 진동시키고 / 푸른 머리 미인들은 무더기를 이루었네 / 생소 소리는 난봉의 울음처럼 청아한데 / 오방 임금들은 중천의 대에서 연회하누나 / 진시황과 한 무제는 욕심이 너무 많아 / 하늘을 날아 곧장 봉래를 찾으려 했건만 / 우리 황상은 백성 걱정이 골수에 사무쳐 / 사기를 꺾어서 태평성대로 회전시켰네 / 다만 바라는 것은 백년 삼만 육천 일에 / 날마다 신선이 와서 신선주를 바침일세.[89]

제목에서 이미 이 시가 국왕의 환궁 시 연주한 음악에 대한 것임을 알 수 있다. 이원(梨園)은 당 현종대에 배우나 연희자들을 가르치던 곳으로 교방과 유사한 곳이었다. 즉 국왕의 환궁시 교방에서 가무희를 올리는 것을 묘사한 것이다. 그리고 『고려사』「악지」의 풍입송(風入松)에는 "「환궁악사(還宮樂詞)」를 다투어 노래함은 성수만세(聖壽萬歲)를 알리기 위함일세."[90] 라는 구절이 나오는데 이는 국왕의 환궁을 기리는 음악과 가사를 지어 올렸다는 것이다.

또한, 거가환궁행사에서는 유생과 교방에서 가요를 올렸다. 『고려사』에는 국왕의 거가환궁행사에서 가요을 설행했던 기록이 자주 보인다.[91]

---

89) 이색, 『목은시고(牧隱詩藁)』 권5, 환궁악. 君王夜自蓮房回 梨園弟子爭效才 霓裳羽衣振星月 雲鬟綠鬢成一堆 笙簫縹渺鸞鳳音 群帝酣宴中天臺 秦皇漢武多欲心 駕空直欲尋蓬萊 我皇憂民入骨髓 斡廻太和邪氣摧 但願三萬六千日 神仙來獻流霞杯.

90) 『고려사』 권71 「지」25 악 2, 속악 풍입송. 爭唱還宮樂詞, 爲報聖壽萬歲.

91) 이색, 『목은시고』 권33. 留都宰相 率百官郊迎于禪興寺之東 成均諸生 進歌; 『고려사』 권34

기록에 따르면 국왕이 환궁할 때면 양부에서 산대를 가설하고 산악·백희를 하였으며 유생들이 나와 가요를 바쳤다. 가요는 고려시대에 이어 조선시대까지 계속해서 어가 영접행사에서 행해졌다. 하지만 사신영접행사에서도 가요를 올렸는지에 대해서는 확실하지 않다. 가요가 상황에 따라 그 목적에 맞게 지어 바칠 수 있어서 중국사신을 영접하는 행사의 성격에 맞게 가요를 지어 올릴 수도 있기 때문에 가요를 바치는 절차가 없었다고 단언하기도 어렵다.

다음은 국왕이 환궁할 때의 광화문 앞과 거리의 가설무대와 무대장식 및 이때 연행된 산악·백희에 대해 설명한 기록이다.

K-5. 신사. (왕이) 궁으로 돌아와 제왕(諸王)에게 명하여 광화문(廣化門) 좌우편 행랑에 채색장막[綵幕]을 치게 하였다. 관현방(管絃房)·대악서(大樂署)는 채색장막[綵棚]을 치고 온갖 놀이판으로 어가(御駕)를 맞이하였는데, 모두 금은(金銀)·주옥(珠玉)·금수(錦繡)·나기(羅綺)·산호(珊瑚)·대모(玳瑁) 등으로 꾸며 기묘하고 사치스럽기가 이전에 비할 바가 없었다. 국자학관(國子學官)이 학생을 이끌고 나와 노래[歌謠]를 바치니 왕이 수레를 멈추고 음악을 구경하다가 밤 3경(三庚)이 되어서야 궁궐로 돌아왔다.[92]

「세가」34, 충숙왕(忠肅王) 즉위년(1313) 6월 18일 병자(丙子). 丙子 入京都 張樂雜戲 七館·十二徒·東西學諸生 獻歌謠 上王命止之. 以待公主 二王遂入泥峴延德宮.; 『고려사』 권35 「세가」35, 충숙왕 12년(1325) 5월 신유(辛酉). 五月 辛酉 王及公主至自元 山棚結彩 陳雜戲 獻歌謠 以迎.; 『고려사』 권19 「세가」19, 의종 24년(1170) 1월 30일. 辛巳. 還宮 命諸王 結綵幕於廣化門左右廊. 管絃房·大樂署結綵棚 陳百戲迎駕 皆飾以金銀·珠玉·錦繡·羅綺·珊瑚·玳瑁 奇巧奢麗 前古無比. 國子學官率學生 獻歌謠 王駐輦觀樂 至三更 乃入闕. 承宣金敦中·盧永醇·林宗植饗王于奉元殿 王歡甚 達曉而罷.

92) 『고려사』 권19 「세가」19, 의종 24년(1170) 1월. 辛巳. 還宮 命諸王 結綵幕於廣化門左右廊. 管絃房·大樂署結綵棚 陳百戲迎駕 皆飾以金銀·珠玉·錦繡·羅綺·珊瑚·玳瑁, 奇巧奢麗 前古無比. 國子學官率學生 獻歌謠 王駐輦觀樂 至三更 乃入闕.

K-6. 계해. 왕이 제포(梯浦)를 출발하자 국학(國學)의 박사(博士)·학유(學諭)·학정(學正)·학록(學錄) 등은 7관(七管)의 생도를 거느리고, 사학(私學) 12도(徒)의 교도(敎導) 등은 진사(進士)와 생도(生徒)를 거느리고 각각 표문(表文)과 노래를 올렸다. 치사(致仕)한 재추(宰樞)와 3품 이상의 관리들은 교외에서 영접하였고, 팔방상(八坊廂)과 양부(兩部)는 음악을 연주하며 온갖 놀이를 공연하였다. 왕이 채붕(綵棚) 앞에서 수레를 멈추고 음악을 구경하다가 해질녘에 궁궐로 돌아갔다. 팔방상에게는 각각 백금 2근씩 주었으며, 노래하는 여자(娼女)와 악공(樂工)에게도 차등을 두어 물건을 하사하였다. 다음날 백관이 표문을 올려 하례하였다.[93]

위 K-5와 K-6의 기록을 보면 환궁하는 거가를 맞이하기 위해 거리는 결채하고 광화문 앞에는 채붕을 설치하여 산악·백희를 하였음을 알 수 있다. 여기에는 관현방과 대악서가 서로 겨루듯 채붕을 높이 올리고 갖은 백희를 하였다고 한다. 그렇다면 여기서 행해졌던 산악·백희로는 어떤 종목들이 있었는지 다음 글을 통해 확인해보자.

K-7. 동대문(東大門)에서부터 대궐 문 앞에 이르기까지 산대잡극(山臺雜劇)의 무대가 펼쳐졌는데 예전에는 보지 못하던 것들이었다.

산대를 얽어 만든 것이 봉래산과 흡사하니	山臺結綴似蓬萊
과일 바치는 선인이 바다 속에서 오겠구나	獻果仙人海上來
잡객의 북소리 징소리 땅을 온통 뒤흔들고	雜客鼓鉦轟地動
처용의 소맷자락 바람에 날리며 돌아가네	處容衫袖逐風廻
긴 장대 위의 사나이는 땅에서처럼 노닐고	長竿倚漢如平地

93) 『고려사』 권26 「세가」 26, 원종(元宗) 5년(1264) 12월. 癸亥 王發梯浦, 內學博諭正錄等, 率七管諸生, 外學十二徒中敎導等, 率進士生徒, 各上表及歌謠. 致仕宰樞三品員等, 迎于郊外, 八坊廂兩部奏樂, 爭呈百戲. 王駐輦綵棚前, 觀樂, 至晡還宮. 賜八坊廂白金各二斤, 娼女·樂工, 賜物有差. 翌日, 百官表賀.

하늘로 치솟는 폭죽은 번갯불처럼 빠르도다　　爆火衝天似疾雷
태평 시대의 이 분위기 제대로 전하고 싶다마는　　欲寫太平眞氣像
노신의 붓 솜씨 형편없어 부끄럽기만 하네그려　　老臣簪筆愧非才[94]

이 글은 이색이 국왕이 행차하여 나갔다가 환궁할 때 이를 영접하면서 거리에서 벌어진 산악·백희의 공연장면을 보고 묘사한 것이다. 첫 행은 산대를 묘사하고 있다. 산대는 신선이 살고 있다고 하는 봉래산을 본뜬 것이라는 것도 알 수 있다. 그 다음 행부터는 환궁행사에서 거행된 가무희와 산악·백희의 종목들을 묘사하였는데 두 번째 행은 당악의 하나인 헌선도(獻仙桃)를 묘사하고 있다. 그러나 이것이 헌선도 공연 장면이라는 견해와 달리, 세 번째 행의 내용이 본 공연이 들어가기 전에 음악을 연주하는 모습을 묘사한 것으로 볼 때 두 번째 행은 서왕모(西王母) 고사의 장면을 장식한 산대의 모양을 설명하는 것이라는 견해도 있다. 안상복은 한국이나 중국을 막론하고 모든 연희는 음악이 먼저 연주된 다음에 시작되기 때문에 본 공연은 3행의 음악연주 이후에 이루어지는 것이므로 2행까지는 무대라 할 수 있는 산대를 묘사한 것이라고 하였다.[95]

공연에 사용된 악기로는 북, 징 등이 등장하고 있으며, 공연된 종목으로는 향악정재인 처용무, 산악·백희 종목으로 솟대타기가 묘사되었다. 그리고 폭죽이 번갯불처럼 빠르다고 한 것으로 보아 화희도 연행되었음을 알 수 있다. 다음 [표 46]은 이색의 시에 묘사되어 있는 공연종목을 정리한 것이다.

위 시를 통해 당시 행렬의 순서와 공연의 순서도 유추가 가능하다. 즉,

---

94) 이색, 『목은시고』 권33. 自東大門至闕門前 山臺雜劇 前所未見也. 한국고전번문학번역원 번역문 인용. 이하 목은시고의 번역문은 한국고전번역원의 번역문 인용했음.

95) 안상복, 「韓中 두 나라 山臺와 雜戲 비교 연구」, 『中國語文學誌』 52집, 중국어문학회, 2015, 64쪽.

산대 가설-악사의 연주-정재-잡희의 순으로 행렬 공연이 이루어지고 있음을 알 수 있다.

[표 46] 이색의 시 〈自東大門至闕門前〉에 보이는 연희종목

행	시구	관련 종목	공연순서
①	산대를 얽어 만든 것이 봉래산과 흡사하니	산대 가설	무대준비
②	과일 바치는 선인이 바다 속에서 오겠구나	헌선도 무대 묘사	무대준비
③	잡객의 북소리 징소리 땅을 온통 뒤흔들고	사용된 악기	악사의 연주
④	처용의 소맷자락 바람에 날리며 돌아 가네	처용무	정재
⑤	긴 장대 위의 사나이는 땅에서처럼 노닐고	솟대타기	산악·백희
⑥	하늘로 치솟는 폭죽은 번갯불처럼 빠르도다	화희	산악·백희

다음은 왕이 서경과 남경을 순행하고 개경으로 환도할 때의 모습이다.

K-8. 신묘. 왕이 개경[京都]으로 돌아와서 사면령을 내렸다.…(중략)…당시 개경에 남아 있던 백관이 의장(儀杖)과 악대를 준비하여 마천정(馬川亭)에서 어가(御駕)를 맞이하였는데, 대악(大樂)과 관현(管絃)의 양 부에서 다투듯이 기이하고 사치스럽게 힘을 쏟았다.[96)]

이때 예종이 서남경순행위장(西南京巡幸衛仗)을 갖추어 순행을 갔다가 돌아오자 그를 맞는 서남경순행회가봉영의장(西南京巡幸回駕奉迎衛仗)에 따라 영접행사를 한 것이다. 이 기록을 통해 국왕의 거가환궁행사에서 관현방과 대악서가 산대를 준비하고 각종 산악·백희를 하였음을 알 수 있다.

이상에서 보는 바와 같이 고려시대 국왕의 거가 환궁행사에서는 양부의 산대가설과 산악·백희 연행, 교방여기의 각종 가무희가 연행되었으며

96) 『고려사』 권14, 예종 11년(1116) 4월28일. 辛卯 王還京都赦…(중략)…時留守百官 備儀仗樂部 迎駕於馬川亭 大樂·管絃兩部 爭務奇侈. 以至使婦女 馳馬擊毬. 王命黜之 其戲遂絶.

교방과 유생이 가요도 올리고 있다. 거가환궁행사와 사신영접행사는 그 목적과 성격은 다르지만 기본적으로 국왕이 사신을 영접하기 위해 출궁하였다가 환궁하는 것이므로 거가환궁행사에서 연행된 정재와 연희들이 사신영접행렬에서도 공연되었을 것으로 보인다. 조선시대에 사신영접행렬과 영접행사에서 각종 정재와 산악·백희를 연행하였음을 볼 때 고려시대 역시 사신을 맞이하여 돌아오는 국왕의 거가환궁에서 각종 가무희와 산악·백희가 연행되었을 것이다.

2) 왕궁에서 사신영접행사와 전통연희

(1) 궁중에서 수조의례

궁중에서는 가례를 비롯한 왕실의 여러 행사가 열렸으며 사신을 영접하는 행사 역시 궁중을 중심으로 이루어졌다. 다른 의례절차와 마찬가지로 빈례를 행할 때에도 행례절차에 따라 음악이 연주된다. 이러한 공식행사에는 정재와 더불어 다양한 연희도 연행되었다. 궁중에서 연행되는 연희는 가(歌), 무(舞), 희(戱)가 복합된 종합예술이었다.[97] 이를 보통 악(樂)이라고 통칭하였다. 궁중행사에서 연행된 궁중정재는 담당기관을 통해 양성된 전문 연희자들이 연행하였다. 고려시대의 악에 대해서는『고려사』「악지」서문에 실려 있다.

L-1. (생략) 예종(睿宗) 때에 송(宋)에서 신악(新樂)을 하사하고 또 대성악(大晟樂)을 하사하였다. 공민왕(恭愍王) 때에 태조황제(太祖皇帝)가 특별히 아악(雅樂)을 하사하여, 드디어 조정과 종묘에서 사용하였다. 또 당악(唐樂) 및 삼국(三國)과 당시의 속악(俗樂)을 뒤섞어 사용하였다. 그러나 병

97) 전경욱, 앞의 책, 2004, 201쪽.

> 란 때문에 종경(鍾磬)이 흩어져 없어졌다. 속악(俗樂)은 말이 속되고 상스러운 것이 많으니, 그 가운데 심한 것들은 단지 그 노래의 이름과 노래를 지은 뜻만을 기록하였다. 음악을 아악(雅樂)·당악(唐樂)·속악(俗樂)으로 나누어 「악지」(樂志)를 만들었다.[98]

위 L-1의 『고려사』 「악지」 서문에 따르면 고려는 예종대에 송으로부터 신악과 대성악을 하사받았고 고려말 공민왕대에 아악을 하사받았다고 한다. 아악은 조정과 종묘에서 사용하였고 속악은 당악과 삼국시대 이래의 속악이 서로 섞여 사용되고 있어 이를 당악과 속악으로 나누어 「악지」를 편찬하였다. 따라서 고려시대 악은 크게 아악, 당악, 속악으로 구분할 수 있겠다.[99] 아악은 서문에도 나와 있듯이 조정과 종묘에서 사용하던 악으로 궁에서 외국사신을 맞이하고 조서를 맞이하는 의례에서는 아악이 사용되었으리라 생각된다. 공식의례절차가 끝나고 사신을 위로하는 연향과 사신영접행사에서 연행되던 악은 당악과 속악이라 할 수 있다.

먼저 수조의례에 사용되는 악에 대해 살펴보자. 사신이 왕궁에 도착하면 왕과 백관은 의관을 갖추고 사신의 당도를 기다린다. 행례 절차에 따라 악이 연주되는데, 수조의례에서 배례하고 매 절차를 거칠 때 마다 악을 연주하고 그치는 것이 반복된다. 이는 조선시대의 영조서의(迎詔書儀)와 경복궁에서의 선독의(宣讀儀)에서도 마찬가지였다. 그렇다면 고려시대

---

98) 『고려사』 권70, 「지」24 악 1, 서문. (생략) 睿宗朝 宋賜新樂 又賜大晟樂. 恭愍時 太祖皇帝特賜雅樂 遂用之于朝廟. 又雜用唐樂及三國與當時俗樂. 然因兵亂 鍾磬散失. 俗樂則語多鄙俚其甚者 但記其歌名與作歌之意. 類分雅樂·唐樂·俗樂, 作樂志.

99) 전경욱은 고려시대 악의 구분에 있어서 고려시대와 조선시대 악을 첫 번째, 『고려사』 「악지」와 같이 아악, 당악, 속악으로 구분하는 방법, 두 번째 종묘와 문묘제례에서 쓰는 아악과 궁중연향에서 정재로 사용하는 속악으로 구분하고 속악은 다시 중국 당·송대 악을 총칭하는 당악과 우리나라 고유의 악인 향악으로 구분하는 방법이 있다고 하였다. 그리고 이 중 당악과 향악이 전통연희에 속한다고 하였다(전경욱, 앞의 책, 2004, 201쪽).

중국사신의 영접의례에서 사용했던 악은 어떤 것이었을까? 이는 국가의 공식적인 의례였으므로 연향에서 행해지는 당악과 속악이 아니라 아악임을 알 수 있다. 고려의 예악은 송에서 들여온 교방악과 대성악을 중심으로 이전의 속악중심의 예악체제를 완전히 새롭게 재편한 것이었다.[100] 다음 기록을 보자.

L-2. 근년에 입공(入貢)해서는 또다시 대성아악(大晟雅樂)을 내려주기를 청하고 연악(燕樂)을 내려주기를 청하니 조서를 통해 모두 허락하였다. 이 때문에 악무(樂舞)가 더욱 성해져서 보고 들을 만할 수 있게 되었다.[101]

L-3. 헌가를 독주하는 의례: 〈황제로부터〉 조서(詔書)와 사노(賜勞)를 영접하는 의례에서 왕과 관원들이 배례(拜禮)할 때…(생략).[102]

L-3에 따르면 중국 황제의 조서를 영접하고 사신을 맞이하는 의례에서 헌가(軒架)를 독주한다고 되어 있다. 헌가독주는 분명 고려 예종대에 송으로부터 하사받은 대성악임에 틀림없다. 대성악은 『고려사』 서문에 나와 있듯이 예종 11년(1116) 송에 사신으로 갔다가 돌아온 왕자지(王字之)와 문공미(文公美)가 들여왔다.[103] L-2의 『고려도경』 기록에 따르면 대성아악과 연향음악을 구별하고 있어 아악과 연향에서 쓰는 음악이 달랐음을 알 수 있다. 그러나 실제에서는 그 구별이 명확하지 않았을 수도 있다. 물론 제례악은 경우가 달랐지만 다른 의례에서 사용했던 음악과 연

---

100) 임미선, 『조선조 전정헌가의 문헌적 연구』, 서울대박사학위논문, 1997, 5~17쪽.

101) 『고려도경』 권40 「동문(同文)」, 악률(樂律)조. 比年 入貢 又請賜大晟雅樂 及請賜燕樂 詔皆從之. 故樂舞益盛 可以觀聽.

102) 『고려사』 권70 「지」 24 악 1, 아악. 軒架樂獨奏節度.迎詔書及賜勞, 王與衆官拜,

103) 『고려사』 권14 「세가」 14, 예종(睿宗) 11년(116) 6월 을축조. 乙丑 王字之·文公美賚詔, 還自宋, 王受詔于乾德殿…(중략)…又詔賜大晟樂.

향에서 연주되었던 음악이 혼재되어 사용되던 상황은 조선 초까지도 이어졌다.

> L-4. 예종(睿宗) 11년(1116) 6월 경인(庚寅). 왕이 회경전(會慶殿)에 행차하여 재추(宰樞)와 시신(侍臣)을 불러서 대성신악(大晟新樂)을 관람하였다.[104)]

> L-5. 인종 12년(1134) 을해. 적전(藉田)에서 제사를 지냈는데, 처음으로 대성악(大晟樂)을 사용했다.[105)]

L-4는 예종 11년에 대성신악을 관람한 기사인데 예종대에 들어온 대성악이 고려왕실의 의례음악으로 사용되었음을 보여준다. L-5는 인종 12년(1134)에 처음 적전 제사에서 대성악을 사용했다는 기록이다. 그런데 송에서 대성악을 내린 시점(1116)과 고려가 적전(藉田) 제사에서 대성악을 처음 사용한 시기에는 약 18년의 시간 차이가 있다. 『고려도경』이 쓰여진 시기는 1123년이므로 L-4와 L-5 시기의 중간이다. 1116년에 고려에는 대성악이 들어와 있었고 이미 궁중에서 이 음악 공연을 들었다고 하였다. L-5기사는 대성악을 처음 사용한 것이 아니라 적전 제사에 처음 대성악을 사용했다는 기사이므로 서긍이 고려에 왔을 당시 수조의례에서 사용된 음악은 대성악이라고 보아도 무리가 없을 것이다. 따라서 12세기 전반기에 고려 왕실의례에서는 대성악이 사용되고 있었다.

그렇다면 예종대에 대성악이 들어오기 전 고려의 궁정의례에서 사용된 음악은 어떤 것이었을까? 우리가 현재 알고 있는 아악은 아니었을 가능성이 높다. 고려 성종(재위 981~997)대는 유교적 국가운영체제를 확립하

---

104) 『고려사』 권70 「지」24 악1, 아악. 예종 11년(116) 6월 경인조. 睿宗十一年六月庚寅 王御會慶殿, 召宰樞·侍臣, 觀大晟新樂.

105) 『고려사』 권16 「세가」16, 인종(仁宗) 12년(1134) 1월 을해조. 乙亥 祭籍田, 始用大晟樂.

던 시기였다. 이때 성종은 종묘사직을 세우고 제사를 지냈으며 적전을 행했다. 그리고 태묘를 완성하고 사직단도 세웠다. 분명 이러한 국가의례에는 예악연주가 필연적으로 따랐을 것이다. 이때 국가의례에서는 삼국시대부터 이어온 우리 고유의 향악과 중국에서 들어온 당악이 함께 사용되었을 것으로 보인다.

『태종실록』 11년 12월 신축(辛丑)조에는 이미 고려 광종대에 당악을 수용하였다고 되어 있다.[106] 광종은 송에 사신을 보내 당악과 악공을 청하고 당악을 수용하였다. 광종대는 고려 건국 후 과거제를 비롯해 국가통치체제의 기틀을 마련하고 왕권을 강화한 시기였다. 국가의례를 확립하는 과정에서 악의 정비도 요구되던 시기였으므로 송에 음악을 요청하였던 것이다. 고려 전기는 아직 제례용 아악과 다른 왕실의례에 사용되는 음악이 정비되지 않았을 시기이므로 여전히 당악이 아악을 대신하여 제사의례와 기타 왕실의례 음악으로 혼용되었을 것이다. 그러다가 고려 문종대와 예종대에 송의 대성악이 들어오면서 아악과 연향음악을 구분하기 시작했던 것으로 보인다.

(2) 궁중의 사신연에서 연행되는 전통연희

구체적으로 궁중연회에서 연행된 전통연희는 어떤 종목들이었는지 살펴보자. 수조의례를 마친 후 베풀어진 연향에서는 가무희와 산악·백희가 연행되었다. 조선시대에 사신영접을 위한 연향에서는 당악정재와 향악정재를 비롯해 산악·백희가 연행되었다. 고려시대에도 고려왕실의 궁중행사나 사신영접을 위한 연향에서 연행된 정재와 산악·백희에 특별한 차이

---

106) 『태종실록』 권21, 태종 11년(1411) 12월 신축조. 前朝光王遣使請唐樂器及工, 其子孫世守其業, 至忠烈王朝, 金呂英掌之, 忠肅王朝, 其孫得雨掌之.

가 있었을 것으로 보이지는 않는다. 그렇다면 수조의례를 마치고 궁중에서 배설된 연향에서 연행된 정재(고려시대에는 교방가무희)와 산악·백희는 어떤 것이었는지 살펴보자.

① 산악·백희

중국 황제의 조서를 받는 수조의식이 끝나고 나면 연향이 이어진다. 고려시대에는 관현방과 대악서 양부가 중심이 되어 사신영접행사나 국왕 행차에서 채붕을 설하고 그 앞에서 산악·백희를 연행하였다.

> L-6. 소회일에 국왕이 좌전하는 의례. 상원연등회의 소회일에 전각에 좌정한다…(중략)…궁정 안에 설치한 부계 위 아래 좌우에 등롱을 쭉 걸어둔다. 뜰에는 채산을 가설한다…(중략)…이어 백희잡기(百戱雜技)가 차례로 전정으로 들어와 잇달아 연희하기를 마친 후에 뒤로 물러난다. 다음으로 교방(敎坊)이 음악을 연주하고 춤추는 무리[舞隊]가 진퇴하는 것은 모두 평상시의 의례와 같다.[107]

이 L-6 기록을 통해 궁중연회에서 연행되는 정재와 산악·백희의 연행 순서를 알 수 있다. 공식적인 의식절차가 행해지는 과정에서는 아악이 연주되고 의식이 끝나면 뒤이어 산악·백희가 공연되고 이들이 물러나면 교방의 가무희가 이어진다. 즉, 아악-산악·백희-정재의 순서로 진행되었던 것이다. 모두 '평상시 의례와 같다'라고 한 것으로 보아 아마도 이 공연 순서는 궁중연향의 일반적인 순서였을 것이다.

107) 『고려사』 권69, 「지」23 예11, 가례잡희조. 嘉禮雜儀.上元燃燈會儀.小會日坐殿. …(중략)… 殿中省列燈籠於浮階之上下左右, 設彩山於殿庭. …(중략)…次百戲雜伎, 以次入殿庭, 連作訖, 出退. 次教坊奏樂, 及舞隊進退, 具如常儀.

L-7. 양부가 서로 만나 예법이 틀리지 않았나니 兩府相逢禮不愆
구정의 열악은 예로부터 전해 오는 바이니라 毬庭閱樂至今傳
재주 뽐내는 산대잡극 동이와 중국이 합쳐졌고 呈才雜劇夷兼夏
이름 적은 직함 보니 뒤의 사람이 혹 앞으로 署狀官銜後或先
차가운 해 기울어지니 술기운 사라지려는데 酒氣欲消寒日側
길한 구름 이어지니 시흥이 홀연히 동하도다 詩情忽動慶雲連
소외된 몸 포용해 주신 선왕의 당시 은덕이여 當時萬幸容疏懶
병중에 뭉클 이는 회포 왜 이토록 망연한지 病裏興懷一惘然[108]

위 시를 통해 개경의 궁궐 구정(毬庭)에 산대를 설치하고 그 앞에서 산악·백희를 연행하였다는 것을 알 수 있다. 궁궐 연향에서 산대는 산악·백희를 연행하기 위해 반드시 설치하는 무대설치물이었음도 알 수 있다. 그리고 "산대잡극 동이와 중국이 합쳐졌고"라는 구절에서 삼국시대 이래 고유의 산악·백희와 중국에서 들어온 산악·백희가 함께 연행되고 있어서 그 내용이 매우 풍부하였음을 묘사하고 있다.

L-8. 구정에 윤등 하나를 놓고 사방에 향등을 줄지어 걸어 놓았다. 채붕 2개를 결하였는데 높이가 5장이 넘었다. …(중략)…그 앞에서 사선악부와 용봉상마거선과 같은 백희가무를 하였다. 이는 모두 신라 때부터 했던 것이다.[109]

위 기록은 『고려사』 가례잡희조에 나오는 것으로 고려 태조가 팔관회를 열면서 구정에 채붕을 세우고 신라 때부터 행해오던 고유의 종목인 사선악부(四仙樂府)와 용봉상마거선(龍鳳象馬車船) 등의 백희가무를 행했다는 내용이다. 이를 통해 우리 고유의 산악·백희와 중국의 것이 궁중연

108) 이색, 『목은시고』 권30, 열악.

109) 『고려사』 권69, 「지」23 예11, 가례잡희조. 태조 원년 11월. 遂於毬庭, 置輪燈一座, 列香燈於四旁. 又結二綵棚, 各高五丈餘. 呈百戲歌舞於前, 其四仙樂部龍鳳象馬車船, 皆新羅故事.

향에서 함께 연행되었음을 알 수 있다. 당시 궁중에서 베풀어졌던 각종 연회에서 공연되었던 종목들이 사신영접행사에서도 그대로 연행되었을 것이다.

나례에서 연행되었던 처용희의 경우, 사신이 왔을 때 사신들을 위한 연향에서 유희의 하나로 연행되었다는 기록이 『고려사』에 보인다. 연회가 열린 장소는 궁중이 아니라 묘련사라는 사찰이었지만 궁중에서도 연행되었을 것이다.

L-9. 경자 원(元)의 사신 감승(監丞) 오라고(吾羅古)가 왕을 대접하겠다고 청하자, 왕이 말하기를, "오늘은 묘련사(妙蓮寺)에 가서 즐깁시다."라고 하였다. 오라고가 먼저 도착하여 왕을 기다렸다. 왕이 궁인(宮人) 2명을 거느리고 저녁때가 되어서야 도착하였다. 절 북쪽 봉우리에 올라 음악을 연주하게 하니, 천태종(天台宗) 승려 중조(中照)가 일어나서 춤을 추었다. 왕이 즐거워 궁인에게 명하여 대무(對舞)를 추게 하고, 왕도 일어나 춤추었다. 또 좌우 신하들에게 명하여 모두 춤추게 하였는데, 어떤 사람은 처용희(處容戲)를 하기도 하였다.[110]

위 L-9의 기사를 통해 처용무가 나례가 아니더라도 사신영접을 위한 연향 등 항시 연행할 수 있는 연희였음을 알 수 있다. 물론 전문 연희자가 연행한 것은 아니었지만 이는 나례에서 행해지던 처용무가 하나의 유희로 누구나 할 수 있을 정도로 자주 연행되었다는 것을 의미한다. 나례는 원래 섣달 그믐날 궁중과 민간에서 행해지던 축역의식이다. 고려전기부터 나례는 이미 연희의 성격을 띠기 시작했다. 이는 중국도 마찬가지였

110) 『고려사』 권36 「세가」36, 충혜왕(후)(忠惠王(後)) 4년(1343) 8월. 庚子 元使監丞吾羅古請享王 王曰 今日須往妙蓮寺爲樂. 吾羅古先至候之 王率二宮人 及晡乃至. 登寺北峯 從樂 天台宗僧中照起舞. 王悅命宮人對舞 王亦起舞. 又命左右皆舞 或作處容戲.

다. 고려 말이 되면 섣달그믐의 구나의례가 아닌 연희로서 시기에 구분없이 연행되고 있었으며 명칭도 나례가 아닌 나희라 하였다. 앞의 이색의 시(K-7)를 통해서도 국왕의 환궁행사에서 나희가 연행되고 있음을 알 수 있다. 처용무는 조선시대에도 대표적인 궁중정재였으며 궁중연향에서 빠지지 않았다.

이들 산악·백희 외에 『고려사』 기록에는 왕이 화산희[111]와 수희를 즐겼다는 기록이 여러 차례 나오며[112] 수화희를 하다가 불을 낸 적도 있었다는 기록도 보인다.[113] 고려시대에는 산악·백희가 크게 발달했던 시기로 궁정에서는 특히 화희를 즐겼다. 화희와 화산희는 궁중 행사에서 자주 열렸고 종종 사신을 위한 연회가 밤늦도록 행해졌다고 하는 것으로 보아 사신영접행사에서도 연행되었을 가능성이 매우 높다. 화산희가 열리면 우선 화산 혹은 화산대[114]를 가설했다. 화산대는 오산이나 산대처럼 화희를 연출하고 그 앞에서 산악·백희를 하는 하나의 무대장치로 보는 것이 타당하다.[115] 화산은 그 자체로 볼거리이며 밤에 열리는 연희의 조명

---

111) 화산희의 분류에 관해서는 양재연, 「화희 부 수희」, 『국문학산고』, 일신사, 1976; 김호섭, 「중세등볼놀이에 관한 연구」, 『력사과학』 제4호 누계 112호, 과학백과사전출판사. 1984 참조.

112) 그런데 이 화산희에 관한 기록은 고려전기에는 없고 모두 고려 말에 집중되어 있다. 이는 고려전기의 화희는 주로 연등회 등 관등행사나 불꽃놀이 정도였지만 고려 말이 되면서 최무선이 화약을 개발하고 화포가 만들어지면서 그 연희 양상이 발전되었던 것이 아닌가 한다. 최무선이 화약을 개발한 시기가 정확하게 언제인지 알 수 없으나 그의 생몰연대가 1325~1395인 것을 감안하면 화산희 기사가 1350~60년대 이후에 집중되어 있어 그 상관관계를 생각해볼 수 있겠다.

113) 『고려사』 권135 「열전」48, 우왕(禑王) 11년(1385) 5월. 禑率群妓 畋南郊 還花園. 夜爲水火戱 失火延爇屋簷 禑脫衣 濡水滅之.

114) 화산과 화산대 용어에 관해서 최윤영은 화산대는 화포와 관련된 것으로 보았다. 즉, 화산희는 화산을 중심으로, 화포희는 화산대를 중심으로 한 것이라고 하였다. 그리고 화산대와 같은 것으로 조선시대의 화붕희를 들고 있다. 화붕희를 화산대를 이용한 불꽃놀이로 보았다.(최윤영, 「고려 화산희의 공연양상」, 『한국민속학』 46, 2007, 378쪽.)

역할과 산악·백희의 무대배경 등 다양한 기능을 했다.

다음 시는 이규보의 『동국이상국집(東國李相國集)』에 나오는 것으로 화산 앞에서 연행된 산악·백희가 어떤 것이었는지 보여준다. 이 시는 모두 관등일에 있었던 화희의 모습을 노래하고 있는 것으로 사신영접행사의 내용은 아니지만 궁중행사로 이루어진 것이어서 사신영접행사에서 어떠한 연희가 공연되었는지 추측해 볼 수 있는 단서가 된다.

L-10. 기사년 등석(燈夕)에 한림원에서 지어 올리다.

구문에 임금님 납시니 벽제(辟除) 소리 우레와 같고	九門淸蹕走驚雷
궁중의 화사한 연회 밤을 정해 열었어라	藥闕華筵卜夜開
은촛불 그림자 속에 꿩깃발 도열했고	龍燭影中排羽葆
옥퉁소 부는 가운데 금술잔 보내왔구나	鳳簫聲裏送金杯
만세 삼창하니 삼신산 솟아올랐고	三呼萬歲神山湧
천년 만에 한 번 익는 선도(仙桃)가 실려왔네	一熟千年海菓來
시신에게 마음대로 즐기도록 허락해 주어	恩許侍臣司宴樂
어사화(御賜花) 가득 꽂고 취하여 부축받아 돌아왔노라	宣花萬揷醉扶廻
상서로운 아지랑이 감돌고 자신전(紫宸殿) 드높은데	祥煙繚繞紫宸高
보좌(寶座)의 중앙에 임금님 납시었네	幄座中央認赭袍
동부에서 노래 부르며 옥색두드렸고	洞府徵歌敲玉索
교방에서 기생 선발(選拔)하여 선도에 취했어라	敎坊選妓醉仙挑
구층의 향로에는 용뇌 향기 피웠고	九層爐爇金龍腦
사방을 비추는 등불에는 봉황기름을 사용했네	四炤燈燃白鳳膏
서왕모도 찾아와서 천세수 올리니	西母獻來千歲壽
제자들을 불러 운오를 치게 하였네	指呼弟子鼓雲璈[116]

115) 최윤영, 앞의 글, 2007, 377쪽.

L-11. 상원일(上元日) 등석(燈夕)에 문기장자(文機障子)와 등롱(燈籠)의 시를 한림원(翰林院)에서 지어 올리다

문기장자(文機障子)

밤에 칙령 내려 아홉 금문 활짝 열고	夜勅金門九扇開
옥퉁소 소리 가운데 요대에서 연회 베풀었네	玉簫聲裏宴瑤臺
일백 가지 등불 비단 장막에 휘황하고	百枝燈影搖宸仗
만세산 그림자 술잔에 비쳐드네	萬歲山光入壽杯
어여쁜 기녀는 화문석에서 간드러지게 춤추고	踏席腰輕仙妓舞
날랜 광대들 줄 위에서 온갖 재롱 부리네	緣橦踉絓侲童才
태평시절 한가한 틈에 함께 즐김이 마땅하여	太平多暇宜同樂
모든 관원 밤을 새워 놀도록 허락하셨네	恩許千官徹曉陪[117]

위의 시 두 편은 모두 궁중에서 등롱을 달고 등희를 하는 모습을 그린 것이다. 시의 내용을 보면 화산대를 설치한 후 하는 불꽃놀이가 아니라 산대에 등을 달아 화산을 만들고 그 앞에서 산악·백희를 한 것을 묘사한 시임을 알 수 있다. L-10의 첫 번째 연에 삼신산이 솟았다고 하는 것으로 보아 이는 산대를 묘사한 것이다. 그 다음 줄의 내용으로 미루어 산대는 복숭아 나무로 장식되어 있었던 것으로 보인다. 그리고 두 번째 연에 사방을 밝히는 등불에 봉황기름이 탄다고 하였으므로 산대에 등롱을 달아 화산을 꾸몄음을 알 수 있다. 그리고 그 앞에서 교방의 여기들이 헌선도를 공연하고 있는 장면을 묘사하였다. L-11의 시는 여기들의 가무희, 광대의 줄타기 등을 묘사한 것이다. 이러한 공연구성은 산대를 설치하고 그

116) 이규보, 『동국이상국집』 권13, 고율시(古律詩) 己巳年燈夕. 翰林奏呈. 文機障子詩 二首. 번역은 한국고전연구원의 번역문 인용. 이하 『동국이상국집』의 번역문은 한국고전연구원의 번역문을 인용했음.

117) 이규보, 『동국이상국전집』 권13, 고율시(古律詩) 上元燈夕 文機障子 燈籠詩 翰林奏呈.

앞에서 산악·백희를 하는 것과 동일하다. 다만 공연의 시간적 배경이 밤이며 산대에 등을 달아 조명과 무대배경의 기능을 동시에 하였던 것이 다를 뿐이다. 당시 중국사신을 맞이하여 늦은 밤까지 연회를 베풀었다고 하였으므로 불꽃놀이와 더불어 관등회에서 행해졌던 공연이 사신영접행사에서도 연행되었을 것이다. 이 시를 통해 한밤중 등롱을 달아 사방을 밝히고 그 앞에서 정재와 산악·백희를 공연하였음을 알 수 있다.

사신영접행사에서 등희를 했다는 기록은 조선시대에 청에 사신으로 갔던 이들이 남긴 연행록을 통해서 확인할 수 있다. 시대적으로 후대의 기록이고 중국의 사례이지만 고려시대에 화산희와 관등회가 자주 열렸던 것으로 미루어 보아 관등일에 했던 등희 역시 사신영접행사에서 연행되었을 가능성이 높다.

② 교방가무희

궁궐에서 수조의례의 공식적인 절차가 모두 끝나면 중국 사신을 위한 연향이 베풀어진다. 고려시대 교방가무희는 송의 교방악의 영향이 매우 컸다.

> L-12. (현종 즉위년 1009년) 교방(敎坊)을 파하고, 궁녀 1백 여 인을 풀어주었다.[118]

위 L-12 기록은 교방 혁파에 관한 것이다. 중국에서 교방이 처음 등장하는 것은 당 고조(高祖) 무덕(武德: 618~626) 연간이며 송나라가 교방을 설치한 것은 960년이다. 교방은 주로 악공들을 교육하는 전문예인 양성

---

118) 『고려사』 권4 「세가」4, 현종 즉위년 2월조. 罷敎坊, 放宮女一百餘人,

기관이었다.[119] 고려 현종 즉위년에 교방의 궁녀들을 모두 풀어주었다고 하는 것에서 1009년 이전에 이미 교방이 설치되어 있었음을 보여준다. 고려 광종 대에 송에 사신을 보내 당악기와 악공을 요청한 적이 있었는데[120] 이때 당악 속에 교방의 속악도 포함되었을 것이며 교방 역시 이때 설치되었을 가능성도 제시되고 있다.[121] 그러나 이보다 이른 시기에 교방이 설치되었을 가능성이 전혀 없지는 않다. 통일신라와 당의 밀접한 관계와 빈번한 사신교류를 감안해 볼 때 통일신라에 당의 교방악이 전해졌을 가능성도 충분히 있다.[122] 어찌 되었건 현종 즉위년에 교방이 혁파된 이후 1073년 이전 어느 시기에 다시 교방이 설치되었다고 보아야 하겠다. 이는 성종대에 폐지되었던 팔관회와 연등회가 부활하면서 여악의 필요성이 커졌기 때문이다.[123] 고려가 교방악을 받아들인 것은 연등회를 비롯한 대연(大宴) 등 다양한 궁중 행사에 사용하기 위한 것이었다.[124] 교방의 설치가 교방악의 유입과 관련이 있다고 볼 때, 고려에 교방악이 들어온 시기도 교방 여제자 진경 등이 답사행가무 등을 전수받아 연행한 1073(문종 27)년이 아니라 1009년 이전에 이미 전래된 것으로 보아야 한다.[125]

---

119) 송 말기에는 '교악소(敎樂所)'라 하여 일반인을 대상으로 모집하여 교육시켰다.(최숙경, 「특수직여성」, 『한국여성사』, 평범사, 1972, 4~5쪽; 김상기, 『고려시대사』, 민족문화, 1989, 913쪽 참조)

120) 『태종실록』 권21 태종 11년(1411) 12월 신축조. 前朝光王遣使請唐樂器及工, 其子孫世守其業, 至忠烈王朝, 金呂英掌之, 忠肅王朝, 其孫得雨掌之.

121) 김창현, 「고려시대 음악기관에 관한 제도사적 연구」, 『한국공연예술연구논문선집』 4, 2001, 71~72쪽.

122) 김창현은 당의 교방악이 나말여초에 이미 전해졌을 가능성은 제시하였지만 기관으로 교방의 설치에 대해서는 확언할 수 없다고 하였다.(같은 글, 2001, 72쪽)

123) 김창현, 같은 글, 2001, 75쪽.

124) 차주환, 앞의 글, 1962, 64쪽.

125) 차주환은 고려에 송의 교방악이 들어온 것은 1073년 혹은 빨라야 1072년 후반기보다 이른 시기일 수 없다고 하였다. 『당육전』 협률랑조의 기사를 근거로 새로운 악을 연습하

물론 체계적이고 수준 높은 교방악의 확립은 문종 27년 이후로 보아야 할 것이다. 고려 문종(재위: 1047~1083)에서 예종(재위: 1106~1130) 연간은 송의 교방악의 전성기라 할 수 있는 송 태종에서 인종 대에 해당하는 시기이며[126] 이때 고려의 교방악도 체계를 갖추어 다양한 궁중정재를 확립했을 것이다. 『고려사』「예지」에는 문종대에 송에서 전수받은 가무를 연등회와 팔관회 등 궁중행사에서 연행했음을 보여주는 기록이 보인다.

L-13. 문종(文宗) 27년(1073) 2월 을해(乙亥), 교방(敎坊)에서 여제자(女弟子) 진경(眞卿) 등 13인이 전수받은 답사행(踏沙行)가무를 연등회(燃燈會)에서 쓰기를 건의하니 제(制)하여 따랐다. 문종 27년(1073) 11월 신해(辛亥), 팔관회(八關會)를 여니 국왕이 신봉루(神鳳樓)에 행차하여 음악을 관람하였는데, 교방(敎坊)의 여제자(女弟子) 초영(楚英)이 새로 전래한 포구락(抛毬樂)과 구장기별기(九張機別伎)를 연주하였다. 포구락은 제자가 13인이고 구장기는 제자가 10인이다. 31년(1077) 2월 을미(乙未), 연등회를 여니 국왕이 중광전(重光殿)에 행차하여 악무를 관람하였는데, 교방(敎坊)의 여제자(女弟子) 초영(楚英)이 왕모대가무(王母隊歌舞)를 연주하였다. 1대(一隊)는 55인이며 춤으로 네 글자를 만들었는데, "군왕만세(君王萬歲)" 혹은 "천하태평(天下太平)" 등이었다.[127]

는 기간이 4개월을 넘지 않았을 것이기 때문이라고 하였다. 물론 고려 초에도 교방, 협률랑 등의 명칭과 백희가무가 교방에 속하는 것이었다는 점에서 고려 초에 존재했을 가능성도 있지만 시대적으로 중국 교방의 좌입부기(坐立部伎)에 속하는 당악류는 고려 초에 수입되었다고 보기 어렵다고 하였다. 고려 초에 교방이 있었다 하더라도 이는 삼국시대 이래 백희가무 정도만 담당했을 것이라 하였다. (차주환, 「『고려사』「악지」 당악고」, 『진단학보』 23, 1962, 65~67쪽 참조.)

126) 전경욱, 앞의 책, 2004, 204쪽.

127) 『고려사』 권71 「지」25 악2, 用俗樂節度. 文宗二十七年二月乙亥 教坊奏女弟子眞卿等十三人所傳踏沙行歌舞 請用於燃燈會制從之. 十一月辛亥 設八關會 御神鳳樓觀樂 教坊女弟子楚英奏新傳抛毬樂·九張機別伎. 抛毬樂 弟子十三人 九張機 弟子十人. 三十一年二月乙未 燃燈 御重光殿觀樂 教坊女弟子楚英 奏王母隊歌舞. 一隊五十五人 舞成四字 或君王萬歲 或天下太平.

L-14. 여기(女伎)는 하악(下樂)이라고 부르는데 모두 3등으로 되어있다. 대악사(大樂司)는 260명으로 구성되었고 왕이 항상 부린다. 다음으로는 관현방(管絃坊)이 있는데 170명으로 구성되었고, 다음으로는 경시사(京市司)인데 300여 명으로 구성되었고 자지무[柘枝舞]나 포구락[抛毬樂]과 같은 기예도 있다. 백희(百戲)는 수백 명이 있는데 모두 매우 민첩하다고 들었다.[128]

교방의 여제자 진경(眞卿)이 송으로부터 답사행(踏沙行)가무를 전수받고 여제자 초영(楚英)이 전수받은 포구락(抛毬樂)과 구장기별기(九張機別伎) 등을 선보이게 된 것은 고려의 궁중정재가 송의 교방악의 영향을 받았음을 의미한다. 문종 31년 연등회에서는 초영이 왕모대가무(王母隊歌舞)를 연주하고 소위 글자를 만들어 보이는 자무(字舞)[129]도 추어 보였다.

L-14기사는 『고려도경』의 기록이다. 대악서, 관현방 그리고 경시사 소속 여기들이 자지무(柘枝舞)와 포구락도 연행하였다고 나온다. 이 기록을 통해 당시 송 사신 영접행사에 동원된 여기들은 국가행사의 규모나 성격에 따라 3등급으로 나뉜다는 것을 확인할 수 있다. 사신영접행사는 대규모의 국가적 행사였으므로 이들 3기관의 여기들이 모두 동원되어 가무희를 연행하였고, 수백 명에 이르는 재인들도 동원되어 산악·백희를 연행하였음을 알 수 있다.

고려가 송의 교방악을 받아들여 이전 시기에 비해 '당악'의 개념을 확대하고 궁중정재를 더욱 다양하고 정치하게 만든 것은 사실이지만 이후 고려가 교방악을 독자적으로 발전시켜 갔음도 분명하다. 다음 기록들은

128) 『고려도경』 권40 「동문(同文)」악률(樂律). 若女伎 則謂之下樂,凡三等. 大樂司 二百六十人 王所常用. 次管絃坊 一百七十人 次京市司 三百餘人 亦有柘枝抛毬之藝. 其百戲數百人 聞皆敏捷特甚. 然以時王侯衣制未終 工人執其器 而不作. 聲律之度 不可得而考也.

129) 『통전』 권146 「악」 6, 좌부입부기조.

그러한 변화발전과정을 보여준다.

L-15. 병오. 〈왕이〉 공주(公主, 노국공주)의 혼전(魂殿)에 행차하여 〈원에서 노국공주로 추증(追贈)하였다는〉 명령[錫命]이 왔음을 고하고, 이어서 크게 연회를 열었다. 교방(敎坊)에서 새로 지은 악장(樂章)을 연주하였으며, 왕은 노국공주의 어진(御眞)을 마주 대하고 앉아 살아 있는 것처럼 식사를 권하였다.[130]

L-16. 〈인종〉 2년(1124)에 예부시랑(禮部侍郞)으로 전직되었다. 왕이 이자겸(李資謙)의 고조(祖考)를 추봉(追封)하자 박승중(朴昇中)이 이자겸에게 아첨하고자 하여, 분황(焚黃)하는 날 교방(敎坊)의 음악을 내려줄 것을 청하였다. 김부식(金富軾)은 "종묘(宗廟)에서 음악을 사용하는 것은 살아 계실 때와 같이 받드는 것입니다. 그런데 분묘(墳墓)에서는 소복을 입고 일을 하고 심지어 울기까지 하는데 어찌 음악을 사용하겠습니까?"라 하였다.[131]

L-15의 기사는 송에서 전수받은 교방악 외에 고려에서 큰 궁중행사가 있을 때에 교방에서 새로 악장을 지어 바친 일을 기록하고 있다. 그리고 L-16은 이자겸의 고조부를 추증할 때 박승중이 교방 음악을 내려줄 것을 왕에게 청하자 김부식이 불가함을 논하는 것이다. 이 기사를 통해 고려가 독자적으로 교방의 음악을 발전시키고 있음을 알 수 있다. 조선후기에 이르면 이러한 경향은 더욱 강해져서 중국의 당악정재보다 향악정재가 차지하는 비중이 압도적으로 높아진다.[132]

---

130) 『고려사』 권41 「세가」41, 공민왕 16년(1367) 1월. 丙午 幸公主魂殿, 告錫命, 仍設大享. 敎坊奏新撰樂章, 王坐對公主眞, 侑食禮如平生.

131) 『고려사』 권98 「열전」11 제신, 김부식. (인종) 二年, 轉禮部侍郞. 王追封資謙祖考 昇中欲媚資謙 請焚黃日賜敎坊樂. 富軾以爲 宗廟用樂 象平生. 若墳墓 則以素服從事 至於涕泣 豈可用樂.

3) 사신영접행사 담당기관과 연희자

(1) 영빈기구와 연희담당기관

① 영빈기구

고려시대에 사신영접을 담당하던 기구는 예조(禮曹)와 예빈시(禮賓寺)가 있었다. 『고려사』에는 이들 기관의 업무에 대해 규정하고 있다.

M-1. 예조(禮曹). 의례(禮儀)·제향(祭享)·조회(朝會)·교빙(交聘)·학교(學校)·과거(科擧)의 정무를 담당하였다.[133]

M-2. 예빈시(禮賓寺). 빈객(賓客)에게 연회를 베푸는 것을 담당하였다. 태조(太祖) 4년(921)에 예빈성(禮賓省)을 설치하였다. 성종(成宗) 14년(995)에 객성(客省)으로 고쳤다가, 뒤에 다시 예빈성으로 바꾸었다.[134]

예조는 각종 국가 의례, 제사, 사신교환, 교육 등을 담당하는 총괄기구이며 예빈시는 그 중에서도 사신을 위한 영접연회를 베푸는 일을 관장했다. 따라서 직접적으로 사신영접행사를 준비하고 진행하는 일은 예빈시가 담당했다. 사신영접을 담당하는 기구와 별도로 사신영접을 위한 연향을 담당하는, 양부라 불리는 대악서(大樂署)와 관현방(管絃房), 그리고 각종 가무희를 담당하던 교방이 있었으며 그 외에 경시사(京市司)와 군기시(軍器寺)가 있었다.

---

132) 전경욱, 앞의 책, 2004, 205쪽.

133) 『고려사』 권76 「지」30 백관1, 예조. 禮曹掌禮儀·祭享·朝會·交聘·學校·科擧之政.

134) 『고려사』 권76 「지」30 백관1, 예빈시. 禮賓寺掌賓客燕享. 太祖四年 置禮賓省 成宗十四年 改客省 後復改禮賓省.

② 연희담당기구

가. 대악서와 관현방

『고려사』「백관지(百官志)」에 의하면 각종 의례 및 외국사신 영접과 관련한 교빙의례를 담당했던 기관은 예부였으며[135] 사신들에게 연회를 베푸는 일은 예빈성(禮賓省)에서 담당하였다.[136] 그리고 왕립음악기관으로 대악서[137]와 관현방[138]이 있었다. 이 두 기관은 양부, 대악관현방 등의 명칭으로 묶여 부르는 경우가 많았을 만큼 고려시대 대표적인 양대 왕립음악기관으로 궁중 행사를 비롯한 여러 행사의 음악과 정재를 담당하였다. 예부 소속의 대악서는 목종(穆宗, 재위:997~1009) 때 그 명칭이 처음 보인다. 하지만 이는 대악서령(大樂署令)이라는 관직의 존재를 알려주는 것으로 기관 설치기사는 아니다.[139]

M-3. 목종원년(998) 12월 제13과, 전지 40결, 시지 20결.【주서(主書), 녹사(錄事), 도사(都事), 내시백(內侍伯), 시주부(寺注簿), 감주부(監注簿), 사문박사(四門博士), 태학조교(太學助敎) 및 중상령(中尙令), 경시령(京市令), 무고령(武庫令), 대관령(太官令), 대창령(太倉令), 전구령(典廐令), 공어령(供御令), 전객령(典客令), <u>태악령(太樂令)</u>, 제릉승(諸陵丞), 별장(別將), 태복승(太卜丞), 태사승(太史丞), 시어의(侍御醫), 상약직장(尙藥直長), 내전숭반(內殿崇班), 대리평사(大理評事), 합문지후(閤門祗候),

135) 『고려사』 권76 「지」30 백관1, 예조.

136) 『고려사』 권76 「지」30 백관1, 예빈성.

137) 『고려사』 권77 「지」31 백관2, 전악서. 『고려사』「백관지」에는 대악서가 전악서로 되어 있으나 이는 공민왕 21년(1372)에 마지막으로 개칭된 것이다. 대악서라는 명칭으로 300년간 존속했고 『고려사』에도 이 명칭으로 훨씬 더 많이 등장하므로 대악서라 칭하겠다.

138) 『고려사』 권77 「지」31 백관2, 제사도감각색. 管絃房【文宗三十年, 置. 恭愍王十一年, 定判官雜權務. 恭讓王三年, 罷.】

139) 『고려사』 권77 「지」31 백관2, 穆宗朝, 有大樂署令.

선휘제사부사(宣徽諸使副使), 산직장(散直長) 산중랑장(散中郎將), 산절충도위(散折衝都尉), 산사관정(散四官正), 약장랑(藥藏郎), 전선랑(典膳郎), 내직랑(內直郎), 궁문랑(宮門郎), 전설랑(典設郎).】[140]

위 M-3 기사에는 목종 원년인 998년 태악령(太樂令)에게 내린 전시과(田柴科)의 내용이 나온다. 이는 목종 이전에 대악서가 설치되었음을 의미한다. 목종은 성종의 뒤를 이어 왕위에 올랐는데 성종은 주지하다시피 유교적 통치질서를 마련하고 관제를 정비한 왕이었다. 성종(成宗, 재위: 981~997)은 관제정비를 하면서 대악서를 설치하여 음악행정, 교육 및 궁중의례 음악, 특히 아악의 일을 맡겼을 것이다.[141] 대악서는 고려 후기에 명칭을 전악서(典樂署)로 고쳤다가 다시 대악서로 고치기를 여러 차례 반복하다가 고려 멸망 직전 전악서로 불리었다. 그 중간에 소속기관이 예부에서 자운방(紫雲坊)으로 이속되면서 조직이 확대되었다. 대악서는 주로 음악행정을 주 업무로 했으며 왕실행사에 동원되던 여기, 악공 등이 배속되어 있었으며,[142] 관현방은 관악기와 현악기를 연주하는 음악을 관장하던 기관이었다.

---

140) 『고려사』 권78 「지」32 식화1, 전시과. (穆宗元年) 十二月 改定文武兩班及軍人田柴科…(중략)…第十三科 田四十結 柴二十結【主書 錄事 都事 內侍伯 寺監 注簿 四門博士 太學助教 及中尙·京市·武庫太官·太倉·典廐·供御·典客·太樂令 諸陵丞 別將 太卜·太史丞 侍御醫 尙藥直長 內殿崇班 大理評事 閣門祗候 宣徽諸使副使 散直長·中郎將·折衝都尉·四官正 藥藏郎 典膳·內直·宮門郎 典設郎.】

141) 김창현, 「고려시대 음악기관에 관한 제도사적 연구: 한국중세사회 음악문화-고려시대편」, 『악원논문집』 12, 국립국악원, 2000, 74쪽.

142) 고려시대 대악서와 관현방의 조직 구성 및 기능에 관해서는 송방송, 「고려의 대악서와 관현방」, 『한국학보』 12-3집, 1986; 남상숙, 「『고려사』 「악지」의 用鼓吹樂節度 고찰」, 『한국공연예술연구논문선집』 4, 2001, 112~115쪽 참조.

M-4. 태상시(大常寺)는 태묘서(太廟署)·제릉서(諸陵署)·도제고(都祭庫)·태악서(太樂署)·검찰(檢察)을 총괄함이 법도에 맞게 하여 매우 풍요롭고 정결하게 할 것이다. 환구(圜丘)·적전(籍田)·사직단(社稷壇) 지기[直]를 천거하고, 여러 릉(陵)과 전(殿)의 지기를 선발할 것이다. 축사(祝史)와 재랑(齋郎)을 충원하고 장차 가무(歌舞)와 악공(樂工)을 학습시켜 재주를 이루게 할 것이다.[143)]

M-5. 제사 하루 전에는 여러 위(衛)에서 그 소속 군인들에게 명령하여 미후(未後) 1각에 각각 그 방위에 맞는 기물과 복식을 갖추고 사단(社壇)의 문을 수위하도록 하는데, 문마다 2명씩 배치한다. 태악공인(太樂工人)은 모두 재계[淸齋]하고 태상사(太常司)에서 하룻밤 유숙한다.[144)]

M-4 기록을 통해 대악서가 가무인과 악공의 교육도 담당하였음을 알 수 있다. 처음에는 대악서가 행정, 악인 등의 관리 및 교육을 담당하였으나 관현방이 설치되면서 관현방과 함께 음악교육을 담당했던 것으로 보인다. 특히 M-4와 M-5의 기록은 길례와 제례 때의 행례절차를 기록한 내용 중 일부이다. 즉, 길례 제사에 태악공인(太樂工人)이 음악연주를 담당한 것으로 나오는데 이들 태악공인은 대악서 소속의 악공들로 제례음악, 즉 아악 연주를 담당했던 것이 아닌가하는 추측을 가능하게 한다.[145)]

143) 『고려사』 권43 「세가」43, 공민왕(恭愍王) 20년(1371) 12월. 大常寺管領太廟署·諸陵署·都祭庫·太樂署·檢察如儀, 務極豐潔. 保舉圜丘·籍田·社稷壇直, 選揀諸陵殿直, 充其祝史齋郎, 及將歌舞人樂工等, 習學成才.

144) 『고려사』 권59 「지」13 예1, 길례대사 齋戒.…(생략)…太樂·工人, 俱淸齋, 一宿於太常司(후략)

145) 이태형, 「고려시대 3대 국가음악기관의 분석적 고찰」, 『인문과학연구』 14, 대구카톨릭대학교, 2010, 154쪽.

M-6. 관현방(管絃房). 【문종(文宗) 30년(1076)에 설치하였다. 공민왕(恭愍王) 11년(1362)에 판관(判官)을 잡권무(雜權務)로 정하였다. 공양왕(恭讓王) 3년(1391)에 없앴다.】[146)]

위 M-6 기록에 따르면 관현방은 문종 30년(1076)에 설치되었다가 공양왕 3년(1391)까지 존속했으며 아악서가 설립되면서 관현방은 폐지되었다. 관현방의 기능과 구성에 대해서 음악과 무용 등을 가르치는 악사, 연주자 그리고 여기가 배속되어 있었고 관현방에는 행정관리가 없었기 때문에 대악서가 행정업무를 담당했을 것이라는 견해가 있다.[147)] 하지만 고종(高宗, 재위:1213~1259) 5년 전원균(田元均)의 묘지명에 보면 그의 아들 중 하나가 관현방의 판관(判官)이었다고 쓰여 있어 관현방에도 행정관리가 존재했음을 알 수 있다. 그리고 관현방에 대한 기록이 『고려사』「지」 백관의 제사도감각색(諸司都監各色)에 편제되어 있는 것으로 보아 처음에는 임시기구였다가 언제인지는 모르나 상설기구화된 것으로 보인다.[148)] 실제 관현방은 당악 연주와 여기 교육을 주로 담당하였다.

이 두 기관은 각기 별개의 조직이기는 하지만 조직구성을 볼 때 영(令)이 있었던 대악서가 판관(判官)이 있었던 관현방보다 상위기관이었던 것으로 보인다. 하지만 판관이 있어서 관현방도 어느 정도 독립적인 권한을 가지고 업무를 처리했을 것이다. 비록 대악서보다 하위기관이었다 하나 양부라 일컬어질 정도였으므로 고려 궁중음악과 왕실행사에서 대악서에 버금가는 역할과 기능을 했다고 볼 수 있다. 다음 기록은 담당 기능의 구분에도 불구하고 비슷한 일을 담당하여 운영되었던 정황을 보여준다.

---

146) 『고려사』 권77 「지」31 백관2, 제사도감각색. 管絃房【文宗三十年, 置. 恭愍王十一年, 定判官雜權務. 恭讓王三年, 罷.】

147) 송방송, 앞의 글, 1986, 15~16쪽.

148) 김창현, 앞의 글, 2000, 77쪽.

M-7. 무인(戊寅)에 하청절(河淸節)이라 하여 왕이 만춘정(萬春亭)에 행차하여 연흥전(延興殿)에서 재추와 시신(侍臣)들에게 연회를 베풀었다. 대악서(大樂署)와 관현방(管絃坊)에서는 다투어 채붕(綵棚)·준화(樽花)·헌선도(獻仙桃)·포구락(抛毬樂) 등 노래하는 기생이 있는 놀이를 준비하였다.[149]

M-8. 신사. 〈왕이〉 궁으로 돌아와 제왕(諸王)에게 명하여 광화문(廣化門) 좌우편 행랑에 채색장막[綵幕]을 치게 하였다. 관현방(管絃房)·대악서(大樂署)는 채색장막[綵棚]을 치고 온갖 놀이판으로 어가(御駕)를 맞이하였는데, 모두 금은(金銀)·주옥(珠玉)·금수(錦繡)·나기(羅綺)·산호(珊瑚)·대모(玳瑁) 등으로 꾸며 기묘하고 사치스럽기가 이전에 비할 바가 없었다.[150]

M-7과 M-8 기록에 보이듯이 두 기관은 대규모 국가행사나 의식에서 고취는 물론, 정재, 산악·백희 공연에 모두 함께 참여하고 있다. 대악서와 관현방은 각기 산대를 가설하고 다투듯 각종 백희를 올렸다고 하는 것에서 알 수 있듯이 국가행사에서 두 기관은 각각 악공과 여기, 재인들을 동원하여 경쟁적으로 행사를 치렀던 것이다.

나. 교방

이들 양부 외에 또 하나의 음악기관으로 교방[151]이 있었다. 중국에서

149) 『고려사』 권18 「세가」18, 의종(毅宗) 21년(1167) 4월 11일. 戊寅 以河淸節 幸萬春亭 宴宰樞·侍臣於延興殿. 大樂署·管絃坊 爭備綵棚·樽花·獻仙桃·抛毬樂等 聲伎之戲.

150) 『고려사』 권18 「세가」19, 의종 24년(1170) 1월 30일. 辛巳 還宮 命諸王 結綵幕於廣化門左右廊. 管絃房·大樂署結綵棚, 陳百戲迎駕, 皆飾以金銀·珠玉·錦繡·羅綺·珊瑚·玳瑁, 奇巧奢麗, 前古無比. 같은 내용이 『고려사절요』 권11 「의종장효대왕(毅宗莊孝大王)」, 의종 24년 1월 신사(辛巳)조에도 보인다.

151) 교방이 별도의 음악기관으로 설치된 것이었는가에 대해서 별도의 기관이 아니라 대악서와 관현방 소속의 기녀를 가리키는 말이라는 견해(송방송, 「『고려사』 음악기사 색인」, 『한국고대음악사연구』, 일지사, 1985.; 이범직, 「고려시대 음악기관에 관한 연구」, 『한국공연예술연구논문선집』 4, 2001.) 와 별도의 음악기관이라는 견해(김창현, 앞의 글, 2000;

교방은 당 무덕(武德)연간(618~626)에 여악(女樂) 교육을 목적으로 설치하였으며 가무와 산악 등 연향음악을 주로 담당하였다. 고려의 교방 역시 음악교육과 연주 및 가무희를 담당하는 기관이었다. 교방은 특히 송대에 크게 발전하였으며 이때 고려에도 송의 교방악이 전해졌다. 교방은 여악을 관장하던 기관으로 주로 당악과 속악을 담당하였다. 교방 소속 여기들이 궁중연향에서 각종 정재를 담당하였으며 이들이 연행하는 악가무를 교방가무희(敎坊歌舞戱)라 하였다. 고려시대에는 정재라는 말보다 교방가무희라 일컬었으며 조선시대에 가서 정재라는 용어가 정착되었다.[152] 고려시대 교방의 설치시기는 확실하지 않으나 현종 즉위년인 1009년에 교방을 파하고 궁녀 1백여 인을 풀어주었다고 하는 것으로 보아 그 이전에 설치되었던 것은 틀림없다. 교방의 설치시기로 가장 유력한 시기는 광종대가 아닌가 한다(L-12).

M-9. 아악(雅樂)을 정하였다. 예조에서 상언하였다. "전조(前朝) 광왕(光王)이 사신을 보내어 당(唐)나라 악기(樂器)와 악공(樂工)을 청하여 그 자손의 대대로 그 업을 지키게 하였는데, 충렬왕(忠烈王)조(朝)에 이르러서는 김여영(金呂英)이 맡았고, 충숙왕(忠肅王)조(朝)에는 그 손자 김득우(金得雨)가 맡았습니다. 또 송(宋)나라 악서(樂書)를 상고하면, '원풍(元豐)연간에 고려(高麗)가 악공(樂工)을 구하여 가르쳤다.'하였습니다.[153]

광종이 중국에 당악기와 악공을 청했을 때 이들을 중심으로 당악 및

이태형, 앞의 글, 2010)가 나뉘어 있다. 필자는 교방은 별도의 음악기관이라는 견해에 동의한다.

152) 전경욱, 앞의 책, 2004, 202쪽.

153) 『태종실록』 권22, 태종 11년(1411) 12월 15일 신축조. 定雅樂. 禮曹上言 前朝光王遣使請唐樂器及工, 其子孫世守其業 至忠烈王朝 金呂英掌之 忠肅王朝 其孫得雨掌之. 又按宋樂書 元豐年間 高麗求樂工而敎之.

속악을 담당하게 했던 것으로 보인다. 뿐만 아니라 각종 궁중행사에서 가무희를 담당하면서 치어, 즉 가요를 올리기도 하였다. 이렇게 양부와 교방은 서로 긴밀한 관계 속에서 고려시대 가무희의 중추적 역할을 담당하였다.

교방에는 가무희를 담당하는 여기들뿐만 아니라 이들이 가무희를 할 때 음악연주를 담당하는 교방악관도 소속되어 있었다. 교방악관은 국왕의 거가행렬에도 참가하였다. 교방은 대악서, 관현방과 함께 궁중연향은 물론 국왕의 거가행렬에도 동원되어 가무희를 연행하였으며 유생들과 더불어 가요를 올리기도 하였다.

대악서와 관현방, 교방은 각기 독립적인 기구로서 존재했으나 국가적 행사나 왕실행사가 있을 때에는 함께 동원되어 각종 가무희와 음악 연주, 산악·백희 등을 공연하였다. 그러나 대악서과 관현방이 국가기구로 관제에 편제되어 있었던 데에 반해 교방은 그렇지 못했다. 이는 교방의 구성원이 주로 관기, 무녀 등 여기들로 구성되어 있었기 때문이 아닐까 한다. 이는 공식적인 국가기관이 아니라 왕실 소속 기구로서 주로 왕실연향에 동원되는 여기들을 교육시켜 대악서와 관현방에 공급하는 역할을 담당했던 것으로 보인다.

다. 군기시(軍器寺)와 경시사(京市司)

두 왕립음악기관과 교방 외에 국가적 의례와 연향에 동원되었던 기관으로는 군기시[154]와 경시사[155]가 있었다. 군기시는 병기를 다루는 기관으로 산악·백희 중 화희와 관련이 있다. 화희는 화약을 다루는 것이라

---

154) 『고려사』 권76 「지」30 백관1, 군기시.

155) 『고려사』 권77 「지」31 백관2, 경시서.

특별한 기술과 재료가 필요했다. 따라서 군기시가 산대를 마련하고 화산희를 했다. 경시사는 시장관리업무를 담당하는 곳이다. 경시사에 여기나 악공 등이 배속되어 있는 명확한 이유는 알 수 없으나 산악·백희 등을 연행하는 연희자들이 주로 사람들이 많이 모이는 장터를 돌며 공연하였으며 시장이라는 공간을 매개로 연희자들을 동원하기 용이했기 때문에 경시사가 관련되어 있는 것이 아닌가 한다. 그리고 산악·백희 등의 공연을 하기 위해서는 사람의 동원뿐만 아니라 많은 비용이 드는 일이기도 했다. 즉 시장은 사람과 물자가 모이고 유통되는 공간이기 때문이다. 이 경시사 소속 연희자들은 고려시대 민간연희 보급과 관련이 있을 것이다. 아마도 이들 중 일부가 민간에서 궁중정재와 산악·백희를 공연하면서 궁중예술을 민간에 보급하는 역할을 했을 것이다.

『고려사』 기록을 통해서 이 당시 궁중연향에 여악을 동원하는 기관으로 대악서가 행정 및 관리 등 전체 진행을 담당하였고 관현방과 교방은 전문 연희자를 교육시키는 역할을 했음을 알 수 있다. 대악서의 태악령의 지휘 아래 관현방, 교방의 여기와 악공, 재인들을 동원하여 가무희와 산악·백희를 공연하였다. 그 외에도 영인, 동기, 호인, 창우, 외관, 산대악인 등이 있었다.[156)]

고려후기 음악기구들은 큰 변화를 겪는다. 대악서가 전악서로 변경되었고 관현방이 폐지되었으며 아악서가 설립되었다. 그리하여 대악서와 관현방의 양부체제가 여말선초 아악을 담당하는 아악서와 속악을 담당하는 전악서의 양부체제로 변화하였고 이마저도 장악원으로 통합되기에 이르렀다.

---

156) 최윤영, 「한국 중세 궁중연희의 공간연구-팔관회, 연등회, 나례의 가무백희 공간을 중심으로」, 『한국연극학』 27, 한국연극학회, 2005, 317쪽, 각주 25번.

(2) 연희자의 출신과 사회적 지위

궁중연향과 관련된 이들 기관에는 정재를 담당하는 여기와 음악연주를 담당하는 악공들 그리고 산악·백희 연희자들이 포함되어 있었다. 그렇다면 이들의 출신배경은 어떠하였을까?

① 연희자의 출신

가. 재승계통 연희자

재승계통 출신의 연희자는 이미 삼국시대에도 그 존재를 확인할 수 있다. 통일신라시대에 사찰의식에서 기악을 한 기악인이나 무애희(無㝵戲)를 했다고 하는 원효 등이 재승계통에 속한다고 할 수 있다. 무애희는 고려시대에도 연행되었으며 재승 계통 연희자가 연행했을 가능성이 높다.

고려시대는 불교가 융성했던 시기로 연등회, 팔관회를 비롯해 우란분재(盂蘭盆齋) 등 다양한 불교행사가 열렸다. 이들 행사에서는 산대를 가설하고 각종 산악·백희를 연행하였다. 특히 연등회와 팔관회에서는 대규모의 공연이 열렸으며, 재승계통 연희자들이 이들 행사에서 연희를 했을 것임은 분명하다. 재승계통 연희자들에 대한 기록은『고려사』에도 다수 보인다.[157]

나. 서역계통 연희자

서역인과의 교류는 중국의 경우 한대 이전부터 있었고 삼국시대에도 당을 통해 서역과 접촉하는 기회가 많았으며 삼국에 들어와 활동하던 서역인도 있었다. 특히 고구려 고분벽화에도 산악·백희를 하는 서역인의

157)『고려사』권7「세가」7, 문종 10년(1056) 9월조 기사;『고려사』권129「열전」42 반역, 최충헌.

모습이 보이고 있어 이들이 한반도에 들어와 전문 연희자로 활동하였음을 알 수 있다.

『고려사』「여복지」에 국왕 행차 시 위장의 구성을 규정한 내용을 보면 안국기(安國伎), 고창기(高昌伎), 천축기(天竺伎) 등 서역의 기악과 잡기인의 구성과 인원수가 나와 있다. 이들 기악은 모두 서역의 음악이었다. 고려시대에는 서역의 음악이 국왕의 행차에 포함될 정도로 발전해 있었다. 따라서 관련 음악을 가르치고 연행하는 서역인의 존재도 추정해 볼 수 있다. 당시 서역인들과의 직간접적 교류를 통해 새로이 들어온 산악·백희가 중국이나 한국의 자생적인 산악·백희와 융합하면서 더욱 발전했던 사실로 볼 때 이들 서역 계통 연희자들이 한반도에 들어와 활동하고 있었다고 할 수 있다.

다. 천인출신

천인 출신으로는 기녀, 무속인, 노비 등이 여기에 속한다. 다음 기록을 통해 이들의 출신을 확인할 수 있다.

> M-10. 숭녕(崇寧) 연간에 종신(從臣) 유규(劉逵)와 오식(吳拭) 등이 사명을 받들고 고려에 갔을 적에 칠석(七夕)을 맞았다. 마침 관반사(館伴使) 유신(柳伸)이 무악(舞樂)하는 기녀[女倡]를 돌아보며 정사·부사에게 말하기를…158)

> M-11. 그 날은 공족(公族)·귀신(貴臣)·근시(近侍)들을 장경전에 모두 모으고, 중국 상인으로 객관(客館)에 있는 사람도 관원을 보내어 연회에 참여

158) 『고려도경』 권20 「부인(婦人)」, 천사(賤使). 崇寧間 從臣劉逵 吳拭等 奉使至彼 値七夕會 館伴使柳伸 顧作樂女倡 謂使副曰 本國梳得頭髮慢 必是古來墜馬髻 逵等答云 墜馬髻 乃東漢梁冀妻孫壽 所爲 似不足法 伸等唯唯 然至今仍貫不改 豈自其舊俗椎結而然耶.

시키는데 화이(華夷) 두 가지 음악을 쓰며 또한 치어(致語, 임금에게 올리는 송덕문(頌德文))가 있다. 그 구호는 다음과 같다.

지금 궁궐 숲에 서기 비치어
무르녹은 화기에 쌓인 음기 걷히었네.
집집마다 향불 피워 국운을 빌고
두 나라 음악에 손님 마음 즐거우리.
취기 돌자 햇살 주렴에 옮겼고
춤을 끝낸 기생 머리 옥비녀가 삐딱
부디 좋은 때 실컷 즐겨야 하니
술잔 크다 말고 조용히 드세.[159]

M-12. 주군(州郡)의 노래하는 기생[娼妓] 중에서 얼굴이 예쁘고 기예가 있는 자들을 선발하여 교방(敎坊)에 충당하라고 명령하였다.[160]

M-10은 서긍이 고려에 사신으로 와서 칠석을 맞아 벌어진 연희를 관람하면서 나눈 대화의 내용이다. 그리고 M-11은 국왕의 탄신일인 함녕절에 장경전에서 열린 연회에서 왕에게 올린 치어(致語)에 나오는 내용이다. "무악하는 기녀"라는 표현과 "춤을 끝낸 기생머리 옥비녀가 삐딱"이라는 구절에서 당시 궁중연향에 동원되었던 여악이 기녀들이었음을 알 수 있다. M-12의 기사를 통해서는 전국의 기생 중에서 선발하여 교방에 소속시키고 있음도 확인할 수 있다. 이들 기녀들은 바로 대악서, 관현방, 교방 그리고 경시사에 소속된 여기들이었다. 앞에서 인용한 고려도경의

159) 『고려도경』 권6 「궁전(宮殿)」 2, 장경전(長慶殿). …(생략)…其日大會公族貴臣近侍於長慶中國賈人之在館者 亦遣官爲筵伴 用華夷二部樂 亦有致語 嘗記其口號 曰當時瑞色照宮林 和氣濃濃破積陰 香火千家祈國壽 笙歌二部樂賓心 興酣日影移珠箔 舞罷花枝倒玉簪 須盡淸歡酬美景 從容莫訴酒杯深.

160) 『고려사』 권29 「세가」 29, 충렬왕 5년(1279) 11월. 命選州郡倡妓有色藝者 充敎坊.

기사(L-14)를 보면 이들 여기들을 하악이라 했으며 3등급으로 나뉜다고 하였다. 그중 국왕이 늘 쓰는 여기는 대악서 소속 여기들이었다고 하였으니 이들은 국왕전용 여기였음을 알 수 있다. 이 기사를 통해 이들 기관의 여기들은 궁중연향의 성격이나 규모에 따라 달리 동원되었다는 사실을 추론할 수 있다. 사신영접행사는 국가적으로 중요하고 규모가 큰 행사였으므로 이들이 모두 동원되었을 것이다. 이 기록은 서긍이 연향에 동원된 여악의 소속기관을 기록했을 것으로 보인다. 그리고 여기에 나오는 숫자는 여기만의 숫자를 가리키는 것이며 실제 소속된 악공이나 관리, 악사들의 숫자까지 의미하는 것은 아니라고 본다.[161) 특히 여기서 주목할 것은 경시사 소속의 여기들이다. 앞에서 살펴보았듯이 경시사는 시장업무를 관리하는 기구인데 전혀 상관없을 것 같은 기관에 가무희를 담당하는 여기들이 배속된 것은 시장이라는 공간적 특성에서 기인하는 것이었다. 이들이 주로 어떤 사람들이었는지 알려주는 단서가 『고려사』 「선거지」에 보인다.

M-13. 의종(毅宗) 6년(1152) 2월에 판(判)하기를, "경시안(京市案)에 등록된 품행이 좋지 않는 여자[恣女]가 실행(失行)하기 전에 낳은 자식은 6품까지로 제한하고, 실행한 뒤에 낳은 자식은 금고(禁錮)한다."라고 하였다.[162)]

위 기록은 실행(失行)한 여자에 관한 내용이다. 경시안(京市案)에 올라

---

161) 여기에 대해 장사익 역시 이 숫자를 여기들의 숫자로 파악하였으며 이들 기관이 모두 여기가 중심이었는지는 의심스럽다고 하였다.(장사익, 「고려시대의 음악」, 『한국음악사』, 대한민국예술원, 1985, 200쪽 참조.) 문맥상 앞에 '여기로 말할 것 같으면'으로 시작하고 있으므로 이는 여기에 관한 설명으로 한정해야 할 것이다.

162) 『고려사』 권75 「지」 29 선거3, 전주(銓注). 六年二月 判京市案付恣女 失行前所產 限六品職 失行後所產 禁錮.

간 자녀(恣女)에 관한 규정인데 자녀의 자식들에 관한 처분을 기록한 것이다. 경시안은 경시서에서 관리하는 명부인데 아마도 행실이 바르지 않았던 여자들을 기녀로 삼아 경시사에 배속시키고 가무희를 담당하게 했던 것 같다. 하지만 자녀(恣女)들이 모두 경시안에 올랐던 것은 아니다. 유부녀가 음행(淫行)하면 자녀안(恣女案)에 기록하고 침공(針工)에 정속(定屬)시켜 바느질일을 하도록 했던 기록이 보인다.[163] 아마 자녀 중 자색이 뛰어나고 가무에 능한 자를 가려 뽑았을 것이다. 이들은 경시사에 소속되어 주로 내외의 상인과 개경 거주자 또는 상경한 지방민을 대상으로 벌이는 공연에 동원되었을 것이다.[164]

M-14. 왕이 소인무리를 가까이 하고 연회 즐기기를 좋아하니, 행신(倖臣) 오기(吳祈)·김원상(金元祥)과 내료(內僚) 석천보(石天補)·석천경(石天卿) 등이 음악과 여색(女色)으로 아첨하기에만 힘써서 <u>관현방(管絃房)과 태악(太樂)의 재인(才人)이 부족하다고 생각하여</u> 여러 도(道)에 행신을 보내서 관기(官妓) 가운데 자색과 기예가 있는 자를 선발하였다. 또 도성 안에서 관비(官婢)와 무당 가운데 가무를 잘하는 자를 뽑아서 궁중의 장부에 등록하고는, 비단옷을 입히고 말총갓을 씌워 특별히 한 무대(舞隊)를 만들어 남장(男粧)이라 하였다. 이 노래들을 교육하고 검열하여 군소들과 더불어 밤낮으로 노래하고 춤추면서 무례하고 방자히 굴어 군신의 예의를 회복하지 못하였으며, 접대하고 내려 주는 비용을 이루 기록할 수 없었다.[165]

---

163) 『고려사』 권84 「지」38 형법1, 호혼조. 睿宗三年 判有夫女淫 錄恣女案 針工定屬.

164) 김창현, 앞의 글, 82쪽.

165) 『고려사』 권71 「지」25 악2, 속악 사룡. 王狎群小 好宴樂 倖臣吳祈·金元祥 內僚石天補·天卿等 務以聲色容悅 <u>以管絃房太樂才人 爲不足</u> 遣倖臣諸道 選官妓有姿色伎藝者 又選城中官婢及女巫 善歌舞者 籍置宮中 衣羅綺 戴馬鬃笠 別作一隊 稱爲男粧 敎閱此歌 與群小 日夜歌舞褻慢 無復君臣之禮 供億賜與之費 不可勝記. 『고려사』 권125 「열전」38, 간신(姦臣) 오잠(吳潛)에도 같은 내용이 나온다.

M-15. (생략) 이들은 관현방(管絃坊)과 대악서(大樂署)에 재인(才人)이 부족하다고 여겨 행신(倖臣)을 나누어 파견하여 각 도의 기생 가운데 미모와 기예가 빼어난 자를 선발하였다. 또 개경의 무당과 관비 가운데 노래와 춤을 잘하는 자를 뽑아 궁중에 소속시키고, 이들에게 비단옷을 입히고 말총갓[馬尾笠]을 씌워 따로 한 무리를 만들어 남장별대(男粧別隊)라 칭하고 새로운 노래를 가르쳤다.[166]

위 기사는 충렬왕이 연향을 즐겨 기존의 연희자들만으로는 부족해지자 전국 각지에서 노래와 춤을 잘하는 관비와 무녀(巫女)를 뽑아 올려 궁중에 등록하도록 하였다는 것인데, 이를 통해서 궁중연향의 전문 연희자 중에는 노비와 무속인이 포함되어 있었음을 알 수 있다. 그런데 여기서 M-15와 M-16 기사의 밑줄 친 부분의 해석에 따른 문제가 있다. 원문은 '관현방태악재인(管絃坊太樂才人)'으로 되어 있다. 최윤영은 '태악재인'을 교방여기와 더불어 궁중연향에서 가무와 백희를 연행하던 전문 연희자를 가리키는[167] 고유명사로 보았다. 즉, 이들은 관현방 소속으로 기예에 능한 산악·백희 연희자들이었을 것이라는 견해를 밝혔다. 하지만 이를 '관현방과 대악서의 재인'이라는 의미로 해석하는 것이 더 합리적이다. 이들이 산악·백희에 능한 전문 연희자들이라는 점은 분명하나 재인은 관현방과 태악서 양부에 모두 소속되어 있었기 때문에 관현방만을 지칭하는 것이라기보다는 양부 소속의 재인으로 이해하는 것이 타당할 것이다.

---

166) 『고려사』 권125 「열전」38, 간신(姦臣) 오잠(吳潛). …(생략)…謂管絃坊大樂才人不足 分遣倖臣 選諸道妓有色藝者 又選京都巫及官婢善歌舞者 籍置宮中 衣羅綺 戴馬尾笠 別作一隊 稱男粧 敎以新聲. 『고려사』 권71 「지」25 악2, 속악 사용조에도 같은 내용이 보인다.

167) 최윤영, 「고려 궁중연희의 공연미학 연구」, 『대동문화연구』 59, 2007a, 174쪽. 필자도 발표된 논문에서 이 견해를 받아들였으나 다시 검토한 결과 이는 전문 연희자를 가리키는 고유명사라기보다 양부 소속 재인으로 보아야 하지 않을까 한다.

라. 교방 소아

그 다음 주목해야 할 연희자는 교방에서 교육을 받아 연회에 나온 교방 소아이다. 교방 소아는, 교방에서 재주가 뛰어난 어린아이를 뽑아 가르쳐 연향에 동원했는데, 바로 그 어린아이들을 가리킨다. 교방 소아와 관련해서는 『고려도경』과 『동문선』[168]의 여러 시문을 통해 그 존재를 알 수 있다.

특히 이 시문들은 교방의 소아들이 가무희를 연행하는 모습을 시로 표현한 것이다. 교방 소아는 모두 여아들인 것으로 보인다. 이들은 다양한 당악정재와 향악정재를 연행하였다. 소아들은 사신행렬에도 참여하였는데 『고려도경』의 사신행렬에서 백희소아대가 참여하는 것에서 알 수 있다. 아마도 교방가무희뿐만 아니라 산악·백희도 어릴 때부터 교육했던 것으로 보인다. 어린아이에게 가무희를 교습한 전통은 상당히 오래전으로 거슬러 올라간다. 물론 교방 소아는 어린 여자아이였다는 점에서 다르기는 하지만 앞에서 살펴본 통일신라시대 나마 긴주의 아들 능안 역시 어린 나이로 춤을 추어 보였다. 단편적 기록이지만 오래 전부터 어린아이를 교육하여 연희자로 양성했음을 추측할 수 있다.

② 연희자의 사회적 지위

고려시대 연희를 담당했던 연희자들과 악공의 신분 및 사회적 지위는 상당히 낮았다. 이들의 신분을 알려주는 기록들이 있다.

---

168) 이수, 『동문선』 권18, 〈교방소아〉; 이규보, 『동문선』 권18, 〈차운〉; 최자(崔滋), 『동문선』 권18, 〈이수(李需)의 교방(敎坊)의 동기(童妓) 시를 차운하며[次李需敎坊少娥詩韻]〉 ; 최자(崔滋), 『동문선』 18권, 〈복차운(復次韻) 〉. 이 시들은 이수의 〈교방소아〉를 읽고 차운한 시이다.

M-16. 정종(靖宗) 11년(1045) 4월에 판(判)하기를,"5역(逆)·5천(賤)·불충(不忠)·불효(不孝)·향(鄕)·부곡(部曲)·악공(樂工)·잡류(雜類)의 자손들이 과거에 응시하는 것을 허락하지 않는다."라고 하였다[169]

M-17. 문종 2년(1048) 10월 … 의업(醫業)과 같은 것은 반드시 너른 학습이 필요하므로, 호정(戶正) 이상의 아들로 한정하지 말고 비록 서인(庶人)이라도 악공(樂工)·잡류(雜類)에 관계되지 않았다면 모두 응시할 수 있도록 하라."라고 하였다.[170]

M-18. 문종(文宗) 3년(1049) 5월 양반공음전시법(兩班功蔭田柴法)을 제정하였다.…(중략)…산관(散官)은 5결을 삭감하며, 악공(樂工)이나 천구(賤口), 양인(良人)으로 해방되어 관원[員吏]이 된 자는 모두 받을 수 없다.[171]

M-19. 문종(文宗) 7년(1053) 10월에 판(判)하기를,"악공(樂工)으로 3~4명의 아들이 있는 자는 아들 1명으로써 업(業)을 잇게 하고, 그 나머지는 주선(注膳)·막사(幕士)·구사(驅史)에 소속시켰다가 배융부위(陪戎副尉)·교위(校尉)로 전임(轉任)시키되, 요무교위(曜武校尉)까지만 승진시키도록 하라."라고 하였다.[172]

M-20. 인종(仁宗) 18년(1140) 6월에 판(判)하기를,"공장(工匠)과 상인(商人), 악인(樂人)의 아들은 비록 공(功)이 있더라도 다만 물품만을 하사하고 관직에 오르는 것[仕路]을 금지한다."라고 하였다.[173]

---

169) 『고려사』 권73 「지」27 선거(選擧)1 과목1, 정종(靖宗). 十一年四月 判 五逆·五賤·不忠·不孝·鄕·部曲·樂工·雜類子孫 勿許赴擧.

170) 『고려사』 권73 「지」27 선거1 과목1, 문종. 文宗二年十月 判…(중략)… 若醫業 須要廣習 勿限戶正以上之子 雖庶人 非係樂工·雜類, 並令試解.

171) 『고려사』 권78 「지」32 식화1, 전제 공음전시. 文宗三年五月 定兩班功蔭田柴法. …(중략)…散官減五結.樂工·賤口·放良員吏 皆不得與.

172) 『고려사』 권75 「지」29 선거3, 전주(銓注). 文宗七年(1053)十月 判 樂工 有三四子者 以一子繼業 其餘 屬注膳·幕士·驅史 轉陪戎副尉·校尉, 限至曜武校尉.

위 기록을 볼 때 당시 악공은 천민과 같은 대우를 받았음을 알 수 있다. 과거제 하에서 이들은 과거시험을 볼 자격이 없는 계층이었다. 대개 양인 이상이면 과거 응시의 자격이 주어졌는데 이들은 응시 자격조차 없는 천민취급을 받았다. 그러나 문종 7년 악공의 자손 중 1명만 가업을 잇도록 하고 나머지는 무관 말단직에 출사할 수 있도록 하였다. 이는 악공의 자손이라도 벼슬을 할 수 있게 되었으므로 이전 시기에 비해 사회적 지위가 조금은 나아진 것으로 보인다. 하지만 약 100년이 흐른 후인 인종대 기록(M-20)을 보면 악인은 국가에 공이 있어도 출사는 허용되지 않았다. 따라서 악인은 여전히 천시받는 계급이었음을 알 수 있다. 이에 대해 송방송은 인종대의 악인의 아들은 아버지의 업을 이을 자식에 대한 것이며 그 외의 아들을 뜻하는 것은 아니라고 하였다.[174] 그리고 1073(문종 27)년 상공인 자제의 등용에 관한 기록을 들어 이 당시 여러 사회적 제약 속에서도 일부 악공 출신이 군기시 주부(軍器注簿)와 양온서 령(良醞令同正)의 직에 오를 수 있었다고 하였다.[175] 하지만 이 기록은 당시 상업과 수공업에 종사하는 사람의 관직제한에 관한 것이다. 송방송은 이 기록에 보이는 공인을 악공으로 보았다. 경우에 따라 공인(工人)이 악공을 가리키는 말로

---

173) 『고려사』 권75 「지」29 선거3, 전주(銓注). (仁宗) 十八年六月 判 工·商·樂人之子 雖有功 只賜物 禁仕路.

174) 송방송, 「고려의 대악서와 관현방」, 『한국학보』 44, 1986, 22쪽.

175) 『고려사』 권75 「지」29 선거(選擧)3, 전주(銓注). 二十七年正月 有司奏 按令典 <u>工商家</u> 執技事上 專其業 不得入仕與士齒. 軍器注簿崔忠幸 良醞令同正梁惲 並工人外孫 別將羅禮 隊正禮順 亦皆<u>工人</u>嫡孫 自慕九流 去其所業 已登朝行 <u>不可復充工匠</u>. 乞各限時職 不許遷除. 制曰 可依辛亥年郎將忠孟 限大將軍例 許通任用. 中書省駁奏 忠幸等 無大功能 掩匿世累 冒入流品 不宜與忠孟邊功例論. 制曰 除淸要理民職外 一如前制. 송방송, 같은 글, 1986, 23쪽. 경우에 따라 공인(工人)이 악공을 가리키는 말이기는 하였으나 『고려사』 「지」의 문종 27년 기사의 '공인'은 악공이 아니라 '공상가', 즉 수공업자와 상인 중 수공업자를 가리키는 말로 보아야 한다.

쓰였으나 기사 서두에 공상가(工商家)라고 하였으므로 전체 내용으로 볼 때 이는 악공이라기보다는 수공업자로 보아야 한다. 더구나 군기시는 병기(兵器) 등의 제작을 담당하던 기구였으며 양온서는 술과 감주 제조를 맡아보던 기구였다. 전문 연희자나 악공들이 담당할 수 있는 분야와는 거기가 멀다. 따라서 이 기사에 보이는 자들은 모두 상공업자의 자손들로 보아야 한다. 악공으로서 높은 자리는 악인을 가르치는 악사였을 것이다. 악사는 악공보다는 지위가 높았다.

여러 기록을 통해 볼 때, 고려시대 악공은 여기들과 마찬가지로 매우 낮은 대우를 받은 것은 분명하다. 고려시대 정재와 가무희를 담당했던 여기들은 지방의 관비, 기녀, 또는 무녀들 중에서 충원하였음은 여러 기록을 통해 확인되는 바이다. 나라에서는 악공과 여기들을 등록한 악적(樂籍)[176]을 별도로 만들어 이들을 관리, 충원하였다. 따라서 이들의 사회적 지위나 대우 역시 매우 낮았음을 알 수 있다.

이러한 사실은 이전 통일신라시대와 비교해 볼 때 커다란 차이가 있다. 우륵이나 당시 악인들이 나마나 대나마의 관등을 제수받는 것과는 매우 대조적이다. 통일신라시대까지만 해도 귀족의 자제 등이 악가무를 공연하고 이를 담당하는 사람들에게 비교적 높은 관직이 수여되었지만 고려시대에 들어서면서 이들의 사회적 지위는 낮아졌고 관직진출에도 상당한 제한이 가해졌다. 통일신라시대의 이러한 상황이 일반적이었는지는 확언할 수 없지만, 고려시대에 이들이 천민대우를 받는 집단이 된 것은 분명하다. 연희자의 신분도 귀족자제가 아닌 관노, 관비, 기생, 무속인 등으로 변화하였다. 그리고 통일신라시대에는 남성들도 악가무를 행했던 것

176) 송방송, 앞의 글, 1986, 41쪽. 악적이라는 용어는 이인로의 파한집에 보이며 『조선왕조실록』에도 여러 차례 등장한다. 특히 『조선왕조실록』에서 사용된 악적의 용례는 모두 기생의 명부라는 의미로 사용되고 있다.

과 달리 고려시대로 넘어오면서 교방여기들로 대체되었던 것 같다.

3. 조선시대의 사신영접행사

1) 중국사신 영접행사

(1) 지방 객관에서 사신영접행사

국경을 넘은 중국사신이 한양까지 이동하는 과정은 앞에서 살펴보았다. 중종대에 조선에 왔던 명 사신 공용경이 저술한 『사조선록』을 보면 명 사신을 맞이하고 호위했던 해당지역 군사는 500명 정도였다. 이들은 모두 기병으로 해당지역부터 다음 도착지까지 호위하고 돌아갔다.[177] 그리고 사신이 객관에 들면 그들을 위한 주연이나 연향이 베풀어졌는데 이는 그들이 해당 지역에 체류하는 일정이나 지역 객관의 규모에 따라 차이가 있을 수는 있었다. 보통 의주에서 한양에 이르는 동안 여러 객관을 거치게 되는데 여기에서는 사신을 맞는 연향이 항상 베풀어진다.

N-1. 서경인 평양에 이르렀는데 해당 관리가 십여 리 밖에까지 광대놀음을 보내 마중하였고, 근교에서는 향정, 용정, 의장, 고악을 나열하고 관료들을 거느리고 조서를 맞이하였다. …(중략)…백희를 베풀고 주위를 둘러싸서 백수(百獸)들이 춤추는 모양을 하였다. …(중략)…환영하고 전도하여 대동관에 이르니 문밖 동남 두 곳에 각기 오산 채붕을 세워놓고, 산붕 위 아래에 광대와 기생이 나열해 여러 놀음을 벌였다. 황해도 황주에 이르니 관찰사 신구가 글을 바치고 삼가 관속을 거느려 조서를 맞이하였다. 향

177) 『사조선록』 권1. 使職之務 軍夫遞送之節. 동얼, 공용경 지음, 은몽하, 우호 엮음, 김한규 옮김, 앞의 책, 2012, 149쪽.

정, 용정, 황의장, 고악, 잡희 및 오산 채사붕은 모두 서경과 같았다. 개성부에 이르니 경기도 관찰사 박중림이 관속을 거느리고 조서를 맞이하였다. 향정, 용정, 황의장, 고악, 잡희 및 오산 채사붕은 모두 황해도와 같았다.[178)]

N-2. 평양·황주에서 모두 오산붕을 설치하고 백희를 펼쳐 조서를 맞아들였지만 왕경의 것만 못하다.[179)]

N-3. 황해도 관찰사(黃海道觀察使) 이맹현(李孟賢)에게 교서(敎書)를 내리기를, "지금 중국에서 온 사신을 접대하는 여러 가지 일은 한결같이 전례에 의거하되, 산대 나례(山臺儺禮)는 제외하고 다만 관문(館門)에 결채(結綵)하도록 하라."하였다.[180)]

N-4. 원접사(遠接使) 허종(許琮)이 치계(馳啓)하기를, "신안관(新安館)에서 중국 사신의 위연(慰宴)을 베풀었을 때에 기악(妓樂)을 올렸더니, 두 사신이 물리치게 하며 말하기를, '선황제(先皇帝)의 상(喪) 3년 이내이므로 음악을 들을 수 없습니다.' 하였습니다. 또 중국 사신이 평양(平壤)에 도착하여, 관찰사(觀察使) 성현(成俔)과 선위사(宣慰使) 이극돈(李克墩)이 영조(迎詔)하고, 채붕(彩棚)을 베풀어 잡희(雜戲)를 올렸더니, 두 사신이 주목(注目)하여 보았으며, 선위사(宣慰使) 이하가 배조례(拜詔禮)를 의식과 같이 행하고, 또 선위례(宣慰禮)를 행하였습니다."[181)]

N-5. 평양에 나갔던 연위사(延慰使) 소세양(蘇世讓)이 복명하였다. …(중

---

178) 예겸, 『조선기사(朝鮮紀事)』(1450)

179) 동월(董越), 〈조선부(朝鮮賦)〉…(생략)…平壤·黃州 皆設鰲山棚 陳百戲 迎詔而惟王京爲勝.

180) 『성종실록』 권110, 성종 10년 윤10월 1일 계축. 下書黃海道觀察使李孟賢曰今出來使臣接待諸事, 一依前例, 而除山臺儺禮, 只於館門結綵.

181) 『성종실록』 권214, 성종 19년(1488) 3월 3일 정묘. 遠接使許琮馳啓曰新安館設天使慰宴時, 進妓樂, 兩天使却之曰先皇帝喪三年內, 不可聽樂. 且天使到平壤 觀察使成俔及宣慰使李克墩迎詔設彩棚呈雜戲 兩使注目視之. 宣慰使以下行拜詔禮如儀 又行宣慰禮.

략)…(세양이 말하기를) 또 읍호루(挹灝樓)·풍월루(風月樓)에 이르러 구경하고 나서 이내 걸어서 대동관(大同館) 앞의 오산(鰲山) 밑에 이르러서는 친히 손으로 다정(茶亭)을 만져 보고 잡상(雜像)들을 세밀히 관찰하였으며, 오산에도 올라가려고 하다가 도로 그만두었습니다. 드디어 대동문(大同門)에 이르러 선 채로 광대들의 잡희(雜戲)를 구경하다가 이어 쾌재정(快哉亭)으로 가서 해가 저물어서야 내려왔습니다.[182)]

위 기록은 모두 중국 사신이 조선에 왔을 때 평양과 황주, 개경 등의 유숙하는 객관에서 베풀었던 영접 연향에 관한 내용을 담고 있다. 지방 객관의 연향에서 산악·백희 공연은 물론 여기의 가무희도 연행되었음을 알 수 있다. 특히 N-5에 따르면 평양 대동관 앞에 설치된 산대는 각종 잡상들로 꾸며져 있었으며 그 크기도 사람이 올라갈 수 있을 정도로 큰 것이었다. 오산은 신선이 산다는 봉래산을 형상화한 것으로 산봉우리, 나무, 꽃, 신선 등의 잡상들을 설치하였다.[183)] 산대에는 이러한 자연물뿐만 아니라 인물상도 설치되었다.[184)] 이렇듯 대동문 앞에서는 산대를 가설하고 산악·백희가 펼쳐지고 있었다. 따라서 지방 객관의 중국사신 영접행사에서 산대를 설치하고 각종 백희를 공연하였으며 그 규모 또한 대단한 것이었음을 알 수 있다. 이때에는 인근 재인촌의 연희자들이나 지방 교방의 여기들이 동원되었다.

중국사신의 조선 방문은 중요한 국가적 행사였으며 이를 준비하는 과

182) 『중종실록』 권84, 중종 32년(1537) 3월 4일 계미. 平壤延慰使蘇世讓復命 引見于思政殿 世讓曰…(중략)…又至挹灝樓 風月樓 遊覽訖 因步至大同館前鰲山下 親自手捫茶亭 細觀雜像 至欲登鰲山而還至 遂止大同門 立觀優人雜戲 因往快哉亭 至暮而下.

183) 전경욱, 앞의 책, 2004, 257쪽.

184) 『중종실록』 권89, 중종 34년 5월 기사에 시강관 권찬이 산대놀이 인물 잡상 중 공자의 화상이 있는 것을 보고 광대들이 공자의 상을 만들어 중국사신들 앞에서 잡희를 연행하는 것은 잘못된 일이니 바로잡아야 한다고 주장하는 내용이 나온다.

정에서 사신이 지나가는 사행로 상의 지역에서는 막대한 비용과 물자, 인원이 투입되었다. 『조선왕조실록』에는 백성들이 이를 준비하는 과정에서 농사시기를 놓치는 등 폐해가 많다는 상소가 자주 올라오는 것을 볼 수 있다. 그러나 이들의 방문은 놓칠 수 없는 구경거리임에는 틀림없었을 것이다. 사신을 영접하는 행사이기도 했지만 동시에 백성들 역시 거리에서 펼쳐지는 산악·백희를 보며 함께 즐겼던 것이다.

지방 객관에서 베푼 연회에서 어떠한 가무희가 연행되었는지 알아 볼 수 있는 것은 바로 중국으로 사신을 갔던 연행사(燕行使)들의 기록을 통해서이다. 연행사들은 한양을 출발하여 압록강에 이르기까지 황주, 평양, 안주, 선천, 의주 등을 거쳐갔다. 이곳 객관에서는 연경(燕京)으로 가는 사신과 사행을 마치고 돌아오는 사신들을 위해 연회를 베풀었다. 이들 기록에 나오는 지방 객관에서 열린 연회에서 연행된 여러 가무희를 살펴보면 중국사신을 영접하는 연향에서 어떠한 가무희가 연행되었는지 파악할 수 있다.

이해응(李海應, 1775-1825)의 『계산기정』(薊山紀程)을 비롯해 서유문(徐有聞, 1762~1822)의 『무오연행록(戊午燕行錄)』, 홍순학(洪淳學)의 『연행가(燕行歌)』, 『몽유연행록(夢遊燕行錄)』, 박사호(朴思浩)의 『심전고(心田稿)』, 유인목의 『북행가(北行歌)』 등에 평양, 황주, 안주 등지에서 본 가무가 기록되어 있다. 평양 연광정(練光亭)에서는 쟁무(錚舞), 고무(鼓舞), 향발(響鈸), 아박(牙拍) 등이 연행되었고 안주 백상루(百祥樓)에서는 항장무(項莊舞) 등이 연행되었다고 상세히 기록되어 있다.[185] 특히 박사호의 『심전고』 「연계기정(燕薊紀程)」에는 황주에서 관람한 기악(妓樂)에서 연행된 춤 종목을 모두 소개하였다.

---

185) 이우준, 『몽유연행록(夢遊燕行錄)』; 이희령, 『약파만록(藥坡漫錄)』; 유인목, 『북행가(北行歌)』.

N-6. 맑음. 황주에서 머물렀다. 삼사가 모두 체인각(體仁閣)에 모여서 풍악을 베풀었다. 대악부(大樂府) 이름에 사자무(獅子舞)·학무(鶴舞)·아박무(牙拍舞)·쟁강무(錚江舞)·포악(抛樂)·검무(劍舞)·고무(鼓舞)·헌반도(獻蟠桃)·처용무(處容舞)·관동무(關東舞)·홍문연(鴻門宴)이 있다. 그중에 또 선악유기곡(仙樂維其曲: 배따라기곡)이 있는데, 방언으로 '배 떠난다.[船離]'라고 하는 것과 같다. 수로(水路)로 조천(朝天: 중국에 조공하는 것)할 때에 비로소 나온 것이다. 그림배[畫船]를 자리(즉 무대) 위에 놓고 동기(童妓) 한 쌍을 뽑아 소교(小校)로 분장시켜 붉은 갓, 패영(貝纓)에 범의 수염을 꽂고, 붉은 철릭[天翼]에 흰 화살[羽箭], 왼손은 활 끝을 잡고, 오른손은 채찍을 쥐고 앞에서 군례(軍禮)를 한다. 초취(初吹: 행군 때 첫 번에 부는 나팔)를 불면 헌두(軒頭)에 나가 서고, 바라를 마주치며 두 번 올렸다 내리면 대취타(大吹打)를 하고 뜰 가운데서는 고각(鼓角: 북과 나팔)을 울리며 기녀의 무리는 다 깁 적삼에 수놓는 치마를 입고 배를 에워싸고 닻줄 푸는 노래를 일제히 제창한다. 또 이취(二吹), 삼취(三吹)를 불고 그것이 그치면, 한 동기(童妓)가 소교(小校)로 분장하고, 홍의(紅衣), 우립(羽笠: 깃을 꽂은 갓)으로 배 위에 서서 거정포(擧碇砲)를 부르며, 뜰 가운데서 대포를 한 번 쏘면 곧 닻을 거두고 돛을 올려 배는 전축(轉軸)을 하여 천천히 돌아 행선(行船)하는 모양을 짓는다. 기생의 무리들은 다시 배를 둘러싸고 일제히 노래 부르고 또 축원하는데, 그 곡조가 처량하고 구슬퍼 사람의 애를 끊게 한다. 그 노래에 이르기를, "닻 들어라, 배 떠난다. 이제 가면 언제 오리. 만경창파를 소반에 담은 물을 가듯이 돌아오소서.[碇擧兮船離 此時去兮 何時來 萬頃滄波兮 平盤貯水去似廻]"하였다. 옛날 세마(洗馬: 세자익위사(世子翊衛司)의 정9품 벼슬) 이영운(李英運)이 '수로 조천가(水路朝天歌)'를 지었는데, 가사의 뜻이 슬프고 가락이 유량하다. 이희현(李羲玄) 어른이 이 고을의 원으로 있을 때에 이 노래를 새로 번역하여 여러 기녀들에게 가르쳤으므로 지금 황강의 해람곡(解纜曲)이 홀로 다른 곳의 것과 다르다. 대개 뱃길로 조천하러 가는 것은 살아서 멀리 이별하는 것이라 사람들이 눈물을 흘리는 곳인데 게다가 애를 끊는 가사를 첨가하였으니, 그때의 광경을 생각할 제 저도

> 모르게 마음을 아프게 한다. 죽루(竹樓)에 앉아 어린 기생을 시켜 '죽루기(竹樓記)'를 외게 하였다.[186]

위 글을 보면 이때 여기들이 춘 춤의 종류가 사자무(獅子舞)·학무(鶴舞)·아박무(牙拍舞)·쟁강무(錚江舞)·포악(抛樂)·검무(劍舞)·고무(鼓舞)·헌반도(獻蟠桃)·처용무(處容舞)·관동무(關東舞)·홍문연(鴻門宴)[187]이었음을 알 수 있다. 이외에 선악유기곡(仙樂維其曲, 배따라기곡)도 있었다. 이들 춤은 궁중정재에서도 연행되었던 것들로 19세기에 궁중의 정재가 민간으로 전파되어 지방의 연회에서도 연행되었음을 보여주는 것이다. 이는 궁중과 지방의 연희문화 교류의 결과라 할 수 있다.

---

186) 박사호, 『심전고』 권1, 「연계기정(燕薊紀程)」, 기축(1829) 3월 26일. 晴. 黃州留 三使齊會體仁閣 設樂人樂府名色 有獅子舞 鶴舞 牙拍舞 錚江舞 抛樂釖舞 鼓舞獻蟠桃處容舞 關東舞鴻門宴 其中又有船樂 維其曲方言 如云船離也 始出於水路 朝天時 置畫船於筵上 選童妓一雙扮作小校 朱笠貝纓 插虎鬚紅天翼 白羽箭 左執弓弭 右握鞭鞘 前作軍禮 唱初吹出立軒頭 唱鳴金二下人吹打 庭中動鼓角 群妓皆羅衫繡裙 繞船齊唱 解纜之歌 又唱二吹三 吹訖一童妓 扮作小校 紅衣羽笠 立船上唱 擧碇砲 庭中放一砲 仍收碇擧帆 船作轉軸 徐徐轉之 作行船形 羣妓又繞船齊歌且祝之 其曲凄悵 令人斷腸 其歌曰 碇擧兮船離 此時去兮何時來 萬頃滄波兮 平盤貯水去似廻 昔李洗馬英運 作水路朝天歌 詞旨悽惋 音調瀏亮 李丈羲玄 宰此邑時 新翻此詞 敎習諸妓故今黃岡解纜之曲 獨異於他處 蓋水路朝天之行 生離遠別 人間墮淚處 而又添以斷腸之詞 想得伊時光景 不覺傷心 坐竹樓 使小妓誦竹樓記. 번역문은 한국고전번역원 번역문 인용.

187) 항장무를 이르는 말이다.

[그림 10] 검무와 헌선도 장면,
신축진연도병 제5,6폭, 연세대학교박물관

[그림 11] 검무

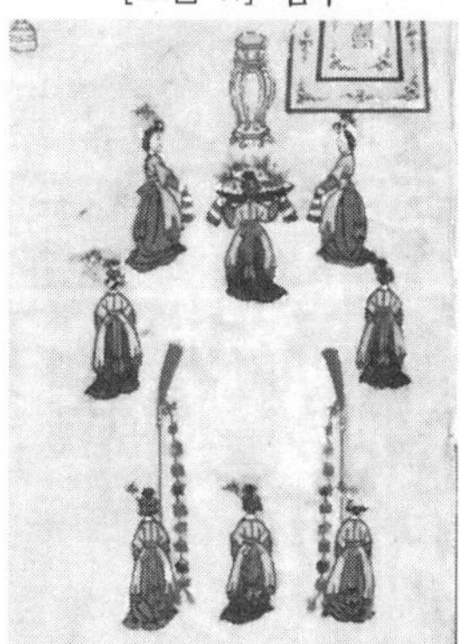

[그림 12] 헌선도

이우준은 안주와 선천에서 본 포구락, 선유락, 항장무에 대해 기록하였는데, 특히 항장무는 선천교방 특유의 정재였음을 밝히고 있어 주목된다.

N-7. 이러한 여러 가무는 대개 악부의 여령들이 하는 놀이이다. 매번 중국 사행길마다 누대가 있는 곳에서는 지역 유지가 반드시 이를 연회에서 즐기게 한다. 항장무라 불리는 것으로 안주와 선천에만 있다고 한다.[188]

188) 이우준,『몽유연행록』. 比數件事 盖樂府女伶所戱. 而每戱使行沿路 樓臺之處 地主 必設比以

그는 의주에서도 고무, 포구락, 발도가(發棹歌), 승무(僧舞) 등과 함께 항장무를 관람하였다고 하였으니 항장무는 관서지방 일대에서 주로 연행된 지방 가무희라 할 수 있겠다. 항장무는 이우준의 기록 외에 홍순학(洪淳學)의 『연행가』와 유인목의 『북행가』, 작자 미상의 『연원일록(燕轅日錄)』에도 기록되어 있어 연행사들이 안주와 선천에 유숙할 때 베푸는 연회에서는 빠지지 않고 연행되었던 것으로 보인다.[189] 특히 『연원일록』에는 항장무의 등장인물, 이야기의 구성과 내용 등이 기록되어 있으며 극의 연출이 매우 뛰어나다는 소감도 밝히고 있다.[190]

그리고 또 하나 주목할 것은 승무이다. 홍순학이 승무를 보고 우습다고 한 것으로 보아 해학적 내용을 담고 있는 것으로 기생과 노장이 등장하는 무극(舞劇)일 가능성이 높다. 이 승무는 18세기 후반 관서지방은 물론 경기지방에서도 널리 추어졌던 것인데, 이에 대해 전경욱은 "특히 『추재기이(秋齋紀異)』에서 소개한 탁문한의 만석승무를 통해서 18세기 후반에 황진이와 만석승이 등장하는 탈춤 만석승무가 존재했음을 확인할 수 있다. 그러나 그 동안 만석승무의 구체적인 연희 내용이 무엇인지 알 수 없었다. 그런데 채색화 〈낙성연도〉를 통해 채붕 위에서 연출하는 만석승무의 구체적인 내용을 파악할 수 있을 뿐만 아니라 『게우사』에서 '좌우산 만석춤은 구름 속에 넘는 듯' 이라고 표현한 만석승무의 내용도 분명하게 이해할 수 있게 되었다. 만석승무는 노승(만석승, 지족선사)과 기생(황진이), 취발이와 기생(소무)이 등장하는 연희로서 현재 봉산탈춤, 양주별산대놀이의 노장과장과 유사한 내용임을 알 수 있다."라고 하였다.[191] 채색화

娛. 所謂項莊舞 獨於安州宣川有之云.

189) 최성애, 「19세기 연행록에 표현된 연행활동-춤을 중심으로-」, 『한국무용사학』 11, 한국무용사학회, 2010, 46쪽.

190) 『연원일록』 권1, 1888년 11월 29일 기사; 같은 책, 권6 5월 20일 기사.

〈낙성연도〉(그림 19)에는 채붕을 설하고 그 앞에서 만석승무와 사자춤과 호랑이춤을 추고 있는 장면을 확인할 수 있는데 이를 통해 지방 객관의 사신연향에서 연행된 승무의 모습을 유추해 볼 수 있다.

『연원일록』에는 항장무 외에도 요지헌반도무(瑤池獻蟠桃舞), 열친무(悅親舞), 득승주개무(得勝奏凱舞), 마상검무(馬上劍舞) 등이 기록되어 있다.[192] 요지헌반도무는 궁중정재인 헌선도와 유사한 것으로 보이지만 이 춤이 일상적으로 행해진 것이 아니라고 쓴 것을 보면 민간에서는 자주 행해지지 않았던 것 같다.[193] 반면에 열친무와 득승주개무는 채봉의 말을 빌면 구월산인이라는 노인의 첩의 집에 머물면서 배운 것으로 의주 일대에서는 자신만이 출 수 있는 춤이라고 하였던 것으로 보아 이 춤은 새로 창작되어 연행된 춤인 것으로 보인다.

마상검무는 『연원일록』 외에 서유문의 『무오연행록』에도 기록되어 있다. 다음 N-8과 N-9에는 마상검무의 연행모습과 여러 가지 춤사위가 상세히 설명되어 있다.

N-8. 난혜가 몸을 일으켜서 머리카락을 단정하게 하고 치마를 추어올리고, 또한 허리띠를 단단히 졸라매고 물 흐르듯이 보자기를 풀어 차례대로 옷차림을 갖추었다. …(중략)… 흰 손에 양날이 있는 난새를 아로새긴 칼을 들고 휘둘렀다.…(중략)…몸을 날려 말에 올라 고삐를 다이고 금등자를 박차면서, 아리따운 목소리로 크게 소리치고 말을 박차며 칼춤을 추고 무위를 떨치면서 여러 춤사위를 보여주었다. 위아래로 부딪히다가 좌우로 가

191) 전경욱, 「새자료 채색화 〈낙성연도〉를 통해 본 산희의 실체」, 민족문화연구 73, 고려대학교민족문화연구원, 2016, 329쪽.

192) 『연원일록』 권5 1889년 5월 17일 기사.

193) 김남기, 「『연원일록』에 나타난 가무악과 연희의 연행양상」, 『국문학연구』 7, 국문학회, 2002, 218~219쪽.

로막고, 봉황이 머리를 들고 앞을 보호하다가 꾀꼬리가 몸을 뒤쳐 뒤를 엄호하고, 신룡이 여의주를 희롱하는 듯 빙빙 도니 맹호가 골짜기에서 나오는 듯 빠르게 움직여 쏴아아 바람 소리가 소매에서 일고 눈부신 빛이 전포(戰袍)에서 번뜩였다. 그러다가 순식간에 허공을 희롱하니 표표히 만 점의 버들솜이 위아래에서 흐르는 듯하였는데, 다만 공중에서 어른어른하여 눈이 어질어질한 것도 깨닫지 못하였다.[194)]

N-9. 정사, 부사와 부윤과 함께 강무당(講武堂)에 모여 본부 장교와 기생을 모아 말을 달리며 칼 쓰기를 시험한다. 강무당은 또한 백일원(白日園)이라 일컬으니, 너른 뜰 가운데서 무예를 강습하는 법이라. 장교의 군복(軍服)이 선명(鮮明)하고 안마(鞍馬) 빛나 경군문(京軍門)과 다름이 없으며, 혹 마상재(馬上才: 말 위에서 재주 부리는 것)하는 자가 있어 월도(月刀)와 쌍검(雙劍)이 다 족히 일등이라 할 것이요, 기생이 또한 전립(戰笠)과 군복을 갖추었으니 다 스스로 준비하는 바요, 때 맞추어 남에게 비는 바가 없다 하며, 또한 쌍검을 쓰는 계집이 있으니, 궁마(弓馬)를 숭상하는 풍속을 가히 알러라. 은 안장을 한 백마에 삭모(槊毛)와 주락(珠絡)을 달았으며, 검은 비단으로 머리를 동이고 녹의홍상(綠衣紅裳)으로 앞을 다투며 쌓인 눈이 산에 가득한데, 너른 뜰 가운데 나는 듯이 마구 달음질치니 진실로 기이한 장관이라.[195)]

N-8의 마상검무는 말을 타면서 검무를 추는 것으로 말을 탄 채 날렵하게 기예에 가까운 동작들을 보여주고 있다. 그리고 N-9에도 화려하게 장식한 군인의 복장을 하고 장식한 말 위에서 춤사위를 행하고 있다. 이 마상검무는 무예적 성격이 강한 마상재와는 달리 여기들의 가무희의 하나로 연행되고 있음을 보여준다. 이들 연행록을 통해 볼 때 관서지방에는

194) 『연원일록』 권5, 1889년 5월 15일 기사. 번역문은 김남기, 「『연원일록』에 나타난 기녀의 생활과 애환」, 『돈암어문학』 20, 돈암어문학회, 2007, 84~85쪽 인용.

195) 서유문, 『무오연행록』 권1, 무오년(1798, 정조 22) 11월 16일.

연행길에 오른 사신들을 위로하는 연회에서 다양한 악가무와 마상재를 겸한 검무가 연행되었으며 이들 가무의 연행수준이 매우 뛰어났음을 알 수 있다. 따라서 이들 악가무는 중국 사신을 영접하는 연회에서도 연행되었을 가능성이 매우 높다 하겠다.

다음 [표 47]은 연행사들의 연행록에 보이는 관서지방의 연희 종목을 정리한 것이다.

[표 47] 19세기 연행록에 보이는 국내 지방연회에서 연행된 연회[196]

연행록	지역	연행종목 / 특징	비고
『계산기정』	평양	선풍무(旋風舞), 이주곡(離舟曲),	
	안주	평양, 황주에 비해 손색없음.	종목소개 없음
	의주	마상재, 투호	
	황주	기생들의 춤	종목소개 없음
	선천	기악	종목소개 없음
『심전고』	황주	사자무, 학무, 아박무, 쟁강무, 포구락, 검무, 고무, 헌반도, 처용무, 관동무, 홍무연[항장무], 선악유기곡[배따라기, 선유락]	
『몽유연행록』	평양	쟁무, 고무, 향발, 아박	
	안주	포구락, 발도가[선유락], 항장무	
	선천	항장무	
	의주	고무, 포구락, 발도가, 항장무, 승무 여러 잡희와 정재관람	
『연행가』	평양	기악	종목소개 없음
	선천	입춤, 북춤, 포구락, 선유락, 헌선도, 승무, 항장무	
『북행가』	송도	노래와 가무의 고장	종목소개 없음
	안주	항장무	
	선천	항장무	
『연원일록』	선천	항장무	
	의주	요지헌반도무, 열친무, 득승주개무, 마상검무	

196) 최성애, 앞의 글, 2010, 61쪽 표 인용 재구성.

[그림 13] 연광정연회도 부분, 《평안감사향연도》, 국립중앙박물관.

이를 통해 볼 때 관서지방에서 주로 연행된 가무는 항장무임을 확인할 수 있다. 그리고 검무는 마상재와 결합하여 마상검무라는 새로운 공연종목을 만들어 냈다. 영남지방 일대에서는 황창무가 주로 연행되었던 것을 보면 각 지역마다 지역적 특성을 지닌 가무가 있었던 것 같다. 이러한 지역 연희 외에 포구락, 아박, 향발, 헌선도, 처용무, 쟁무, 학무 등 궁중정재도 연행되었다. 사자와 학무는 지방연회에서도 연행되던 것으로《평안감사향연도》에도 보인다.

[그림 13]은《평안감사향연도》 중 연광정에서 열린 평안감사 환영 연

[그림 14] 부벽루 연회도 부분, 《평안감사향연도》, 국립중앙박물관.

회 장면이다. 연광정은 평양 대동강변에 있었던 누정으로 조선의 사신이 청에 가는 길에 유숙할 때 사신들을 위한 연향을 베풀기도 했던 곳이다.[197] 여기에는 두 마리 학과 황색의 사자탈을 쓰고 대기하고 있는 모습과 연광정 마루에서 춤을 추고 있는 여기(女妓)와 청색 사자탈을 쓰고 춤을 추는 모습을 확인할 수 있다. 이 그림을 통해 사자춤과 학춤이 연행되었음을 알 수 있다. 여기들의 가무희는 누각 뜰이 아니라 전각 내에서

197) 김경선, 『연원직지(燕轅直指)』 권1, 10월 29일조. 仍與副使往練光亭正使所大張妓樂 夜深而罷.

이루어지고 있다. [그림 14]는《평안감사향연도》중 부벽루 연회를 그린 것인데 부벽루는 연광정에 비해 전각의 규모가 작다. 부벽루 뜰에 악사들이 악기 연주를 위해 앉아 있고 여기들은 포구락과 고무, 검무를 연행하고 있는 모습을 확인할 수 있다. 여기에 보이는 춤들은 모두 궁중에서 정재로 연행되었던 것들이었다.

이렇게 지방에서 연행되던 연희에는 궁중정재로 연행되던 것들이 유입되기도 했는데 발도가, 검무, 관동무, 항장무 등이다. 또한 열친무와 득승주개무, 마상검무와 같이 독창적인 새로운 춤도 연회에서 연행되었다는 것도 알 수 있다. 각 지방 객관에서 중국으로 사행을 가는 조선 사신들에게 베푼 전별연에서 연행된 가무희는 중국 사신들을 영접하는 연회에서도 연행되었을 것이다.

(2) 국왕의 사신영접행차와 거가환궁행사

① 영접행사에서 연행된 전통연희

중국의 사신들이 한양 인근에 도달하면 국왕은 세자나 관리를 벽제까지 보내어 맞아들이도록 하였다. 거리를 결채하여 장식하고 왕은 서교에 나가 사신을 교영하였다. 다음 기록은 사신을 맞이하기 위해 거리에 산대를 설치하고 나례와 백희를 베풀고 사신이 당도하면 이들과 함께 궁으로 들어가는 행렬 모습을 보여준다.

N—10. 황제가 통정시승(通政寺丞) 장근(章謹)과 문연각대조(文淵閣待詔) 단목예(端木禮)를 보내어 왕에게 고명(誥命)을 주었다. 근(謹)과 예(禮)가 절(節)을 가지고 이르니, 산붕(山棚)과 결채(結綵)를 베풀고, 나례(儺禮)·백희(百戲)를 갖추었다. 임금이 사모(紗帽)와 단령(團領) 차림으로 의장(儀仗)과 고취(鼓吹)를 갖추고 선의문(宣義門) 밖에 나가 영접하였는데,

백관(百官)은 공복(公服)을 갖추고 따랐다.[198]

N—11. 조정(朝廷)의 내사(內史) 황엄(黃儼)·전가화(田嘉禾)·해수(海壽)·한첩목아(韓帖木兒)와 상보사 상보(尙寶司尙寶) 기원(奇原) 등이 오니, 산붕(山棚)을 만들고 나례(儺禮)와 백희(百戲)를 베풀고, 임금이 백관(百官)을 거느리고 모화루(慕華樓)에서 영접하였다. 사신(使臣)이 경복궁(景福宮)에 이르러 칙서(勅書)를 선포하였다.[199]

N-10 기록에서 보듯이 중국에서 사신이 한양 인근에 도착하면 국왕은 미리 모화관에 나아가 사신을 맞을 준비를 한다. 이 과정이 바로 『세종실록』「오례」, 『국조오례의』 등에 규정되어 있는 〈영조서의〉와 〈영칙서의〉이다. 모화관에서 영조칙의를 마치고 경복궁으로 이동하는 행렬은 금고-기병대-종친과 백관-왕세자-대가노부로 연을 탄 국왕-황의장과 고악-향정-용정-사자의 순서이다. 이 절차를 마치고 숭례문을 통과하여 경복궁까지 사신행렬과 국왕행렬이 이어지는 것이다. 국왕은 사신이 모화관에 당도하기 전 교영을 나갔다. 국왕이 사신을 영접하여 경복궁으로 환궁하면 이들을 맞는 환궁행사가 광화문 앞에서 펼쳐진다.

먼저 사신영접을 위한 국왕의 영접행렬에 대해 살펴보자. 『세종실록』「오례」의 가례 서례를 보면, 여러 종류의 노부에 대한 규정이 나온다. 그 중 사신영접과 관련된 노부는 대가노부이다.

198) 『태종실록』 권1, 태종 1년 6월 12일 기사조. 己巳/帝遣通政寺丞章謹 文淵閣待詔端木禮, 來錫王命 謹禮持節至 設山棚結綵 備儺禮百戲 上御紗帽團領 具儀仗鼓吹 出迎于宣義門外 百官具公服以從.

199) 『태종실록』 권15, 태종 8년(1408) 4월 16일 갑오. 甲午. 朝廷內史黃儼·田嘉禾·海壽·韓帖木兒 尙寶司尙寶奇原等來 結山棚陳儺禮百戲 上率百官 迎于慕華樓 使臣至景福宮.

N-12. 대가(大駕)의 노부【조칙(詔勅)을 맞이할 때와 사직(社稷)과 종묘(宗廟)에 친히 제향(祭享)할 때에 이를 사용한다. 그 의물(儀物)은 전정(殿庭)의 대장(大仗)과 같다.】[200]

대가노부는 국왕의 의장행렬 중 가장 규모가 크다. 국왕은 황제의 조칙을 가지고 오는 사신을 맞기 위해 모화관으로 나아간다. 이때 국왕의 의장행렬은 대가노부이다. 부령, 판산성, 예조, 호조, 병조 판서가 맨 앞에 서고 주작기, 청룡기,백호기, 현무기 등 의장 깃발, 표골타자(豹骨朶子), 웅골타자(熊骨朶子) 등의 기물 등을 든 시위군과 호위군이 그 뒤를 따른다. 이때 행악은 전부고취와 후부고취이다.

영조 및 영칙시 용악에 대해서는 다음『세종실록』기록을 통해 확인할 수 있다.

N-13. 악학(樂學) 제조가 아뢰기를, "이제부터 조칙(詔勅)을 맞이할 때에는 영조문(迎詔門)에서 궐문(闕門)까지는 속악(俗樂)을 연주하고, 칙서가 근정문(勤政門) 밖에 이르면 속악을 그치고 헌가(軒架)를 시작하며, 사신이 칙서를 받들어 안(案) 위에 놓기를 기다려서 풍악을 그쳤다가, 전하께서 절하는 자리에 나아가시면 풍악을 시작하고, 네 번 절하고 일어나서 몸을 펴면 풍악을 그치며, 전(殿) 위에 올라서 칙서를 받아, 전에서 내려 자리에 돌아오면 다시 풍악을 시작하고, 네 번 절하고 일어나서 몸을 펴면 풍악을 그치게 하옵소서."하니, 그대로 따랐다.[201]

200)『세종실록』권132,「오례」가례서례 노부. 大駕鹵簿【迎詔勑, 親享社廟用之, 其儀物, 與殿庭大仗同】

201)『세종실록』권53, 세종 13년 8월 13일 을사조. 樂學提調啓 自今迎詔勑時 請自迎詔門至闕門 奏俗樂 勑書至勤政門外 俗樂止軒架作 待使臣奉勑書置案上樂止 殿下就拜位樂作 四拜興平身樂止 殿下陞殿上受勑書 降殿復位樂作 四拜興平身樂止 從之.

위 규정에 따르면 모화관에서 영조칙의를 마치고 경복궁에 이르기까지는 속악을 쓴다고 하였다. 속악은 궁중의례음악인 아악이 아닌 당악과 향악이다. 아악은 궁중의례용 음악으로서 모화관에서 경복궁 앞까지 거리와 광화문 앞 산대를 중심으로 각종 악기 연주와 산악·백희가 벌어졌던 공간에서는 사용되지 않았다. 이 기록을 통해 중국의 조칙을 맞이할 때의 구체적인 규정은 보이지 않지만 사신영접을 위해 거리에서 행해지던 행사에서는 속악을 연주했다는 것을 알 수 있다.

그렇다면 조선시대 국왕의 거가환궁행사의 구체적인 모습을 살펴보자. 『세종실록』「오례」에는 국왕이 친히 사직이나 종묘에 행차했다가 돌아올 때 거가환궁의례에 대한 규정이 있다. 그런데 궁궐에서 치러지는 거가환궁의식 외에 환궁하는 국왕의 행렬을 맞이하는 영접행사가 열렸던 것은 흉례 중 부묘의(祔廟儀)를 마치고 돌아올 때였다. 다른 거가환궁조에는 행차 준비과정과 행례, 거가환궁의 절차만을 규정하고 있는데 반해, 유일하게 흉례의 부묘의 후 거가환궁에서 채붕을 맺고 나례와 가요를 올리고 정재를 하는 것에 대해 기록하고 있다.[202] 조선시대의 국왕거가환궁행사는 고려시대에 비해 형식상 더욱 세분화되었다. 즉 고취악, 채붕나

202) 다른 의례에서는 거가환궁 시 영접행사가 없고 부묘의가 끝난 후에만 영접행사가 있었던 이유에 대해 김은영은 "선왕의 신주를 종묘에 안치하고 나면 자식으로서의 효를 다하고 실질적으로 국왕의 자리를 이어받는다는 의미를 갖게 된다. 따라서 부묘의를 마친 것은 흉례를 무사히 마치고 실질적인 왕위계승을 널리 알리는 의미에서 축제의 장을 마련하는 것이기 때문"이라고 하였다.(김은영, 앞의 글, 39~41쪽 참조.) 하지만 거가환궁영접행사가 다른 의례에서는 없었고 부묘의가 끝난 후에만 있었다고 볼 수는 없다. 가례 중 황제의 조서를 맞이하는 영조서의와 영칙서의의 경우 국왕의 행차가 있었고 이들이 경복궁으로 들어올 때 채붕, 백희를 거행했다. 거가환궁영접행사는 국왕의 거둥 목적과 밀접한 관련이 있는 것이므로 부묘의 뿐만 아니라 중국사신영접을 나갔다가 환궁할 때에도 거가환궁행사가 거행되었다고 보아야 한다. 물론 사신영접 후 환궁 행사에 대한 규정이 없고 출궁의 목적도 중국황제의 조서를 영접하는 성격을 갖는 것이지만 동시에 사신을 영접하러 나갔다가 돌아오는 국왕의 거가환궁행사의 성격도 지니고 있다고 보아야 한다.

례, 성균관, 교방 및 기로의 삼가요, 그리고 교방의 정재가 순차적으로 연행되었다. 다음은『세종실록』「오례」중 부묘의를 마친 후 거가환궁행사와 단종대에 세종의 부묘의를 마치고 돌아올 때의 기사이다.

N-14. 의금부(義禁府)의 군기감(軍器監)이 종묘(宗廟)의 동구(洞口)에서 나례(儺禮)를 올리고, 성균관(成均館)의 학생(學生)들이 종루(鍾樓)의 서가(西街)에서 가요(歌謠)를 올리고, 교방(敎坊)에서 혜정교(惠政橋) 동쪽에서 가요(歌謠)를 올리고, 이어 정재(呈才)한다. 그리고 또 광화문(光化門) 밖의 좌우(左右)에다 채붕(綵棚)을 맺는다. 어가(御駕)가 광화문(光化門) 밖의 시신 하마소(侍臣下馬所)에 이르러 잠시 멈추면, 시신(侍臣)이 모두 말에서 내려 나누어 서서 몸을 굽힌[鞠躬]다. 지나가면 몸을 바로 한[平身]다. 어가(御駕)가 근정문(勤政門)에 이르면, 악(樂)이 그친다.[203)]

N-15. 북이 삼엄(三嚴)을 알리면 노산군(魯山君)이 원유관(遠遊冠)과 강사포(絳紗袍)를 갖추고 연(輦)을 타고 나가면 백관이 모두 국궁(鞠躬)하고 연이 지나가서야 몸을 바로 한다. 시위(侍衛)는 평상시의 의절과 같이 한다. 전후의 고취(鼓吹)가 요란하게 울리고, 잇달아서 산붕(山棚)이 앞에서 인도한다. 잡희(雜戲)도 갖추어서 전개된다. 대가(大駕)가 종루(鐘樓) 아래에 이르자, 성균 생원(成均生員) 김유부(金有孚) 등이 가요(歌謠)를 바치니, 그 가사(歌辭)는 이러하였다.…(중략)…연(輦)이 혜정교(惠政橋)에 이르니, 여기(女妓) 담화지(擔花枝) 등이 침향산붕(沈香山棚)을 만들고 가요(歌謠)를 바쳤다. 그 말은 이러하였다.…(중략)…임금의 연(輦)이 도관(都官) 앞에 이르니, 기로(耆老)인 전 상호군(上護軍) 이형(李逈) 등이 가요(歌謠)를 바쳤다. 그 말은 이러하였다.…(중략)…연(輦)이 광화문(光化門) 밖에 이르니, 좌우의 채붕(彩棚)에서 온갖 희롱을 다 지었으며, 여기(女妓)와 우인(優人)도 함께 근정전(勤政殿) 뜰로 들어갔고, 연(輦)은 근

203)『세종실록』권135「오례」흉례의식 부묘의. 義禁府軍器監進儺禮於宗廟洞口 成均館學生進歌謠於鍾樓西街 敎坊進歌謠於惠政橋東 仍呈才. 又於光化門外左右 結綵棚. 駕至光化門外侍臣下馬所小駐 侍臣皆下馬 分立鞠躬 過則平身. 駕至勤政門 樂止.

정문(勤政門)에 머물러 두어 사람들이 보게 하였다.[204]

위 기록은 조선시대 거가환궁행사의 규범적 절차를 가장 잘 보여주고 있다. 이 환궁의식에서 의금부와 군기감이 나례를 올렸고 성균관과 교방에서는 가요를 올리고 정재를 하였다. 이때 의금부는 좌변나례도감을 맡고 군기감은 우변나례도감을 맡는다.[205] 이들이 연행한 나례는 축역의식으로서 나례가 아닌 나례에서 연행된 각종 연희를 의미한다. 나례는 이미 고려시대부터 연희적 성격을 띠기 시작하였으며 조선시대에는 국왕의 거가환궁행사나 사신영접행사에서 연행되었다.

특히 N-15의 단종대 기사를 보면 부묘의 후 거가환궁행렬이 어떻게 이루어지는지 좀 더 상세하게 나온다. 그 순서를 보면 ① 전후고취, 예산대(曳山臺), 잡희, ② 종루에서 성균관의 가요, ③ 혜정교에서 교방의 가요, ④ 도관 앞에서 기로의 가요, ⑤ 광화문 밖 좌우 채붕과 산악·백희이다. 고려시대에도 국왕이 궁 밖으로 거둥하였다가 돌아올 때에 취각군과 취라군을 앞세워 다양한 악대를 갖추고 산악·백희를 하였음은 앞에서도 살펴보았다. 국왕의 환궁의식은 고려시대부터 이어져 온 것이라 할 수 있다.

부묘의 후 환궁의식절차가 매번 정확하게 지켜진 것은 아니었다. 교방가요가 중지되기도 하고 광화문 밖 결채와 나례 역시 명종 이후 실시되지 않았으며 결채만 하는 것으로 간소화되었다.[206] 중국사신영접행사에서

---

204) 『단종실록』 권11, 단종 2년 7월 16일 을축 1번째기사 1454년. 皷三嚴 魯山具遠遊冠 絳紗袍乘輦以出 百官皆鞠躬 輦過平身 侍衛如常儀. 前後鼓吹沓奏 曳山棚前導 雜戲具呈. 大駕至鍾樓下 成均生員金有孚等獻歌謠…(생략)…輦至惠政橋 女妓擔花枝等作沈香山棚 獻歌謠…(중략)…至都官前 耆老前上護軍李逈等獻歌謠…(생략)…輦至光化門外 左右彩棚 百戲俱作 女妓優人俱入勤政殿庭 駐輦勤政門觀之.

205) 보통 광화문 밖에 산대나 채붕을 세울 때에 좌우에 하나씩 세웠으므로 의금부와 군기감이 각각 하나씩 담당하였던 것이다. 고려시대 양부가 각각 산대와 채붕을 세운 것과 같은 것이다.

공연한 나례는 정조대에 폐지되었다.[207] 이는 나례를 하기 위해 들어가는 물품과 인원동원에 상당히 무리가 따랐으며 점점 그 폐해가 심해졌기 때문인 것으로 보인다.

고려시대와 마찬가지로, 조선시대에도 유생, 교방 및 기로의 가요가 사신영접행사에서 설행되었는지는 확실하지 않다. 가요를 올리는 절차가 사신영접행사에서도 행해졌을 지는 조금 더 신중한 검토가 필요하다. 가요를 올리는 목적을 먼저 생각해보아야 한다. 가요는 국왕의 선정과 선덕을 드러내고 칭송하기 위한 것이다. 따라서 사신을 영접하여 함께 돌아오는 환궁행사에서 가요가 설행되었을까하는 의문이 든다. 하지만 행렬의식에는 헌가요 절차가 없었으나 사신연에서는 가요를 올렸을 수도 있다.[208] 가요의 내용을 중국 황제에 대한 사대의 예로써 올린다거나 비록 중국의 신하국이기는 하지만 한 나라의 국왕으로서 위의를 보이고자 했

---

206) 『명종실록』 권5, 명종 2년 3월 21일 임신조. 壬申/仁宗大王祔廟時 方物 山臺儺禮等事 禮曹啓稟 傳曰竝勿擧行 歌謠等事 臨時處之可也. 그러나 부묘의 외의 행사에서 채붕나례는 지속되었다.

207) 명확하게 폐지된 시기는 알 수 없으나 정조 23년 1월 24일 계미조 기사에 따르면 정조 이전에 이미 전부(傳訃) 칙사의 경우에는 나례를 설행하지 않았다. 그리고 정조 24년 중국의 사신 상사(上使) 전국영(田國榮)이 왔을 때 그는 서울과 외방의 연향(宴享) 및 정배 다담(庭排茶啖)·군위(軍威)·군가(軍歌)·무동(舞童)·유관우(遊觀牛)·타락우(駝駱牛)·별자우(別雌牛)·헌가(軒架)·나례(儺禮)·병화(甁花)·성문 결채(城門結綵)·성포(城砲)·상하 마포(上下馬砲) 등의 의식을 모두 그만두게 하였다고 한다.(壬申/義州府尹金箕象 以勅行到鳳城. 馳啓 上勅田國榮 散秩大臣世襲侯 年今六十三 性純謹 間多昏瞀 副勅英和 年今三十 而故禮部尙書德保之子 性明敏 嫺習翰墨 素著名稱 頗爲近幸云 京外宴享及庭排茶啖 軍威 軍歌 舞童 遊觀牛 駝駱牛 別雌牛 軒架 儺禮 甁花 城門結綵 城砲 上下馬砲 竝停免.) 아마도 이 이후 중국사신영접행사에서 나례가 폐지된 것이 아닌가 한다.

208) 『요사(遼史)』 권51 「지」 20 예3, 빈의. 곡연고려사의(賓儀曲宴高麗使儀) 大臣進酒 契丹舍人通 漢人閤使贊 上殿臣僚皆拜. 贊各祗候 進酒 大臣復位立. 贊進坐臣僚拜 贊各就坐行酒. 若宣令飮盡 贊再拜 贊各就坐. 教坊致語 臣僚皆起立. 口號絶 贊再拜 贊各就坐. 凡拜皆稱萬歲. 이 기사에는 고려사신을 위한 연회를 베푸는데 교방에서 치어를 올린다고 나와 있다. 따라서 조선에서도 중국사신 영접연향에서 치어를 올렸을 수도 있다.

다면 이러한 가요를 설행하는 것도 가능하지 않았을까 한다.

국왕의 부묘의 후 환궁의식 절차가 사신영접행사에서도 그대로 적용되었는지의 여부는 확인할 수 없지만 이와 유사한 내용으로 거행되었을 것이라고 본다. 국왕의 환궁의식 및 어가행렬에서 보이는 고취악, 채붕나례는 『조선왕조실록』의 기록과 『세종실록』「오례」, 『국조오례의』 등을 통해 사신영접행사에서 치러졌음을 분명하게 확인할 수 있다. 중국사신영접행사에서도 숭례문에 결채하고 광화문 앞에 산대를 가설하여 산악·백희를 연행하였다. 따라서 부묘의 후 거가환궁행사의 절차를 그대로 따랐는지는 확인할 수 없지만 사신과 함께 환궁하는 과정에서 펼쳐지는 연희의 구성과 종목은 거의 유사했을 것으로 보인다.

국왕환궁의식에서 고려와 조선의 차이는 고려시대에는 양부 및 교방의 산악·백희와 교방가무희가 분명한 절차에 따라 체계적으로 설행되지 못한 반면 앞에서 살펴보았듯이 조선시대가 되면 삼가요를 올리는 순서와 절차, 교방 여기의 정재 및 광화문 밖에서 벌어지는 채붕나례가 순차적으로 설행되고 있다는 것이다.[209)]

(3) 궁중에서 영접연향과 태평관에서 사신연

① 궁중에서 사신연

앞의 N-13 기록에서 살펴보았듯이 영조칙의를 행할 때에는 정해진 규정에 따라 음악을 사용하였다. 이는 조선시대 전 시기에 걸쳐 거의 변화없이 이 규정에 따라 행했졌던 것으로 보인다. 숭례문에서 경복궁에 이르는 길은 사신의 행렬과 거가행렬이 이어지는 공간이며 여기에는 수많은

209) 윤아영, 「조선 환궁의식과 중국환궁의식의 변별에 관한 연구」, 『한국음악연구』 54, 2013, 259쪽.

백성이 구름처럼 몰려나와 그 장관을 구경하였을 것이다. 사신과 국왕의 행렬에 따르는 고취악은 물론 백성들이 즐길 수 있는 산악·백희도 동시에 연행되었다. 따라서 숭례문에서 광화문 앞까지 공간에서는 당연히 속악을 사용했다. 궁중의례에 쓰이는 아악은 맞지 않았을 것이며 의례공간인 궁궐에서 사용하는 음악과 구별하였던 것이다. 이는 중국사신을 맞이하는 궁중연회에서 정재는 연행되었지만 산악·백희는 궁중에서 연행되지 않았음을 의미한다. 산대를 세우고 그 앞에서 산악·백희를 공연하는 것은 객관에서 사신을 영접할 때나 경복궁과 창덕궁으로 들어가는 거리의 거가환궁행사에서 펼쳐졌던 것이다. 이는 조선시대에 산악·백희에 대한 당시 지배층의 차별의식과 예치에 대한 인식을 엿볼 수 있는 부분이다. 공식의례가 아니고 특별히 근정전이나 경회루에서 중국사신을 위해 연회를 베풀 때가 있는데 이때 화희를 했던 기사는 여러 차례 보인다. 화희도 산악·백희의 일종이지만 연희자들을 불러 하던 것이 아닌 불꽃놀이 관람이었다. 예외적으로 잡희를 했던 것은 특별히 중국사신이 자신들과 함께 온 연희자들을 불러 행했을 때이다.(N-23)

다음은 중국의 사신이 조선에 왔을 때 의례절차와 이들을 위해 베풀던 연향으로 그 내용은 아래 [표 48]과 같다.

[표 48] 『경국대전』의 영조칙 절차와 연향[210]

구분	의례 절차	장소	내용
입경전	교영의	홍제관	
입경후	영조의 및 영칙의	모화관	국왕의 영접
	선독의	경복궁	근정전에서 조서를 열어 읽는 의식
	다례	경복궁	
연례	하마연	태평관	도착 다음날

210) 『경국대전』「예전」 대사객; 『통문관지』 권4 「사대」, 입경연향의.

	익일연	태평관	하마연 다음날
	인정전 청연	인정전	입경 3일째, 사신이 오지 않으면 태평관에서 개최
	회례연	태평관	입경 4일째
	별연	태평관	입경 5일째
	상마연	태평관	귀국일이 정해진 후
	전연	태평관	귀국 당일

왕은 인정전 청연과 전연에만 친림하고 나머지는 재상이 대행한다. 명사를 위한 연향은 모화관에서 교영의, 영조칙의에서부터 돌아가는 날 전연까지 약 10회 정도의 공식적인 연향이 베풀어진다. 연향은 예빈시(禮賓寺)와 액정서(掖庭署)에서 준비하였다. 명 사신이 연향 횟수를 줄일 것을 요구하면 3일째부터는 대신들이 다례로 대신한다. 아마도 7일 연속 같은 연향이 반복적으로 베풀어지면 지루한 감이 들고 싫증도 날 것이었으므로 7회의 공식 연회를 모두 행하지 않는 경우도 종종 있었다.

『태종실록』에는 악조 10곡을 지어 올린 기사가 나오는데 여기에 중국사신을 접대할 때의 용악에 관한 규정도 보인다. 궁중의 사신접대 연향에서 각 절차별로 연주되는 음악을 정하고 있는데 정리하면 아래 [표 49]와 같다. 『세종실록』과 『국조오례의』에는 연향에서 술과 안주를 올리는 행례절차만 규정되어 있고 각 순서마다 어떤 정재가 행해졌는지 규정은 보이지 않는다.

[표 49] 중국사신을 위한 연향에서 용악(15세기)[211]

행례절차	정재
왕과 사신이 좌정하면 다(茶)를 올림	당악(唐樂)-하성조령(賀聖朝令)
제1작, 조(俎) 올림	녹명(鹿鳴)-중강조(中腔調)
헌화	황황자화(皇皇者華)-전화지조(轉花枝調)
제2작, 첫 번째 탕	사모(四牡)-금전악조(金殿樂調)
제3작	오양선 정재(五羊仙呈才)
두 번째 탕	어리(魚麗)-하운봉조(夏雲峯調)
제4작	연화대 정재(蓮花臺呈才)
세 번째 탕	수룡음(水龍吟)
제5작	포구락 정재(抛毬樂呈才)
네 번째 탕	금잔자(金盞子)
제6작	아박 정재(牙拍呈才)
다섯 번째 탕	억취소(憶吹簫)
제7작	무고 정재(舞鼓呈才)
여섯 번째 탕	신공(臣工)-수룡음조(水龍吟調)
제8작	녹명(鹿鳴)
제9작, 일곱 번째 탕	황황자화(皇皇者華)
제10작, 여덟 번째 탕	남유가어(南有嘉魚)-낙양춘조(洛陽春調)를 사용
제11작, 아홉 번째 탕	남산유대(南山有臺)-풍입송조(風入松調)나 낙양춘조(洛陽春調)를 사용

사신을 접대하는 연향에서 연행된 정재는 『고려사』 「예지」에 나오는 당악과 향악정재가 상당부분 차지하고 있음을 알 수 있다. 이들 궁중연향

211) 『태종실록』 권3, 태종 2년(1402) 6월 5일 정사. 국왕연사신악(國王宴使臣樂)조. 國王宴使臣樂 王與使臣坐定 進茶 唐樂奏《賀聖朝令》 進初盞及進俎 歌《鹿鳴》 用《中腔調》 獻花 歌《皇皇者華》 用《轉花枝調》 進二盞及進初度湯 歌《四牡》 用《金殿樂調》 進三盞 《五羊仙》呈才 進二度湯 歌《魚麗》 用《夏雲峰調》 進四盞 《蓮花臺》呈才 進三度湯 《水龍吟》 進五盞 《抛毬樂》呈才 進四度湯 《金盞子》進六盞 《牙伯》呈才 進五度湯《憶吹簫》進七盞 《舞鼓》呈才 進六度湯 歌《臣工》 用《水龍吟調》 進八盞 歌《鹿鳴》 進七度湯及九盞 歌《皇皇者華》 進八度湯及十盞 歌《南有嘉魚》 用《洛陽春調》進九度湯及十一盞 歌《南山有臺》 用《風入松調》 或《洛陽春調》.

[그림 15] 무고 정재,
〈신축진연도병〉 제5,6폭 부분,
연세대학교박물관

[그림 16] 포구락 정재,
〈신축진연도병〉 제5,6폭 부분,
연세대학교박물관

음악은 고려에 이어 조선전기에도 그대로 계승되어 정재로 공연되고 있었다. 특히 세종과 세조대에 예악을 정비하는 과정에서도 고려시대에 사용되었던 연향악곡을 그대로 사용하고 있었다. 오양선, 포구락(그림 16), 연화대, 낙양춘조, 억취소, 수룡음 등은 고려시대의 당악정재이고 무고(그림 15), 아박, 풍입송 등은 고려 속악에 속하는 것으로 향악정재들이다. 따라서 조선 초 연향음악은 고려시대의 것을 그대로 계승하고 있다고 보아도 무방하다. 이러한 현상은 연향음악을 새롭게 창작하는 과정에서 성리학적 이념을 반영함으로써 초래되는 경직성을 고려의 연향음악이 갖는 익숙함과 전통성을 조화시킨 결과라 할 수 있다. 또한 조선의 지배이데올로기인 성리학적 사상을 구현할 음악을 아직 갖추지 못했기 때문이기도 했다.[212] 조선 초에는 아악을 연향에서도 사용하였지만 세종 말 신악을 제정하면서 아악과 연향음악을 구별하여 사용하게 되었다.[213] 그러나 세종 당시에는 새로 제정한 신악이 아악을 대체하지 못했고 세조대에 이르러서야 신악이 연례악으로 대체되었다.[214]

성종대에 『악학궤범』을 편찬함으로써 비로소 용악 절도를 확립하게 되었다. 그로 인해 이후 궁중연향에서 쓰이는 음악에는 큰 변화가 생겨나게 되었다. 『악학궤범』 권2 「시용」 가례 및 연향악조에 따르면 가례에서 국왕이 거둥하면 여민락 또는 성수무강을 연주하고 환궁할 때에는 여민락령 또는 보허자령, 환궁악을 연주한다고 하였다. 주연에서는 여민락만 연주되고 진화에는 절화삼대, 진탕에는 수룡음인살, 또는 하운봉인살, 억취소인살이 연주되고 음악에 맞추어 여기가 춤을 춘다고 하였다. 이때 동원된 악대는 전정악, 전상악, 전후고취 등이었다.

아래 [표 50]은 조선후기 궁중에서 조서영접의식을 마치고 베푸는 연향의례의 절차이다. 이때 다례와 주연이 베풀어지는데 그 순서에 따라 연주되는 음악을 정리한 것이다.

[표 50] 『통문관지』의 입경 후 연향의례(18세기)[215]

행례 절차	정재
다례 후 과반이 끝남	여민락 연주
주정에 술을 올리고 가자가 계단으로 오름	여민락 중지
제조가 주정 뒤에 섬	여민락 연주
제조가 饌案과 花盤을 들고 사신과 전하 앞에	여민락 중지

212) 김명준, 「선초 악장의 정립과정과 그 의미」, 『고전과 해석』 3, 고전문학한문학연구회, 2007,127쪽.

213) 임미선, 「세종대 신악제정 이전과 이후의 연례악의 변화양상」, 『한국음악연구』 53, 2013, 116~118쪽.

214) 임미선, 같은 글, 2013, 130~133쪽.

215) 『통문관지』 권4 「사대」 하, 입경연향의.

바치고 휘건고 염수를 바치면	
빈 탁자를 올림	여민락 연주
소선 올림	여민락 중지, 보허자악(步虛子樂) 연주하고 남의(藍衣)와 광수(廣袖) 차림으로 춤을 춤
제1작	읍하면 음악 중지
고기와 만두 올림	여민락
연주/먹기를 끝냄	여민락 중지
제2작	정읍악(井邑樂)연주, 흑수의 차림으로 아박무(牙拍舞)
탕과 초미를 바치고 먹기를 마침	음악 중지
제3작	보허자악연주, 홍의 차림으로 향발무
제4작	정읍악연주, 남의 차림으로 고무(鼓舞)
제5작	여민락, 녹의와 광수 차림으로 춤
제6작	여민락, 심록의와 광수 차림으로 춤
제7작	여민락연주, 녹의와 광수
제8작, 제9작	여민락, 남의와 광수

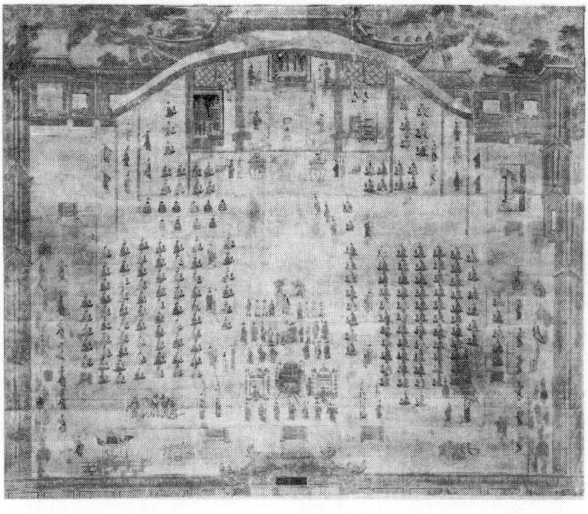

▲[그림 18] 향발무, 〈숭정전진연도〉 부분

◀[그림 17] 〈숭정전진연도〉, 국립중앙박물관

이를 보면 18세기 궁중에서 설행되는 연향에서는 주로 여민락, 정읍악, 보허자악, 향악 등이 사용되었으며 아박무와 향발무(그림 18), 고무 등

무구(舞具)를 사용하는 놀이적 성격의 춤들이 연행되었다.[216] 특히 여민락이 중심이 되고 있다는 것을 확인할 수 있다. 여민락은 세종대에 만들어진 곡으로 조선 건국의 정당성을 세우고 태종의 위업을 기리기 위해 지은 것이다. 이는 기악곡으로 주로 사신영접연향에서 연주되거나 행악으로 사용되었다. 여민락은 당악계통의 음악으로 지어졌으나 이후 향악식으로 바뀌어 지금까지 전하고 있다. 그리고 정읍악이나 향발무와 같은 향악정재도 연행되었다. 조선초기의 사신영접 연향에서 연주되던 정재와 음악이 주로 당악정재였던 데 반해 조선후기 연향음악은 여민락 등 향악정재가 주가 되고 있다.

이렇게 보면 조선 초 태종대의 사신연의 정재와 조선후기 사신연의 정재에는 커다란 차이가 있음을 알 수 있다. 조선후기 사신영접행사에서는 연주되는 음악의 종류가 대폭 축소되었고 여민락 등 향악정재를 중심으로 행해지고 있었다. 이러한 변화의 원인은 전술한 바와 같이 세종 대의 신악제정과 이를 바탕으로 한 성종대의『악학궤범』편찬과 밀접한 관계가 있다. 즉, 조선의 궁중음악이 독자적으로 발전하였음을 의미한다. 그리고 정치적, 외교적 측면에서 볼 때에는 17세기 이후 청나라 사신에 대한 연향과 영접행사가 대폭 축소된 것과 관련이 있는 것으로 보인다. 실제적인 면에서는 접대연향의 목적이 사신을 위로하고 흥을 돋우는 것이므로 놀이적 성격이 강한 정재가 중심이 된 것도 하나의 이유라 할 수 있다.[217]

② 태평관 사신연에서 연행된 전통연희

궁중에서 연향이 끝나고 나면 태평관에서 사신위로연이 열렸다.『문종

216) 허영일,「조선시대 사신연의 특징과 변화양상-사신연의 궁중정재를 중심으로-」,『대한무용학회논문집』제71권 2호, 대한무용학회, 2013, 257쪽.

217) 허영일, 같은 글, 2013, 257쪽.

실록』 문종 즉위년(1451) 6월 10일 기사에는 중국사신을 영접하는 일을 두고 의정부 관원들이 벌인 논쟁이 기록되어 있다. 다음의 N-16 기록을 보면 당시 중국사신이 오면 채붕을 맺고 나희를 연행했음을 알 수 있다. 그리고 중국사신영접행사에 어떠한 연희자들이 동원되었으며 어떠한 종목을 연행했는지도 나온다.

N-16. 정부에서 또 말하기를, '채붕을 얽으면 반드시 희학(戲謔)을 해야 하는데, 이것을 할 수 없으니 만일 희학을 하지 않는다면 채붕을 얽을 필요가 없다.'고 하였다. 내가 생각하기에 그 말이 그럴 듯하나, 의복은 밖에 있고 희학은 마음에 있으니, 과연 정부의 말과 같이 만일 조사(朝士)로 하여금 희학을 한다면 참으로 이 의논과 같지마는, 지금 재주를 부리는 자는 모두 미천한 백성이니, 비록 희학을 하게 하더라도 또한 무방하다. 백성들이 고비(考妣)를 잃은 것과 같이 하고, 함부로 떠들고 희학할 수 없다고 한다면, 광대(廣大)·서인(西人)·주질(注叱)·농령(弄鈴)·근두(斤頭) 등과 같은 규식(規式)이 있는 유희는 예전대로 하고, 수척(水尺)·승광대(僧廣大) 등과 같은 웃고 희학하는 놀이는 늘여 세워서 수만 채우는 것이 가하다. 음악은 마땅히 예전대로 하고, 금지하는 것은 불가(不可)하다.[218]

중국사신영접행사에 동원된 연희자들로 광대, 서인, 수척, 승광대가 언급되어 있다. 그리고 이들이 연행한 연희는 '규식지희(規式之戲)'와 '희학지희(戲謔之戲)' 두 가지였는데, 광대와 서인은 주질, 농령, 근두와 같은 산악·백희를 하였고, 수척과 승광대가 했다는 희학하는 놀이는 골계희인 우희와 유사한 연희로 보인다. 주질은 줄타기, 농령은 방울받기, 근두는

218) 『문종실록』 권1, 문종 즉위년(1451) 6월 10일 기사. 果如政府之言 若使朝士爲戲 則誠如是論 今呈才者 皆是小民 雖使戲謔 亦不妨也. 顧以百姓如喪考妣 不可恣爲讙謔 則如廣大西人注叱弄鈴斤頭等 有規式之戲 則依舊爲之 如水尺僧廣大等 笑謔之戲 則列立 備數而已可也. 音樂則當依舊爲之 不可禁也.

땅재주를 말한다. 이는 삼국시대 이래 전문적인 연희자들이 연행하는 종목들이었다. 이들 전문 연희자들이 중국사신영접행사에 동원되어 각종 산악·백희를 공연하였음을 알 수 있다.

동월도 조선을 사행하고 나서 기록을 남겼는데, 바로 〈조선부(朝鮮賦)〉이다. 〈조선부〉는 조선 성종 19년(1488)에 조선에 사신으로 왔다가 돌아가 지은 시로 조선까지 사행로와 그 과정에 보고 들은 풍속과 지리 등을 부(賦)의 형태로 남긴 것이다. 특히 여기에는 동월이 자신들의 일행을 위해 베푼 연회를 보고 적은 시가 있다. 그리고 당시 평안도 관찰사 성현 역시 동월과 함께 이때 열렸던 연회에서 연행된 산악·백희를 보고 〈관괴뢰잡희(觀傀儡雜戲)〉를 썼다. 이들의 시를 통해 당시 중국사신 영접행사에서 어떤 연희들이 연행되었는지 알 수 있다.

N-17. 번쩍번쩍 금빛 허리띠 붉은 옷에 빛나는데 煌煌金帶耀朱衣
거꾸로 매달렸다가 몸을 날리니 새가 나는 듯하네. 跟絓投身倏似飛
줄타기 방울받기 기술도 많은데 走索弄丸多巧術
나무인형에 실 꿰여 신기한 동작 자유롭구나 穿絲刻木逞神機
어찌 인형놀이가 오로지 아름다움만 추구한 것이리오. 宋家郭禿奚專美
한 고조는 평성에서 풀려날 수 있었다네. 漢祖平城可解圍
공경코자 조정에서 여러 예를 베푸노라니 爲敬朝廷陳縟禮
중국 사신 눈이 커져서 마땅히 비난하리라.[219] 皇華眼大定嘲譏

N-18. 누대는 모두 무늬 있는 비단옷을 입는다.(거리의 집들은 모두 명나라 조정에서 반포하여 내려준 예법·제도와 같고, 채색 비단을 벌여놓고 그림을 걸어둔다) 음악 소리는 느린 듯 하면서도 빠르고, 쇠북과 경쇠의 설

219) 성현, 『허백당집(虛白堂集)』 권14, 〈觀傀儡雜戲〉. 번역문은 전경욱, 앞의 책, 2004, 253~254쪽 인용.

> 치대는 화려하고 또한 곱다. 침단향(沈檀香)은 새벽 해의 연기와 안개를 뿜는 것 같고, 복숭아와 오얏은 봄바람에 날리는 비단처럼 아름답다. 연속해 모여드는 거마(車馬) 소리가 울리고, 만연(曼衍)의 어룡(魚龍) 유희가 나온다.(이하는 모두 백희를 베풀어 조서를 맞이하는 광경을 말한 것이다) 자라는 산을 이고 봉래산과 영주산이 있는 바다 해를 싸고(광화문 밖에 동서로 오산(鰲山)의 두 자리가 벌여 있는데, 높이가 성문과 같고 극히 교묘하다), 원숭이는 아들을 안고 무산협(巫山峽) 물을 마신다.(사람의 두 어깨에 두 어린아이를 세우고 춤을 춘다) 땅재주를 넘으매 상국(相國)의 곰은 셀 것도 없고, 긴 바람에 울거니 어찌 소금 수레를 끄는 훌륭한 말이 있겠는가? 많은 줄을 따라 내리매 가볍기는 능파선자(凌波仙子, 미인의 모양으로 가볍게 걷는 자)와 같고, 외나무 솟대를 타는 모습[躡獨趫]에 날뛰는 산귀신인가 놀라며 본다. 사자와 코끼리를 장식했는데, 모두 벗긴 말가죽을 뒤집어썼고, 원조(鵷鳥)와 난조(鸞鳥)의 춤을 추매, 들쑥날쑥한 꿩 꼬리를 모았도다. 대개 황해도나 서경(평양)에서 베푸는 솔무(率舞)를 보아도 모두 이처럼 좋고 아름답지 못했다.[220]

N-17은 성현이 동월 일행을 맞이하면서 보고 지은 〈관괴뢰잡희〉이고 N-18은 동월이 한양에 도착하여 광화문 밖에서 펼쳐진 백희를 보고 지은 〈조선부〉이다. 성현은 동월이 사신으로 왔을 때 평안도 관찰사로 동월 일행을 맞이하였다. 사신영접을 위한 산악·백희가 연행된 장소는 평양과 황주 그리고 한양이었다.[221] N-18을 보면 동월 일행이 한양에 도착하자 국왕은 교외까지 나가 이들을 맞이하였고 한양의 거리는 모두 결채하여 꾸며놓았다. 바로 광화문 밖에 오산을 설치하고 그 앞에서 산악·백희를 연행했다. 이 두 시를 통해 사신영접을 위해 지방의 객관에서도 백희를

---

220) 동월, 〈조선부〉. 번역문은 전경욱, 앞의 책, 2004, 253~254쪽 인용.

221) 동월, 〈조선부〉. 平壤·黃州 皆設鰲山棚 陳百戲 迎詔而惟王京爲勝. 평양과 황주에서 오산붕을 설치하고 백희를 공연하였음을 알 수 있다.

[그림 19] 한글본 채색화 〈낙성연도〉, 프랑스 파리동양어학교 도서관

공연하였으며 한양의 광화문 밖에서도 커다란 오산을 설치하고 만연어룡지희, 무동, 땅재주, 솟대타기, 동물을 이용한 연희, 줄타기, 방울받기, 인형극 등을 연행하였음을 알 수 있다. 특히 사자와 코끼리를 말가죽을

씌워 장식하였다고 하는 것은 가죽을 뒤집어쓰고 추는 사자춤이나 코끼리 춤일 가능성이 높다.[222] 이는 아래 [그림 19]을 보면 명확해진다. 이 그림은 화성 낙성 후 펼쳐진 행사를 그린 것으로 전각 앞뜰에서 정재가 연행되고 있는 모습이 보이며 그림 하단에는 화려한 채붕이 설치되어 있고 사람들이 그 주변에 모여들어 구경하고 있는 모습이 묘사되어 있다. 그리고 전정 뜰에 사자와 호랑이 가면을 뒤집어쓰고 채붕 앞에서 춤을 추는 장면이 명확하게 보인다. 그리고 오른쪽 채붕에는 칡베장삼을 입은 노장과 기생, 왼쪽 채붕에는 술에 취해 얼굴이 붉은 취발이와 기생이 춤을 추고 있다. 이는 만석승무이다. 이러한 연회 모습은 궁중행사이기는 하지만 여기서 연행되었던 연희는 중요한 국가적 행사인 사신영접행사에서도 이루어졌을 것이다.

다음 글은 중국사신을 영접하는 행사에서 여기의 사용이 문제가 되자 여기 대신에 궁중에서 잡희를 할 것을 상소하는 것이다.

> N-19. 장악원 제조(掌樂院提調) 유자광(柳子光)이 와서 아뢰기를, "중국 사신이 여악(女樂)을 받아들이지 않으므로 이번에는 남악(男樂)을 쓰고자 하는데, 신(臣)은 남악은 설치할 수 없다고 생각합니다. 지금 중국에서는 봉천전(奉天殿)에서 잡희(雜戲)를 설치하고 있으니, 청컨대 중국처럼 잡희를 쓰도록 하소서."하니, 전교하기를,"옛날에 그러한 전례(前例)가 없으니, 할 수가 없다."하였다.[223]

명사가 여악을 받지 않겠다하여 유자광(柳子光)이 계를 올리면서 중국

---

222) 전경욱, 앞의 책, 254쪽.

223)『성종실록』 권265, 성종 23년(1492) 5월 27일 병신. 掌樂院提調柳子光來啓曰以天使不受女樂 今用男樂 臣意以爲 男樂不可設也. 今中朝設雜戲於奉天殿 請如中朝用雜戲. 傳曰 古無其例 不可爲也.

의 예를 좇아 우리도 잡희를 하는 것이 어떻겠냐고 하자 그 예가 없다하여 허락하지 않았다는 내용이다. 이 기사는 몇 가지 중요한 단서를 제공한다. 첫째, 중국에서는 한대 이후 번국사신을 맞을 때에 궁궐 안에서 잡희를 설행하였다. 유자광이 중국의 예를 따를 것을 청하는 것으로 보아 그러했음이 분명하다. 둘째, 전례가 없다하여 받아들이지 않았다고 하니 조선은 중국사신영접행사에서 궁궐 내 수조의례에서 잡희를 연행하지 않았다는 것이다. 궁궐 내에서 조서를 가지고 온 사신을 맞이하는 연향에서는 앞에서 정리한 바와 같이 궁중정재가 베풀어졌으며 산악·백희 등의 연희는 태평관에서 벌어지는 별도의 사신위로연에서 연행되었던 것으로 보인다. 따라서 궁궐 내에서 이루어지는 중국사신영접의례의 내용과 태평관에서 이루어지는 사신영접행사의 내용은 확연히 달랐다고 할 수 있다. 궁중에서 이루어지는 공식의례는 근엄하고 우아하게 치렀을 것이며 공식적인 영조의례가 끝난 후 객관에서 사신들을 위해 베푸는 위로연은 떠들썩하고 흥겨운 분위기를 만들어야 했으므로 연희의 내용이 달라지는 것이 당연한 일이었다.

또한 조선전기에는 명, 왜, 유구 등의 사신을 불러 경복궁 경회루에서 연회를 자주 베풀었는데 대부분 화산을 설치하고 불꽃놀이 관람하는 것이 대부분이다. 경회루 연회는 일종의 특별연회였던 것으로 보인다. 공용경의 『사조선록』에도 경회루에서 연회를 하고 불꽃놀이를 관람하였다는 기록이 보인다.

N-20. 일본국(日本國) 사신이 예궐(詣闕)하니 주식(酒食)을 하사하고, 날이 이미 저물게 되자, 군기감(軍器監)으로 하여금 불꽃 놀이[火戲]를 베풀게 하여 구경시켰다. 왜사(倭使)가 놀라서 말하였다." 이것은 인력으로 하는 것이 아니고, 천신(天神)이 시켜서 그런 것이다."[224]

N-21. 사신(使臣)을 불러 근정전(勤政殿)에서 연회(宴會)하였다. 임금이 태평관(太平館)에 가서 청하여 사신을 경복궁(景福宮)에서 맞이하고 안마(鞍馬)를 주었다. 이어서 근정전(勤政殿)에서 연회를 베풀고, 군기감(軍器監)에 명하여 불꽃놀이[放火]의 기구를 근정문(勤政門) 바깥 뜰[外庭]에 설치하고, 저녁이 되어 연회를 파하고 사신과 더불어 근정문에 나아가서 불꽃놀이[放火]를 구경하였다. 화염(火焰)이 하늘에 치솟고 폭음(暴音)이 궁정(宮庭)을 뒤흔드니, 사신과 두목(頭目) 등이 심히 기이하게 여겨 찬탄하기를 그치지 않았다. 밤이 되어서 사신이 태평관(太平館)으로 돌아갔다.[225]

N-22. 정원에 전교하기를, "경회루에서 불꽃놀이를 관람할 때 천사가 불꽃이 터질 적마다 아름답다고 하였으며 또,'현명하신 왕이 아니면 어찌 이런 성대한 일을 볼 수 있었겠는가.' 했었으니, 이는 기뻐서 한 말이다.[226]

위 기록들을 볼 때, 외국에서 사신이 왔을 때 군기감에 명하여 근정전이나 경회루에서 불꽃놀이 관람을 자주 하였음을 알 수 있다. 화희는 조선시대 궁중행사나 연향에서 자주 설행되었으며, 후기로 가면 비용이 많이 든다는 이유로 이를 금지하자는 상소가 자주 올라와서 화희를 정지하라는 윤허를 내리는 경우가 많았다. 앞에서 살펴보았듯이 고려시대에도 궁중행사에서 화희와 화산희를 자주 설행하였다. 이는 궁중연향에서 가장 큰 볼거리로서 조선시대에도 자주 연행되었음을 확인할 수 있다.

---

224) 『정종실록』 권1권, 정종 1년(1399) 6월 1일 경자. 日本國使詣闕 賜酒食 日旣夕 令軍器監張火戲以視之 倭驚曰 此非人力所爲 乃天神使之然也.

225) 『태종실록』 권35, 태종 18년(1418) 1월 1일 임자. 宴使臣于勤政殿 上如太平館 請迎使臣於景福宮 贈以鞍馬 仍設宴於勤政殿 命軍器監 設放火之具於勤政門外庭 至暮宴罷 與使臣御勤政門觀放火 火焰橫空 聲振宮庭 使臣及頭目等甚奇之 讃服無已 抵夜 使臣還太平館.

226) 『중종실록』 권84, 중종 32년(1537) 3월 16일 을미. 傳于政院曰 慶會樓觀火時 天使於每火稱美 且云若非賢王 何以得見此盛事乎 云 此喜之之言也.

다음 기록은 중국 사신단 일행으로 온 자들이 경복궁에서 잡희를 연행했던 경우이다.

N-23. 임금이 경복궁(景福宮)에 거둥하여, 경회루(慶會樓) 아래에서 두 중국 사신에게 잔치를 베풀었다.…(중략)…. 정동이 데려온 두목(頭目) 9인이 잡희(雜戲)를 올리니, 흑마포(黑麻布) 64필(匹)을 내리라고 명하였다.[227]

N-23 기사에 따르면 명 사신단의 일행으로 조선에 온 연희자가 잡희를 연행했다고 한다. 이는 매우 특별한 경우로 명 사신의 요청으로 이루어진 듯하다. 두목은 중국 사신일행을 따라 오는 상단의 대표를 말하는 것이다. 이들이 어전에서 잡희를 올렸다고 하는 것으로 보아 중국의 전문 연희자들이 사신단을 수행하여 와서 산악·백희를 연행하였음을 알 수 있다.

조선시대 중국사신영접연향에서 궁궐 안에서는 잡희를 연행하는 경우가 없었으나 이 경우는 특별히 국왕을 위해 중국사신이 올리는 것이었기 때문에 가능했던 것으로 보인다. 이렇게 명 사신을 따라 온 연희자들이 명 사신들을 위해 따로 연희를 하는 일이 종종 있었다. 조선후기 통신사가 일본에 갔을 때 함께 동행한 조선의 연희자들이 통신사들의 객관에서 잡희를 한 것도 같은 맥락으로 당시 사신단과 함께 온 연희자들이 별도로 공연을 하기도 했음을 알 수 있다. 이를 통해 동아시아 3국은 서로의 연희문화를 배우고 교류하는 기회를 얻게 되었다.

N-24. 창성(昌盛)이 두목으로 하여금 종이등[紙燈] 3백 개를 만들고 밀[蠟蜜]과 송진을 녹여서 종이등에 먹이고 깨를 찧어 둥글게 환을 만들고 기름을 섞어서 종이등 안에 놓고 불을 붙여, 밤에 노들 강에서 배를 띄우고 악공

227) 『성종실록』 권130, 성종 12년(1481) 6월 5일 무신. 戊申/上, 幸景福宮, 宴兩天使于慶會樓下…(중략)… 同令所率頭目九人 呈雜戲 命賜黑麻布六十四匹.

과 승도들로 하여금 소리하면서 등을 띄워 보냈으니, 이름을 하등(河燈)이라고 하였다.[228]

N-25. 창성(昌盛)이 두목을 시켜 지등(紙燈) 7백 개를 만들어 숭례문(崇禮門)으로부터 누문(樓門)·종루(鍾樓)·야지현(也知峴)·개천로(開川路) 위에까지 열 자 가량씩 격하여 길 위에 잇달아 등(燈)을 달고 불을 켜서 예배(禮拜)를 행하고, 악공 18명과 승도 20명으로 하여금 소리를 하며 즐겼는데, 이름을 노등(路燈)이라고 불렀다.[229]

위 기록은 명 사신들이 자신들을 따라온 상인들을 시켜 별도로 유희를 즐기기도 하였음을 보여주는 기사이다. 명 사신 창성이 사신을 따라 들어온 중국 상인들에게 숭례문에서 종루까지 거리에 10척 간격으로 등을 달고 악공과 승도(僧徒)로 하여금 음악을 연주하도록 하였는데 이를 노등(路燈)이라 한다는 내용이다. 이를 보아 우리 측의 가항결채 등 행로를 꾸미는 것에 더해 명 사신 측에서 장식을 더하는 경우도 있었던 듯하다.

이렇듯 조선전기 명 사신에 대한 조정의 접대는 매우 조심스러우면서도 극진하였고 연향에서 베풀어지는 영접행사는 그 종류와 내용이 매우 다채롭고 성대하였다. 그래서 중국사신이 조선에 올 경우 지방민들이 영접행사를 준비하느라 생업을 돌보지 못하는 일이 생겼으며 사신들이 요구가 지나쳐 그 폐단이 많았다.

하지만 조선후기 중국에 청이 들어서면서 중국사신에 대한 영접행사가 간소화된다. 이는 경제적 부담이 컸기 때문이기도 했지만 아마도 소위

---

228) 『세종실록』 권53, 세종 13년(1431) 9월 11일 임신. 昌盛令頭目作紙燈三百 消蠟蜜松脂灌紙燈 搗荏子爲丸 和以油 置紙燈中而燃之 夜泛于露梁水 令樂工及僧徒作聲流之 名曰河燈.

229) 『세종실록』 권53, 세종 13년(1431) 9월 12일 계유. 昌盛令頭目作紙燈七百 自崇禮門至樓門鍾樓也知峴開川路上 隔十尺許 連點燈于路上 行一禮拜 令樂工十八人 僧徒二十作聲以娛之 名曰路燈.

[그림 20] 중국사신을 위한 객관연향에서 행해지는 산악백희,
《봉사도》 제7폭, 베이징 중앙민족대학

북방 오랑캐라고 하는 만주족이 세운 청에 대한 반감과 두 번의 호란으로 생겨난 배청의식이 더욱 강해졌기 때문이라 할 수 있다.

조선후기 중국사신영접행사의 면모를 보여주는 자료가 바로 청나라 사신 아극돈이 그린《봉사도》이다. 아극돈은 1717년에서 1725년 사이에 네 번에 걸친 조선사행을 스무 폭짜리 그림으로 남겼다. 아극돈의 그림에는 홍제원에 도착한 사신의 모습과 모화관에서 벌어진 연향에서 연행된 각종 전통연희의 모습들이 상세하게 그려져 있어 당시 사신영접행사의 규모와 연향의 내용을 알려주고 있다.

아극돈의《봉사도》를 보면 중국사신영접행사에서 산대를 가설하고 나례를 했음을 알 수 있다. 조선시대에는 나례를 하기 전에 나례도감을 설

[그림 21] **솟대타기 연희 장면,**《봉사도》제11폭

치한다. 나례도감은 산대를 제작하고 나례를 행할 연희자를 모집한다. 나례도감은 좌변나례도감인 의금부와 우변나례도감인 군기시로 나뉘는데 이 두 기관은 각각 산대를 제작, 설치했다. 이들 두 기관이 산대를 제작하는 데 필요한 인원과 물품 등에 대한 기록이 『조선왕조실록』에 빈번하게 등장한다. 조선전기에 제작되었던 산대는 매우 규모가 큰 것으로 주로 광화문 밖에 설치하였다. 하지만 선조 35년(1602) 3월 이후 대산대 제작은 중지되었다.

위의《봉사도》제7폭(그림 20)의 그림을 통해 당시 모화관에서 열린 연향에서 어떠한 연희가 연행되었는지 확인할 수 있다. 제7폭에는 객사 앞에 한 연희자가 대접돌리기를 하고 있고 마당 한가운데에 세 명의 연희자가 물구나무 서는 땅재주를 선보이고 있다. 왼편 하단에는 줄타기를 하는 연희자도 보인다. 땅재주하는 사람의 앞뒤로 각각 두 명씩 가면을 쓰고 춤을 추고 있는 모습도 보인다. 오른쪽 하단에는 산대가 설치되어 있는데, 여기에 보이는 산대는 예산대 혹은 산붕이라 불리는 것으로 바퀴를 달아 이동할 수 있도록 한 것이다.[230] 산대에는 여러 가지 잡상이 같이 설치되어 있다. 이들 잡상은 진열물이 아니라 기계장치를 이용해 움직일 수 있도록 하였다.[231] 이러한 기계장치가 된 잡상놀이는 일본과 중국에서도 발견된다. 그리고《봉사도》제11폭(그림 21)에는 솟대타기하는 모습도 그려져 있다.

이 그림을 통해 당시 중국 사신영접을 위한 모화관 연향에서는 산대를 무대로 다양한 산악·백희가 연행되었음을 알 수 있다. 또한 이때의 연희 장면에서 가면을 쓰고 탈춤을 추는 모습도 보인다. 뒤에서 살펴보겠지만 중국과 일본에서는 사신영접연향에서 연극적 요소의 연희, 즉 중국은 명말 이후 희곡이 연행되고 일본에서는 18세기 이후 가부키 등 연극이 연행되었다. 한국에서는 이러한 연극적 연희가 이루어진 명확한 기록을 찾을 수 없으며 아마도 중국, 일본과 달리 연극은 연행되지 않았던 것으로 보인다. 하지만 17세기 청 사신 영접행사에서《봉사도》에 보이는 바와 같이 탈을 쓰고 연행하는 모습이 보이는 것으로 보아 연극은 아니라 해도 연극적 요소가 어느 정도 가미된 연희가 연행되었을 가능성도 배제할 수 없다. 18세기 채색화〈낙성연도〉(그림 19)에 묘사되어 있는 만석승무는 가면극의 노장과장과 유사한 장면으로 이 시기에 연극적 요소를 지닌 공연이 이루어진 것으로 볼 수 있다. 18세기 들어 중국의 희곡, 일본의 가부키가 사신영접에서 이루어진 것과 비교하면 완전한 형태의 연극은 아니지만 변화의 양상을 읽을 수는 있다.

230) 전경욱, 앞의 책, 2004, 262쪽.

231) 전경욱, 같은 책, 263쪽.

2) 일본사신 영접행사

왜인사절의 경우 연로법(宴勞法)이 정해지면서 이에 따라 영접이 이루어졌다.[232] 일본국왕사의 경우 육조 판서 중 한 사람이 영접하고 그 외 사신의 경우는 예조 당상이 영접하였다. 그러므로 행례가 비교적 단순했다.

다음에서는 일본사신이 삼포에 도착한 후 이들에게 베풀었던 연향에 대해 살펴보도록 하겠다.

(1) 지방 객관에서 영접연향

조선전기 일본 사신영접에 대해 알려주는 사료는 『해동제국기』이다. 이들이 삼포에 도착해서 한양에 당도할 때까지 연향 횟수 등에 대한 규정이 나와 있지만, 실제 연향에서 어떤 정재나 연희가 연행되었는지 확인할 수는 없다. 그러나 18세기의 『통문관지』에는 삼포의 지방 왜관에서 왜사를 위해 베푸는 연향에 대한 규정이 보인다. 임진왜란 이후 일본사신의 상경을 전면 금지하였기 때문에 17세기 이후에는 궁궐에서 왜사를 위한 연향은 없었고 모두 삼포의 왜관에서만 연향을 베풀었다. 다음은 『세종실록』과 『통문관지』에 보이는 왜사 접대에 관한 기록이다.

O-1. 예조(禮曹)에서 아뢰기를, "왜인(倭人)과 야인(野人)을 본조(本曹)에서 음식을 먹일 때에 남악(男樂)을 쓰나, 가동(歌童)과 무동(舞童)의 수가 적어서 맡은 바를 두루 다하지 못합니다. 왜인과 야인이 지나는 바의 기생이 있는 여러 고을에서 연향(宴享)할 때는 모두 여악(女樂)을 쓰니, 청컨대 본조에서 음식을 먹일 때에는 이 예에 의하여 여악을 쓰게 하소서."하니 그대로 따랐다.[233]

---

232) 『태종실록』 권27, 태종 14년(1414) 4월 22일 을축조. 定宴勞日本使客法. 日本國王使臣則六曹判書 諸島使客則禮曹堂上待之 永爲恒式.

[그림 22] 〈동래부사접왜사도〉, 조선후기, 국립중앙박물관.

O-2. 서로 접대하는 의식은 다례와 같은데 꽃을 꽂고 풍악을 올리고 여기의 가무희와 잡희를 올린다.[234)]

이를 통해 볼 때 지방 객관에서 왜국사신을 접대할 때에 여기가 동원되어 각종 가무희가 연행되었음을 알 수 있다. 그렇다면 구체적으로 지방 객관에서 연행된 정재나 산악·백희로는 어떤 것이 있을까?

왜사 접대연향에 대해서는 〈동래부사접왜사도(東萊府使接倭使圖)〉를 통해 일부 확인할 수 있다(그림 22). 〈동래부사접왜사도〉는 18세기에 그려진 그림으로 조선후기 왜 사신 접대 연향 모습이지만 이를 통해 조선전기의 연향의 모습과 연향의 절차를 유추해 볼 수 있다. 이 그림의 가운데 부분에는 왜사접대를 위해 동원된 조선인 행렬에 악공과 여기들이 보인다. 이들은 가무희를 담당하는 여악이었다. 〈동래부사접왜사도〉에는 여

233) 『세조실록』 권25, 세조 7년(1461) 7월 19일 정사조. 禮曹啓 倭野人本曹饋餉時用男樂 然歌童舞童數少 所任不周. 倭野人所經有妓諸邑 宴享時皆用女樂 本曹饋餉時 請依此例用女樂 從之.

234) 『통문관지』 권5 교린 상, 연향의. 相接之儀則如茶禮而插花動風樂呈妓戲.

[그림 23] 〈동래부사접왜사도〉 연향 전, 세부

[그림 24] 〈동래부사접왜사도〉 연향 중, 세부

기들이 악공의 음악연주에 맞추어 춤을 추고 있는 모습이 그려져 있다. 이들은 주로 경상도 지역, 특히 안동, 경주, 밀양 등지에서 동원된 여기들이었다.

[그림 22]에는 오른쪽에서 연향청을 향해 오고 있는 행렬이 묘사되어 있다. 맨 앞에 이들을 선도하는 취라대를 비롯하여 의장대가 보인다. 특히 행렬 중에는 여기들이 말을 타고 함께 들어오고 있는 장면이 보인다. 이들은 연향청에 도착한 일본 사신을 위한 연향에서 가무희를 할 여기들이다. 그리고 [그림 23]과 [그림 24]를 통해 연향이 이루어지기 전 왜사의 자리와 연향이 행해질 때의 왜사의 자리가 바뀐 것을 확인할 수 있다. [그림 23]에는 정청 아래 마당에 자리를 깔고 앉아 예를 갖추고 있는 일본 사신의 모습이 보인다. 그 다음 본격적으로 연회가 시작되자 [그림 24]처럼 일본 사신이 전각 위에 올라와 왼쪽에 자리를 잡고 이들을 맞이하는 조선측의 사신들은 오른쪽에 자리하고 있는 것을 볼 수 있다. 그 사이에 여기들이 춤을 추고 전각의 중앙 계단 위 오른쪽에는 여기들이 순서를 기다리고

있는 모습이 보인다. 이들 여기들이 구체적으로 어떤 종목을 연행하였는지 그림으로는 확인하기 어렵다. 하지만 조선후기 통신사들이 일본으로 사행을 가는 연도에서 각 지방에서 베푼 연향을 보고 기록한 문집을 통해 그 일면을 확인할 수 있다. 조선후기 일본에 통신사로 가던 중에 사행원들은 한양을 떠나 다시 돌아올 때까지 여정을 기록으로 남겼는데 여기에 그들이 참석하여 관람한 연향에 대한 시와 기록이 나온다.

다음에서는 조선통신사행원들의 사행록을 중심으로 지방 객관에서 펼쳐진 연희를 살펴보겠다. 특히 계미년 통신사행의 경우 가장 많은 사행록을 남기고 있다. 이들 사행록에서 국내 각 지방에서 베푼 연회에 참석하고 그 소회를 시로 남긴 것이 매우 많다. 하지만 대부분 악공, 기생이 와서 춤을 추고 노래했다고 전체적인 설명만 하는 경우가 대부분이지만 그 중 인상 깊었던 것에 대해서는 구체적으로 종목의 이름을 거론하거나 시를 남기는 경우도 있었다.

O-3. 계미(1763) 8월 16일. 맑음. 영천에서 묵었다. …(중략)…마상재 습예를 행하는데 관광하러 온 남녀들이 여러 군에서 모여들어 사방을 빽빽하게 둘러쌌고 사신수행원과 근처의 수령들도 모여들었다.…(중략)…기악(妓樂)을 하니 도내 이름난 기생들이 모여 각자 분발하는데 경주가 최고였고 안동이 그 다음이었다.[235]

O-4. 맑음. 영천(永川)에 닿았다.

도백(道伯) 김상철(金相喆)이 보러 오고, 이어 전별연을 조양각(朝陽閣) 위에다 차렸으니 전례이다. 내가 비록 상중(喪中)이나 가지 않을 수 없었지만 그 때문에 풍악을 울리고 상을 받을 때엔 방안으로 피해 들어갔

---

235) 원중거, 『승사록(乘槎錄)』; 이혜순 감수, 김경숙 역, 『조선후기 지식인, 일본과 만나다』, 소명출판사, 2006, 41쪽.

> 다. 반나절을 감사와 세 사신이 이야기를 나누었다. 대개 이는 영남의 성대한 모임이므로 구경하는 사람이 거의 만으로 헤아렸다.[236]

위 기록은 영천에서 있었던 사행원을 위한 연회를 기록한 것이다. 각 도의 기생과 악공을 불러 연회를 베풀었으며 길거리에서 마상재를 하였는데 이를 보기 위해 인근 도에서도 사람들이 몰려와 그 수가 만 명을 헤아렸다고 하였다. 영천은 조선통신사가 일본으로 가는 길에 마상재 공연을 여러 차례 했던 곳이다. 마상재뿐만 아니라 여기들을 동원하여 풍악을 하기도 하였다. 따라서 지방 객관에서 열렸던 연회에는 다양한 지방의 연희와 중앙의 기예가 함께 공연되어 볼거리가 풍부했음을 알 수 있다.

O-5. 〈검무(劍舞)〉

적막한 변방의 성에 겁협(劍俠) 많으니
영가대의 가느다란 노래 소리 끊어지누나.
엷은 서리 밤새 내려 버들가지를 기롱하고
소나기 가을에 울며 어둠 속에 연꽃과 다투는데
부딪고 떨어짐에 신기(神氣)가 있어 무지개가 마주 꽂히고
가고 옴에 그림자가 없으니 달만 비껴가는구나.
천추에 황창(黃昌)의 비결을 배워 얻었으니
머나먼 바다 밖 오랑캐 너희들은 어쩔거나.[237]

---

236) 조엄, 『해사일기(海槎日記)』, 계미년(1763, 영조 39) 8월 16일(경자). 十六日庚子. 晴 次永川 道伯金台相喆來見 仍設餞宴於朝陽閣上 例也 余雖帶服制 不可不往赴 故擧樂受床時 避入房中 半日與巡相三使打話 蓋是嶺南盛會 觀光殆以萬數.

237) 성대중, 『일본록사상기(日本錄槎上記)』, 계미 8월 30일 기사.寥落邊城劍俠多/永嘉臺上罷纖歌/輕霜夜下先欺柳/急雨秋鳴暗戰荷/離合有神虹對插 /去來無影月橫過 /千秋學得黃昌訣 /蠻海迢迢奈爾何. 이 시는 시온(남옥의 호이다.)이 검무를 보고 지은 시인데, 다음날 이 시를 성대중에게 보여준다. 번역은 성대중 저, 이혜순 감수, 홍학희 역, 『부사산 비파호를 날 듯이 건너-일본록사상기』, 소명출판, 2006, 31~32쪽 인용하였음.

O-6. 〈화시온검무시운(和時韞劍舞詩韻)〉

황창랑의 제자가 영남에 많은데
화계[杜甫]의 〈검기가〉를 익숙하게 외우네.
깊은 밤 거문고 울려 쪼개지는 대나무소리에 놀라고
추운 가을 수놓은 의상 입고 시든 연꽃을 원망하네.
어룡은 옆에서 가벼운 몸으로 나오고
상설[劍光; 서리발 같은 광체]이 중간에서 손 따라 지나가네.
금조[琴曲]에 여전히 연객의 한이 남아있으니
바닷가 산에서 동면 바라보며 마음이 어떠한가.[238]

위 O-5과 O-6의 시는 영가대[239]에서 열린 연회에서 검무를 보고 지은 시이다. 그런데 두 시에는 모두 '황창','황창랑'이라는 말이 나온다. 이 검무가 황창무임을 알려준다. 특히 '황창랑의 제자가 영남에 많은데'라는 구절에서 황창랑이 경상도 일대에서 활발하게 전승되었고 각종 연향에서도 많이 연행되었다는 것을 알 수 있다. 이는 황창무의 형성과 무관하다고 할 수 없다. 황창은 신라의 화랑인데 황창무는 '황창'을 주인공으로 하여 신라시대에 만들어진 악가무이다. 황창무가 경상도 지역을 중심으로 발전할 수 밖에 없는 역사적 배경을 지니고 있는 것이다. 다음 기록은 그러한 연관성을 더욱 확실하게 해 준다.

O-7. 아홉 번 술잔을 돌리고 음악을 연주하고 잡희를 하였다. …(중략)…기악은 경주와 동래에서 맡아서 했는데 여러 읍의 명기(名妓)들은 공문을 보

238) 성대중, 『일본록사상기』, 계미 8월 30일 기사. 〈和時韞劍舞詩韻〉. 黃昌弟子越南多 / 慣誦花溪劒器歌 / 瑤瑟夜闌驚破竹 / 繡裳秋冷怨 … 凋荷 / 魚龍側畔輕身出 / 霜雪中間信手過 / 琴調尙留燕客恨 / 海山東望意如何. 이 시는 성대중이 시온이 쓴 시 〈검무〉를 보고 차운하여 쓴 시이다. 번역은 성대중 저, 이혜순 감수, 홍학희 역, 앞의 책, 2006, 31~32쪽 인용하였음.

239) 영가대는 부산에 있는 것으로 통신사가 출행하거나 일본 사신이 귀국할 때 이곳에서 무사항해를 기원하는 해신제도 열렸다고 한다.

> 내 뽑아온다. 밀양 기생은 검무를 추고 경주 기생은 대풍류를 자유자재로 하였다. 경주의 백련이라는 기생은 황창곡(黃昌曲)을 추었는데 번쩍번쩍 신선함이 있었고 검무 또한 이와 같았다. 어린 기생 둘이 나왔는데 하나는 머리에 관을 쓰고 나머지 하나는 융을 만든 삿갓을 쓰고 노래를 하였는데 '팔뚝을 구부리고 턱을 당기며 겨드랑이를 으쓱거리면서' 박수를 치며 춤을 추었고 가사는 근심스러운 뜻을 내포하고 있었으니 처음 보는 것이었다.[240]

> O-8. 음악은 동경의 음악을 연주하고 춤은 세 읍의 춤을 섞었으니 황창, 처용, 천도 등이다. 동경의 단장(국가 제사나 즉위식 등의 중요 의례가 행해지는 장소를 일컫는 말)은 대개 많은 음악들이 나온 곳이다.[241]

동래에서 전별연을 할 때는 여기를 불러 가무희를 하였는데 청사가 좁아 자리를 넓게 만들고 기악을 크게 베풀었다고 한다. 우선 뜰에 각종 가무희와 잡희를 하기 좋게 넓은 공간을 확보하였다. 일본 출항을 앞두고 대규모의 연희가 벌어진 것이다. 여기에서 벌어진 연희가 어떠한 것인지는 O-7과 O-8 기사에 나온다. O-7 기사를 통해 술잔이 돌고 난후 잡희 공연이 있었고, 이어서 여기들의 악가무가 공연되었음을 알 수 있다. 밀양 기생이 추었다는 검무, 경주 기생의 대풍류가 있다. 하지만 경주 기생이 추었다는 대풍류는 어떤 것인지 확인이 어려우나 축제음악이나 종교의식에 쓰였던 곡으로 삼현육각의 무용 반주와 관련된 것으로 대풍류 반주에 맞추어 춤을 춘 것이라고 보았다.[242] 그다음 어린 기생 둘이 나와

---

240) 원중거, 『승사록』, 9월 10일 기사. 密陽之劒舞 慶州之大風流皆擅妓也. 慶州妓生白蓮者 舞黃昌曲 閃爍有神鮮劒舞亦如之. 兒妓一冠一絨笠 唱辭曲 肱支頸按脅拍手而爲舞 其辭冥有憂歎之意是初見也. 번역은 최성애, 「계미통신사계행록을 통해 본 공연양상」, 『대동문화연구』 84, 2013, 210쪽 번역문 인용하였음.

241) 남옥, 『일관기』, 계미(1763) 9월 10일 기사.

대무를 하는 장면인데 이 춤 역시 어떤 것인지 명확히 알기 어렵다. 원중거는 이러한 춤을 처음 본다고 하였는데 아마도 일반적으로 추는 춤이 아니었던 것 같다. 이들은 각자 어떤 배역을 맡고 추는 춤으로 보이며 가사의 내용이 근심스러운 뜻을 담고 있다고 하는 것으로 보아 무사귀환의 기원을 담아 창작한 춤일 것이라는 견해도 있다.[243] 그리고 경주 기생 백련이 황창곡을 추었다고 하니 황창무임이 분명하다. O-8 기사에는 지방 객관 연향에서 황창무, 처용무 그리고 헌선도 등 정재가 연행되었다고 기록되어 있다. 처용무와 헌선도는 궁중정재에서 항상 연행되던 종목들이다. 특히 주목할 점은 동경(오늘날의 경주)의 단장에서 많은 음악들이 나왔다고 기록하고 있는 것이다. 우리나라 향악정재로 남아 있는 처용무, 황창무를 비롯해 다양한 산악·백희 중 신라에서 유래한 것들이 연행되고 있는 것과 관련하여 시사하는 바가 크다.

아래 기사는 승무를 연행했다는 기사이다.

O-9. "삼문사 오라"하여 의성 기생 윤매와 봉매가 승무를 추니 구경하고…[244]

지방 객관 연향에서 승무를 추었다는 것은 조금은 생소하다. 이 승무는 오늘날의 불교적 승무가 아니라 연희적 성격의 승무로 보아야 한다. 두 명의 기생이 이를 연행했다고 하는데 『교방가요』에 나오는 승무일 것이다. 연행록에도 승무에 대한 기록이 종종 보이는데 당시 승무는 전국적으로 연행되었던 것으로 보인다.

---

242) 최성애, 앞의 글, 2013, 221~222쪽.

243) 정영문, 「통신사가 기록한 국내사행노정에서의 전별연」, 『조선통신사연구』 7, 2008, 58쪽; 최성애, 같은 글, 2013, 222~223쪽.

244) 김인겸, 『일동장유가(日東壯遊歌)』, 계미(1763) 9월 21일 기사.

그리고 조선통신사의 사행을 위로하는 연회에서 특히 안동과 영천의 연회에서는 마상재가 벌어졌다.(O-3, O-4) 여기에는 관현음악 연주와 기생의 유희(遊戱)도 함께 연행되었다. 마상재 공연에는 이를 구경하기 위해 인근지역에서도 사람들이 몰려 수만이 되었다고 하였으니 그 공연이 어떠했을지는 짐작이 간다. 조선통신사행에 마상재 연희자들이 동행한 것은 매우 독특한 경우이다. 이는 일본 측에서 마상재를 보고자 하여 특별히 요청했기 때문에 통신사가 갈 때 사행원에 포함되어 있었다. 이들은 일본으로 사행가는 도중 국내의 연향에서도 마상재를 공연했다. 마상재는 전국에서 연행되었는데, 특히 의주에서 열린 사신 전별연에서 의주 기녀가 말을 타고 기예를 선보였다는 기록이 보인다. 그러나 의주 기녀의 마상재는 통신사행원으로 함께 간 마상재인의 수준과는 차이가 있었을 것이다. 마상재인은 통신사행원으로서 국가적 요청에 의해 일본에까지 가서 기예를 보여주는 것이므로 최고의 연희자가 선발되어 갔을 것이다. 이들은 훈련도감에 소속되어 한양에서 내려가는 중앙의 예인이었다.[245] 따라서 지방의 기녀들이 행한 마상의 연희는 춤으로서 연희라면 기예로서 통신사의 마상재는 전문적인 군사 기예로서 연희라는 점에서 차이가 있었다.

지방의 객관에서 열린 왜사들을 위한 연향에서 베풀어진 공연의 내용은 조선통신사를 위한 전별연에서 지방 여기들이 연행한 정재, 그리고 지방 재인청에서 동원된 재인들이 연행한 산악·백희의 내용과 크게 다르지 않았을 것으로 보인다.

245) 정영문, 「국내 통신사길에 나타난 지방공연문화의 양상과 의미 고찰」, 『열상고전연구』 30, 2009, 88쪽.

(2) 입경 후 사신영접연향

왜국사신이 입조할 경우[246] 국왕이 직접 교영을 나가는 일은 없었다. 따라서 국왕행차나 이를 맞이하기 위한 거가환궁행사는 없었다고 해야 할 것이다. 이들이 한양에 이르면 궁에서 이들의 국서와 폐백을 받는 〈수인국서폐의〉가 행해졌다. 뒤이어 이들에 대한 연향이 베풀어진다.

O-10. 번부악(蕃部樂)을 설치하는 것입니다. 대개 중국의 악(樂)은 아악(雅樂)·속악(俗樂)·여악(女樂)·이부(夷部) 등의 악이 있는데, 본조(本曹)에서 사용하는 것은 헌가(軒架)·고취(鼓吹)·동남(童男)·기녀(妓女)·가면잡희(假面雜戲) 등의 제도(制度)가 있으니, 대저 악(樂)이란 형상[象]을 이루는 것입니다. 태조께서 천운을 타고 흥기하심으로부터 태종·세종께서 서로 이으시니 동린(東隣)의 헌침(獻琛)과 북국(北國)의 관색(款塞)으로 예(禮)를 제정하고 악(樂)을 만들어 아악(雅樂)·속악(俗樂)이 모두 바르게 되었으나 홀로 번악(蕃樂)은 아직 의정하지 못하였습니다. 바야흐로 지금 성상께서 용비(龍飛)하여 대위(大位)에 새로 등극하시어 일본(日本)·여진(女眞)의 사자가 와서 즉위를 하례하는 자가 항상 수백 인이 궐정(闕庭)에서 절하고 뵈오니, 해동(海東)의 문물(文物)이 이때보다 성함이 있지 않았습니다. 빌건대 일본의 가무(歌舞)로써 동부악(東部樂)을 삼고, 여진의 가무로써 북부악(北部樂)을 삼아서 일본악(日本樂)은 삼포(三浦)의 왜인에게 익히게 하고, 여진악(女眞樂)은 5진(五鎭)의 야인에게 익히게 하되, 그 의관 제도(衣冠制度)가 괴이(怪異)하고 기초(譏誚)의 형상이라 하지 말고, 동사(東使)에게 잔치하면 겸하여 북악을 쓰되 동악은 쓰지 않고, 북사(北使)에게 잔치하면 겸하여 동악을 쓰되 북악은 쓰지 않으며, 중국 사신[中國使]에게 잔치하면 아울러 동악·북악을 쓰고 나아가 조정에서도 이를 쓰고 종묘(宗廟)에도 주악하게 하여, 태평한 다스림을 분식

246) 왜국사신이 상경했던 것은 조선전기에만 해당된다. 임란 이후 왜국사신의 입경이 금지되면서 이후 왜국사신의 접대는 삼포 왜관에서만 이루어졌다.

(賁飾)하고 우리 조종(祖宗)의 업(業)을 빛나게 하면 다행함을 이기지 못하겠습니다.[247]

위 O-10은 일본과 여진이 세조의 즉위를 경하하기 위해 사절을 파견하였을 때의 기사로, 궁중연향에서 번부의 악인 동부악과 북부악을 사용하도록 청하는 상소이다. 여기서 번부악이란 일본악과 여진악을 말한다. 동부악과 북부악의 실체는 더 이상의 기록이 없어 알 수 없지만 왜인과 야인에게 이 음악을 익히게 하여 연향에서 쓰도록 하였다는 것이다. 특히 일본사신연향에는 북부악을 쓰고 야인사신 연향에서는 동부악을 쓰도록 하였다. 이는 이전 시기까지 일본에 중국의 악무와 우리의 악무가 전해져 일본의 연향악에 영향을 미쳤다는 점은 확실하지만 이 기록을 볼 때 일본의 악무 역시 조선에 들어와 궁중연향에서 사용되었음을 알 수 있다.

위 기록을 통해 세조 때에 이르러 아악과 속악에 이어 번부악을 정하게 되었음을 알 수 있다. 따라서 일본악과 여진악이 어떤 것인지 알 수는 없지만 이후 교린국의 사신에게 연향을 베풀 때에 번부악을 사용했음을 알 수 있다. 하지만 그 실체는 더 이상의 기록이 없어 알 수 없다.

이들을 위한 연향에서는 정재 이외에도 산악·백희가 공연되었음은 물론이다. 『세종실록』「오례」의 〈수인국서폐의〉 후 연향에서 첫 번째 술잔이 올라가면 속악과 잡기를 연행한다고 하였다. 따라서 이 당시 일본사신을 위한 궁궐 연향에서는 산악·백희가 연행되었음을 알 수 있다. 이는

247) 『세조실록』 권3, 세조 2년(1456) 3월 28일 정유조. 一 設蕃部樂 蓋中國之樂 有雅樂俗樂女樂夷部等樂 本朝所用 有軒架鼓吹童男妓女假面雜戲等制 大抵樂者 象成者也. 自太祖乘運而興 太宗世宗相繼而作 東隣獻琛 北國款塞 制禮作樂 雅俗皆正 而獨蕃樂未之議焉. 方今聖上龍飛 新登大位 日本女眞之使來賀卽位者 常數百人 稽顙闕庭 海東文物 未有盛於此時者也. 乞以日本歌舞爲東部樂 女眞歌舞爲北部樂 日本樂習於三浦倭人 女眞樂習於五鎭野人 其衣冠制度 不爲怪異譏誚之狀 燕東使則兼用北樂 而不用東樂 燕北使則兼用東樂而不用北樂 燕中國使 則竝用東北樂 于以用之朝廷 奏之宗廟 賁飾太平之治 以光我(且)〔祖〕 宗之業 不勝幸甚.

중국사신영접행사와 다른 부분이다. 중국 황제의 조서를 받는 의식은 근엄하고 엄중하게 하는 의례로서 가례에 속하는 것이므로 잡희를 하지 않은 것이며 일본사신의 경우는 이들을 위로하는 자리이므로 잡희를 설행했던 것으로 보인다.

그리고 조선은 건국 초부터 지속적으로 여악을 쓰는 것에 대한 논쟁이 끊이지 않았다. 유교적 예질서 속에서 여악의 사용은 예속에 맞지 않는다는 의식이 강했다. 실제로 궁중에서는 여악을 금하고 사신접대 연회에서 여악 사용을 금지할 것을 요청하였으며[248] 실제로 남악을 사용하기도 하였다. 하지만 국초 국가의 정체성을 확립하고 왕권을 강화해야하는 국내문제와 북방의 야인과 해안의 왜구의 침입을 막아야 하는 대외문제와 남악 사용이 보기 흉하다는 실제적 이유로 인해 여악 개혁문제는 계속 늦춰지고 있었다.

O-11. 일대(一代)가 일어남에 반드시 일대의 제도가 있으니, 예악(禮樂)은 때에 인하여 손익(損益)하고 하나를 고집하여 할 수는 없는 것입니다. 신이 예조(禮曹)에서 왜인(倭人)·야인(野人)에게 잔치할 때를 보건대, 남악(男樂)을 쓰는데 가무(歌舞)와 의관(衣冠)을 볼 수 없으니, 이것은 이웃 나라에 들리게 할 수 없는 것입니다. 지금 중국에서 번방(蕃邦)의 사신에게 잔치할 때에 잡기(雜伎)를 쓰고, 본조(本朝)에서 명나라 사신에게 잔치할 때에는 또한 여악(女樂)을 씁니다. 빌건대 이제부터 동북(東北)의 사신에게 잔치하는 데는 무동(舞童)을 제하고 고쳐서 여악(女樂)을 쓰고, 서조(西朝)의 사신에게 잔치하는 데는 또 본국(本國)의 잡기(雜伎) 중에 볼 만한 것을 택하여 쓰소서.[249]

---

248) 『문종실록』 권1, 문종 즉위년(1450) 10월 병신(26일); 문종 즉위년 11월 22일(임술) 조; 『세조실록』 권28, 세조 8년(1462) 3월 9일(갑진)조.

249) 『세조실록』 권37, 세조 11년(1465)11월 15일 기미조. 一代之興 必有一代之制 禮樂因時損益 不可執一而爲之也. 臣觀禮曹宴倭野人之時 用男樂 歌舞衣冠不堪掛目 是不可使聞於隣國也.

위 기사는 대사헌 양성지가 올린 상소이다. 유교적 예악이라는 사상적 측면 외에 실제적인 이유, 즉 남악은 차마 볼 수 없다는 이유를 들어 여악 사용을 윤허할 것을 청하였다. 이전에도 예조에서 왜인과 야인을 접대할 때 여악 사용을 허락해달라고 요청하자 이를 허락하기도 했다.(O-1) 이 상소문의 내용을 보면 중국은 번국 사신 연회에서 잡기(雜伎)를 쓰고 조선이 중국사신에게 연회를 베풀 때는 여악을 쓰고 있으니 이 예를 따라 일본, 여진 사신 연회에서는 무동 외에는 여악을 쓰고 명 사신 연회에서는 뛰어난 조선의 잡기를 여악과 함께 쓰도록 요청하였다. 이를 통해 조선전기 궁중의 일본사신 연회에서도 교방의 여기가 다양한 정재와 산악·백희를 연행하였음을 알 수 있다.

3) 사신영접행사 담당기관과 연희자

(1) 사신영접의례와 영접행사 담당기관

조선시대 사신영접에 관한 업무를 담당하던 주 기관은 예조(禮曹)와 전객사(典客司)였다. 예조에는 사신영접을 비롯한 외교, 교육, 예악, 종묘사직 제사, 구휼기관, 능묘 관리 등을 담당하는 기관이 모두 배속되어 있었으며 전객사는 주로 왜인과 야인 사신의 영접, 외국의 조공, 연회설행, 사여 등의 업무를 담당하였다.[250] 그리고 외교문서 작성을 담당하는 예문관, 국가 의례를 관장하던 통례원, 사신연향을 담당하던 예빈시, 제례·연회·조의(朝儀)·대사객(待使客)에서 행하던 음악과 무용을 담당하던 장

今中國宴蕃使 用雜伎 本朝之宴大明使 亦用女樂. 乞自今宴東北使 除舞童 改用女樂 其宴西朝使 則又擇本國雜伎之可觀者 兼用之.

250) 『大典會通』 권1 「吏典」, 正二品衙門 禮曹. 掌禮樂祭祀宴享朝聘學校科擧之政. [典客司]掌使臣倭野人 外方朝貢 宴設賜與等事.

악원이 대표적이다.

중국사신의 조선방문 일정이 정해지면 가장 먼저 영접도감(迎接都監)을 설치하였다. 영접도감은 명 사신을 영접하기 위해 임시로 설치되는 관청이었다. 도감은 사신영접을 준비하는 과정과 운영과정을 모두 기록으로 남겼는데 이것이 바로 『영접도감의궤(迎接都監儀軌)』이다. 사신영접 준비는 다른 의례과정과 다르게 동시다발적, 복합적으로 진행되는 관계로 이에 관여하는 부서나 담당업무가 매우 다양하였다. 그래서 다른 의례 의궤와는 달리 『영접도감의궤』는 각 담당업무별로 의궤가 작성되었다.

우선 영접도감에 관여하는 부서는 예조를 비롯해 호조, 병조 등 의정부 각 조(曹)가 동원되어 업무를 나누어 담당하였다. 구성은 다음과 같다. 영접도감은 총괄기구인 도청을 비롯해 응판색(應辦色), 연향색(宴享色), 미면색(米麵色), 반선색(飯膳色), 잡물색(雜物色), 나례색(儺禮色), 도청군색(都廳軍色)의 1청 6색 및 분사(分司) 체제로 조직되어 업무를 분장하였다.

영접도감은 중국사신을 영접하기 위해 필요한 제반 실제적 업무를 담당하였는데 의식과 연향에 쓰일 음식과 술, 다과의 준비, 악기 및 악공, 연희자 동원, 예식을 위한 임시 장막을 비롯한 다양한 기물 설치, 물자공급 등의 일을 담당하였다. 이들 기관의 관원들을 비롯해 중국사신영접을 위한 영접사 및 통역사, 의식현장에서 의식을 진행하는 데 필요한 관원도 별도로 임명되었다. 각 부서에 소속되어 일하는 사람을 제외하고 부서장과 관리자만 100명이 훨씬 넘는 수였다.

영접도감은 경도감(京都監)과 외도감(外都監)으로 구분되어 있었다.[251] 경도감은 한양에 도달한 후의 모든 영접 업무를 담당하고 외도감은 사신이 국경을 넘어와 각 지방 객관에서 행하는 행사와 한양으로 호송 업무를

---

251) 『만기요람(萬機要覽)』, 財用編 5, 支勅 總例. 여기에는 중국에서 사신이 왔을 때 백성에게 지공을 취하는 것과 관련한 내용이 나오는데 여기에 경도감이라는 말이 나온다.

담당하였다. 그리고 이들을 총괄하는 곳이 도청이었다. 도청 이하 6색이 편제되어 있는데 그 중 연향색은 연향에 필요한 각종 물품과 기물의 준비, 참석자의 자리 배정 등 민감한 사안을 다루었다. 이 중 주목할 것은 나례색이다. 나례는 당연히 채붕 나례를 의미한다. 중국사신영접행사에서 연행될 채붕 나례를 준비하고 이에 필요한 재인 및 악공 동원의 업무를 담당하였다. 조선에서는 종묘 제사, 부묘의 등 거가환궁행사 등 나례를 해야 할 경우 나례도감을 설치하였는데 사신영접을 위한 나례는 영접도감의 나례색에서 담당했을 것으로 보인다. 사신영접행사가 아닌 궁중의례 시에는 의금부와 군기시가 각각 좌우나례도감을 맡아 산대를 가설하고 산악·백희를 하였다. 이들 좌우나례도감에는 산대제작 장인과 산악·백희를 연행할 재인들이 각각 소속되어 있었다.[252] 중국사신 영접 시에는 영접도감하에 나례색이 편제되어 나례 준비 및 관련 업무를 담당했다.

조선 초 음악담당기관은 아악서와 전악서이다.[253] 고려 공민왕 때 관현방이 폐지되고 아악서가 설치되었으며 조선시대에 태조 이후 세조 3년(1457) 사이에 봉상시(奉常寺), 관습도감(慣習都監) 그리고 악학(樂學)이 음악을 담당하는 기관으로 설치되어 있었다. 하지만 세조 3년 아악서와 전악서가 장악서(掌樂署)로 통합되었고 악학과 관습도감은 악학도감(樂學都監)으로 통합되었다. 이후 장악서의 명칭이 장악원(掌樂院)으로 불리게 되었다.[254] 장악원은 왕실의 모든 의례에서 음악연주와 정재를 담당하였다. 이들 장악원에 소속된 악공들은 주로 종묘제사, 국가의례 시 음악과

252) 전경욱, 앞의 책, 2004, 261쪽.

253) 『태조실록』 권1, 태조 1년 7월 28일(정미). 文武流品之外 別置內侍府爲宦官職 掖廷署〔掖庭署〕 爲內竪職 典樂署雅樂署爲樂工職 皆別其散官職事之號 不使雜於流品.

254) 장악서가 장악원으로 불리게 된 시기는 불분명하지만 이 명칭이 공식적으로 사용된 것은 세조12년(1446)과 성종 원년(1470) 사이인 것으로 보인다.(장사익, 『한국음악사』, 정음사, 1976, 191~192쪽)

무용 등 정재를 담당하였으며 어가행렬에서 전부고취와 후부고취를 담당하였다.

고려시대 대악서, 관현방 및 교방이 담당하던 결채백희 대신 의금부와 군기시가 채붕을 설하고 나례를 연행하였다. 이러한 변화는 고려시대와 조선시대의 연희에 대한 지배층의 인식차이에서 기인한다고 할 수 있다. 즉, 성리학적 유교이념을 지배이데올로기로 받아들인 조선은 고려시대의 오락성이 강한 백희, 잡희 혹은 나희라는 용어 대신 예악의 관점에서 '나례'라는 용어를 사용함으로써 오락성을 숨기고자 하였던 것이다.[255] 또한 담당기관의 변화 역시 조선 건국 초기 예악사상에 입각한 아악의 정비가 이루어지면서 국가음악기관이 아닌 의금부와 군기시에서 연희를 담당하게 한 것으로 보인다. 사실상 이들이 연행하던 결채백희나 채붕나례는 모두 중국사신영접에서 행해지던 것들로 담당기관이나 연희의 중심이 산악·백희에서 나례중심으로 변화하기는 하였으나 기본적으로 연희 내용이나 가설물은 고려시대 이래로 계승되어온 것이라 할 수 있다.

(2) 연희자의 출신과 사회적 지위

① 연희자의 출신

조선시대 연희 담당층은 크게 세습무계통, 북방유목민 계통, 재승계통, 유랑예인 집단 등이다. 『문종실록』 문종 즉위년(1451) 6월 10일 기사에는 중국사신영접행사에 동원된 연희자의 출신과 이들이 연행했던 산악·백희의 종목이 나온다. 이 기록을 보면 당시 연행자들이 어떤 사람들이었는지 확인할 수 있다.

---

255) 사진실, 「나례의 오락적 변모양상과 연극사적 의의」, 『한국의 민속과 문화』 2, 경희대학교 민속학연구소, 1999, 263~268쪽; 김은영, 앞의 글, 2011, 51쪽.

가. 재승

먼저 재승계통의 연희자이다. 이들 연희자들의 존재는 삼국시대의 원효에서부터 그 흔적을 찾을 수 있다. 앞에서 살펴보았듯이 조선시대에도 승광대가 우희를 담당했다는 기록이 나오고 있어 재승계통의 연희자들은 줄곧 존재해 왔다. 하지만 신분적으로 볼 때 불교를 숭상하던 삼국시대나 고려시대의 승려들은 사원 소속이었으며 사회적으로 미천한 신분이었다고 단정하기 어렵다. 하지만 조선은 철저한 유교사회로 불교를 배척하였으며 승려들에 대한 대대적인 환속조치가 내려졌고 이때 상당한 재승 연희자들이 민간으로 흘러들어가 연희를 담당했을 것으로 보인다. 이들이 중국사신영접행사에 동원되었음은 문종대 기록을 통해 확인할 수 있다. 이들 재승계통 연희자들은 고려시대 재승계통 연희자들의 후예로서 조선후기 사장(社長), 사당(社堂), 거사(居士)로 변화해갔다.[256]

나. 세습무계통

무속인이 연희를 담당하던 것은 고려시대에도 발견된다. 물론 이들은 여성 무속인들로 교방에 소속되어 각종 가무희를 연행하였다. 이들의 직업이 세습되고 있었다고 볼 때, 산악·백희를 연행하는 재인들 중에는 무속인들도 상당히 있었을 것이다.[257] 이들은 조선시대에 재인이라 불리며 재인청에 소속되어 있었다. 『경기도창재도청안』에 따르면 재인청 소속 재인들은 중국사신영접행사가 있으면 서울로 차출되어 산대희(山臺戲)를 했다고 한다.[258]

---

256) 전경욱, 앞의 책, 331~338쪽 참조.

257) 전경욱, 같은 책, 320쪽.

258) 전경욱, 같은 책, 321쪽.

다. 북방유목민 계통의 수척과 반인

북방유목민 계통의 양수척은 고려시대 이전부터 존재했던 것으로 보인다. 『고려사』에 이들에 관한 기록이 보인다. 먼저 다음 기록을 살펴보자.

> P-1. 양수척은 태조(太祖)가 백제(百濟)를 공격할 때 제압하기 어려웠던 사람들의 후손[遺種]들로서, 본래 관적(貫籍)과 부역이 없었으며, 수초(水草)가 자라는 곳을 따라 일정한 거처가 없이 옮겨 다니면서 사냥을 일삼고 유기(柳器)를 만들어 파는 것으로 생업을 삼았다. 기생 무리는 본래 유기장(柳器匠) 집안에서 나왔다.[259]

> P-2. 우선 한국의 풍속으로 말하더라도 양수척(楊水尺)이라는 것은 전조(前朝)의 초기에 있었는데, 강도(江都) 때에도 또한 있었으며, 재인(才人)과 백정(白丁)은 충렬왕(忠烈王) 때에 있었는데 공민왕(恭愍王) 때에도 있었으므로, 먼 것은 5, 6백 년, 가까운 것은 수백 년을 올라가지 않습니다. 그 현가(絃歌)의 풍습과 재살(宰殺)의 일은 지금까지도 고치지 않았으며, 심지어 나라 사람들 가운데 도망하여 요동(遼東)의 심양(瀋陽)으로 들어가서 동녕위(東寧衛)에 속한 자들은 관(官)에서는 중국말을 하고 집에서는 한국말을 하는데, 그 풍속이 바뀌지 않은 것이 이와 같습니다.[260]

P-1 기사에 따르면 이들은 고려 건국 당시부터 있었던 북방지역의 유민들로 주로 도축업에 종사했다고 한다. 그리고 유랑생활을 했으며 사냥을 하거나 유기를 만들어 팔았던 무리들이었다. 기생들도 이들 중에서 나

---

259) 『고려사』 권129 「열전」42 반역(叛逆), 최충헌. 楊水尺 太祖攻百濟時 所難制者遺種也. 素無貫籍賦役 好逐水草 遷徙無常 唯事畋獵 編柳器販鬻爲業. 凡妓種 本出於柳器匠家.

260) 『예종실록』 권6, 예종 1년(1469) 6월 29일. 姑以東方風俗言之 楊水尺者 前朝初有之 江都時亦有之 才人白丁 忠烈王時有之 恭愍王時有之 遠者五六百年 近不下數百年. 其絃歌之習 宰殺之事 至今不改 至於國人之逃入遼瀋 爲東寧衛者 在官則爲華言 在家則爲國語 其風俗之不變也如此.

왔다고 하는 것으로 보아 이들은 당시 사회에서 최하층이었다. 그리고 P-2 기사를 보면 양수척은 고려 초부터 있었으며 재인과 백정은 고려 말에도 있었다고 하는데 주로 악기를 연주하고 짐승을 도살하는 일에 종사했다고 한다. 즉 이들은 평소 생업으로 가축을 도살하는 일과 잡희를 연행하는 연희자로 활동했음을 알 수 있다.

이들 이외에 반인이 있었는데, 이들 역시 천인 출신의 연희자들이다. 반인은 성균관 소속 노비들을 가리킨다. 이들도 양수척과 마찬가지로 소나 가축 등의 도축업에 종사했던 천민들로 인형극과 가면극을 연행하였다. 주로 서울 근교에서 벌인 본산대놀이 성립과 밀접한 관련이 있는 연희자들이다. 아키바 다카시(秋葉隆)는 이들 반인들이 산대도감 또는 나례도감에 소속되어 있었다고 하였다.[261] 이들은 산붕을 가설하고 각종 연희를 연행했으며 중국사신영접행사에도 동원되었다.

라. 기타

그 다음은 군영악대이다. 이들은 반군반민(半軍半民)으로 고취를 담당하는 악대였다. 이들은 어가행렬은 물론이고 사신행렬에서도 고취를 연주하였는데, 특히 산대나례와 관계가 깊다. 조선시대 채붕나례를 설하는 담당부서가 의금부와 군기시였던 것과 연관지어 생각하면 이들 군영이 고취는 물론 산대나례에서 반주를 담당하였을 것임은 충분히 짐작할 수 있다. 이들은 모두 궁중의례나 연향에서 고취악, 정재 등에서 악기반주를 담당하였다. 그 외에 산악·백희를 담당하던 전문 연희자들도 별도로 있었다.

261) 秋葉隆, 「산대희」, 『조선민속지』, 동경, 六三書院, 1954, 172쪽.

② 연희자의 사회적 지위

장악원에는 악사(樂師), 악생(樂生), 악공(樂工), 관현맹(管絃盲), 여기(女妓), 가동(歌童), 무동(舞童) 등이 소속되어 있었다. 악사는 교육을 담당하는 사람이다. 이들은 장악원 악인의 대표로 음악연주를 이끌어가는 책임자라 할 수 있다. 악사는 음율에 정통한 사람이 오르는 자리로 장악원 최고직인 전악(典樂)과 부전악(副典樂)의 지위까지 오를 수 있었다.[262] 악생은 아악연주자로 좌방(左坊)에 속하고 악공은 속악연주자로 우방(右坊)에 소속되어 있었으며 그 신분도 달랐다. 『경국대전』의 기록을 보자.

> P-3. 아악은 좌방에 속한다. 악사 2인, 악생 297인, 보수 100인이며 양인으로 충원한다. 속악은 우방에 속하며 악사 2인 악공 518인으로 10명당 보수 1인이며 가동이 10인이다. 모두 공노비에서 충원하되 양인 중 원하는 자를 뽑는다.[263]

P-3에 따르면 아악을 담당하는 좌방에는 악사 2명, 악생 297명, 보수 100명 도합 399명이며, 속악을 담당하는 우방에는 악사 2명, 악공 518명, 보수 52명, 여기에 가동(歌童) 10명을 더해서 도합 572명이다. 좌우방 총 981명이었다. 거기에 선상기(選上妓) 150명, 연화대 10명 등을 포함하면 그 규모는 더욱 커진다. 악생은 좌방소속으로 아악을 담당하는 자를 가리키는 것으로 양인 출신이다. 반면에 속악을 담당하는 우방의 악인들

---

262) 『정조실록』 권6, 정조2년(1778) 11월 29일(을묘). …(생략)…重祜曰 本院規例 典樂 則以本業取才 由假陞實. 樂師 則以曾經樂工者 爲之. 樂工 則以官奴 爲之. 樂生 則其以舊樂生子支爲之.

263) 『경국대전』 권3, 아속악조. 雅樂屬左坊 樂師二人 樂生二百九十七人補數一百人 並以良人充之. 俗樂屬右坊 樂師二人 樂工五百十八人 每十人補數一人 歌童十人 並以公賤充之. 良人願屬者聽.

은 악공이라 칭하였으며 공노비 중에서 선발하는 것을 원칙으로 하고 있어 천민출신으로 구성되어 있음을 알 수 있으며 양인 중에서 원하는 자는 할 수 있도록 하였다.264) 그리고 이들 악공의 신분은 세습되었으며 여기들 역시 천민으로 그 신분이 세습되었다.265) 이들 구성원의 신분적 차이는 유교적 질서 속에서 궁중의례에 쓰이는 예악과 연향에서 쓰이는 속악을 차별하는 의식이 반영된 것으로 보인다.

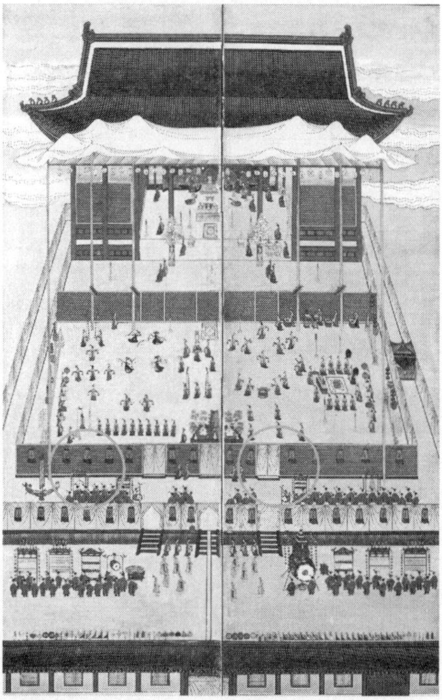

[그림 25] 남성 악기 연주자들 앞에 쳐진 장막, 〈신축진연도병〉 제5,6폭, 연세대학교박물관

또 주목해야 할 연희자는 무동(舞童)이다. 무동에 관한 기록은 『조선왕조실록』에 빈번하게 등장한다. 이들은 주로 내연(內宴)에서 악공 대신에 쓰였던 것으로 알려져 있다.266)내연은 내명부를 위한 연회였으므로 남녀유별을 원칙으로 하는 성리학적 질서 속에서 내연에는 남성의 참석은 제한적이었다. 여러 궁중진연의 내연의 경우 남성 연주자들 앞에 장막을 설치한 것도 이런 이유에서였다(그림 25).

---

264) 이들 악생과 악공의 구성과 신분 및 인원보충, 생활 등에 관하여서는 송방송, 앞의 책, 1982, 455~480쪽 참조.

265) 『연산군일기』 권57, 연산 11년(1505) 1월 11일. 又傳曰 外方妓産女兒 令各官具錄年歲名字移報掌樂院置簿 自幼年訓書訓樂. 且教以禮度 待年選上揀擇 退還本邑 方許任便 於卿等意何如. 僉啓 上教允當.

266) 장사익, 앞의 책, 1976, 203쪽.

양란 이후 무동의 수가 줄어들자 이들을 가려 뽑는 일에 대해 장악원이 첩정을 올린다. 다음은 『악장등록(樂掌謄錄)』에 보이는 이들에 관한 기사이다.

P-4. 장악원첩정을 올려 아뢰기를 무동인 근신, 중건 등은 서부지역에서 뽑은 자로 이들을 가르쳐 이미 재주가 쓸 만한 수준에 이르렀습니다. …(중략)… 중국의 칙사가 올 기일이 임박했으니 칙사가 돌아갈 때까지만 이들을 쓰기를 청합니다. …(중략)…만약 지금 이를 금하면 칙사가 도달한 즉 조석으로 일을 이루기가 어려워 낭패를 보게 될 것입니다. 그러니 칙사가 돌아갈 때까지만 쓰고 다시 본래의 자리로 돌려보내면 어떠하겠습니까.[267]

P-4 기사는 청 사신이 왔을 때 이들을 위한 연향에 쓸 무동이 모자라자 임시로 청 사신 연향에서 근신, 중건 등을 쓰고 다시 본래자리로 돌려보내기로 하는 내용이다. 이 기사를 통해 모자라는 무동의 수를 채우기 위해 공사노비들 중에서 가려 뽑아 교육시켰음을 알 수 있다. 무동이 사신연향에서 춤을 추는 모습이 아극돈의 《봉사도》에도 보인다.

[그림 26]은 청 사신 앞에서 춤을 추고 있는 무동의 모습이다. 이들이 무동이라는 것은 [그림 27]을 통해 알 수 있다. 이 글은 제18폭(그림 26) 오른쪽 위에 쓰여 있는 시문이다. 글 말미의 주석에 무동이 긴 소매 옷을 입고 서로 마주보며 춤을 추면서 노래하고 있는 모습을 설명하고 있다. 이를 통해 청 사신이 왔을 때 무동이 연향에 동원되어 공연하였음을 알 수 있다. 무동들은 주로 13세 이하의 아이들로 한성부에서 7쌍, 개성부에

267) 『樂掌謄錄』 인조 15년 10월5일.掌樂院牒呈內 舞童者 斤信仲建等 西部抄出, 去七月分移屬教訓 已爲成才之人. …(중략)…勅行已迫 必生大事 限勅使回還間 仍存舞童使 據啓粘目內…(중략)…若今移送假中禁 則勅行已迫 非朝夕可就之事 勢甚狼狽. 限勅使回還間 仍存舞童 過後還送本役事 移文何如. 啓依允

[그림 26] 제18폭 무동(부분), 《봉사도》

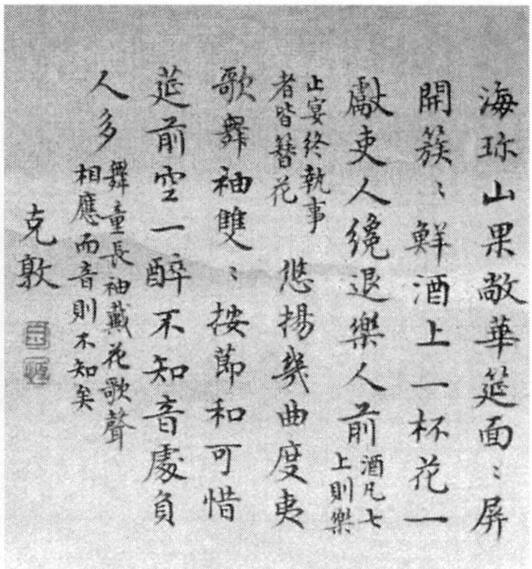

[그림 27] 18폭의 시제, 《봉사도》

서 2쌍 그리고 예비로 1쌍을 뽑았다.[268] 무동 역시 노비 중에서 가려 뽑았으며 그들의 신분 역시 천민계급에 속했다. 하지만 무동에 관한 기사가 인조 24년 이후 『악장등록』에 보이지 않는다. 이에 대해 송방송은 인조 24년(1647)부터 조선은 청에 자주 사신을 파견하였으나 반대로 청에서 사신을 보내오는 일이 줄어들자 사신연에서 무동에 대한 수요는 줄어들고 대신 내연에서만 쓰였기 때문일 것으로 보았다.[269]

그리고 또 다른 연희자들로는 여기들이 있었다. 특히 서울지역의 여기들은 장악원에 소속되어 있었다. 이들 여기는 삼년마다 각 지방 관기 중 어린 자를 가려 뽑아 올리도록 하였는데 이를 선상기(選上妓)라 한다. 또

268) 『樂掌謄錄』 인조15년 7월 10일. …(생략)…爲壯大 不得已 稟報爲在果 依舊例年十三世以下 伶悧兒童 以令漢城府 及五部急抄擇. 御前宗差七雙 開城府二雙 預差一雙 共二十名 十分從略 磨鍊爲去乎.

269) 송방송, 앞의 책, 1982, 451쪽.

한 궁에서 중요한 연향이 있을 때에도 지방 관기 중에서 여기를 뽑아 올렸다. 장악원 여기는 성리학적 유교이념에 따라 여악에 대한 문제제기가 자주 있었으며 그 과정에서 장악원 소속 여기의 숫자를 감하였고 중종 14년(1419)에는 외방여기가 혁파되었다가 중종 15년에 다시 회복되었다.[270] 그러나 장악원 여기는 인조반정(1630) 이후 완전히 폐지되었다.[271] 이후 궁중연향에는 선상기와 외방여기, 의녀 및 침선노비가 동원되었다.

장악원에 소속된 이들의 신분은 대부분 세습되었으며 관직 진출에는 제한이 있었다. 비록 관직에 나아간다 해도 말단직에 머물렀으며 과거를 통해 입직하는 양반들과는 차별이 있었다. 비록 악생은 양인출신이었고 일부 악공이나 무동들 중에는 양인 중에 선발된 자도 있었었지만 대부분이 천인들로 사회적으로 천대받던 계층이었다고 할 수 있었다.

위에서 살펴보았듯이 대부분의 연희자는 출신과 신분이 미천한 사람들이었다. 실제 음악을 담당했던 전문음악인들은 체아직 녹관으로 하위직이었다.[272] 오늘날로 하면 비정규직과 같이 근무성적에 따라 녹봉을 받는 직책이었다. 임진왜란 이후에는 악공과 악생의 수를 채우지 못해 돈

---

270) 『中宗實錄』 권20, 중종 14년 2월 경오조. 庚午/政府禮曹同議女樂事以啓曰若三代時事 則考之無據 自漢至大明 於宮中用樂 不見其不用女樂. 今者京則似不可革 外方則不關 似可革去 從之.; 『中宗實錄』 40권, 중종 15년(1520) 8월 11일. 鄭光弼啓曰 女樂革罷事 小臣當初 果不詳察而輕啓之 其後更思之 則歌舞童 不可鎭長爲之 故前經筵 已陳其意矣. 大抵女樂 於天使之待 不得已復設 而兩界待夷 亦不可無也. 況下三道選上之事 亦於事體 異矣.【下三道官婢選上故云】此非新設之事 特因舊復立耳 何有異議乎 金詮等【政府同辭】啓曰 臣等之意已啓矣 更無他意. 權鈞等【六曹 漢城府】啓曰 天使之待 女樂不可不設之意 政府已啓矣 若用女樂 則京師外方 當如一矣. 臣等聞之 自革女樂 野人等雖在燕享 皆以爲薄待 缺望者甚多. 風俗已久 仍舊而設之可也. 上曰女樂非正樂也. 當初革罷者以此也 到今見之 果如大臣等所言 依祖宗朝例 復設爲便.

271) 김종수, 『조선시대 궁중연향과 여악연구』, 민속원, 2001, 230쪽.

272) 『仁祖實錄』 권20, 인조 7년(1629) 6월 21일.

을 주고 따로 고용하는 일도 생기게 되었으며 악공과 악생에게 가포(價布)를 징수하기도 하였다. 이들은 사회적으로 천대받는 계층이었으며 착취의 대상이기도 하였다.

제 V 장
사신영접행사를 통해 본 동아시아 3국의 공연문화의 성격

이번 장에서는 앞에서 살펴본 한국, 중국, 일본에서 베풀어진 사신영접연향에서 어떠한 연희가 연행되었는지 살펴보고 그 보편성과 특수성에 대해 알아보고자 한다. 주로 조선시대 명 사행록인 조천록과 청에 사신으로 갔다 와서 남긴 연행록, 그리고 통신사들이 일본에 다녀와서 남긴 통신사행록을 중심으로 중국과 일본에서 조선사신에게 베푼 연향과 연향에서 연행된 연희가 어떤 것들이 있었는지 고찰하고자 한다.

1. 한·중·일의 사신영접행사

1) 중국의 사신영접행사에서 연행된 연희

중국의 외국사신을 위한 연향에서는 어떠한 연희가 연행되었는지 살펴보자. 중국은 시대별로 매우 다양한 공연양식이 유행하였다. 먼저 한대의 『후한서』의 기록부터 보자.

Q-1. 건무(建武) 연간(A.D.25~55; 고구려 대무신왕(大武神王) 8년~태조왕(太祖王) 3년) 에 동이(東夷)의 여러 나라가 모두 와서 조공하고 입견하였다. …(중략)…순제(順帝) 영화(永和) 원년(A.D.136; 고구려 태조왕 84년)에, 그 왕이 경사(京師, 수도를 일컫는 말)에 와서 조회하므로, 황제는 황문고취(黃門鼓吹)와 각저희(角抵戲)를 하게 하여 [관람시켜] 보내었다.[1)]

Q-2. 주지육림으로 사이(四夷)의 사신들에게 연향을 베풀고 파유, 도로, 해중, 탕극, 만연어룡 등의 각저지희를 관람시켰다.[2)]

이 기록에 따르면 부여 사신들에게 황문고취와 각저희를 관람시켰다고 하였다. 즉 이미 한대에 사신영접행사에서 고취악과 산악·백희를 공연하였음을 알 수 있다. 이로 볼 때 중국이 사신영접에서 산악·백희를 연행한 것은 그 역사가 매우 오래되었다고 할 수 있다. 한대의 궁정잡기 연행을 묘사한 대표적인 시가 바로 장형의 〈서경부〉와 이우(李尤)의 〈평락관부(平樂觀賦)〉이다.

〈서경부〉에는 강정(扛鼎), 도로심장(都盧尋橦), 충협(衝狹), 도환(跳丸), 도검(跳劍), 줄타기(走索) 등의 종목이 묘사되어 있으며 오산 또는 산대도 묘사되어 있다. 그 외에 어룡만연지희(魚龍蔓延之戲) 등의 동물분장 가면희, 환술, 솟대타기 및 활쏘기 등 산악·백희 종목에 대해 구체적으로 묘사하였다. 이러한 산악·백희는 궁중연향에서 연행되었으며 사신영접행

---

1) 『후한서』 권85 「동이열전」75, 夫餘國. 建武中, 東夷諸國皆來獻見. 二十五年 夫餘王遣使奉貢 光武厚荅報之 於是使命歲通. 至安帝 永初五年 夫餘王始將步騎七八千人寇鈔樂浪 殺傷吏民 後復歸附. 永寧元年 乃遣嗣子尉仇台 (印)[詣]闕貢獻 天子賜尉仇台印綬金綵. 順帝 永和元年 其王來朝京師 帝作黃門鼓吹·角抵戲以遣之. 『後漢書』 번역문은 국사편찬위원회 번역문 인용함.

2) 『한서』 권96 「西域傳」. 說酒池肉林 以饗四夷之客 作巴俞都盧海中碭極漫衍魚龍角觝之戲 以觀視之.

사에서도 행해졌다. 궁정에서 산악·백희의 연행이 전성기를 이룬 것은 당대였다. 당 현종대에 교방을 통한 산악·백희가 절정을 이루었으며 이러한 경향은 송대까지 이어졌다.

『요사(遼史)』「악지(樂志)」에는 송 사신의 연회 절차가 기록되어 있다. 이는 송 사신에 대한 연회 절차이지만 『속문헌통고(續文獻通考)』에 의하면 '요사곡연송급고려사악차(遼制曲宴宋及高麗使樂次)'라 하여 송 사신을 위한 연회의 절차와 고려사신을 위한 연회의 절차가 같았다는 것을 알 수 있다. 정리하면 다음 [표 51]과 같다.

[표 51] **요사에 보이는 송 사신 연향절차**[3)]

1작	필률 연주와 노래
2작	노래
3작	가수와 배우(광대) 등장
4작	비파만 연주, 차와 떡, 교방에서 치어올림.
	식사가 들어오고 잡극 올림
5작	
6작	생(笙)만 연주, 법곡(法曲) 합주
7작	쟁(箏)만 연주
8작	노래하고 가악(架樂)을 침
9작	노래, 각저

위 [표 51]을 보면 헌수 절차에 따라 술, 노래, 음식이 차례로 나오고 교방의 치어, 잡극이 올라온다. 맨 마지막 술잔이 돌고 나면 노래와 각저를 한다고 하였는데, 앞에 미리 나와 대기하고 있던 광대(伎)들이 산악

3) 『遼史』 권54 「지」 23, 樂, 曲宴宋國使樂次 酒一行 觱篥起歌. 酒二行 歌. 酒三行 歌手伎入. 酒四行 琵琶獨彈 餅茶致語 食入, 雜劇進. 酒五行 闕. 酒六行 笙獨吹, 合法曲. 酒七行 箏獨彈. 酒八行 歌擊架樂. 酒九行 歌角觝.

·백희를 공연하였던 것으로 보인다. 이 각저는 앞서 장형의 〈서경부〉에서 살펴보았듯이 씨름이 아니라 산악·백희로 보아야 한다. 궁에서 열리는 중국사신영접연향에서 산악·백희를 연행하지 않고 정재만 하고 산악·백희는 객관의 영접연향에서 연행하였던 조선과는 차이가 있다.

『명집례』 악무조의 기록에 따르면 당 무덕 8년(625)에 점성(占城)에서 사신을 보내 조공하였을 때 구부악(九部樂)을 연주했다고 하였으며 이후 구부악을 연악(宴樂)으로 사용하였다고 하였다.[4] 하지만 번국의 왕이 내조했을 때에는 황제알현 후 연향에서는 태청지곡(太淸之曲), 감황은지곡(感皇恩之曲), 하성조지곡(賀聖朝之曲), 보천악곡(普天樂曲), 제국내조지무(諸國來朝之舞), 조천자지곡(朝天子之曲), 취태평지곡(醉太平之曲舞), 장생대지무(長生隊之舞) 등의 음악과 춤이 설행되었다.[5] 그 절차는 아래 [표 52]와 같다.

[표 52] 『명집례』의 번국왕 황제알현식 연향절차

구분	의례절차 내용	음악연주
시작	황제, 황태자이하 제왕, 번국왕에게 차례로 짐주(斟酒).	세악(細樂)연주
제1작	황제가 술잔을 들어 마시면 이하 술을 마신다.	태청지곡
	모두 마시기를 마친다.	세악 중지
제2작		감황은지곡
	안주를 올린다.	대악 연주
	안주 먹기를 마친다	대악 중지
제3작	황제가 술잔을 들어 마신다.	세악 연주, 하성조지곡
	모두 술을 마신다.	세악 중지
	안주를 올린다.	대악 연주
제4작	황제에게 술을 올린다.	세악 연주

4) 『명집례』 권31 「빈례」2, 遣使朝貢 樂舞條. 唐武德八年占城遣使獻方物 高祖爲設九部樂以宴樂之自後 凡大蕃大使爲設樂次蕃大使及大蕃中使以下皆不設樂.

5) 『명집례』 권30 「빈례」1, 蕃王朝貢 宴會儀注.

	황제가 술을 마신다.	보천악곡
	모두 술을 마신다.	세악 중지
	안주를 올린다.	대악 연주
	황제에게 술을 따른다.	세악 연주
第5작	황제가 술을 들어 마신다.	제국내조지무
	모두 술마시기를 마친다.	세악 중지
第6작	안주를 올린다.	대악 연주
	황제에게 술을 따른다.	세악 연주
	황제가 술을 마신다.	조천자지곡
	모두 술마시기를 마친다.	세악 중지
第7작	황제에게 술을 따른다	세악 연주
	황제가 술을 마신다.	취태평지곡연주, 장생대지무를 춤
	모두 마시기를 마친다.	악무 중지
	안주를 올린다.	대악 연주
	황제 이하 모두 술을 마신다.	음악연주 없음
	연이 파한다.	

이렇게 황제알현의식에 이어 황제가 친림한 가운데 연향이 거행되었다. 황궁에서 알현의식과 연향이 파하고 난 후, 사신들을 위한 연향은 사신들이 묵는 객관에서도 이루어졌는데 이때에 희자들을 불러 각종 산악·백희를 관람하기도 하였다.

명의 경우 궁중연향에서 어떠한 연희가 연행되었는지 알 수 있는 자료가 바로 〈헌종행락도(憲宗行樂圖)〉이다. 한대 이후 송대까지 중국에서는 산악·백희가 성황을 이루었던 시기로 궁중연향에서 산악·백희가 다양하게 연행되었다. 반면에 명·청대는 음악극 양식이 발달하여 궁정연향에서 연행된 산악·백희에 대해서는 상대적으로 잘 알려지지 않았다.[6] 하지만

6) 김순희, 「명대 궁정 연향 중 백희에 관한 연구」, 『중국문학연구』 44, 2011, 52쪽; 안상복, 『명청시대 지역사회와 공연예술』, 연극과 인간, 2013, 35쪽.

[그림 28] 통자, 〈헌종행락도〉 부분

[그림 29] 도립, 무륜,
〈헌종행락도〉 부분

[그림 30] 솟대타기,
〈헌종행락도〉 부분

〈헌종행락도〉를 보면 궁중연향에서 백희가 매우 다양하게 연행되었음을 확인할 수 있다. 〈헌종행락도〉는 명 성화(成化) 21년(1485) 정월 원소절(元宵節)에 있었던 연향을 그린 그림이다. 정월 원소절은 우리로 말하면 정월 대보름날이다. 이 그림에는 당시 궁중연향에서 연행되었던 산악·백희의 모습이 묘사되어 있다. 비록 사신영접연향을 그린 것은 아니지만 중국이 전통적으로 사신영접행사에서 잡희를 공연하였던 것에 비추어 볼 때, 이때 연행했던 잡기 종목이 사신영접행사에서도 그대로 연행되었을 것이며 그 내용도 풍부했을 것이다.

〈헌종행락도〉에 보이는 백희 종목이 어떤 것이 있었는지 살펴보자. 위의 [그림 28]을 보면 황궁의 너른 전정에 연희를 위한 공간이 마련되어 있다. [그림 29]와 [그림 30]에는 환술의 일종인 통자(筒子), 장애물통과하기 중 칼고리 통과하기, 불고리 통과하기, 무륜, 나무다리걷기, 솟대타기, 줄타기, 땅재주 등을 연행하고 있는 모습이 보인다. 특히 [그림 30]의 솟대타기하는 장면에서는 배경으로 다양한 형태와 문양의 등롱이 묘사되어 있는 것을 볼 수 있다.

그리고 여러 인물이 길게 행렬을 이루며 가는 모습도 그려져 있다. 이들은 무신형상의 재신, 붓을 어깨에 짊어진 문신인 괴성, 춤추는 도사로 분장한 인물, 커다란 탈을 쓴 대두화상으로 보이는데 도교와 불교의 기복신들이다.[7] 이 행렬 중에 삼국희(三國戱) 장면을 연출하는 모습이 보인다[그림 31]. 이들은 죽마를 타고 걷고 있는데 삼국지 이야기를 연출하는 것이다. 이들은 각각 삼국지의 영웅 유비, 관우, 장비의 분장을 하고 있다. 뒤를 이어 보이는 것은 사자무(獅子舞)이다(그림 32). 서역 사람이 사자를 끌고 가는 모습이다. 사자무는 송나라 궁정에서 연행되던 백희 중의 하나

7) 김순희. 앞의 글, 2011, 74쪽.

[그림 31] 삼국희 장면, 〈헌종행락도〉 부분

[그림 32] 만국래조의 사자무, 〈헌종행락도〉 부분

로 사자가 줄을 타고 장대에 오르는 기술도 선보였다고 하였다.[8] 〈헌종행락도〉는 사신영접행사는 아니지만 명대 궁중연향에서 펼쳐진 백희를 보여주고 있다는 점에서 사신영접행사에서도 연행되었을 가능성이 높다. 전통적으로 중국은 사신영접행사에서 잡희를 베풀어 왔기 때문에 오히려 이 보다 더 다양하고 화려한 잡희가 공연되었을 것이다.

8) 김순희, 앞의 글, 2011, 78쪽.

명에 사신으로 갔던 조선 사신들이 남긴 기록에도 잡희를 보았다는 내용이 나온다. 정사룡(鄭士龍)은 1534년(중종 29)에 명에 사신으로 갔다가 「조천록」을 남겼다. 그리고 허봉(許篈)은 1574년(선조 7) 성절사(聖節使)의 서장관(書狀官)을 자청하여 명에 갔다가 『하곡집(荷谷集)』에 「조천기(朝天記)」를 남겼다. 다음은 명에 다녀온 허봉과 정사룡의 사행기록이다.

Q—3. 좌당이 황제의 명을 엄숙히 선포하니　　左璫皇命肅將宣
종백이 훌륭히 받들어 잔치 자리 열었네　　宗伯嘉承始秩筵
두와 변 차려놓으니 손이 참으로 황송하고　　有踐豆籩賓亦忝
빈틈없는 예의 주인은 완전도 하여라　　無愆禮數主能全
태평성대에 광대가 졸렬하다 느껴지니　　明時自覺倡優拙
고마운 뜻 종고에서 전해온 것 아니리　　盛意非因鍾鼓傳
오로지 큰 은혜 갚을 수 없으리라　　只是鴻恩無以報
높고 크심 길이 천자의 궁궐에 드러나리.　　華嵩長效五雲邊[9)]

Q—4. 16일 정사. 맑음. 이날 하마연이 있었다. …중략…예를 마친 후 동편에 나란히 앉았다. 음악연주가 시작되고 술이 나왔으며 잡희를 올렸다. 술을 일곱 잔 마신 후 파하고 객관으로 돌아왔다. 오늘 잡희를 한 사람은 옥패를 꺼낸다든지 빈 그릇에서 꽃을 확짝 피우는 등 재주를 보였는데 바로 환술이라고 하는 것으로 우리들을 현혹하고 눈을 속이는 것이다.[10)]

---

9) 정사룡(鄭士龍), 『호음잡고(湖陰雜稿)』 권2 「조천록(朝天錄)」. 會同館 賜下馬宴. 엄경흠, 「빙례와 사행시-명 사행을 중심으로-」, 『동양한문학연구』 제17집, 2003, 225쪽 번역문 인용.

10) 허봉, 『하곡집(荷谷集)』 「荷谷先生朝天記中」 萬曆二年甲戌八月. 十六日丁巳 晴. 是日行下馬宴…(중략)…樂作酒進呈雜戲. 凡七爵而罷 下人入撤 尙書又率余等一拜三扣頭于龍亭前 蓋謝恩也. 余等祗送後錢員外免見禮 遂歸館 今日雜戲之人 或抽出玉珮 或盛開彩花於中虛之器. 此必是幻術 而余等爲所眩 而目不能燭破其邪妄 有愧於傅奕多矣. 엄경흠, 같은 글, 2003, 224쪽 각주 및 본문 번역문 인용.

위의 글을 보면 중국에서 사신에게 베푸는 연회에서 잡희를 연행했음을 알 수 있다. Q-3은 정사룡이 잡희 공연을 보고 지은 시이다. 여기에는 "광대가 졸렬하다 느껴지니"라는 구절이 나온다. 이는 당시 성리학적 유교사상이 투철했던 조선의 사신들이 잡희를 벌이는 것에 대해 마땅찮게 생각했음을 드러내 보이는 것이다. Q—4는 허봉이 연회에서 행해진 잡희에 대해 쓴 글이다. 풍악이 울리고 술이 나왔으며 잡희를 했다고 하였다. 특히 허봉은 "옥으로 된 패물을 빼낸다든지", "빈 그릇에서 꽃이 활짝 피어나게 하여 눈을 현혹시켰다."고 하면서 이를 환술이라고 기록하였다. 사신연에서 환술을 행하고 있음을 알 수 있다. 중국에서 환술은 한대에 서역으로부터 전해진 것으로 알려져 있으며[11] 당대에 많은 서역의 환술인들이 장안에 들어와 환술을 자주 공연하자 이들이 백성들을 현혹한다 하여 서역의 환술인들의 입국을 금지하기도 하였다. 그만큼 중국에서는 환술이 널리 퍼져 공연되었다. 조선에서는 일찍부터 실질적으로 환술공연이 금지되었기 때문에[12] 사신으로 간 이들의 눈에는 환술이 매우 낯설고 기묘한 것이었다.

조선사신을 위한 영접연향에서 잡희를 공연하는 것은 청대까지 이어졌다. 이러한 중국의 사신접대 연향의 모습은 당시 사행한 조선 사신들의 문집을 통해서도 확인할 수 있다. 조선사신들의 연행록에는 사신연향에서 베풀어진 공연을 보고 난 후의 소회를 적은 글들이 상당히 많이 남아 있다.[13] 17세기 초의 연행록에는 연희에 관한 내용이 많이 보이지 않는

11) 전기봉, 전등룡, 『중국잡기사』, 상해인민출판사. 2004, 58~62쪽.

12) 『성종실록』 130권, 성종 12년(1481) 6월 21일 갑자조. 홍문관 부제학 이맹현이 올린 상소에 보면 환술을 금할 것을 청하는 내용이 나온다. 그리고 이후 조선 조정에서는 환술이 백성을 현혹하는 사술이라 하여 배척하였으며 환술인을 처형하는 일도 있었다.(『경종수정실록』 권1, 경종 즉위년(1720) 9월 21일 을유조. 乙酉/妖人陸玄有罪杖死 玄善於推數 又能爲幻術 行止詭祕, 捕盜大將 李弘述杖殺之 人以爲快. 後 虎龍, 以此搆成 弘述之罪)

데, 이는 당시가 명·청 교체기였으며 배청의식으로 인한 두 번의 호란을 거치면서 양국의 정세가 매우 혼란한 시기였기 때문에 청 조정의 분위기와 정세를 파악하느라 연희를 즐겨 기록할 만큼 여유로울 수 없었기 때문이었다.[14] 하지만 18세기와 19세기의 연행록에는 연희 관련 내용이 매우 풍부하게 기록되어 있다. 이는 18세기 들어서면서 서양문물을 접하게 되고 유교적 예악사상에서 탈피하여 연희문화에 대한 인식에 변화가 생겼기 때문이라 할 수 있다.

청에 간 조선 사신들은 궁정은 물론, 객관 그리고 북경시내의 극장, 유리창과 같은 거리에서 다양한 종류의 잡희와 연극 등을 관람하였다. 우선 여기서는 사신을 영접하기 위한 행사의 일환으로 공연된 잡희를 대상으로 하였으므로 주로 원명원(圓明園), 피서산장(避暑山庄), 열하(熱河) 등에서 베풀어진 궁정연희를 중심으로 중국 아문(衙門)과 예부의 행사에서 베풀어진 연희도 함께 살펴보겠다. 아래 [표 53]은 연행록 중 궁중과 객관에서 베풀어진 연희 관련 내용을 포함한 것만 추려본 것이다.[15] 옥하관(玉河館) 행사는 중국 측에서 희자를 불러 베푼 것도 있고 조선 사신들이 즐기기 위해 따로 불러 본 것도 있다.

아래 [표 53]을 보면 각종 잡희 중 환술이 차지하는 비중이 월등히 높다는 것을 알 수 있다.[16] 임기중에 따르면 16세기부터 19세기 연행록에

---

13) 김진수(金進洙, 1797~1865)가 쓴 『碧蘆集』, 「燕京雜詠」에 실려있는 〈환희연〉 28수; 金昌業, 『燕行日記』; 洪大容, 『燕行記』; 朴趾源, 『熱河日記』 등이 대표적이다.

14) 임기중, 「연행록의 연희기와 관희시」, 『문학한글』 13, 한글학회 1999b, 31쪽.

15) 안상복은 연행록 29종을 대상으로 잡기 관련 기사를 신체잡기(身體雜技), 상형(象形), 환술(幻術), 동물놀음, 공연상황(公演狀況), 한중비교(韓中比較)의 6항목으로 나누어 정리하였다. (「燕行錄의 雜技 관련 記事 연구」, 『中國文學』 53집, 2007. 참조.)

16) 이들 연행록에 나오는 환술의 구체적인 종류에 대해서는 다음 논문 참조. 임기중, 「연행록의 환희기」, 『한국민속학』 31, 한국민속학회, 1999a; 홍성남, 「연행록에 나타난 환술과 연극 연구」, 『동아시아고대학』 5, 동아시아고대학회, 2002.

는 환술이 13회로 가장 많이 기록되어 있었고 그 다음 창우희 10회, 연희 7회, 등희와 잡희가 각각 6회, 그 외 완구희, 지포희, 각희, 근두희, 서양 추천, 장희 등의 순으로 기록에 등장한다.[17] 조선이 환술을 사술이라 하여 금지하였던 것과는 사뭇 상황이 달랐음을 알 수 있다.

[표 53] 16세기 이후 조천록과 연행록에 나타난 연희종목

시기	이름	연행록	연희 내용	장소	주최자
16세기	허봉	『朝天錄』(1574)	가면희, 환술	북경용정	
17세기	박세당	『使燕錄』	장대곡예(솟대타기)		
	김석위	『擣椒錄』	어룡희		
	최석정	『餘錄』	마상재, 방울받기		
	인평대군(이요)	『燕途紀行』(1656)	곰재주부리기	옥하관	주최자 불명.
18세기	최덕중	『燕行錄』(1712)	• 풍악, 잡희, 장남감 소래놀이, 장난감 원숭이놀이 • 북경하마연: 잡희, 정재	북경황궁	
	김창업	『燕行日記』(1712)	• 원숭이놀이(猿戲), 개놀이(犬戲) • 연본(演本, 놀이의 대본)으로 연희를 제작한다고 함.		
	김의현	『庚子燕行雜識』(1720)	북경아문의 환술쟁이가 하는 환술 11종	관소(객관)	북경 아문 주최
	이갑	『燕行記事』(1777)	북경에서 5종의 환술관람. 이중 한 종목은 환술과 대접돌리기 결합 연행	남소관(객관)	북경 아문 주최
	박지원	『熱河日記』(1780)	20여 종의 환술	광피사표 패루	
			매화포		

17) 임기중, 앞의 글, 1999a, 262쪽. 안상복이 29종의 연행록을 대상으로 한 분류에 따르면 신체잡기 20종, 상형 12종, 환술 19종, 동물놀음 19종, 공연상황 7종, 한중비교 4종이다(안상복, 앞의 글 참조.). 대상 연행록의 종류와 세부분류를 어떻게 하느냐에 따라 종목별 기술(記述) 빈도 수의 통계에 차이가 있는 것으로 보인다.

	정존겸	『燕行日記』(1782)	등희, 불꽃놀이, 회유유, 서양추천, 솔각(각저), 솟대타기, 줄타기, 묘자희(苗子戲), 사자춤, 만국내조, 양상수(양 나무타기).	원명원 산고수장각	
	서호수	『燕行紀』(1790)	연제(演題) 16장을 피서산장에서 3회, 북경 원명원에서 1회 총4회에 걸쳐 관람.	피서산장	
			서유기관람 황문희(黃門戲)	원명원	
	김정중	『燕行錄』(1791)	각희, 서양추천, 회자정희(回子庭戲: 줄타기), 등불놀이.	원명원	
	서유문	『戊午燕行錄』(1798)	희자습의.	예부	
			환술과 광대놀음.	음마하	북경으로 가던 도중 지방에서 관람
19세기	이해응	『薊山紀程』(1803)	동물재주부리기, 대접돌리기, 방울받기, 솟대타기, 씨름, 홍봉환축, 탄검, 고리연결하기 등 환술 9종.	옥하관	조선사신이 희자를 불러 관람
			사자춤, 유술, 땅재주.	자광각	
	박사호	『心田稿』(1803)	환술, 잡희(각저 등), 사자춤.	옥하관	
			등희, 불꽃놀이, 서양추천, 씨름, 홍봉환축, 사자춤	원명원	
			연희(演戲: 연극놀이).		
	김경선	『燕轅直指』(1832)	33종의 환술, 곰놀이(웅희).	옥하관	조선사신이 희자를 불러 관람
			장희(場戲)-산대놀이.	북경정양문	
			지포희, 등희.	원명원	
			빙희.	영대(瀛臺)	

16세기 이후 19세기까지 궁정에서 열린 사신영접행사에서 산악·백희가 주 공연종목이었음을 여러 연행록의 기록을 통해서 확인할 수 있다. 또한, 산악·백희는 궁정뿐만 아니라 북경시내 등지 여러 곳에서 자주 연

행되었다. 연행사들은 북경에 체류하는 동안 북경시내, 특히 유리창에서 각종 잡희를 관람하고 기록으로 남겼다. 이들이 남긴 연행록에 나오는 연희를 종류별로 구분하면 다음 [표 54]와 같다.

[표 54] 연행록에 보이는 연희의 종류

구분	종목
산악·백희	환술, 가면희, 각희(씨름), 근두희(땅재주), 등희, 불꽃놀이, 동물재주부리기(원숭이, 개, 양, 곰, 호랑이), 장희(場戲), 창우희, 회자정희(回子庭戲), 희자습의(戲子習儀, 땅재주), 서양추천
연극	피서산장에서 연제 16장 중 3종, 원명원의 연제16장, 서유기

조선의 사신들은 청의 궁정에서 황제가 베푸는 연회에 참석하여 다양한 연희를 관람하였다. 당시 궁정에서 베풀어진 연회에서는 각종 산악·백희와 연극이 공연되었다. 이때 연행된 잡희로는 등희, 불꽃놀이, 씨름, 솟대타기, 동물재주부리기, 회자정희(回子庭戲), 서양추천 등이 공연되었다. 특히 18세기 이후 청대의 잡기공연의 특징은 기존의 잡기는 물론 서양에서 들어온 기예가 연행되고 있다는 것인데, 이는 청이 천하를 통일하고 태평성대를 이루었다는 자부심이 반영된 것으로 볼 수 있다.[18] 박사호의 『심전고』「유관잡록(留館雜錄)」에 나오는 원명원기(圓明園記)에는 이때 연행된 잡희가 묘사되어 있고, 태평춘등기(太平春燈記), 그리고 매화포기(梅花砲記)에는 등희에 대해 자세히 설명하고 있다. 산고수장각(山高水長閣)에서 각종 동물 모양의 등불놀이가 행해지고 등불놀이가 끝나면 매화포를 한다고 하였다.[19] 김경선의 『연원직지(燕轅直指)』에는 원명원에서 펼쳐진 대보름 등희에 대한 기록이 나온다.[20] 이 시에는 등희를 준비하

18) 안상복, 『명청시대 지역사회와 공연예술』, 연극과 인간, 2013, 86쪽.

19) 박사호, 『심전고』 권2, 「유관잡록」, 태평춘등기(太平春燈記), 매화포기(梅花砲記).

는 과정부터 무대설치, 청 황제와 황후를 비롯한 대신들의 입장과정을 모두 설명하고 있다. 그 다음 씨름을 시작으로 땅재주, 서양추천놀이, 긴 장대 위에서 한 여창이 춤을 추는 묘기 등을 묘사하였다. 당·송대에 비해 명·청대에는 잡희 공연이 그 규모나 내용면에서 많이 축소되는 경향이 있었지만 그럼에도 불구하고 사신영접을 비롯한 궁정연회에서 빠지지 않고 베풀어졌음을 확인할 수 있다.

정존겸의 『연행일기』에 따르면 회유유(回酉酉)[21], 솔각(摔脚)[22], 근두희(跟蚪戲)[23], 이동승(纚銅繩)[24], 사자춤[25] 등이 연행되었다고 하였다. 또한 동물재주부리기로는 양이 나무에 오르는 기예인 양상수(羊上樹)[26]를 묘사하였다. 동물재주부리기는 인평대군의 『연행기행』에도 나오는데 그는 옥하관에서 곰 재주부리기를 관람하고 기록으로 남겼다.[27] 동물재

---

20) 김경선, 『연원직지』 권5, 「유관록(留館錄)」 하, 계사년(1833, 순조 33) 1월 15일. 산고수장각등희기(山高水長閣燈戲記).

21) 回酉酉. 立五橫木爲架 高十餘丈. 上架橫杠安柱頭 柱內隔四間 每間置木機方而 長形如日字 掛於橫杠. 具唧鐵軸以運其機如紡車之轉. 有姣麗童子數十隊 各着五方色衣 緣柱而上 騎方機抱杠而立. 下二有人作樂清婉舒長 羣童踏機回身 隨樂聲而轉 環繞杠上 衣衫飄揚 隨風裊娜 望之如遊仙在空.

22) 摔脚. 御坐前 數十健夫脫衣裸體 兩偶成敵. 距躍而入 相搏於庭 如角觝之戲. 勝者有賞. 五隊或四隊而罷. 蓋滿人舊俗也. 씨름이다.

23) 跟蚪戲. 植紅桿數丈於庭 上架橫杠如門楣 繫而長索. 有彩衣小童攀索以上 行走如飛. 或一脚彳亍而行 或掛腰環杠而轉 或植頭倒 行便捷如猿猱. 여기서 근두희는 기예를 설명하는 내용으로 보아 솟대타기를 가리키는 것으로 보인다. 땅재주를 이르는 근두(筋斗)와는 한자가 다르다.

24) 纚銅繩. 立二高桿於紅門前 橫繫麻索. 一回子脫衣跣足緣桿而上. 步走索上 其疾如飛. 或上桿頭彎弓四射. 十餘回子羅坐其下 奏樂爲節. 一回子手執鐵棍歡呼踊躍. 古用銅繩 後因脚滑墮落致傷人命 故易以麻索云. 줄타기이다.

25) 獅子舞. 彩段作獅子 被而毛이 高大倍於牛. 兩人蒙之. 屈伸回旋而舞 皆中節奏. 百獸見之 皆驚走.

26) 羊上樹. 苗蠻索小靑洋至庭 人立而舞. 盤旋合節 仍設木凳於前 教羊上升 旋舞其上, 又加一層 輒騰上而舞 如是者凡五六層 乃止.

27) 李湇, 燕都紀行 下. 十八日 壬辰. 晴. 留. 有一漢人牽馴熊 入館戲才 贈纏頭 惡獸何以如是擾馴

주부리기를 관람한 기록은 18세기와 19세기 연행록에도 자주 등장한다.

정존겸의 연행록에서 주목할 것은 묘자희(苗子戲)와 만국내조(萬國來朝)에 관한 설명이다.

Q-5. 묘자희(苗子戲). 두 명의 광대가 몸의 두 배나 되는 긴 장대를 다리에 묶은 채 줄 위를 걷는다. 또한, 무사가 동개를 지고 목마를 타고 자유자재로 달려 나간다. 그리고 십여 인이 가면을 쓰고 그림이 그려진 옷을 입었는데 그 모습이 추하다. 서로 마주보며 춤을 추니 마치 우리나라의 처용과 같다.[28]

Q-6. 만국내조(萬國來朝). 황제가 처음 어좌에 오르면 신공(身貢) 수십인이 황제 앞에 열을 맞추어 서면 금혁지악을 연주한다. 우리나라의 삼현과 같다. 소리는 심히 맑다. 이에 회자, 묘만, 대소, 금천 등 모든 번국과 오랑캐들이 자국의 옷을 입고 자기 나라의 기예를 펼쳐 보인다. 낯설고 이상하여 그 모습을 설명할 수가 없다.[29]

묘자희(Q-5)는 묘족의 잡희를 가리키는데 나무다리를 착용하고 줄타기하는 모습과 가면희 등을 연행하는 모습을 설명하고 있다. 그리고 두 사람이 나와 추는 춤은 우리나라의 처용과 같다고 하였다. 이 잡희가 묘족이 와서 연행한 것인지 궁정 연희자가 묘족의 잡희를 연행한 것인지는 확실하지 않지만, 묘족의 전문 연희자가 궁정연회에 동원되어 묘족의 연희를 연행한 것으로 보는 것이 타당할 것이다. 그리고 만국내조(Q-6)는

怪甚.

28) 苗子戲. 有兩優人脚底繫長木倍於身. 行步索上. 又有武士負櫜鞬 乘兩脚木馬 馳突隨意. 又有十餘人着假面畫衣 形極醜詭 翩躚對舞 如我國之處容者.

29) 萬國來朝. 皇帝初升御座 身貢數十人列立於前 奏金革之樂 如我國三弦. 聲甚清越 於是回子苗蠻大小金川諸蕃胡各着其服 各陳其技 詭異不可名狀.

주변 국가들이 신공(身貢), 즉 잡희를 연행할 연희자들을 데리고 와 어전에서 자기 나라의 음악을 연주하고 다양한 기예를 공연하는 장면을 설명한 것이다. 이는 중국의 궁정에서 이루어지는 연희의 모습으로, 중국의 사신영접행사에서는 주변 제국의 사신들이 황제를 알현하는 자리에서 잡희를 올리고 있음을 알 수 있다. 이는 한국과 일본의 사신영접행사와는 다른 점이라 할 수 있다. 우리나라와 일본에서는 사신으로 온 나라의 연희자들이 왕이나 천황 또는 관백 앞에서 잡희를 하는 일이 없었다. 조선통신사들이 일본에 갔을 때 역시 전문 연희자들이 동행하였으나 그들의 연희는 주로 이동과정에서 보여주기 위해서이거나 사신들의 무료함을 달래기 위해 객관에서 공연되었던 것이며 천황이나 관백을 위해 공연한 것은 아니었다. 그리고 중국사신이 조선에 왔을 때 동행해온 연희자들의 경우도 중국 사신을 위한 것이었다. 물론 궁중행사에서 중국사신의 요청으로 이들을 특별히 불러 궁중에서 이들의 연희를 즐긴 일은 있었다. 따라서 중국의 황제 알현식에서 했던 만국내조는, 중국은 황제국이고 주변의 조공국들은 황제를 위해, 말하자면 자국의 연희를 정재(呈才)한 것으로 보아야 할 것이다. 즉, 황제를 즐겁게 하고 그의 선덕을 찬양하는 의미를 담고 있는 것이라 하겠다.

중국의 아문에서는 북경의 조선사신의 객관인 옥하관에서 조선사신을 위해 연회를 베풀어주었는데[30] 여기에서 행해진 잡희는 궁정에서보다 훨씬 다양하다. 이들 잡기에 대해서는 박지원, 김경선, 이갑, 김의현, 서유문 등이 남긴 연행록에 기록되어 있다. 1803년 이해응의 『계산기정』에는 옥화관에서 관람한 잡희 공연이 기술되어 있다. 물론 이때 잡희 공연은 조선사신이 객관으로 희자를 불러 관람한 것으로 중국의 사신영접행

30) 옥하관 연희는 중국 측에서 희자를 불러 베풀기도 하였지만 조선사신이 돈을 주고 민간의 희자를 불러 연희를 즐기기도 하였다.

사는 아니었다. 하지만 이때 공연 내용이 중국 측이 객관으로 희자를 불러 연 공식 연향 때의 잡희 공연 내용과 크게 다르지 않을 것으로 보인다. 이해응은 원숭이 재주부리기, 어린아이가 연행하는 땅재주와 접시돌리기 그리고 방울받기를 관람하고 기록하였다.[31] 또한, 고리잇기, 구술삼켰다 토하기, 칼 삼키기, 빈 보자기에서 대추와 화채가 담긴 그릇 꺼내기, 종이와 실 찢어 잇기, 장대 위에서 대접을 돌리며 술을 만들어 마시는 등 다양한 환술에 대해서도 묘사하였다.[32] 그 외의 잡희로는 가면을 쓴 연희자

---

31) 이해응,『계산기정』권3, 계해년(1803) 12월 27일. 觀戲猿. 有牽㺜猴戲者來到館中 作諸般戲 猴二白羊一一 卽犬子 差少於貓 而戲者牽 而前以韋 轡繫猴頸 駈羊而使之隨 則輒手握其轡躍騰羊背 騎而馳走 又以一猿 穿紅衣靑袴 頭着假面女髻 足躡胡鞋而高坐一橨上 恰如數三歲孩兒矣. 一人鼓鑼叫聲則一猴自開橨 出帽而着之 一開而一着 乍着乍脫 其冠帽之屬不一 或作人步 或跪或臥 或持槍作擊刺狀 或扶笻作傴僂狀 又以兩木交植左右 橫索其上 而人又喝聲道辭則猴輒緣木而上 馳走橫索之上 少無差蹶 而或踞坐於木末 或立懸於索間 若自經狀 一猴則翻身回轉 人若從後暗打 則坐不安席 流睨側眄 或曰若見人打之則必向人帖身破膚裂冠云 猴之小 亦與相等 手足如人形 而臂長手厚 面貌間則無一莖毛 但班班然淺赤 又以篩輪四介相對如串字 或相比如連環 或分置四隅 或加輪于輪上 而輒敲鑼㺜犬 則犬乃回身轉入 或一直穿過 或騰身跳上 或曲腰折入 而一不觸動其輪 甚巧異物也 有小兒從旁突出 曲折其身 如弄繞指之鉛 倒竪橫立 搖頭轉足 示其便俐之容 問其年則甫八歲云 又有十餘歲兒 持一畫磁盌子 以尖小尺寸之木 撐其底而又以一木 含其端於口 其一端則橫連撐盌之木 仍口中道辭 而一手擊盌 使回回不已 則盌輒應手搖旋 而又以兩針 各繫一竿 使針末相連而搖之 又於竿頭 效人踞坐狀 又以烟竹樣 連其端而撐之 彼盌子一不違落於地 又以紅木丸子三箇 向空投上 迭手受之 乍投乍受 不知何丸之從何手投受也 又以嵌穴一小筒 繫在頂門上 有時受丸之落 此雖與幻術有異 而亦屬妙入神者 效人嚬笑解人言 蹴撥騎羊善聚奔 可惜衣冠無用地 遊場脫着任猴孫.

32) 이해응,『계산기정』권3, 갑자년(1804, 순조 4) 1월 3일(계사). 晴. 玉河館留 幻戲. 是日招致幻術人 作戲於館中 戲凡十餘種. 其一 手執五六鐵環 環正圓無罅縫 貫于指旋轉良久 却交貫爲連環 旋則分之爲各環 或兩人各持一環 相對投擲 則又合爲連環. 其一 兩人各持黑白彈子 如鷄子大 納于口呑下 旋又自手中出之 或自腦後吐之 或吐白于呑黑者之口 或吐黑于呑白者之口 其吐呑之狀 可謂神出鬼沒. 其一 鐵劍長數尺 納其刃于口 冉冉刺喉 幾沒其刃頭 輒伏于地 闔眼作悶絶狀 已而若將推而上 張口拔其刃 涎津漬濕 班班有血痕. 其一 橫竹吸烟 沒頭呑下 又破竹爲兩條 其長數尺 納諸鼻孔 而用力插入之 瞬目張口 爲呑下狀 而又若忍痛者然 久之引而出之 竟其長 而皆濕血涎 其烟竹則火猶不滅. 其一 覆空帕於地 轉身回旋 念念作口中語 俄而去其帕 則有二大畫圓楪 而一盛赤棗 一盛花菜雜種 又覆帕如前 有一大盆盛水 從腋中出 泱泱波瀾 少不傾一 而花椒蔥葉 泛在其中. 其一 扯碎白粉紙 條條相連 無一片粘聯之痕 因兩手交引之 如蠶絲

들이 가경만수(嘉慶萬壽) 4글자를 만들고, 몸을 흔들며 허리를 꺾고 참새처럼 뛰고, 게처럼 옆으로 걷는 등의 기예를 선보였다고 하였다.[33] 이 기예는 신체를 이용하는 유술을 묘사한 것이다. 또한, 어린아이가 벌거벗고 큰 기둥을 오르는 기예도 기록하였다. 김경선의 『연원직지』「환술기(幻術紀)」에 따르면 버나돌리기, 장협, 당채 운반술, 관객놀리기와 환술로는 물건을 크게 만드는 니환(泥丸), 엽전 색깔바꾸기, 줄 잘라잇기, 고리 이었다풀기, 찻잔 깼다 붙이기, 없는 것을 새로 만드는 기예인 촬롱(撮弄), 물이나 술 따르기, 종이 삼켰다토하기, 토화(吐火), 자박자해(自縛自解), 탄검(呑劍), 탄침(呑針), 차력(借力) 등이 있었다.

[표 53]을 보면 17세기 궁중연향에서 연행된 연희 종목과는 달리 18세기 궁중연향에서는 희곡이 공연되었음을 알 수 있는데, 이는 청대 사신영접행사에 보이는 가장 큰 변화라 할 수 있다. 서호수는 이때 관람한 희곡에 대해 『연행기(燕行紀)』에 자세히 기록하였다. 여기에는 연제 16장 81편의 목록이 기록되어 있다.[34] 서호수는 당시 피서산장에서 연제(演題) 16

纙出 不知爲幾十尺 有二禽雛 從紙中飛出 觀者皆叫驚. 其一 引一絲繩 拔刀截斷 爲三四端 旋又呪語摩挲 繩復一脉相連 無重續之痕. 其一 立一柱木於庭 負其手 而令人從後縛之 欲緊緊不解 仍覆帕於手縛處 則瞬目間 負手移步 其縛手則不解 而所立柱 在於縛手之外矣. 其一 竪竿搖楪 或傾壺酒 酌而盡之 復傾而復飮 空壺之酒 津津不已 此果一定是幻術 而用法之荒忽 擧一可知千百也.

33) 이해응, 『계산기정』 권3, 갑자년(1804, 순조 4) 1월 12일(임인).晴. 玉河館留. 紫光閣是日皇帝設紫光宴 三使入參 余亦從焉 天明 由西華門 入福華門內 皇帝乘黃流蘇屋轎 侍臣數人 奉黃金爐盞等器 左右分列而前導 皇帝露面顧視 可一見而詳矣 鬚髭頗小 面方而豐下 蓋深黃色 三使隨入宴班 而余則自外觀之 杯盤浪藉 磬筦俱作 有百十紅衣軍 手奉一隊黃布帳 自西而前 瞬息間遮其庭 設爲三門 而場戲之具 皆從門入 各藏假面 其闊袖圓領幞頭大帶 一應先王法服 或絶類東制 此所謂禮失而求諸野者也. 皆執一木板 而以金字各書一字 於一板合而看之 則嘉慶万壽 又作假花 如羽扇樣 執而搖之 低昂合節 又搖尻折腰 雀躍蟹行 其枝酷似我國花郎 而可謂曲盡其妙 又立一大柱 使八九歲兒 裸身登柱 倒懸橫立 若踏平地 其餘角觝戲獅子舞及紅棒環逐之狀 皆次第設戲 皇帝還駕 頒賞有次 宴罷入閣 閣凡二層 而扁曰紫光閣 乾隆詩揭壁者四五處 殿設寶榻是皇帝所御 而殿砌皆玉欄 龍塔燃香嫋嫋纖 紫光高閣玉編簾 優人競奏公庭舞 賞賜黃金又白縑.

장을 3회, 북경 원명원에서 1회 총4회에 걸쳐 관람하였으며[35] 원명원에서는 서유기도 관람하였다고 기록하였다.[36] 이때 서호수가 4회에 걸쳐 본 연희의 내용은 모두 다른 것이었다. 특히 첫날 본 연제 16장은 연희가 펼쳐질 공간에 대한 묘사와 연희의 내용도 함께 설명하고 있다. 공연은 연희전(演戲殿)에서 열렸으며 화로에는 침향이 피어오르고 있다고 하였다. 연희전은 원명원 안의 공연을 전문으로 하는 장소였을 것으로 보인다. 공연을 관람하는 자리는 조선사(朝鮮使)가 가장 앞이고 그 다음 안남사(安南使), 남장사(南掌使), 면전사(緬甸使), 생번(生番)의 순서였다. 공연 시작 전, 먼저 음악이 연주되는데 이때의 음악은 절주(節奏)와 성조(聲調)가 장에 따라 각각 다르나, 대체로 경사를 맞이하고 수(壽)를 축하하는 가사(歌詞)가 많았다고 하였다.

그리고 박사호의 『심전고』「유관잡록」 연희기에도 자신이 관람한 연극

---

34) 이에 대해서는 임기중, 앞의 글, 1999a, 145~146쪽과 이창숙, 「연행록에 실린 중국 연희(演戲)와 그에 대한 조선인의 인식」, 『한국실학연구』 20, 한국실학학회, 2010, 139~140쪽 참조.

35) 서호수, 『연행기』 권2 起熱河至圓明園, 경술년(1790, 정조 14). 7월 16일 갑오. 卯正六分聞戲. 未正一刻五分止戲曰清平見喜 曰合和呈祥 曰愚感蛇神 曰文垂鳳彩 曰多收珠露 曰共賞氷輪 曰壽星旣醉 曰仙侶傾葵 曰籠罩乾坤 曰氤氳川岳 曰鳩車竹馬 曰檀板銀箏 曰修文偃武 曰返老還童 曰芬菲不斷 曰悠久無疆 凡十六章; 7월 18일 병신. 卯正十分開戲 未正二刻止戲 曰寶塯凌空 曰霞觴湛露 曰如山如阜 曰不識不知 曰天上文星 曰人間吉士 曰花甲天開 曰鴻禧日永 曰五色抒華 曰三光麗彩 曰珠聯璧合 曰玉葉金柯 曰山靈瑞應 曰農政祥符 曰瑤池整轡 曰碧落飛輪 凡十六章; 7월 19일 정유. 卯正一刻五分開戲 未正三刻十分止戲 曰壽域無疆 曰慈光有兆 曰紫氣朝天 曰赤城益籌 曰霓裳仙子 曰鶴髮公卿 曰化身拾得 曰治世如來 曰齊回金闕 曰還向丹墀 曰偕來威鳳 曰不貴旅獒 曰爻象成文 曰竈神旣醉 曰太平有象 曰萬壽無疆凡十六章; 권3 起圓明園至燕京 경술년(1790, 정조 14) 8월 10일 무오. 卯時始戲 未時止戲 曰八洞神仙 曰九如歌頌 曰象緯有徵 曰遐齡無量 曰仙子效靈 曰封人祝聖 曰海屋添籌 曰桃山祝嘏 曰綰紱盈千 曰清寧得一 曰百齡叟百 曰重譯人重 曰慶湧琳宮 曰瑞呈香國 曰日徵十瑞 曰桃祝千齡 凡十六章.

36) 서호수, 『연행기』 권3 起圓明園至燕京 경술년(1790, 정조 14) 8월 4일 임자. 卯時始戲 未時止戲 而演西游記.

의 제목을 소개하고 있다.[37] 박사호는 연극이 공연된 장소인 연희청(演戲廳)의 무대 설치에 대해서도 언급하고 있다. 이 연희청은 서호수가 공연을 관람한 연희전이었을 것이다. 3층 건물에 난간을 두르고 그중 가운데 층에 무대를 마련하고 장막을 치는데 한 가지 놀이가 끝나면 이 막 뒤로 사라졌다가 다음 놀이를 할 때 다시 이 막을 통해 등장하는 구조를 설명하였다. 그리고 이 때 공연되었던 종목 16편의 이름을 열거하였다.

조선후기 연행록을 살펴본 결과 중국에서는 사신들이 참여한 궁정연회에서 매우 다양한 종류의 산악·백희가 연행되었음을 알 수 있다. 산악·백희 중 가장 많이 보이는 것이 환술이며 동물재주부리기, 공중곡예로 솟대타기, 줄타기, 그리고 유술과 땅재주가 연행되었다. 그리고 위에서 살펴보았듯이 18세기 후반이 되면 새로이 연극이 사신영접행사에서 공연되고 있어서 변화를 보이고 있다.

중국은 시대별로 연희문화의 변화가 많았다. 당대에는 잡희가 중심이었고 북송시대에는 가무희 중심의 소희(小戲)에서 대희(大戲)로 변하였다. 이는 거란족과 여진족이라는 북방민족의 등장으로 이들의 음악이나 무용이 당시 연희문화에 영향을 미쳤기 때문인 것으로 보인다.[38] 그 다음으

37) 박사호, 『심전고』 권2 「유관잡록(留館雜錄)」, 연희기(演戲記). 演戲 戲也. …(중략…)其演戲名目 有秦始皇阿房宴 楚霸王鴻門宴 漢高祖南宮宴 魏武帝銅雀宴 晉武帝雲龍宴 隋煬帝西苑行樂 唐太宗七德舞 宋太祖淸流關戰 金太祖龍王廟戰 元世祖渾河戰 明太祖金陵戰 其外鉅鹿大戰 赤壁大戰 西園雅集旗亭故事 王昭君出塞行 烏孫公主琵琶行 若此之類 不可殫記 其衣冠 皆依倣歷代之制 人物皆肖像 各人之貌 每設一戲 必先掛一牌 以示其名目 而形容當時之事蹟 又雜以諧謔 以供玩笑 初見寶座如天 高排宴卓 劍佩趨蹌 繖扇擁衛 擊缶而歌 忽變爲靑油玉帳 擁盾直入 撞破玉斗 劍舞翩翩 忽變爲拔劍擊柱 醉酒妄呼 忽變爲宮粧細馬 繡輦影從 唱淸夜遊曲 忽變爲干羽舞庭 猛將獻馘 酋長起舞 忽變爲畫布層城 麾兵斬關 或鐵騎突出 刀鎗齊鳴 或樓船揚帆 旌旗繞城 或沈船破釜 橫槊賦詩 或文人詞客 臨水賦詩 或美人擁樓 唱玉門曲 或羌笛弄春 紅粧落淚 或馬上彈曲 音調凄凉.

38) 김학주, 「중국 희극의 변화를 통해 본 중국 문화의 전변」, 『한·중두 나라의 가무와 잡희』, 서울대학교출판부, 1994.

로 원대의 잡극, 명대의 전기(傳奇), 청대의 난탄(亂彈) 등 다양한 형태의 연극이 발전하면서 중국 공연문화를 이끌었다. 이는 당연히 궁중연향에도 영향을 미쳤으며 그에 따라 궁중연향도 변화하였고 사신영접행사에서 연행되는 종목 구성에도 영향을 미쳤다. 명·청대에 이르러 희곡이 주가 되면서 산악·백희는 비중이 점차 줄어들었고 궁정에서 별도로 예인을 양성하지 않게 되었으며 특별한 절기에만 공연되는 형태로 변화하였다.[39) [표 53]을 보면 18세기 초까지 청대에 궁정에서 연행된 잡희는 주로 환술과 등희, 불꽃놀이가 주를 이루었다. 그러나 18세기 후반으로 넘어가면서 이전 시기에 보이지 않던 희곡이 자주 공연되는 것이 가장 눈에 띄는 변화이다. 물론 중국에서 연극이 유행했던 것은 이보다 훨씬 이른 시기였지만 조선의 사신들이 연극을 관람한 기록이 보이는 것은 18세기 후반 이후였다. 앞서 언급했듯이 17세기는 양국 관계로 인해 연희를 기록할 만한 여유가 없어 기록에 없는 것일 수도 있다. 하지만 독특한 영접행사 내용을 빠뜨린 것 같지는 않고 아마도 17세기 사신영접행사에서는 연극공연을 보지 못했을 가능성이 더 높다. 일본의 경우도 18세기 무렵부터 사신영접행사에서 노와 가부키 등 연극적인 연희가 연행되었다. 한국의 사신영접행사에서는 연극이 공연된 적이 없다는 점에서 분명한 차이가 있다. 물론 앞에서 언급하였듯이 궁중행사와 아극돈의 《봉사도》에 탈춤을 추는 장면이나 채색화 〈낙성연도〉에 채붕을 설치하고 노장과 기생이 나오는 장면이 묘사되어 있는 것으로 보아 연극적인 내용의 공연이 있었을 가능성도 배제할 수는 없다.

39) 안상복, 『중국의 전통잡기』, 서울대출판부, 2006, 61~62쪽.

2) 일본의 사신영접행사에서 연행된 연희

고대 일본의 경우, 일본을 방문한 외국사신에게 베푸는 연회에서 어떠한 악가무와 연희를 공연했는지 확인할 수 있는 자료는 많지 않다. 하지만 사료에 보이는 단편적 기사를 통해 추론해 볼 수 있다.

R-1. (가을 7월 甲寅 초하루) 을해. 백제 사신 대좌평(大佐平) 지적(智積) 등에게 조당에서 잔치를 베풀었다[어떤 기록에는 백제 사신 대좌평 지적과 그의 아들 달솔(達率) 아무개, 은솔(恩率) 군선(軍善)이라 하였다.]. 이에 건장한 장정에게 명하여 교기(翹岐) 앞에서 씨름을 하게 했다. 지적 등은 잔치가 끝난 후 물러나와 교기의 문전에 절하였다.[40]

R-2. (5월) 경신. 천황이 북송림(北松林)에서 말타고 활쏘는 것을 관람했다. 입당했다가 돌아온 사신과 당인이 당악(唐國)과 신라악(新羅樂)을 연주하고 농창(弄槍)을 하였다. 5위 이상에게 녹을 내렸는데 차등이 있었다.[41]

R-1은 백제 사신을 위한 연향을 조당에서 베풀었으며 이때 씨름을 하게 하였다는 것이다. 사신영접행사에서 장정들로 하여금 씨름을 하게 하였다는 것인데 씨름은 진한(秦漢)대에 강무지례의 하나였던 것이 산악·백희로 변화한 것이었다. 그리고 R-2는 당악과 신라악의 일본 전래를 알려주는 기사로, 당나라에서 온 사람에게 당과 신라의 음악을 연주하게 하고 농창을 하였다는 기사이다. 견당사 일행과 당나라 사람이 당악과 신라악

40) 『일본서기』 권24, 天豐財重日足姬天皇 皇極天皇 元年 七月(642년 7월 22일(음)). (秋七月甲寅朔) 乙亥 饗百濟使人大佐平智積等於朝或本云 百濟使人大佐平智積及兒達率 闕名 恩率軍善 乃命健兒 相撲於翹岐前 智積等 宴畢而退 拜翹岐門.

41) 『속일본기』 권12, 天璽國押開豐櫻彦天皇 聖武天皇 天平7년 5월(735년 5월 5일(음)). 新羅樂. (五月) 庚申 天皇御北松林覽騎射 入唐廻使及唐人奏唐國新羅樂弄槍 五位已上賜祿有差.

을 연주하였다고 하는 것은 이 당시 이미 당에 신라의 음악이 잘 알려져 있었고 이를 일본에서도 연주하였음을 의미하는 것이다. 그리고 농창이라고 하는 것은 창을 이용한 산악·백희의 일종으로 보인다. R-2에서 천황이 관람한 말타고 활쏘기는 마상재가 아니었을까 한다. 말타기, 활쏘기, 농창은 무예와 관련된 것들로 무술이 연희화된 것이다. 이 기록을 통해 고대 일본의 사신영접행사에서는 당악과 신라악이 연주되고 산악·백희의 종목이 함께 연행되었던 것으로 보인다.

일본의 사신영접행사와 연희에 대해서는 17세기 조선의 통신사행 관련 자료를 통해 가장 상세히 알 수 있다. 우선 일본에서 제공하는 통신사에 대한 연향은 『통문관지』와 『증정교린지』에 나와 있는데 정리하면 [표 55]와 같다.[42]

[표 55] 일본에서 통신사에 대한 공식 연향의 종류

구분	『통문관지』	『증정교린지』 1	『증정교린지』 2	『증정교린지』 3
대마도	하선연, 상선연	하선연, 상선연	하선연, 상선연, 숙공의 관백연향	하선연, 별연, 상선연, 서계다례, 이정암다례, 만송연다례
상경연도지역	진무	진무		
에도	별연, 전명식 이후 다례 및 연향	별연, 전명일 전명다례 관백연향 삼납언 주최 연향	별연	

* 『증정교린지』 1, 2는 권5에 똑같은 항목이 두 번씩 반복되어 나온다. 아마도 두 번째 기술된 것들은 이후 추가로 보충한 것으로 보인다. 그리고 『증정교린지』 3은 권6에도 같은 항목이 나오는 것을 정리한 것이다.

42) 『通文館志』 권6 「교린」 피지연향(彼地宴享); 『증정교린지』 권5, 피지연향; 同書 권6, 피지연향.

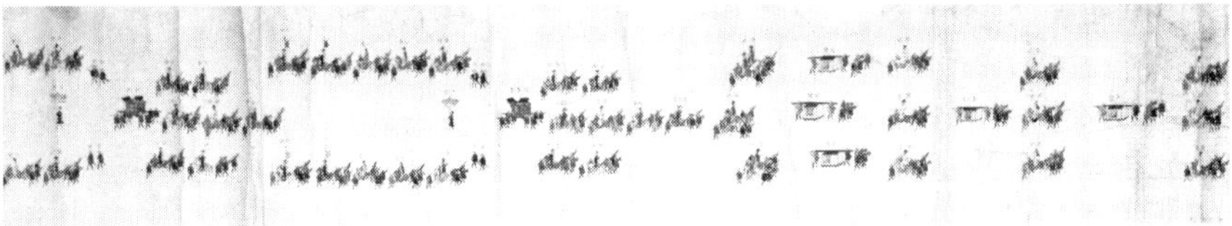

[그림 33] 1636년(인조 14) 제4차 통신사 일행이 에도성(江戶城, 지금의 도쿄)에 들어가는 모습, 〈조선통신사행렬도〉, 국립중앙박물관.

통신사를 위한 연향은 먼저 대마도에 도착하면 하선연이 있고 에도에서 별연(別宴)이 있는데 별연은 대마도에서도 한 번 열린다. 귀국 시에는 대마도에서 상선연을 한다. 이 세 번의 연향이 공식적인 통신사 영접연향이며 이 외에 서계다례(書契茶禮), 이정암다례(以酊菴茶禮), 만송원다례(萬松院茶禮)가 있다.

『통문관지』와 『증정교린지』는 17세기 임진왜란 이후 일본에 파견한 통신사의 구성에 대한 상세한 규정도 담고 있다. 사신단은 정사와 부사, 종사관, 통사, 당상관, 제술관, 양의, 압물관, 사자관, 의원, 화원, 자제 군관, 군, 서기, 별파진, 마상재와 전악, 사공, 기마대, 대고수, 세악수, 쟁수, 풍악수 등 의장과 고취를 맞는 의장대, 격군 등으로 구성된다(그림 33). 가장 많은 인원은 격군으로 270명이다. 격군을 제외하고도 300명에 이르는데 이중 사신행렬의 의장과 연희와 관련된 인원을 추려보면 다음과 [표 56]과 같다.

이 중 마상재의 경우는 특별히 일본 측의 요청에 의해 통신사에 포함되었으며 일본에 건너가 마상재 공연을 펼쳤다. 마상재는 인조 12년(1634) 일본 관백의 요청으로 처음 일본에 건너가게 되었으며[44] 이후 통신사행

43) 12회에 걸친 통신사행에서 매번 그 인원 수는 일정하지 않아 약간씩 증감이 있었다.

44) 『인조실록』 권30, 인조 12년(1634) 12월 14일 병신. 備局啓曰 自前我使之入往日本也. 被擄之人 乞還本國者 情理可矜 故前後刷還 其數甚多. 今者關白馬上才之請 旣出於私好 若干人物

[표 56] 조선통신사행렬 중 의장 및 연희 관련 구성원[43]

구성원	인원	담당
마상재	2인	말을 타고 부리는 재주, 산악·백희 중 한 종목
전악	2인	궁중의 음악연습과 교육담당
취수	18인	행악에서 나팔 담당
마상고수	6인	말을 타고 가면서 북을 치는 사람
동고수	6인	징 연주
대고수	3인	큰북 연주
세악수	3인	보통 3현6각으로 편성되는 군악대. 어가행렬에서는 어가 뒤에 서는 악대
쟁수	3인	쟁 연주
풍악수	12인	악공. 악기 연주

[그림 34] 왼쪽부터 마상립, 마상도립, 쌍마 장면
(조선통신사문화사업회, 『마음의 교류 조선통신사』, 107쪽)

이 있을 때 동행하였다.

마상재 공연에는 쇼군도 참여하여 관람하였다. 이때 연행되었던 마상재 기예가 『통항일람(通航一覽)』에 보인다. 마상재를 연행했던 사람은 지기택(池起澤), 이두흥(李斗興) 두 사람이었는데 이들은 마상립(馬上立), 마상도립(馬上倒立), 마상도예(馬上倒曳), 마상좌우칠보(馬上左右七步), 마상횡와(馬上橫臥), 마신상앙와(馬背上仰臥), 마협은신(馬脇隱身), 쌍마(雙馬)를

之刷還 必不占恡. 如有乞還者 善辭方便 一時帶還 上從之.

연행하였다.[45] 신묘통신사행에서 마상재는 4번에 걸쳐 펼쳐졌다. 그리고 악기 연주자들은 모두 통신사 행렬에서 행악을 담당하고 객관에서 벌어지는 연회에서 각종 가무희와 산악·백희 연행시 음악 반주를 맡았다. 이들 연주자 중에는 중앙의 연희자뿐만 아니라 지방의 연희자도 포함되어 있었다.

다음은 일본이 통신사를 위해 베푼 지방 연회에서 어떠한 연희가 베풀어졌는지 보여주는 기록이다.

R—3. 맑음. 아침에 흐리다가 비가 왔다. 해안사에서 머물렀다. 의성이 연례(宴禮) 행하기를 청하므로 누차 사양하다가 허락하였다. …중략…술이 반쯤 취하매 나이 젊은 광대로 하여금 풍악을 울리고 재주를 부리게 하며, 또 무동(舞童)을 시켜 떼를 나누어 들어오게 하였다.[46]

R-4. 비. 식후에 비를 무릅쓰고 도주의 집 연회에 갔는데, 집이 굉장히 크고 화려하여 제도가 마치 관백궁(關白宮)과 같아 그 사치하고 참람함을 헤아릴 수 없었다. 도주와 두 중이 정당(正堂)으로 인도하여 서로 읍하고 앉은 다음, 구작(九酌)을 행하되 마도(馬島)에서 있었던 예와 같았다. 차려낸 찬품도 아주 정결했고 화상(花牀) 역시 극히 화려하고 사치스러웠다. 또 희자(戱子)를 들여 잡희(雜戱)를 보게 하였다. 연회를 끝내고 돌아오니 도주가 사람을 보내 문안했다.[47]

---

45) 『통항일람(通航一覽)』 권91 「조선국부」67 曲馬上覽幷騎射, 60~62쪽.

46) 강홍중, 『동사록(東槎錄)』, 갑자년(1624) 10월 10일(신해). 晴朝陰雨 留海晏寺. 義成請行宴禮 屢辭然後許之…(중략)….行酒半酣 令年少戲子 奏樂呈才 又令舞童分隊而入. 번역은 한국고전번역원 번역문 인용하였음.

47) 임수간, 『동사일기(東槎日記)』 건(乾), 신묘년(1711) 11월 6일조. 六日 雨. 食後冒雨赴島主家宴 屋宇宏侈制如關白宮殿 奢僭無度 島主兩僧引入正堂 相揖而坐 行九酌如馬島之例 饌品甚佳 花床亦極華侈 且呈戲子雜戲 宴罷還歸 島主伻候. 번역은 한국고전번역원 번역문 인용하였음.

연향에서는 희자(戱子)를 불러와 잡희를 연행했음을 알 수 있다. 이때에 어떤 종목이 연행되었는지는 알 수 없지만 이러한 연회는 지나는 참(站)에 따라 빈번하게 열렸다. 이는 조선에서 사신이 머무는 객관에서 연회를 베푸는 것과 같다.

다음의 『계미동사일기(癸未東槎日記)』는 계미년(癸未年), 즉 1643년 인조(仁祖) 21년에 통신사행원으로 함께 일본에 갔다가 온 사람이 쓴 일기로 작자는 알 수 없다. 다음 기사는 연속적으로 파악해야 한다.

R-5. 도주가 또 말했다. "이번에 오신 신사(信使)에 대해서 대군은 더할 수 없는 경사라고 하여 반드시 음악을 연주하고 배우 놀이가 있을 것이라 합니다."[48]

R-6. 잔치할 때 음악을 연주하는 것은 전에 없던 융숭한 예식이므로, 사신이 마땅히 사례를 해야 하는데, 두 번 절하는 것으로서 정하였다 한다. 그래서 사신은, 《춘추(春秋)》에 대부(大夫)가 이웃 나라를 방문했을 적에 답례로 음악을 연주하면 거듭 절하는 예법이 있는 터인즉, 관백이 이미 사신을 위해서 음악을 베푼다면 마땅히 고맙다는 예가 있어야 할 것이니, 이 한 가지만은 억지로 없애자고 하지 않겠다고 하였다.[49]

R-7. 사신이 단으로 내려가서 사폐를 올리는 사배(四拜)를 행하고 나가서 차당에 앉았다. 관백이 집정(執政) 소부찬기수(掃部讚岐守)·가하수(加賀守) 등을 시켜 말을 전하기를, "이번 사신 행차는 전날과 달라서 경사스러움이 이보다 더 클 수가 없습니다. 그래서 기희(技戱)를 베풀어서 구경하시도록 했습니다." 하였다.…(중략)… 이날 잡희(雜戱)를 종일토록 여는데

48) 저자미상, 『계미동사일기』, 7월 14일(을사). 島主且言 今番信使 大君以爲莫大之慶 必有動樂設戱之擧云.

49) 『계미동사일기』, 7월 16일(정미). 宴享時動樂 無前盛禮 使臣當爲謝禮 而以再拜講定云 使臣以爲春秋大夫報聘 有奏樂重拜之禮 關白旣爲使臣設樂 則似當有謝禮 此一節則不爲强辨.

> 북을 치고 피리 불며 떠들어대며 기희를 하는 자들은 저마다 재주를 보였다. 아무리 융숭한 예절이라고 하지만 귀와 눈에 익은 것이 아니어서, 그 잡스럽고 어지러운 것을 보고 싶지가 않았다.[50]

위 기사는 에도에 도착하여 관백이 통신사에게 베푼 연향에 참가하였다가 보고 들은 것을 기록한 것이다. 미리 대마도주를 통해 통신사 일행에게 연향 날짜와 연향의 절차, 예법도 정해 알려준다. 대마도주가 전하는 말에 이번 연향에 특별히 음악연주와 배우놀이, 즉 우희가 있을 것이라 하였다(R-5). 즉, 이번 연회의 공연은 매우 특별한 경우에 해당한다는 의미가 내포되어 있다. 그리고 이러한 음악연주는 '전에 없던 것'이니 답례를 하기로 한다(R-6). 그리고 관백의 연향에서는 하루 종일 잡희를 하고 북치고 피리를 불며 기희하는 자들이 재주를 뽐냈다고 한다(R-7).

위 기사를 근거로 일본에서는 1643년 이전에는 관백 주관의 전명일 연향에서 음악 연주나 잡희 등의 공연은 일상적으로 행하는 것은 아니었을 것이라는 견해가 있다.[51] 하지만 연향에서 음악의 연주나 잡희 공연이 없었다는 것은 선뜻 받아들이기 어려운 점이 있다. 일본은 고대 이래로 삼국에서 수용한 다양한 궁중연회를 위한 악가무를 갖추고 있었고 이를 궁중연향에서 사용하였으며 각종 잡희도 연행하였다. 그리고 이미 앞에서 살펴보았듯이 비록 고대의 기록이기는 하지만 궁중의 사신연향에서 악가무를 하고 농창, 각저희 등의 잡희를 행했던 기록과 『신서고악도』를 통해 음악이나 잡희 공연양상을 확인할 수 있다. 더구나 대마도주의 연향

---

50) 『계미동사일기』, 7월 19일(경술). 使臣就下壇 行私幣四拜 出坐次堂 關白使執政掃部讚岐守加賀守等傳言曰 今番使行 與前有異 慶莫大焉 爲設技戲 使之觀光焉. …(중략)…是日設雜戲終日爲之 鼓笛喧轟 戲者各呈技藝 雖云盛禮 耳目不及 其爲雜亂不欲觀 諸戲藝才罷. 번역문은 한국고전번역원 번역문 인용.

51) 김은자, 앞의 글, 2011, 97쪽.

이나 지방의 연향에서도 음악연주와 잡희를 설행했는데 관백 연향에서만 없었다고 보기는 어렵다. 다만 관백은 천황을 대신하는 관직으로서 그를 대행하는 행사에서 황실음악이 연주되는 경우는 없었을 것으로 보인다. 연향악의 경우는 17세기 이전에도 사용되었으며 잡희 공연도 있었다고 보아야 한다. 아마 '전에 없던 것'은 예전과 다른 새로운 연향악과 연희가 행해졌던 것으로 이해해야 하지 않을까 한다.

R-8. 당(堂) 앞 6, 7보쯤에 작은 행랑이 화려하고 통창하였는데 악수(樂手) 5, 6인이 비파·피리·장구 등을 각각 두어 벌씩을 가지고 앞줄에 벌려 앉아 있었고, 노래하는 자가 또한 몇 사람이 있었다. 비파의 모양은 한국의 해금(嵇琴)과 같으면서 배에 줄이 있었는데, 채[撥]로 타고, 북은 장구의 모양과 같으면서 작았는데, 왼손으로 그 가운데를 잡고 어깨 위에 메고 그 한쪽을 두드리니, 이른바 부부(拊缶)라 하는 것인데, 미치게 소리를 지르는 것이 마치 홍이 나서 엉덩이를 치며 소리를 지르는 것 같고, 마치 개가 으르렁거리고 학이 우는 것 같으니, 나도 모르게 웃음이 절로 나왔다. 길이가 한 자도 안 되는 피리는 구멍이 있어서, 불면 소리가 마치 가을 풀 속에서 귀뚜라미가 우는 것과 같았다. 노래하는 자는 책을 앞에 놓고 있다가 책을 펴보면서 부르는 것이 마치 글을 읽는 형상과 같았고, 그 소리가 또 중들의 범패(梵唄)와 같았다. 16, 17세쯤 되는 미남 10인을 뽑아서 어깨에는 그림을 그리고 얼굴에는 붉은 분칠을 하였으며, 머리는 틀어서 기름을 바른데다 오색 무늬의 비단옷을 입혔다. 얼핏 보기에는 미모가 출중한 여인처럼 보였다. 밖에서 옷을 갖추고 들어와서 주변을 돌면서 어지럽게 걷는 모습이 음악 소리에 박자를 맞추지 않는 듯했다. 이는 대충 한국 오방신무(五方神舞)와 같았다.…중략…잡희(雜戲)가 나왔는데, 대략 한국의 꼭두각시놀이와 같았다. 행랑 가운데에다 장막을 설치하고 어린아이를 안은 사람이 나왔는데, 생김새가 귀여웠다. 잠깐 사이에 어린애가 변하여 칼이 되었는데, 칼 빛이 번쩍거렸다. 칼등을 통기며 잡아끄니 칼이 다시 기이한 꽃이 가지에 가득한 것으로 변하였고 그것을 불어서

> 흩어지게 하니 가을 바람에 잎처럼 떨어졌다. 또 화려한 금빛의 집이 갑자기 장막 머리에서 일어섰다. 보이는 것이 요사스러워 절과 같았는데, 그 가운데에서 등촉(燈燭)이 사람도 없는데 저절로 타고 있다가 잠깐 동안에 다시 낙엽이 되어 우수수 떨어져 내렸다. 이와 같은 것이 몇 가지나 되었는데 섬쇄한 환상과 기괴함을 모두 차마 눈으로 볼 수 없었다. 어두워서야 파하였다.[52]

R-8은 1719년 통신사의 일행이었던 신유한의 『해유록(海游錄)』의 기록이다. 악기연주와 16,17세의 어린 남자들이 나와 춤을 추었는데 한국의 오방신무와 같았다고 묘사하였다. 그리고 뒤이어 잡희가 나왔는데 이는 꼭두각시놀이와 같다고 하였다. 그 다음에 나오는 내용은 환술의 내용인데 이는 인형을 놀려 환술을 공연한 것으로 보인다. 그리고 무대 배경이 순식간에 변하는 모습도 정확하게 포착하여 설명하였는데 이 묘사를 통해 당시 일본에서 인형과 무대를 제작하고 조작하는 기술이 매우 뛰어나 인형극 수준이 매우 높았다는 것을 보여주는 기록이다. 조선 사신들에게는 그 기예가 몹시 낯설고 신기하며 괴이하게까지 보였던 것이다. 차마 눈뜨고 볼 수 없다한 것에서 일본의 공연문화나 음악에 대한 멸시와 잡희에 대한 인식을 그대로 드러내고 있다.

---

52) 신유한, 『해유록』, 10월 9일(戊申). 堂前六七武有小廊 麗而敞 樂手五六人 執琵琶笛腰鼓各數部 列坐前行 歌者亦數人 琵琶狀如我國嵇琴 而腹有絃 彈之以撥 鼓則缶形而小 左手提其腰 擔在肩上 右手撞其一面 所謂擗缶者 必狂呼叱咤 似是乘興搏髀呼嗚之類 而聲如犬狺鷄鳴 不覺失笑 笛長不盈尺而有孔 吹之聲如秋草蛩吟 歌者置冊于前 披冊而唱 如讀書之狀 而其聲又似梵唄 舞則以美男子年可十六七者十人 畫肩紅粉綰髮玄膩者 五色紋錦 望之如傾城冶女 自外具服而入 周行亂步 似不與樂聲而低昂者 蓋如我國倡伎之五方神舞…(중략)…樂止而雜戲出 略如我國傀儡之觀 設帳於廊中 有人抱兒而出 婉孌可愛 宛轉間兒化爲劍 劍色瑩耀 彈其脊而捽之 復化爲奇花滿枝 吹而散之 則爲秋風落葉 又有華堂金屋 猝起帳頭 所見妖奢 望如佛宇 其中燈燭 無人而自燃 不須臾復盡爲落葉 紛紛下矣 如是者數種 而纖瑣幻怪 皆不堪寓目 至昏而罷. 한국고전번역원의 번역문 인용하였음.

다음은 조명채가 에도에서 열린 마주수가 베푼 연향에서 관람하고 기록한 『봉사일본시문견록(奉使日本時聞見錄)』의 내용이다.

R-9. 모신 왜인이 과일과 술 등속을 연달아 올렸다. 조금 뒤에 보니, 새로 지은 판각 위에 희자(戲子)의 제구를 설치하였는데, 대체로는 한국 산디놀음[山臺]하는 사람이 야유(野遊)를 설치하는 것과 같다. 작은 북, 짧은 장고에 그 소리는 언[凍] 것 같아 마치 한국 아이들이 하돈고(河豚鼓)와도 같으며, 칠적(漆笛)은 단소하여 음절이 이어지지 않으며, 해금(嵇琴)·비파에 이르러서도 줄이 서넛 밖에 안 되어 더욱 소리가 되지 않았는데, 다만 만듦새가 정교할 뿐이다. 책을 가진 자 7~8인이 차례로 벌여 앉았으니 곧 이른바 가인(歌人)이다. 책을 펴놓고 합창을 하는데, 처음에는 늙은 중이 염불하는 것 같다가, 다시 장님의 경외는 소리 같더니, 차츰 고함소리를 내고 목청을 한껏 돋우어 소리를 내어 붉은 기운이 온 얼굴에 오르고 목줄기가 불끈 솟으며, 머리 흔들고 입 놀리는 해괴한 형상은 다 기록할 수 없다. 잡희(雜戲)를 잇따라 올린 것이 또 몇십 차인지도 모를 정도였다. 그런데 그들이 이른바, '꽃이 비처럼 떨어지고[花落如雨]', '불이 일어나서 재가 된다[火起灰成]'라 한 것은 환법(幻法: 마술), 마술이 아니고 모두 졸기(拙技)여서 그다지 볼만한 게 못되고,[53]

위 기록을 보면 뜰에 산악·백희를 연행하기 위해 필요한 도구와 구조물을 설치하는 것이 보인다. 희자의 제구를 설치하는 것이 한국의 산대를 설치하는 것과 같다 하였고 북과 장고, 해금, 비파 등의 악기 연주가 뒤따

53) 조명채, 『봉사일본시문견록(奉使日本時聞見錄)』곤(坤) 무진년(1748, 영조 24) 6월 6일(기미). 俄見新閣之上 設戲子之具 大體若我國山臺人之設野遊也. 小鼓短缶 其聲如凍 若我國兒輩河豚之鼓 漆笛短小 音節不續 至於嵇琴 琵琶 絃絙三四 尤不成聲 而只是制樣之精巧而已 有挾冊者七八人 次第列坐 卽所謂歌人 而披冊齊聲 初如老釋之念佛 更若盲人之誦經 而轉成咆哮 竭喉作聲 赤氣通面 項筋挑發 而搖頭縮口 駭狀難記 繼呈雜戲者 又不知其幾十次 而其所謂花落如雨 火起成灰者 旣非幻法 俱係拙技 皆不足一目. 한국고전번역원의 번역문 인용하였음.

랐으며 잡희를 잇달아 올렸다고 하였다. 이는 산대를 가설하고 그 앞에서 산악·백희하는 것을 명확하게 설명하고 있다. 그리고 꽃잎을 날리고 불을 이용하여 사물을 태우는 환술도 연행하였다. 중국과 일본에서는 사신영접 행사에서 환술을 자주 연행했던 것으로 보인다. 그리고 이에 대해 조명채는 뛰어난 기예가 아니어서 볼만한 것은 아니라고 평했는데, 이러한 평가는 중국에 사신으로 갔던 조선 사신이 환술을 비롯한 잡희를 보고 볼만한 것이 못 된다고 했던 것과 같은 맥락이다. 이는 성리학적 예악사상을 지닌 조선 지배층의 산악·백희에 대한 인식을 엿볼 수 있는 부분이다.

조선통신사에 대한 일본 측의 공식연향, 특히 에도에서 국서전명식이 끝나고 열린 연향에서 구체적으로 어떠한 음악이나 연희가 연행되었는지 살펴보자. 사실상 조선의 사행록에 이러한 공연 종목을 구체적으로 기술한 경우가 드물다. 하지만 그 중 『동사록』과 『봉사일본시문견록』에는 에도에 머물면서 참석한 연회에서 노와 교겐이 공연되던 광경을 비교적 상세히 묘사한 것이 남아 있다.

에도성에서 열린 사연(賜宴)에서는 이전에 연주되었던 산악(散樂)은 폐지되고 대신에 새로 채택된 12종류의 연악(燕樂)이 연주되었다.[54] 이를 본 통신사 일행이 조선에서는 이미 단절된 고악이라고 하였던 것을 보면 조선시대에 이 음악의 존재를 알고 있었던 것으로 보인다. 납증리(納曾利)는 일본에서 좌방악(당악)인 난릉왕의 대무로 추어지고 있다. 이는 납증리가 난릉왕과 유사한 성격의 춤이기 때문으로 보인다.[55] 납증리 혹은 납

54) 『대계조선통신사』 권4 66; 박화진, 『에도 공간 속의 통신사』, 156쪽 각주 1번 참조. 12종의 연악 중 장보악(長保樂), 인화악(仁和樂), 고조소(古鳥蘇), 임가(林歌), 납증리(納曾利)는 고려의 고악무(古樂舞)로서 이를 들은 통신사행은 조선에는 이미 끊어진 음악인데 일본에서 보존되고 있다고 하며 경탄했다고 한다.

55) 이혜구, 「納曾利考」, 『한국음악서설』, 서울대학교 출판부, 1967, 39~41쪽.

소리[56]는 신라의 대면과 유사한 가무희로 볼 수 있다. 대면은 귀신을 쫓는 일종의 구나무의 성격이 강하다. 따라서 납증리도 구나무(驅儺舞)의 일종으로 볼 수 있다.[57] 이는 일본의 사신연향에서 조선과 마찬가지로 나례가 연행되었을 가능성을 보여준다. 통신사일행은 또한 국곡(鞠曲)과 팽이돌리기를 즐겼다고 하는데 이는 일본 전통극 노(能)와는 달리 통역이 필요하지 않아서였다고 한다.[58]

1711년(숙종 37) 신묘년에 통신사가 갔을 때에는 다례를 행하고 별도로 날을 잡아 관백의 궁전에서 연향을 베풀었는데 이때 통신사로 갔던 임수간은 당시에 관람한 연희를 기록으로 남겼다. 그의 『동사일기』의 기록을 순차적으로 나누어 살펴보겠다. 여기에는 당시 음악 연주와 공연이 베풀어지게 된 배경, 무대의 모습, 연행 종목이 순차적으로 나와 있어서 이를 각각 나누어 살펴보려 한다.[59]특히 1711년 연향에서는 일본 황실음악인

56) 이혜구는 납증리 또는 납소리(なそり)를 나(儺) 소리(歌)의 음독이라고 하였다.(앞의 글, 1967, 35쪽)

57) 이두현, 앞의 책, 1992, 62~63쪽.

58) 『통항일람』 권107 「조선국부」83, 宗氏信使招待等, 260쪽. 正德元年 三使宗對馬守屋敷へ來り 馳走として鞠の曲 こま廻し等は 三使をはしめ甚感悅して見物す 御能拜見は通詞を以て謠を聞せけり 鞠こまなどは 通辭不入して 天晴才覺の馳走なり 元正間記.

59) 임수간, 『동사일기』건 신묘년(1711년, 숙종37년) 11월 3일조.三日
(생략) 璵曰 今日內庭設樂 前所未有之事 可見國王見待之隆異 使島主接待 亦欲使使臣任便受饗 宗無他意 而使臣猶以爲未安云 故朝已變通 使執政先爲出接 仍設宴禮 此亦國王之至意也. 少頃引禮兩人 導三使至正殿 四拜列坐. 執政使島主傳關白之命曰 今方陳樂設饗 幸安以受之 三使答謝 俄而引入內殿 殿宇深邃 覆以鐵瓦 與島主長老對坐 關白隔壁 褰簾而坐 執政等列侍 百官列坐於東邊殿上者甚衆 庭設舞臺 方可三間 朱欄金飾 高數尺 南北設板梯 下圍綠錦帳 列垂流蘇 上鋪漆板 設錦重茵 傍有兩大鼓 徑幾五六尺 懸架體圓上尖 狀如火焰 四面刻以龍鳳雲氣 塗以金銀 上卓高竿一坐懸金鏡 環插金箭十餘箇 一坐懸銀鏡 插銀箭 間設小鼓金鉦 架體略同 後構兩所板屋 彩帳鮮麗 坐伶人於其中 服飾華侈 燁如爛霞 後裾甚長 曳地者數尺. 始呈振鉾三節 樂器則笙笛 篥腰鼓 而笙聲最清亮 着紅綉衣鳳翅冠者六人 各持金矛以進 揮霍盤舞 節奏雍容 分三次遞進 服色各殊 源璵在傍書示樂譜之義. 此是開闢天皇形容功德之樂 一名偃武樂 凡諸曲必先奏此舞云. 次奏三三臺鹽 鳳冠紅衣者六人 分行而舞 卽古樂府昔昔鹽之類云. 次奏長保樂 鳳

아악이 처음으로 연주되었다는 점에서 매우 중요하다.

R-10. 뜰에는 무대를 설치했는데 서너 칸 정도나 되며, 붉은 난간과 금빛 장식에 높이는 두어 자[尺]나 되었다. 남북에는 판제(板梯)를 설치했고, 밑의 정원에는 푸른 비단 장막에 수술[流蘇]을 나열해 드리웠다. 그리고 위에는 칠판(漆板)을 깔고 비단 돛자리를 설치했으며, 곁에는 두 개의 큰 북이 있는데 직경이 거의 5~6척이나 되는 것을 시렁에다 달았다. 그 북의 몸통은 둥글고 위는 뾰족하여 모양이 마치 불꽃과 같으며, 사면에는 용봉(龍鳳)과 구름을 새기고 금은으로 칠했다. 위에는 높은 장대 하나를 세우고 금경(金鏡)을 달고 금전(金箭) 10여 개를 빙 둘러 꽂았으며, 장대 하나에는 은경(銀鏡)을 달고 역시 은전(銀箭)을 꽂았다. 그리고 그 사이로 작은 북과 정(鉦)을 설치했는데, 그것을 단 시렁은 대략 같았다. 그 뒤 두 곳에 지은 판옥(板屋)에는 채색 휘장이 선명하고 아름다우며 그 속에 영인(伶人), 악공(樂工), 광대 따위를 앉혔는데, 차림새가 화려하여 피어오르는 안개와 같이 빛났고 뒤의 옷깃이 몹시 길어 땅에 끌리는 것이 두어 자나 되었다. 그는 비로소 진모(振鉾: 악곡(樂曲)의 명칭) 3절(節)을 드렸고, 악기는 생적(笙笛)·필률(觱篥)·요고(腰鼓: 장구)였는데, 그중 생(笙)의 소리가 가장 맑고 깨끗했다.

冠綠衣者六人來舞 此則高麗樂部云. 次奏央宮樂 着卷角帽 帽上簪花 鬢邊插貂 披紫衣者四人舞節小欠雍容 音樂亦似噍殺 卽本國樂云. 次奏仁和樂 靑衣四人 簪花插貂 舞節舒緩 音調和平亦高麗樂云. 次奏太平樂 一名小破陣樂 唐明皇所作云 舞者四人 着金盔金甲 腰束獸面帶 背負銀魚弓袋金箭壺 佩長劍持金矛 分行舞矛者再 舞劍者一. 次奏古烏蘇 花冠雜綵衣 曳綠裾佩劍背後插笏者四人來舞 兩人先退 取拂以來 狀如蠅鞭 兩人受以舞之 卽高麗部云. 次奏甘州 紅衣者四人右袒 內着白錦繡衣 着帽插貂而舞. 次奏林歌 淺綠衣 繡以黃白鼠 曳花裾着鳳冠者四人亦高麗部云. 次奏陵王 卽北齊蘭陵王高長恭破陣樂也. 長恭貌甚美 不能威敵 帶銅面陷陣 萬人辟易 金墉之捷 威名大振 齊人作此曲 流傳至此 而銅面極詭怪 雙角白鬢 卽五六百年前物云 舞者只一人 着紅甲 彩繡散垂 紅錦絲爲緣飾 執匕長可七八寸 踊躍進退 作擊刺之勢. 次奏納蘇利舞者兩人 帶靑木假面 雙牙甚長 露睛呀口 靑甲彩繡 緣以靑錦絲 執籥而舞 此亦高麗樂 凡爲高麗樂者 或有高麗人子孫云. 旣罷 以長慶子曲奏而終之 此則無舞 曲闋.

위 R-10은 공연이 벌어질 무대의 전경을 설명하고 있다. 붉은 난간과 금빛 장식의 무대는 두 척 정도 되며 공연이 이루어지는 정원도 화려하게 장식되어 있다. 그리고 큰 북 2개를 놓고 그 북 위로 은경을 단 장대와 금경을 단 장대를 설치하고 화살을 꽂았다. 생적, 필률, 요고 등의 악기를 연주하는 악사는 무대 뒤에 자리하고 있다. 이러한 무대 전경은 현재의 가가쿠 무대와 매우 유사하다. 다음은 여기서 관람한 공연을 순서대로 기록한 내용이다.

R-11. 붉은 수의(綉衣)를 입고 봉시관(鳳翅冠)을 쓴 자 6인이 각각 금모(金矛)를 잡고 나와 빠른 몸짓으로 돌며 춤을 추는데 그 반주가 화평하고도 조용했다. 이렇게 세 차례를 교대하여 나오는데 복색은 각각 달랐다. 원여가 곁에 있다가 악보(樂譜)의 뜻을 적어 보이는데, 이는 곧 천황(天皇)이 개벽한 공덕을 형용하는 악(樂)으로서 일명 언무악(偃武樂)이라 하며, 모든 곡(曲)에 반드시 먼저 이 춤을 춘다고 한다.

R-12. 다음은 삼삼대렴(三三臺鹽)을 연주하는데, 봉관(鳳冠)에 붉은 옷 입은 자 6인이 줄을 갈라서 춤을 추니 바로 옛 악부(樂府)의 석석염(昔昔鹽) 같은 종류라고 하며,

R-13. 다음에는 장보악(長保樂)을 연주하는데, 봉관에 푸른 옷 입은 자 6인이 와서 춤을 추니 이는 고려의 악부(樂部)라 하며,

R-14. 다음은 앙궁악(央宮樂)을 연주하는데, 붉은 옷에다 권각모(卷角帽)를 쓴 다음 모자 위에는 꽃을 꽂고 빈변(鬢邊)에는 초미(貂尾)를 꽂은 자 4인이 곡조에 맞추되 옹용(雍容)한 기상이 약간 모자라고 음악 역시 처량한 듯하니 곧 본국의 악(樂)이라 하며,

R-15. 다음은 인화악(仁和樂)을 연주하는데, 푸른 옷 입은 4인이 꽃과 초미를

꽂고 절에 맞춰 춤추되 여유있는 태도에 음조(音調)가 화평하니 또한 고려악(高麗樂)이라 하며,

R-16. 다음은 태평악(太平樂)을 연주했으니 일명 소파진악(小破陣樂)으로서 당 명황(唐明皇)의 소작이라 하며, 춤추는 자 4인은 황금투구[金盔]에 누른 갑옷[金甲]을 입고 허리에는 수면대(獸面帶)를 띠고 등에는 은어궁대(銀魚弓袋)와 금전호(金箭壺)를 진 다음에 장검을 차고 금모(金矛)를 잡고 줄을 갈라서 춤을 추되 모(矛)는 두 번 추고 검(劍)은 한번 춘다.

R-17. 다음에 고오(古烏)를 연주했는데, 소화관(蘇花冠) 잡채의(雜綵衣)에 푸른 옷자락을 끌며 칼을 차고 등 뒤에 홀(笏)을 꽂은 자 4인이 와 춤추되 두 사람이 먼저 물러가 마치 파리채 같은 모양의 불자(拂子)를 가지고 오면 두 사람이 이를 받아가지고 춤을 추니 곧 고려부(高麗部)라 하며,

R-18. 다음 감주(甘州)를 연주했는데, 붉은 옷 입은 자 4인이 오른쪽 어깨를 벗고 안에 흰 비단에 수놓은 옷을 입고 모자를 쓰고 초미(貂尾)를 꽂고 춤을 추었으며,

R-19. 다음은 임가(林歌)를 연주했는데, 엷은 녹색 옷에 황백서(黃白鼠)를 수놓고 꽃 옷자락을 끌고 봉관(鳳冠)을 쓴 자 4인으로서 역시 고려부(高麗部)라 하며,

R-20. 다음은 능왕(陵王)을 연주했는데, 곧 북제 난릉왕 고장공(北齊蘭陵王高長恭)의 파진악(破陣樂)으로, 장공의 얼굴이 너무 아름다워 능히 적을 위압하지 못하므로 그가 동면(銅面)을 쓰고 진중에 들어가자 만인이 놀라 물러섰다. 그리하여 금용성(金墉城) 싸움에 이겨 위명(威名)을 크게 떨치니 제인(齊人)이 이 곡(曲)을 지어 지금까지 유전한다. 그 동면은 극히 괴이하게 두 뿔과 백빈(白鬢)으로 되었는데 5~6백 년 전 물건이라 한다. 춤추는 자는 한 사람뿐인데 채색수를 놓은 붉은 갑옷에 붉은 비단 실을 흩어 드리워 연식(緣飾)을 하고, 길이 7~8인치[寸]나 되는 비수를 들고

힘차게 날뛰며 전진하기도 하고 물러서기도 하면서 공격하여 찌르는 시늉을 하였다.

R-21. 다음은 납소리(納蘇利)를 연주하매 춤추는 자 2인이 청목가면(青木假面)을 썼는데 그 가면은 두 어금니가 몹시 길고 눈동자가 튀어나왔고 입을 딱 벌렸으며 채색으로 수놓은 푸른 갑옷에 푸른 비단 실로 단을 둘렀다. 그리고 피리[籥]를 잡고 춤을 추니 이것 역시 고려악(高麗樂)이다. 무릇 고려악을 하는 자 중에는 혹 고려 사람의 자손이 있다고 한다.

R-22. 이를 이미 파하고 장경자곡(長慶子曲)을 연주하여 끝내니, 이는 춤이 없고 곡으로 마치는 것이다.

R-11~22까지는 R-10의 무대를 배경으로 연행된 공연을 순서대로 기록한 것이다. 아악 공연의 순서는 모든 곡에서 언제나 제일 먼저 공연하는 진모(振鉾)를 시작으로 삼삼대렴(三三臺鹽), 장보악(長保樂), 앙궁악(央宮樂), 인화악(仁和樂), 태평악(太平樂), 고오소(古烏蘇), 감주(甘州), 능왕(陵王), 납소리(納蘇利)이다. 그리고 마지막은 춤 없이 곡만으로 공연을 마무리하고 있다. 이 중 장보악과 인화악 그리고 고오소, 납소리는 고려악이다. 진모와 삼삼대렴 그리고 장보악은 6인이 나와 추는 춤이며 그 다음 앙궁악부터 마지막까지는 4인이 한 조가 되어 춤을 춘다. 특히 R-20은 난릉왕 고사와 관련된 것으로 이는 가면희로 보인다. '동면은 극히 괴이하게 두 뿔과 백빈(白鬢)으로 되었는데 5~6백 년 전 물건'이라고 하였으므로 이 장면을 연행할 때 쓰는 가면을 묘사한 것으로 보인다.

일본의 통신사 관련 빈례절차를 대거 개혁했던 아라이 하쿠세키(新井白石)가 이제까지 사신영접에서 사용하던 속악 대신 옛날의 고악을 쓸 것을 건의하여 이때 아악을 처음으로 공연하였던 것이다. 조선에서도 아악은 의례에서 사용되는 것으로 세종대 이후 아악과 궁중연향악을 구별하여 사용하였다. 일본이 황실 의례용 음악인 아악을 사신영접행사에서 사용한 것은 문화적 측면에서 조선이 일본의 문화수준을 낮게 평가하는 것에 대한 반감을 표현하고 일본 역시 중국과의 오랜 교류를 통해 조선만큼 예악에 밝다는 것을 증명하고자 하는 의도였던 것으로 보인다.[60] 동시에 정치적으로 막부의 실권자인 쇼군의 권위를 드러내고 막부의 권력을 강화하려는 의도도 있었던 것이다.[61] 그 외에 분라쿠(文樂), 즉 닌교조루리(人形淨瑠璃)도 공연되었다. 이는 18세기 초 일본에서 크게 유행한 인형극으로 1719년과 1811년 통신사일행도 이 공연을 관람하였다.

신묘년에 함께 통신사로 갔던 김현문이 쓴 『동사록』에도 이때의 공연 장면이 나온다.[62] 김현문이 관람한 종목은 모두 5 종목의 노, 즉 다카사고(高砂), 아오이노우에(葵上), 요우키히(楊貴妃), 추치구모(土蜘蛛), 하시베벤케이(橋邊辨慶)와 교겐 우쓰보사루(靭猿) 1종목이었다. 특히 다카사고는 제아미가 만들었다고 알려져 있으며 오늘날 첫 번째로 공연하는 작품이다.[63] 한국에도 강령탈춤, 은율탈춤, 봉산탈춤 등에 원숭이 가면을 쓰고 등장하는 장면이 있어 이를 우리의 광대놀이와 유사하다고 하였다.

조명채도 자신이 관람한 공연 장면을 상세히 기록하였다. 조명채는

---

60) 구지현, 「1711년 신묘통신사와 아라이 하쿠세키의 필담을 통한 상호 소통」, 『열상고전연구』 28, 열상고전연구회, 2008, 187~225쪽.

61) 이도남, 박태규, 「한국 측 기록에 보이는 일본의 궁중악무에 관한 일고찰: 신묘사행의 동사록을 중심으로」, 『일본문화연구』 35, 동아시아일본학회, 2010, 321쪽; 김효진, 「신묘사행의 향연과 무악」, 『열상고전연구』 41, 열상고전연구회, 2014, 289쪽.

62) 김현문, 『동사록』, 1712년 2월 13일 기사. 庭前新構廣廈 設戲子雜戲 所謂高砂 卽地名 古有一人與妃居此地 造其假面 作獻壽慶賀之狀 所謂葵上 有一宮娥 甚妬 化作夜义 故設此戲 警俗云 楊貴妃 卽演長恨歌而爲之者 土蜘蛛 精化爲人 肆毒成害 有一豪士 勦除其害之狀 橋邊辨慶古者 源義經 兒時 遇辨慶 戰於橋上 仍與結和之狀 皆作假面爲戲 間設能狙靭猿 梯山伏首引之戲 頗似我國優戲.

63) 西野春雄. 羽田昶 편집, 『新訂增補版 能·狂言事典』, 평범사, 1999, '高砂'편. 김은자, 앞의 글, 2011, 99~100쪽 재인용.

1748년 통신사의 일원으로 일본에 사행하였다가 7월 22일에 연행된 공연을 관람하고 기록하였다. 총 6가지 종목이 연행되었는데[64] 공연 무대와 공연 순서에 따라 종목별로 나누어 살펴보겠다.

> R-24. 대청 가운데를 큰 병풍으로 가리고 위 칸엔 도주가 앉고 아래 칸엔 객좌(客座)가 마련되었다. 뜰 앞에 새로 판잣집을 지어 붉은 전(氈)을 깔고 비단 휘장을 달아서 희자(戲子)가 놀이하는 곳으로 삼았다.

R-24는 무대 배경을 설명하고 있는 부분이다. 새로 판잣집을 지었다고 하는 것으로 보아 공연을 위해 임시로 공연장을 짓고 무대를 꾸몄음을 알 수 있다. 다음은 이 무대를 배경으로 음악 연주를 시작으로 이어지는 공연을 순서대로 열거하여 설명하고 있다.

> R-25. 조금 뒤에 보니, 장고를 가진 자 2인, 작은 북과 칠적(漆笛)을 가진 자 각 1인씩 판자집 동북 모퉁이 사상(斜廂) 휘장 속으로부터 나오는데, 긴 바지를 끌고 대청을 향해 부복(俯伏)하면서 절한 다음 주벽(主壁)에 앉고, 또 긴 바지를 입은 자 20인이 들어와서 두 줄로 동쪽을 향해 앉는다. 풍악이 연주되자, 피리부는 자가 먼저 시작하는데, 그 소리가 끊어졌다 이어졌다 하며, 절도가 없어 한국 어린아이들이 부는 호드기 소리와 흡사하였다. 또 보니, 한 사람이 소매가 넓은 검은 도포를 입고 푸른 비단 무늬 수건을 썼는데, 위는 중의 고깔처럼 뾰족하고 뒤는 폭건(幅巾)처럼 늘어뜨렸으며, 오른손에는 부채를 쥐고 왼손에는 붉은 실을 몇 치쯤 쥐고서, 빙글빙글 한 바퀴 돌고 마구 부르짖고 떠들어 댄 다음 북쪽으로 향해 앉는다. 또 한 사람이 여자 얼굴을 가장하고 여자 복장을 꾸며 나오는데, 상하 의복의 무늬가 모두 극도로 괴이하였다. 손에는 푸른 풀과 붉은 실

64) 조명채, 『봉사일본시문견록(奉使日本時聞見錄)』곤(坤) 7월 22일(갑진). 한국고전번역원의 번역문 인용하였음.

을 쥐었는데 역시 빙글빙글 돌며 소리친다. 검은 도포를 입은 자와 먼저 들어온 자가 모두 눈을 감고 머리를 흔들며 한껏 마구 부르짖는데, 얼굴빛이 모두 벌겋고 목 힘줄이 지렁이처럼 불끈 솟아, 그 모양과 소리가 기괴하였다.

R-26. 제2차, 아롱아롱한 옷을 입고 풍절건(風折巾) 같은 갓을 쓰고 허리에는 전통(箭筒)을 차고 손에는 대나무 활과 나무 화살을 잡은 사람과 또 한 사람이 등에 종이 기를 꽂고 끈으로 원숭이 한 마리를 묶어서 끌고 나오는데, 그것은 어린아이에게 원숭이 가면과 가피(假皮)를 입힌 것이다. 활을 가진 자와 원숭이를 모는 자가 마치 성내어 꾸짖으며 서로 다투는 듯이 하는데, 원숭이가 갑자기 사람처럼 서서 활을 가진 자에게 부딪히니, 활을 가진 자가 더욱 노기를 띠어 활시위를 잡아당겨 살을 먹이며 바로 원숭이를 쏘려 한다. 원숭이를 모는 자가 땅에 쓰러져서 큰 소리로 울더니, 원숭이를 향해 무슨 말을 하자, 원숭이가 곧 활 가진 자에게 절하며 사과하고, 활 가진 자가 비로소 웃으며 용서해 주었다. 원숭이가 곧 뛰며 춤추고, 활 가진 자도 일어나 춤을 추는데, 나아갔다 물러났다 하며 너울거리는 모습이 일체 원숭이를 모방하였다.

R-27. 제3차, 15~16세의 잘생긴 아이가 금관(金冠)을 쓰고 비단옷을 입고 승상(繩床)에 걸터앉자, 다시 3~4인이 장검(長劍)을 잡고 모시고 앉는데, 모두 관직이 있는 사람의 모양이었다. 이는 관백이 여러 태수와 일을 논하는 형상이라 한다.

R-28. 제4차, 비단옷을 입은 자가 둑[纛 의장[儀仗旗]의 일종]과 같이 생긴 말갈기를 쓰고 푸른 얼굴에 붉은 머리털의 귀신과 서로 싸우는 놀이였다.

R-29. 제5차, 푸른 얼굴의 한 악한 귀신이 여자 귀신을 데리고 와서 관복(冠服) 차림의 어떤 사람과 씨름을 하는데, 여자 귀신이 번번이 지자, 푸른 얼굴의 귀신이 분함을 견디지 못하여 무명으로 여자 귀신과 관복 차림을 한 사람의 목을 싸서 서로 잡아당기게 하였다. 그런데 여자 귀신이 또 지

게 되자 푸른 얼굴의 귀신이 발을 구르며 부르짖으니, 홀연히 귀졸(鬼卒) 셋이 여자 귀신의 뒤에서 나와 도와서 당겼으나 이기지 못하였다. 드디어 다 물러갔다.

R-30. 제6차, 아름다운 소년 하나가 장도(長刀)를 가진 푸른 머리에 붉은 얼굴의 귀신과 서로 싸운다. 소년이 웃통을 벗고 칼을 휘두르며 뛰며 치고 찌르니, 붉은 얼굴의 귀신이 드디어 장도를 던져 버리고 머리를 숙여 스스로 항복하고 곧 공경한 예를 한다.

위 여섯 가지 작품은 노와 교겐이었다.[65] R-25에 보이는 소매넓은 검은 도포, 부채, 붉은 실 등의 복색과 소도구로 볼 때 슈라노(修羅能)의 대표작인 〈기요쓰네(淸經)〉와 유사한 점이 있지만 노와 교겐은 그 작품 수가 많기 때문에 이 설명만으로 어떤 종목인지 명확하게 말하기 어려운 부분이 있다.[66] 다음 R-26은 원숭이 가면을 쓰고 나와 원숭이 흉내를 내는 것으로 동물 흉내내기이다. 원숭이 사냥을 하려다 마지막에는 원숭이와 어울려 웃는 것으로 마무리하는 내용은 우쓰보사루(靭猿)이다.[67] R-27은 금관 쓴 관백이 등장하는 것으로 보아 호코노(豊公能)가 아닌가 한다. R-28은 귀신 분장을 하고 나와 노는 것으로 오니교겐의 하나인 아사히나(朝比奈) 인 것으로 추정된다. 비단옷 입은 자가 주인공인 아사히나이고 붉은 머리털 귀신은 염라대왕으로 보인다. R-29 역시 오니교겐의 하나로 구비히키(首引)가 아닐까 한다. R-30은 그 설명으로 보아 하시벤케이(橋弁慶)로 보인다. 미소년은 미나모토 요시츠네이고 푸른 머리의 붉은 얼굴 귀신

---

65) 김은자, 앞의 글, 2011, 103~108쪽 참조.

66) 김은자, 같은 글, 2011, 104쪽.

67) 西野春雄. 羽田昶 편집, 『新訂增補版 能·狂言事典』, 평범사, 1999, '인원(靭猿)'편; 김은자, 같은 글, 2011, 105쪽 재인용.

은 벤케이일 것이다. 이는 1711년 신묘통신사 상선연에서도 공연되었다. 이렇듯 에도에서 열린 관백의 연향에서는 노와 교겐이 공연되었다. 18세기 이후 사신영접행사의 공연 종목에 연극이 포함되어 행사의 종목 구성이 변화하고 있음을 보여준다. 이는 중국과 유사한 변화양상이라 할 수 있다. 하지만 한국에서는 이러한 종목 구성의 변화가 보이지 않는다.

[표 57] 조선통신사를 위한 연향에서 연행된 일본의 연희종목[68]

시기	사행록(저자)	연회장소	연희종목
1607(정미, 선조 40년)	海槎錄(경섬)	• 에도의 대마도 번주 저택 • 객관	• 잡희: 원숭이 흉내내기, 축국
1617(정사, 광해군9년)	東槎上日記(오윤겸) 東槎日記(박재) 扶桑錄(이석문)		
1624(갑자, 인조 2년)	東槎錄(강홍중)	• 에도의 대마도 번주 저택 • 객관 및 대덕사	• 축국
1636(병자, 인조 14년)	丙子日本日記(임광) 海槎錄(김세렴) 東槎錄(황호)		
1643(계미, 인조 21년)	海槎錄(신유) 東槎錄(조형) 癸未海槎日記(저자미상)		• 음악연주 • 잡희
1655(을미, 효종 6년)	扶桑日記(조연) 扶桑錄(남룡익) 日本紀行(이동노)	• 에도의 대마도 번주 저택 • 오사카 객관	• 원악(猿樂): 골계희, 환술 • 원희(猿戲): 원숭이 흉내내기
1682(임술, 숙종 8년)	東槎錄(김지남) 東槎錄(홍우재)	• 에도의 대마도 번주 저택	• 원악(猿樂)
1711(신묘, 숙종 37년)	집좌간필어(조태억) 東槎日記(임수간)	• 에도성 관백전 외혈청	• 부가쿠(舞樂): 진모(振鉾), 삼삼대렴, 장보악, 앙궁악, 인화악, 태

68) 조선통신사의 사행록과 아래 논문 참조. 박태규, 「조선통신사 접대 연향을 통해 본 일본 의전문화 및 전통예능의 특수성」, 『일본학연구』 37, 2012, 244 쪽 표 재구성; 김효진, 「신묘사행의 연향과 무악」, 『열상고전연구』 41, 열상고전연구회, 2014, 285쪽 표 재구성.

	東槎錄(김현문)		평악, 고오소, 감주, 능왕, 납소리
1719(을해, 숙종 45년)	海槎日錄(홍치중) 海遊錄(신유한) 扶桑日記(정후교) 扶桑錄(김흡)	• 에도의 대마도 번주 저택 • 오사카 객관	• 원희: 원숭이 흉내내기, • 잡희: 환술 • 가부키 • 닌교조류리
1748(무진, 영조 24년)	奉使日本時聞見錄(조명채) 隨使日錄(홍경해) 日本日記(작자미상)	• 에도의 대마도 번주 저택 • 오사카 객관	• 착경지희 • 잡희: 환술 • 노: 5종목 • 교겐: 1종목(원숭이 흉내내기)
1763(계미, 영조 39년)	海槎日記(조엄) 癸未使行日記(오대령) 癸未隨槎錄(작자미상) 日本錄槎上記(성대중) 和國志(원중거) 日本壯遊歌(김인겸)	• 에도의 대마도 번주 저택 • 오사카 객관	• 닌교조루리
1811(신미, 순조 11년)	辛未通信日錄(김리교) 東槎錄(유상필) 島遊錄(김선신)		• 닌교조루리

위 [표 57]을 보면 1711년 신묘통신사행을 기준으로 그 이전과 그 이후의 사신영접 연향 내용이 매우 다르다는 것을 알 수 있다. 1711년을 기준으로 그 이전의 사신영접연향에서는 축국, 원숭이 흉내내기, 환술, 골계희 등 주로 원악, 원희 및 잡희가 주를 이루고 있음을 알 수 있다. 하지만 1711년 이후 사신영접행사에서는 노와 교겐, 잡희를 비롯해 닌교조루리, 가부키가 추가로 연행되었다. 특히 1711년 신묘통신사의 사신영접행사에서 부가쿠(舞樂)를 연행한 것은 매우 특별한 경우로 그 이전의 사신영접연향과는 크게 차이가 있었다. 먼저 연향 장소가 다르다. 신묘통신사를 위한 연향이 베풀어진 장소가 에도의 쓰시마번주의 집이나 객관이 아니라 관백청, 즉 에도성 정전이라 할 수 있는 혼마루였다. 그리고 연향에서 연행된 가무와 연희의 내용 역시 확연히 다르다. 1711년 연향에서는 일본의 아악이라 할 수 있는 부가쿠가 처음으로 연행되었다. 『덕천실기(德川實紀)』에

보면 1711년 일본은 부가쿠 공연을 위해 궁중 소속의 삼방악소(三方樂所)의 연희자 삼방악인(三方樂人) 47명을 에도에 불러들여 부가쿠를 연주하였다고 한다.[69] 궁중의 악인을 동원하여 천황가의 아악을 쇼군 주최의 연향에서 사용한 것은 쇼군의 권위를 강화하고 대내외에 알리고자 하는 목적이 있었다 할 것이다.

그리고 개항 이후 김기수가 수신사(修信使)로 갔을 때 전별연에서 아악이 연주되었던 것이 두 번째였다. 김기수 일행의 공식연회는 하선연과 상선연 두 번이었다. 하선연은 에도의 숙소 엔료칸(延遼館)에서 서양식으로 진행되었다. 김기수 일행은 일본의 태정대신 산조 사네토미(三條實美, 1837~1891)를 비롯한 관리들과 식탁에 빙 둘러 앉았고, 식탁 위에는 포크와 나이프, 숟가락, 넵킨 등이 놓여 있었다. 그리고 만찬에서 술잔이 건네질 때에는 음악이 연주되었는데 김기수는 이를 '음악을 연주하니 음악 소리는 매우 급하고 점점 작아졌다. 그 음악이 정묘하였는데 서양음악이라 한다.'라고 기록하였다.[70] 그러나 김기수의 상선연에서 공연은 하선연과 달랐다. 전별연 성격의 상선연에서는 천황의 아악을 보았다고 기록하였다.

R-31. 뜰에 옛날 음악을 설치하였으니 모두 그것이 천황의 어악(御樂)이라 한다. 또한 가면을 쓰고 앞에서 춤을 추는 사람이 있었는데, 어떤 사람은 이를 북제(北齊)의 난릉왕(蘭陵王)이라 일컬으면서 이것을 당악(唐樂)이라 하고, 어떤 사람은 두 마리의 용[兩龍]이 서로 희롱하는 것이라 일컬으면서 이것을 고려악(高麗樂)이라 하였다. 한 곳에 옮겨 앉으니 거기는 큰

69) 『德川實紀』, 김효진, 앞의 글, 2014, 289쪽.

70) 김기수, 『일동기유(日東記游)』 권2, 「연음(燕飮)」 20칙. 여기에 나오는 서양음악에 대해 이정희는 일본의 서양음악 도입은 군악대 결성에서 시작되었으며 아마도 이는 일본 군악대 연주였을 것이라고 했다. (이정희, 「제1차 수신사 김기수가 경험한 근대 일본의 외교의례와 연회」, 『조선시대사학보』 59, 2011, 191~192쪽.)

구(毬)의 오락을 설치하였다. 한편에 장자(障子)를 설치하고 중심에는 작고 둥근 구멍이 있었다. 기병(騎兵) 8명이 2대로 나누어 4명은 붉은 옷을 입고 4명은 흰 옷을 입었는데, 각기 말을 타고 손에는 막대[竿]를 가지고 있었다. 막대에는 올가미를 매어 두어 꾸부려 물건을 취할 수가 있으며, 땅에 가득 찬 홍구(紅毬)와 백구(白毬)는 모사(毛絲)로 만든 것 같았다. 몸을 낮추어 대로써 구(毬)를 취하여 바로 장자(障子)를 향하여 빙빙 돌면서 달려, 막대를 흔들어 구를 던져 구멍에 넣었다. 구가 구멍에 많이 들어간 쪽이 이기게 되니 여러 사람들이 소리를 지르며 칭찬하고 북과 방울이 함께 울렸다. 그 말을 타고 달리는 법이 똑같지는 않았으나, 날쌔고 익숙한 것은 서로 낫고 못하지도 않았으니, 이 오락을 하는 것은 또한 유희로써 병사들을 훈련시키기 위함이었다.[71]

R-32. 궁본[宮本小一]대승(大丞)의 집은 도성에서 20리나 되었으나, 마차를 타고 가니 삽시간에 도착하였다. …(중략)…. 술잔이 오가고 간간이 아악(雅樂)을 연주하니 음악은 거문고[琴]·큰 거문고[瑟], 혹은 공후(箜篌)·비파(琵琶)인데 한국의 음악에 비교하면 혹은 같기도 하고 혹은 같지 않기도 하였다.[72]

엔료칸에서 벌어진 전별연의 공연 내용이 R-31에 나온다. 가면을 쓰고 나와 춤을 추었는데 북제 난릉왕이라 한다는 것에서 이 공연이 료오(능왕, 난릉왕)임을 알 수 있다. 그 다음에 나오는 것이 납증리이다. 납증리는 두 마리 용이 나와 추는 춤인데 이는 고려악이라고 하였다. 여기서 연행

71) 김기수, 『일동기유』 권2, 「연음」 20칙. 庭設古樂 皆其天皇御樂云. 亦有傀儡面舞于前者 或稱北齊蘭陵王 謂之唐樂 或稱兩龍交戲 謂之高麗樂. 移坐一處 設大毬樂 一邊設障子 中心有小圓穴 有八騎兵分兩隊 四人衣紅 四人衣白 各跨馬手持一竿 竿置圈 可以俯取物 滿地紅白毬 似以毛絲爲之者 低身竿以取之 直向障子 廻旋馳突 擾竿抛毬 納之穴 毬入穴多者勝 衆人喝采 鼓鈸齊鳴 其騎馬馳馬之法 不無異同 而矯捷嫺熟 不相上下 爲此樂者 亦寓兵於戲之意也.

72) 김기수, 『일동기유』 권2, 「연음」 20칙. 宮本大丞家 距其都二十里 馬車以往 片刻而至 …(중략)… 觥籌交錯 間以雅樂 樂名或琴或瑟 或箜篌琵琶 較我之樂 或同或不同.

된 난릉왕과 납증리는 일본의 궁중 아악으로, 당악과 고려악이 함께 연행된 것이었다. 이렇게 궁중아악이 처음 선보인 것은 바로 1711년 신묘통신사행이 있었으며 이후 두 번째로 수신사 영접연향에서 아악이 연주되고 있었음을 확인할 수 있다. 아악 공연 외에 "기병(騎兵) 8명이 2대로 나누어 각기 말을 타고 손에는 막대를 쥐고 몸을 낮추어 막대로 구(毬)를 취하여 바로 장자(障子)를 향하여 빙빙 돌면서 달려, 막대를 흔들어 구를 던져 구멍에 넣었다"는 구절에서 아악 공연이 끝나고 조선의 격구와 유사한 경기가 벌어지고 있어 주목을 끈다.

일본의 사신영접연향에서 연행되는 공연내용을 살펴본 결과, 한국, 중국과 마찬가지로 산악·백희가 주를 이루고 있었음을 알 수 있었다. 그 중에서도 환술과 원숭이 흉내내기 등이 자주 연행되었다. 그러나 18세기를 기점으로 사신영접연향의 연희내용에 변화가 나타났다. 즉 이전과 달리 연극이 사신영접행사에서 공연되었다는 것이다. 그리고 19세기 이후 서양의 영향을 받아 연향음악이나 행사 내용도 변화하였다.

3) 한국의 사신영접행사에서 연행된 연희

고대 한국의 사신영접행사의 연행양상에 대해 알려주는 기록은 매우 소략하다. 따라서 중국이나 일본에서 사신이 왔을 때 이들을 위해 베푼 연향에서 어떠한 악가무와 연희가 공연되었는지 정확하게 알기는 어렵다. 그러나 당시 빈번한 사신왕래가 있었다는 점에 비추어 볼 때 중국에서 보고 배운 연희문화를 받아들였을 것이다.

먼저 고구려 고분벽화를 통해 고구려의 귀족행차에서 연행되었던 전통연희가 어떠했는지 파악할 수 있다. 고구려 고분벽화에는 연희자들이 연행하는 다양한 산악·백희가 묘사되어 있다. 부여사신이 갔을 때에도

한무제가 황문고취와 각저희를 관람시켰다고 하는 사실은 앞에서 이미 살펴보았다. 서역의 기예와 중국의 산악·백희가 결합하여 발전하고 있었고 이들과 교류하고 있었던 고구려에도 산악·백희의 여러 종목들이 들어와 성행했을 것임을 충분히 짐작할 수 있다.

앞의 I-6 기사는 백제의 악기와 잡희에 관한 기사이다. 특히 이 기록에 보이는 백제음악에 사용되는 연주 악기 가운데에 공후, 쟁, 우, 지, 적은 중국 남조의 음악인 청상기에 사용되는 악기들이다. 즉, 백제는 중국 남조와 교류하면서 남조의 영향을 받아 수준 높은 음악문화를 이루었다. 그리고 백제의 놀이로 투호, 위기, 저포, 악삭, 농주 등이 있었다고 하는데, 특히 농주는 방울받기로 산악·백희의 대표적인 종목 중 하나이다. 이는 고구려 고분벽화에도 자주 보이는 종목이다.

또한 I-7과 I-8의 기사를 통해 당시 백제의 기악이 매우 발전해 있었음을 알 수 있다. 그 외에 백제악으로 『고려사』「악지」에 선운산, 무등산, 방등산, 정읍 그리고 지리산 등이 실려 있다. 백제악은 중국에도 알려져 있을 정도로 매우 발달해 있었다. 이들 백제악은 이후 고려시대와 조선시대의 정재로 이어지게 되었으며 궁중의례나 사신영접연향에서 연행되었을 것이다.

신라 역시 사신영접행사에 대해 알려주는 기록은 없지만 백제와 고구려에 비하면 『삼국사기』「악지」에 신라의 악가무에 대한 기록이 상대적으로 많이 남아 있다. 이들 악가무는 궁중연향에도 사용되었을 것이며 고려와 조선시대를 거치면서 향악으로 자리 잡았고 궁중정재로 지속적으로 연행되었다.

신라의 경우 연등회나 국가적 행사가 있을 때에 채붕을 설하고 가무백희를 했다고 하는 기록들이 『삼국사기』에 보인다. 앞의 I-13과 I-14 두 기사에 모두 가무백희라는 표현이 나오는 것으로 보아 일찍이 신라에서도 백희를 연행하였다는 것을 알 수 있다. 고려시대에도 팔관회 등의 궁중행사에서 채붕을 가설하고 나례와 산악·백희를 하였으며 사신영접행사에서도 그대로 연행되었던 것으로 보아 신라에서도 연등회나 팔관회 같은 국가적 행사에서 벌어진 연향에서 연행되었던 연희 종목들은 사신영접행사에서도 연행되었을 것이다.

특히 『삼국사기』 「악지」에 실려 있는 최치원의 〈향악잡영5수〉를 통해 신라에 이미 산악·백희가 발전해 있었음을 앞에서 살펴보았다. 이들 종목들은 고려시대와 조선시대에 외국 사신들을 위한 연향에서도 연행되었던 것으로 고대에도 사신들을 위한 연향에서 이들 산악·백희 종목들이 공연되었다고 볼 수 있다. 중국과 일본에서도 궁중의례나 왕실행사 등에서 산악·백희를 공연하였으며 연행 종목 역시 서로 유사하였다는 것은 앞장에서 살펴보았다. 한국 고대의 궁중연향의 공연도 유사한 상황이었을 것이며 〈향악잡영5수〉에 나오는 산악·백희가 각종 궁중행사에서 열리는 연회에서 공연된 종목들이었을 것이다.

그리고 일본의 『신서고악도』에는 신라 연희 중 신라박(新羅拍)과 입호무(入壺舞)라는 종목이 소개되어 있다. 입호무는 환술의 일종인데 한쪽 항아리로 들어가 다른 쪽 항아리로 나오는 모습으로 몸이 상반신과 하반신으로 나뉘어 있다. 신라박은 전신에 동물 모양의 옷을 걸쳐 입고 동물 가면을 쓴 모습이다. 이 두 종목은 모두 중국에 전해진 신라의 산악·백희로서 의미가 깊다 할 수 있다.

고려시대에는 궁중행사에 대한 기록과 사신영접과 관련한 기록이 단편적으로 보인다. 사실상 고려시대에 사신영접을 위한 국왕의 행차나 사신영접행사에 대해 명확하게 알려주는 별도의 규정은 보이지 않는다. 사신을 교영 나간 국왕의 행렬에 관해서는 설명이 없지만 국왕이 서경과 남경을 순행하고 돌아올 때 국왕을 맞이하는 의장 규정이 있었으므로 국왕이 중국 사신의 교영을 나갔다 돌아올 때에도 성대한 행사가 열렸을 것이다. 조선시대에 조서를 소지한 사신을 영접하여 경복궁으로 들어올 때 가항 결채하고 광화문 앞에 산대를 가설하고 산악·백희를 하였다고 하는 것에서 고려시대 역시 사신을 영접하여 돌아오는 국왕과 사신을 맞이하는 행사가 거행되었을 것임을 추측할 수 있다.

K-8의 이색의 시를 보면 국왕이 행차하여 나갔다가 환궁할 때 이를 영접하면서 벌어진 산악·백희의 연행양상을 확인할 수 있다. 산대의 모양, 환궁행사에 거행된 가무회와 산악·백희의 종목들을 묘사하였는데 당악정재인 헌선도를 비롯해 향악정재인 처용무, 산악·백희 종목인 솟대타기가 연행되었음을 알 수 있다. 그리고 폭죽이 번갯불처럼 빠르다고 한 것으로 보아 화희도 연행되었던 것으로 보인다.

궁중의례와 연향에는 음악이 필수적이다. 고려시대 악은 크게 아악, 당악, 속악으로 구분할 수 있겠다. 아악은 『고려사』「악지」 서문에도 나와 있듯이 조정과 종묘에서 사용하던 악으로 외국사신을 맞이하고 조서를 맞이하는 의례에서는 아악이 사용되었으리라 생각된다. 사신영접의 공식의례절차가 끝나고 사신을 위로하는 연향과 사신영접행사에서 연행되던 악은 당악과 속악이라 할 수 있다. 그러나 이 세 종류의 악이 명확하게 구분되어 사용되지는 않았을 것으로 보인다. 연향악으로 이 세 가지 악이 혼용되는 양상은 세종대에 신악이 제정될 때까지 지속되었다.

고려시대 궁중에서 거행되는 수조의례에서 사용되는 악에 대해 먼저 살펴보자. 조선시대의 영조서의(迎詔書儀)와 경복궁에서의 선독의(宣讀儀)에서 행례절차마다 음악이 연주되었는데, 이는 고려시대에도 마찬가지였다. L-4와 L-5 기사를 통해 고려왕실의 의례음악으로 예종대에 들어온 대성악이 사용되었음을 확인할 수 있다. 1116년에 고려에는 대성악이 들어와 있었고 이미 궁중에서 이 음악 공연을 들었다고 하였다. 따라서 12

세기 전반기에 고려 왕실의례에서는 대성악이 사용되었다고 할 수 있다. 수조의례는 국가의 공식적인 의례였으므로 연향에서 행해지는 당악과 속악이 아니라 대성악을 중심으로 하는 아악임을 알 수 있다. 고려의 예악은 송에서 들여온 대성악과 교방악을 중심으로 이전의 속악중심의 예악 체제를 완전히 새롭게 재편한 것이었으며 이 대성악이 고려시대 궁중의 수조의례에서 사용된 음악이었을 것으로 보인다.

중국 황제의 조서를 받는 수조의식이 끝나고 나면 연향이 이어진다. 고려시대에는 관현방과 대악서 양부가 중심이 되어 사신영접행사나 국왕 행차에서 채붕을 설하고 그 앞에서 산악·백희를 연행하였다. L-4~14까지의 기록을 보면 당시 궁중행사에서 채붕을 세우고 신라 때부터 해왔던 고유의 종목이었던 사선악부와 용봉상마거선 등의 백희가무를 했음을 알 수 있다. 또한 나례에서 연행되었던 처용희의 경우 사신들을 위한 연향에서 연행했다는 기록이 『고려사』에 보인다. 연회가 열린 장소는 궁중이 아니라 묘련사라는 사찰이었지만 나례는 고려시대 궁중연향을 비롯해 다양한 국가적 행사에서 거의 빠지지 않고 연행되었다. 조선시대에도 궁중연향 마지막에 반드시 행했으며 사신영접행사에서도 나례를 행했던 것으로 볼 때 고려시대 사신영접행사에서도 연행되었다고 볼 수 있다.

사신영접행사에서는 산악·백희 외에 송의 교방악의 영향을 받은 답사행가무, 포구락과 구장기별기 등의 궁중정재가 연행되었다. 문종 31년 연등회에서 초영이 왕모대가무(王母隊歌舞)를 추고 소위 글자를 만들어 보이는 자무(字舞)도 추어 보였다고도 했다. 『고려도경』에는 대악서, 관현방 그리고 경시사 소속 여기들이 자지무와 포구락도 했다고 나온다. 이 기록을 통해 당시 고려시대 중국사신 영접연향에 여기들의 가무희와 산악·백희가 연행되었음을 알 수 있다.

조선시대 사신영접행사는 이전 시기와 달리 중국사신 영접행사와 일본 등 교린국 사신영접행사로 나누어 살펴볼 수 있다. 양국 사신을 위한 영접행사는 준비과정이나, 규모, 연향 횟수, 절차 등에서 차이가 난다. 하지만 기본적으로 연향에서 공연되었던 연희의 내용이나 종목 등에서 커다란 차이가 있었을 것으로 보이지 않는다.

먼저 중국사신 영접행사부터 살펴보자. N-1~4의 기록을 통해 중국사신이 조선에 왔을 때 평양과 황주, 개경 등 한양에 당도하기 전 유숙하는 객관에서 이들을 위로하기 위해 베푼 연향에서 어떠한 공연이 이루어졌는지 알 수 있다. 평양 대동관 앞에 설치된 산대는 각종 잡상들로 꾸며져 있었으며 그 크기도 사람이 올라갈 수 있을 정도로 큰 것이었다. 오산은 신선이 산다는 봉래산을 형상화한 것으로 산봉우리, 나무, 꽃, 신선 등의 잡상들을 설치하였다. 산대에는 이러한 자연물뿐만 아니라 인물상도 설치되었다. 이렇듯 대동문 앞에는 산대가 가설되었고 산악·백희가 펼쳐지고 있었다. 따라서 지방 객관의 중국사신 영접행사에서도 산대를 설치하고 각종 백희를 공연하였으며 그 규모 또한 대단한 것이었음을 알 수 있다. 이때에는 인근 재인촌의 연희자들이나 지방 교방의 여기들이 동원되었다.

지방 객관에서 베푼 연회에서 어떠한 가무희가 연행되었는지는 바로 연행사들의 기록[73]을 통해서 알 수 있다. 이들 기록을 통해 지방 객관에서 열린 연회에서 연행된 여러 가무희를 살펴보면 중국사신을 영접하는 연향에서 어떠한 가무희가 연행되었는지 파악할 수 있다. 연행록의 기록에 따르면 평양 연광정(練光亭)에서는 쟁무(錚舞), 고무(鼓舞), 향발(響鈸), 아박(牙拍) 등이 연행되었고 안주 백상루(百祥樓)에서는 항장무(項莊舞)가

73) 이해응(李海應, 1775-1825)의 『계산기정』을 비롯해 서유문(徐有聞, 1762~1822) 『무오연행록(戊午燕行錄)』, 홍순학(洪淳學)의 『연행가(燕行歌)』, 『몽유연행록(夢遊燕行錄)』, 박사호(朴思浩)의 『심전고(心田稿)』, 유인목의 『북행가(北行歌)』 등을 들 수 있다.

연행되었다. 특히 박사호의 『심전고』 「연계기정(燕薊紀程)」에는 황주에서 관람한 기악(妓樂)에서 연행된 춤 종목이 모두 기록되어 있다. 『연원일록』에는 항장무 외에도 요지헌반도무(瑤池獻蟠桃舞), 열친무(悅親舞), 득승주개무(得勝奏凱舞), 마상검무(馬上劍舞) 등이 기록되어 있다. 열친무와 득승주개무는 채봉의 말을 빌면 구월산인이라는 노인의 첩의 집에 머물면서 배운 것으로 의주 일대에서는 자신만이 출 수 있는 춤이라고 하였던 것으로 보아 이 춤은 새로 창작되어 연행된 춤인 것으로 보인다. 지방에서 연행되던 연희가 궁중정재로 유입된 것으로는 발도가, 검무, 관동무, 항장무 등이 있다. 또한 열친무와 득승주개무, 마상검무와 같이 독창적인 새로운 춤도 연회에서 연행되고 있다는 것도 알 수 있다. 이들 각 지방 객관에서 중국으로 사행을 가는 조선 사신들을 위해 베푼 전별연에서 연행된 가무희는 중국사신을 영접하는 연회에서도 연행되었을 것이다.

중국사신이 한양인근에 도달하면 국왕은 세자나 관리를 벽제까지 보내어 맞아들이도록 하였다. 국왕은 사신이 모화관에 당도하기 전 교영을 나갔다. 그리고 사신을 영접하여 경복궁으로 환궁하면 이들을 맞는 환궁행사가 광화문 앞에서 벌어진다. 이때의 영조 및 영칙시 용악에 대해서는 N-12의 『세종실록』 기록을 통해 확인할 수 있다. 이에 따르면 모화관에서 영조의를 마치고 경복궁에 이르기까지는 속악을 쓴다고 하였다. 속악은 궁중의례음악인 아악이 아닌 당악과 향악이다. 이는 각종 가무희에 사용되는 음악으로 모화관에서 경복궁 앞까지 거리에서는 여기의 가무희가 연행되었으며 광화문 앞 산대를 중심으로 악기 연주와 산악·백희가 벌어졌음을 알 수 있다.

조선시대의 국왕 거가환궁행사에서는 고취악, 채붕나례, 성균관, 교방 및 기로의 삼가요, 그리고 교방의 정재가 차례로 행해졌다. 그리고 의금부와 군기감이 좌우나례도감을 맡아 나례를 준비한다. 나례에서 연행되는

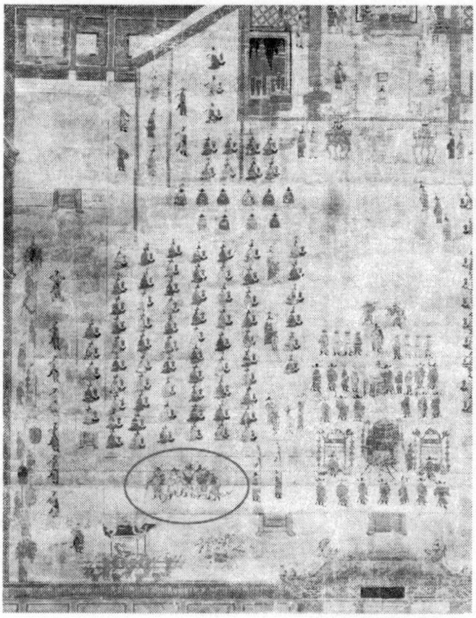

좌) [그림 35] 오방처용무, 〈숭정전진연도〉 부분, 국립중앙박물관
우) [그림 36] 오방처용무를 추기 위해 대기하는 장면, 〈숭정전진연도〉 부분

각종 연희를 행하는데, 이때 연행되는 종목은 축역의식이 아닌 연희로서 나희였다. 나례는 이미 고려시대부터 연희적 성격을 띠기 시작하였으며 조선시대에는 국왕의 거가환궁행사나 사신영접행사에서 연행되었다. 처용무는 나례에서 빠지지 않는 종목으로 궁중연향에서 반드시 연행되었다(그림 35, 36). 따라서 사신영접행사에서도 분명히 연행되었을 것이다. 국왕의 환궁의식 및 어가행렬에서 보이는 고취악, 채붕나례는 『조선왕조실록』의 기록과 『세종실록』 「오례」, 『국조오례의』 등의 예전을 통해 사신영접행사에서도 치러졌음을 분명하게 확인할 수 있다. 중국사신이 오면 숭례문에 결채하고 광화문 앞에 산대를 가설하여 산악·백희를 연행하였다.

사신을 접대하는 연향에서는 당악과 속악이 사용되었다. 이들 궁중연향 음악은 고려에 이어 세종과 세조대에 예악을 정비하는 과정에서도 고려시대의 연향악곡을 계속 사용하였다. 정재로는 오양선, 포구락, 연화대, 낙양춘조, 억취소, 수룡음 등 고려시대의 당악정재와 무고, 아박, 풍입송 등 고려 속악에 속하는 향악정재가 연행되었다. 세종 당시에는 새로 제정한 신악이 아악을 대체하지 못했고 세조대에 이르러서야 신악이 연례악으로 대체되었다.[74] 그리고 성종대에 『악학궤범』을 편찬함으로써 아악과 연향악 사용의 절도를 확립하게 되었다.

조선후기 중국사신영접행사의 모습은 청나라 사신 아극돈이 그린《봉사도》를 통해 확인할 수 있다.《봉사도》제7폭(그림 20) 과 제11폭(그림 21)의 그림을 통해 당시 모화관에서 열린 연향에서 어떠한 연희가 연행되었는지 확인할 수 있다. 제7폭에는 대접돌리기, 땅재주 그리고 줄타기를 하는 장면이 묘사되어 있으며 가면춤을 추는 연희자의 모습도 확인할 수 있다. 오른쪽 아래에 설치된 산대에는 기계장치를 이용해 움직일 수 있도록 된 잡상들이 설치되어 있다. 이러한 산대는 일본과 중국에서도 사용되었다. 제11폭에는 솟대타기하는 모습이 그려져 있다. 이 그림을 통해 당시 중국사신영접행사에서 산대를 무대로 다양한 산악·백희가 연행되었음을 알 수 있다.

일본 사신의 경우, 중국사신 영접행사와 달리 궁중에서 일본국서를 받는 의례와 사신을 위한 연향을 잇달아 행했으며 객관에서 별도로 연향을 치르지 않았다. 조선전기의 『해동제국기』에는 삼포에 도착해서 한양에 당도할 때까지 일본 사신들을 위한 연향의 횟수와 절차 등에 대해 규정하고 있지만 연향에서 공연 내용은 확인할 수 없다. 조선후기 대일본 외교 실무집인 『통문관지』 역시 삼포의 지방왜관에서 연향을 베푸는 절차에 대해서만 규정하고 있다. 그리고 임란 이후에는 일본 사신의 상경이 금지되면서 모두 삼포의 왜관에서만 연향을 베풀었다. 이때에는 여기가 동원되어 각종 가무희가 연행되었음을 알 수 있다.

---

74) 임미선, 앞의 글, 2013, 130~133쪽.

일본사신 영접연향의 모습은 〈동래부사접왜사도(東萊府使接倭使圖)〉(그림 22)에 묘사되어 있다. 여기에는 왜사접대를 위해 동원된 조선인 행렬에 악공과 여기들이 보인다. 그리고 여기들이 악공의 음악연주에 맞추어 춤을 추고 있는 모습이 그려져 있다. 이들은 주로 경상도 지역, 안동, 경주, 밀양 등지에서 동원된 기생들이었다. 이때에 여기들이 구체적으로 어떠한 종목을 연행하였는지는 조선후기 통신사들의 사행록을 통해 지방 객관에서 행한 공연 내용을 통해 추정해 볼 수 있다.

O-3~O-9까지의 기록을 보면 이들이 영천과 동래 등에서 참여한 연향에서 검무, 황창무, 처용무, 헌선도, 승무 등을 비롯하여 지방의 독자적인 춤도 관람하였다고 기록하였다. 지방 객관에서 열린 조선통신사를 위한 전별연이나 왜사의 접대연향에서 연행한 정재와 산악·백희의 공연 내용은 크게 다르지 않았다.

한국의 사신영접행사의 내용은 고대 이래로 커다란 차이없이 공통적으로 산대를 가설하고 각종 산악·백희를 공연하였다. 고구려, 백제, 신라에서는 각국의 고유 악가무가 연행되었다. 고려시대에 이르러 송의 대성악과 교방악을 받아들여 아악과 연향악을 정비하였다. 그리고 고대 이래의 악가무인 향악정재와 중국에서 수용한 당악정재로 궁중정재는 더욱 다양해졌다. 이러한 정재와 연희는 조선시대에 더욱 체계화되었다. 하지만 사신영접행사의 내용은 정재와 산악·백희가 중심이었다는 점은 변화가 없었다.

2. 한·중·일 사신영접행사의 보편성과 특수성

고대 동아시아에서 한·중·일 3국은 지리적 인접성으로 인해 긴밀한 상호관계를 형성하였으며 그 결과 정치·경제·사회·문화 모든 면에서 유사성을 지닌 하나의 문화권을 형성하였다. 특히 7세기는 중국의 수·당 교체 혼란기이자 고구려, 백제, 신라의 치열한 영토 확장정책으로 한반도 정세가 급격하게 변화하던 시기였으며, 일본 역시 천황을 중심으로 성장해가던 시기였다. 이러한 격동의 7세기를 거쳐 신라와 일본은 당의 율령격식(律令格式)체제를 도입하면서 왕권을 확립하고 국가 성장을 주도해 나갔으며, 8세기에 이르면 당을 중심으로 한 국제질서에 편입되었다. 이 시기는 성당(盛唐)시기로 통일신라와 발해(渤海), 일본의 유학생과 구법승들이 끊임없이 당으로 건너갔으며 사신 파견도 빈번하게 이루어지고 있었다. 오늘날로 하면 일종의 세계화시대로서 새로운 문화와 서적의 전파가 2~3년 안에 이루어졌을 만큼 교류가 잦았다.[75] 한반도와 일본에서 고대국가체제를 확립하는 데에 당의 영향은 막강했다. 특히 당대의 예전이 삼국에 전해지고 이는 바다 건너 일본에까지 전해졌다. 이 과정에서 성립된 동아시아 삼국의 사신영접의례는 동아시아적 보편성을 보여주는 대표적인 의례절차이다. 따라서 사신영접의례는 동아시아의 외교관계에

---

75) 이기동, 「8세기 동아시아 제국의 내정과 국제관계 시론」, '8세기 동아시아의 역사상' 고대동아시아 학술회의 자료집, 2011년 4월 15일, 360~361쪽. 이기동은 신라의 상대등 김사인(金思仁)이 무진사(無盡寺)에 시입(施入)한 종(鐘, 일본 대마도 국분팔번궁에 소장되었으나 현재 망실)의 명문에 745년이 '天寶四載乙酉'로 표기되어 있는데 이는 그 전해 정월 초에 당이 천보3년을 천보3재로 고친 사실이 반영된 것이다. 또한 1942년 경주 황복사지(皇福寺址) 3층석탑에서 나온 사리함 뚜껑의 명문(706년 작성)에 다라니경 1권을 안치한 것으로 나오는데, 이 무구정광대다라니경(無垢淨光大陀羅尼經)이 측천무후 치세 말인 702년 인도 출신 승려 미타산(彌陀山)이 한역한 것이라면 전파 속도는 오늘날에 버금가는 것이라고 하였다. 그리고 그 이유로 조공이라는 외교관계 외에 숙위제도, 유학생 및 유학승 등의 빈번한 교류를 통해 이루어진 것이라고 하였다. 그 외에 875년 당에서 황소의 난이 일어나자 878년 이를 이유로 견당사 파견을 중지한 일(『三國史記』 권 11 「신라본기」 11 헌강왕 4년 가을 9월조기사 참조.)과 884년 황소의 난이 진압되자 이듬해 바로 당에 사신을 보내 이를 축하한 일(『三國史記』 권11 「신라본기」 11 헌강왕 11년조 기사 참조)도 그 예로 들고 있다.

서 상대국에 대한 결례와 외교적 마찰을 피하기 위해 매우 신경 써야 하는 의례절차였다.

사신영접의례는 절차에 대한 상호 공통된 인식을 바탕으로 하는 것이므로 동아시아의 보편성을 담고 있다고 하겠다. 8세기와 9세기 당을 중심으로 하는 동아시아 국제질서는 사신영접의례에 있어서도 보편적 체제를 형성하는 데에 영향을 미쳤으며 이때 연행된 연희에도 공통성이 나타난다. 역사적으로 3국은 긴밀하게 연관되어 있었고 상호교류를 통해 다양한 음악 및 연희문화를 공유해 왔다.

궁중의 연향음악과 연희에서 보이는 보편성은 고대 이래 동아시아의 문화교류의 결과라 할 수 있다. 이러한 문화의 교류는, 특히 당시 국가의 공식적인 교류라 할 수 있는 사신파견이라는 외교의 형태로 이루어졌다. 당은 유럽에서 서역을 지나 실크로드를 통해 주변의 문물과 문화가 결집되는 곳이었다. 그래서 당은 유례를 찾아볼 수 없을 만큼 다양한 민족과 다양한 문화가 서로 영향을 미치면서 국제성을 띠게 되었다. 당은 서역의 음악과 고구려, 백제의 음악까지 수용하여 칠부기, 구부기, 십부기를 완성하였다. 이는 다시 삼국과 일본에 큰 영향을 끼쳤다.

T-1. 성천(星川)과 구일(丘日) 등 28명을 [웅진] 부성(府城)에 보내어 당나라 음악을 배우게 하였다.[76)]

위 기사는 문무왕이 백제를 멸한 직후 백제의 옛 도성에 성천과 구일 등을 보내어 당악을 배우게 했다는 기사이다. 당이 건국된 것이 618년이고 백제와 신라가 처음으로 당에 사신을 파견한 것이 621년이므로 당악의

---

76) 『삼국사기』 권6 「신라본기」6, 문무왕 4년(664). 遣星川·丘日等二十八人於府城, 學唐樂.

수용은 상당히 이른 시기에 이루어졌음이 틀림없다. 당악의 수용은 중앙집권적 왕권 확립과 지배체제의 강화와 관련이 있었다. 중국식 제도를 도입하여 유교적 예제질서를 기반으로 통치기반을 확립하는 데에 예악은 빠질 수 없는 요소였다. 따라서 이러한 일련의 정치적 개혁과 맞물려 중국의 당악이 수입되었다. 이후 고려시대에 들어와 오례를 기반으로 하는 예제질서가 확립되고 각종 의례절차가 마련되면서 궁중의례용 음악의 필요성이 커졌다. 이때 송의 대성악이 들어오면서 고려는 아악의 기틀을 마련하였다. 대성악 역시 송에 파견되었던 사신을 통해 고려에 전해졌다. 사신단에는 학자들을 비롯하여 예술인과 각 분야의 전문인들이 항상 포함되어 있었다. 이들은 전문지식과 문물수용의 일선에 있었던 사람들이다.

일본 역시 사신파견을 통해 한국과 중국의 궁중음악을 수용하였다. 다음 기록은 일본이 고대 한반도의 고구려, 백제, 신라 그리고 통일신라, 발해와의 교류를 통해 음악을 받아들였음을 보여준다.

T-2. 따로 명령을 받들어 역박사(易博士) 시덕(施德) 왕도량(王道良), 역박사(曆博士) 고덕(固德) 왕보손(王保孫), 의박사(醫博士) 달솔(奈率) 왕유릉타(王有㥄陀), 채약사(採藥師) 시덕 반량풍(潘量豊), 고덕 정유타(丁有陀), 악인(樂人) 삼근(三斤)·계덕(季德) 기마차(己麻次)·계덕 진노(進奴)·대덕(對德) 진타(進陀)를 바쳤는데, 모두 청에 따라 교대하였다.[77)]

T-3. 입당 유학생 종8위하 하도조신진비가 『당례』 130권, 『대연력경』 1권, 『대연력립성』 12권, 측영철척 1매, 동율관 1개, 철여방향과 사율관성 12조, 『악서요록』 10권, 현전칠각궁 1장, 마상음수칠각궁 1장, 노면칠사절각국 1장, 사갑전 10척, 평사전 10척을 바쳤다.[78)]

---

77) 『일본서기』 권19, 天國排開廣庭天皇 欽明天皇 十五年 二月(554년 2월). 二月 百濟遣…(중략)… 別奉勅 貢易博士施德王道良·曆博士固德王保孫·醫博士奈率王有㥄陀·採藥師施德潘量豊·固德丁有陀·樂人施德三斤·季德己麻次·季德進奴·對德進陀 皆依請代之

T-4. 천황이 몸소 북쪽 송림에 나아가 말타기와 활쏘기를 관람하였다. 입당하였다 돌아온 사신과 당나라 사람이 당과 신라의 음악을 연주하고 농창(弄槍)하였다.[79)]

T-2는 554년의 일로 백제의 악인들이 교대하여 귀국하기를 청한 내용이다. 왜는 백제와의 긴밀한 교류를 통해 악가무를 비롯한 문화전반에 걸쳐 백제의 문화를 적극 수용하고 있었다. T-3의 기록을 보면 견당사 진비(眞備)가 당례와 여러 서적 및 각종 기물, 악기를 가지고 돌아왔는데 여기에 일본 예악 형성과 아악 발전에 큰 영향을 미친 『악서요록(樂書要錄)』이 포함되어 있었다. 그리고 T-4의 기록에 따르면 당 사신을 위해 당악과 신라악을 연주하고 농창을 연행했다고 한다. 당악과 신라악은 일본 황실의 궁중음악으로 연주되었다. 이러한 기록들을 통해 고대 동아시아는 중국을 중심으로 한국, 일본이 서로 공통된 악가무와 산악·백희를 연행하는 하나의 문화권을 형성하고 있었음을 알 수 있다.

한국에서 삼국시대 이래 악무는 향악으로 정착되었다. 여기에 중국의 당악과 서역의 음악도 포함되어 고려와 조선시대에 이르기까지 각종 정재에서 연행되었다. 중국에서는 고구려와 백제의 악은 칠부기, 구부기, 십부기에 포함될 정도로 수준이 뛰어난 것이었다. 일본은 6세기 이래 삼국과 발해로부터 삼국악과 당으로부터 당악을 직접 수용하였다. 일본에서 삼국악은 고려악이라 하여 당악과 함께 일본 궁중음악의 한 축을 구성하였다. 따라서 삼국의 악무는 기본적으로 공통된 토대를 가지고 있었다

78) 『속일본기』 천평 7년(735) 4월 신해조. 入唐留學生從八位下 下道朝臣眞備 獻唐礼一百三十卷 大衍曆經一卷 大衍曆立成十二卷 測影鐵尺一枚 銅律管一部 鐵如方響寫律管聲十二條 樂書要錄十卷 絃纏漆角弓一張 馬上飮水漆角弓一張 露面漆四節角弓一張 射甲箭二十隻 平射箭十隻.

79) 『속일본기』 천평 7년(735) 5월 경신조. 天皇御北宋林覽騎射 入唐回使及唐人 奏唐國新羅樂 弄槍.

고 할 수 있다.

중국, 한국, 일본은 모두 궁중의례가 끝난 후 열린 영접연향에서 산악·백희를 공연하였으며 사신을 위해 베푸는 연회에서도 다양한 산악·백희가 공연되는 것을 확인할 수 있다. 동아시아 3국은 공통적으로 사신영접행사에서 산대를 가설하고 잡희를 연행하였다. 이러한 전통은 중국에서 시작되어 사신왕래를 통해 이를 받아들인 결과인 것으로 보인다. 이미 산악·백희는 중국으로부터 전문 연희자들을 하사받기도 하였지만 사신단 일행으로 간 일부 예인들, 중국에서 온 사신단에 포함된 예인들 및 유학생이나 구법승 등을 통해 본국으로 전해졌다. 따라서 동아시아 3국은 고대 이래 꾸준한 상호교류를 통해 당시 최고문화를 수용하면서 보편적인 의례문화를 형성했다고 볼 수 있다. 그리고 본국의 사정에 맞게 새로운 것을 끼워 넣기도 하고 생략하기도 하였다. 예를 들면 중국의 거가환궁의식에는 기로와 유생의 헌가요, 그리고 학연화대무는 연행하지 않았지만 조선은 기로와 유생이 가요를 올리는 절차가 있었고 어가행렬 앞에 학무를 연행하는 모습이 보인다.[80)]

고대 이래 한국은 중국을 통해 서역의 가무와 산악·백희를 받아들였으며 이를 일본에 전해주었다. 앞에서 살펴보았듯이 일본은 삼국으로부터 고구려악, 백제악, 신라악 등을 전수받았으며 이 음악을 전수할 악사들을 요청하기도 하였다. 일본은 이들 무악을 고려악이라 칭했으며 이를 기반으로 일본의 부가쿠(舞樂)를 발전시켜나갔다. 한국에는 고창기, 천축기 등 서역과 인도계통의 음악도 있었는데 이는 일본에도 전해졌다. 즉 서역의 악가무는 중국, 한국, 일본에도 전파되어 동아시아 3국의 음악적, 문화적 공통성과 다양성을 형성하게 되었다. 서역과 중국, 한국, 일본의

80) 학무의 첨입과정은 윤아영, 「조선 환궁의식과 중국환궁의식의 변별에 관한연구」, 『한국음악연구』 54, 2013, 263~273쪽 참조.

[그림 37] **파르티안식 활쏘기, 고구려 덕흥리 고분벽화**
(전경욱 편저, 『한국전통연희사전』, 민속원, 2014)

산악·백희 문화의 보편성을 입증하는 사례는 많다. 대표적으로 파르티안식 활쏘기 등 마상재는 서역에서 건너온 것으로 고구려 고분벽화에도 보인다(그림 37). 이 마상재가 고구려를 통해 한반도에 유입되어 크게 발전하였으며 조선후기에 일본이 마상재 공연을 요청하기에 이르게 되었다. 일본에 간 통신사가 연행한 마상재 기예는 그림으로도 남아 있다.

이렇게 각종 산악·백희가 사신영접행사에서 연행되는 것은 중국, 한국 그리고 일본에서 공통으로 나타난다. 이는 사신왕래를 통해 중국의 영접의례와 영접행사를 보고 본국에 돌아와 적용한 결과라 할 수 있다. 이때의 공연예술은 두말할 것도 없이 당대 최고의 예술이었을 것이며 기예를 갖춘 전문 연희자들이 공연했다. 다음 기록은 조선의 연희자들이 통신사행에 따라가서 일본에서 여러 차례에 걸쳐 연희를 하였음을 보여준다.

T-5. 늦게야 맑아졌으나, 역풍이 있으므로 악포(鰐浦)에 묵었다…중략…이날 한국 악공(樂工)들이 문밖에 삼현(三絃)을 벌이고 광대놀이를 하니, 왜인 남녀가 모여 서서 구경하며 때로 웃음소리를 내는데, 그 소리는 한국 사람과 다름없었다.[81]

T-6. 돌 위에 걸터앉아 홍주(紅酒)를 부어 마시며 악공을 시켜 북·저·필률(觱篥)을 연주하게 하니 노래를 불러 서로 맞추었고, 동자는 채색 적삼을 입고 마주서서 춤을 추는데, 춤추는 것이 궁녀의 태도와 같았다. 좌중이 모두 고향 생각을 하였다. 조금 있자 얼굴과 의복이 누추한 왜인 남녀노소 어린 아이 수십 명이 산골 사이에서 음악소리 나는 것을 듣고 와 벼랑 머리에 모여 앉아 들으며 즐거워하였다. 음악소리가 끝나자 여러 악공들이 북을 치며 광대담(廣大談)·창우(倡優)의 모든 희롱을 하자, 보는 사람들이 크게 웃으며 절도(絶倒)하였는데, 소리가 골짜기에 메아리쳤다. 왜통사 한 사람이 이름이 무조(茂助)인데, 자신이 조선 노래를 부를 줄 안다 하므로 노래를 시켰더니, 그 소리가 끊어졌다 이어졌다 하여 곡조가 맞지 않았으므로 웃던 사람이 더욱 웃게 되어 또 한 가지 새로운 기괴를 보태었다.[82]

T-7. 술이 반쯤 취하자 나를 맞이하여 그 후원(後園)을 구경시켰다. 층층 사닥다리와 겹겹의 누각이며, 깊숙한 골과 기이한 바위는 앉을 만하고 면면(面面)이 새로웠다. 다시 한 중당(中堂)에 술자리를 베풀고는 간곡히 성의를 표시하였다. 한국 음악을 들려주기를 요청하므로 군악(軍樂)을 한 차례 크게 연주하게 하고 다시 여민락(與民樂)을 연주하게 하여 흡족하게 즐기고 돌아왔다.[83]

---

81) 조명채, 『봉사일본시문견록』 건(乾) 무진년(1748, 영조 24) 2월 19일. 晩晴. 有逆風 留鰐浦…(중략)…伊日 我國樂工輩 門外張三絃 作倡優戲 倭人男女簇立聚觀 時發笑噱 其聲與我國無異.

82) 신유한, 『해유록』 상, 기해년(1719) 7월 17일. 酌紅酒. 使樂工奏鼓笛篥 唱謌相應 童子華衫對舞 舞似宮娃態 座中皆有楚奏之感 俄而 倭男女老少稚數十人 儀容服飾皆陋 自山谷間 聞樂聲而來 聚坐厓頭歡欣 樂且闋 群工擊鼓爲廣大談倡優諸戲 觀者輒大笑絶倒 響沸岩洞 倭通事一人名茂助 自云解唱朝鮮謌 使謌之 其音斷續不成章 笑者益笑 又添一段新怪.

T-5와 T-6의 기록은 우리나라 악공들의 광대놀이를 일본인들이 모두 보고 즐겼다는 것이며 T-7은 일본의 요청으로 우리의 군악과 여민락을 연주했다는 기록이다. 이는 당시 통신사가 정치적 목적 이외에 문화적 교류 측면에서 매우 중요한 행사였음을 보여준다.

동아시아 3국은 사신왕래를 통해 상대국의 문물을 직접 보고 정보를 얻었으며, 함께 수행했던 악공, 연희자들을 통해 자국의 문화를 알릴 수 있었다. 더구나 이들은 전문가였기 때문에 상대국의 연희를 보고 그 방법을 배워 새로운 기술을 익히는 기회가 되기도 했다. 특히 이들 연희자들 중에는 지방에서 차출된 연희자들도 포함되어 있었다. 이들은 외국사신 영접행사를 치르면서 보고 익힌 기예와 기술을 다시 자신들이 활동하던 곳으로 돌아가 공연함으로써 지방의 연향문화 발달에 영향을 미치기도 하였다.

그러나 3국은 그러한 공통성에도 불구하고 공연장소와 내용에서는 차이가 있다. 중국에서는 객관은 물론 궁정의 사신영접연향에서 다양한 산악·백희 공연을 하였던 것에 반해, 조선에서는 궁정에서 중국사신을 영접할 때에 산악·백희 공연을 하지 않았고 객관에서 열린 사신연에서 산악·백희를 공연하였다는 것이 다른 점이다. 물론 각 지방 객관에서는 산대를 가설하고 산악·백희를 하였다. 이러한 차이는 중국사신이 가지고 오는 황제조서를 영접하는 행사는 가례에 속하는 것으로 궁중에서 수조의례에서는 정재만 올리는 데에 반해, 주연을 베풀고 흥을 돋우는 사신연이 열리는 객관에서는 함께 즐길 수 있는 산악·백희와 여기의 가무희를 공연했기 때문인 것으로 보인다. 하지만 일본사신 영접행사의 경우는 궁중에서 산악·백희 공연을 한 것으로 나타난다. 일본 사신영접행사는 중

83) 김기수, 『일동기유』 권2, 「연음」 20칙. 酒半 邀余行翫其後園 重棧複閣 幽洞奇巖 曲曲可坐 面面生新 而復置酒中堂 委曲致意 要聽我國樂聲 命大吹打一回 更演與民樂 盡歡而歸.

국과 달리 객관에서 별도로 연회를 치르지 않고, 궁중에서 국서를 받는 의식에 이어서 연회를 베풀고 산악·백희 공연을 하였다.

중국에서 행해지는 사신영접행사만의 특징이라 할 수 있는 것은 입조한 주변국의 사신들과 함께 온 연희자들이 황제 앞에서 자국의 잡희를 연행하였다는 것이다. 이는 Q-6의 기록을 통해 확인할 수 있다. 이렇게 각국의 연희자들이 직접 와서 연희를 하기도 하지만 Q-5와 같이 중국 내 여러 소수민족의 잡희를 궁정에서 연행하기도 하였다. 이는 한국, 일본과는 확연히 다른 중국만의 사신영접행사의 특징이라 할 수 있다. 중국은 사신영접을 위한 궁중연향에서 다양한 주변 소수민족 고유의 잡희를 공연하였을 뿐만 아니라, 사신으로 온 번국의 연희자들로 하여금 자국의 음악을 연주하고 기예를 황제에게 올리도록 하였다. 이는 주변의 조공국이 중국 황제에게 음악, 춤, 기예 등을 정재하는 것이라 할 수 있다. 따라서 이러한 연향절차는 일본이나 조선에서는 찾아볼 수 없는 것이었다.

조선의 사신영접행사에서는 중국 사신이 가지고 온 황제의 조칙을 받는 의례를 거행한 직후 궁중연향에서 궁중정재가 베풀어지고 궁중에서 수조의례가 끝나고 객관으로 이동한 후 이어서 열리는 객관 연향에서는 산악백희를 비롯한 가무희가 공연되었다. 하지만 일본이나 야인은 국서와 폐백을 받고 난 후에 이어서 산악·백희가 공연되었다. 임란 이후에는 상경이 금지되면서 삼포 왜관에서만 연향을 베풀었는데 주로 여기들의 가무희가 중심이 되었다.

또 하나 한국 사신영접행사의 특징은 거리에서 이루어지는 공연이다. 『고려도경』에 보면 사신행렬에 백희소아대가 따르고 있었는데 조선시대 사신영접행렬에서도 산악·백희가 연행되었던 것으로 볼 때 고려시대에도 사신행렬에서 빼놓을 수 없는 공연이었다. 이렇게 사신행렬 중의 산악·백희 공연과 궁궐 밖 공간에서 산대를 가설하고 백성들이 함께 할 수 있도록 연희를 했던 것은 한국의 특징으로 보인다. 중국의 경우도 황제의 행차에서 다양한 산악·백희를 공연하였지만 한국의 사신이 갔을 경우 이들을 맞이하기 위한 사신영접행렬은 없었던 것으로 보인다. 고려와 조선은 사신을 영접하는 행사를 백성들이 함께 하는 축제의 장으로서 거리를 공연무대로 삼아 각종 정재와 산악·백희를 공연하였다. 그러나 중국과 일본에서는 사신영접을 위해 거리마다 결채하고 산악·백희를 공연했던 것으로는 보이지 않는다.

일본의 경우, 사신영접연향에서 아악, 즉 부가쿠는 연주되지 않았다. 유일한 예외가 1711년 신묘년 통신사 연향과 수신사 연향이었다. 이를 제외하고는 주로 잡희와 극에 해당하는 가부키와 닌교조루리를 공연하였다. 그 중에서 잡희가 가장 큰 비중을 차지했다. 희자가 들어와 잡희를 했다는 기록은 통신사의 사행록에 자주 보인다.

한국과 중국, 일본의 사신영접에서 가장 큰 차이를 보이는 것은 공연내용이다. 중국과 일본에서는 사신영접연향에서 연극적 요소의 연희, 즉 중국은 명말 이후 희곡이 연행되고 일본에서는 18세기 이후 가부키 등 연극이 연행되었다는 것이다. 앞에서 살펴본 바와 같이 중국은 특히 청대 이후 희곡이 발달하면서 궁중의 사신영접연향에서 여러 차례에 걸쳐 다양한 연극 공연을 관람시켰으며 일본 역시 가부키 등 연극 공연을 베풀었다. 반면에 한국에서는 이러한 연극적 연희가 이루어진 명확한 기록을 찾을 수 없는데, 아마도 중국, 일본과 달리 연극은 연행되지 않았던 것으로 보인다. 하지만 17세기 청 사신 영접행사에서 《봉사도》에 보이는 바와 같이 탈을 쓰고 가면극의 한 장면을 연행하는 듯한 모습이 보이는 것으로 보아 연극은 아니라 해도 연극적 요소가 어느 정도 가미된 연희가 연행되었을 가능성도 있다.

3. 동아시아에서 사행의 의미

1) 동아시아 3국의 상호인식 변화와 사신의 역할

전근대 동아시아의 국제질서는 중국의 일방적이고 단층적인 질서가 아니었다. 여기에는 중국에 대한 인식과 주변국에 대한 각국의 인식이 중첩되어 있었다. 이번 절에서는 사신영접의례 성립과 운용에 내포되어 있는 동아시아의 국제질서와 그에 반영된 동아시아 3국의 국제인식에 대해 살펴보고자 한다. 그리고 동아시아 3국 간의 사신파견이 동아시아 문화의 보편성 형성에 어떠한 영향을 미쳤는지도 알아보고자 한다.

동아시아의 국제관계는 보통 사대외교와 교린외교로 나눈다. 이 두 가지 외교체제는 중국을 중심으로 나눈 개념이라 할 수 있다. 중국을 중심으로 하는 동아시아 국제질서 속에서 중국의 주변국들은 중국과 책봉과 조공이라는 방식를 통해 군신관계를 맺었으며 주변국들 간에는 서로 대등한 관계의 외교라 할 수 있는 교린체제를 형성하였다. 중국을 천자국으로 하는 조공국인 한국과 일본, 그리고 한국과 일본의 교린관계, 특히 조선시대에는 일본의 국내정치의 다층적 성격에 따라 일본과의 관계도 국왕사-거추사-일반추장으로 등급을 나누어 다원적인 외교관계를 형성하였다.

이러한 다원적 외교관계 속에 일관되게 흐르는 사상은 바로 화이관(華夷觀)과 소중화주의(小中華主義) 의식이다. 이 두 가지 인식이야 말로 동아시아 사신영접의례의 흔들리지 않는 사상적 배경이라 할 수 있다. 중국은 진한시대 이래로 중국을 세계의 중심으로 보는 중화주의에 입각한 정치체제를 확립해왔다. 중국 자신은 화(華), 주변 제국은 이(夷)로 보는 철저한 이분법적 세계관이었다. 이는 책봉과 조공이라는 동아시아 전체에 걸친 국제질서를 확립하였다. 이러한 인식은 유교적 예사상과 결합하여 의례라는 형식을 통해 구현되었다. 당은 강력한 중앙집권적 권력과 주변국과의 활발한 교류를 통해 국제적이고 개방적인 국가를 이룩하였다. 그 과정에서 중국 중심의 중화주의를 바탕으로 중국에 입조하는 주변국과의 관계를 설정하고 이들을 접대하기 위한 사신영접기준을 마련하였다. 이는 송대에 이르러 북방민족의 지속적인 침략에 시달리면서 배타적 민족주의가 성리학적 가치와 맞물려 중화주의를 더욱 강화했다. 즉, 유교의 예치와 덕치를 내세우며 북방민족에 대한 문화적 우월의식을 통치이념으로 치환시켰다. 이러한 중화주의적 사상은 중국 왕조 전반에 걸쳐 반영되어 있었으며 당시 중국이 국제관계를 바라보는 기본 시각이었다.

조선의 경우, 성리학의 영향을 받았던 여말 신진사대부는 조선을 건국한 후 유교적 예치이념을 국가통치이념으로 받아들이고 명을 받들게 되면서 스스로를 소중화라 자부하였다.[84] 특히 몽골이 세운 원을 멸하고 들어선 명은 중화회복을 내세우며 책봉-조공관계를 강화하였다. 명 멸망 후 청이 들어섰지만, 조선은 여전히 명을 진정한 중화국으로 여기고 청에 대해서는 외교적으로는 책봉-조공관계를 맺지만, 문화적으로나 사상적으로는 청에 대한 반감이 깊었다. 이는 조선후기 두 번의 호란을 겪으면서 북벌론으로 표명되었으며 결국 동아시아에서 유교적 예사상을 지닌 유일한 나라는 조선이라는 소중화주의[85]사상으로 내재화되었다.[86] 이는 청

84) 이상익, 「주자학과 조선시대 정치사상의 정체성 문제」, 『한국철학논집』 14, 한국철학사연구회 2004, 78~79쪽.

85) 정은영은 소중화의식이 '한족'중심의 중화주의의 실재를 인정한 가운데 스스로를 그 아래에 위치시키고 본질적으로 중국에 동화되고자하는 의식인 반면 '조선중화주의'는 실질적 중화주의 국가인 명이 없는 상태에서 자율적, 내재적 인식을 바탕으로 하는 것이라고 하였다(정은영, 「조선후기 통신사와 조선중화주의-사행기록에 나타난 대일인식 전환을 중심으로-」, 『국제어문』 46, 국제어문학회, 2009, 355쪽 각주 14번 참조.).

에 대한 이중적 태도와 인식을 형성하였다. 즉, 명에 대한 사대사상은 이민족 국가이자 조선을 침략한 청에 대한 배청의식으로 나타나게 되었지만 청의 선진문물에 대한 경탄과 동경도 동시에 지니고 있었다. 이러한 흐름은 조선후기 북학파의 주장에서도 알 수 있다. 당시 조선 사대부들의 철학적이고 추상적이며 이론적인 존명배청의식과 반대로, 이들의 인식은 실리적이고 현실적인 것으로 변화하고 있었던 것이다. 물론 이것이 중국에 대한 사대사상에서 완전히 벗어난 것은 아닐지라도 중국에 대한 인식의 변화인 것만은 틀림없다. 명에 대한 중화사상이라는 명분론에서 벗어나 실리추구와 현실 개혁적 측면에서 중국을 인식하게 된 것이었다.

중국에 대한 사대외교와 동시에 조선은 일본과 교린체제를 형성하였다. 일본은 10세기 이후 쇄국의 길로 들어섰고 15세기 명의 책봉을 받고 '일본국왕'이 되면서 다시 동아시아 질서에 재편되는 과정을 거쳤다. 하지만 토요토미 히데요시는 중국의 책봉을 받지 않았다. 이로써 다시 중국 중심의 질서에서 이탈하였고 17세기 초 유일하게 조선과 독립적인 대외관계를 맺게 되었다.

10세기 이전 한반도의 삼국과 통일신라 및 발해와 일본은 빈번하게 교류하였다. 이때에도 서로에 대해 자국의 입장에서 상대를 신하국으로 인식하였으며 그에 따라 외교 분쟁이 끊이지 않았다.[87] 사실의 진위여부를 떠나 이러한 기사가 일본 측 사서에 기록되어 있고 그 해결과정이 일본의 요구를 당이 받아들이는 것으로 해결되었다고 기록한 것으로 보아 일본 내에 신라에 대한 일종의 경쟁의식이 있었으며 서로에 대한 반감이 컸던

86) 정은영, 앞의 글, 2009, 355쪽.

87) 중국의 조공국으로서 신라와 일본의 서로에 대한 인식이 반영된 대표적인 사건이 바로 753년당의 하정례에 참가하였다가 자리 배치를 두고 벌어진 사건이었다. 일본 측 기록에만 보이는 것으로 기사의 진위에 대한 논란이 있다.

것으로 보인다.

10세기 이후 일본이 처음으로 조선에 사신을 파견한 것은 태종 4년(1404) 7월 무로마치막부의 아시카가 요시아키(足利義滿)가 일본국왕사 자격으로 사신을 보낸 것이었다. 이후 조선은 일본의 내조에 대한 답례로 임진왜란이 일어나기 전까지 여러 차례에 걸쳐 조선통신사를 일본에 파견하였다.

조선전기 일본사신은 조선의 정월 초하루와 동지의 조하례와 회례연에도 참여하였다. 이는 조선이 중국의 초하루와 동지 조하례에 참여하는 것을 일본에 대해 그대로 적용한 것이다. 중국 중심의 국제질서에서 볼 때 중국에 대해 같은 조공국, 즉 대등한 관계임에도 불구하고 군신관계에 적용되는 조하례와 회례연에 일본사신을 야인과 유구 사신들과 같은 반열에서 참여시켰던 것이다. 이는 명-조선-일본의 이중적 외교관계 속에서 주변국에 대한 조선의 소중화사상을 반영한 것이라 하겠다.

세조 2년 양성지의 상소문에서도 일본에 대한 조선의 인식을 읽을 수 있다.[88] 그는 번부악을 제정하도록 청하면서 일본의 악을 동부악, 여진의 악을 북부악으로 하여 사신 연향에서 사용하도록 하자는 내용의 상소를 올렸다. 이때 동부악과 북부악을 번부악이라 통칭하였다. 여기서 '번(蕃)'은 주변국을 의미하는 것으로 중국의 예전에는 주변의 조공국을 번국사 혹은 번국왕이라 칭하고 있다. 그런데 이 번을 일본과 야인에게 사용하고 있다. 당시 조선이 일본과 야인을 대등한 국가라기 보다 번국, 즉 신하국으로 인식하고 있었음을 보여준다.

소중화주의는 대일외교관계에도 그대로 적용되었다. 즉, 조선시대 내내 조선조정은 일본을 대등한 외교상대로 인정하지 않았다. 임진왜란과

---

88) 『세조실록』 권3, 세조 2년(1456) 3월 정유조.

정유재란을 겪으면서 이들에 대한 분노와 치욕감의 표현으로 소중화주의는 더욱 강화되었다.[89] 이는 문화적으로 우위에 있다는 자부심을 상대적으로 강화시켰던 것이다. 일본에 대한 이러한 하대의식은 사실 조선전기부터 존재했다. 이들은 예와 문화를 모르는 나라이며 오로지 경제적, 물질적 이익만을 추구하는 나라로 생각했기 때문에 예와 악을 갖추는 고도의 의례행위인 사신영접의례의 대상이 될 수 없다고 여겼다. 임진왜란 이후 도쿠가와막부가 들어서면서 다시 조선과의 국교가 재개되었지만 여전히 일본은 경계의 대상이었다. 일본사신의 상경로가 임진왜란 당시 진격로로 사용되었다 하여 이들에 대한 상경을 금지하였다는 사실에서도 알 수 있다. 이는 조선이 일본을 대등한 외교상대국으로 인정하지 않았음을 의미한다. 이들은 언제나 가르치고 이끌어야 하는 교화의 대상이었다. 더구나 그런 상대에게 침략을 당하여 수치심과 분노가 높았다. 그런 상황에서 포로 송환이라는 현안을 해결하기 위해 일본에 사신을 파견해야 했던 조선 정부가 내세운 명분이 바로 이들에 대한 예적, 문화적 교화였다.[90] 임진왜란 이후 최초의 공식적 사절은 1607년(선조 40)에 포로 송환을 위해 회답겸쇄환사(回答兼刷還使)를 파견한 것이었다. 당시 조선통신사는 포로 송환을 강력히 주장하였으며 그와 더불어 조선조정이 베푸는 덕의를 잘 받들어야 한다고 하였다.[91] 조선은 예를 잃지 않고 공맹을 섬길 줄 아는

---

89) 『선조실록』 권37, 선조 26년(1593) 4월 을유조. 臣告曰 小邦保有今日 皇恩罔極. 但此倭賊變詐百出 今之乞降 未必非緩兵之計 恐中奸計. 先墓見掘 萬世必報之讎 有不共戴天之義. 誓欲決一死戰 以復此讐 不願與賊俱生. 惟望老爺終始拯濟.; 『光海君日記』 권116, 광해군 9년(1617) 6월 기미조. 史臣曰 彼島夷 實我國家大小臣民萬世不共之讐也. 通信回答雖曰不得已一之已甚 其可再乎. 人有別回答使詩曰 試向漢江江上望 二陵松栢未生枝 嗚乎痛哉.【詩 故參判尹安性詩也.】

90) 정은영, 앞의 글, 2009, 356쪽.

91) 이경직, 『부상록(扶桑錄)』, 7월 12일. 朝廷勉從你等之請 爲遣使臣 遠來渡海者 只是矜憐赤子之未還者 專爲刷還一事 你等宜體念朝廷德意 盡心奉行可也.

나라로서 일본을 오랑캐로 인식하여 교화의 대상으로 바라보고 있었다. 이러한 통신사의 일본에 대한 인식은 사행록 전반에 걸쳐 나타난다.[92]

하지만 17세기 이후 중국과 일본에 대한 지식인들의 인식에 변화가 생겼다. 성리학적 유교사상이 무너지고 연행사들을 통해 서학이 들어오면서 중국이 세계의 중심이 아니라는 점을 깨닫게 되는 것과 무관하지 않다. 중국과 조선의 물리적, 문화적 위치를 객관적으로 바라보게 되면서 중국 중심의 중화주의, 그에 기댄 소중화주의가 조금씩 그 토대를 잃게 되었다. 이러한 인식의 변화를 이끌었던 사람들이 바로 중국에 파견되었던 사신들이었다. 이들은 항상 최첨단의 사상과 문화를 접하고 이를 국내로 들여와 새로운 변혁을 이끌었다. 이러한 사상적 변화를 이끌고 이를 실생활에 반영하려 했던 사람들이 바로 북학파였다. 북학파에 의해 새로운 우주관과 세계관이 보급되고 오랑캐라고 멸시하던 청의 놀라운 기술적 발전에 자극을 받았던 당시 사회분위기와도 관련이 깊다.

18세기로 넘어가면서 일본에 대한 인식 역시 변화하였다. 17세기 임진왜란과 명의 멸망으로 조선이 유일한 중화국이라는 인식에서 기인한 일본에 대한 무조건적인 반감과 현실을 부정하는 태도가 아니라 현실을 있는 그대로 받아들이면서 좀 더 객관적으로 일본을 바라보기 시작한 것이었다. 17세기까지만 해도 통신사로 일본에 다녀온 사신들의 사행록을 살펴보면 일본을 오랑캐로서 교화의 대상으로 여기고, 이들의 발전상을 목도하고도 현실을 인정하지 않은 채 일본의 발전상과 그들의 야만성을 대비시켜 예를 모르는 야만인으로 묘사하였다. 여전히 일본에 대해 상국(上國)의 태도를 견지하고 있으며 일본의 문화를 저속하고 볼 것이 없다고 표현하였다.

---

92) 남용익, 『부상록(扶桑錄)』 상, 〈萊館書懷得長篇四十韻呈兩使兼示讀祝李文哉〉, 平生誦三百 忠信師孔孟 自可行蠻貊 何憂蹈機穽.

그러나 18세기 일본에 대한 인식은 이중적이었다. 즉, 일본의 도시의 발전, 상업발달 및 건축물 등을 통해 이들이 매우 발달된 문명을 이룩하고 있음을 인정하는 한편, 여전히 문학이나 예술적 경지에서는 이들보다 우위에 있다는 문화 우월주의적 인식을 드러낸다. 특히 일본인들이 조선의 시문과 회화에 열광하는 것을 보며 더욱 그러한 인식을 강화하였다. 조선후기 조선의 지식인들은 통신사와 부산 왜관의 대마도인과의 잦은 접촉을 통해 일본에 대한 이해가 깊어지고 있었다. 통신사와 일본 관리들의 필담[93]이나 문학적 교류를 통해 상호 간의 이해가 깊어지고 인식의 변화를 가져올 수 있었다. 이는 일본과 조선의 문화교류를 더욱 확대하는 결과를 가져왔다. 17세기 임란 이후 대일외교사절 파견이 포로송환이나 일본에 대한 회유라는 정치사회적 목적이 강했다면 18세기 이후 통신사 파견은 문화교류의 성격이 매우 강했음을 알 수 있다.

일본과의 통신사 교환에 대해 당시 통신사로 일본에 다녀온 조엄의 기록을 통해 통신사행을 문화교류로 파악한 일면을 엿볼 수 있다.

U-1. 원역으로 말하면, 군관(軍官)을 이름 있는 무관으로 한 것은 변방 사정에 익숙한 자를 하려 한 것이요, 자제를 데리고 간 것은 친속(親屬)끼리 서로 의지하게 하려 한 것이며, 장사(壯士)를 데리고 간 것은 그 용맹과 힘을 남에게 보여 주려고 한 것이요, 제술관(製述官)과 서기(書記)를 데리고 간 것은 문자(文字)를 수응하게 하려 한 것이며, 왜역(倭譯)과 한역(漢譯)을 데리고 간 것은 언어를 서로 통하게 하려 한 것이요, 의원을 데리고 간 것은 그 병을 치료하게 하려 한 것이며, 사자관(寫字官)·화원(畫員) 및 별파진(別破陣)·마상재(馬上才)·전악(典樂·)이마(理馬)를 데리

93) 『筆談唱和集』에는 당시 양국의 상호인식, 역사문제, 의료관련 대화, 풍습 등에 대한 조선의 문인과 일본 여러 지역의 승려, 관리, 의원 등과 서로 주고받은 문답이나 글이 실려 있다.

고 간 것은 기예(技藝)를 어느 것이나 이웃 나라에 지지 않게 하려 한 것이다.[94)]

에도시대 일본인은 조선에 대한 동경심을 지니고 있었다. 그래서 당시 일본의 관리와 문인들은 조선통신사와 교류하고자 애썼다. 하지만 이와는 전혀 반대로 조선을 속국으로 보는 인식도 있었다. 일본의 『고사기(古事記)』와 『일본서기』에는 신라를 비롯한 삼국이 일본에 조공을 왔다고 기록하고 있다. 이는 삼국을 일본의 속국으로서 일본에 조를 바치는 신하국으로 보는 것이었다. 이러한 인식의 맥락에서 이 당시 일본의 국학자인 야마가 소코(山鹿素行, 1622~1685), 구마자와 반잔(熊澤蕃山, 1619~1691), 하야시 시헤이(林子平, 1738~1793) 그리고 요시다 쇼인(吉田松陰, 1830~1859)) 등은 조선을 속국으로 간주하였다.[95)] 이들은 모두 조선이 예로부터 일본의 속국이라는 인식을 갖고 있었으며 이는 곧 대항의식으로 변하여 마침내 침략의 대상으로 보게 되는 데에 이르게 되었다.[96)] 조선에 대한 동경심이 점차 변화하던 상황은 아라이 하쿠세키의 외교의례개혁에서 드러난다. 아라이 하쿠세키는 막대한 비용이 드는 것과 조선통신사를 관백보다 더 높여서 대우하는 것은 옳지 않다고 하여 연향의 횟수도 줄이고 의전절차도 간소화하였다.

---

94) 조엄, 『해사일기(海槎日記)』 권1, 계미년(1763, 영조 39) 8월 3일(정해). 以員役言之 軍官之名武 欲其邊情之慣習也 子弟 欲其親屬之相依也 壯士 欲其勇力之視人也. 製述官書記 欲其文字之酬應也. 倭譯漢譯 欲其言語之相通也. 醫員 欲其疾病之救護也. 寫字官畫員暨夫別破陣馬上才典樂理馬 皆莫非技藝之無負於隣國也.

95) 山鹿索行, 『중조사실』(中國章). 고려는 본래 우리의 속국이다.; 雄澤蕃山, 『集義和書』 권8. 구이(九夷) 안에 조선, 유구, 일본이 우수하며 삼국 안에 일본이 가장 뛰어나다고 한다. 이것은 천조황(天照皇)·신무제(神武帝)의 은덕이다.; 林子平, 『海國兵談』 권16. 신무제(神武帝)가 처음 통일의 업을 성취하고 인통(人統)을 세운 후 신공황후가 삼한을 신복시키고 태각이 조선을 토벌하여…(후략)…; 吉田松陰, 『幽囚錄』. 이들은 모두 조선과 같은 것은 옛날부터 우리에게 신속되었으나 지금은 점차 오만하여지고 있다.

96) 이원식, 『조선통신사』, 민음사, 1991, 325쪽.

실제로 도쿠가와막부는 막부지배체제 강화라는 정치적 목적을 이미 달성하였고 경제적으로도 그다지 이로울 것이 없다는 판단을 내렸기 때문에 18세기 중반 이후 통신사의 방일을 계속 연기했고 조선 측도 경제적 이유로 통신사 파견에 회의적이었다.[97] 결국 마지막에는 대마도에서 국서를 받아 전달하는 것으로 통신사 파견은 중단되었다.

이러한 화이관은 일본에서도 발견된다. 고대 이래로 일본에는 '이(夷)'의 개념에 대한 논의가 있었다. 일본에서는 '이'를 '번'이라 하였다. 번은 주변국이라는 의미로 이미 중국의 예전에도 주변의 조공국을 가리켜 번국이라 하였다. 조선 역시 왜와 야인의 음악을 번부악이라 하였다. 조선은 소중화주의적 입장에서 번의 개념을 상하관계로 파악했던 것으로 보인다. 중국과의 관계에서 한국과 일본은 모두 번이었으나 조선과 일본의 관계로 치환될 경우 서로를 번이라 인식하였다. 그러나 이는 중국에서 천자국과 조공국인 번국의 구별이 명확했던 데에 반해 일본에서는 이러한 개념이 명확하지 않았던 것으로 보인다. 즉 천자국과 조공국이라는 상하관계보다는 번국이란 단순히 외국이라는 의미로 대등관계로 파악한 것으로 보인다.[98] 그렇다 하더라도 일본 역시 소중화사상을 바탕으로 조선을 인식하는 경향이 있었다.

동아시아 3국은 앞서 언급했듯이 중화사상과 소중화사상이 복합적이고 다층적인 관계를 형성하였다. 즉 중화가 중국이 독점하는 대외인식이 아니라 조공체제 내의 국가에서도 이러한 중화의식이 내재되어 있었고 이것이 동아시아 3국의 서로에 대한 인식에 반영되어 있었던 것이다.

97) 김문식, 「조선후기 통신사행원의 대일인식」, 『대동문화연구』 41, 2002, 132~134쪽.
98) 박석순, 앞의 책, 2002, 205~209쪽.

2) 사행과 문화교류

한국의 빈례는 조공(朝貢)과 책봉(冊封)이라는 중국 중심의 동아시아 외교체제 속에서 이루어진 것이었다. 조공과 책봉은 고대 동아시아에서 중국과 주변국이 형성한 독특한 국제외교질서라고 할 수 있다. 이는 단순히 중국이 주(主), 주변국은 종(從) 혹은 속(屬)이 되는 관계라기보다 서로 간에 필요에 따라 구축해간 국제관계이기도 했다. 그리고 조공과 책봉을 통한 관계는 각국의 국내 사정과 정세 속에서 늘 변화해왔다. 중국은 조공이라는 의례행위를 통해 천자국으로서 위신을 세울 수 있었고 주변국은 조공을 하는 대신 황제로부터 막대한 양의 하사품을 받고 극진한 대접을 받을 수 있었다. 조공이라는 외교관계의 의미에 대해서는 크게 두 가지 견해가 있다. 하나는 다양한 중국과의 관계 중 한 형태로서 실질적 주종의 정치적 관계라기보다는 형식적인 것이며 주변국이 중국의 선진문물을 받아들이고 문화적, 경제적으로 이득을 취하는 하나의 방식이라고 보는 것이며,[99] 다른 하나는 조공관계는 정치적 목적이 중요한 굴욕적 관계이며 경제적, 문화적 교류는 그 부산물이라고 보는 것이다.[100] 어찌 되었건 조공외교는 조공국에게는 정치적으로는 왕권의 정당성을 대내외적으로 인정받고 문화, 경제적으로는 중국의 선진문물을 수용하는 중요한 통로의 역할을 하였음은 분명하다. 오랜 조공-책봉관계는 그에 상응하는 의례절차를 필요로 했고 그에 따라 상호 간에 합의된 의전이 있었을 것이므로 그에 맞추어 사신영접의례가 마련되었을 것이다. 그리고 국빈을 대접하는 일이므로 당연히 연향이 따른다. 연향은 사신영접의례에서 가장 문

99) 김상기, 「조공의 경제적 의의」, 『고대한중관계사의 연구』, 한국사연구회편, 삼지원, 1987.

100) 전해종, 『한중관계사연구』, 일조각, 1970.

화적인 행사였으며 이를 통해 동아시아 3국은 서로 최고 수준의 문화를 교류했다. 그리고 사행 자체는 이러한 국제적 문화교류의 통로로서 뿐만 아니라 국내적으로는 중앙과 지방의 연희문화 교류의 계기가 되었다.

(1) 국가 간 교류

사행(使行)은 국가 간에 이루어지는 고도의 정치적 행위였다. 동아시아 3국 간의 사행은 서로의 정치적, 문화적 목적을 달성하기 위한 행위였으며 이를 통해 대외적으로는 국가안전보장, 대대적으로는 국내정치 안정 및 문화교류라는 실질적 이익을 성취하는 과정이었다. 동아시아의 국제질서 형성은 당대 이후 지속적인 사신교환을 통해 이루어졌다. 당은 동쪽으로는 일본, 서쪽으로는 서역의 여러 나라와 유럽, 이슬람제국과도 교류하는 등 국제적, 개방적 성격의 정치, 경제, 사회, 문화적 특성을 확립하였다. 삼국과 통일신라, 발해도 당에 사신을 파견하고 유학생, 구법승 등이 들어가면서 서역의 여러 나라와도 교류할 수 있었다. 이러한 사신교환은 정치, 사회, 문화적으로 상호 간의 문화전파와 수용에 큰 영향을 미쳤다.

고구려 고분벽화에 나오는 악기와 산악·백희, 서역인의 모습은 이 당시 고구려와 중국 그리고 서역의 문화적 교류를 보여준다. 중국은 이미 한대 이후 실크로드를 통해 서역과 활발하게 교역하였고, 서역의 공연문화가 들어와 중국의 궁중연희의 중요한 한 부분으로 정착되어 있었다. 그리고 한대 이후 중국과 지속적으로 교류해왔던 삼국 역시 중국을 통해 이들의 문화를 수용하고 발전시켜 나갔다. 서역의 문화가 한반도까지 전해질 수 있었던 것은 바로 문화사절단으로서 사신의 역할이 컸다. 이들을 수행했던 악사, 악공 및 예인들을 통해서 서역과 중국의 문화가 전해질 수 있었으며, 그와 더불어 실제로 서역인과 중국의 예인들이 한반도로 건너와 활동하였기 때문이다. 서역과 중국의 문화는 한반도를 거쳐 일본에 전해졌으며 역으로 한반도의 문화와 기예가 중국에 전해져 중국에서 인기를 끌기도 하였다.

U-2. 입당했던 부사 종오위하 중신조신명대 등이 당나라 사람 3인과 페르시아 사람 1인을 데리고 들어와 배조하였다.[101)]

위 U-2 기사는 견당사 중신조신 명대(名代) 등이 당나라 사람과 페르시아인 한명을 데리고 배조하였다는 것인데 이때 동행했던 당인 중에 황보동조(皇甫東朝)와 황보승녀(皇甫昇女)가 있었고 이밀예(李密翳)[102)]라는 페르시아인의 이름이 보인다. 특히 이 황보동조와 황보승녀는 일본 도가쿠(唐樂)[103)] 발전에 큰 기여를 했던 사람으로 알려져 있다. 황보동조는 사리회(舍利會)에서 당악을 연주하였다는 기록도 보이고 있어 이들은 일본에 당악을 전해준 악인들이었음을 알 수 있다. 이 기사는 서역-중국-한국-일본 간에 이루어진 사신을 통한 문화예술인의 이동과 이들에 의한 문화의 전파양상을 보여준다.

이렇듯 당나라 악사는 물론 서역인이 일본에 직접 들어와 당악과 서역의 악무를 전수하고 궁중음악을 발전시키는 데에 중요한 역할을 했음을 알 수 있다. 이러한 폭넓은 교류는 동아시아 3국의 궁중음악의 발전을

101) 『속일본기』 천평 8년(736) 8월 경오조. 入唐副使從五位下中臣朝臣名代等 率入唐人三人波斯人一人 拜朝.

102) 『일본서기』 천평 8년 11월 무인조 기사에 페르시아인 이밀예의 이름이 보인다.

103) 일본의 궁중악무인 부가쿠(舞樂)는 두 가지로 나뉘는데 좌무(左舞)인 도가쿠와 우무(右舞)인 고마가쿠(高麗樂)가 그것이다. 도가쿠는 당에서 전래한 당악이고 고마가쿠는 고구려, 백제, 신라, 발해의 음악을 말한다. 보통 부가쿠는 도가쿠와 고마가쿠가 번갈아 연행되는데 이를 번무(番舞)라 한다.

이끌었으며 나아가 각국이 자국의 감정과 상황에 맞게 독자적인 악무를 발전시킬 수 있는 자양분이 되었음은 말할 것도 없다.[104)]

고대 이래로 19세기까지 오랜 기간 동안 이어왔던 상호 간의 교류를 통해 동아시아 문화는 보편성을 얻게 되었다. 이를 가능하게 한 것이 바로 사신왕래였음은 부정할 수 없다. 사신왕래는 가장 빠르고 공식적인 당대 최고 수준의 문화를 교류하는 통로였다.

3국의 문화는 사신들을 통해 유입되기도 했지만 상대국에 전파되기도 했다. 중국은 조공국에 답례품을 내리는데 여기에는 각종 진귀한 기물과 귀중한 서적들도 함께 포함되어 있었다. 이는 중국의 선진문물을 직접적으로 받아들이는 통로였다. 여기에는 당시 구하기 힘들었던 불경, 경서, 예서, 문집 등 다양한 서적과 물품이 포함되어 있었다. 즉 이들을 통해 동시대 문화가 전파될 수 있었다. 오늘날로 보면 거의 실시간 문화전파에 버금가는 것이었다. 이들의 사행 왕복기간이 8~9개월이었던 점을 감안하면 1년 안에 정보와 유행이 전파되었다고 할 수 있다. 더구나 사신에게 주어지는 것들은 당대 최고의 문물이었다. 따라서 사신을 통해 전달되는 문물과 문화, 예술은 귀국 후 본국의 문화발전에 지대한 영향을 미쳤음은 확실하다.

이들 사신단에는 고위 관리뿐만 아니라 학자, 의사, 상인들도 포함되어 있었다. 이들은 이미 폭넓은 교양과 깊은 학문적 지식을 갖춘 자들이며 정치적으로나 사회적으로도 최상위의 계층에 속하는 사람들이었다. 이들은 중국의 선진문물을 익히고 습득할 수 있는 자질을 갖춘 자들로 방문국의 관리와 문인들과 교우하면서 문학과 예술 및 학문적, 경학적 논

104) 일본 도가쿠(唐樂)에 보이는 중국 당악의 영향관계는 박태규, 남종진, 「일본 도가쿠의 중국 당악 수용사례연구: 〈교윤라쿠〉, 〈바토〉, 〈간슈〉의 문화변용을 중심으로」, 『아태연구』 21권 2호, 2014 참조.

쟁을 하기도 하고 현안문제를 논하기도 하였다. 그리고 사행로 상의 지역이나 수도에 거주하는 사람들과 접촉하면서 지리, 풍속, 인물 등에 대한 정보와 지식을 수집하고 견문을 넓혀, 본국으로 돌아가 이를 전파하는 것이 가능했다.

그리고 이들 사신단에는 유학생을 비롯해 다양한 목적을 가진 다양한 신분의 사람들이 동행하였다. 특히 예술인들은 음악, 무용, 산악·백희 등의 전문가들이었다. 중국에서 베푸는 연희를 보고 배워서 본국으로 돌아가 새로운 기예를 전하기도 하고 나름대로 창작하여 새로운 것을 창조해내기도 하였다. 『증정교린지』에 보면 통신사행의 구성원이 나오는데 여기에 글재주 있는 제술관, 의원과 더불어 화원, 마상재인, 전악, 취수, 마상고수, 동고수, 대고수 등 예술인이 대거 포함되어 있었던 것은 통신사행이 이러한 문화사절로서 역할을 하고 있었음을 보여준다. 특히 악공 및 연희자들은 일본에서 우리의 산악·백희를 공연하여 기예의 뛰어남을 과시하기도 하였다. 이는 일본 내에서도 새로운 문화를 접하는 기회가 되었으며 양국의 문화가 서로 영향을 주고받는 계기가 되었다. 특히 통신사가 지나는 사행로 상에 위치하는 지역의 문화교류와 문화발전에 기여한 바가 매우 컸다.

(2) 국내의 중앙과 지방의 문화교류

외국으로 사행은 매우 긴 여정이었다. 중국이나 일본 사신이 한국을 방문했을 때나 한국의 사신이 중국이나 일본을 방문했을 때 이들이 지나는 곳의 객관에서는 이들을 위한 다양한 연향이나 주연이 베풀어졌다. 고려시대와 조선시대의 외국사신 영접행사에는 이들을 위로하는 작은 주연에서부터 각 지방의 재인과 여기 등 연희자들을 동원하여 산대를 가설하고 산악·백희를 베푸는 등 성대한 연향까지 다양하게 베풀어졌다. 왕경에서 치러지는 사신영접행사에서는 거리에서 벌어지는 각종 정재와 연희를 즐김으로써 백성들의 문화 향유를 가능하게 하였다. 궁중 중심의 연희문화가 민간에 전파될 수 있는 계기이기도 하였다. 문화의 보급은 비단 왕경에서만 일어나는 현상은 아니었다. 사신들의 사행로 상에 있는 지역도 마찬가지였다. 지방 객관에서 사신영접행사의 하나로 여기의 가무희와 산악·백희가 벌어지면 인근 지역 사람들도 모두 모여 공연을 즐겼다. 이는 사신을 위한 공연이었지만 모든 지방민에게도 축제였다. 조선시대에는 중국사신이 지나는 의주, 정주, 황주, 평양, 개성 등지에서 한양 못지않은 규모로 사신영접행사가 이루어졌다. 이를 계기로 지방의 공연문화도 발전할 수 있었다. 이는 일본사신의 사행로 상의 지역도 마찬가지였다. 이렇듯 사행을 통한 중앙과 지방의 문화교류는 지방문화의 수준을 한 단계 향상시켰으며 중앙, 즉 궁중의 연향 역시 지방문화의 영향을 받아 더욱 다양해졌다.

통신사를 위한 연향과 일본 사신을 위한 지방 객관 연향에서는 여기들의 가무희가 주를 이루었다. 이때에는 주로 경상도 지역 여기들이 동원되었는데, 특히 경주지방 기생의 기예가 뛰어났다고 한다. 이는 통신사행록을 통해서도 확인할 수 있다.[105] 그 외에도 경주, 밀양, 안동의 기생들이 사행록에 상당히 많이 등장하는데 이들은 황창무 등의 정재와 각종 창작무용에 능했다고 한다. 또한 중앙의 정재에서는 볼 수 없는 지방 고유의 창작 종목이 공연되었던 것으로 볼 때 지방의 연희 문화 수준도 매우 높았다는 것을 알 수 있다.

그리고 통신사행에는 마상재가 꼭 포함되어 있었다. 이는 일본의 요청

---

105) 『승사록』 계미 8월 16일. 도내 이름난 기생들이 모두 모여 각자 분발하였는데 경주가 최고였고 안동이 그 다음이었다.

으로 이루어진 것으로 연례적으로 마상재 연희자는 통신사로 함께 동행하였다. 이들은 통신사로 가는 국내노정에서 마상재공연을 펼쳐보였다. 이는 지방민들에게는 중앙의 최고 기예를 즐길 수 있는 드문 기회였으며 축제행사였다. 그리고 객관에서 펼쳐지는 전별연에는 지방 여기와 악공들이 동원되었으며 이를 계기로 그들의 공연수준이 한 단계 높아질 수 있었다. 따라서 사신파견은 국가 간 문화의 교류와 전파를 촉진했을 뿐만 아니라 대내적으로는 중앙과 지방의 문화예술의 상호 습합과 이를 통한 공연예술의 다양화 및 연희자의 기예수준 향상에 지대한 영향을 미쳤다. 지역주민의 선진문화를 향유하고자 하는 욕구를 해결하고 이를 기반으로 지역문화의 발전을 촉진하였다. 또한 여러 지역의 여기와 악공들이 한 자리에 모여 재주를 펼쳐 보이는 자리였으므로 상호경쟁과 상호모방, 그리고 재창조의 과정을 거치며 연희문화를 더욱 발전시켰다.

오늘날처럼 미디어가 발달하고 교통이 발달하면서 국가를 통한 문화교류를 비롯해 다양한 경로를 통한 민간의 문화교류가 가능하지만 그렇지 않았던 시대에는 사신왕래야 말로 공식적이고 가장 빠른 문화교류 통로였으며 이를 통해서 민간의 교류도 가능하였다.

제Ⅵ장
결 론

이상에서 동아시아 3국의 사신영접의례의 성립과정과 운용을 살펴보고 사신영접의례의 절차와 사신영접연향에서 연행된 가무희와 전통연희에 대해 알아보았다. 우선 중국에서 사신영접의례가 성립되는 과정을 각 시대별 예서를 바탕으로 성립의 역사와 시대별 의례절차를 비교, 분석하였다.

중국-한국-일본으로 이어지는 고대 동아시아 문화권의 예적 질서는 정치, 문화, 사회적 측면에서 중요한 기능을 하였다. 정치적으로는 왕권을 강화하고 이의 정통성을 확립하기 위해 왕과 관료의 상하질서를 규범화하고 예적 의례를 통해 이를 가시화하였다. 의례적 행위는 정치의 중심인 왕궁을 중심으로 행해지며, 때로는 궁성을 넘어 도시 전체로 확대되어 일반 백성들도 예제적 통치체제 속에 끌어들인다. 이러한 의례행위에는 음악, 무용, 음식, 복식, 연희 등 당대의 다양한 문화도 포함된다. 그리고 사신을 접대하는 연향은 서로의 문화적 수준을 가늠하는 자리이기도 하였지만 무엇보다도 상호 간에 최고의 문화예술을 교류하고 전파하는 자리였다.

본 연구에서는 우선 중국, 일본 그리고 한국의 사신영접의례 성립과정과 의례절차를 비교분석해 보았다. 동아시아 사신영접의례는 수·당대를 기점으로 3국 간의 보편적 의례문화로 형성되었다. 한·중·일은 당에서 성립된 『개원례』를 근거로 공통된 빈례를 확립했으며 이후 각 왕조의 빈례는 여기에서 크게 벗어나지 않음을 확인할 수 있었다. 이러한 공통된 사신영접 의례절차는 원접사 파견(입국)-입경-교영-황제알현-국신물 전달-연회 및 답례품 전달-귀국의 순이었다.

중국은 앞서 살펴보았듯이 조선에 들어올 때 입국허가를 기다리지 않았다. 중국을 출발하면서 사신단의 인원 및 성명, 일정 등을 미리 통보하고 이러한 내용을 담은 패문이 요동도사를 통해 조선조정에 도착하면 이에 따라 조선은 영접준비에 들어간다. 이러한 입국절차는 일본과는 매우 대조적이다. 일본은 허가된 삼포에 들어오면 조선정부의 하선허가를 먼저 받아야 한다. 그리고 사신을 영접하러 가는 원접사의 관등에도 차이가 있었다. 당연히 일본사신을 맞으러 가는 원접사의 관등이 더 낮았다.

조선의 사신이 중국이나 일본에 갔을 때도 입국허가를 받아야 했다. 도착지에서 도착보고를 하면 조정의 입국허가 조칙을 받아야 수도로 들어갈 수 있었다. 하지만 17세기 이후 조선통신사가 일본에 갔을 때는 이러한 입국허가를 거치지 않았던 것으로 보인다. 통신사 파견의 경우 미리 일본에서 차왜가 오고 조선 측에서도 사신을 보내 서로 간의 의전절차는 물론 사신단의 규모 등을 결정하였으며, 특히 일본의 요청에 의한 방문이었으므로 특별한 입국절차에 관한 규정은 없었던 것으로 보인다.

그 다음은 입경이다. 고려나 조선에 들어오는 중국 사신은 입국허가를 별도로 받지 않았을뿐더러 입경허가도 받지 않는다. 또한 상경인원에 대한 제한도 없다. 조선에 파견된 정·부사를 비롯해 이들의 수행원 전원과 하사품을 운반하는 사람, 무역을 위해 함께 들어오는 상인, 그리고 예인(藝人)들은 모두 입경하였던 것으로 보인다. 중국사신이 왕경 인근에 이르면 국왕은 성문 밖에 나가 이들 사신을 맞아들이고 객관이나 왕궁까지 함께 이른다. 즉, 교영의가 따른다. 이때 왕은 그에 맞는 의장대를 갖추고 행차하였으며 거리는 가항결채하고 이들을 맞기 위해 산대를 가설하고 각종 가무희와 산악·백희를 공연하였다. 하지만 일본은 도착 후 입경할 수 있는 사신단의 인원 수에 제한이 따른다. 규정에 정해진 인원수만이 입경할 수 있었으며 조선조정에서 허가가 내려가면 그에 따라 정해진 일수를 지켜 상경해야 한다. 그리고 이들이 한양에 도착하여도 국왕이 교영을 나가는 일은 없었으며 이들을 맞이하는 별도의 행사도 없었다.

한국과 일본의 사신이 중국에 갔을 때 중국은 수도 인근에 황제의 사자를 보내 교영하고 객관으로 인도하였다. 황제가 행차하지 않았으므로 그에 따르는 행렬행사는 없었던 것 같다. 일본도 한국의 사신이 일본에 당도하면 왕경 인근에 식마(飾馬)를 보내 호위하였다. 한·중·일 3국은 모두 사신이 왕경 인근에 도착하면 교영의를 행했음을 알 수 있다. 단, 한국의 경우는 중국사신이 오면 국왕이 교영을 나갔으나 중국이나 일본의 경우는 천황이 교영을 나오지는 않았다. 천황은 종교적으로 신성한 존재로서 실제로 직접 등장하는 경우는 거의 없었다.

중국사신이 입경 한 후 치러지는 절차는 수조의례절차로 가장 중요한 의례절차라 할 수 있다. 중국사신은 황제의 조칙(詔勅)을 소지하고 온 것이므로 이를 맞이하는 의례가 한 치의 착오도 없이 진행되어야 한다. 황제의 칙서는 이미 황제와 같은 대우를 받는 것이었다. 하지만 일본 사신의 경우에는 한강에 도착하면 조관을 보내어 맞아들일 뿐이다. 그리고 교린국 사신에게 위로와 위문의 절차를 거치는데 이는 중국 사신영접에는 없는 절차이다. 빈례 의식에 나오는 〈수인국서폐의〉는 교린국 사신이 왔을 때의 사신영접절차이다. 이 의식은 중국사신이 왔을 때와는 많은 점에서 차이가 있다.

구체적으로 첫째, 중국사신영접의 경우 한양에서 영접준비가 3일전부터 시작되는 것에 비해 교린국의 영접준비는 이틀 전에 시작된다. 가항결채를 한다든지 영접을 위한 광화문 앞의 산악·백희 등의 공연도 없었던 것으로 보인다. 둘째 사신 교영을 위한 준비절차가 없다. 중국에서 사신이 오면 모화관에서 조칙을 맞이하기 위한 준비가 이루어지고 국왕이 직접 모화관으로 행차하여 조칙을 맞는 의례를 거행하지만 교린국의 경우 이러한 절차가 없다. 이는 조선이 이들 교린국보다 우위에서 이들의 알현을 받는 것이므로 이러한 절차가 없는 것이라고 보아야 한다. 중국사신영접에서는 국왕은 대가노부를 하지만 일본사신을 영접할 때 국왕의 의장은 노부반장(鹵簿半仗)을 한다. 마지막으로 근정전에서 의장과 자리의 진설이다. 전하의 어좌가 중국사신을 맞을 때는 북향하지만 일본 사신을 맞을 때는 남향한다는 것이다. 이는 조선이 교린국보다 우위에 있다는 인식을 가장 명확하게 보여주는 것이다. 남향이란 군주의 입장에서 신하의 조회를 받는다는 의미이다. 사자의 알현을 받으면서 군주로서 상대국 왕의 안부를 묻고 위로하는 절차가 이어진다. 이는 『개원례』에서 번국사가 황제를 알현할 때의 의식절차이다. 따라서 〈수인국서폐의〉는 군신관계를 전제로 하는 구조라 할 수 있다.

다음으로 한국에 온 중국사신과 일본사신에 대한 영접연향과 이 연향에 연행되는 각종 악가무와 산악·백희의 연행양상을 고찰하였다. 삼국시대부터 조선시대에 이르기까지 한국에 온 중국과 일본 사신의 영접행사에서 베풀어진 궁중연향과 객관에서 열린 연향에서 연행된 정재와 전통연희를 구체적으로 살펴보았다. 삼국시대와 통일신라시대는 사신영접 연향에 대해 알 수 있는 자료가 매우 부족한 실정이다. 고구려 고분벽화와 『삼국사기』 등의 기록을 통해 볼 때, 삼국시대부터 우리의 독자적인 악가무와 중국으로부터 받아들인 산악·백희가 궁중연향에서 연행되었음을 확인할 수 있었으며 이를 통해 삼국시대 이래 사신영접연향에서 산대를 가설하고 산악·백희는 물론 우리 고유의 향악이 베풀어졌음을 확인 할 수 있었다. 삼국시대 이래의 악가무는 고려와 조선에서 향악으로 정착되었다. 여기에는 중국의 당악과 서역의 음악이 모두 포함된 것이며 이후 고려와 조선시대에 이르기까지 각종 정재에서 연행되었다.

고려시대 국왕의 거가환궁행사에서는 양부의 산대가설과 산악·백희 연행, 교방여기의 각종 가무희가 연행되었으며 교방과 유생이 가요도 올렸다. 거가환궁행사와 사신영접행사는 그 목적과 성격은 다르지만 기본적으로 국왕이 출궁하였다가 환궁하는 것이므로 거가환궁행사에서 연행된 정재와 연희들이 사신영접행렬에서도 공연되었을 것으로 보인다. 조선시대에 사신영접행렬과 영접행사에서 정재와 산악·백희를 연행하였음을 볼 때 고려시대 역시 사신을 맞이하여 돌아오는 국왕의 거가환궁에서 각종 가무희와 산악·백희가 연행되었을 것이다.

조선시대는 고려시대에 비해 사신을 영접하는 절차가 더욱 정치해지고 이들을 영접하는 연향 역시 성대했다. 중국사신의 경우는 궁중에서 수조의례와 정재가 진행되고, 궁중에서 수조의례가 끝나면 객관으로 이동하여 이들을 위로하는 연회를 베풀었다. 이 연회에서는 산대를 가설하고 산악·백희를 연행하였다. 특히 사신을 영접하여 경복궁으로 들어오는 행렬을 맞이하기 위해 영접 3일 전부터 가항결채하고 산대를 가설하였으며 그 앞에서 다양한 산악·백희를 공연하였다. 이때의 행차 모습은 국왕의 부묘의 후 거가환궁행사와 유사했을 것으로 보인다. 하지만 일본 사신이 오면 국왕의 성문 밖 교영이 없었으므로 가항결채나 광화문 밖 산대 가설과 산악·백희의 공연은 없었다.

그 다음은 중국과 일본에 간 한국 사신들이 어떠한 연향에 참여하였으며 이들이 본 양국의 궁중연향과 전통연희를 살펴보았다. 중국은 한대 이래로 번국의 사신이 오면 각종 산악·백희를 관람시켰다는 기록이 보인다. 그리고 장형의 〈서경부〉와 이우의 〈평락관부〉를 보면 이 당시 중국의 산악·백희가 얼마나 발전해있었는지 확인할 수 있다. 특히 당은 서역과의 교류를 통해 서역의 산악·백희문화를 받아들여 더욱 풍부하게 발전시켰으며 이를 사신영접행사에서 공연하여 한국은 물론 일본에까지 문화적으로 커다란 영향을 미쳤다. 사신왕래를 통해 이러한 선진 연희문화를 접하면서 한국과 일본도 다양한 음악과 산악·백희를 발전시킬 수 있었다. 명·청대 이후 궁중연향에서 연행된 산악·백희 중에는 특히 환술 공연이 큰 비중을 차지하는 것이 특징이라 하겠다. 조선 사신이 기록한 수많은 연행록에 환술에 대한 기록이 많이 등장하는 것은 그만큼 다양한 환술이 선보였고 조선 사신들의 주목을 끌었기 때문일 것이다. 중국은 당·송대를 거치며 공연문화가 변화했고 이에 따라 사신영접행사에도 변화가 생겼다. 이는 중국을 다녀온 조선의 사신들이 남긴 기록을 통해 확인이 가능하다. 특히 18세기 이후 한대 이래 전통적인 잡기는 물론, 삼국지 등 희곡이 공연되었다는 것이 큰 변화였다.

일본의 사신영접연향에서는 1711년 이전은 주로 동물흉내내기 등 잡희가 연행되었다면 1711년 이후에는 연향의 내용과 구성에 커다란 변화가 있게 된다. 잡희 외에 가부키와 같은 연극적 공연을 비롯해 닌교조루리, 부가쿠 등이 공연되었다. 이러한 변화현상은 중국과 유사하다. 이에 반해 연극적 공연이 사신영접연향에서 공연되지 않은 것은 한국 사신영접행사의 특징이라 하겠다.

한국, 중국 그리고 일본의 사신영접절차와 사신영접연향에서 연행되는 공연을 고찰해 본 결과 동아시아 3국의 사신영접연향의 보편성과 특수성을 찾을 수 있었다. 중국에서는 고구려와 백제의 악이 칠부기, 구부기, 십부기에 포함되어 있었다. 그리고 일본은 6세기 삼국과 발해로부터 삼국악과 당으로부터 당악을 직접 수용하였다. 일본에서 삼국악은 고려악이라 하여 당악과 함께 일본 궁중음악의 한 축을 담당하였다.

한국, 중국, 일본은 모두 궁중연향에서 산악·백희를 공연하였으며 사신이 갔을 때에 베푸는 연회에서도 산악·백희가 빠지지 않고 공연되는 것을 확인할 수 있었다. 이는 동아시아 3국이 고대 이래 꾸준한 상호교류를 통해 보편적인 의례문화를 형성했다고 볼 수 있다. 동아시아 3국은 공통적으로 사신영접행사에서 산대를 가설하고 잡희를 연행하였다. 이는 중국에서 시작된 전통이 사신왕래를 통해 한국과 일본에 전해져 수용된 결과였다. 이미 산악·백희는 중국으로부터 전문 연희자들을 하사받기도 하였지만 사신단 일행으로 간 일부 예인들, 중국에서 온 사신단에 포함된 예인들, 유학생 그리고 구법승 등을 통해 본국으로 전해졌던 것이다. 그리고 본국의 사정에 맞게 새로운 것을 끼워 넣기도 하고 생략하기도 하였다. 예를 들면 중국의 거가환궁의식에는 기로와 유생의 헌가요, 그리고 학연화대무는 연행하지 않았지만, 조선은 기로와 유생이 가요를 올리는 절차가 있었고 어가 행렬 앞에서 학무를 연행하는 모습이 보인다.

삼국과 통일신라는 중국을 통해 서역의 가무와 산악·백희를 받아들였으며 이를 일본에 전해주었다. 앞에서 살펴보았듯이 일본은 삼국으로부터 고구려악, 백제악, 신라악 등을 전수받았으며 이 음악을 전수할 악사들을 요청하기도 하였다. 일본은 이들 무악을 고려악이라 칭했으며 이를 기반으로 일본의 부가쿠(舞樂)를 발전시켜나갔다. 한국에는 고창기, 천축기 등 서역과 인도 계통의 음악이 있었는데 이는 일본에도 전해졌다. 즉 서역의 악가무는 중국, 한국, 일본에 전파되어 이 지역의 음악적, 문화적 공통성을 형성하게 되었다. 서역과 중국, 한국, 일본의 산악·백희 문화의 보편성을 입증하는 사례는 많다. 마상재 역시 서역에서 건너온 것으로 이는 고구려 고분벽화에도 그대로 보인다. 이 마상재가 고구려를 통해 한반도에서 크게 발전하였으며 조선후기 일본이 마상재 공연을 요청할 정도로 수준이 뛰어났다.

이렇게 각종 산악·백희가 사신영접행사에서 연행되는 것은 중국, 한국 그리고 일본에서 공통으로 나타나고 있다. 그러나 공연장소와 내용에서는 약간씩 차이가 있다. 우선 사신행렬 도중 거리에서 펼쳐지는 각종 가무희와 산악·백희 공연의 유무이다. 『고려도경』에 보면 사신행렬에 백희소아대가 따르고 있었으며 조선시대 사신영접행렬에서도 산악·백희가 연행되었다. 조선은 사신을 영접하는 행사를 백성들이 함께 하는 축제의 장으로서 거리를 공연무대로 삼아 각종 정재와 산악·백희를 공연하였다. 반면, 중국의 경우 황제의 행차에서 산악·백희를 공연했지만 한국의 사신이 갔을 경우 이들을 맞이하기 위한 사신영접행렬은 없었던 것으로 보인다. 중국과 일본에서 사신영접을 위해 거리마다 결채하고 산악·백희를 연행할 준비를 하고 실제로 공연을 했는지는 확인할 수 없었다. 이렇게 행렬 중의 산악·백희 공연과 궁궐 밖 공간에서 산대를 가설하고 백성들이 함께 할 수 있도록 연희를 했던 것은 한국의 특징으로 보인다.

중국은 객관은 물론 궁정의 사신영접연향에서도 산악·백희 공연을 하였다. 이 전통은 한대 이래로 지속되어 온 매우 역사가 오랜 전통이었다. 물론 시대별로 변화하는 공연예술이 주가 되기는 하지만 잡희는 꾸준히 연행되었다. 반면에 한국은 궁정에서 중국사신을 영접할 때에는 산악·백희 공연을 하지 않았고 객관에서 베푼 사신연에서 산악·백희를 공연하였다는 점이다. 그리고 일본사신 영접행사의 경우는 궁중에서 산악·백희 공연을 한 것으로 나타난다. 이러한 차이는 중국사신이 가지고 오는 황제조서를 영접하는 행사는 가례에 속하는 것으로 궁중에서 수조의례에서 정재만 올리는 데에 반해 주연을 베풀고 흥을 돋우는 사신연이 열리는 객관에서는 함께 즐길 수 있는 산악·백희와 여기의 가무희를 공연했기 때문인 것으로 보인다. 일본 사신영접행사는 중국과 달리 궁중에서 국서를 받는 의식에 이어서 베푼 연회에서 산악·백희 공연을 하였다. 〈수인국서폐의〉에 이어지는 연회를 객관에서 별도로 치르지 않았다.

일본은 사신영접을 위한 궁궐연향에서 아악인 부가쿠를 행하지 않았다. 유일한 예외가 1711년 신묘년 통신사 연향이었다. 주로 궁궐의 사신영접연향에서는 잡희와 극에 해당하는 가부키와 닌교조루리를 공연하였다. 그 중에서 잡희가 가장 큰 비중을 차지했다. 이를 통해 볼 때 산악·백희 공연은 동아시아 3국의 공통된 영접행사였다.

동아시아 3국의 문화적 보편성은 사신왕래를 통해 이루어졌음은 부인할 수 없다. 고대에 사신들은 동아시아 3국의 사신영접문화의 기본적인 보편성의 토대를 마련하였으며 이후 조선시대의 사신들은 이러한 보편성을 확립하고 거기에 더 나아가 독창적인 한국 문화를 형성하는 데 중요한 역할을 하였다. 일본의 경우는 중국 중심의 동아시아 질서에서는 벗어나 있었으나 한국을 매개로 여전히 동아시아 국제질서의 한 부분에 속해 있었다. 일본은 주로 한국을 통해 중국의 문물과 한국의 문물을 함께 받아들였다. 그 중심에 있었던 것이 바로 중국으로 간 연행사와 일본에 파견된 통신사였다. 사신교류는 가장 광범위하고 중요한 문화전파 경로라 할 수 있다.

사신들은 사행을 통해 이들의 풍속과 제도, 예술과 문화의 수준 등에 대해 면밀히 관찰하고 그 장단점을 파악하였으며 이를 기록으로 남겼다. 조선후기 청에 사신으로 갔던 이들이 남긴 방대한 양의 연행록과 통신사로 일본에 다녀온 통신사들의 사행록은 당시 사신으로 파견되었던 이들이 정치적 목적 수행 이외에 중국과 일본의 풍속과 문화를 관찰하고 기록으로 남김으로써 선진문물 수입과 자국 문화 전파에 중요한 역할을 한 존재였음을 보여주고 있다.

사신들은 국제정세의 변화와 그에 따른 변화의 분위기를 일선에서 목격하고 전파했던 사람들이다. 사신왕래는 정치적 목적을 달성하기 위한 것이었지만 이들을 수행한 역관, 문인, 상인, 의원, 예술인들은 선진문화를 배우고 받아들여 귀국한 후 각 분야의 발전을 이끌었다. 따라서 사신왕래는 동아시아 3국이 공식적으로 외교상대국의 최고 수준의 문화를 접하고 수용하는 통로였다. 이를 통해 한·중·일은 문화적, 정치적, 사회적 특수성에도 불구하고 상호 공통된 문화를 형성할 수 있었다.

참고문헌

1. 예서

『개원례(開元禮)』

『경국대전(經國大典)』

『국조오례의(國朝五禮儀)』

『대전속록(大典續錄)』

『대전회통(大典會通)』

『명집례(明集禮)』

『세종실록(世宗實錄)』「오례(五禮)」

『연희식(延喜式)』

『의례(儀禮)』

『정화오례신의(政和五禮新儀)』

『주례(周禮)』

『태상인혁례(太常因革禮)』

『통전(通典)』

2. 사서 및 기타 사료

『선화봉사고려도경(宣和奉使高麗圖經)』

『고려사(高麗史)』

『고려사절요(高麗史節要)』

『구당서(舊唐書)』

『당회요(唐會要)』

『동국여지비고(東國輿地備考)』

『동사강목(東史綱目)』

『만기요람(萬機要覽)』

『명사(明史)』

『본조법가문서목록(本朝法家文書目錄)』

『사기(史記)』

『삼국사기(三國史記)』
『삼국사절요(三國史節要)』
『삼국유사(三國遺事)』
『삼국지(三國志)』 위서(魏書)
『속일본기(續日本記)』
『속일본후기(續日本後紀)』
『수서(隋書)』
『신당서(新唐書)』
『신라백지묵서대방광불화엄경(新羅白紙墨書大方廣佛華嚴經)』
『일본국견재서목록(日本國見在書目錄)』 4
『일본서기(日本書紀)』
『일본후기(日本後記)』
『신증동국여지승람』(新增東國輿地勝覽)
『악부시집(樂府詩集)』
『악장등록(樂掌謄錄)』
『요사(遼史)』
『자치통감(資治通鑑)』
『조선왕조실록(朝鮮王朝實錄)』
『증보문헌비고(增補文獻備考)』
『증정교린지(增訂交隣志)』
『책부원구(冊府元龜)』
『후한서(後漢書)』
『통문관지(通文館志)』
『통항일람(通航一覽)』
『한서(漢書)』
『해동제국기(海東諸國記)』
『후한서(後漢書)』
崔令欠, 『교방기(敎坊記)』

3. 문집 및 사행록

강홍중, 『동사록(東槎錄)』
공용경, 『사조선록(使朝鮮錄)』
권근(權近), 『양촌집(陽村集)』
吉田松陰, 『유수록(幽囚錄)』
김기수, 『일동기유(日東記游)』
김경선, 『연원직지(燕轅直指)』
김인겸, 『일동장유가(日東壯遊歌)』
김진수 『벽로집(碧蘆集)』
김창업, 『연행일기(燕行日記)』
김현문, 『동사록(東槎錄)』
남옥, 『일관기(日觀記)』
남용익, 『부상록(扶桑錄)』
『동문선(東文選)』
동월(董越), 〈조선부(朝鮮賦)〉
박사호, 『심전고(心田稿)』
박지원, 『열하일기(熱河日記)』
山鹿素行, 『중조사실』
서유문, 『무오연행록(戊午燕行錄)』
성대중, 『일본록사상기(日本錄槎上記)』
신유한, 『해유록(海游錄)』
예겸, 『조선기사(朝鮮紀事)』
원인(圓仁), 『입당구법순례행기(入唐求法巡禮行記)』
雄澤蕃山, 『集義和書』
원중거, 『승사록(乘槎錄)』
이경직, 『부상록(扶桑錄)』
이규보, 『동국이상국집(東國李相國集)』
이우준, 『몽유연행록(夢遊燕行錄)』
이색, 『목은시고(牧隱詩藁)』
이해응, 『계산기정(薊山紀程)』

『大系朝鮮通信使』
林子平, 『海國兵談』
임수간, 『동사일기(東槎日記)』
장형, 〈서경부(西京賦〉
조엄, 『해사일기(海槎日記)』
저자미상, 『계미동사일기(癸未東槎日記)』
저자미상, 『연원일록(燕轅日錄)』
정사룡(鄭士龍), 『호음잡고(湖陰雜稿)』
조명채, 『봉사일본시문견록(奉使日本時聞見錄)』
성현, 『허백당집(虛白堂集)』
허봉, 『하곡집(荷谷集)』
홍대용, 『연행기(燕行記』

4. 단행본

· 국내

고영진, 『조선중기 예학사상사』, 한길사, 1995.
권덕영, 『古代韓中外交史 : 遣唐使研究』, 일조각, 1997.
김종수, 『조선시대 궁중연향과 여악연구』, 민속원, 2001.
김학삼, 『신라 숙위외교의 성격』, 발해사연구 학술총서 14권, 발해사 편집실, 월드, 2006.
김학주, 『한·중 두 나라의 가무와 잡희』, 서울대학교출판부, 1994.
______, 『중국 고대의 가무희(개정증보판)』, 명문당, 2001.
김현미, 『18세기 연행록의 전개와 특성 연구』, 혜안, 2007.
나희라, 『신라의 국가제사』, 지식산업사, 2003.
동월, 공용경 지음, 은몽하, 우호 엮음, 김한규 옮김, 『사조선록 역주 3-명사의 조선사행록 2』, 소명출판사, 2012.
민족문화추진위원회, 『국역 고려도경』, 1978.
박례경 역주, 『의례역주』 5 근례, 세창출판사, 2012.
박석순, 『일본고대국가의 왕권과 외교』, 경인문화사, 2002.
박종숙, 『백제·백제인·백제문화』, 지문사. 1988.

박화진, 김병두, 『에도 공간속의 통신사-1711년 신묘통신사행을 중심으로-』, 한울아카데미, 2010.
변태섭, 『고려사의 연구』, 삼영사, 1982.
삼택영리(三宅英利) 저, 손승철 옮김, 『근세일조관계사연구』, 이론과 실천, 1991.
세종대왕기념사업회, 『국역 통문관지』 1.
성대중 저, 이혜순 감수, 홍학희 역, 『부사산 비파호를 날 듯이 건너-일본록사상기』, 소명출판, 2006.
송방송, 『韓國音樂史研究』, 영남대학교출판부, 1993.
______, 『韓國音樂史論叢』, 민속원, 1999.
______, 『韓國古代音樂史研究』, 일지사, 1985.
신형식, 『韓國古代史의 新研究』, 일조각, 1984.
안상복, 『중국의 전통잡기』, 서울대출판부, 2006.
______, 『명청시대 지역사회와 공연예술』, 연극과 인간, 2013.
양인리우 저, 이창숙 옮김, 『중국고대음악사』, 솔, 1999.
양주동, 『국학연구논고』, 을유문화사,1962.
여호규, 노태돈, 박한제, 송기호, 권덕영, 『한국고대국가와 중국왕조의 조공・책봉관계』, 고구려연구재단, 2006.
원중거 저, 이혜순 감수, 김경숙 역, 『조선후기 지식인, 일본과 만나다』, 소명출판사, 2006.
유정선, 『18・19세기 기행가사 연구』, 역락, 2007.
윤국일 옮김, 『신편 경국대전』, 신서원, 2005.
윤광봉, 『朝鮮 後期의 演戲』, 박이정, 1998.
이두현, 『한국연극사』, 학연사. 2000.
이범직, 『韓國中世禮思想研究:五禮를 中心으로』, 일조각, 1991.
______, 『朝鮮時代 禮學研究』, 국학자료원, 2004.
이원식, 『조선통신사』, 민음사, 1991.
이재숙, 『조선조 궁중의례와 음악』, 서울대학교출판부, 1999.
이혜구, 『한국음악서설』, 서울대학교출판부, 1967.
임기중, 『연행록 연구』, 일지사, 2006.

장사익, 『한국음악사』, 정음사, 1976.
장사훈, 『한국전통무용연구』, 일지사, 1995.
전경욱, 『한국의 전통연희』, 학고재, 2004.
전경욱 편저, 『한국전통연희사전』, 민속원, 2014.
전해종, 『한중관계사연구』, 일조각, 1970.
조규익, 이성훈, 전일우, 정영문 엮음, 『연행록 연구총서』, 학고방, 2006.
최치원 저, 이상현 역, 『계원필경집』 1,2, 한국고전번역원, 2009-2010.
한국사연구회, 『고대한중관계사의 연구』, 삼지원, 1987.

· 중국

전기봉, 전등룡, 『중국잡기사』, 상해인민출판사. 2004.

· 일본

森公章, 『古代日本の對外認識と通交』, 東京:吉川弘文館, 1998.
古瀬奈津子, 『唐使の見た中國』遣, 東京 : 吉川弘文館 , 2003.
廣瀬憲雄, 『東アジアの國際秩序と古代日本』, 吉川弘文館, 2011.
石見清裕, 『唐代の國際關係』, 東京:山川出版社, 2009.
________, 『唐の北方問題と國際秩序』, 汲古書院, 1998.
荒野泰典, 石井正敏, 村井章介 編 『律令國家と 東アジア』, 吉川弘文館, 2011.
田中健夫, 『中世海外交涉史の研究』, 東京 : 東京大學出版會, 2002.
신기수, 仲尾宏, 『圖說 朝鮮通信使の旅』, 明石書店, 2000.
______, 『朝鮮通信使の 旅日記』, PHP新書, 2002.
池田末利 譯註, 『儀禮』(Ⅰ~Ⅴ) 東海大學出版會,1978.
宮岐市定, 「東洋的近世」, 『アジア史論考』 上卷, 朝日新聞社, 1975.
中村裕一, 『唐代制勅研究』, 汲古書院, 1991.
虎尾俊哉, 『延喜式』, 日本歷史叢書(新裝版), 吉川弘文館, 2008.
荒野泰典, 石井正敏, 村井章介 編, 『律令國家と 東アジア』, 吉川弘文館, 2011.
宮崎道生, 新井白石の研究(增訂版), 吉川弘文館, 1984.

濱田耕策, 「新羅の祀典と名山大川の祭祀」, 『呴沫集』 4.
井上秀雄, 『新羅史基礎研究』, 東出版, 1974.
河竹繁俊, 『日本演劇全史』, 岩波書店, 1966.

5. 논문

· 국내

강봉룡, 「신라말~고려시대 서남해지역의 한중 해상교통로와 거점포구」, 『한국사학보』 23, 2006.
강제훈, 「조선 『세종실록』 「오례」의 편찬경위와 성격」, 『사학연구』 107, 2012.
고영진, 『조선중기 예학사상사』, 한길사, 1995.
구지현, 「1711년 신묘통신사와 아라이 하루세키의 필담을 통한 상호 소통」, 『열상고전연구』 28, 열상고전연구회, 2008.
권덕영, 「나당교섭사에서의 조공과 책봉」, 『한국 고대국가와 중국왕조의 조공·책봉관계』, 고구려연구재단, 2006.
기경복, 「10~11세기 한중 해상교통로」, 『한중문화교류와 남방해로』, 국학자료원, 1997.
김경록, 「조선초기 대명외교와 외교절차」, 『한국사론』 44, 2000.
김규록, 「고려중기의 송 사절 영송과 반사의 운용」, 『역사교육』 134, 2015.
김규호, 「唐朝의 異民族 管理와 問題點」, 『강원사학』 7, 1991.
김남기, 「『연원일록』에 나타난 가무악과 연희의 연행 양상」, 『국문학연구』 7, 서울대학교국문과, 2001.
______, 「『연원일록』에 나타난 기녀의 생활과 애환」, 『돈암어문학』 20, 돈암어문학회, 2008.
김리혜, 「新羅鄕樂에 대한 一考察」, 고려대학교 석사학위논문, 1995.
김명준, 「선초 악장의 정립과정과 그 의미」, 『고전과 해석』 3, 2007.
김문식, 「조선후기 통신사행원의 대일인식」, 『대동문화연구』 41, 2002.
______, 「명사 공용경이 경험한 외교의례」, 『조선시대사학보』 73, 조선시대사학회, 2015.
______, 「조선시대 外交儀禮의 특징」, 『동양학』 62, 단국대 동양학연구원, 2016.

김상기, 「조공의 경제적 의의」, 『고대한중관계사의 연구』, 한국사연구회편, 삼지원, 1987.
김성규, 「송대 동아시아에서 빈례의 성립과 그 성격」, 『동양사연구』 72, 동양사학회, 2000.
______, 「중국왕조에서 빈례의 연혁」, 『중국사연구』 23, 2003.
______, 「'선화봉사고려사절단'의 일정과 활동에 대하여」, 『한국중세사연구』 40, 한국중세사학회, 2004.
______, 「『大唐開元禮』 소재 外國使 관련 諸儀禮의 재검토」, 『중국고중세사연구』 27, 중국고중세사학회, 2012.
______, 「고려 외교에서 의례(儀禮)와 국왕의 자세」, 『역사와 현실』 94, 한국역사연구회, 2014.
김순희, 「명대 궁정 연향 중 백희에 관한 연구」, 『중국문학연구』 44, 2011.
김영관, 「在唐新羅人金日用墓誌銘에 대한 검토」, 『신라사학보』 27, 2013.
김영시, 「역대 한국에서 편찬된 오례의에 대하여(1)-고려와 조선초기에 편찬된 오례의를 중심으로-」, 『동양예학』 25, 동양예학회, 2011.
김은영, 「한국의 국왕행차와 전통연희」, 고려대학교 박사학위논문, 2011.
김은자, 「조선후기 평양교방의 규모와 공연활동-평양지와 평양감사환영도를 중심으로-」, 『한국음악사학보』 31, 한국음악사학회, 2003.
______, 「대일사행에 나타난 조선지식인의 일본음악 인식」, 『조선통신사연구』 13, 2011.
김종수, 「조선시대 사신연 의례의 변천-중국사신에게 베푼 연향을 중심으로-」, 『온지논총』 38, 2014.
김창현, 「『고려사』 예지의 구조와 성격」, 『한국사학보』 44, 2011.
______, 「고려시대 음악기관에 관한 제도사적 연구」, 『한국공연예술연구논문선집』 4, 2001.
김철웅, 「고려와 송의 해상교역로와 교역항」, 『중국사연구』 28, 2004.
김해영, 「조선초기 예제연구와 『국조오례의』의 편찬」, 『조선시대사학보』 55, 2010.
김호섭, 「중세등볼놀이에 관한 연구」, 『력사과학』 제4호 누계 112호, 과학백과사전출판사. 1984.

김호연, 「한국 고대 연희에 나타난 공간 구조」, 『동아시아고대학』 14, 2006.
김효진, 「신묘사행의 향연과 무악」, 『열상고전연구』 제41집, 열상고전연구회, 2014.
남상숙, 「『고려사』「악지」의 用鼓吹樂節度 고찰」, 『한국공연예술연구논문선집 4, 2001.
민덕기, 「실정막부시대의 대명 책봉관계의 성립과 변화」, 『청대사림 6, 1994.
민태혜, 「고려시대 중국사신영접의례와 전통연희」, 『남도민속연구』 31, 남도민속학회, 2015.
박남수, 「8세기 동아시아외교와 영빈체계」, 『신라사학보』 21, 2011.
박석순, 「고대 일본의 다죠칸(太政官)의 외교기능에 대한 고찰」, 『일본학보』 59, 한국일본학회, 2004.
박윤미, 「고려전기 외교의례에서 국왕 '서면(西面)'의 의미」, 『역사와 현실』 98, 한국역사연구회, 2015.
박지선, 「노가재 연행일기 연구」, 고려대학교 박사학위논문, 1995.
박태규, 「조선통신사 접대연향을 통해 본 일본 의전문화 및 전통예능의 특수성」, 『일본학연구』 37, 2012.
박태규, 남종진, 「일본 도가쿠의 중국 당악 수용사례연구: 〈교윤라쿠〉, 〈바토〉, 〈간슈〉의 문화변용을 중심으로」, 『아태연구』 제21권 제2호, 2014.
박현규, 「절동 연해안에서 신라인의 수로교통-수로 유적지와 지명을 중심으로-」, 『신라문화』 35, 동국대학교 신라문화연구소, 2010.
방기철, 「조선초기 교린국 사신의 위차-조·일관계를 중심으로-」, 『사학연구』 79.
변인석, 「唐宿衛制度에서 본 羅唐關係:당대(외인숙위)의 一硏究」, 『사총』 11, 1966.
사진실, 「나례의 오락적 변모양상과 연극사적 의의」, 『한국의 민속과 문화』 2, 경희대학교 민속학연구소, 1999.
______, 「궁정연회의 전통과 정재의 역사적 전개」, 『연희, 신명과 축원의 한마당』, 국사편찬위원회편, 두산동아, 2006.
손수호, 「고구려무덤벽화에 그려진 행렬도의 류형과 변천에 대하여」, 『조선고고연구』 제3호(누계 84호), 1992.

손승철, 「조선시대 통신사연구 회고와 전망」, 『한일관계사연구』 16, 2002.
송기호, 「대외관계에서 본 발해 정권의 속성」, 『한국고대국가와 중국왕조의 조공.책봉관계』, 고구려연구재단, 2006.
송방송, 「고려의 대악서와 관현방」, 『한국학보』 44, 1986.
스즈키 아야(鈴木 文), 「Ⅷ. 명치초기의 조선통시사 인식」, 『한일교류와 상극의 역사』, 경인문화사, 2010.
신채식, 「10-13세기 동아시아의 문화교류-해로를 통한 여송의 문물 교역을 중심으로-」, 『중국과 동아시아세계』, 국학자료원, 1997.
신형식, 「신라의 대당교섭상에 나타난 숙위에 대한 일고찰」, 『역사교육』 9, 역사교육연구회, 1966.
______, 「숙위학생고:나말선초의 지식인의 동양에 대한 일척」, 『역사교육』 11,12, 역사교육연구회
안상복, 「향악잡영과 산대놀이의 전통」, 『한국민속학』 34, 한국민속학회, 2001.
______, 「燕行錄의 雜技 관련 記事 연구」, 『中國文學』 53, 2007.
______, 「韓中 두 나라 山臺와 雜戱 비교연구」, 『中國語文學誌』 52, 중국어문학회, 2015.
안유경, 「『국조오례의(國朝五禮儀)』와 그 속보(續補)편의 편찬과정 및 내용」, 『유교문화연구』 16, 2010.
양의숙, 「여 · 원숙위고(麗 · 元宿衛考: 新羅의 對唐 宿衛外交와의 비교 중심으로」, 『동국사학』 27, 1993.
양재연, 「화희 부 수희」, 『국문학산고』, 일신사, 1976.
엄경흠, 「한국 사행시연구-14~17세기를 중심으로-」, 동아대학교 박사학위논문, 1993.
______, 「빙례와 사행시-명 사행을 중심으로-」, 『동양한문학연구』 제17집, 2003.
______, 「여말 명 사신의 접빈과 시」, 『한국중세사연구』 22, 2007.
오진호, 「조선후기 동래부의 악공, 기생의 공연활동 연구-18~19세기 사료를 중심으로-」, 『한국음악문화연구』 1, 한국음악문화학회, 2010.
유바다, 「朝鮮 初期 迎詔勅 관련 儀註의 성립과 朝明關係」, 『역사민속학』 40, 2012.
윤광봉, 「최치원의 향악잡영오수론」, 동국대학교대학원 국어국문학과 석사학위

논문, 1980.
윤승희, 「조선초 대일빈례의 정비와 '수인국서폐의'」, 『조선시대사학보』 70, 2014.
윤아영, 「조선 환궁의식과 중국환궁의식의 변별에 관한 연구」, 『한국음악연구』 54, 2013.
윤 완, 「통일신라시대 견당유학생연구」, 『교육학연구』 42-4, 한국교육학회, 2004.
윤용혁, 「고려시대 서해 연안해로의 객관과 안흥정」, 『역사와 경계 74, 2010.
이규철, 「조선 성종대 외교의례 변경에 대한 논의와 대명의식」, 『역사와 현실』 98, 한국역사연구회, 2015.
이기동, 「8세기 동아시아 제국의 내정과 국제관계 시론」, '8세기 동아시아의 역사상' 고대 동아시아 학술회의 자료집, 2011년 4월 15일.
이도남, 박태규, 「한국 측 기록에 보이는 일본의 궁중악무에 관한 일고찰: 신묘사행의 동사록을 중심으로」, 『일본문화연구』 35, 동아시아일본학회, 2010.
이명성, 「조선후기 궁중공연예술의 공연형태」, 『동양문화연구』 18, 영산대학교 동양문화연구원, 2014.
이문기, 「신라 종묘제의 성립과 그 배경」, 『한국고대사와 고고학(김정학박사미수기념고고학 · 고대사논총)』, 2000.
이범직, 「『고려사』 예지 「군례 · 빈례」의 검토」, 『명지사론』Vol.1 No.1, 명지사학회, 1983.
______, 「고려시대 음악기관에 관한 연구」, 『한국공연예술연구논문선집』 4, 2001.
이상익, 「주자학과 조선시대 정치사상의 정체성 문제」, 『한국철학논집』 14, 한국철학사연구회, 2004.
이영춘, 「『通文館志』의 편찬과 조선후기 韓中關係의 성격」, 『역사와 실학』 33, 역사실학회, 2007.
이유진, 「『高麗史』 「禮志」에 보이는 『周禮』의 受容 樣相」, 『哲學思想』 14, 동국대학교 철학회, 1993.
이인철, 「신라의 음성서」, 『역대 국립음악기관 연구-신라 음성서에서 국립국악원 개원까지-』, 국립국악원, 2001.

이정희, 「제1차 수신사 김기수가 경험한 근대 일본의 외교의례와 연회」, 『조선시대사학보』 59, 2011.

이종숙, 「조선초기 사신연의 궁중악무 연구」, 『한국음악사학보』 27, 2001.

이창숙, 「연행록에 실린 중국 연희(演戲)와 그에 대한 조선인의 인식」, 『한국실학연구』 20, 한국실학학회, 2010.

이태형, 「고려시대 3대 국가음악기관의 분석적 고찰」, 『인문과학연구』 14, 대구카톨릭대학교, 2010.

이현종, 「명사접대고」, 『향토서울』 12, 1961.

______, 「조선초기 왜인접대고(상)」, 『사학연구』 3, 1959.

______, 「조선초기 왜인접대고(중)」, 『사학연구』 4, 1959.

______, 「조선초기 왜인접대고(하)」, 『사학연구』 5, 1959.

이화영, 「15世紀 朝鮮과 交隣國의 賓禮 硏究」, 한국교원대학교 석사학위논문, 2009.

임미선, 「조선조 전정헌가의 문헌적 연구」, 서울대학교 박사학위논문, 1997.

______, 「조선후기 지방의 연향」, 『한국음악연구』 46, 한국국악학회, 2009.

______, 「세종대 신악제정 이전과 이후의 연례악의 변화양상」, 『한국음악연구』 53, 2013.

임기중, 「연행록의 환희기」, 『한국민속학』 31, 한국민속학회, 1999a.

______, 「연행록의 연희기와 관희시」, 『문학한글』 13, 한글학회 1999b.

정영문, 「통신사가 기록한 국내사행노정에서의 전별연」, 『조선통신사연구』 7, 2008.

______, 「국내 통신사길에 나타난 지방공연문화의 양상과 의미고찰」, 『열상고전연구』 30, 2009.

정은영, 「조선후기 통신사와 조선중화주의-사행기록에 나타난 대일인식전환을 중심으로-」, 『국제어문』 46, 2009.

정은주, 「1634년 명 사신 영접과 〈황강연조도〉」, 『정신문화연구』 제36권 제3호, 2013.

정한기, 「연행가에 나타난 客愁의 특징과 그 의미-국역 연행록선집에 수록된 연행록과의 대비를 중심으로-」, 『고전문학과 교육』 16, 한국고전문학교육학회, 2008.

조규익, 「조선조 국문 사행록의 통시적 연구」, 『어문연구』 제31권 제1호, 어문연구회, 2003.
주용립, 「한국고대의 순장연구」, 『손보기정년기념한국사학론총』, 1988.
차주환, 「『고려사』 「악지」 당악고」, 『진단학보』 23, 1962.
채미하, 「신라 중대 오례와 왕권-오례 수용을 중심으로-」, 『한국사상사학』 27, 2006.
_____, 「신라의 빈례: 당 사신을 중심으로」, 『한국사학보』 43, 고려사학회, 2011.
_____, 「한국 고대의 궁중의례」, 『사학연구』 112, 한국사학회, 2013.
최성애, 「19세기 연행록에 표현된 연행활동-춤을 중심으로-」, 『한국무용사학』 11, 한국무용사학회, 2010.
_____, 「계미통신사행록을 통해 본 공연양상-일동장유가, 승사록, 일본사상기의 국내여정을 중심으로-」, 『대동문화연구』 84, 2013.
최숙경, 「특수직여성」, 『한국여성사』, 평범사, 1972.
최승희, 「집현전연구」, 『역사학보』 32.33합집, 1966.
최윤영, 「한국 중세 궁중연희의 공간연구-팔관회, 연등회, 나례의 가무백희 공간을 중심으로」, 『한국연극학』 27, 한국연극학회, 2005.
_____, 「고려 궁중연희의 공연미학 연구」, 『대동문화연구』 59, 2007a.
_____, 「고려 화산희의 공연양상」, 『한국민속학』 46, 2007b.
최종석, 「고려말기·조선 초기 迎詔儀禮에 관한 새로운 이해 모색-『蕃國儀注』의 소개와 복원-」, 『민족문화연구』 69, 2015.
최희준, 「신라 중대의 당 사신영접절차와 운용」, 『한국사연구』 153, 한국사연구회, 2011.
하우봉 「조선시대의 통신사외교와 의례문제」, 『조선시대사학보』 58, 2011.
한문종, 「조선시대 대일사행과 대마도」, 『한일관계사연구』 49, 2014.
_____, 「조선전기 일본국왕사의 조선통교」, 『한일관계사연구』 21, 2004.
한정수, 「고려 태조대 대외교섭과 외교의례」, 『한국사연구』 170, 2015.
한태문, 「통신사 왕래를 통한 한일 연희교류」, 『지역과 역사』 23, 부경역사연구소, 2008.
한형주, 「대명의례를 통해 본 15세기 조명관계」, 『역사민속학』 28, 역사민속학회, 2008.
한흥섭, 「16세기 조선왕실의 여악과 중국사신의 관계-『조선왕조실록』을 중심으로-」, 『국학연구』 23, 2013.
허경진, 「고려시대 송나라 사행해로 누정의 변천연구」, 『동북아문화연구』 12, 동북아시아문화학회, 2007.
허영일, 「조선시대 사신연의 특징과 변화양상-사신연의 궁중정재를 중심으로-」, 『대한무용학회논문집』 제71권 2호, 대한무용학회, 2013.
허흥식, 「김지(金祉)의 선수집(選粹集) · 주관육익(周官六翼)과 그 가치」, 『규장각』 4, 1981.
홍성남, 「연행록에 나타난'환술'과'연극'연구」, 『동아시아고대학』 5, 동아시아고대학회, 2002.

· 중국

殷雪征, 「龔用卿出使朝鮮考述-以龔用卿『使朝鮮錄』與朝鮮『丁酉皇華集』爲中心」, 『중국문학』 59집, 2009.
李大龍, 「唐朝派往回紇的使者述論」, 『民族文化』, 1994年 2期.

· 일본

榎本淳一, 「性靈集に見える竹符·銅契と文書ついて」, 『日本古代の傳承と東アジア』, 佐伯有清先生古稀記念會編, 1995.
森公章, 「古代難波における外交儀禮とその變遷」, 田中健夫編, 『前近代の日本と東アジア』, 吉川弘文館, 1995.
三池賢一, 「新羅內廷官制考上」, 『朝鮮學報』 62, 1971.
石見清裕, 「唐の國書授與儀禮について」, 『東洋史研究 57-2, 1998.
奥村周司, 「使節迎接禮より見た高麗の外交姿勢」, 『史觀』 110, 1984.
田島公, 「日本の律令國家の賓禮-外交儀式よ見た天皇と太政官-」, 『史林』 68-3, 1985.
秋葉隆, 「山臺戲」, 『朝鮮民俗誌』, 東京, 六三書院, 1954.
花村美樹, 「周官六翼の撰者と其の著者」, 『京城帝國大學法學會論文集』 12-34 合, 1926.

騷野勝年, 「圓仁の入唐事情とその經過」, 『入唐求法巡禮行記の研究』 4, 1969, 380쪽.

6. 사이트

국사편찬위원회(http://www.history.go.kr/)
한국고전번역원(http://www.itkc.or.kr/itkc/Index.jsp)

민족문화연구총서 출간현황(~2020.07.01.)

NO	서명		저자	정가
1	총서1	19世紀 韓國 傳統社會의 變貌와 民衆意識	진덕규	9,000
2	총서2	洪武正韻譯訓의 新研究	박병채	10,000
3	총서3	고조선에 대한 새로운 해석	김정배	35,000
4	총서4	韓國 近代敎育法制 研究	안기성	13,000
5	총서5	韓國 近代戲曲史 研究	서연호	11,000
6	총서6	韓國 巫俗의 綜合的 考察	김인회	9,000
7	총서7	朝鮮 後期의 詩經論과 詩意識	김흥규	8,000
8	총서8	高麗時代 佛教詩의 研究	인권환	9,000
9	총서9	韓國 現代詩意識 研究	이기서	8,000
10	총서10	道家思想의 研究	이강수	8,000
11	총서12	西學에 대한 韓國實學의 反應	최동희	9,000
12	총서13	朝鮮前期 制度言論 研究	목정균	9,000
13	총서14	韓國 現代詩史의 代位的 構造	오탁번	7,000
14	총서15	개정증보-金鰲新話 研究	설중환	17,000
15	총서16	韓國의 傳統婚禮 研究	박혜인	9,000
16	총서17	古小說의 原始宗教思想 研究	박용식	10,000
17	총서18	가톨릭과 朝鮮後期 社會變動	노길명	10,000
18	총서19	1920年代 韓國小說 研究	송하춘	8,000
19	총서21	朝鮮後期 天主教史 研究	조광	8,000
20	총서23	朝鮮後期 小說讀者 研究	대곡삼번	7,000
21	총서24	전면개정판-한국의 옛길 嶺南大路	최영준	28,000
22	총서25	金東仁 研究	김춘미	9,000
23	총서26	韓國古代社會의 軍事와 政治	김영하	13,000
24	총서27	古墳出土 副葬品 研究	윤세영	10,000
25	총서31	云丁散藁	김춘동	15,000
26	총서32	韓國現代詩의 意識現象學的 研究	최동호	9,000
27	총서34	韓國 家庭小說 研究	우쾌제	10,000
28	총서36	國語被動 研究	배희임	8,000
29	총서37	韓國古典文學의 原典批評的 研究	정규복	11,000

31	총서38	企齋記異 硏究	소재영	10,000
32	총서40	法을 통한 朝鮮植民地 支配에 관한 硏究	영목경부	14,000
33	총서42	국어내용연구1	배해수	14,000
34	총서43	日帝末期의 韓國小說 硏究	김종균	12,000
35	총서44	國語 體言化構文의 硏究	홍종선	8,000
36	총서45	羅末麗初의 豪族과 社會變動 硏究	김갑동	10,000
37	총서46	古代國語學 硏究	박병채	13,000
38	총서47	牧民心鑑 硏究	김성준	8,000
39	총서48	韓國傳統音樂 論究	한명희	9,000
40	총서49	漢字語系 歸化語 硏究	조세용	7,000
41	총서51	韓國近代教育思想 硏究	차석기	11,000
42	총서53	古代國語의 語彙 硏究	천소영	9,000
43	총서54	春香傳의 辭說形成 原理	전경욱	9,000
44	총서55	近代轉換期의 言語와 文學	홍일식	9,000
45	총서56	北靑方言의 音韻論	이기동	7,000
46	총서57	韓國文學의 考證的 硏究	최강현	14,000
47	총서58	현대시·시조통합이론	민병기	15,000
48	총서59	高麗 武臣政權期 農民·賤民抗爭 硏究	이정신	10,000
49	총서60	白頭山 說話 硏究	정재호	18,000
50	총서63	朝鮮朝 畿湖學派의 禮學思想에 關한 硏究	배상현	13,000
51	총서65	栗谷李珥의 聖學硏究	장숙필	7,000
52	총서66	韓國古地名辭典	전용신	14,000
53	총서67	高麗·朝鮮時代 敍事文學 發展의 硏究	성택승	8,000
54	총서68	渤海史의 綜合的 考察	한규철	14,000
55	총서70	韓國 近代小說論 硏究	윤충의	9,000
56	총서72	韓國近世 禪家文學	서규태	8,000
57	총서73	조선 중기 정치권력구조 연구	정홍준	9,000
58	총서75	조선후기 운서 한자음 연구	정경일	11,000
59	총서77	高麗 前期 私田 硏究	윤한택	8,000
60	총서78	근대 한국 고등교육 연구	한용진	25,000
61	총서79	심능숙 문학의 연구	장효현	15,000

62	총서81 韓國 近代 文學批評論 硏究	신재기	10,000
63	총서85 한국 현대비평의 문체	이병헌	11,000
64	총서87 조선후기 시가의 현실인식	박노준	12,000
65	총서89 고구려 전기 정치사 연구	금경숙	9,000
66	총서90 독립국가연합 고려인의 생활과 의식	윤인진	10,000
67	총서91 美軍政下의 敎育政策 硏究	김용일	10,000
68	총서92 조선시대 성리학의 연구	윤사순	10,000
69	총서93 朝鮮後期 中人層 漢文學의 硏究	윤재민	14,000
70	총서94 범주문법	강범모	8,000
71	총서95 조선 후기 우화소설 연구	정출헌	12,000
72	총서96 高麗後期 政房 硏究	김창현	12,000
73	총서97 토끼傳·水宮歌 硏究	인권환	16,000
74	총서100 日帝下의 朝鮮貿易 硏究	송규진	10,000
75	총서101 지리산지 농업과 촌락 연구	정치영	20,000
76	총서103 高麗時代 中樞院 硏究	박용운	14,000
77	총서104 조선초기 전세제도 연구	강제훈	13,000
78	총서106 기정진 철학사상 연구	박학래	9,000
79	총서107 조선후기 인성·물성논쟁의 연구	이애희	13,000
80	총서109 서사문법시론	강헌국	9,000
81	총서110 북간도 한인사회의 형성과 민족운동	김춘선	32,000
82	총서111 주자학에서 실학으로	김용헌	35,000
83	총서113 朝鮮初期 性理學과 歷史學-기억의 복원, 좌표의 성찰	오항녕	18,000
84	총서114 조선후기 사회변화와 시가문학	정흥모	20,000
85	총서116 판소리 유파와 명창의 세계	김기형	22,000
86	총서117 조선후기 시가사와 가곡 연행	신경숙	20,000
87	총서119 性理學 受容器 佛敎 批判과 政治思想的 變容-鄭道傳과 權近을 중심으로	이정주	13,000
88	총서122 조선후기 가집 연구	이상원	27,000
89	총서123 개정판-학교문법교육론	이관규	24,000
90	총서124 근대 동아시아와 한국 자본주의	김윤희	18,000
91	총서125 조선후기 자연학의 동향	김문용	13,000
92	총서127 한국 고전소설과 정신분석학	강상순	25,000

93	총서128 미국의 헤게모니와 한국민족주의	허 은	23,000
94	총서130 한용운과 근대성	김종인	15,000
95	총서131 大韓帝國期 民族談論과 國家構想	백동현	16,000
96	총서132 19세기 문예사와 기생의 한시	박영민	20,000
97	총서136 빈도 효과-코퍼스를 활용한 국어 문법의 기술	김일환	18,000
98	총서137 규방가사의 전통성과 근대성	백순철	20,000
99	총서138 일제 강점기 설화·동화집 연구-우리 옛이야기의 정체성 찾기	권혁래	18,000
100	총서139 신문관의 출판 기획과 문화운동	권두연	30,000
101	총서140 아동문학의 숨은 의미와 가치	노제운	16,000
102	총서142 한국의 자유민주주의와 『사상계』	이상록	24,000
103	총서144 조선조 오륜시가의 역사적 전개 양상	하윤섭	24,000
104	총서145 정약용의 철학사상과 체제개혁론-주희와의 비교를 중심으로	전성건	15,000
105	총서146 누정기를 통해 본 한국한문산문사	안세현	16,000
106	총서147 시적 정의와 시의 윤리	여태천	24,000
107	총서148 16세기 후반~17세기 전반 산문 연구	안득용	23,000
108	총서149 검열, 실종된 작품과 문학사의 복원	문한별	22,000
109	총서150 낙하생 이학규의 시문학 연구	이국진	20,000
110	총서151 방각본 영웅소설의 지역적 특성과 이념적 지향	엄태웅	22,000
111	총서152 영체와 행사에서 본 정약용의 종교적 의식	이숙희	15,000
112	총서154 19세기 상·하층 소설의 접점과 문화적 의미	장예준	30,000
113	총서157 한국 근대시의 형성과 한문맥의 재구성	정기인	23,000
114	총서158 동아시아의 사신영접의례와 공연문화	민태혜	30,000

民族文化研究叢書 158

동아시아의 사신영접의례와 공연문화

2020년 7월 1일 초판 1쇄 펴냄

저 자 민태혜

발행인 김형찬
발행처 고려대학교 민족문화연구원

등록번호 1964년 9월 28일 제6-18호
주소 서울특별시 성북구 안암로 145
전화 02-3290-1610~4
팩스 02-926-8385
http://riks.korea.ac.kr

ISBN 978-89-7155-182-0 94810
978-89-7155-073-1 (세트)

정가 30,000원

이 도서의 국립중앙도서관 출판예정도서목록(CIP)은 서지정보유통지원시스템 홈페이지(http://seoji.nl.go.kr)와 국가자료종합목록 구축시스템(http://kolis-net.nl.go.kr)에서 이용하실 수 있습니다. (CIP제어번호 : CIP2020023544)